本教材荣获湖北省高等学校教学成果奖

台港澳暨海外华文文学教程

（第二版）

主　编　江少川　朱文斌

编写者　（以姓氏笔画为序）

王　芳　计红芳　朱文斌　庄伟杰

刘玉杰　刘红英　刘红林　江少川

吴正平　张晓平　张益伟　岳寒飞

彭姗姗　彭耀春　程国君　鲁雪莉

曾庆江　樊洛平

华中师范大学出版社

新出图证（鄂）字 10 号

图书在版编目（CIP）数据

台港澳暨海外华文文学教程/江少川，朱文斌主编. —2 版. —武汉：华中师范大学出版社，2023.2

ISBN 978-7-5622-9526-6

Ⅰ. ①台⋯ Ⅱ. ①江⋯ ②朱⋯ Ⅲ. ①华文文学—文学研究—世界—高等学校—教材 Ⅳ. ①I106

中国版本图书馆 CIP 数据核字（2021）第 218033 号

台港澳暨海外华文文学教程

TAI-GANG-AO JI HAIWAI HUAWEN WENXUE JIAOCHENG

（第二版）

©江少川 朱文斌 主编

责任编辑：白 炜

责任校对：肖绪旭

封面设计：甘 英

封面制作：胡 灿

编辑室：高等教育分社

电话：027-67867364

出版发行：华中师范大学出版社

社址：湖北省武汉市洪山区珞喻路 152 号

销售电话：027-67861549

网址：http://press.ccnu.edu.cn

电子邮箱：press@mail.ccnu.edu.cn

印刷：湖北新华印务有限公司

督印：刘 敏

开本：710mm×1000mm 1/16

印张：27

版次：2023 年 2 月第 2 版

印次：2023 年 2 月第 1 次印刷

印数：1—3000

字数：515 千字

定价：58.00 元

欢迎上网查询、购书

序一：根深叶茂的华文文学

余光中

当前中国大陆的国文课本，无论是中小学的或高校的，有一个特色是台湾国文课本所无，或是即有也很少见而且分量极轻，那就是除了古典文学与新文学的作品之外，还选了世界各国的名著，包括童话、诗歌、散文与小说，内容丰富、活泼，分量之重，与古代、现当代的本国作品，鼎足而三。在这方面，大陆的学生可说比台湾的学生多一面窗子，从小就接触到泰戈尔、欧·亨利、格林兄弟、普希金、契诃夫、托尔斯泰等等的作品，心中早就有“世界文学”的观念。另一方面，在入选的新文学作品里，大陆的教科书中也常见台、港当代的名家，但台湾的教科书中绝对少见当代大陆的名家。相比之下，台湾的教科书视野显得较窄。

近年“华文文学”一词及其意含的观念，一经有识之士提出，渐在文坛、学府引起注意，无论是个别作家或现象的评述，或是集体学会之成立与研讨会之举行，都渐次展开，波及全球的华文世界。华文文学能否终成“显学”，尚待有心人及有分量的学者继续努力，但是华中师范大学出版社即将出版的这本《台港澳暨海外华文文学教程》在目前及时问世，当有里程碑的意义。

“华文文学”与“中国文学”的含意颇有出入：前者侧重语言与文化，后者侧重传统与政治；前者分布遍及全球，时代专指现今，后者集中于中国本土，具有历史传承。我们共同的语言，台湾叫作“国语”，新文学兴起之初，胡适就有“国语的文学”之说。大陆叫作“普通话”，以别于各省方言与少数民族的语言，又称之为“汉语”。至于书面语，自然叫“中文”。但是到了海外，例如新加坡与马来西亚，为免政治敏感，就改用最为低调的“华文”。“中国”乃政体，“中华”便是民族了，“华文”可以畅行于全球。

政治的疆界阻不了文化，当然也阻不了语言、文化的载体。其他的语言大家庭也有这种现象。例如 English literature 一词，以前在文学史上专指“英国文学”，但是自十九世纪“大英帝国”以来，英国作家散布全球，甚至不少殖民地的本土作家也擅用英文，此词的定义便有了弹性，可泛指“英文文学”，涵盖的就不限于英国作家，还可包罗加拿大、澳洲、纽西兰，甚至爱尔兰、南非、印度的某些作家了。爱尔兰大诗人叶慈用英文写作，文学事业也成就于伦敦，可以说是“英文作家”，也可以算是“英国作家”，正如波兰人康拉德也算英国作家一样。但是爱尔兰另一位大作家乔易斯，一生魂牵梦萦，在代表作《尤力西斯》中也念兹在兹的，是都柏林。他从未去过伦敦，晚年一直客居意大利、瑞士与巴黎。我们只能称他为爱尔兰作家或欧洲作家，不能把他归入“英国作家”。但是他用的是英文，所以他可以列于“英文作家”。

西方另一大语系西班牙文，也有这种出入。西班牙文学是欧洲文学的瑰宝：文艺复兴的塞万提斯，现代的洛尔卡、希美耐司与加尔多斯都名闻世界。但是西班牙文传入中南美洲、墨西哥与西印度群岛之后，当地用西班牙文来写作而卓然成家的大师，光芒盖过西班牙本土作家而堪与欧陆争雄者，大有人在。墨西哥的巴司（Octavio Paz），哥伦比亚的马尔盖斯（Gabriel Garcia Marquez），智利的奈鲁达（Pablo Neruda），阿根廷的波尔赫斯（Jorge Luis Borges）都是佳例。他们用的都是“新大陆文化”了的西班牙文，但不便称之为“西班牙文作家”，却换了另一名称：“拉丁美洲作家”（Latin American writers）。

英文语系的“祖国”英美，人口超过三亿，但其嫡系旁支，包括爱尔兰、加拿大、澳洲、纽西兰、南非等地，人口不会超过一亿，以多数影响少数，是自然的。但是反过来，西班牙人口只有四千万，拉丁美洲的人口（巴西除外）却近三亿，却是以少领多，结果“殖民地”竟超越了“祖国”。一大原因，该是英美相加乃广大众民，而西班牙自拿破仑以来已成弱国。

江少川、朱文斌主编的这本《台港澳暨海外华文文学教程》，横则为华文文学在世界地理上的分布图，纵则为当代华文文学的发展史，对整个中国文学史的意义十分重大。前二篇所论乃台湾、香港、澳门三地，与大陆最为贴近，地理上像是“一环”。第三篇在地理上还是我们常说的“南洋”，也是华人移民最密集的地区，像是“二环”。台、港、澳三地并列合称，乃当代政治所形成。移民南洋的大势，乃经济、贸易所促进。值得注意的是：三地也好，南洋也好，除了泰国是例外，其他各地都曾经被殖民统治。台湾曾为日据，香港曾为英领，澳门曾为葡属。被殖民统治当然是祖国之痛，民族之耻，但在历史的回顾中，台湾的文学曾受日本文化的影响，某些作家能直接读日文原著，而不少作家也受惠于日文作品的中译。香港的西化背景与英文教育，对当地作家的启发也不容低估。台湾作家于日本背景之外，更受美国文化的激荡。香港作家不但吸收英国文化的养分，更透过英国得以亲炙欧陆。这些机会都是大陆作家欠缺的，尤其是在“文革”的岁月。

至于第四篇所列的欧、美、澳洲的华文文学，更直接接受到所在各国文化与语文的考验与冲击，真正是在欧风美雨的大气候中修炼而成的。在西方社会的生活压力下，一颗中华的心灵怎样观照、适应、超越异国的环境，并认识自我与祖国，而且用母语表现出来，是比较文学甚至比较文化最具体的主题。其实，一切西化与回归的心路历程，都是“西游记”，悟空与八戒都是唐僧的另我分身。

这么说来，本书要说的故事，正是无数敏感的中华心灵在华山夏水的边缘如何寻找自我，为自我定位，为民族反省，为华文的世界开拓出更宽阔、更生动的空间。对中原的十多亿人说来，台、港、澳三地加海外的几千万“华人”只算少数，但其中产生了多少杰出的作家，为“正统”、“嫡系”的中原文学增添如许光彩。减去这光彩，当代中国文学史就不够立体、不够多元了。屈原、韩愈、孔尚任、曹霑，恐怕从未想到，他们的子孙有如此的文采吧？

二〇〇七年八月二十二日

于台湾中山大学

序二：认识全球华文文学的意义

黄维樑

第一届台港文学学术研讨会，1982年在广州暨南大学召开，刚好是四分之一世纪之前的事；此后类似的会议有第二届、第三届以至2006年的第十四届。1986年德国莱辛斯堡（Reisensburg）有“大同世界：中文文学国际研讨会”，会后台北出版了涵盖全球六个地区的《世界中文小说选》。1988年起，香港新亚洲出版社推出了一系列中文小说、散文、报告文学选集，收罗的作品来自世界各地华文作家。“华文文学”一词，也在这个年代形成了。原称“台港文学”的上述学术研讨会，大概每两年在内地举行一次的，经过一再的“正名”，终于演变成“世界华文文学”。准确地说，“世界华文文学”指的是“大陆以外的世界华文文学”。世界华文文学的相关选集、评论集、文学史，以至学术期刊、学术团体，都出现了。内地年前成立“中国世界华文文学学会”，“世界华文文学联会”则于去年在香港诞生。世界华文文学俨然成为一个重要的学科，内地高校开设相关课程、编写教材；大江南北，以至五湖四海，呈现一片蓬勃的景象。华，就是花；华文文学的事事物物，犹如百花齐放。

诗文双璧的台湾诗人余光中，其《乡愁》已刻在成都杜甫草堂的碑石上；居美的小说家白先勇，其小说《游园惊梦》在南京大学成为研读热点，他鼓吹的青春版《牡丹亭》昆曲在北京大学未名湖畔悠悠唱出；香港的武侠小说家金庸，作品在海峡两岸和香港、澳门畅销、长销不衰，不论在华山或者夏水论剑，其“粉丝”如粉如丝，纷纷涌现。他们，还有不少人，都是世界华文文学的知名作家，具体而微地显示世界华文文学的重要性。

江少川、朱文斌两位教授合作主编的《台港澳暨海外华文文学教程》（下简称《教程》），是为内地高校学生编写的世界华文文学教材。“世界华文文学”这个名称，不无争议性。有人认为这个名词的内涵，不包括中国大陆的文学，却没有在名字上显示出来，是其“不准确”的地方。江、朱二位的这本《教程》，论述的正是“世界华文文学”，而以字数较多的“台港澳暨海外华文文学教程”为名，我想乃为了避免“正名”的争议。

在这本《教程》之前，我们至少已有陈贤茂等编的《海外华文文学史》（四卷本，厦门，鹭江出版社，1999年）、公仲主编的《世界华文文学概要》（北京，人民文学出版社，2000年）、曹惠民主编的《台港澳文学教程》（上海，汉语大词典出版社，2000年），性质与内容都与江、朱《教程》接近。我想，站在编写者立场而言，这是百家争鸣；站在读者立场而言，这是各取所需。

《教程》主编之一江少川教授，研究台港澳文学有年，这方面的论著有《台港澳文学论稿》等。其《台港澳文学作品选》数年前一版再版，“武汉”纸贵。此书选得精要，评得简赅，我在两岸教学，都用过它做教材。朱文斌博士参与过上述陈编《海外华文文学史》的撰写，是陈教授的得意门生，英锐而实干，是《世界华文文学研究》的主编，且出版过《跨国界的追寻——世界华文文学诠释与批评》（北京，新星出版社，2006年）。资深和少壮两位学者同心协力，号召了庄伟杰、程国君、计红芳等世界华文文学的新秀学者，集体编写，我想应该有一番新气象。

这本《教程》具有文学史的性质，修史者应具章学诚所说的史才、史学、史识、史德，不在话下。《文心雕龙·史传》说的“寻繁领杂”、“务信弃奇”，又说要“晓其大纲”而后“众理可贯”，编写文学史的人，都引为座右。这本《教程》的内容，纲举目张，篇幅的分配是，台湾文学占十万字，港澳文学七万字，东南亚文学七万字，欧美澳文学七万字。这样的比例不一定就是“黄金分割”，却基本上可算是均分秋色。在“理论挂帅”的这个时代，时人对历史或文学史的编写，有种种主张。例如法国的史学年鉴派（The Annals School）就认为以帝王将相为主轴、强调政治兴替战争胜负的写法已经过时，而要多注意民众及其生活；换言之，不要写“君史”，而要写“民史”，把“整个社会实在”写出来。依此理论，如果写的是文学史，则不能只论述重要作家作品；读者反应、作品传播、刊物消长、团体盛衰以至整个文学环境，也应列为重要内容。我较为“保守”，认为文学史的内容，仍应以作家作品为主；何况《教程》的篇幅有限，不能什么都囊括。《教程》的少壮、新秀学者，显然也并不“新潮”。《教程》论述的主要是作家，是各地区、各文类、各时期的杰出、优秀者；而作品是作家的身份证，当然是《教程》论述的主要内容。《教程》也概述不同时期的社会、文化背景，所谓知人论世，也就是说在作家作品之外，还交代“时序”与“世情”（见《文心雕龙·时序》）。

作为具备文学史性质的教材，此书是对读者认识台港澳及海外华文文学的很好的指引。编写者在本身对作品的解读之外，显然吸收了时贤的研究成果，评论作家作品时多中肯之言。例如，于香港小说，除了刘以鬯、西西之外，还在篇幅上相当慷慨地兼及“通俗”作家如金庸、倪匡、亦舒，且称之为“香港通俗文学界的三大奇迹”。于香港散文，则强调专栏杂文的普及性和影响力，同时又不忘以专节论述甚具香港特色的“学者散文”。对个别学者散文家如董桥、黄国彬等的评点，都能到位。在论述台湾小说时，说黄春明的《苹果的滋味》、《莎哟娜拉，再见》等，鞭挞美、日帝国的经济文化侵略，也是知言（如能同时指出这些小说的喜剧讽刺性，当更佳）。论及台湾新诗时，说“余光中的乡愁诗歌（在大陆）影响最大”，也有实据。

不过，限于篇幅，获“青睐”列入范围的作家，虽然都各具成绩和地位，为一时之选，却难免有遗珠。还有，对作家的评论，无论编写者怎样力求“平理若衡，照辞如镜”（见《文心雕龙·知音》），也可能引起争议。此外，提到香港小说家西西时，编写者用“中年”形容其年龄层。十年前，说西西是中年作家，也许还可以；2007年，西西69岁了，已进入“老年”或“初老年”阶段。（不过，用我“发明”的词汇，也可说她的年纪属“华年”，这是题外话了。）

我指出《教程》的瑕疵，这是正常的事。《文心雕龙·指瑕》开头就说：自古以来，即使是才智之士，因为“虑动难圆”，而“鲜无瑕病”。这里只举一例。前几天，我在台南市参观甚具气派、颇算精美的“现代文学馆”，就发现一块展板上，余光中名诗《如果远方有战争》的题目写错了。余光中住在高雄市，与台南市文学馆相距只有一个小时车程，而且纸面本也好、电子文件也好，数据唾手或点击可得，办事人员甚至可亲自拜访请教，却出了错；何况隔了个心理上“浅浅”而地理上“深深”的海峡，对岸的参考数据又不见得完备，瑕病自然难以避免。

高新科技使全球化这人类的大工程进展日速，地球已成为一个大的村庄。以文学为专业的人，在文学上要“究中外之际，通古今之变”（改用太史公司马迁的名句），殊为不易；博学的钱钟书也慨叹文学之海无涯。以中国文学为专业的人，用汉语（中文、华文）读书、写作，如果不能中外兼通，在概略地认识外国文学之外，对血缘、民族、文化关系密切的台港澳暨海外华文文学，应有“近水楼台”的一份感情，进而认识之。孔子学院已在全球各国成立，以中国文学为专业的人，能不具备华文文学的全球性视野？这正是我们认识全球华文文学的意义所在。谨此郑重推荐江、朱二位主编的这部《台港澳暨海外华文文学教程》。

二〇〇七年六月十五日

于台湾佛光大学

我阅读了《教程》的部分书稿后，写了序言。“平理若衡，照辞如镜”是文学批评的重要原则。为此，我指出了书稿中的一些瑕疵。主编等阅读了序言后，根据我的“指瑕”斟酌修订了书稿，这种精益求精、止于至善的做法，值得充分肯定。

二〇〇七年八月二十三补志

目　录

上编　台港澳文学

上编　台港澳文学

第一篇　台湾文学

第一章　台湾文学概述

正如台湾是中国神圣领土的一部分，台湾文学也是中国文学不可分割的组成部分，是中国文学的一个分支。由于历史、政治等方面的原因，今天所谓的“台湾文学”，是台湾被日本殖民统治时期，以及直至今日两岸尚未统一这一特定时段的称谓。也就是说，“台湾文学”是对一个特殊地域、特定时期的文学的称谓，它并未改变其中国文学的本质属性。

日本殖民者占领台湾之前的台湾地区文学，我们称为古代文学时期，这个时期的台湾并未被分割、被阻隔，那时的台湾地区文学就是中国的古代文学，正如大陆其他地区的文学一样。古代台湾的文学，从现有的记载看，应从明代郑成功收复台湾开始萌生，明朝沈光文是从大陆去台湾较早的诗人，徐孚远也在这个时期到台湾生活了几年，他们的作品多为怀乡之作，也记述了诗人在海岛的见闻与感怀。艺术形式上多为旧体诗词，正如明朝费信所说：“习读中国书”，“作诗效唐体”①。

清代作家有高拱乾、郁永河、孙永衡、陈梦林等，同时，台湾本土诗人有陈辉、黄任、蔡廷兰等，近代，比较有影响的作家、诗人为丘逢甲、施士洁、洪弃生、连雅堂、王友竹等，这批作家的诗文总的基调是爱国主义。

关于台湾文学的分期，一般认为：台湾新文学从 20 世纪 20 年代初开始，此前为古代、近代文学时期，与大陆文学相一致。台湾新文学可以分为两个大的阶段：现代文学阶段和当代文学阶段。现代文学阶段，从 20 世纪 20 年代初至 1945 年台湾光复。当代文学阶段，从 1945 年台湾光复至今。

---

① 转引自刘登翰等主编：《台湾文学史》上卷，海峡文艺出版社 1991 年版，第 76 页。

一、现代文学时期

台湾现代文学大体与大陆的现代文学相呼应，一般可以分为三个阶段：

萌芽期：20 世纪 20 年代。台湾新文化运动是在大陆“五四”新文化运动的直接影响下开始的。20 世纪初，留学日本的台湾青年林献堂、蔡惠如发起、组织“新民会”，并创办刊物《台湾青年》与《台湾》，宣传新思想、新文化。1921 年 10 月，台湾文化协会成立，在当时产生了广泛的影响。1923 年 4 月，留学日本东京的台湾青年创办了《台湾民报》，这份报纸全部采用白话文，高扬新文化运动的大旗，猛烈抨击旧文化，为台湾新文学摇旗呐喊，为台湾新文化运动作出了重要贡献。

这个时期新文学运动的骁将为张我军，他当时曾在北京大学读书，以《台湾民报》为阵地，发表《致台湾青年的一封信》、《随感录》等，旗帜鲜明地站在新文化运动的立场，倡导白话文，向旧文学、旧文人开火，言辞激烈。张我军是台湾新诗第一人，他的《乱都之恋》是台湾第一本新诗集，抒写了台湾青年与北京姑娘曲折的爱情故事。

赖和是台湾新文学运动的奠基者，他坚定地站在新文学运动一边，并以自己的创作实践创作短篇小说《斗闹热》等。杨云萍也是这个时期的重要作家，有诗集《山河》、小说《光临》等。

发展期：20 世纪 30 年代初到 1937 年全面抗战爆发。这个时期新文学的阵地逐步扩大，由报纸副刊转向文艺期刊，如从《台湾民报》转向《南音》、《台湾文艺》、《台湾新文学》等。作家队伍也逐渐壮大，作品数量增加，质量提高。主要作家有杨逵、吕赫若、朱点人、杨华等。

低潮期：1937 年至 1945 年。台湾文学成熟发展之时，日本发动全面侵华战争，由于日本殖民者实施所谓“战时体制”，大力推行“皇民文学”，使得进步的文艺团体被迫解散，文艺刊物停刊，新文学运动处于停滞状态。此时的重要作家有吴浊流（1900—1976），代表作为长篇小说《亚细亚的孤儿》，这部长篇描写了台湾青年投身抗日战争的命运。他的创作一直延续到光复后，是一位承前启后的著名作家。重要作家还有龙瑛宗、张文环等。

二、当代文学时期

台湾当代文学是在抗战胜利、台湾光复及蒋介石集团退到台湾的背景下开始的。台湾当代文学大体上可以 10 年为一阶段来划分：

20 世纪 50 年代：“反共”和怀乡文学。国民党退抵台湾初期，推行所谓“反共复国”政策，文艺界也密切配合，文艺充当了政治的工具。1950 年，台湾成立文艺协会，推出机关刊物《文艺创作》，大肆鼓吹所谓“战斗文艺”。

1949年，国民党策划出笼《保卫大台湾歌》，叫嚣“反共复国”。在这种政治形势下，具有“反共”倾向的作品纷纷出笼，长篇小说有陈纪滢的《荻村传》、姜贵的《旋风》。此外，还出现了一批所谓“战斗诗歌”、“反共”戏剧。与此同时，文坛出现了怀乡小说与回忆小说，如林海音的《城南旧事》，苏雪林的《绿天》，钟理和的《笠山农场》、《贫贱夫妻》，於梨华的《梦回青河》，张秀亚的《牧羊女》、《湖上》等。

60年代：现代主义文学时期。从50年代后期始，西方政治思想经济加强渗透台湾，西方哲学、文化的影响也日益加深，台湾经济开始转型。就文学的自身发展而言，对充当政治工具的“反共”文学，人们也越来越不满，加之台湾与大陆母体文化的切断与阻隔，于是，作家们开始转向西方，从哲学思想到艺术方法都受到西方现代派文学的影响，现代主义文学成为50年代后期到60年代的文学主潮。

50年代中后期，现代诗歌在台湾兴起，涌现出三大诗社，最早由纪弦、郑愁予发起成立现代诗社，创办有《现代诗》杂志。随后，洛夫、痖弦组织的创世纪诗社和覃子豪、余光中组织的蓝星诗社成立，这些诗人们的诗歌都受到西方现代主义的影响，现代倾向明显。此外，有影响的诗社有葡萄园诗社、笠诗社。1956年台湾大学外文系夏济安教授创办了《文学杂志》，当时在读的大学生白先勇、欧阳子、王文兴、於梨华等都在刊物上发表小说。1960年，白先勇、欧阳子等创办了《现代文学》杂志，系统介绍西方现代派作家作品，并推出专号，这个刊物出版13年51期，培养和造就了一批作家，如白先勇、欧阳子、王文兴、於梨华、黄春明、七等生、丛苏、施淑青、李昂等。这个时期的一些作家留学欧美，创作出一批留学生题材的作品，形成海外留学生文学浪潮。散文作家有琦君、张秀亚、罗兰、梁实秋、台静农、谢冰莹等。

70年代：乡土文学时期。现代主义文学在经历了一个时段的兴盛之后，也暴露出它的弊端与缺陷，最先对现代诗提出讨伐的是唐文标、关杰明，他们著文猛烈批判台湾文坛恶性西化的倾向，1976年至1979年又展开了乡土文学大论战，对现代主义文学脱离生活、否定传统的虚无主义进行了批判，乡土文学创作得到了肯定与认同。1964年吴浊流创办了以台湾籍作家为主的刊物《台湾文艺》，1966年，尉天聪、陈映真创办了《文学季刊》，他们的作品抒发爱国爱乡的情感，关注、同情劳苦大众的情怀，将目光转向社会底层，如工厂、渔村、矿山等，作家们坚持现实主义的创作方法，如陈映真的《将军族》、黄春明的《儿子的大玩偶》、王祯和的《嫁妆一牛车》、李乔的“寒夜三部曲”、郑清文的《秋夜》等，具有浓郁的乡土色彩。这个时期的诗社有“龙族”、“大地”、“草根”等，重要诗人有吴晟、蒋勋、许达然、林焕章等。散文作家有余光中、张晓风、三毛等。

通俗小说在60—70年代已蔚为大观，出现了以古龙、高阳、琼瑶为代表的武侠、历史、言情小说的热潮。

80—90年代：多元化文学时期。20世纪80年代开始，台湾社会的政治、经济出现多元化趋势，海峡两岸形势日趋缓和。1979年元旦，中美建交，同时，全国人大常委会发表《告台湾同胞书》。此时台湾当局由于岛内民主呼声的高涨，也开始实行有限度的民主，加之台湾经济的快速发展，都市化进程加快，大众消费文化流行，都为文学的多元化发展趋势创造了条件。同时，台湾新生代作家崛起，渐渐成为文坛的生力军。小说的题材得到前所未有的拓展，诗坛老、中、青三代诗人同堂，散文出现多种样式，如田园散文、探亲散文、生态散文等，另外，笔法犀利的杂文也盛行一时。90年代以后，文学的通俗化倾向越来越明显，文学的边缘化也渐成趋势。

乡土文学的分化。70年代成为台湾文学主潮的乡土文学，进入80年代以后，开始发生分化，以陈映真为首的一批作家，坚持现实主义方向，坚持主张“台湾意识”就是“中国意识”，坚决反对“台独”分子的分离主义倾向。这些作家在创作理念、艺术方法上都有新的拓展。同时，有些70年代坚持乡土写作的作家，提出台湾文学的“本土化”、“自主性”，强调“台湾意识”，鼓吹分离主义，更有甚者，认为台湾文学应脱离中国文学，这种主张显然是“台独”在文学上的反映，是文学中的分离主义言论。

后现代文学潮流。经过70年代的乡土文学思潮，到了80年代，现代主义文学得以重新认识和评价，出现复苏态势。同时，由于台湾工业经济的发展，尤其是90年代以后，台湾已进入后工业文明社会，促使现代主义文学二度萌生，尤其是随着台湾新生代作家的崛起，他们从艺术观到创作，都受到后现代文化的影响，他们反对文学的真实论，反对现代主义一元化艺术观，在创作上出现了后设小说（又称元小说）、后设诗，以及文学与大众传媒、多媒体联姻的新形式，出现了广告诗、录影诗、科幻诗等，促使文学向大众化、通俗化方向演化、发展。

女性文学潮流。女性文学潮流指女性作家以女性题材和女性意识进行创作的文学潮流，“母题”仍是表现女性作为“人”的觉醒。女性文学从50年代开始，一直是文坛上引人瞩目的创作力量，从林海音、孟瑶、琦君等到60年代的郭良蕙、欧阳子、於梨华、陈若曦、施叔青、琼瑶等女作家的创作，构成台湾文学的亮丽风景。70年代以后，在西方女权运动的影响下，新女性文学兴起。80年代，涌现出一批女性作家，她们高扬女性文学的旗帜，以昂扬的时代精神，创作了有影响的作品，代表人物有李昂、朱秀娟、廖辉英、苏伟贞、萧丽红、朱天文、朱天心等。90年代的女作家抒写都市浪漫史，代表人物有张曼娟、黄子音等。女性散文作家有张晓风、简媜、洪素丽、陈幸蕙等。

政治文学潮流。80年代以后，台湾放开了“党禁”、“报禁”，解除了“戒严令”，“二二八”起义①平反，台湾反映政治事件、政治斗争、政治生活的作品纷纷出现，形成潮流。1983年，李乔、高天生合编出版了《台湾政治小说选》，政治小说有牢狱小说，如施明正的《喝尿者》；革命历史小说，如李乔的“寒夜三部曲”，陈映真的《山路》、《赵南栋》，黄凡的《伤心城》等。

环保文学兴起。现代工业的迅速发展，破坏了人与自然的关系，生态平衡遭到破坏，人类的生存环境受到威胁，有感于此，环保文学产生了，作家们呼吁保护大自然，保护生态平衡。如宋泽莱的小说《废墟台湾》、刘克襄的报导文学《随鸟走天涯》、陈煌的《飞鸽的早晨》、余光中的诗《控诉一支烟囱》等，这些作品开拓了环保文学的创作领域。

台湾少数民族文学。台湾少数民族文学指生活在台湾的高山族等少数民族的创作。台湾少数民族文学从80年代起步，90年代形成声势，代表作家有属于布龙人的田雅各，属于雅美人的波尔尼林，属于排湾人的莫那能，属于泰雅人的柳翱等。

网络文学。网络文学伴随着网络的发展而风行，是文学与现代科技联姻的产物，其传播渠道和生存平台是互联网络，是一种崭新的文学形态。1998年台湾写手痞子蔡（蔡智恒）的《第一次亲密接触》成为台湾网络文学的开山之作，他也因此名声大振。网络小说，如王恒奇的《电子情师》及《潮骚的秘密信箱》也很有影响。台湾的网络诗也曾流行一时，出版有《网络新诗纪》。

此外，还有两岸文学、探亲文学等。

思考论述题：

1. 为什么说台湾文学是中国文学不可分割的组成部分？
2. 简述日据时期台湾文学各个时段的特色。
3. 谈谈你对台湾当代文学各个时期的特点的认识与理解。

① “二二八”起义：抗日战争胜利后，台湾各族人民反对国民党统治的武装起义。

第二章　台湾小说

第一节　台湾小说发展概述

“五四”新文化运动催生了台湾新文学。台湾最早的白话小说，据考证为1922年4月6日发表在“台湾文化丛书”上的《可怕的沉默》，接着有追风的《她要往何处去》，杨云萍的《月下》等，1926年1月赖和的《斗闹热》和杨云萍的《光临》同时在《台湾民报》刊出，同年，张我军的《买彩票》发表。这几篇小说被称为台湾新小说的奠基之作。20世纪30年代，台湾小说有了新的发展，数量增加，质量提高。杨逵是日据时期有影响的著名作家，他的成名作是1932年创作的《送报夫》，他的第一篇用中文写作的小说是《春光关不住》（即《压不扁的玫瑰花》），表现出一种坚强不屈的民族精神。此时的名作还有吕赫若的《牛车》、龙瑛宗的《植有木瓜树的小屋》。抗战爆发以后，小说创作转入低潮，这个时期小说创作的可贵收获是吴浊流的长篇巨著《亚细亚的孤儿》。台湾乡土文学承前启后的小说家钟肇政，著有《鲁冰花》、“浊流三部曲”、“台湾人三部曲”等。

50年代，国民党政权退迁台湾后初期文化政策的导向，使这个时期的小说步入了极端政治化，“反共”题材的小说盛行一时，打上了鲜明的“战斗”印记。这类长篇小说以陈纪滢的《荻村传》、姜贵的《旋风》和潘人木的《莲漪表妹》为代表。《荻村传》借北方乡村农民傻常顺儿之口，恶毒攻击共产党。《旋风》大肆污蔑中国人民革命的胜利，“必像旋风般的烟散失败”。

与此同时，怀乡小说、回忆小说也很流行。一大批随国民党迁台的大陆人，背井离乡，思念故土，缅怀亲人，写出了一些具有浓郁乡情的怀旧小说。如林海音的《城南旧事》，以北京为背景，由五个故事组成，抒写出对北京亲人和古都风物的依恋，渗融着浓浓的离愁，表现出强烈的爱国主义思想和寻根情绪。这个时期的乡土小说以钟理和为代表，他的长篇《笠山农场》和短篇《贫贱夫妻》、《同姓之婚》等带有自传性色彩，反映了本土人在家庭婚姻方面的悲苦遭遇。

50年代还涌现出一批行伍出身的“大兵作家”，如司马中原、朱西宁、段彩华等。他们的小说以写战争题材为主，多表现出明显的政治倾向。

60年代为台湾现代小说蓬勃发展时期。随着台湾的经济转型，现代主义文学在50年代以诗歌为发端，到60年代延伸到小说领域，现代派小说在这个时期取得了很高的成就，同时也暴露出其弊端。以《文学杂志》、《现代文学》杂志为旗帜，涌现出一批新人名作，如白先勇的小说集《台北人》、《纽约客》，王文兴的短篇集《玩具手枪》、《龙天楼》，及70年代创作的长篇《家变》，欧阳子的《那长头发的女孩》，七等生的《白马》、《僵局》等作品集。有一些作家这个时期去了美国，如聂华苓、於梨华、陈若曦、欧阳子等，她们以留学生为题材的小说，如於梨华的《又见棕榈，又见棕榈》、丛苏的《白色的网》、《秋雾》等，在海外产生了广泛的影响，并迅速成长为台湾小说界的中坚力量。

70年代，台湾乡土小说复兴。针对台湾现代小说一度西化的倾向，台湾文坛曾展开“乡土文学论战”，一些作家主张回归乡土，这场论战使具有民族风格的台湾乡土小说获得肯定和承认。《台湾文艺》、《文学季刊》两个刊物团结了一批乡土小说家，成为发表乡土小说的主要阵地。主要作家作品有被誉为“承前启后”的乡土作家钟肇政的代表作《鲁冰花》、“浊流三部曲”、“台湾人三部曲”等，陈映真的《将军族》，黄春明的《儿子的大玩偶》，王祯和的《嫁妆一牛车》，李乔的“寒夜三部曲”，郑清文的《簸箕谷》、《故事》等，季季、王拓、杨青矗等都有佳作问世。

进入80年代，台湾小说创作呈现多元化趋向。台湾文学评论家叶石涛在为新生代小说家吴锦发的小说集《燕鸣的街道》作的序中说：“进入80年代的台湾文学逐渐走向视野更广阔、自由、宽容及多元性。”

题材、主题多样化拓展：社会生活的各个领域都在小说中得到表现，出现了政治小说、革命历史小说、都市小说、人权小说、老兵小说、两岸情结小说、山地小说、大河小说等诸多品种。政治小说是在台湾解除“戒严令”、“党禁”、“报禁”后出现的，涉及台湾政治生活的各个领域。山地小说主要写台湾少数民族的生活，反映山地与平地的冲突。小说题材、主题的多样化拓展，是在老、中、青三代小说家共同创作中完成的。以新生代小说家而言，林耀德指出：“‘新世代’开辟了崭新的主题场域，一方面发展出更宽阔的领空，另一方面也‘重写’了前辈所曾经营的主题。”①

90年代，还出现了网络小说，痞子蔡的《第一次亲密接触》网上流行后，纸质图书出版，畅销海峡两岸。

艺术流派、风格多样共存：写实主义传统在80年代以后得以延展，前辈作家如陈映真、李乔、黄春明、杨青矗等坚持现实主义的写作，创作了如《山路》、《铃铛花》、“寒夜三部曲”等小说，新生代作家洪醒夫、陈义芝、宋泽莱、古蒙仁等继承了写实的传统。同时，现代主义再度萌生，后现代小说兴

① 林耀德：《台湾新世代小说家》，《文学自由谈》1989年第6期。

起，新生代小说家在艺术上进行了多种实验和创新，如黄凡运用意识流手法创作的《赖索》、张大春的魔幻写实小说《将军碑》、吴锦发的荒诞小说《消失的男性》、王幼华的心理小说《香格里拉恋歌》等。

新生代小说家崛起：台湾新生代作家崛起，他们在70年代脱颖而出，初露锋芒，到80年代，他们迅速成熟起来，成为台湾文坛引人注目的小说家群。他们与前辈作家一道，汇聚成文学创作的新潮流。据台湾尔雅、前卫、希代三家出版社所出版的年度小说选统计，1980年至1989年所收的180篇中、短篇小说，新生代小说家有115篇，约占三分之二，由此可见这批小说新锐不凡的实力。小说出现许多的新品种，都市小说主要反映都市人的心灵状态，并对整个都市社会特征进行了描述。新生代小说家主张“现实为体，现代为用”，提倡写实传统和西方技巧相结合。这些小说新秀不固守某一阵地。

此外，女性小说家李昂的《杀夫》、朱秀娟的《女强人》等，廖辉英、萧飒、朱天文等人的作品也很有影响。台湾的通俗小说从60年代以来，取得了令人瞩目的发展，武侠小说、言情小说和历史小说都出现相当繁荣的局面，拥有广泛的读者群。

第二节　光复前的乡土小说

一、赖和的小说

赖和（1894—1943），原名赖河，字懒云，笔名甫三、走街先、灰、安都生、玄等。台湾彰化人，幼习汉文，并入公立学校接受日文教育，1909年考入台湾总督府医学校，毕业后成为令人敬仰的仁医。同时，他终生从事抗日的文化活动，但凡当时具有反抗日本殖民统治性质的团体，都有他的名字在内。为此，他先后两次被捕入狱。赖和对台湾新文学有开创之功，因此有“台湾新文学之父”之称。

赖和于1926年1月在《台湾民报》第86号上发表小说《斗闹热》之后，到1935年底10年间，共创作小说篇目29篇，发表16篇。其中，《一杆秤仔》、《惹事》、《丰作》、《不如意的过年》等篇，都被认为是台湾新文学史上具有划时代意义的作品。赖和的小说深刻地反映了日本殖民统治下的台湾人的现实处境和精神面貌。这些小说，以朴实无华的文笔，将发生在殖民暗夜里的悲剧故事一个个呈现在读者眼前。这一基本思想内涵，突出地体现在：

对日本殖民者的谴责和抗议。赖和立足于被殖民者的立场，深刻揭露台湾民众在殖民体制下所遭受的政治、经济、文化、教育等多方面的压迫和不平等待遇，以及殖民统治的残暴与法律的虚假、当局及其鹰犬横行霸道残害人民的滔天罪行。这些内容，在赖和小说里所占比重最大。自传体小说《阿四》、《归家》着重批判了罪恶的民族差别待遇；《蛇先生》、《辱》、《一杆秤仔》、《不如意的过年》等篇，强烈地控诉了殖民者极端不公正的法律，肆无忌惮地压迫、掠夺台湾人民；《不如意的过年》愤怒地抨击了警察政治的残暴和虚伪；《丰作》深刻反映了殖民者对台湾农民残酷的经济剥削。

对社会丑恶现象的揭露和批判。台湾原本就是一个封建社会，日本帝国主义入侵后，对它进行殖民统治，却并没有触动它的社会基础。封建制度仍然是压在人民头上的一座大山，仍然在制造着种种罪恶。赖和非常清醒地认识到这一点，并努力地展现在他的小说中。《善讼人的故事》描写地主霸占山林令穷人死无葬身之地，《赴会》是涉及“铁租”（租金很高，且不论收成好坏绝不减少）问题最早的文学作品，《斗闹热》是台湾第一篇批评迷信陋俗的作品。赖和更为反感的是台湾社会风行的养女、童养媳、蓄妾等残害妇女的习俗。《可怜她死了》以少女阿金的早夭，揭示了女性的悲剧不是个别的、孤立的现象，而是政权、体制、传统、习俗的共同为恶所致。赖和还从传统农业社会的局限性出发，剖析台湾人的性格，急切地对国人的愚昧落后与劣根性提出批判；另一方面，他也承受着批判之余，来自民族情感的隐痛。这在上述各篇中都有反映。

对劳苦大众的关心与同情。赖和小说具有高度的人民性，是真实深刻地反映台湾人民生活的一面镜子。作者始终站在社会最底层的劳苦大众一边，以极其悲悯的情怀，描绘了在帝国主义和封建主义双重压迫下的苦难众生。例如，《一杆秤仔》中，秦得参被日本人的制糖会社剥夺了租地种的权利，想靠卖菜维持一家人的生计，却被穷凶极恶的警察折秤拘禁，断了生路；《丰作》中添福比别人多花三四倍的力气侍弄蔗田，甘蔗丰收，却在制糖会社的盘剥下血本无归。

以上三个方面是紧紧缩结、融合在一起的。正因为有殖民者的凶残、嗜血，封建地主的贪得无厌、毫无人性，才有了人民在水深火热中的煎熬。也正是封建意识、传统习俗的愚弄，民众才懦弱、驯服、不争，没有力量自救，任人宰割。我们从台湾新文学史上看到，日据时期小说尽管庞杂多样，但除了皇民化文学之外，基本内容都离不开这三个方面。换句话说，这正是日据时期台湾小说的三大基本主题。

赖和小说在台湾文学史上开风气之先，不仅表现在思想内容上，而且表现在艺术形式上。赖和在创作的过程中，深深认识到，要反映新文学的新思想，旧有的文学形式不仅不能克尽其功，还成为障碍。因此他孜孜以求，努力学习、借鉴大陆新文学成功的先例，结合台湾文学的特殊性，创造出新的艺术特色。这也可以归纳为：

鲜明的人物形象。赖和与世界上绝大多数杰出的小说家一样，十分重视人物形象的刻画，尤其是他具有代表性的优秀作品，其主题更是通过鲜明的人物形象来体现的。在他不多的小说中，主要有三个形象系列：日本警察和台湾人中的恶棍、劳动人民、知识分子。

单纯质朴而又富于变化的情节结构。赖和小说基本上没有紧张曲折的故事情节和错综复杂的多头线索，叙事结构以单线为主，在平常、简洁的叙述中提炼富于典型意义的事件。但是这种单纯质朴的结构，又能根据内容而富于变化。赖和小说的叙事观点也比较传统，但不是千篇一律。

多种艺术手法的运用。赖和真诚、纯朴、平易的性格，决定了他写小说惯用白描手法，文字简练单纯，不事渲染烘托，不追求曲折离奇的故事情节，而是偏重于客观描述，力求按照生活面貌来描写。其小说用这种手法传出来的“神”，主要表现在通过语言和行为，以及心理活动刻画而成的人物的主导性格上。赖和还比较擅长使用对比手法，通过鲜明的对比，使冲突白热化，进一步拓展主题的内涵。赖和小说更为突出的艺术手法是讽刺，而且运用得相当高明。他一般不从作者的角度去看讽刺的对象，也不借故事中其他人物之口去明示讽刺对象的可笑，而是让丑角们自我表演，在权力与愚蠢之间摆荡，自行暴露其短处，出够洋相。

赖和小说在语言文字方面最大的特色，是在白话行文中穿插台湾土语（或曰闽南方言），主要表现在叙述、议论以白话为主，杂有方言词汇，而人物对话则多用方言。这样就使得对话生动具体，真实可感，符合人物的身份和当时的状况，并具有浓郁的地方色彩，让熟悉这种语言的台湾民众读来感到亲切，易于接受。赖和还相当重视拟声词的运用。

赖和小说在艺术上的缺点是早期创作细节描写不够，较粗糙，比较侧重于事件的展开，没能向纵深挖掘，没能把所描写的事物放在更广阔的社会背景中去考察，多数作品中的人物形象刻画还嫌粗浅，比较类型化，个性差别不太明显。在这方面，赖和自己也有认识，他以不懈的努力加以克服，后期作品就有较大进步。1931 年的《可怜她死了》、1932 年的《惹事》，技巧已较前成熟很多，已具备相当现代的手法了。

二、杨逵的小说

杨逵（1905—1985），原名杨贵，曾拟用笔名杨达，在赖和的建议下改为杨逵。杨逵是台南新化人，少年时代，他耳闻目睹日寇铁蹄下台湾民众血流成河的种种惨象。人民的英勇斗争和殖民者的残暴，在他心中埋下了复仇反抗的火种。他决心走上文学道路，就是想以小说的形式来纠正被编造的“历史”。对殖民统治的抗议，自然就成为他最关心的主题。他的文学创作始终与台湾同胞的抗日民族运动紧紧缩结在一起。

1932年，他首次以“杨逵”这一笔名写成白话文小说《送报夫》，经赖和之手刊载于《台湾新民报》，但后半部被查禁。于是，他将全文用日文重新写过，发表在1934年10月于东京出版的左翼刊物《文学评论》上，获其征文奖第二奖（第一奖空缺）。同年，他参加台湾文艺联盟，担任《台湾文艺》日文编辑，后因不满《台湾文艺》的办刊方针率妻叶陶退出，于1935年12月创办《台湾新文学》杂志。

杨逵的创作涉猎甚广，小说、戏剧、评论、散文，以小说成就最高。日据时期，他的小说写于“七七”事变前的主要有《送报夫》、《蕃仔鹅》、《顽童伐鬼记》、《模范村》、《难产》、《水牛》，另有写于1942年的《父与子》、《无医村》、《泥娃娃》、《鹅妈妈出嫁》、《萌芽》。

杨逵日据时期的小说创作数量不多，但绝大部分反映了五四运动反帝反封建这一时代命题，“五四”文学锲而不舍地追求自由、民主、科学的精神，在杨逵小说里，突出地体现在：

以深沉的控诉力量，揭露日本殖民者和民族败类的恶行。杨逵立足于被殖民者的立场，深刻揭露日本帝国主义统治下，台湾民众所遭受的政治上的压迫和经济上的榨取，以及殖民统治的残暴与法律的虚假、当局及其鹰犬横行霸道残害人民的滔天罪行。被台湾学者称为“具有文学品质而写出日据台湾社会真相的第一篇小说”① 的《送报夫》，就公开展示出日本殖民者在台湾的土地掠夺和残暴统治。《模范村》、《鹅妈妈出嫁》等篇，则控诉了封建地主和台湾人买办为虎作伥，完全不顾民族利益和自己同胞的死活。殖民当局的残暴贪婪与地主阶级的毫无人性是连带的一个整体，把农民一步步拖进不幸的深渊。

摹写乡土苦难，抒发民族悲情。关注下层民众的人生苦难，是反帝反封建的重要一环，也是“五四”文学的母题之一。杨逵小说侧重反映在殖民者和封建地主的双重压迫和盘剥下，台湾农村凋敝、民不聊生的现实状况，几乎每一篇中，都有家破人亡、妻离子散的惨剧发生。《种地瓜》中，虽然没写死亡，但无论是远征充当侵略者炮灰的丈夫，还是家中的妻儿，都是朝不保夕，死神随时都会降临在他们中间。殖民者及其走狗（当时的与现在的）一向标榜，日本占据台湾，给台湾带来了教育上及医疗卫生上的进步。杨逵的小说则向我们揭示了事实的真相：《模范村》告诉读者，那时富人才能进公立学校读书，贫寒子弟既无时间又无钱，几无读书的可能；《无医村》里展示的则是穷人缺医少药的社会现实。更让作者杨逵感到悲哀的却不是这躯体的病饿与死亡，而是在殖民者的毒化下，台湾下一代民族血脉的断绝与汉魂的消亡。这在《泥娃

---

① 颜元叔：《台湾小说里的日本经验》，台湾《中华日报》1984年10月11日。

娃》中表现得非常突出。

惊醒民众，激励人心，鼓舞斗志。如果说，赖和是以深沉的控诉力量，揭露日本殖民统治给台湾同胞带来的灾难，那么杨逵在揭露与控诉的基础上，更着力描写了台湾人民觉醒与斗争的社会前景，启示人们去探求光明的出路。正是在这种意义上，台湾作家龙瑛宗认为，杨逵的小说“是指示历史进路的文学，是为生活在黑暗中的人们心上点燃一盏灯的文学”①。陈映真则说：“杨逵先生的创作方法，是在传统现实主义的基础上，从批判和改造出发，辩证地综合了敢于追求和企望幸福、胜利、光明的浪漫主义的‘新现实主义’。”②

杨逵小说在艺术上的特点：

形象地反映了社会的真实。他始终坚持台湾新文学的现实主义方向，以反映底层百姓疾苦和抗日民族精神为目标，并通过现实主义艺术功力的锤炼，成就了自己独特的小说面貌。他主张文学是人生的反映，作家要为认识人生社会的奥秘而努力。

生动地展现人物性格。小说语言朴素，没有华丽辞藻；情节平实，不设曲折波澜；人物形象的塑造毫无矫揉造作，完全是放在社会生活的实践中加以刻画。正因为如此，人物性格随着生活的改变、认识的加深而有所发展变化，人物形象就不是平面的而是立体的。杨逵还擅长用生动而典型的细节来刻画人物形象，从而丰富作品的思想内容。

以多种手法丰富现实主义创作。小说结构朴实、自然、单纯，常常采用中国传统文学尤其是戏曲的技巧，多用双线或多线并进的结构方法，故事情节的逻辑发展保持着清楚明朗的方向；同时又能借鉴和吸收西方文学的创作方法，擅长对比、象征等手法的巧妙运用；幽默讽刺笔法的运用也很到位。

当然，杨逵小说在艺术上并非十全十美，例如形象化不是很足，有思想大于形象之嫌，有的结构不十分完善，有时语言也欠通顺等等。然而，对日据时期台湾文学的诠释无论在思想上还是艺术上，都同样要根据历史的观点进行。杨逵首先是一个社会活动家和思想家，他手上的笔和心中的志业，首先并不是文学，而是改造和批判的进步事业。在那个时代杨逵能够从事这一进步事业的唯一出路是文学。严酷的社会环境和窘迫的生活条件，都使他无法潜心于艺术上的锤炼，汉语和日语之间的几度转换，也影响了行文的顺畅。然而，这些缺点并不影响对杨逵小说艺术性的整体评价。它们在思想上和艺术上都适应当时民族斗争的需要，也都是对台湾新文学的重要突破，有学者称之为一块不可毁灭的里程碑是当之无愧的。

---

① 龙瑛宗：《血与泪的历史》，台湾《中华日报》1946年8月29日。

② 陈映真：《学习杨逵精神》，《世界华文文学论坛》2004年第2期。

三、吴浊流的小说

吴浊流（1900—1976），原名吴健田，笔名吴饶畊，祖籍广东蕉岭县，1900年出生于台湾新竹县一个书香门第。日本侵略者的血腥统治在吴浊流幼小的心灵里留下了深刻的记忆和仇恨的火种，而家庭的影响和台湾人民前仆后继抗日斗争事迹的激励，又使他有了牢固的民族情绪和反抗殖民者的心理。他个性刚强，言语上坚持使用母语，终其一生，作品中均表现出强烈的爱国主义精神。女作家林海音撰文《铁和血和泪铸成的吴浊流》指出："日本窃据台湾的半个世纪，有的是可歌可泣的史实；而吴浊流先生，终其一生七十八年生命中的四十五年，是做的'亚细亚孤儿'，但他不是一个麻木的孤儿，而是一个铁和血铸成的男儿。"

吴浊流的创作始于旧体诗，散文亦有涉猎，有大量的杂感、游记、评论。出版了诗集《浊流千草集》，以及文集《浊流全集》。他到37岁才开始创作小说，而最主要的文学成就正是在小说方面。他不属于早慧型的作家，没有那种先天的敏锐，而是经由人生历练，才发展出自己的创作风格。但恰恰是人到中年，文学和生活的积累都很丰厚，并且确立了自己的世界观与人生观，因此一出手便不凡。

吴浊流的小说创作以台湾光复为界，分为前后两期。在以日本帝国主义统治时期的台湾生活为背景的前期小说中，把日本殖民者残暴统治下的台湾人民的悲苦、知识分子的辛酸、妇女的不幸、走狗爪牙的丑态以及广大人民群众对殖民者的愤怒、抗争，描写得淋漓尽致。这正是吴浊流此期短篇小说的三类主题。

第一类的代表作品是《水月》和《功狗》。这两篇的主人公仁吉和洪宏东，都是非常优秀的台湾子弟，在种族歧视下壮志难酬。仁吉陷落在困境中，去日本深造的愿望并没有泯灭，只是这愿望如同水中之月，"圆了又缺，缺了又圆"。洪宏东二十年如一日地做着代用教师，倾其全力地实践当局的教育方针，积劳成疾患了肺病，卧床仅三个月，就接到了免职命令，还因为是代用教师而没有退职金可领。

第二类以《泥沼中的金鲤鱼》、《糖扦仔》最集中地表现了知识女性的生存状态。《泥沼中的金鲤鱼》中的月桂，出身于儒生家庭，生就一身傲骨，向往美满的爱情。可叔父贪得6000元聘金，竟想把她嫁给人家做妾。她离家出走到台北一家公司应聘为女职员，哪知道社会亦是一个大陷阱，她被貌似绅士的社长诱奸。她决心复仇，投身女权运动。《糖扦仔》原是长篇小说《亚细亚的孤儿》里的一节，该书在日本出版时嫌这一节累赘，加以删除，但又觉得由此短短的文字中可窥见台湾沦陷时期的御用绅士的丑相，所以翻译出来作为独立的短篇。女主角月英是一家色情场所“醉仙楼”老板娘的亲生女，女子学校毕业的大小姐。其母嫌贫爱富，不准她嫁给心仪的知识分子胡太明，强迫她去做色鬼“糖扦仔”的小老婆，后月英投水自尽。

第三类主要描写民族败类的所作所为，《先生妈》和《陈大人》是相当出色的作品。《先生妈》写医生钱新发爱钱成癖、逐名如狂，在“皇民化运动”中不甘人后，努力将自己及家人彻头彻尾地日本化，偏偏他母亲至死都坚持自己的台湾立场。《陈大人》则是写一个台湾人候补警察陈英庆，利用职权，无恶不作，协助殖民者鱼肉自己的同胞，最后被其主子抛弃，落得个乞丐下场。

这三类主题在短篇小说中互有交叉，而长篇小说《亚细亚的孤儿》在包罗这三类主题的基础上，有更大的拓展。

吴浊流自 1943 年就开始创作长篇小说《胡太明》(后易名为《亚细亚的孤儿》)，到 1945 年脱稿，以台湾在日本统治下的一部分史实作为背景，当时这是任何人都不敢写的史实。《亚细亚的孤儿》人称台湾新文学史上的一座丰碑，可以说是代表着日据时期台湾小说的最高成就。这部小说选取以日本殖民统治下的台湾社会为背景，透过主人公胡太明的人生经历，展现出阔大的历史画卷。

胡太明出身于书香门第，虽然从小接受祖父的中国传统文化影响，但受到殖民主义教育的洗礼。殖民者的文化挟强权的威势和现代化的诱惑，从各个角度向渴求知识、进步的胡太明袭来，致使他一度几乎完全认同它了。然而，“殖民体制的残暴本身，成了最具启发性的教师”。他历经磨难，终于从一个顺民成长为抗日战士。

由《亚细亚的孤儿》所引发出来的“孤儿意识”，在今天经常被台湾分离主义势力用来作为“台独”的一种依据。其实，他们是歪曲和篡改了作者吴浊流的本意。胡太明是日据时期台湾知识分子的典型，他的“孤儿”处境是一种客观存在，没有台湾的被殖民和被迫与祖国分离，就不会造成他认同上的盲点。正如台湾著名作家陈映真所说，吴浊流所塑造的胡太明形象，所要揭示的历史教训，并非如现今的“台独”分子所歪曲的那样，是所谓“台湾人意识”，而是“孤儿”意识的克服。

吴浊流的小说呈现出多方面的艺术特色，如强烈的社会批判力量、浓郁的乡土气息、精巧的艺术构思、缜密的小说结构、个性鲜明的人物形象塑造，等等，尤其擅长讽刺艺术。

四、吕赫若的小说

吕赫若（1914—1951)，原名吕石堆，祖籍广东饶平，生于台中县丰原镇潭子乡栗林村。吕赫若才智过人，不仅是文学家，在音乐、戏剧方面也有优秀表现，还通英、法、意、日等多国语言，因此有“台湾第一才子”之称。早在学生时代，吕赫若就已经是具备马克思主义世界观的左倾青年了，台湾光复以后，他的左翼思想获得了长足的发展。“二二八”起义后，对国民党失望的他不惜铤而走险，全身心地投入到社会运动与地下斗争中去，还担任了地下报纸《光明报》的主编，急切地期待着海峡彼岸的“红色中国”。其后，在白色恐怖的笼罩下，他投身于武装斗争，1951 年，他在台北山区鹿窟武装基地被毒蛇咬伤，不幸身亡，年仅 37 岁。

1934 年，吕赫若从师范学校毕业，开始了他的创作生涯。他写了一篇短篇小说，投给当地一家杂志，可惜没能刊发出来。是年秋天，吕赫若对这篇小说进行了改写，以《岚の物语》（《暴风雨的故事》）为题，发表在 1935 年的《台湾文艺》上。代表作《牛车》发表在 1935 年 1 月出版的日本左翼文学刊物《文学评论》（2 卷 1 号）上，这篇小说使吕赫若一举成名，这是继杨逵的《送报夫》之后，又一篇被《文学评论》刊载，同时收入胡风编译的《山灵——朝鲜台湾短篇集》的台湾小说。从此，吕赫若一发而不可收，短短 12 年，不断有新作问世。

吕赫若短暂的文学生涯可分为四个阶段。从发表处女作到四年后负笈东京（1935—1939）是第一阶段。此时他从小资产知识分子的角度，来看当时社会的矛盾，冷静地描述农民疾苦、农村经济破产所发生的悲剧、乡村知识青年的苦闷及婚姻问题、女性命运和宿命性格，作品有《暴风雨的故事》、《牛车》、《前途手记》、《逃跑的男人》，等等。第二阶段，日本时期（1939—1941），观察焦点由农村妇女问题转移到都市妇女问题，完成中篇《季节图鉴》、《蓝衣少女》及长篇《台湾女性》。第三阶段，“皇民化”运动时期（1942—1945），收敛左翼批判精神，转而集中于对封建家庭中妇女地位问题的探讨，其时创作手法、文学风貌更趋圆熟，作品有《合家平安》、《财子寿》、《风水》、《清秋》。一般认为此期的作品最为出色，一是缘于作者本人的进步；二是殖民政府对台湾实行“战时管制”，严格钳制知识分子的思想，吕赫若为保全自己，改变写作题材，并用含蓄或曲折的手法，将作品的深意掩藏起来，这无形中就加强了作品的艺术价值，大大提升了文学的层次。第四阶段是光复后（1946—1947），他热情地拥抱祖国，尝试以中文写作，发表了《故乡的战事》（一、二）、《月光光》、《冬夜》，文字稍嫌生涩。之后，他走上革命的不归路。

吕赫若从小就接受日本文化的熏陶和影响，又是在日本文学的启示下走上创作道路，艺术素养积累的来源也十分庞杂，可是我们细读他的小说，发现它们仍然脱离不开中国“五四”文学的道路，它们仍然是反帝反封建的力作，这一特点，主要表现在：

直接控诉殖民掠夺和地主剥削的罪恶。鸦片战争之后的中国社会，呈现出半殖民地半封建的基本形态，中华民族和帝国主义的矛盾，广大人民群众和封建主义的矛盾是基本矛盾。封建主义是帝国主义在中国的社会基础，而帝国主义则是封建主义的靠山。台湾虽然受到殖民统治，与中国大陆有所不同，但只是使中华民族和帝国主义的矛盾更加突出罢了，社会基本矛盾并没有本质上的变化，封建主义和帝国主义的基础与靠山的关系也丝毫没有改变。这一点，我们从吕赫若发表于 1935 年的小说《牛车》、《暴风雨的故事》中可以清楚地看到。此后，由于日本当局的"皇民化"政治高压和思想钳制，吕赫若不再有这类直接反映在殖民掠夺和地主剥削的双重困境中，农民日渐穷窘、最终遭受毁灭性打击的作品。但他批判封建主义的指向丝毫也没有放松，只是改变了策略。

具有中国特色的"审父"意识。翻开中国现代文学史，有相当一部分作家是由自身所亲历的封建家庭专制而感受和认识到全部封建专制和封建思想的罪恶的，他们的反封建文学创作也是从描绘和抨击封建家庭专制的"吃人"开始的。巴金和曹禺等作家，首先将东方专制制度的蛮横、冷酷和伪善通过"父亲"这一形象表现出来。吕赫若恰恰是在这一点上，与巴金们进行了同样的探索。吕赫若小说中的父亲形象，也多是不很光彩的，这些堪称是社会与家庭"中流砥柱"的中老年男子，以绅士与社会精英的面目示人，在家庭中则是专制的暴君，生活腐朽糜烂，把自己的权威和快乐建立在妻妾子女的痛苦之上。如《合家平安》中的范庆星、《财子寿》中的周海文、《逃跑的男人》中的父亲、《婚约奇谈》中琴琴的父亲。这几篇小说都表现了封建的旧式大家庭从内部开始腐烂，慢慢走向崩溃，而其家长则是始作俑者。作家用自己的犀利之笔，揭露了封建宗法制度的吃人本质，把被封建文化体系扭曲变了态的丑恶灵魂展示给世界看，给台湾人自己看，引发改造的愿望和动力。它们虽然不是巴金的《家》、《春》、《秋》那样的鸿篇巨制，但也有异曲同工之妙。原因是封建主义的最基层结构——两岸的家族制度是共同的，父辈文化中那些阻碍民族生存发展的糟粕是共同的，两岸作家有共同的思路则是必然的，对父辈文化无情批判的方式相类似也就不足为怪了。

塑造被封建父权"吃掉"的女人们。与巴金、曹禺等一样，吕赫若在塑造"吃人"的封建家长的同时，也塑造了"被吃者"的形象。由于吕赫若的小说基本上都是短篇，不可能如巴金那样展开巨幅的家庭画卷，因而他笔下的"被吃者"多表现为处于社会最弱势群体的妇女，被"吃"的不只是她们的肉体，还有她们的灵魂。这样写一来因为妇女们的确要比男人们受害更深，二来男性作家也需要借助女性的苦难遭际向自己敌对的封建制度、剥削制度提出控诉。吕赫若笔下封建家庭中"被吃"的女性形象分为两类：一类是善良温驯的受难者女性，如《庙庭》、《月夜》中的翠竹、《前途手记》中的淑眉、《财子寿》中的玉梅；另一类是助纣为虐的恶女，如《庙庭》、《月夜》中的婆婆和小姑、《前途手记》中的正妻、《财子寿》中的秋香。

吕赫若是写实主义理论的倡导者与实践者，他的小说力求最大限度地做到客观写实，但又融合了日本新感觉派、“私小说”等诸多文学流派与思潮的影响，形成一种杂糅与综合、博大与宽容的明显特征。

第三节　光复后的乡土小说

一、陈映真的小说

陈映真（1937—2016），台湾台北人，本名陈永善，1961 年台湾淡江文理学院外文系毕业，曾担任《文学季刊》编辑。1985 年 11 月创办报导文学杂志《人间》，后又成立人间出版社。陈映真既是作家又是评论家，他以陈映真之笔名发表小说，又以许南村的笔名发表评论。从 1959 年发表处女作《面摊》以来，已出版中短篇小说集《将军族》、《夜行货车》、《华盛顿大楼》、《山路》、《铃铛花》、《归乡》，评论集《知识人的偏执》、《孤儿的历史，历史的孤儿》等。1988 年，人间出版社出版了 15 卷本《陈映真作品集》。

综观陈映真几十年的创作，大致可分为三个阶段：

第一阶段（1959—1965）：主要作品有《面摊》、《我的弟弟康雄》、《乡村教师》、《祖父与伞》、《那么衰老的眼泪》、《将军族》、《凄惨的无言的嘴》、《兀自照耀着的太阳》等。这时期陈映真始终处于一个市镇小知识分子的忧郁、苦闷、感伤的氛围之中。1947 年的“二二八”起义和 1949 年国民党退居台湾后所采取的政治高压、文化高压像阴影一样始终笼罩在陈映真头上。他怀着美好的理想，却找不到理想实现的途径；他想摆脱黑暗专制的统治走向光明，但望不到旭日东升。因而他的作品总是流露出一种无可奈何的凄迷，他的人物也大都在乌托邦式的理想破灭后走向死亡。可以说，浪漫基调与幻灭感是陈映真这一阶段小说创作中同时并存的两种似乎矛盾的质素，这也正是当时现实环境的反映。“我的弟弟康雄”——一个早熟的、怀抱着理想主义的热情的青年，在现实面前深感痛苦、自卑和绝望，最后以自杀来结束其短暂的生命；《故乡》中的“哥哥”、《加略人犹大的故事》中的“犹大”等都是同一类人物。除了现实环境的因素，20 世纪 60 年代台湾文坛普遍西化的潮流也深深影响了陈映真的创作，他在第一阶段的创作比较多地表现了西方现代主义的“死亡”母题。

陈映真的小说还有一个特点，那就是他对于寄寓在台湾的“大陆人”的沧桑传奇，以及在台湾的流寓底层和“本省人”之间人的关系所显示的兴趣和关怀。代表作《将军族》，小说的男主人公“三角脸”，是一个年近四十、退伍后在康乐队里混饭吃的大陆人；女主人公“小瘦丫头儿”，是一个年仅十五六岁、为逃避被卖为娼的命运而来康乐队里栖身的台湾女子。他们的出身、年龄差别很大，但他们的命运和处境相同，他们相濡以沫，终于相爱了。五年后相逢时，为了追求那婴儿般干净的肉体双双殉情。这里，台湾光复后存在的“大陆人”、“本省人”之间的误会、隔膜，在两个卑微的小人物身上消弭了。希望在台湾的“分离或有相分离危机的中国人重新和睦”，这是陈映真的心声，他的这一心声一直贯穿于第二、第三阶段的创作。如果说《将军族》以前的小说曾一度受现代主义影响较深，那么1964年之后随着作者思想的不断成熟以及时局的变幻无常，陈映真对现代主义的迷蒙进行了反思，毅然举起了现实主义的旗帜。他认为台湾应该出现一种要给予被侮辱的、被践踏的、被忽视的人们以温暖的安慰、以奋斗的勇气的乡土文学。

第二阶段（1966—1968）：作品有《最后的夏天》、《唐倩的喜剧》、《第一件差事》、《六月里的玫瑰花》等。在陈映真这一阶段的创作中，那种契诃夫式的苍白、忧郁以及陀思妥耶夫斯基式的自我厌弃、百无聊赖消失了。许南村认为，1966年以后，陈映真的风格有了突兀的改变，“嘲讽和现实主义取代了过去长时期来的感伤和力竭、自怜的情绪。理智的凝视代替了感情的反拨；冷静的、现实主义的分析取代了煽情的、浪漫主义的发抒”①。很显然，陈映真逐渐摆脱了市镇小知识分子的狭隘视野，而从一个较为宽阔的角度，理智地审视着台湾的现实生活。《唐倩的喜剧》透过女主人公唐倩先后四次的换偶轮转，不仅对西方现代主义的虚无性进行了批判（如唐倩与存在主义信徒老莫热恋、结婚，发现其虚伪的面貌后离异），而且反映了西方资本主义经济、文化的入侵对台湾社会生活的严重危害。《最后的夏日》勾画了一群庸俗、下流的知识分子行尸走肉般的嘴脸。

第三阶段（1968—　）：1968年至1975年八年的炼狱生活，使得陈映真更成熟、更敏锐、更坚定了，他的思想、人生与创作都达到了一个新的高度。他自己说：“在牢里我们可以亲眼看到历史，亲身感受到历史的发生。整个世界的变化，都对这里产生影响。那几年的锻炼，的确给了我一点力量。”② 在狱中，陈映真创作了《永恒的大地》、《累累》、《某一个中午》等，出狱后又发表了《贺大哥》和华盛顿大楼系列《夜行货车》、《上班族的一日》、《云》、《万商帝君》等。1983年以后，他又开拓新的题材，向政治小说领域进军，发表

---

① 许南村：《试论陈映真》，见冯牧主编《中国新文学大系 1949—1976·文学理论卷》，上海文艺出版社1997年版，第912页。

② 冯伟才：《那孤单的背影——记在台北晤陈映真》，香港《百姓》1985年第1期。

了《铃铛花》、《山路》、《赵南栋》等作品，对50年代白色恐怖的政治生活进行反省。总的来说，这一阶段的小说较前两个阶段的小说更具现实批判性，主要是对西方资本主义经济、文化侵略下人的异化本质的揭露。《夜行货车》是他复出的首篇，它以外资入侵下的台湾整个工商社会为背景，通过对跨国公司中几个中国职员的不同生活态度的描写，深刻地揭示了台湾社会商业化、经济国际化所酿成的病态，描写了国际资本的豢养和物质利益的腐蚀，是怎样使林荣平这样的人丧失了民族气节和为人的尊严。《上班族的一日》中的杨伯良、《万商帝君》中的陈家齐等都是这类人物。除此之外，陈映真还塑造了一批与林荣平、刘福金等截然相反的人物形象，如詹亦宏（《夜行货车》）、张维杰（《云》）等。

陈映真的小说艺术十分独特。大体上说，1964年之前主要受现代主义影响，之后主要受现实主义创作方法影响，但又不是绝对的泾渭分明。陈映真把现实批判精神和象征、暗示、时空交错等艺术手法相融合，使小说在思想和艺术的结合上达到了很高水准。

在台湾的乡土文学中，陈映真占有重要的地位。他被看作是了解台湾战后历史特别是战后知识分子的心路历程，了解台湾社会目前状况的典型个案。

他始终站在反对独裁专制、反对“台独”分裂祖国的民族主义和爱国主义立场上，也因此几次被捕入狱，但他从不屈服，用鲁迅式的批判现实主义的战斗精神影响激励着千千万万同时代人和后来者。正如黎湘萍所说，陈映真小说的重要价值在于“立足冷战、民族分裂时代台湾的特殊土壤，通过写作来思索、探讨这个不安的时代最困扰人们精神的现实问题与哲学问题，表现了处在孤悬状态中的台湾的苦难”①。

二、黄春明的小说

黄春明（1939—　），台湾宜兰人，屏东师范学校毕业。毕业后曾任小学教员、电器行学徒、电台编辑，后从事广告企划与电影摄制工作。自1956年发表《清道夫的孩子》迄今，已出版小说集《儿子的大玩偶》、《锣》、《莎哟娜拉·再见》、《寡妇》、《我爱玛莉》、《青番公的故事》等。

综观黄春明的小说创作，大体可分为以下几个阶段。

1956年至1966年为第一阶段。其中大部分是带有现代主义风格的作品，如《把瓶子升上去》、《跟着脚走》、《男人与小刀》等。这一阶段他的作品思想上、艺术上都尚未成熟，正如他一篇小说的题目所说是“跟着脚走”，跟着

① 黎湘萍：《台湾的忧郁：论陈映真的写作与台湾的文学精神》，生活·读书·新知三联书店1994年版，第234页。

50—60年代西化派的脚印走，还没有找到自己创作真正的立足点。1967年至1971年为第二阶段，可称为乡土关怀阶段。从1967年开始，黄春明终于找到了自己的立足点——宜兰故乡。他觉得前一阶段的创作要有多苍白就有多苍白，于是他的小说创作发生了很大的转变。从个体生命体验的重视，转向群体民众生活的关怀；从现代主义的外来文学话语，转向现实主义的本岛诉说方式。小说大多以故乡宜兰为背景，反映出西方资本主义经济入侵下农村、市镇小人物在那种痛苦现实中的艰困挣扎与奋斗的心灵历程。代表作有《青番公的故事》、《溺死一只老猫》、《看海的日子》、《鱼》、《儿子的大玩偶》、《锣》、《甘庚伯的黄昏》、《两个油漆匠》等。1971年至1977年为第三阶段。这一阶段黄春明的创作立足点从乡村转向城市，从单纯的乡土生活经验描绘转向复杂的社会生活形态剖析。鞭挞美、日帝国有形无形的经济文化侵略，对在这种病态社会中崇洋媚外思想进行批评，并揭露了那些资产阶级买办知识分子的洋奴嘴脸。代表作品有《苹果的滋味》、《莎哟娜拉·再见》、《小寡妇》、《我爱玛莉》等。1977年之后为第四阶段，主要作品有80年代的《大饼》、《瞎子阿木》、《打苍蝇》、《放生》等，90年代的《死去活来》、《银须上的春天》、《呷鬼的来了》等，这些作品除了继续关怀乡土人物的命运，主要记录一些神秘性的乡野经验，体现出黄春明创作的不断探索。

1967年至1977年也即上述第二、第三阶段。这是黄春明小说创作的黄金时期。他曾在《莎哟娜拉·再见》的再版序中说："在小说创作上，我是绝对地赞成以真挚的人生态度为基础的关心人、关心社会的文学。"我们把黄春明第二、第三阶段的小说创作大体分为"关心人"和"关心社会"两大类，当然，人是一切社会关系的总和，因此，关心社会就必然要关心社会中的人，而关心人也离不开生活其间的社会。

"关心人"的乡土创作。黄春明这一阶段的小说创作集中笔力关注台湾经济转型时期乡镇小人物的精神困惑以及命运的苦苦挣扎。青番公尽管对土地、对他亲手种出来的稻田和他的"兄弟"稻草人有亲切的感觉，但是他早已失去了听众，只能对自己的孙子表达内心的喜悦；阿盛伯及其村民们为了保护象征自然纯朴关系和文化传统的"龙目井"奋起抗争，最后当他无法忍受游泳池开张之日铁丝网内溢出的嬉水声时，阿盛伯终于也把自己脱得精光，跳进深水区，以死抗拒都市文明，但他的殉道未能阻止资本主义的入侵；新的经济生产方式迫使憨钦仔放弃曾经是村里"孤行独市"的打锣的善事；坤树"广告人"的职业也很快面临危机……这些小人物总是不由自主地被抛入历史洪流中，成为悲剧的主角。

虽然小人物的人生奋斗与命运挣扎都充满了艰辛与坎坷，但这群弱小人物没有屈服，即使身处困境，仍始终对生活心存感念，充满希望，哪怕是一个简单的生活信念，都给人带来向上进取的原动力。从渴望生一个属于自己的孩子的妓女白梅（《看海的日子》），到希望买回一条鲣仔鱼实现自己诺言的学徒阿仓（《鱼》），他们心中平凡、卑微的生活希望，支撑了自身的生命历程。在这种希望、追求、实现的过程中，小人物完成了一种自我价值的体现，维护了生命的尊严。《锣》中那个靠打锣为生的流浪汉憨钦仔，在装有扩音器的三轮广告车取代了打锣生计的时代被遗忘了，但他却始终渴望为周围的世界做点事情。这个卑微的小人物虽然做出许多令人啼笑皆非的阿Q式举动，但当他所追求的起码的生存条件无法达到时，他也借最后一次打锣机会，喊出心中的愤懑，在复杂难言的精神悲哀中，竭尽全力完成一个打锣人自我价值求证的最后仪式。通过自我求证，恢复人格尊严，是黄春明乡土人物最见光彩的性格特征。黄春明小说中的小人物，在生活的压力下表现出一种极具韧性的生命力，也为台湾这些各处生活着的小人物树立了一个有尊严的、不容人随便可怜和嘲弄的形象。

“关心社会”的都市批判。黄春明说：“自从我看清自己的过去，认识了自己与整个社会的关系，我的心灵才有一点成长，也开始会多做思想，作品也慢慢地有了转变，写的东西不再考虑文学通的掌声，也不投好文学通的趣味，于是从《鱼》一变，就《苹果的滋味》、《莎哟娜拉·再见》这类作品了。”[①] 这种转变，从思想上说，是作者结束自己悲天悯人的情怀，走向对社会的批判；从题材上看，是由自己熟悉的农村、小镇，转向当时台湾社会矛盾的焦点——城市。温情脉脉挽歌式的抒情不复存在了，代之而起的是对美、日新殖民主义入侵的揭露和对各种媚外洋奴的辛辣嘲讽。洋奴陈顺德为了力求同化，改名字为“大卫·陈”，在公司里极尽奴颜媚骨之事。为了讨取洋老板的欢心，把即将调回国的洋老板家的洋狗玛莉接回家，从此以玛莉的情绪好坏、舒适与否为中心，全然不顾妻儿的价值和地位。通过这出人不如狗的悲喜剧，可以看出黄春明的嘲讽是辛辣的，揭露也是深刻的。

黄春明是个很有个性的作家，他善于说故事。刚走上文坛，他的说书人特质就受到文坛的注意，许多人肯定他的语言魅力。他运用闽南话词汇、句法大大增强了作品的表现力，而又没有方言之艰涩，这为中国作家活用民族语言作出了榜样。他的小说语言又常带幽默嘲讽，对于那些卑微的小人物，黄春明在微带伤感的叙述中露出温情脉脉的批判。阿盛伯脱光衣服跳入游泳池的举动，坤树作为“广告人”那奇形怪状的打扮，无不滑稽可笑，但作者在嘲弄中含有体谅。对于都市社会病态的人生及其崇洋的心态，作者则是进行辛辣的讽刺。

---

① 转引自翁光宇：《试论黄春明小说思想内容的转变》，《暨南学报（哲学社会科学版）》1983年第3期。

无论从思想上还是从艺术上，黄春明都不愧为一个出色的乡土文学作家。

三、王祯和的小说

王祯和（1940—1990），台湾花莲人，台湾大学外文系毕业，毕业后曾在花莲中学教过英语。后分别任职于台南亚航公司和台北国泰航空公司以及台湾电视公司。自从1961年发表了处女作《鬼·北风·人》至今，已出版小说集《嫁妆一牛车》、《寂寞红》、《三春记》、《香格里拉》以及长篇小说《美人图》、《玫瑰玫瑰我爱你》和中篇小说《人生歌王》等。

王祯和几十年的小说创作，大致可分为三个时期。

20世纪60年代初受台大现代文学社的影响，作品有较浓的现代气息，其代表作为《鬼·北风·人》，是为早期。

60年代中期大致从1967年到1973年为中期，主要是以花莲小人物的命运来反映50—60年代台湾由农业社会向工商社会过渡中的人际关系及冷酷现实。王祯和是花莲人，18岁以前没有离开过故乡，花莲的风土景物在他的童年与少年生活的回忆里留下了极其深刻的印象。他曾说：我小说中的许多人物都是那个时候印象深刻的人、事、物的累积。他还说："也许就正因为我也是个'小人物'吧！他们于我而言是那么亲切！那么熟悉！他们的乐，也是我的乐；他们的辛酸，也是我的辛酸；他们的感受，也是我的感受。"① 因此，王祯和深深扎根于台湾深厚的土壤里，描写社会底层渺小人物贫困而卑下的生活。他认为人生本来是可怜又可笑的，人类的一生都在挣扎—让步—挣扎—让步。他对卑微的小人物既有悲叹也有同情，叙述笔调客观冷静，显示出现实的冷酷无情。

1973年后为后期。随着台湾社会政治、经济生活的动荡与变化，他的创作题材也随之发生变化。主要开掘民族主义、爱国主义题材，深入反映由于西化给台湾社会带来的那些崇洋媚外、民族精神沦丧等严重的社会病症，代表作品有《小林来台北》、《美人图》、《玫瑰玫瑰我爱你》等。在这几部作品中，王祯和运用喜剧的手法来描述"上班族"知识分子的生活与灵魂，用文学形象的方式表现了两种文化即西方资本主义的城市文化与中国本土的乡村文化在人性的层面上造成的矛盾冲突。这些作品与70年代黄春明的同类题材譬如《莎哟娜拉·再见》、《小寡妇》、《我爱玛莉》等以及陈映真的"华盛顿大楼"系列《夜行货车》、《上班族的一天》、《云》、《万商帝君》等在一起，对逐渐成长起来的依赖美、日等西方经济为主的台湾工商社会作了批判。如果说《小林来台

---

① 尉天骢：《悲悯的笑纹：记王祯和》，见尉天骢《岁月》，上海人民出版社2009年版，第147页。

北》和《美人图》还局限于用小林这位来自农村的淳朴青年的眼睛来观察“现代企业”中的上班族种种崇洋媚外、虚伪空虚的丑态，那么《玫瑰玫瑰我爱你》则比较直接地通过董斯文这位知识分子为迎接美军的到来而创办“吧女速成班”，训练接待美军的妓女这样一件荒诞的事件，尖锐地讽刺了已经彻底洋化了的知识分子如何利用自己全部的智慧来报效洋人，与《小寡妇》中的张行善有异曲同工之妙。“妓院”老板和董斯文在美钞的巨大诱惑下，完全丧失了最基本的人的良知和民族自尊心。面对大都市和小市镇以及农村二元世界的互相伤害，陈映真、黄春明、王祯和思考的问题和角度大致相同：一是对台北这样的大都市的生活作出冷静而无情的批判；二是对自己所来自的乡土作出新的反省；但在各自表述时，其侧重点有所不同。在陈映真的《家乡》中，原来的传教士的哥哥变成了赌棍，在《我的弟弟康雄》中，一群理想主义者不是自杀，便是竖起降旗。他往后的作品主要专注于对这大都市的剖析和控诉。黄春明除了赤裸裸地表明他对大都市的极端不满和不适应以至近于绝望外，仍然对那生于斯、长于斯的故乡抱有浓厚的眷恋和企望。而王祯和则在对大都市的控诉、嘲弄后，又转向对自己乡土的绝望，并由此发出工商社会带来“唯利是图”的咒骂。

王祯和的小说具有悲喜剧交融的艺术特色。作者怜悯小人物，常取喜剧的形式表现悲剧的内容，具有悲哀而豁达、嘲弄而亲和的特点。《嫁妆一牛车》（1967）是作者早期的代表作，写了一出卑下渺小人物的挣扎、让步、屈服和认命的悲剧，但他赋予悲剧以喜剧的形式，使悲剧益发显得悲哀。作品主人公万发一贫如洗，他一生最大的愿望是得到一部牛车。后来，他的愿望实现了，“总算是个有牛有车的啦”，并且“现在过着舒松得相当的日子哩!”结局相当圆满，可谓喜剧；但是这部牛车是以把自己的妻子“让”给姓简的成衣贩子为代价的，是屈辱、认命、无声以对的大悲哀，是对他奋斗、挣扎的极大讽刺，达到以乐景写哀景则倍增其哀的美学效果。

嘲弄和讽刺是王祯和创作的重要特色。在他中期的作品中，往往对那些贫穷、愚昧、落后的小人物进行嘲弄。为此，他常常改造人物的外形和塑造人物的劣习和嗜好。万发耳聋，阿好奇丑无比，姓简的有狐臭，这些给作品带来了一些趣味性，但有时却显得有些冷酷。到了后期，作者极尽讽刺之能事，把嘲弄的对象转向台湾社会西化过程中出现的丑恶的现象和人物。《小林来台北》透过从农村来到城市的小林的眼睛，描绘了一幅群丑图。在这里，数典忘祖、洋迷心窍者比比皆是：喝了几口洋墨水就骂父亲小市民，拾洋规矩的牙慧后要母亲道歉，想长居美国而把孩子生到国外去……王祯和以感同身受的心态，描写了小林、张总务的尴尬处境和内心的愤懑，而把辛辣的嘲讽刺向汪太太、烂尸（南施）、倒垃圾（多拉西）、倒过来拉屎（道格拉斯）、屁屁真（P. P. 曾）、踢屁股（T. P. 顾）这类人。在这里，用谐音在人物的名字上大做文章，增强了人物的滑稽性和幽默感。至于《美人图》中的“美人”则是对那些唯美元、美文化、美生活等至上的人物的反讽，董斯文的爱放屁，并总以放屁来结束问题更是滑稽可笑。

王祯和的创作对语言的运用有一些新的探索。他常常把台湾方言、古代语词和现代汉语用一种新的方式结构起来，形成一种比较奇特的方式。

四、李乔的小说

李乔（1934—　），台湾苗栗人，本名李能祺，另一笔名壹阐提。1950年大湖职校蚕丝科毕业后，又入新竹师范，毕业后任教于中小学和职校等二十多年，1981年退休后专心从事写作。出版的小说集有短篇《飘然旷野》、《恋歌》、《晚晴》、《人的极限》、《山女》、《恍惚的世界》、《告密者》、《凶手》等，长篇《山园恋》、“寒夜三部曲”、《冤恨惨绝录》、《蓝彩霞的春天》等。此外，还有剧本《罗福星》等。

从1962年发表《阿妹伯》开始至今，李乔的小说创作经历了几个时期：20世纪70年代以前为早期，主要采用我国传统的现实主义手法，描写下层劳动人民的贫穷痛苦，《阿妹伯》、《问世》为代表作；20世纪70年代初到中期这一阶段，受西方现代主义手法的影响，作品突出强调人物的潜意识，以此来表现人物的个性，如《恋爱》；从1973年发表的《孟婆汤》开始，李乔重又回到现实主义的创作道路，两脚踏在丰穰的乡土上，描写台湾农村的现实生活；80年代以来李乔小说创作的题材又有了新的发展，笔端涉及敏感的政治问题或描画丑恶政治人物的嘴脸，作品有《告密者》等。

综观李乔的小说创作历程，虽则有许多带有现代色彩的作品，但这与他成为一个优秀的现实主义作家并不矛盾。他曾说：“任何创作必须植根于生活，惟有真正忠于生活，才能创造出真正的文学作品来。”① 李乔作品扎根于生活的现实主义品格离不开他那苦难的童年。父亲因抗日坐监八年，母子孤苦伶仃、相依为命。正如作者自己所说：穷绝山区悲苦童年，对我心灵和人格结构，进而写作的方向和思想等都影响很深。因此，他的作品多写人生的痛苦、大地的乡愁、母爱的光辉和抗日的战争。

最能体现李乔现实主义创作风格的是1980年出版的“寒夜三部曲”，按照作者写作时间包括《寒夜》、《孤灯》、《荒村》三部，是继钟肇政“浊流三部曲”、“台湾人三部曲”之后的又一部描写和展现日据时期台湾社会真实面貌，台湾同胞的生活、命运的“大河小说”，曾获1981年“吴三连文艺奖”。第一

---

① 李乔：《孤灯》后记，中国广播电视出版社1986年版，第454页。

部《寒夜》主要描写彭阿强一家在日帝侵台前开山拓土、艰苦创业的情景，以及日帝侵台初期，彭家赘婿刘阿汉参加义军抗日的英勇事迹；第二部《孤灯》写的是台湾光复前后山村的非人生活，以及日本殖民当局强征台湾十万青年赴战南洋的情况和他们流落异乡的乡愁；第三部《荒村》主要描写台湾文化协会与农民组织领导的重大历史事件，以及刘阿汉一家参加反帝反封建的农民运动的悲壮斗争。这部历时六年之久的小说（1975 年起稿至 1980 年 9 月完成）结构宏伟、材料丰富。作者在叙述中熔炙热的抒情、客观的议论和人物的自我剖白等于一炉，汇成一条波浪滚滚的大河，奔腾激荡于字里行间，撞击着读者的心扉，体现出宏伟悲壮的美学风格。

“寒夜三部曲”在艺术上有着浓重的象征意味和哲理色彩。李乔自己声称把“寒夜三部曲”称作“母亲的故事”也无不可。叶灯妹是此三部曲中贯穿始终的母亲式的人物，李乔指出，所谓“母亲”不只是生我肉身的“女人”而已，在小说中，叶灯妹有其深厚的哲理蕴涵：万物一体，大地、母亲、生命三者形成了存在世界连环无间的象征。李乔在“寒夜三部曲”中真实反映台湾 50 年来的历史，而且在其中阐释着作者的生命观、历史观。《序章·神秘的鱼》，在三部曲的每部正文之前都出现一次，既拉开了历史的序幕，又展示了生命的真谛及绵绵不尽的乡愁。作者通过高山鳟的传说以及高山鳟的回归原乡的生活习性奏响一曲生命之歌、母亲之歌。鳟鱼，是神秘的鱼，乡愁的鱼，也是悲剧的鱼；它在寒夜荒村，凭着方寸一盏孤灯，望向迢迢远路。

第四节　现代派倾向的小说

一、白先勇的小说

白先勇（1937—　），广西桂林人，1948 年跟随父亲到香港，1951 年去台湾，台湾大学外文系毕业，1963 年赴美留学，入爱荷华大学创作班学习，1965 年获得硕士学位，此后任教于加利福尼亚大学和加州大学圣塔巴巴拉分校，直至退休。

白先勇是台湾极富才情的小说家，他是国民党高级将领白崇禧之子，出生在乱世年代，曾随父辗转大半个中国。早在台湾大学外文系念书时，他就与同学欧阳子等创办了《现代文学》杂志，不遗余力地推介西方现代派文学，为青年作者提供了创作阵地，短篇《金大奶奶》、《玉卿嫂》都发表在这个刊物的创刊号上。

白先勇的创作可以分为三个时期。他早期的创作多以两性与青春为题材，主要是对少年生活的回忆，带有自传性，表达了一种少年式的浪漫情怀，主要作品有短篇小说《玉卿嫂》、《青春》、《月梦》等。由于受到西方现代思潮的影响，他此时的作品还表露出西方存在主义思想的印记，他早期的短篇小说集为《寂寞的十七岁》。中期创作为赴美国留学以后创作的两部短篇小说集《纽约客》、《台北人》，是作家成熟时期的代表作。后期创作为1971年以后的作品，有长篇《孽子》，短篇《夜曲》、《骨灰》，并改编旧作为电影和戏剧。他的散文集有《蓦然回首》、《第六只手指》等。进入21世纪，白先勇为振兴昆曲艺术，将《牡丹亭》改编为青春版的昆曲本，由苏州昆曲院在海峡两岸高校巡演，引起强烈反响。

《台北人》、《纽约客》两个短篇集是白先勇中期的创作。《纽约客》是一组描写台湾青年赴美求学的短篇，表现了留学生在海外的留学、谋生、奋争的生活。《芝加哥之死》中的主人公吴汉魂博士在美刻苦攻读，最后找不到立足之地，精神崩溃，跳湖自杀而死。尤其是《台北人》，是一本受到海内外广泛好评的小说集。《台北人》收入白先勇1965年至1971年所写的14篇小说，具有丰富的社会历史内容，是作家成熟期的作品，思想内涵深刻。首先，是它表现的放逐主题与文化乡愁。小说集成功地塑造了形形色色由大陆流落到台北的这类大陆人，其中有国民党的将军、贵族夫人、小知识分子、下层军官、舞女、妓女等。这些小说的主人公都是流浪到台北的大陆人，小说集描写了不同阶层、不同身份的各种人物在特定历史时刻的命运变迁与性格变化，用白先勇评论聂华苓小说的话说，他们“成了精神上的孤儿，内心肩负着五千年回忆的重担”①。《台北人》中的这些人物都有这种时间上的沧桑感、空间上的漂泊感、精神上的无依感。《游园惊梦》是白先勇的代表作。它以国民党将军的遗孀蓝田玉到窦公馆赴宴为线索，通过她在宴会上的感受、回忆及其心理活动，表现了她大半生的命运沉浮，真实地反映了台湾社会的变迁：旧贵族没落，新兴中产阶级兴起。作品笼罩着浓重的悲怆气氛，表现出一种时过境迁、人生如梦的浓重的沧桑感。《国葬》通过将军的葬礼写军人的兴衰，《金大班的最后一夜》从舞女金大班最后一夜的舞场生活写她的沧桑人生。这个时期的作品抒写小人物的心灵痛楚，写小人物生命的痛苦、生命的毁灭、不幸的遭遇特别感人。《那片血一般红的杜鹃花》表现了国民党老兵王雄退伍后精神上受到严重挫伤，而又无法排解、无法向人倾诉的一种极度痛苦心理，其最后跳海自杀而死。

《孽子》是白先勇的唯一长篇，写作时间达十年之久。它以同性恋为背景，描写了一群“青春鸟”的悲惨命运，反映了社会中独特的少数群体鲜为人知的生活。这部长篇题材独特、主题多重，既包含对问题少年的社会思考，又隐含着一种无法摆脱的父子情结，白先勇称《孽子》为寻父记，用白先勇的话说：

① 白先勇：《白先勇散文集（下）：第六只手指》，文汇出版社1999年版，第84页。

书中的人物可以说是一群得不到父亲的爱与谅解的孽子，作品“打动了中国人基本的恋情意结”①。白先勇以超人的勇气写同性恋，就题材而言，《孽子》的开拓意义功不可没。

白先勇是属于那种产量不丰、以质量为重的作家，至今为止，他只创作了三十多个短篇和一部长篇，但却力求出精品，在艺术上精益求精。白先勇从小喜爱中国文学，具有深厚的古典文学修养；同时又受到西方现代派文学的影响，他主张博采众长，融会中西，“我们希望保持中国传统文化的精髓，但也不排斥西方现代的科技文明”②，熔传统与现代于一炉是白先勇小说的突出特色。

他的小说融会中西，兼收古今，既富古典美，又具现代感。既继承了民族的写实传统，如对人物精雕细刻的描绘、细节的渲染等，同时又成功地借鉴了西方现代小说的技巧，特别是意识流手法的运用自然、纯熟，两者在小说中得到完美的融合。这种融合在《游园惊梦》中得到相当完美的体现，小说用写实手法描写钱夫人的肖像外貌、服饰、发型、对话，用意识流写她的回忆、幻觉、潜意识，二者结合得可谓天衣无缝，具有很强的艺术魅力。白先勇在继承传统表现手法的同时，又融合了西方现代文学的象征手法，将写实与象征融为一体，所以有的学者把白先勇的小说称为象征写实小说。白先勇非常注重小说的写实，但他并不停留在这个层面，常在作品中有更深厚的内涵。他说过：“小说表现人生理想，宗教的或哲学的，或者是社会哲学的，种种比较深奥的思想，如果没有这些在背后，完全是社会写实，这类小说意义比较有限。”③他的许多作品中都隐藏着一种深刻的意蕴，如《游园惊梦》、《那片血一般红的杜鹃花》的题目就具有象征意义，杜鹃花正是作家精心选择的意象，特别是“血一般红的杜鹃花”，亦可看作特定历史时期民族悲剧的象征，具有浓郁的民族意味。白先勇的小说还注重精心选择叙事视点。他善于根据作品主题、人物的需要，选择各种视点，如《永远的尹雪艳》用全知视点，《玉卿嫂》选择旁知视点，《游园惊梦》采用自知视点等。

二、七等生的小说

七等生（1939—2020），原名刘武雄，台湾苗栗人。1959 年毕业于台湾师范大学。主要作品集有《僵局》、《放生鼠》、《巨蟹集》、《离城记》、《我爱黑眼珠》、《沙河悲歌》、《隐遁者》、《削瘦的灵魂》、《城之谜》、《白马》、《来到小镇

① 白先勇：《白先勇散文集（下）：第六只手指》，文汇出版社 1999 年版，第 346 页。
② 白先勇：《白先勇散文集（上）：蓦然回首》，文汇出版社 1999 年版，第 220 页。
③ 白先勇：《白先勇自选集》，花城出版社 1996 年版，第 338 页。

的亚兹别》等，后来结集为《小说全集》十册。

20世纪60—70年代是台湾物质文明畸形发展时期，对传统伦理道德和价值观念产生了很大冲击，这体现在文学中便是非理性主义和自我意识的泛起，身处那个年代的七等生也不例外。七等生的小说一般不直接取材于现实，但却有着复杂难言而且不合理的现实世界在隐隐作祟；也较少对现实作出明显的褒贬，却常常在作品中构筑一个特异的精神世界，来与现实世界相对立①。在这方面，七等生的代表作是《我爱黑眼珠》。

《我爱黑眼珠》作为小说，甚至很难说有一个完整的故事。主人公李龙第是个没有职业的青年，一天傍晚去接妻子晴子下班，并为其买了香花和面包，但晴子已经走了。在他返回的途中，突然天降暴雨，洪水急流，小城的人们争先恐后地在水中挣扎、逃命。他看到一个落水的女子（妓女），在爬往屋顶的梯子边挣扎，于是回身把她救上屋顶，并把她抱在怀里。这时，他听到晴子在对面的屋顶上向他呼唤，然而他却矢口否认自己就是晴子的丈夫，而是另一个人——亚兹别。他把面包喂给妓女，并把香花插在她的头上，在他们热吻时，晴子大叫着跃进了洪水想渡过来，却被急流的洪水卷走。李龙第把妓女送上回乡的火车，打算稍作休整便去寻找晴子。单从故事的角度来推敲的话，李龙第的行为举止是让人无法理解的，但是作为现代派作家的七等生显然不是为了讲述一个男女情事。一般的理解是七等生是想表达存在主义的思想。我们可以借用李龙第面临晴子的咒骂而呈现的心语进行理解："我必须选择，在现状中选择，我必须负起我做人的条件，我不是挂名来到这个世界上获取利益的，我须负起一件使我感到存在的荣耀之责任。"晴子和妓女，对于李龙第来说，分别象征着彼岸世界和此岸世界。李龙第认为自己和晴子之间存在"鸿沟"，找不到自我，只能在这个被救的妓女身上获得。而李龙第送走妓女之后打算去寻找晴子，仍然是为了证明自己的"存在"。21年后，七等生创作了《我爱黑眼珠续记》，在这里晴子已经超越先前作品中的幻影，成为一个政治运动的激进分子。晴子的转变标志着客观社会的发展对人的影响以及由影响而转变所表现的哲理内涵。李龙第反对政治运动，认为它缺少一个"游戏规则"，但是这种"规则"仍然只能作为一种理想存在。

七等生的小说非常关注"自我"，他认为只有自我才是可信赖的。在《巨蟹集》中，他借人物之口说："每个人都能拥有自我特色的权力。"如《沙河悲歌》中，李文龙在现实生活中有如蝼蚁，但是仍不放弃对自我的追求。而李龙第的选择也无疑体现了自我的存在。他笔下的人物大多有一种孤寂、绝望的情绪，如《虔诚之日》中写道："在我的无比微小的世界里，痛苦自尝，快乐亦

---

① 卢菁光：《论七等生的小说创作》，《暨南学报（哲学社会科学版）》1985年第1期。

只萦绕在心里而不溢出。”[1] 这与西方现代派小说如同一脉。同样，七等生也多表现人物的追求和不能如愿的过程，希望与失望循环反复相伴而生，无限延续着危机意识和恐惧感，使得小说有一种梦魇氛围，这是时代情绪在作品中的体现，同样也是作家对社会矛盾理解的姿态。

作为小说，刻画人物是应有之义，七等生的小说大致刻画了六类人物：母亲形象、自我形象、孤独者形象、男女青年形象、寓言形象以及“心灵形象”[2]。这些形象在单篇（部）作品中可能呈现并不是非常丰满，但是很多作品的分散形象，却共同构筑了七等生小说形象的别具一格。例如，他塑造的“心灵形象”体现出重灵轻肉、外冷内热、表贱里贵等特点，外表和内心形成强烈的反差，这种形象在一定程度上更能折射出现实的真实来。

三、王文兴的小说

王文兴（1939—　），福建福州人。毕业于台湾大学外文系，后留学美国爱荷华大学，参与创办《现代文学》杂志。主要作品有短篇小说集《龙天楼》、《玩具手枪》，长篇小说《家变》、《背海的人》等。

从主题上讲，王文兴的小说大致可以分为三类：其一为“命运之争”，这是王文兴小说表现最有力的主题，如《海滨圣母节》、《生命的迹线》、《草原的盛夏》等；其二为反映青少年心理，这对于王文兴来说是最为特殊的题材，如《欠缺》、《黑衣》等，其三为反叛传统，如长篇小说《家变》等。

描写“命运之争”，王文兴一般把视角定位于渔民、军人、三轮车夫和普通市民，具有非常浓厚的乡土气息。《海滨圣母节》写舞狮人萨科洛的命运。萨科洛曾遭遇海难，他向圣母祈祷，如果能平安渡过难关顺利回家，就在第二年的妈祖诞辰日为其舞一堂狮子。萨科洛兑现了自己的诺言，而且特别虔诚和卖力，但是由于过于用力，最终心脏猝止而死，能保护他从海上平安归来的圣母竟然在他舞狮还愿时不能保他平安。《草原的盛夏》花了不少篇幅来描写训练的两极：军官的粗暴和被处罚后心中有着强烈敌意的士兵。但是作家的重心却是为了表现操纵军人命运的大自然。军人无论多么强悍，无论训练如何艰苦，但只能“将生命的一切交给自然处置”，自然之神也即命运之神。

王文兴不少小说以儿童和青少年为主角，表现他们成长中的各种心态，借以表现某种人生体验。如《黑衣》是截取一次晚宴现场，来表现台湾某些“学者”的卑劣嘴脸。作者设置了两个对比强烈的人物，即黑衣“学者”晋先生和

① 封祖盛：《台湾小说主要流派初探》，福建人民出版社 1983 年版，第 201 页。
② 转引自刘登翰等主编：《台湾文学史》下卷，海峡文艺出版社 1993 年版，第 237～238 页。

白衣“小天使”秋秋。晋先生大学毕业不到三年就已经“爬到讲师的位置”，他那“多得像传单”的文章，实际“都是抄录外国杂志上的作品”，秋秋是一个五岁的小姑娘。两个人物的接触通过七个场景得以展开。第一场景黑衣人频频引逗秋秋，但秋秋不予理会；第二场景黑衣人让秋秋叫他为“晋叔叔”，但是秋秋不但不叫，反而说自己怕黑衣服；第三场景黑衣人用物质引诱秋秋，仍然没有取得效果；第四场景秋秋因为害怕黑衣服，要求他走开，最终大家将两人隔开；第五场景黑衣人不死心，做出鬼脸吓唬秋秋，没有效果，黑衣人只好迁怒于女侍；第六场景黑衣人不断做鬼脸，吓得秋秋大哭不止；第七场景黑衣人在客人们的压力下，只好换到另外一桌。作为一篇现代派小说，《黑衣》的象征性是非常明显的，黑衣人是邪恶、罪恶的化身，而秋秋则是纯洁、正义的象征，作者的褒贬在两个人物身上得到鲜明的体现。《欠缺》写一个十一岁的小男孩暗恋一个三十多岁的女裁缝，但没有想到女裁缝是一个骗子，少年的美好向往由此破灭。作者的本意不是写这段畸恋，而是想揭示现实生活“掺杂有‘欠缺’”的主题，因此，女裁缝实质上也具有鲜明的象征性。

《家变》以 20 世纪 50—60 年代的台湾社会为背景，从心理的角度，通过主人公范晔对家庭的感受以及态度变化引起的家庭变故，来反映台湾社会的变迁。幼年时期，范晔认为家“是个安静恬静的角隅”，他也非常敬重父亲，“偃卧之身像墙垛般阻住了危险的侵害”。但大学毕业成为历史系助教之后，范晔却认为自己的家庭“是世界上最不合理的制度”，对自己的父亲的情感也产生了变化。在他看来，父亲原来只不过是一个矮个子，而且瘸了一条腿，身上有很多毛病。父亲退休之后靠他养活，这使得他对父亲进一步转变成愤恨和轻蔑，直到父亲忍受不了折磨离家出走。小说发表之后在台湾引起强烈争论，焦点为两个：一是作品的思想道德评价；二是作品的语言文字形式。从小说内容讲，范家之所以发生“家变”，是因为经济发展的原因，也因为“西化”的原因。《家变》对范晔的所作所为持肯定的态度（父亲出走之后，范晔“红光满面”，和母亲的生活“更加愉快些”，母亲身上也流溢着一股“健康气征”），这使得有些人认为作者是全盘西化，否定整个中国传统文化，否定传统伦理家庭。但是如果我们从心理学的角度来审视范晔的所作所为，似乎可以认同作者的观点：范晔未成年时对父亲的情感可以视作是“父权”权威性在他身上的体现，等他成年之后，他认为他已经可以推翻这个让他感觉非常压抑的“父权”，但是不能成功，他最终不得不采用比较极端的方式来推翻父权。虽然小说展示的现实情况是非常残酷的，但是作者通过范氏父子的冲突是想批判这个隐藏着强烈父权的家庭制度和孝道伦理，因此范父已经不是一个具体的“父亲”，而是一个中国传统家庭伦理中无意识的压抑性的符号，“父亲”不出走就不可能根本上改善这种压抑性的父子关系。因此，小说虽然可以视作反传统，却不能理解成一种“全盘西化”。从小说的表达形式上看，王文兴的作品里面充满了怪异性——陌生的字词在作品中频频出现，英文字母和注音混杂，文言和白话搭配，时时可见不符合现代汉语语法的句子，但是这些并没有妨碍作品主题的表达，因此我们认为王文兴在小说形式上也在追求反传统。这种因反传统而体现的现代性在《背海的人》中体现得更为强烈。

四、马森的小说

马森（1932—　），山东齐河人。1949年到台湾，毕业于台湾师范大学，后留学法国和加拿大，之后在多所大学任教。他的成就主要体现在戏剧文学方面，有《马森独幕剧集》、《马森戏剧论集》、《中国现代戏剧的两次西潮》等，在小说方面则有短篇集《孤绝》、《海鸥》，长篇《生活在瓶中》、《夜游》等。

马森长年生活在国外，因此他的文学创作被视作“留学生文学”。但是由于马森在台湾研读的是中国文学，后来足迹遍及欧美各地，加上也从事社会学的研究工作，这使得他对中西文化的差异和冲突理解得更为深入和具体，在创作中视野也更为开阔。他多从文化大背景入手，落笔于中西文化的交汇点，冷静剖析西方的文化现象和社会现象，因此所关注的不仅仅是台湾留学生的生活层面，更多的是透过这些留学生的人生际遇来探讨人生社会难以解释的现象以及人类前途的不可知性，这使得他的创作超越了一般意义上的“留学生文学”。

《生活在瓶中》是马森在墨西哥写成的作品。主人公是一个旅居法国的画家，虽然卖过画，打过杂工，却连最基本的生活都无法保障；又因为不能审时度势地处理好复杂的人际关系，加上婚姻失败，使得他对生命的存在意义产生怀疑，最终放弃人生的追求，在绝望中走向毁灭。这是一个有关生存与发展的话题，马森揭示：在如“瓶”的生活中，人类的价值何在，生命何以珍贵，人类如何生存与发展？这是一部“存在主义”的小说，作者特意突破传统小说中“时”与“地”的观念，追随意识的流动，观照“反省”与“解悟”对人的意识所产生的作用，有意识和非意识的活动，组成了人的生活主体。作为小说家，马森没有舍弃对生活主体真相的追求，因此这部哲理内涵丰富的小说充满了实验性。

在《生活在瓶中》提出的生存与发展的问题，作者用另一部长篇小说《夜游》给予了回答。主人公汪佩琳留学于加拿大，因为天分不高，也无特别爱好与志向，因此学业未完便嫁人了，过着一种非常优裕但又平淡刻板的生活。但是作家认为这不是一种“真实的生活”，也不可能有益于人类的发展，因此更多地落笔于汪佩琳在生活中逐步养成的叛逆个性。她经历了一番生命的体验之后，终于摆脱了现状找到了属于自己的人生——尽管平庸却真实，属于自己而不属于他人。这种对命运的拷问，可以说是“对中西文化相生相克的关系做了一则知性的探讨与感性的描述”①。这两部作品可以说是马森表达存在主义理念的代表作。

与存在主义哲学相关联，马森在小说中还集中表现社会中普遍存在的孤绝感，这从小说集《孤绝》书名就可以看出一二。在《孤绝》的三版序言中，马森自道：“这本书中所收的短篇小说，可以说都围绕了现代人的孤绝感这样的一个主题。”或写心灵的荒瘠，或写童年的噩梦，或写家庭的阴影，或写性爱的无常，或写前途的渺茫和对未来的恐惧，无一不让人感到“每个人的生活都是一方结结实实的黑漆木匣子，坚硬而冰冷，只能包容一己而绝无他人”（《寻梦记》）。因为是“留学生文学”，这种孤绝感是与身处异国他乡有关联性的中西文化冲突，但不仅如此，作者深刻地认识到，这是现代经济社会不可避免的现象，是工业化社会带来的疏离感。这种对经济社会人类心灵的解剖已经涉及人类异化的主题，已经不同于一般意义上的“留学生文学”了。

作为现代派小说，马森充分运用象征、隐喻等表达方式，现实和幻想交织，这使得作品内涵丰富，张力十足。如穷画家自谓“生活在瓶中”，自己是生活在瓶中的无根花，只能靠有限的却又日渐减少的几滴水维持生命。水干涸之时，便是花凋谢之时。人生无“自我”，便犹如无根花，随时可能凋谢。长篇小说《夜游》甚至在扉页引用一首古诗：“人生不满百，常怀千岁忧。昼短苦夜长，何不秉烛游。”其象征和隐喻显而易见。《康教授的囚室》、《阳台》等作品都体现了现实与梦幻的交织，虚虚实实，亦幻亦真，却有着魔幻现实主义的痕迹在其中。

五、欧阳子的小说

欧阳子（1939—　），本名洪智惠，台湾南投人。生于日本广岛，1945 年回台湾，毕业于台湾大学外文系，后赴美国留学，1965 年移居美国。主要作品有短篇小说集《长头发的故事》、《秋叶》，评论集《王谢堂前的燕子》，散文集《移植的樱花》等。

欧阳子的作品数量不多，但是明显地彰显出自身的风格，那就是善于用纤细的笔触冷静客观地剖析人物复杂微妙的心理，因此作品被称为“心理小说”，而她本人也被人们称为“心理写实主义者”。总体上讲，欧阳子表现的人物心理都是一种病态，或者是克服病态心理向正常转化，这些可能是常人平常都未曾意识到的，但是作家却写得深刻细腻，充分揭示了人类潜意识的心理活动。从表现内容上看，欧阳子的“心理小说”大致可以分为三类：一为情感方面的

① 转引自刘登翰等主编：《台湾文学史》下卷，海峡文艺出版社 1993 年版，第 275～276 页。

病态心理；二为人际关系上的病态心理；三为病态心理的转化过程。

关于情感方面的病态心理，作者写得格外触动人们心弦。《魔女》是其中有代表性的一篇。在倩如心中，父亲和母亲相敬如宾，二十多年始终恩爱如初，但是在父亲去世不到一年，母亲便迫不及待要和一个不负责任的男人赵刚结婚。倩如为了阻止母亲，便私下把自己的同学美玲介绍给赵刚。母亲为了赢得女儿的支持让赵刚重新回到自己的身边，便借母女叙说别情的时候坦白了自己掩藏了二十多年的秘密，说对丈夫是一天也没有爱过，甚至说对女儿的爱也是假的，赵刚有可能是她"真正的爸爸"，在母亲的这番话下，倩如逃命似地逃出家门。作者要写母亲的病态情感，却通过母女之间各显策略的"战斗"体现出来，层层剥笋，让人在真实之余扼腕而叹。短篇小说《网》中，余文瑾和丈夫丁士忠婚后感情非常和谐，而且体现出对丈夫的强烈依赖性，"觉得没有了他她便活不下去"，但是另一方面唐培之却又一直在她心里，"爱他的灵魂，他的精神"。余无意中碰见唐，认为他在为自己痛苦，这就使得余文瑾下定决心要摆脱丈夫对自己的控制，但在最关键时刻她还是选择了丈夫，认为自己"真高兴爱你胜过我自己"，"感到快乐"。余文瑾心理的层层推进，展示了情爱对人物心理的折磨和扭曲。对于这种病态情爱心理的展示，欧阳子是以一种同情和怜悯的情感在进行表达，因而导致一些批评，但是客观地讲，这种病态心理的展示确是入木三分。

人际关系的病态心理展示，涉及夫妻、母子、亲戚甚至挚友之间，一旦出现这种病态心理，人际关系便处于不可调和的境地。《花瓶》是这方面的代表作。石治川非常爱自己的妻子冯琳，要把她当作"花瓶"对待，不允许任何人染指。因为有这样一种心理驱使，他严密注视妻子的一举一动、一言一行，甚至偷看妻子的信件、偷听电话、跟踪上街等。这种扭曲心理甚至让他感觉到只有掐死妻子才能真正保证她是属于自己的。他终于心理崩溃，大骂妻子，让她堂而皇之地离开了家。小说以石治川的失败和冯琳的胜利做对照描写，把因为嫉妒而产生报复心理的夫妻关系揭示得淋漓尽致。《浪子》也是写宏明和兰芳夫妻之间的关系。《最后一节课》虽然只是定位于单身教师李浩明，但是由于病态心理作祟，最终使得他在学生面前洋相大出，几乎到了不可收场的地步。作品显示：病态心理对构建正常健康人际关系的危害性是客观存在的，我们任何时候都不能漠视它的存在。

对于病态心理，欧阳子也从积极方面写了其转换过程。《半个微笑》中，女学生汪琪因为一向被人们视作好学生，因此行动不敢逾矩，同学们对她也是敬而远之。她无意中爱上王志民，但是发现王志民却并不喜欢她，进而担心他说出自己心中的秘密而影响自己"好学生"的形象，躺在病床上心理备受煎熬。汪琪最终摆脱了病态心理的枷锁，"脸上浮着若有若无的浅笑"，"投入了展开在她面前的新生活”，但是这种摆脱是异常艰难的。《木美人》则集中描写丁洛从最初的转变又回复到从前的过程，让人无言而叹。

欧阳子对人物病态心理的展示是非常到位的，为了达到更加理想的效果，她采用了多种小说技巧。如她经常从最高潮处落笔，然后采取层层剥笋的方式一一展示，在小说结尾时才让人真正感受到这种病态心理的存在。《半个微笑》从汪琪躺在病床上惴惴不安的心态写起；《魔女》也是抓住倩如对美玲的担忧开场。为了使得小说更加吸引人，欧阳子也注意对情节的铺垫，最终使得高潮的推出顺理成章。如《最后一节课》，作者花了大量篇幅写李浩明的过去经历和日常的心理动机，但是一直到小说快结尾的时候以李浩明在众同学面前出丑作为高潮，让人一方面意想不到，另一方面又觉得顺理成章。

欧阳子的小说过于热衷于病态心理的展示，缺少对这种病态心理产生原因的深刻剖析，使得小说在真实性上存在被打折扣的空间，同时也使得小说的深度相对欠缺。

第五节　通俗小说

一、高阳的历史小说

高阳（1922—1992），浙江杭州人，出身于一个没落的望族之家。原名许晏骈，又名雁冰。1949 年随杭州笕桥空军军官学校去台湾，曾任台湾《中华日报》主笔等，1962 年以后，专事文学创作，成为专业作家。主要作品有《慈禧全传》、《胡雪岩全传》、《红曹小说》系列十二册、《李娃》、《乾隆韵事》、《恩怨江湖》、《状元娘子》、《清官册》、《清末四公子》、《再生香》等，总计有长篇小说 73 部，92 册。高阳可被誉为历史小说的卓越巨匠，他以其三千万言的百科全书式的历史小说系列，以其博大精深的思想容量、深厚浑重的文化内涵和质朴古雅的语言艺术，成为杰出的历史小说大家，构成现代文学史上的一个奇观。

高阳的小说具有恢宏的历史感。首先，高阳的作品都有明确的时代背景，主角都是真实的历史人物。从第一部历史小说《李娃》到逝世前未终篇的《再生香》，故事发生的时间都交代得非常准确。《慈禧全传》卷首的《清文宗与恭亲王》一文，将情节展开的历史背景、主要人物的关系纠葛叙说得清楚、明白。《胡雪岩全传》的《楔子》介绍了清朝咸丰七年之前中国金融事业的概况，引出阜康钱庄的主人胡雪岩。在这样真实的历史背景中，高阳所选择的主人公，大都是历史上的大人物或名人，这些人物在特定的历史时期起过重大作用，或产生过一定影响，在历史舞台上扮演过重要角色。他们的身上，打上了更为浓重的历史印记，他们的活动史，更能反映出时代的特征，表现出历史的厚重感，诸如先秦的荆轲，汉代的昭君，唐代的李世民、李娃，宋代的曹彬，明代的唐寅，清代的乾隆、慈禧、曹雪芹、胡雪岩，乃至民国初年的段祺瑞等，这些人物或雄韬武略、煊赫一时，或叱咤风云、英雄盖世，或才气纵横、名垂千古，或红颜薄命、命运多舛，或一代枭雄、遗臭万年……如此众多的人物组缀成多姿多彩的历史人物志的长廊。

高阳的历史小说具有宏阔的结构、磅礴的气势。高阳的长篇历史小说，从历史的跨度来看，反映了从先秦到民国初两千多年间中国社会广阔的历史生活风貌，扫描了 20 多个朝代，几乎“穿越”了中国封建社会的各个历史时期。从反映历史生活的广度考察，上至宫廷政治的运作、朝代更替；下到官场商界的角逐竞争、兴衰沉浮，以至市井娼家、文人妓女的悲欢离合、生活命运，尽收于历史系列作品之中，可概括为六大系列：宫廷系列，官场系列，商贾系列，红曹系列，名士、青楼系列，侠士系列。以描述清代题材的作品为例，如果将《慈禧全传》系列八册、《胡雪岩全传》系列七册、《红曹小说》系列十二册，加之《乾隆韵事》、《恩怨江湖》、《状元娘子》、《清官册》、《清末四公子》、《再生香》等作品排列起来，洋洋洒洒，一千多万言的系列作品，当之无愧地构成了反映清王朝近三百年历史和社会的“编年史”和“风俗史”。巴尔扎克在《人间喜剧》前言中说自己立意要写出一部艺术的历史：“作品联系起来，调整为一篇完整的历史，其中每一章都是一部小说，每一部小说都描写一个时代。”① 用这段话来评价高阳卷帙浩繁的历史小说是完全恰当、丝毫也不过分的。

高阳选择了奇妙的轶事体。高阳的历史小说不同于讲史平话，亦不同于历史演义小说，后者只是在复述史料的基础上添枝加叶，基本上不改变史书的情节。高阳的历史小说虽然取的是真实的历史框架，然而他不仅是写什么时候发生了什么事，而且是“跨过了‘事件’、‘经过’而进入与事件因果没有直接关系的生活细节”，“注意在某个历史时空，人们到底怎样吃怎样穿怎样玩一场赌博游戏，是旧式历史小说不屑一顾的‘琐事’”。高阳历史小说的取材，除来自正史外，更多的取自笔记、札记、野史故事、闾巷传闻。他所继承的是魏晋志人小说中琐言小说和轶事小说的传统。高阳是在真实的历史框架中，写历史生活“碎片”中的人，写人的传奇。高阳以其丰富的想象力和创造力，在作品中复活了几百个有血有肉、栩栩如生的历史人物，放笔描写了古代社会各阶层人物千姿百态的世相，各种人物的衣食住行、“游戏赌博”、声态神韵、心理流程，特别是融进了大量生活细节方面的精雕细刻。如《慈禧全传》中，皇帝批

① 方忠：《20 世纪台湾文学史论》，百花洲文艺出版社 2004 年版，第 352 页。

奏折只是用指甲划出记号，由内奏事处的太监看掐痕用朱笔代批；咸丰皇帝于“避暑山庄”做寿，在观“大戏”中的戏乐场面“拉肚子”的细节；同治帝患天花、梅毒的病情症状，御医所开的详细脉案及药方；慈禧为光绪选皇后的紧张而有戏剧性的场面等等，这些不见于正史中的故事轶闻，恰恰是历史小说中诗学内容的所在，它与真实的“史”相融共存，在宏大的系列结构与磅礴气势中从多层面、多角度构成了高阳小说的历史奇观。

高阳历史小说的语言于浅白中见古雅。高阳历史小说的语言，文不甚深，语不甚俗，即在深与不深之间，俗与不俗之中。语言浅白，是指它通俗，现代人读得懂、看得明白，很少阅读障碍；语言古雅，是指善于选用古代白话中具有长久生命力、至今仍充满活力的那种语言，且符合古人语言的规范、习惯。高阳的历史小说，首先是好读，适合大众阅读，除了有些特定的称谓，如“福晋”、“格格”等满语称呼以外，过时的“死语”舍弃不用。他的作品叙述语言浅近、明白；人物对话通俗、新鲜、口语化；写人状物绘景，善用质朴的白描等。更重要的是，他的作品耐读，经得起咀嚼，耐人品味。高阳运用语言的高超之处，正在于以这种浅白、通俗而质朴的语言创造出历史环境的氛围，叙述历史故事的原委，传达出历史人物的声态心理，而又丝毫不显露现代意味、现代信息的痕迹。

二、古龙的武侠小说

古龙，原名熊耀华，祖籍江西，出生于香港，13 岁随父母迁往台湾。中学毕业后，考入台北淡江文理学院外文科读书，因家境困难，一年后便弃学走向社会谋生。他从小热爱文学，于是拿起笔写小说，并直言“是为了吃饭而写稿”。1960 年，他发表第一部武侠小说《苍穹神剑》，从此步入武侠小说的王国。25 年中，古龙创作了 80 多部小说，总字数在 2000 万字以上。古龙的武侠小说创作可以分为三个阶段：初期创作为 20 世纪 60 年代前期，有《苍穹神剑》、《孤星传》、《残金缺玉》等作品。中期创作为 60 年代中后期，主要作品有《武林外史》、《大旗英雄传》、《浣花洗剑录》、《一剑镇神州》、《绝代双骄》等。这个时期的作品在内容和形式方面都有所创新，从而使古龙跻身于台湾武侠小说名家之列。第三阶段以 70 年代初发表的《多情剑客无情剑》为发端，接着《楚留香传奇》、《萧十一郎》、《陆小凤》、《流星·蝴蝶·剑》、《白玉老虎》等大批力作相继问世。这些作品突破传统，求新求变，使古龙成为台湾新派武侠小说之翘楚，独领风骚于台湾武侠小说文坛，与香港武侠小说大家金庸、梁羽生齐名。古龙的武侠小说一度在台港暨海外多种报刊连载，根据其作品改编的电影、电视剧深受观众欢迎。

求新、求变，突破传统，是古龙武侠小说的突出特色。古龙认为，武侠小说“要求变，就得求新，就得突破那些陈旧的固定形式，尝试去吸收”。古龙以大量的优秀作品实现了这种创新。首先表现在将现代思想观念引入到武侠作品之中，如现代人的爱情婚姻观、审美趣味、处世哲学等。古龙笔下的许多男女主人公，敢于冲破封建礼教的桎梏，完全不理睬“男女授受不亲”的清规戒律，尤其是女性对爱情的追求，大胆、主动、火热，充满现代意识。如《多情剑客无情剑》中的孙小红爱上大侠李寻欢，《武林外史》中的七姑娘钟情于少年英雄沈浪等都是这样。这种“新”，还表现在将现代文艺技巧用于武侠小说创作之中。在作品中融进了现代侦探小说的推理手法。古龙还引进了现代电影中的蒙太奇技巧，以虚代实写武功，“无招胜有招”。

将武侠“人化”、“性格化”是古龙小说的又一特色。古龙的作品没有把“侠”神化，他笔下的“侠”是人，他着力表现人的性格、人的情感，表现人性的复杂。正如金庸所指出的：“武侠小说的故事不免有过分的离奇和巧合。我一直希望做到，武功可以事实上不可能，人的性格应当是可能的。”古龙力图在作品中打破类型化、模式化，写出侠的鲜明个性。古龙的代表作中的大侠，如李寻欢、楚留香、沈浪、陆小凤、熊猫儿等，都性格鲜明，绝不相混。

古龙笔下的侠具有丰富复杂的情感世界，而非超尘脱俗，不食人间烟火的神。李寻欢是古龙笔下的名人，他是武林豪客，绝顶高手，刚直不阿，智勇双全，同时亦是一位有高尚品德、美好人格，有情有欲的英雄。他出身名门，为报答朋友的救命之恩，离别故园、离开了热恋中的情侣林诗音，然而十年中，他痴心不改、刻骨铭心地思念林诗音，稍空，就拿起小刀雕刻她的头像。“多情自古空余恨”，爱的痛苦总是在折磨着这位大名鼎鼎的英雄。他同时还极为看重人间真挚的友情，信守“人生得一知己足矣”的格言，对血性青年阿飞，他患难与共、关怀备至、一腔真情，李寻欢拥有一个集侠义、情爱、友情于一怀的丰富的精神世界。

构思奇妙、情节曲折、悬念重重，是古龙小说的另一特色。传奇性是武侠小说的重要特征。古龙在继承中国武侠小说“传奇”特色的基础上，力求构思新颖、情节离奇。

揭示人生与人性的哲理也是古龙小说的特色之一。透过众多武林高手的命运及其惊险打斗的故事，古龙在作品中表达了对社会、对人生冷静的思考，小说的寓意严肃而深刻，用古龙的话说：是想使读者在悲欢感动之余，还能对世上的人与事，看得更深、更远些。这种哲理意蕴或寄托于作品的整体构思，或深藏于人物的命运之中，或通过武功比斗点化，或运用对话抒情加以揭示，使古龙的作品不但“好看”，而且“耐读”，经得起咀嚼、回味，达到了一种“雅俗共赏”的艺术境界。

古龙的优秀之作未尝不可以看成是哲学“大寓言”。它启导人们认识世界，省悟人生。《多情剑客无情剑》的结尾，李寻欢打败上官金虹，他胜利了并不兴奋，反而觉得寂寞，“完全成功了，已没有什么事好让他去奋斗的”。此时，一英挺少年负剑远行，正与多情少女话别，少男发誓要成名，要像上官金虹、李寻欢那样有名。李寻欢目送那少年，直到身影消失，沉声道：“我若是他，也会这样去做。”这意味深长的结尾，内含深沉，引发出对人生许多深邃的思考。

古龙如此众多的长篇，都是在报刊上连载登出，结集后又来不及精细修改，所以难免良莠不齐，瑕瑜互见。古龙的小说，抹去时代背景，不记年代，使人有远离现实生活之感。有的作品，过分追求惊险、刺激，情节荒诞不经。有些语句在不同作品中雷同出现，似曾相识。有的作品中“旁白”、议论冗长，有画蛇添足之嫌。遗憾的是古龙正当壮年就去世了，不然，就可同金庸先生一样，将自己的作品全面修订一遍了。

三、琼瑶的言情小说

琼瑶（1938— ），原名陈喆，湖南衡阳人，生于四川成都，抗日战争中，琼瑶在兵荒马乱中跟随父母逃难。曾在上海上小学，1949 年随家人到台湾，就读于台北师范附小、台北二中。1963 年发表长篇小说《窗外》一举成名，至今已出版长篇言情小说 40 多部，主要著作有《烟雨朦朦》、《六个梦》、《几度夕阳红》、《彩云飞》、《在水一方》、《我是一片云》、《庭院深深》、《月朦胧鸟朦胧》、《还珠格格》等。20 世纪 60—70 年代台湾曾出现“琼瑶热”，80 年代中后期，大陆大量出版琼瑶的作品，根据她的小说改编的影视剧曾风靡一时。

长期以来，对琼瑶的小说褒贬不一，有争论，应当如何看待她的作品呢？对琼瑶的作品不能采取全盘否定的态度，它具有一定的社会真实性和认识价值，其优秀之作也具有相当的艺术性，拥有其读者群。

琼瑶最善于编写爱情故事，构筑梦幻中富于浪漫情调的爱情传奇。小说的基调是甜蜜与温馨、忧伤与惆怅，尤其善于煽情。《在水一方》叙述的就是这样一个故事：有情者未必有缘，有缘者未必珍惜爱情。有情者朱诗尧一直苦等杜小双没有结果，而有缘者得到小双的爱却不珍惜，等到醒悟时却已晚了。《庭院深深》中的男女主人公柏沛文与含烟的爱情也是天方夜谭似的，先是一见钟情的美满婚姻，然后家庭矛盾冲突升级，含烟出走十年，柏沛文苦苦等候，最后是十年后男女主人公的奇遇，大团圆的结局。梦幻般的纯情世界让人如痴如醉。

她笔下的男女主人公都是爱情的理想主义者，真诚、纯洁，唯情至上。他们都是可爱的人物，狂热追求爱情，似乎游离、超然于现实社会之外，如《月朦胧鸟朦胧》中的鹏飞、灵珊，《聚散两依依》中的男女主人公都是这样的纯情者。琼瑶笔下的女性多为传统的贤淑女性，大多是弱者的形象，贤淑、善良、温柔，天生依附于男人。琼瑶虽然是女作家，塑造的却是男权社会中的女性形象，她们是柔弱的，需要男性的保护，如《窗外》中的江雁容、《紫贝壳》中的许佩青等。她的笔下没有出现女强人的形象。

琼瑶的小说善于编织故事，情节曲折新奇，波澜迭起，常常在小说中运用悬念、误会、意外、巧合等手法，使故事峰回路转、高潮迭起。《烟雨朦朦》是琼瑶的长篇力作。女主角依萍和母亲被父亲遗弃，父亲和小老婆雪姨住在一起，生活富有，出于报复心理，依萍决定把雪姨的大女儿的男友何书桓夺过来，不料，真的与书桓产生了爱情。小说围绕依萍与书桓的爱情与她对父亲一家的报复行为展开故事情节，两条线索交叉错结，表现了两个家庭的恩恩怨怨与爱情的曲折起伏，并通过依萍母亲之口，表现了人性的复杂性，歌颂了人性美好、善良的一面，给人以启迪。作家笔触细腻，尤其善于细节描写。

琼瑶的小说富有浓郁的诗意，善于营造意境。琼瑶深受中国古典诗词的影响，几乎每部作品都要引入一首乃至多首古典诗词穿插于作品之中。许多小说的书名都来自古典诗词，如《几度夕阳红》、《庭院深深》、《彩云飞》、《在水一方》、《寒烟翠》、《碧云天》等。小说的主题歌词也大多从古典诗词点化而成，如《在水一方》、《聚散两依依》中的歌词都有这个特点。

琼瑶作品的局限性也很明显，如时代背景模糊，题材狭窄，缺乏社会批判，构思单一、情节故事有相同的模式，人物形象定型化，给人雷同之感。这些不足都应该引起读者的注意。琼瑶的作品难以超越自己，更难以超越别人。

第六节　女性作家小说

一、林海音的小说

林海音（1918—2001），本名林含英，台湾苗栗人，出生于日本大阪，1923 年举家迁往北京。北平世界新闻专科学校毕业，1948 年返台。出版有小说《绿藻与咸蛋》、《城南旧事》、《婚姻的故事》、《烛芯》等，长篇小说《晓云》、《孟珠的旅程》等，散文集《冬青树》、《两地》、《剪影话文坛》、《家住书坊内》、《生活者林海音》等。作为影响一代文学风气的作家、编辑、出版家，林海音对于台湾女性文学的开拓，对于当代台湾文坛的培植，构成令人怀念的“纯文学岁月”。

林海音的创作开始于 20 世纪 50 年代的台湾，其创作重心是谈女性和写“两地”。台湾和北平的两地生活，民国初年的女性婚姻状态，20 年代北平的风土人情，光复后十年间的台湾社会生活，都是她所观照的生活内容。林海音小说世界的构成，是以女人、婚姻、家庭为中心，针对形形色色的妇女问题，揭示不同时代的女性生存真相，传达生为女人的悲剧性主题。这种纯女性化方式的写作，所蕴含的则是对妇女整体命运的思考。

对于旧时代的女性，林海音主要讲述她们在民国初年的婚姻故事，意在揭露封建礼教的残酷性和虚伪性。《金鲤鱼的百裥裙》追溯了一个名叫金鲤鱼的姨太太悲哀的一生。丫头出身的金鲤鱼由许老爷"收房"做妾，她虽然如愿以偿地生子，却不能在儿子婚礼上穿一条象征正室身份的红色百裥裙，最终一病不起。《烛》写面对丈夫娶妾的韩太太，既要装出正室的宽容大度，又要忍受空虚寂寞和仇恨嫉妒的折磨，她以装病来抗衡一夫多妻制，最终瘫痪在床。对纳妾制度下的女性双重悲剧的揭示，成为林海音的笔力侧重。

对于那些与自己同时代的女性，林海音所描写的人生故事追溯到20世纪30—40年代的中国大陆，女性婚姻命运的沉浮维系海峡两岸，政治、战乱、男权，往往带给女性灾难性的影响。《烛芯》在"痴情女子负心汉"的古老故事框架中，融进了有关国家政治与性别政治的新内容。志雄为追求理想去做"抗战青年"，元芳为掩护丈夫遭日本人审讯而流产。元芳在沦陷区苦等八年，志雄却在后方娶了"抗战夫人"飞往台湾。元芳千里寻夫，志雄旧情新欢都无法割舍，苦苦挣扎了25年后，元芳终于离开志雄。同样面对时代变故，当某些男性收获政治身份与人生欲望的双重利益之际，女性却付出了身体与感情的惨重代价。

表现台湾当代女性的命运变迁，林海音着眼于50—60年代台湾背景下的社会观察。《晓云》、《孟珠的旅程》、《玫瑰》等一连串的作品，仍然离不开女人和家庭、爱情和婚姻的故事，只是在台湾面向资本主义工商社会的转型过渡中，呈现出更为纷繁驳杂的面貌。

拥有北平和台湾双重故乡的林海音，以英子的儿童视角回望《城南旧事》。20年代老北平的民俗风情固然给英子留下深刻印象，但更牵动她情怀的是城南胡同里的秀贞、妞儿、兰姨娘、宋妈这些被压抑被损害的女性，是她随父亲去世而消逝的童年。作品中浓得化不开的乡愁情结，见证了它作为怀乡文学的感情浓度与纯正品质。

林海音的小说世界，沿着写实的轨道一路前行，既有意到笔随、行云流水般的风格，也不乏朴素蕴藉、情感含蓄的特点。

二、郭良蕙的小说

郭良蕙（1926—2013），山东巨野人，1948年迁台。从1953年出版短篇小说集《银梦》开始，郭良蕙共出版了60余部小说。代表作有：短篇小说集

《银梦》、《圣女》、《贵妇与少女》、《第三者》、《台北的女人》等；长篇小说《黑色的爱》、《女人的事》、《心锁》、《遥远的路》、《四月的旋律》、《金色的忧郁》、《我心·我心》、《焦点》、《邻家有女》、《变奏》。

围绕女性的情感境遇与婚姻命运，通过形形色色的婚恋故事，呈现出各种不同的女性人生状态，并在其中传达了有关爱情与婚姻问题的深层思考，这是郭良蕙的创作追求之一。她笔下的主人公多为都市里经济条件较好的中产阶级男女，作品带有一定的贵族气息。作品透过个人的情感纠葛和婚姻矛盾，折射转型期台湾社会婚姻观和伦理观的变化，表现复杂的人性变异与冲突，道出世态人情的冷暖炎凉。《高处不胜寒》、《四月的旋律》、《他们的故事》等作品，都触及女性由于爱情与婚姻错位、理想与现实抵牾所造成的人生悲剧。

从性文化角度切入，在婚外恋题材的描写中，大胆触及女性情欲和畸形恋爱的问题，这是郭良蕙的创作追求之二。发表于1962年的长篇小说《心锁》，曾引发“何谓黄色小说”的论战风波，并导致作品被查禁、作者被多家文艺团体开除的后果。小说中，范林瞒着恋人丹琪与富家小姐江梦萍订婚，丹琪亦负气嫁给了梦萍当医生的大哥江梦辉。情感压抑的丹琪经不住范林的诱惑旧情重燃，纨绔子弟的小叔子梦石又对其频频进攻，丹琪终于败阵在情欲场上。最终二男争风吃醋，飞车竞驰造成车祸双亡。丹琪侥幸存活，逃往教堂，祈求神的宽容。

《心锁》触及的三个描写层面，即性爱的叙述，女性情欲的探讨，家庭伦理道德的挑战，皆碰撞了当时社会与文坛的敏感区域。在中西文化碰撞、传统价值观念开始变迁的60年代台湾，《心锁》捕捉到的正是部分青年由于工商业社会急速兴起而引发的功利原则和欲望消费，由于人性扭曲变异、纵情贪欲而导致的情感悲剧。所以，小说不仅揭开了台湾资产阶级家庭温情脉脉的面纱，笔锋直指道德、伦理、信仰和人性的深层内容；也让这个矛盾迷失、伦理混乱的家庭，成为台湾社会转型初始阶段的世态人情与现实症结的某种缩影。

郭良蕙的小说，往往以波澜起伏、环环相扣的动态小说结构，显示出把握生活和驾驭长篇小说的力度。对人物心理活动的准确把握与刻画，使作品中各色男女的性格特征栩栩如生。

三、聂华苓的小说

聂华苓（1925—　），女，湖北应山人。南京中央大学政治系毕业，1949年到台湾，任《自由中国》文艺主编，1964年移居美国，与美国诗人保罗·安格尔共同创办美国爱荷华大学“国际写作计划”。主要出版有短篇小说集《葛藤》、《翡翠猫》、《一朵小白花》、《台湾轶事》、《王大年的几件喜事》，长篇小说《失去的金铃子》、《桑青与桃红》、《千山外，水长流》，散文集《梦谷集》、

《三十年后》、《爱荷华札记》、《黑色，黑色，最美丽的颜色》、《鹿园情事》、《三生三世》等。许多作品被译成多种外文。

对于自称为“东西南北人”的聂华苓来说，14 岁以流亡学生的身份成长于战乱岁月，去台湾后又因坚持不登“反共”八股文被暗中监视失去自由，赴美后在坚持文学创作的同时创办并长期主持“国际写作计划”组织，邀请了世界各地的作家于爱荷华大学交流、写作。这样的生活经历，使她目睹了近代中国的历史沧桑和世事变化，让她一直致力于反映在台的大陆人及旅居海外的华人的生存境遇和精神现状。她的作品中，总是弥漫着深切的孤独情绪和凝重的乡愁，心灵悲歌式的独特文本基调、多样性的创作风格使她始终拥有一大批海外读者。

聂华苓的文学创作以小说最具影响力，几部短篇小说集表现了形形色色的从大陆流落到台湾的普通人的生活，生存的窘迫和失根的精神折磨，使他们在空虚、颓废甚至是绝望的阴影之下打发在孤岛上的孤独生涯。《爱国奖券》中几位无钱又无权的小人物将打破灰色人生的唯一希望附着在凑钱买的一纸奖票上，在虚无缥缈的等待中，经历一次次的人生幻灭。《一捻红》中那位先期到了台湾、与留在大陆的丈夫痴情相爱的李婵媛，为了抚养三个孩子，只好强颜欢笑，委身于纺纱厂的老板赖国熹。《王大年的几件喜事》穿插描写了王大年的普通教员生活和大学生活及种种宏伟的计划，而他的言行不一则暗示了发财梦终究只是个荒唐梦。《姗姗，你在哪里?》中李鑫从花莲到台北去寻访十五年前他的初恋情人，却认出他面前的姗姗浮肿着双脚，成了已有几个孩子又正挺着大肚子的生育机器，生活的变故和岁月的煎熬已让当年的天使成了一位遭人厌恶的嚼舌俗妇。从这些人物身上，我们既可以看到作者倾注的深切怜悯，也能体察到作者将小人物命运、人格的变迁放置在特定历史背景下，通过他们灵魂蜕变、心理畸形的展示，进而去探寻命运悲剧的社会根源的良苦用心。

集中体现聂华苓创作思想和风格的是她的长篇小说。《失去的金铃子》写于 1960 年，是《自由中国》被迫停刊、聂华苓一生最黯淡时期的写作。作品以三星寨之外的大世界，表现了日本侵华、战乱逃难的民族悲剧；以三星寨盛行的种种封建婚姻的现实世界，揭示了封建传统势力对女性的深重压迫；以苓子暗恋表舅尹之的复杂情感，勾勒了一个少女在战乱时代中由偏狭、自私、任性走向成熟的成长心境。作品用大量的篇幅写了山村景物、人情，字里行间透露出深深的思乡之情，对故乡山水的眷念、对青春岁月的缅怀，使小说形成了抒情和写实相融的独特文体。《桑青与桃红》是聂华苓偏爱的代表作，集中表达了浪子悲歌的主题。小说共四个部分，把女主人公的生命历程浓缩于四个生活阶段：从抗战末期的瞿塘峡被困，到北平解放前夕的仓促成婚和逃离；从五十年代台北定居时因丈夫挪用公款被警方通缉的两年“阁楼人”藏匿生活，到六七十年代屡遭美国移民局追捕的流亡生涯。时代背景和生存空间的变迁背后，一以贯之的是异乡人于逃亡、威胁、困陷中失根无着而寻根无望的心灵放逐历程，跨时空的描写提供了关于人物精神变迁的发展过程——纯洁天真的女学生桑青最终变成了精神分裂、纵欲沉沦的桃红。以个人、国家、时代三者的命运的交织，来透视时代动荡之中身为中国人的流浪，及至寓言整个人类的处境，这种处理方式构成作品沉重的历史感。《千山外，水长流》显示了聂华苓史诗型小说的新开拓。这部具有浓烈诗意的作品以混血儿莲儿赴美探亲寻根为线索，在时空交错的变换中，将中国与美国、历史与现实、战争与爱情、个人沧桑与时代变迁连接起来，歌颂了中美人民的友谊和人类对爱心的寻觅。小说透过母亲柳凤莲写给女儿的一束信札，让莲儿找到了自己的精神家园，理解了母亲和彼尔这一对异国情侣艰难而崇高的爱情，依靠自身的回忆段落与书信眉批，莲儿由“怨国怨人”到“爱国爱人”的情感轨迹清晰可见。作者在这里关注的不再是往日漂泊浪子的精神悲吟，而是根之回归的希望之歌、世界各国人民的友谊颂歌。这无疑标志着聂华苓文学视野与思想境界的新拓展。

聂华苓的小说在艺术风格上，继承了传统小说白描的手法，但从整体上看，她的作品呈现出现代派的创作基调。短篇小说创作上常有意忽略作品故事的完整性，不以情节结构小说，而是用意识流手法来探视人物心理，关注人物瞬间情绪，从直觉影射人物内心深层奥秘。对于长篇小说的创作，聂华苓做了更大胆的艺术尝试。《桑青与桃红》采用双线并行的跳跃式结构，类似戏剧结构方式，在每一个历史阶段截取生活片段，让人物在作者精心安排的生活舞台上表演。普遍运用象征手法，追求寓言式写作效果，将困陷与流浪的意象贯穿作品始终。采用不同风格的语言，描述历史的演进与人物精神状态的变化。

聂华苓小说的语言具有强烈的抒情色彩，语言淡雅清丽，时而凝重深远，时而隽永明澈，融作者对生命的感受和对故土的思念于细腻含蓄的话语表述之中。而在一些现代派色彩浓烈的作品中，句式的独特运用，有意打乱语序，形成混乱的思维逻辑，则强化了主人公精神压抑、惶惑迷离的紧张情绪，形成了语言的内在张力。

四、於梨华的小说

於梨华（1931—2020），女，浙江镇海人，生于上海。台湾大学历史系毕业，美国加州大学洛杉矶分校新闻硕士，曾在美国执教，后专事写作。曾以《扬子江头几多愁》获 1956 年美国米高梅创作奖首奖，《又见棕榈，又见棕榈》获 1967 年台湾嘉新文艺奖。出版有长篇小说《梦回青河》、《变》、《又见棕榈，又见棕榈》、《考验》、《傅家的儿女们》等，中短篇小说集《归》、《雪地上的星星》、《白驹集》、《会场现形记》、《也是秋天》、《寻》、《相见欢》、《情尽》、《屏风后的女人》等。另有散文集《谁在西双版纳》、《记得当年来水城》。

作为留学生文学创作的鼻祖，於梨华首先在其小说中把“留美文艺”从观光见闻、游览记事的性质，提升到描摹留学生涯、探讨人生理想、表现乡愁与根的层面上去，从而被称为“无根的一代的代言人”。

在对“留学生、留学人、自留人”留学生涯的关注中，於梨华不仅真实地反映出台湾留美学生在学业前程、婚姻恋爱、生存境遇等方面的奋斗与挣扎，而且深刻地揭示出他们浪迹天涯的漂泊心态。她的小说贯穿着一条对美国幻灭、对台湾失望、进而对祖国大陆认同的思想线索，由此成为海外华人精神历程的复杂记录与真实写照。以 1975 年为界限，於梨华前期的留学生文学主要表现“无根的一代”的人生遭遇，寂寞孤独的情感和挥之不去的乡愁贯穿作品始终。1975 年以来多次访问大陆的经历，带来於梨华思想境界的拓展和提升，后期创作侧重反映“觉醒的一代”的人生奋起，寻根的行动和对中华民族文化的认同，《傅家的儿女们》可为代表。

透视“无根的一代”辛酸苦涩的生存境遇，是於梨华反复表现的题材。《移情》中原本前程看好的台湾留学生赵正刚，如今不仅要忍受先期赴美恋人变心解约的痛苦，还要在生存困境中被迫放弃自己原来的经济学博士梦想，改学那天书一般的物理。《小琳达》不仅写出了这种生存窘迫，还揭示出种族歧视下的精神痛苦。女留学生吴燕心为生活所迫给人照看孩子，而六岁的小琳达却刁钻古怪，经常搬弄是非；寄人篱下的燕心忍辱负重，最终未能逃脱丢掉饭碗的命运。带有作者自我色彩的人物遭遇，其苦涩难言凝结着亲历者的辛酸体验。描写“无根的一代”寂寞、幻灭的情感境遇，是於梨华涉及最多的题材。在西方世界有限的华人圈里，爱情选择不仅成为人生难题，也时时面对不同文化背景下的现实压力。於梨华深谙留学生情感世界的聚散离合与人生悲欢，她在《移情》、《带泪的百合》、《等》、《交换》、《雪地上的星星》等作品中，呈现出形形色色的爱情婚姻现状。

《又见棕榈，又见棕榈》可谓是於梨华留学生文学的扛鼎之作，它为台湾留学生提供了一面命运之镜。作品透过主人公牟天磊回台湾省亲的人生路线和心理流程，真实感人地表现了台湾留美学生无根的寂寞与寻根的迷惘。离开台湾前夕的牟天磊，热情勇敢，充满理想，发誓要像棕榈树那样挺直无畏，出人头地。而赴美十年后回台省亲的牟天磊，却显得意志消沉，彷徨无依。伴随艰难的求学路而来的，是苦涩难言的情感历程。为了这顶博士帽，天磊失掉了青梅竹马的台湾恋人眉立，也无法与已嫁他人的美国情人佳利走到一起，情感的世界充满失落与痛楚。人生与爱情的双重失落，加之中西文化冲突下无处不在的乡愁与寂寞，真可谓去国十年，老尽少年心。

於梨华的小说执着于“中西合璧”的艺术境界追求。其一，将强化故事情节的传统技巧，与西方现代小说多层次的结构方式相结合，拓展了表现生活的空间；其二，将现实主义的描写与意识流的手法结合起来，在时空与场景的自由转换中，反映丰富多变的动态人生；其三，将人物的外部形象塑造与内心世界开掘结合起来，入木三分地把握人物的性格特征；其四，语言清新细腻，生动可感，加之对比、象征、比喻等多种手法的运用，丰富了作品的艺术表现力。

五、陈若曦的小说

陈若曦（1938— ），女，本名陈秀美，台湾台北人。台湾大学外文系毕业，美国马里兰州约翰·霍普金斯大学硕士。1966 年前往中国大陆，任教于南京华东水利学院，1973 年离开，后移居加拿大。中短篇小说结集出版的有《尹县长》、《陈若曦自选集》、《老人》、《城里城外》、《贵州女人》等，长篇小说有《归》、《突围》、《远见》、《二胡》、《纸婚》、《慧心莲》，另有散文集《无聊才读书》、《天然生出的花朵》等。

以生活和创作的自然流程来看，陈若曦小说分为三个时期。早期创作始于大学时代，一方面，出身于木匠世家的贫穷经验与贴近普通百姓的情感指向，使她多用写实手法创作，或侧重于表现底层人民的生存境遇，带有乡土色彩；或致力于反映受侮辱受损害的女性命运，揭示出反封建反迷信的文学主题。《辛庄》、《灰眼黑猫》、《妇女桃花》、《最后夜戏》等作品便是这类写实小说的代表作。另一方面，受西方现代派文学影响，创办《现代文学》杂志的经历，又使她的知识分子题材写作多有意模仿西方文学。《钦之舅舅》、《巴里的旅程》这类作品中，人物的怪异行为背后虽然蕴含着某种社会忧愤，但亦失之于扑朔迷离、神秘虚无。

从 1980 年发表短篇小说《路口》开始，身为旅美华人的角色定位和生活经验，使陈若曦的近期创作转向对海外华人的精神面貌和生活状况的描写。在长篇小说《突围》、《远见》、《二胡》、《纸婚》中，反映美国华人社会的生活命运特别是知识分子的精神状态，思考两岸关系与中国前途，成为她创作的政治架构和关怀焦点。而这一切，又往往透过在美国相遇的大陆人与台湾人之间的男女情感关系来展开，并不可避免地浸润在双重文化的环境氛围里，体现着作家对海外华人政治的、文化的、人性的多重思考。

《突围》以美籍华人教授骆翔之和留学生李欣的婚外恋为小说主线，加之旧金山形形色色的华人知识分子形象，共同构成了在中西文化冲突中挣扎、迷失的华人世界的人生世相。小说选择“突围”主题进行艺术构思，“突围”象征对人的某种境遇的警醒与救赎，小说中不仅那个身患自闭症的女孩小琴面临着治愈疾病、返回人群的生命突围，陷入婚外恋困境的骆翔之和李欣面临着一场情感与道德的突围，包括那群醉生梦死、自我封闭在社会一角的华人知识分子，也同样面临着如何走出小我天地、追求高尚人生境界的精神突围。

《远见》在展示海峡两岸历史走向与互动关系方面，有着更为开阔的视野。台湾中年女性廖淑贞是一个有着传统美德的“东方女性”，她带着女儿远涉重洋，先期赴美做佣工来换取绿卡。其间，从访美学者应见湘那里获得了真挚友谊和人生追求的动力。当她历尽艰辛拿到绿卡时，方知在台湾的丈夫早已与他人同居生子，决定离婚的廖淑贞重返美国闯荡天下。她不断扩大了人生的关怀面，在追求自立的觉醒中看到未来的希望，开始变得真正有远见了。

对家国命运的深刻忧患与热切关注，使陈若曦小说带有强烈的政治气息和时代色彩。严谨而富于变化的结构，朴实无华、简洁明快的语言，则构成她小说的主要艺术特征。

六、李昂的小说

李昂，本名施淑端，台湾彰化人。毕业于台湾文化大学哲学系，美国俄勒冈州立大学戏剧硕士，任教于台湾文化大学。出版有小说集《混声合唱》、《人间世》、《爱情试验》、《杀夫》、《她们的眼泪》、《暗夜》、《花季》、《北港香炉人人插》等，长篇小说有《迷园》、《自传の小说》、《漂流之旅》等，散文集有《女性的意见》、《外遇》、《走出暗夜》等。

以《杀夫》而惊世骇俗的李昂，其作品往往从性文化角度切入，对封建势力摧残女性的罪恶给予了无情的揭露和痛击，对父权中心秩序充满颠覆的力量。《杀夫》从两条线索和两代女人的命运展开故事，其中又以年轻的女主人公林市的命运遭际为主线。从叔叔的家庭奴隶，到丈夫陈江水的性奴隶；从孤苦无依中对鬼魂的敬畏，到忍无可忍杀夫而导致遭受极刑，林市的一生成为父权制压迫下一代又一代妇女非人境遇的悲剧性写照。

如果说，《杀夫》是“吃不饱的文学”，《暗夜》则是“吃得饱的文学”。小说描写报社记者叶原、实业家黄承德等人对金钱与性的角逐内幕，借这些性的败德事件，来透视台湾资产阶级的败德与堕落现象，并对台湾社会道德失律、欲望横流、享乐主义和功利主义价值观大行其道的当下世风，给出了不无忧虑的警示和抨击。

长篇小说《迷园》在女主角朱影红身上寄寓了极大的创作企图，它要通过鹿港大户的这个朱家后人，将朱家花园“菡园”的修建，与透过历史记忆重整族谱的工程结合起来；以朱影红与房地产开发商、暴发户林西庚的情爱关系建构，来争取和确立朱影虹在这场感情角逐中的主体位置。这样，在朱影红那里，个人的情欲史、菡园的家族史，与作者企图构建的台湾历史，就有了一种交缠和互动，一种政治寓言和意识形态的话语象征。

作为文坛上的“叛逆女性”，李昂在性文学领域大胆开拓：一是以女性本位的立场，在女性情欲的书写中，正视了女性被遮蔽的生命本相；二是把性作为解剖社会、表现历史脉络的一个切入点，作为达到批判与揭露、同情和护卫的一种手段。

李昂在创作方法上体现了兼收并蓄的创新精神，她熔传统、现代、西方、中国的艺术技巧于一炉，既采用古典文学中的工笔、白描等手法，又吸收了西方现代派文学的象征、意识流、梦境、感觉、魔幻等表现方式，给人带来比较开阔的艺术视野。

七、廖辉英的小说

廖辉英（1948— ），台湾台中人。台湾大学中文系毕业，曾任职于广告公司，担任过《妇女世界》月刊总编辑，现专事写作。1982 年跻身文坛，以长篇小说为主，创作小说、散文集 50 余部。主要结集出版有小说《油麻菜籽》、《不归路》、《盲点》、《今夜微雨》、《窗口的女人》、《朝颜》、《岁月的眼睛》、《木棉花与满山红》、《爱与寂寞散步》等，散文集《谈情》、《说爱》、《两性拔河》、《自己的舞台》、《女性出头一片天》等。

被誉为纯粹的女性问题作家的廖辉英，始终关注家庭、婚姻、两性相处的现实。其作品关于妇女的历史命运、生存景观以及情感遭遇的深刻检讨，无疑成为台湾女性社会境遇和成长过程的一面镜子。短篇小说《油麻菜籽》，深刻地揭示了妇女在人生命运、社会地位、婚姻境遇以及自身解放等方面遭遇的多重问题。小说中，阿惠的母亲出身于医生名门，却不幸误嫁了一个浪荡公子，一生的日子在“半是认命，半是不甘”的吵嚷中过去。这部作品的突破在于：一是向男尊女卑的封建传统观念挑战，让女性看清自身边缘生存的历史真相；二是通过阿惠的母亲对“油麻菜籽”命运观的认同，深刻剖析了女性心灵深处的集体无意识。

女强人形象的塑造，则触及了当今台湾社会的另一种现实：在生存竞争激烈、两性相处艰难的现实环境中，那些学有所长、事业领先的现代知识女性往往陷入事业与爱情选择的两难境地。《红尘劫》中的广告界女强人黎欣欣，身为独当一面的女处长，其雄心、智慧与才能绝不比男子逊色，工作业绩虽让人无可挑剔，却一再跌入男人的感情圈套。《今夜微雨》中的杜佳洛，容貌美丽，精明干练，事业一帆风顺，婚姻却一再触礁。因为男人无法容忍女人太能干，她总也难以实现“过一家一业，正正常常的夫妻生活”这个最普通的人生愿望。

廖辉英的小说，有较强的社会性与时代感，擅长演绎生活，诠释人生。与这种题材选择的生活化、内容表达的真实感相适应，其文字不事雕琢，质朴、洗练，叙事流畅，不枝不蔓。明快的话语方式与委婉的情感抒写相结合，体现了廖辉英“心系女性笔如刀”的写作方式，也带来其作品“侠骨柔肠”的风格指向。

第七节 新生代小说

一、黄凡的小说

黄凡（1950— ），原名黄孝忠，出身于台北市一个不幸而穷苦的家庭。他于1974年毕业于台湾中原理工学院工业工程系，出版有中、短篇小说集《赖索》、《大时代》、《自由斗士》、《都市生活》、《零》、《慈悲的滋味》、《你只能活两次》、《曼娜舞蹈教室》、《东区连环泡》，长篇小说《反对者》、《天国之门》、《伤心城》、《上帝的耳目》。此外还有散文、杂文集《黄凡频道》、《我批判》、《黄凡专栏》等，作品多次在台湾获奖。

黄凡的小说广泛涉猎台湾的政治生活、政治事件，敢于针砭时弊，批判政治派别斗争中的种种丑陋现象。《赖索》是黄凡政治小说的发轫之作，白先勇评价这篇小说，认为它“主题深而且广，触及台湾现实的核心”①。赖索出身贫寒，是生存于都市社会的普通小人物，生活平凡而且艰苦，完全由于事出偶然，他糊里糊涂加入了“台湾民主联盟”。这以后，该组织的头面人物韩志远成为赖索心中崇拜的偶像。当这个参与“台独”活动的组织被取缔时，韩志远溜往日本避难，而赖索却因为此事锒铛入狱十年。而后，在海外逍遥的韩志远摇身一变为华侨返回台湾，成为新闻界的座上客，接受电视台采访，这时，饱受囚徒之苦而出狱的赖索找到电视台求见，竟然被这位韩先生拒之于门外。小说以犀利的笔锋揭露了韩志远这类政客卑鄙丑恶的嘴脸，而对赖索这样受愚弄且无知的小人物，在发出可悲感叹的同时又表现出一种同情和肯定。黄凡认为：“当政治理想和小人物的尊严不可两全时，我宁维持小人物的尊严，而贬低政治理想！”② 小说不仅把矛头指向了从事阴谋活动的“台独分子”，也抨击了国民党当局政治运作形式中的弊端。

黄凡的小说还多方位地反映了现代都市社会的风貌，揭示了以经济为支撑点的都市社会复杂多样的结构特征，刻画了现代都市人的生存、行为和思维方式。《人人需要秦德夫》是黄凡都市小说的早期作品。秦德夫从小家境贫苦，生活坎坷，没有享受到家庭的温暖，以后他闯入商界，经过一番苦斗，逐渐发

① 张韧等选编：《升迁的挽歌》，时代文艺出版社1996年版，第470页。

② 张韧等选编：《升迁的挽歌》，时代文艺出版社1996年版，第470页。

迹，成为拥有多家公司的大实业家。秦德夫精明强干、勇于奋进，又狡诈多谋、善于投机。他拥有钱财、别墅、美女，他向教育界捐款兴学，得到社会各界的器重，而同时，他的内心却孤独、寂寞而苦闷，他渴望得到真诚的理解，纯洁的感情。秦德夫属于那种“难解的、急速变化的社会的代表人物”。由于适逢台湾经济转型时期，加上自身的勤奋苦斗，善于钻营，他获得了成功，成为大财阀，而畸形发展的工业社会所带来的虚伪、狡诈、人情淡漠又困扰着他的心灵世界。秦德夫在一次手术事故中去世了，他被视为都市人的楷模。秦德夫如同五光十色的都市社会所投射的一个焦点，从他身上，反射出都市社会的急剧变化，反射出社会、家庭和人际关系的裂变，揭示了工商社会在“拜金主义”侵蚀下，人性腐蚀、人情淡化、道德沦丧的种种丑陋现象。

黄凡后期写都市题材的小说，如《东区连环泡》，主要反映进入后工业文明时期都市光怪陆离的众生相。前期作品中都市强人的形象被庸碌无为的猥琐人物所取代。《到东区的500种方法》描述了台北楼房拥挤、交通严重堵塞的状况，以致人们无法乘车、行走，而一批无赖却步步设卡，趁机敲诈勒索。《求职记》中的大学生排队求取“墓地推销”的职业，无非为了追求高薪、保险和出国的短期享受。这一组幽默讽刺小说，反映了超前进入后工业文明时期的台湾工业社会的种种弊端，触及现代都市人们普遍关注的敏感的社会问题，具有鲜明的时代色彩和深刻的社会意义，值得人们深思。

黄凡小说的艺术特色主要表现为：继承写实传统与借鉴现代文学技巧相融合。所谓“现实为体、现代为用”，是对黄凡小说艺术的精要概括。黄凡的小说成功地运用了西方现代文学的技巧，却又大胆触及台湾的社会现实，反映人们急切关注的社会热点问题，具有深刻的思想内涵。

黄凡的小说成功地运用了西方意识流手法。他的《赖索》明显受到美国作家索尔·贝洛《何索》的影响。《赖索》用人物的意识流动，采用时序颠倒、时空跳跃、叙述视角变化等多种手段，展现出赖索这个小人物从少年、青年到中年的可怜而又可悲的生活命运，并通过赖索的心路历程尖锐批判了台湾现实①。在短篇《大时代》、长篇《伤心城》等作品中，黄凡运用意识流手法展现杂沓、纷繁的现代都市生活，在形式和内容上都达到了比较完美的融合。

如果说，黄凡早期的作品，在艺术上明显受到现代派的影响，那么，近期的作品则更多地吸收了后现代主义的方法和技巧，如小说集《东区连环泡》，已从现代主义的象牙塔中走出，表现出一种“平面性”。《东区连环泡》由一组微型小说构成，它所讲述的是发生在人们生活表层的故事，诸如交通堵塞、谋求职业、被盗窃，甚至戒烟等，并且运用轻松、幽默、调侃、富于口语化的语

① 叶石涛：《人间何处有温暖》，《台港文学选刊》1987年第1期。

言表达出来，所以更适合后现代化社会愈益商品化的生活方式，更贴近大众的生活。

运用幽默，是黄凡近期都市作品的又一艺术手段。黄凡认为，幽默不仅是开怀大笑，而且是一种深沉的喜感。在《戒烟》中，“烟囱”恳求医生给他戒烟，医生的各种分析规劝都没有效果，最后，“烟囱”临走时请求医生“一巴掌把我嘴上的香烟打掉”。“烟囱”竟是如此心灵怯懦，缺乏自控，读罢令人啼笑皆非。

二、吴锦发的小说

吴锦发（1954— ），笔名仓浪，生于台湾高雄县美浓镇。台湾中兴大学社会学系毕业，曾任电影公司助理导演、编剧，《台湾时报》副刊主编，《民众日报》艺文组主任等。20 世纪 70 年代后期登上文坛，著有中、短篇小说集《放鹰》、《静默的河川》、《燕鸣的街道》、《消失的男性》、《春秋茶室》、《秋菊》等，散文集有《永远的伞姿》。曾多次获得台湾小说奖。

吴锦发的小说创作大体可以分为三个阶段：

第一阶段是指写于 70 年代末期的作品，这个时期的小说取材广而杂，多写自己的生活经历与体验。诸如写农村生活的《烤乳猪的方法》，反映了猪价猛跌，养猪的农户赔光血本、生活困苦的惨痛现实；写大学生生活的《唐吉诃德的梦魇》，描写了青年学生为争取编报的权利，争取言论自由，反对校方干涉人权的抗争；《巨鼠》从写人鼠斗争经过中引发出人性的自我反省；《放鹰》写的是电影武打演员艰辛痛苦的从艺经历。吴锦发初期的小说写作路子多样，显示出他的创作潜力。

第二阶段是指 80 年代初期的作品，这个时期的作品以小说集《静默的河川》为代表，吴锦发把他的目光集中在写生于斯、养于斯的故乡。他的“荖浓溪系列故事”包融了故乡的历史与现实，描写了在时代变迁中故乡的变化，写了在历史新旧交替中各种不同人物的情感与心态，交织着作家的挚爱、痛苦、抑扬褒贬等复杂的思想情感。《堤》是“荖浓溪系列故事”中的佳作，小说反映了从农业社会向工业社会转变的时期，新、旧思想，新、旧价值观念的尖锐冲突。作品表现了农民对土地执着依恋的情感，表现了老一代农民勤劳、顽强，百折不挠的愚公精神，更可贵的是，写出了历史洪流的不可抗拒。

第三阶段是指 80 年代中期以后的作品，以《燕鸣的街道》为标志，吴锦发的创作在思想上和艺术上日臻成熟，进入了一个崭新的阶段。这个阶段的作品可以按时间顺序归纳为“山地小说”、“都市人小说”和“成长小说”。

《有月光的河》、《燕鸣的街道》属于写山地题材的作品。《消失的男性》以荒诞的手法叙说了一个都市人离奇的故事。青年编辑李欲奔，有一天忽然发现自己身上长出了鸟的羽毛，他看了各科医生都没有结论。后来精神病医生指出这是一种逃避心理。李欲奔喜欢写诗，后来又改行研究鸟，但是他的爱好遭到现实社会的无理干涉。他的这种逃避心理“高涨炽盛”，不能消除，使他身上的羽毛一长再长，布满全身，变成一只野鸭，“男性”也萎缩消失，最后他失踪了，有人说他幻化成一只鸟向空中飞去。小说看起来怪诞，实质上谴责了现实社会对人权的侵犯，对人的尊严的干预。

1987 年和 1989 年，吴锦发创作了中篇小说《春秋茶室》和《秋菊》，属“成长小说”的题材。这两部中篇从独特的视角、新鲜的主题丰富了台湾的乡土文学。《春秋茶室》描写了几个乡村少年的一段饶有情趣而颇具传奇色彩的生活故事。四个正值十七八岁的乡村男孩处于由少年时代转入青春期的年龄，他们逃学、打鸭子、摸鸭蛋，尽干恶作剧。同时，他们同心合作，竭尽全力搭救出雏妓陈美丽，做出了见义勇为的侠义壮举。小说以细致的笔触，描写了处于青春期男孩的天真、幼稚、纯朴；描写了他们的同情心、侠义精神及由骚动不安而引起的性意识的萌动和朦胧的爱情心理。小说把几位少年的情态、心迹刻画得活脱欲出，传神毕现。同时，通过山地少女陈美丽遭凌辱的命运，揭露了台湾社会的人贩子拐卖少女的严酷现实。

吴锦发的小说具有以下艺术特征：

善于运用多种笔法驾驭不同的生活题材。吴锦发创作路子宽广，不同的题材抒写自如，各臻其妙。写农村题材的小说，用传统写法，大量采用民间方言俗语，具有浓郁的乡土味。反映都市生活的作品，借鉴、吸收西方现代派的艺术技巧。取材青少年的小说，细腻、逼真，充满青春浪漫气息。

成功地运用了荒诞、变形的艺术手法，把虚幻和写实相结合。吴锦发的《消失的男性》、《乌龟族》等作品借鉴了马奎兹、卡夫卡的幻想写实手法，表现了现代人的苦闷与困境。李欲奔研究诗不成，转而研究鸟，但他的自由、爱好遭到了干涉，于是产生了想变成鸟逃走的心理。从生理上看，人异化成鸟是虚幻的、荒诞的，但从小说提供的社会背景，从心理分析，这种怪诞，这种幻化又是可能的、可以理解的。小说将日常平淡无奇的生活现象与荒谬悖理的幻想结合为一个整体，寓奇异于平凡，获得了美妙玄奇的艺术效果。

移植、运用了电影蒙太奇的技巧。由于从事过电影导演和拍摄工作，吴锦发在小说创作中也经常使用电影艺术的技法。在《有月光的河》、《燕鸣的街道》等作品中，常可见到作家将不同时空的画面精心组接、重叠起来，使得情节紧凑，结构严谨，以增强小说的艺术表现力。

三、张大春的小说

张大春（1957—　），原籍山东济南，生于台北市。1975 年考入台湾辅仁大学国文系，1979 年入辅仁大学国文研究所，1983 年毕业。曾任《中国时报》副刊编辑，1985 年退伍后从事专业创作，曾任《中时晚报》撰述委员、辅仁大学及文化大学文学院讲师。1976 年，他的《悬荡》获幼狮文艺小说奖。1977 年，他创作历史小说《剑伎》、《干戈变》，1979 年发表《鸡翎图》，获第一届《中国时报》小说奖，《将军碑》获第九届《中国时报》小说奖和洪醒夫小说奖。他的小说曾多次入选台湾年度小说选。已出版小说集《鸡翎图》、《公寓导游》、《四喜忧国》、《大说谎家》、《病变》，长篇科幻小说《时间轴》，长篇武侠小说《刺马》、《大云游手》及杂文集《雍正的第一滴血》。

张大春是新生代作家的多面手、怪才，他尝试写多种题材，进行过多样化的艺术实践，诸如现实的、历史的、科幻、武侠、侦探、后设等都有佳作问世。在艺术上，他套路多种，奇招迭出，不断翻新、融汇，运用了魔幻写实、意识流、黑色幽默、科幻传奇、后现代等各种写法。台湾作家司马中原评价：在当代文坛上，“张大春闪电”确是耀人眼目，他学习钻研的玩意儿，统括了上九流中九流和下九流，他天生具有一种敏锐的内感，一种冥冥的灵动，加上不是常人所能比拟的想象和组合能力，以及极具爆发性的语言创造力，这许许多多的因素造就了他，我曾形容他为“野鬼托生的文学怪胎”①。

张大春的早期创作以《悬荡》和《鸡翎图》为代表，为取材现代社会生活的写实小说。《悬荡》写一位联考落榜的学生乘坐旅游缆车时，由于缆车在空中发生事故所产生的复杂的心理联想。

进入 20 世纪 80 年代以后，张大春对文学创作的思索日益深入，他认为：文学不应沦为教谕或宣传的工具，决意尝试着走出那些情绪化的感动。他逐渐疏离了传统的写实方法，开始进入艺术实验期。《公寓导游》是他艺术探索中的成功之作，小说没有中心情节，没有主要角色，场面转换频繁，人物关系扑朔迷离。在这篇小说中，张大春试图运用一种“即兴表现”法，突破传统写法的框框，用黄凡的诠释是：《公寓导游》中充满挑战意味的即兴表现，这种文类综观中国近代小说史，可以说极为稀少，“即兴表现”的一项目标是，企图打破长期困扰作家的“时空限制”，时空本来是不可以分割的，是个完整的概念，但是由于文字描述自身的缺陷及人脑接受影像的秩序感，时空便给割裂了。

他的《透明人》以一个神经异常的病人为叙述者，运用意识流的手法，描绘出一个看似虚构却又真实存在的疯狂而病态社会的剖面。《如果林秀雄》以林秀雄这个人物为主线，运用各种不同的假设、推断，想象出人物可能会出现

---

① 转引自朱双一：《新世代小说家论札——张大春论》，《台港文学选刊》1992 年第 5 期。

的遭遇和结局。这两篇作品都显现出作者艺术探求的轨迹。

张大春接受魔幻现实主义的影响，用魔幻写实的手法创作了七八个短篇。《将军碑》就是其中的代表作，小说表面的故事并不复杂，武镇东将军，一位已经退役的上将，已 83 岁的高龄，他具有一种“穿越”时间的特异功能，能周游于过去与未来之间。将军的儿子只是承认那段历史，并认为它已经过去了，父子两代人之间的摩擦、矛盾、裂痕显而易见，两代人所处的不同环境造成了他们之间的“代沟”。小说的深层意蕴还在于作者对历史的探究，张大春曾为《时报周刊》撰写过“历史扫描”专栏，对历史有独特的看法，他通过《将军碑》想告诉人们：“每一代人只能认识其当代的一部分”，“历史是不断改变的东西，每一代观察历史时，都在决定诠释历史，对于功过是非自然有不一样的评价”①。

《饥饿》是张大春更为典型的魔幻写实之作。小说构思奇异，情节荒诞，极具神奇的魔幻色彩。张大春的《饥饿》、《最后的无知》等篇将神奇诡谲的魔幻描写与反映现实社会生活的真实密切融合，成为台湾魔幻写实的杰作。

1987 年，张大春创作了短篇《四喜忧国》，它运用喜剧的形式表现小人物的精神悲剧。小说以一种荒乱变态的幽默，对现实社会的特殊人物作了嘲讽，为张大春黑色幽默的代表作。

1986 年到 1988 年，张大春又把目光投向了历史的领域，他创作了《欢喜贼》大荒野系列短篇和长篇历史传奇小说《刺马》与《大云游手》。两部长篇以晚清社会为背景，以社会底层小人物为主角。《刺马》写清代刺客张汶祥浪迹江湖的一生及他行刺西江总督马新贻的骇人之举。《大云游手》写广东沿海一带海盗、扒贼之间为争夺一座岛上所藏鸦片的一场生死之斗。他的历史小说兼有历史传奇与武侠小说之长，表达出真正属于民间的喜怒哀乐及其执着的生活追求，愿以反逆官府的民间正义观念为遭受冤屈的历史人物在心灵深处加以平反，以此逼近民族传统和民族心理的核心②。

1989 年，张大春创作了“探子王”系列中篇小说，塑造了私家侦探杜子厚这样一个特殊的人物形象，这是一个极端自私、颓废、堕落，从行为到内心、彻头彻尾坏透顶的人物，他之所以自甘毁灭，自以为是对充满罪恶社会的惩罚。他的近作《大说谎家》、《迷彩叛将》更是糅合了魔幻写实、新闻报道、侦探小说等多种文体的写法，新招层出不穷，令人眼花缭乱。

张大春在艺术上勇于探索，锐意创新，不断推出佳作。尽管他对语言能否

---

① 转引自陆士清主编：《台湾小说选讲新编》，复旦大学出版社 1991 年版，第 499 页。

② 转引自朱双一：《新世代小说家论札——张大春论》，《台港文学选刊》1992 年第 5 期。

真实反映事实的真相、再现历史表示怀疑，但他仍然希求自己的作品建立“新文化”，使人们挣脱“环境”的支配，复归人性。

四、王幼华的小说

王幼华（1956— ），曾用笔名王鲁、黄克，原籍山东汶上县，生于台湾苗栗县头份镇。台湾淡江大学中文系毕业，曾任职联经出版公司、君毅高中辅导室。已出版短篇小说集《恶徒》、《狂者的自白》、《欲与罪》、《热爱》，长篇小说《两镇演谈》、《广泽地》、《土地与灵魂》，论著《韩愈思想论析》等。1983年，短篇《欢乐人生路》获台湾第14届“吴浊流文学奖”。1987年以《广泽地》参加《自立晚报》第三次百万小说征文，为四篇进入决赛的作品之一。

王幼华取材都市生活的小说，被认为是“二度台湾现实主义文学”，他的作品与前辈现代主义作品相比呈现出不同的面目，揭露了现代都市社会、现代人的龌龊、病态，增强了批判意识。正如彭瑞金所指出的：“二度萌芽的台湾现代主义文学已经不是荒谬、苍白、感伤的传抄，而是真确时空下稚嫩的批判能力的起步了。”[①]《健康公寓》以一座四层公寓楼作窗口，透视了现代都市人的生活层面的种种心态。作品还揭示了比环境更为可怕的人的精神剖面，人们充满自私、猜忌、偏狭、贪婪、物欲横流、道德崩溃，小说展现了一幅现代都市社会病态图画。

王幼华对文明与原始并置的现代空间表现出浓厚兴趣，在《热爱》中，他表达出对蛮荒、神秘的山林的原始欲力的追寻：“我费了两天的时间走到深山里去，那儿有一望无际的山峦，我看见无数巨大的树根，它们的残干留在土壤里，这儿曾长有数万株千年的巨木，树荫浓密得见不到阳光。……我走到它们前面，喔，它们是如此坚强、高大、生命如此恒长，身体上布满与岁月奋斗的痕迹。”

王幼华受到西方表现主义的影响，强调抒写直觉、感受。西方表现主义文学强调主观感受，强调表现“本质的东西和深藏在内部的灵魂”。王幼华认为：我因为害怕他们（文学大师们）太大的影响，以致无法写出自己心灵真正的感受，观念无法突创。我感觉由自身原始、直觉去感受并创作的东西，才是人类真正需要的东西，而不是由别的方式、管道去思考。例如《狐》这篇小说，几乎没有编织什么情节，全篇表现的都是人物的主观感受。女主人公阿梅，与丈夫结婚八年了，有了两个孩子。可是丈夫事业不顺心，对她不满意，丈夫在外

---

① 转引自黄修己主编：《20世纪中国文学史》下卷，中山大学出版社1998年版，第420页。

面又有了女人，常借故不归家，而她虽然情感受折磨，精神痛苦，却对这已经失去爱的婚姻仍抱有希望。小说开头特别提到，她曾到古董店买了一只精巧有趣的“狐仙”供在家里。她们家有一间房子出租，突然在一个风雨天，一位身材高大容貌漂亮的男青年来看房子，她就把自己内心的痛苦、焦虑都告诉了那位年轻人。男青年走了，她总觉得很面熟，突然，她想到那青年的笑同狐仙的笑那么像。小说制造出充满阴森、鬼气的氛围。阿梅的主观感受，似真实，似梦幻，难以分辨。是狐仙幻化为那男青年，还是相反？人物的感受与潜意识相交融，给人以扑朔迷离的感觉。

王幼华在他的《恶徒》序言中这样表达他的文学见解：他所投注的是“自然、人性的开发及精神心理的挖掘、探索，复杂而多元的社会、世界”。王幼华总是将他的笔触伸入人物的心灵深处，挖掘人物的精神世界，剖析人物精神痛苦的原因，将人物的潜意识心理揭示无遗。短篇《香格里拉恋歌》中的林罗处在极度的痛苦熬煎中，处在善与恶的两极。他率直、自我嘲讽，他痛苦而又焦躁不安。他迷失在价值的误区，人性被扭曲。

王幼华的小说关注人性，着意表现人性中的罪恶感和原罪感，探索原罪和救赎。他在小说中塑造了一批不正常的病态人、畸形人，甚至出现了疯子系列形象和犯罪系列形象。作者在展现人物病态心理的同时，更在探索造成这种病态心理的成因，包括生理的、社会的、文化的诸方面的因素。《神剑》中，诚实、正直而不会撒谎的小孩，居然被世人视为神经不正常，智能低下。《欢乐人生路》的主人公致疯，虽然有生理缺陷的因素，但主要来自社会的腐蚀。《狂徒》中的季牙成为抢劫犯和赌博狂，也是来自先天与环境的双重影响。《广泽地》中的女教师梅子发疯，尽管有生理方面的因素，主要是社会对她的歧视、摧残，以至于后来精神失常。而《恶徒》中的大头和小爷，受到罪恶社会的腐蚀和影响而自甘堕落、道德沦丧，反过来，他们又用邪恶来报复他们所生存的这个社会。

王幼华的小说不仅在内容上构筑了与众迥异的奇特世界，在艺术上也刻意求新。他的作品融合了表现主义、新感觉派、魔幻写实、意识流、象征意象等多种写法，令人眼花目眩。如他采用的平行辐射状结构，在同一场面中展开诸多场景，不断更换视角，反复轮回，以表达瞬息多变、人际关系复杂的现代都市人生活。例如《爱情与欲望》，情节主线为作家大藏与四个女性的情爱纠葛故事，而在展开情节时，又把主人公大藏所创作的历史小说中的情节——刘邦、陈平与项羽的故事巧妙地穿插其中，形成一种复合模式，如《健康公寓》、《欲与罪》、《两镇演谈》都运用了这种结构模式。王幼华尤其精于心理透视的写法，描写人物心理细腻、缜密，达到了一种“自动写作”的境界。

五、蓝博洲的小说

蓝博洲（1960— ），台湾苗栗人，祖籍广东梅县，毕业于辅仁大学法文系。曾获时报文学奖、洪醒夫小说奖等。著有《旅行者》、《幌马车之歌》、《沉尸・流亡・二二八》、《日据时期台湾学生运动（1913～1945）》、《白色恐怖》、《消失在历史迷雾中的作家身影》、《藤缠树》、《寻找祖国三千里》、《台共党人的悲歌》等作品。

蓝博洲深受存在主义哲学影响，15 岁起就读到类如陈鼓应教授翻译的有关存在主义的哲学著作，到 27 岁写出首篇报导文学之前，一直困扰他的就是人的存在的问题。大学期间，担任文学社社长的蓝博洲，有组织地邀请杨逵、陈映真等乡土文学作家到校演讲，让他初步接触到被政治禁忌所遮蔽的台湾近现代史。但此时他尚无力穿透历史的迷雾，为排解思想苦闷，自 1982 年进入小说创作的早期阶段，炼造出精湛的文学技巧，1985 年获时报文学奖的短篇小说《丧逝》即是明证。自 1987 年初加入陈映真领导的《人间》杂志报告文学队伍以来，他力图拨开历史的迷雾，寻访被湮灭的台湾史与台湾人。他的报告文学主要有以下三个特点：

其一，挖掘并塑造出一大批台湾理想主义青年群像。1987 年发表的首篇报导文学《美好的世纪——寻找战士郭琇琮大夫的足迹》十分关键，郭琇琮不惜以个体生命捍卫理想，对抗黑暗的历史，其理想主义人格让蓝博洲感受到了生命的热度和意义，解决了长期困扰他的存在主义难题。郭琇琮出生于亲日家庭，却在就读台北帝国大学期间，因反日而坐牢；之后又拒绝加入国民党三青团，不去当薪水丰厚的医生，而是选择到最落后的地区做公共卫生防疫工作。参加“二二八”起义后，他对国民党白色恐怖下的白色祖国倍感失望，加入了共产党地下组织，向往红色中国，被处死时年仅 33 岁。之后的 30 多年里，顺着郭琇琮的启示，蓝博洲继续挖掘出一大批理想主义青年，包括宋非我、简国贤、吕赫若、雷石榆、蓝明谷、吴浊流、许强、吴思汉、张志忠、钟浩东等等。

其二，真实还原了台湾被禁忌的历史。1947 年“二二八”起义以及 1950 年代白色恐怖时代是蓝博洲最为关注的历史时期，因为它们遭到不同政治力量的扭曲和污名化。蓝博洲认为只有通过台湾民众史的发掘考古，才能冲破对历史的虚假阐释和政治打扮，还历史以真相，还历史中牺牲的左翼爱国青年以清白、公正。

其三，开拓了报告文学的艺术表现力。首先，综合使用图片、采访、档案、新闻报导等多种素材，还原出真实可信的历史场景。往往就同一历史事件采访多个人物，既有传主的亲戚、朋友、师生、同事等，也有传主的审判者、反对者等，形成多声部的历史叙事，以获得全面客观的效果。《台共党人的悲歌》初稿 1994 年已经完成，随着历史材料的不断发现，作家对它不断进行修订，直到 2011 年才定稿，由此可见作家对待历史的严谨态度。其次，具有较高的文学审美性。《藤缠树》就是小说模子下的报告文学。一方面，以小说为模子，写返乡采集客家山歌的阿里如何创作《藤缠树》；另一方面，又以报告文学为里子，展现阿里调查、研究革命青年林明华的过程。再如《幌马车之歌》整部作品都是客观零度的叙述笔调，只在结尾处安排了哭的悲情场景，使作品充满了历史与人情之间的美学张力。

六、骆以军的小说

骆以军（1967— ），祖籍安徽无为，毕业于台湾文化大学中文系，台湾外省第二代作家，曾获联合文学小说奖、时报文学奖小说奖、红楼梦奖首奖等。受昆德拉、卡尔维诺、艾柯、博尔赫斯、大江健三郎等西方后现代小说影响较大。著有《红字团》、《我们自夜暗的酒馆离开》、《妻梦狗》、《第三个舞者》、《月球姓氏》、《谴悲怀》、《远方》、《西夏旅馆》、《匡超人》等小说，另有诗集《弃的故事》等。

台北永和迷宫般巷弄既是骆以军生命体验的起点，也是基本模型，决定了骆以军写作的两个主要主题。一方面，自我在迷宫里穿绕，探索世界和人性的秘密，这构成骆以军的身份书写主题；另一方面，自我也被迷宫所侵蚀、同化，这构成骆以军的自我书写主题。从内在逻辑来看，这两个主题相互生发、彼此刺激，实为一体，均是对现代以及后现代分崩离析、混乱无序状态的文学表达。具体对骆以军而言，身份认同主题的发展要晚于自我表达主题，也就是说小我先于大我。

从小我出发体验世界，使骆以军的小说带有私小说的印痕，他因此被称为“内向世代”的代表作家之一①。现实世界被高度主观化、抒情化，正因此梦境与现实、死亡与爱欲之间原本不可逾越的界限不复存在，不仅梦境、死亡成为书写的重要主题，就连暴力、性等禁忌性话题，也因其内在化、去危害化而变成文本的核心要素。《遣悲怀》中，骆以军以运尸人的角色与已故女作家邱妙津隔世对话，过去与现在被勾连起来，探究死亡与爱欲的关联。而《我未来次子关于我的回忆》则轻易将现在与未来勾连起来。《西夏旅馆》更是借西夏君王李元昊将杀妻、淫乱、暴力屠杀、父子相残等禁忌话题集中起来，作为现代人的西夏后裔图尼克亦难逃杀妻的命运。骆以军所说的“暴力是我核心的驱动力”，应当被理解为以“暴力”书写来疏泄、化解内心的苦闷与压抑。所有

① 黄锦树：《内在的风景：从现代主义到内向世代》，《华文文学》2015 年第 1 期。

禁忌主题都是以内心化为基础的，表面看主人公具有动物式的原始冲力，其实凸显的是现代人面对现实世界的无力感，所谓对禁忌的冲撞无非是内心的想象与自我崇高化。

对家族、身份的追忆构成骆以军小说的另一个重要主题。骆以军自称经验匮乏者，不再拥有上代作家对国家、民族、家族等宏大叙事的真切体验。《月球姓氏》原本构想的书名《家族游戏》是对骆以军身份书写的最佳概括。当你试图清晰呈现家族谱系时，你得到的非但不是确定的、唯一的家族谱系，反而是多元的，充满了不确定性。《西夏旅馆》基于父辈外省迁移的离散经验，以西夏、旅馆隐喻台湾、外省人。如同西夏人消亡于历史长河中一样，父辈们的迁徙事实上是一种精神流亡，试图“脱汉人胡”的图尼克正是对外省人精神无家可归状态的隐喻。外省一代生活在原乡与异乡的断裂、游离之中，他们对原乡念念不忘，却已经在台湾扎根。

碎片化的后现代叙事最能体现骆以军小说的艺术风格。他通常将梦境、性、暴力、电影、游戏等诸多元素通过互文、戏仿等手段集中起来，显示出一种光怪陆离的混沌美学风格。人物形象往往不具有很强的立体感，是模糊的、扁平的。情节也不具有连贯性，而是跳跃的、拼贴的。而繁复的长句、紧密的修辞可以看作现代压抑感在文字层面的体现。总之，骆以军的小说呈现出现代小说的总体特征，时间性被最大程度地弱化了，空间性大大增强，如同台北永和迷宫般巷弄以及《西夏旅馆》中空间并置重叠的旅馆。

思考论述题：

1. 概述当代台湾小说的流派与嬗变。
2. 简述台湾光复前乡土小说的特色与贡献。
3. 台湾现代派小说的特征与成绩。
4. 白先勇小说的思想意蕴与艺术价值。
5. 陈映真小说创作风格的转变。
6. 黄春明的小说主要分为哪几类?
7. 陈映真、黄春明、王祯和乡土小说创作的异同。
8. 高阳、古龙及琼瑶小说的风格与特色。
9. 选择台湾女性小说家的个案，分析其创作特色。
10. 如何看待李昂在性文学领域的大胆开拓。
11. 新生代小说家崛起的原因与特征。
12. 简述黄凡、张大春、吴锦发、王幼华小说创作的异同。
13. 蓝博洲与骆以军小说的创作特色有何不同?

第三章　台湾诗歌

第一节　台湾诗歌发展概述

一、台湾的白话诗运动

台湾的白话诗运动是台湾新文学运动的重要组成部分。台湾新文学运动发端于 1920 年 7 月。当时一些留学日本的台湾青年仿效大陆的《新青年》，在东京创办了《台湾青年》，其宗旨是“研究台湾革新，谋求文化向上”。它标志着台湾新文化运动的开始。

1923 年 4 月，《台湾民报》在东京创办，全部采用白话文，积极介绍大陆的文学革命理论和文学作品。

台湾新文学运动的先驱者是张我军——台湾新诗第一人，自诩为台湾文学的清道夫，发表《致台湾青年的一封信》、《糟糕的台湾文学界》等文章，抨击旧文坛的弊病，倡导白话文运动，引发了新旧文学的论战。黄呈聪、黄朝琴等积极倡导白话文运动。《台湾民报》发表了大量的介绍大陆新文学运动的文章。1925 年 3 月，《台湾民报》发表了张我军的文章《诗集的解放》，理论上的倡导推动了台湾新诗运动的发展。

有“台湾新文学之父”之称的赖和坚定地与张我军站在一起，并肩作战，猛烈批判旧文学，先后发表《答复台湾民报特设五问》、《读台日报〈新旧文学之比较〉》、《谨复某老先生》等文，具体阐述新文学的必要性，并提出自己的文学建设主张。他认为：作家应多创作有台湾色彩的文学，与政治运动相结合，向大众宣传他们所受的痛苦的原因，向他们表示同情，教他们须求自救，使大众“波涌似的”倾向到社会改革运动中来。他还把这些思想和主张落实到文学创作之中，创作了大量的汉诗，尤其在小说领域有卓越的表现，初步显示了新文坛的实绩，为新文学运动注入了强大的生命力。

台湾早期出现的新诗有：追风（谢春木）创作的《诗的模仿》四首（《赞美番王》、《煤炭颂》、《恋爱将茁壮》、《开花之前》，发表于 1924 年 4 月出版的《台湾》杂志上）；施文杞的《送林耕余尹随江校长渡南洋》、《假面具》；杨云萍的《桔子花开》、《这是什么声音》；张我军的《对月狂歌》、《无情的雨》等。1925 年 3 月，杨云萍和江梦华创刊的《人人》杂志举办了台湾新诗史上首次新诗征稿比赛，选出了 20 首在该刊发表。1926 年 11 月，《台湾民报》征集新诗，获诗50余首。在早期的诗人中，以张我军、赖和、杨华的诗歌创作成就最高。

二、台湾现实主义诗歌发展

现实主义诗歌是诗歌的基础，并有着悠久而优秀的传统。20世纪30年代，日本殖民统治采取高压政策，推行“皇民化文学”，台湾新诗却依然顽强地发展着。1930年8月2日，《台湾新民报》开辟《曙光》新诗专栏，团结了大批诗人。台南盐分地带诞生了郭水潭、吴新荣、徐清吉、王登山等本土诗人群。1935年9月2日，邱淳光、丘炳南创办了《月来香》诗刊。1942年，张彦勋等发起成立了“银铃会”，出版《缘草诗刊》，创作和发表了大量的现实主义诗歌。

值得一提的是，来自台湾民间力量的现实主义诗人也在默默耕耘，如吴瀛涛、林亨泰、杨唤、钟鼎文、方思等，都有较卓越的表现。

60年代中期以后，现代派诗开始衰落，乡土诗歌、写实主义诗歌开始蓬勃生长。1962年7月，文晓村、王在军发起成立了葡萄园诗社，发行《葡萄园诗刊》，倡导“明朗、健康、中国诗的路线”，他们写道：所有忠于中国的诗人，应该将凝视欧美诗坛的目光，转回到中国自己的土地上……让我们的新诗在中国的土地扎下不可动摇的深根，来表现我们中国传统文化熏陶之下的现代思想与现代生活的特质，以建设中国的新诗。1964年6月15日，赵天仪、黄荷生、林亨泰、陈千武等清一色台湾籍诗人成立了笠诗社。他们有着鲜明的反现代主义倾向，强调诗歌的本土色彩。

70年代，台湾的民族意识得以强化，新诗向民族和乡土方向回归。诗歌主流是现实主义，强调诗歌的民族性、社会性、本土性、开放性、通俗性，语言朴素明朗。文艺批评家高信疆说：投入生活的原野，与我们周围的人群同哭同笑，接受我们作为一个中国诗人的历史背景与现实意义，接受那风风雨雨的磨炼，用自己的笔传达出我们这个时代的悲欢爱恨，用自己的笔推动大伙儿，一步步向前。这一时期出现了龙族诗社、主流诗社、大地诗社、草根诗社、诗潮诗社等，林焕彰、萧萧、张错、羊子乔、罗青、吴晟等诗人成就突出。

80年代前期，诗歌主要倾向于传统的写实主义，并逐步走向新诗的现代性与传统性融合。新生代诗人崭露头角，如向阳、林耀德、简政珍、陈克华、席慕蓉、夏宇和莫那能等。

三、台湾现代主义诗歌发展

台湾现代主义诗歌最早可以溯源到30年代杨炽昌组织的风车诗社。他们主张抛弃中国传统诗的音乐性和形式，创造一种能够表达现代人们内心活动的新形式，追求“纯粹”的表现，反对艺术沦为政治的工具。但是，在日据时期，民族矛盾尖锐，他们的主张并没有获得强烈反响。他们发行的《风车诗刊》仅发行了一年就停刊了。1986 年，杨炽昌在接受记者访问时对当年自己倡导现代派的动机和目的作了说明：当时，从事文学创作的处境困难，实非局外人所能了解，我虽然专攻日本文学不成，但也体认文学写作技巧方法很多。写实主义必定引发日本人残酷的文字狱。因而引进法国正在发展中的超现实主义手法，来隐蔽意识的表露。当时我的诗作多在日本诗志发表，进攻日本诗坛，为日本诗坛所肯定。由于写作处境的困难，提笔小心，如能换另一个角度来描写，来透视现实的病态，分析人的行为、思维的所在，则能稍避日本人的凶焰①。可见，风车诗社更多的是吸取西方现代主义文学的表现技巧，以技巧来“隐蔽意识的表露”，而未能达到哲学观念和艺术观念彻底更新，其基本出发点依然是传统的，走的是“言志”、“缘情”一路，注重诗歌的功利价值。

50 年代，随着国民党迁台的诸多大陆诗人成为台湾新诗的中坚力量。“反共”和怀乡的诗歌成为主流，台湾现代派诗蓬勃发展起来。到 50 年代中期，现代主义诗歌创作掀起热潮。现代诗社、蓝星诗社、创世纪诗社三大诗社冲上文坛，也使得诗坛热闹起来，论战纷呈。论争主要围绕西化与中国化——现代与传统展开，首先是蓝星诗社与现代诗社的论争，强调诗歌的“抒情性”；接着创世纪诗社的洛夫向倾向于传统转变的余光中发难。如果说这些论争还是现代诗内部认识上的分歧的话，那么，苏雪林、唐文标的批评则带有彻底“清算”的火药味了。苏雪林借批评李金发来批评台湾现代派诗随笔乱写，掩沓杂乱，无法念得上口。1972 年，关杰明发表了《中国现代诗人的困境》、《中国现代诗的幻境》和《再谈中国现代诗》三篇文章，指出：“中国作家们以忽视他们传统的文学来达到西方的标准，虽然避免了因袭传统的危险，但所得到的不过是生吞活剥地将由欧美各地进口的东西拼凑一番而已。”1973 年，唐文标又发表了《诗的末落——台湾新诗的历史批判》、《什么时候什么地方什么人——论现代诗与传统诗》和《僵毙的现代诗》等文章，对台湾的现代派诗歌提出了全面的否定，甚至宣称“二十世纪不是诗的世纪”，诗“在历史上扮演着大骗子的角色，散布着麻醉剂、迷幻药”。余光中、陈芳明等一批现代诗人则予以回击。

从 60 年代到 70 年代，台湾现代诗受到了来自内部和外部的批评，甚至非常严厉，但通过批评和论争，现代诗的缺陷被进一步暴露，强化了现代诗人创

① 羊子乔：《访杨炽昌谈文学之旅》，《台湾文艺》1986 年第 102 期。

作的自省意识和自觉意识，因此，它对台湾整个现代诗歌的发展都有着积极的意义。

60 年代初是台湾现代诗的成熟期和丰收季节。主要标志是：个人诗集和集体诗选的涌现；现代诗在语言和艺术表现方面取得了新的成就，突破了 50 年代“叙述化”、“散文化”、“概念化”的语言，创造性地形成新的语言形式，意象繁富，复杂多义，诗人多采用象征、暗示、比兴、切入、超现实、潜意识等手法，以有限表现无限，使诗质更加稠密，诗思更加丰富；扩大了现代诗的内容和题材，出现了探索战争与死亡、生命的意义、人性的复杂等方面的诗作。

80 年代中期以后出现了具有后现代性和时代性的探索诗，如录影诗、图象诗、视觉诗、后都市诗等，诗人罗青表现活跃且成就突出，可谓是引领潮流的诗人之一。

第二节　日据时期的诗歌

一、张我军的诗

张我军（1902—1955），原名张清荣，笔名一郎、速生、野马、以斋等，台湾台北人。台湾新文学运动的倡导者、奠基者，现代诗人、小说家。青年时代曾到大陆工作。1924 年 10 月，独自返台，担任《台湾民报》汉文编辑，开始用白话发表一系列评论文章，挑起新旧文学的论战。同年 12 月，他的新诗集《乱都之恋》在台湾出版，这是台湾第一部新诗集，收入 55 首抒情诗。1926 年开始陆续发表小说。他的作品有力地揭露与批判了黑暗时代，不仅开创了台湾新诗创作的现实主义传统，也拓宽了早期台湾小说的创作视野与领域。1955 年因肝癌于台北病逝。

文学理论与新诗创作是张我军文学贡献的主要体现。

直接身受五四运动洗礼的张我军，是台湾新文学运动的发难者。他关于新文学的理论主要表现在：

对旧文学的批判。张我军在他的《糟糕的台湾文学界》中，对台湾现行的文学现象进行了描绘，并尖锐指出台湾旧文学恰如“败草丛中的破旧殿堂”，盛行的“击钵吟”为“诗界妖魔”，台湾文学界的希望在于拆掉这座破旧殿堂，扫除诗界妖魔，呼唤“真文学”、“活文学”的诞生。张我军在对旧文学的批判上尽管有与“五四”文学革命同样的激进主义的缺陷，但在新旧交战之际，作为一种文化手段，是值得肯定的，他为台湾新文学运动打响了第一枪。

关于文学内容与形式的关系。在这一问题上，张我军以诗歌为例，论证了诗的内容的重要性。他认为一切文学作品的好坏，不在于字句声调之间，而在于诗的思想感情。他尤其反对旧形式对新思想的束缚，并强调新诗创作的核心在于诗体的彻底解放。在详尽介绍胡适“八不主义”的同时，他结合台湾文学界的现状，对此进行了新的阐释，如在解释“不摹仿古人”一条中，强调文学贵在“创造”，贵在具有“时代的色彩”和“个性”特征等，从而完成了对胡适思想的超越与发展。

对待台湾新文学与祖国大陆新文学的关系。张我军曾在他的《请合力拆下这座败草丛中的破旧殿堂》中明确指出：“台湾的文学乃中国文学的一支流。本流发生了什么影响、变迁，则支流也自然而然地随之而影响、变迁，这是必然的道理。”其后，他在《文学革命运动以来》一文中进一步阐明了他这一认同母体的坚定立场。这种认同母体的爱国主义思想在他的文论中贯穿始终。

关于东西方文化的关系。由于对“五四”精神的神会，张我军主张积极吸收西方民主、科学新思想。而尤其值得注意的是，他还认为对西洋文明的推崇不能全盘吸收，应取长补短，不拘执一方，应建立在民族、时代的需要上，这一点对于身处殖民统治的台湾尤其重要。

关于“国语”与“方言”的关系。张我军根据胡适“国语的文学，文学的国语”之主张，提出了语言建设的两个口号：白话文学的建设和台湾语言的改造。他认为应对台湾土语“有话无字”的不合理性进行改造。张我军所提出的改造台湾土语的理想，表现了他的爱国情怀，从文化的归属与统一角度来看值得肯定，但就当时的环境来看，在缺乏语言教育基础的台湾，这一主张具有较多的理想色彩。

总之，张我军的文学理论是对“五四”文学革命的直接承继，并结合台湾实际予以超越与发展。由此也可看出，张我军对于文学革命之历史趋势的清醒认识和他强烈的中国意识。

新诗创作方面，张我军的《乱都之恋》分别写于北京、台湾，包括55首抒情诗。诗作以军阀混战的北京为背景，以“我”的爱情经历为主体，描叙了一位台湾青年和一位北京姑娘恋爱过程的悲欢离合，反映了五四运动之后一代知识分子的爱情理想与人生追求，赞美了真挚纯洁的爱情，表达了对黑暗现实的诅咒和对美好未来的向往。主要内容包括：

讴歌真挚的爱情。《沉寂》一诗，大胆肯定爱情在生命中的位置，将爱的忧愁与欢乐交织在一起，融入大自然的明媚春光，面对“十丈风尘的京华”，诗人礼赞了乱世之爱的弥足珍贵：“这样黑暗的世界，/在这沉寂的夜里，/殷勤地展开着你慈爱的眼睛”“呵呵！日里的美人哟，/你是我仅有的知己！”诗人还抒写了纯真无邪的爱之思，爱之趣：“我愿做个牧童——/倘伊是个浣衣女。/暮暮朝朝，/我牧着牛而伊捣着衣。/在水流淙淙的小河畔。”

抒写爱的忧伤。理想与现实的冲撞使整部诗集弥漫着浓郁的感伤情绪。诗人真切地抒写了自己的相思之苦与离别之痛，有着诗人自我的真实影子。如因雨不得与心上人相会的忧虑焦急：“听一滴滴掷在屋瓦上的雨声，/如一根根的针在刺我的心房。”这里的“雨”有象征现实阻碍之意。

颂扬爱的胜利。《秋风又起了》抒写诗人面对现实黑暗的愤懑与抗争，对青春即逝的感叹，对时代茫然的心情与失落感。但抒情主人公饱尝爱之苦却不甘沉沦，并取得胜利，《春意》一诗便抒写了这一胜利的喜悦：“远方的人呀！/为何到此，/我的心潮便高涨？/哦，这就是春意吗？”

《乱都之恋》是代表从文言走向白话的启蒙之作，与胡适的《尝试集》相比，克服了早期新诗创作中易于出现的模仿或泥古之弊端，诗歌感情真挚，语言明白晓畅，在新诗的技巧运用上颇见功力。但词句浅白，表情直露，缺少回味余地，也表明新诗尝试之作在所难免的幼稚粗浅。然而，无论从内容或技巧上，《乱都之恋》都具有摧枯拉朽的文学史价值，它毕竟是第一部以从未用过的语言写出的从未有过的爱情诗篇，是台湾新诗创作的一个重要开端。

二、赖和的诗

受五四运动的影响，赖和深感民族自决的重要性，认为文学有启迪民众的重要作用，应该属于人民。1921年，赖和加入“台湾文化协会”，并当选为理事，正式开始了他的文学活动。1924年，赖和因从事抗日民族解放运动第一次被捕入狱。1925年，赖和为呼应白话文写作而发表的处女作散文《无题》，被誉为“台湾新文学运动以来头一篇可纪念的散文”。1926年，赖和在《台湾民报》上发表了新文学运动以来最早用白话文写作的第一篇小说《斗闹热》，从此进入了创作的旺盛期。1930年，他和许乃昌、黄呈聪等人创办了《现代生活》。1932年，他和陈虚若、黄周一起主持《台湾民报》、《台湾新民报》的“学艺栏”，并担任《南音》、《台湾新文学》的编辑，培养和提携后起之秀。1941年，又因所谓“思想问题”再次被捕入狱。这次入狱，使赖和的身心健康受到了严重的摧残。1943年初，赖和出狱，不久因心脏病突发而去世，终年仅50岁。

赖和是台湾新文学的奠基人，也是台湾的抗日志士。他的文学创作数量不多，有小说29篇，新诗11首，随笔杂感13篇。1979年3月，李南衡将它们编辑为《赖和先生全集》（台湾明潭出版社出版）。但赖和在台湾文学史上的影响是巨大的，地位是崇高的，被称为“台湾的鲁迅”。

赖和生活的时期，正是日本占领台湾、实行殖民统治的时期，面对日本统治者实行的政治上的高压统治，经济上的残酷压榨，文化上的同化政策，赖和以笔作刀枪，揭露和控诉日本侵略者给台湾人民造成的深重灾难，热情歌颂台湾人民的反抗精神，“吹奏激励民众的进行曲”。《觉悟下的牺牲》歌颂农民不畏强暴、不怕牺牲、勇于反抗的“觉悟”；《南国哀歌》是为了纪念反抗日本殖民统治的“雾社事件”而创作的；《流离曲》反映日本殖民当局廉价批售土地而迫使大批农民流离失所的事件，被称为日据时期台湾新文学中最长、最动人的一首诗。赖和的诗歌充满了战斗激情，犹如冲锋的号角，是典型的革命者之歌。他的诗作充满革命情怀，饱含着时代精神，热情地号召人民行动起来，去摧毁旧世界。“这冷酷的世界，/留它还有何用！/这毁灭一切的狂飙，/是何等伟大凄壮！/我独立在狂飙中，/张开喉咙竭尽力量，/大着呼声为这毁灭颂扬，/并且为那未来不可知的，/人类世界祝福。”(《低气压的山顶》)

赖和的小说成就最高，作品中充满着浓厚的生活气息和现实主义精神，为台湾新文学的发展作出了杰出的贡献。赖和不仅是台湾新文学运动的先驱，也被誉为台湾文学的“奶母”。

第三节　现代派倾向的诗歌

一、现代诗社

1953年2月，纪弦联合了一些诗人，在《自立晚报》诗歌专栏“新诗周刊”的基础上创办了《现代诗》诗刊。1956年1月15日，他们在台北成立了现代诗社，加盟者83人，后发展到115人。主要成员有纪弦、郑愁予、羊令野、林泠、林亨泰、白萩、方思、梅新等，几乎囊括了整个台湾诗坛。2月，《现代诗》出版了“现代派”成立专号，刊登了《现代派公告》第一号。纪弦提出的口号是现代派“领导新诗再革命”，“推动新诗现代化”，并公布了现代派的纲领“六大信条”：

1. 我们是有所扬弃并发扬光大地包含了自波特莱尔以降一切新兴诗派之精神与要素的现代派之一群；

2. 我们认为新诗乃横的移植，而非纵的继承。这是一个总的看法，一个基本的出发点，无论是理论的建立或创作的实践；

3. 诗的新大陆之探险，诗的处女地之开拓，新的内容之表现，新的形式之创造，新的工具之发现，新的手法之发明；

4. 知性之强调；

5. 追求诗的纯粹性；

6. 爱国反共，追求自由与民主。

“六大信条”尽管不能代表整个现代诗派的观点，但依然引发了台湾新诗论争。蓝星诗社的盟主覃子豪发表了《中国新诗的六条正确原则》，坚决反对新诗“西化”，反对“横的移植”。由于现代派内部松散，“六大信条”带着浓厚的纪弦个人色彩，论战中只有纪弦孤军奋战，最后溃不成军。1959年，纪弦将《现代诗》交给黄荷生主持，到1962年2月，正式宣布停刊。1982年，一批老诗人重新聚集，恢复现代诗社的活动，复刊了《现代诗》季刊，一直延续至今。

二、纪弦的诗

纪弦（1913—2013），陕西人，本名路逾，早期笔名路易士。中学时代就受李金发、戴望舒影响学习现代诗创作。1933年，美术专业毕业后在上海从事文艺活动。1948年赴台湾，任报纸编辑和中学教师。1974年退休，1977年定居美国。主要作品有诗集《摘星的少年》、《饮者诗抄》、《槟榔树》（共五集）、《晚景》等，诗论集《纪弦诗论》、《新诗论集》和《纪弦论现代诗》等。

纪弦是台湾现代诗的创始人之一，作品以“知性”为主，写“丑陋的美”，如《存在主义》、《人类与苍蝇》、《爬虫篇》等。另外，纪弦又是性情诗人，率性而为，将日常生活感遇和情绪融入到诗作中，如《狼之独步》、《7与6》等。诗人狂傲、幽默和嘲讽的性情得以形象展露。

> 我乃旷野里独来独往的一匹狼。
> 不是先知，没有半个字的叹息。
> 而恒以数声凄厉已极之长嗥
> 摇撼彼空无一物之天地，
> 使天地战栗如同发了疟疾；
> 并刮起凉风飒飒的，飒飒飒飒的：
> 这就是一种过瘾。
>
> ——《狼之独步》

“在地球上散步/独自踽踽地/我扬起了我的黑手杖，/并把它沉重地点在/坚而冷的地壳上，/让那边栖息着的人们/可以听见一声微响/因而感知了我的存在。”（《在地球上散步》）抒写自我生命存在和现代工业社会是纪弦诗歌的重要内容，如《存在主义》、《春之舞》等。

纪弦的《一片槐树叶》是一篇深情动人的怀乡之作。作者以粘着故国泥土的一片槐树叶为吟咏对象抒发离别故土、飘落孤岛的怀乡情绪。打开“一册古老的诗集”，也是打开封闭久远的记忆，“多年来，竟没有些微的损坏”，说明记忆犹新。这片“薄薄的，干的，浅灰黄色的槐树叶”，令人神往故国那“飘着淡淡的槐花香的季节”，“这是全世界最美的一片，/最珍奇，最可宝贵的一片”；然而，故土难归，乡梦难圆，因而，它“又是最使人伤心，最使人流泪的一片”。睹物怀乡，是最传统也是最具人性的漂游心绪。

三、郑愁予的诗

郑愁予（1933—　），祖籍河北，原名郑文韬。1949 年随父去台湾，1958 年毕业于台湾中兴大学。1968 年赴美，先后任爱荷华大学讲师、耶鲁大学教授等。郑愁予读大学时追随纪弦参与创立现代诗社，后来又加入创世纪诗社，还支持羊令野等人创立南北笛诗社。出版的诗集有《草鞋与筏子》、《微尘》、《梦土上》、《衣钵》、《窗外的女奴》、《长歌》、《燕人行》、《莳花刹那》、《雪的可能》和《刺绣的歌谣》等。

《梦土上》是郑愁予的成名作。作品主要是对童年和故土的追忆，传达出一种思归的情绪。

漂泊得很久，我想归去了
仿佛我不再属于这里的一切
——《归航曲》

不再流浪了，我不愿做空间的歌者
宁愿是时间的石人
——《偈》

在著名的《错误》诗中，诗人戏剧性地抒写了一位倦守春闺的少妇等待离人归来的寂寞、期待和惆怅、失落的心绪：

我打江南走过
那留在季节里的容颜如莲花的开落

东风不来，三月的柳絮不飞
你的心如小小的寂寞的城
恰若青石的街道向晚
跫音不响，三月的春帷不揭
你的心是小小的窗扉紧掩

我达达的马蹄是美丽的错误
我不是归人，是个过客……

而少妇的心绪也正是“我”的过客心绪。作者借夫妻（亲人）的分离之痛抒写了台湾普遍的“流浪情怀”。因此，郑愁予被称为台湾“美丽的浪子”诗人。

郑愁予诗风既受古典诗词影响，又汲取西方现代诗歌艺术滋养，形成典雅深邃的艺术风格。作品以构思精巧、意象鲜明、善用多重比喻和语言婉约柔美见长。

四、蓝星诗社

蓝星诗社成立于1954年3月，发起人有覃子豪、余光中、钟鼎文等。诗社实行“自由创作路线”，没有统一的宗旨，对同仁不作任何约束，因而形成了自由创作、单兵作战的局面。尽管如此，他们在与现代诗社论争的过程中，也形成了比较一致的诗歌观念，那就是重视传统，注重传统诗歌的现代性转换，反对诗歌“横的移植”。

1957年，覃子豪撰文《新诗向何处去?》批评纪弦的新诗“六大信条”，表明了自己的诗歌主张。他认为“中国新诗应该不是西洋诗的尾巴，更不是西洋诗的空洞的渺茫的回声”，“中国新诗之向西洋诗去摄取营养，乃为表现技巧之借镜，非抄袭其整个创作观”，并有针对性地提出了“目前新诗方向”的“六项正确原则”：

1. 诗的再认识。强调“诗不是生活的逃避”，也不是“玩弄技巧”，“诗的意义就在于注视人生本身及人生事象，表达出一崭新的人生境界”，“能给人类一份滋养，一份光亮”。

2. 创作态度的重新考虑。诗歌应该“使读者进入作者的精神境界之中”，成为“沟通心灵的桥梁”，而不能以暧昧、游移的词句故作高深，“愚弄读者来取悦自己”。

3. 重视实质及表现的完美。认为诗歌的实质“是诗人从生活经验中对人生的一种体认和发现”，“诗的完美之表现，不在语言的繁冗，在于中肯的刻画”，“只有严肃的创造，方能臻艺术于完美”。

4. 强调思想的重要。认为“现代主义运动的停顿，就是没有哲学为背景，忽视了对真理的追求”，而“新思想的产生是来自对人生的理解和现实生活的体认中”。

5. 从准确中求新的表现。认为一切表现技巧都必须以准确为目标，“诗因准确，才能达到精微、严密、深沉、含蓄、鲜活之极致”。

6. 风格是自我创造的完成。认为“中国的新诗是中国的，也是世界性的，唯其是世界性的，更要有自己的独特的风格”。

覃子豪的理论主张可以说代表了蓝星诗社的总的倾向。

蓝星诗社在台湾诗坛产生了重要影响，取得了诸多的艺术成就。最早在《公论报》上出版《蓝星周刊》，而后覃子豪主编《蓝星季刊》，余光中和夏菁主编《蓝星诗页》等。据统计，蓝星诗社出版了50余种评论集，近100种诗集，诗刊、诗页350种左右，为台湾新诗发展提供了丰富的产品，作出了重大贡献。著名的诗人有覃子豪、余光中、周梦蝶、罗门、蓉子、向明、杨牧等。

五、余光中的诗

余光中（1928—2017），福建永春人，1947—1951年先后在金陵大学外文系、厦门大学外文系、台湾大学外文系就读。后到国民党部队任职，1956年退役，后从事文学活动和教育工作。余光中在大学期间开始文学创作，1954年6月，与覃子豪、钟鼎文等人组织蓝星诗社，主编《蓝星周刊》。其作品主要有诗集《舟子的悲歌》、《蓝色的羽毛》、《钟乳石》、《万圣节》、《莲的联想》、《五陵少年》、《天国的夜市》、《敲打乐》、《在冷战的年代》、《白玉苦瓜》、《天狼星》等，散文集有《左手的缪思》、《逍遥游》、《望乡的牧神》、《焚鹤人》、《听听那冷雨》和《青青边愁》等。

余光中的诗风多变，被称为艺术的多妻主义者。早期，他学习郭沫若、闻一多、臧克家和英美浪漫派的诗作；1958年和1964年两度赴美进修、讲学，走过了一段学习西方之路；回国后，本来朦胧的“中国意识”清晰起来，走向了“新古典主义”。

余光中的乡愁诗歌影响最大，代表作有《乡愁》、《乡愁四韵》、《当我死时》。

小时候
乡愁是一枚小小的邮票
我在这头
母亲在那头

长大后
乡愁是一张窄窄的船票
我在这头
新娘在那头

后来啊

乡愁是一方矮矮的坟墓
我在外头
母亲在里头

而现在
乡愁是一湾浅浅的海峡
我在这头
大陆在那头

——《乡愁》

随着时间的演进，诗人将深埋在人生分离之痛中的无限乡愁寄托在“小小的邮票”、“窄窄的船票”、“矮矮的坟墓”、“浅浅的海峡”之上。个人的遭遇和民族历史的变迁相交融。诗人努力从个人的人生经验，进入到民族的时空，融入到历史文化的视角中。余光中在《乡愁》中，将这种悲情表现得淋漓尽致。“小时候/乡愁是一枚小小的邮票/我在这头/母亲在那头。长大后/乡愁是一张窄窄的船票/我在这头/新娘在那头。后来啊/乡愁是一方矮矮的坟墓/我在外头/母亲在里头。而现在/乡愁是一湾浅浅的海峡/我在这头/大陆在那头。”这首诗抒写了海峡两岸中国人的三大悲情，也是人生最重要的三大情感历程。第一节为母子别，第二节为新婚别，第三节为生死别。第四节将具象化的场景概括为故乡别。《乡愁》堪称当代同类题材诗歌的绝唱，这首诗已传遍海峡两岸，在海外华文社会广泛传唱。《乡愁》一诗将祖国、民族和历史的乡愁融入到人生的经验中，显得真切、动人。正如诗人在诗集《白玉苦瓜》的后记中写道：“现代诗的三度空间，或许便是纵的历史感，横的地域感，加上纵横交错而成十字路口的现实感吧。”

在《民歌》这首诗中，诗人更是把自己与人民融为一体，且看最后一节：

有一天我的血也结冰
还有你的血他的血在合唱
从 A 型到 O 型
苦　也听见
笑　也听见

诗中“我”中有“你”，“你”中有“他”，“我”与人民、与大众难以分割。这首诗从黄河之歌，到长江之歌，从“我”之歌，最后到民族之歌，唱出了人民的声音，澎湃着强烈的中华民族的意识和心声。诗集《在冷战的年代》

的开篇有一首《致读者》，可以视为诗人深情的自白：“一千个故事是一个故事/那主题永远是一个主题/永远是一个羞耻和荣誉/当我说中国时我只是说/有这么一个人：像我像他像你。”“你”、“我”、“他”与中国维系在一起，那就是中华民族。

对母体文化的归依感，是余光中乡愁诗的深层内涵。余光中常常用诗为中国文化造像，他在《隔水观音》的后记中说：这类诗“是对历史和文化的探索”，“一种情不自禁的文化孺慕，一种历史的归属感。这种强烈的民族文化归属感渗融在他的诗中。”余光中经常说这样的一句话：不要为50年的政治，抛弃五千年的文化。他的那首《呼唤》由小时候的回家想到晚年的回归，诗中这样写道：

就像小时候
可以想见晚年，
太阳下山，汗已吹冷
五千年深的古屋里就亮起一盏灯
就传来一声呼叫
比小时候更安慰，动人
远远，喊我回家去

“这是用诗的语言作自白，这盏灯显然是一种象征，是中国优秀传统文化的象征。‘五千年深的古屋’传来的呼叫是历史的呼唤，文化的呼唤。‘喊我回家去’是一种归属感。余光中这类诗主要表现在两方面：其一是为中国的大诗人造像，如《漂给屈原》、《湘逝——杜甫殁前舟中独白》、《戏李白》、《寻李白》、《念李白》、《夜读东坡》等诗作，表达了对古代大诗人的景仰、向往之情。这里自然不单是对屈原、李白、杜甫、苏轼的歌颂，他们在诗中是中国文化的化身。中国是有着辉煌诗歌传统的大国，历代杰出大诗人正是历史文化的塑像。”① 另外，《白玉苦瓜》、《莲的联想》、《等你，在雨中》、《敲打乐》、《双人床》等都是优秀的诗篇。余光中的《双人床》、《如果远方有战争》尽管以越南战争为背景，却是对战争作形而上学的思考。诗人将战争与爱情、喧嚷与宁静、危险与安全、冷漠与温存、杀戮与做爱、死亡与生存等构成鲜明强烈的比照，在触目惊心的灵魂震颤中表达出对战争、死亡、阴谋的诅咒和对和平、爱情、生命的礼赞。

---

① 江少川：《乡愁母题、诗美建构及超越——论余光中诗歌的“中国情结”》，《华中师范大学学报（人文社科版）》2001年第2期。

余光中走过了学习西方、回归传统的诗路历程。在现代诗论争中，一方面他维护现代诗，另一方面又对现代诗的“幼稚病”和“虚无”说再见；在传统与现代、民族化与西方化关系的认识上，他保持着难得的清醒认识。他的诗歌既有中国传统诗词的底蕴，又有民间歌谣的艺术精华，也有西方现代主义诗歌的艺术表现手法，融贯中西，不露痕迹，显示了很高的艺术造诣。

六、罗门的诗

罗门（1928—2017），海南文昌人，本名韩存仁。1942 年考入国民党空军少年学校，1948 年转入空军飞行学校，1949 年随校赴台。不久因腿伤改在民航机构任图书管理员。1954 年参与创立蓝星诗社。出版的诗集有《曙光》、《第九日的底流》、《日月集》、《死亡之塔》、《隐形的椅子》、《旷野》、《日月的行踪》等。著有诗论《现代人的悲剧》、《心灵访问记》、《精神与现代诗人》、《长期受着审判的人》、《时空的回声》和《诗眼看世界》等。

罗门的诗歌气势恢宏，矫健有力。诗歌内容集中在“战争”和“都市”两个主题上。

战争诗。诗人多用强烈的人道主义情怀和悲悯的心态来审视战争，如《麦坚利堡》、《板门店·三八线》、《时空奏鸣曲》等。

罗门的长诗《麦坚利堡》最为典型，诗篇起首对“战争”发难：“战争坐在此哭谁/它的笑声/曾使七万个灵魂陷落在比睡眠还深的地带”。“哭”与“笑”构成了鲜明而强烈的反差和反讽。“七万个故事焚毁于白色不安的颤栗”，“血已把伟大的纪念冲洗了出来/战争都哭了　伟大它为什么不笑”。面对“死亡的喧嚣”，面对“死亡最黑的背景”，昔日的“伟大”与“光荣”都陷入静默。“麦坚利堡　鸟都不叫了　树叶也怕动/凡是声音都会使这里的静默受击出血”。诗人以无限悲怆的沉痛凭吊战争亡灵，以生命、鲜血和热情去体味战争的冷漠和恐怖，并从战争与生命、伟大与死亡的拷问中反思人类生存的困境和悲惨命运。诗人在题记中写道：“超过伟大的/是人类对伟大已感到茫然。”而“茫然”又构成现代人的生存困境和精神危机。“茫然”是对战争/伟大的怀疑和否定，而如何避免或废除战争珍视生命存在，在诗人处是茫然，在人类的心灵处也是茫然。尽管如此，“茫然”已超越了战争与伟大，开始营造和平、人性、人道的精神境界。

都市诗。罗门被称为“都市诗国里的发言人”，创作了大量的都市诗。早期侧重批判现代工业文明，如《都市之死》；后期多客观反思，既有认同，也有不满。

都市是一张吸墨最快的绵纸

写来写去
一直是生存两个字
——《生存！这两个字》

都市　白昼缠在你头上　黑夜披在你肩上
　　你是不生容貌的粗陋的肠胃
　　　　一头吞食生命不露伤口的无面兽
　　　　　　啃着神的筋骨
——《都市之死》

进入现代文明，人类为自己构筑了钢混结构的都市。灰色的街道、奔驰的车辆、涌动的人流、闪烁的霓虹灯、招摇的广告、旋转的舞厅、林立的烟囱、豪华的高楼、破旧的贫民窟等现代都市特征急速突现，冲击着人们的生活、观念和心绪体验。人创造了都市这“第二自然”（罗门语），但是“第一自然”消逝在远方。“天空溺死在方形的市井里/山水枯死在方形的铝窗外”，“眼睛从屋里/方形的窗/看出去/立即公寓一排排/方形的窗/看回来”，“眼睛看不出去/窗又瞎在/方形的墙上/便只好在餐桌上/在麻将桌上/找方形的窗/找来找去　最后/全都从电视机/方形的窗里/逃走！”（《都市·方形的存在》）罗门抓住现代都市人生存的情态，揭示出现代人被冷而硬的“方形”所束缚，“看不出去”、“找”不回来那死去的“天空”、“山水”，即现代人找不回那份“自然”和生命的“本真”，当人们纷纷逃向方形的电视机时，生命依然在“方形”之中被囚、耗散、衰竭、枯萎。即使坐车出城，车内的眼睛也追不上山水烟云一幅幅风景，山水烟云得在 50 年前的记忆里寻（《车入自然》）。

现代人创造了现代文明，而又被自己创造的文明囚禁、埋葬，这是现代都市人的悲剧。

都市是丑陋的、凶残的，吞食着生命，撕啮着人们的精神。都市又是把人切割和封闭成“方形的存在”（罗门：《都市·方形的存在》），关进狭窄而孤独的空间。罗门多向度地对现代文明的代表——都市做了深入而富有力度的呈现。

都市生活的快节奏使得人们丧失了往日的那份闲散和自由，忙忙碌碌为“生存”。“喝柠檬酸汤的疲惫/咖啡把你冲入寂寞的下午”（罗门：《旷野》），这是现代都市人的病症，时钟的圆脸疲软而苍白。

七、创世纪诗社

1954 年 10 月 10 日在台湾南部军港左营服役的三名海军军官痖弦、张默、洛夫等发起成立了创世纪诗社，同时发行《创世纪》诗刊。在首期发刊词《创世纪的路向》中标举了本诗社的诗歌主张：确立新诗的民族阵线，掀起新诗的时代思潮；建立钢铁般的诗阵营，切忌相互攻讦，制造派系；提携青年诗人，彻底肃清赤色黄色流毒。该刊发行到第六期时，又提出了建立“新民族之诗型”的主张，发表了社论《建立新民族诗型的刍议》，阐释“新民族之诗型”的含义：艺术的，主张形象第一，意境至上；中国风的东方味的，运用中国文学之特异性，以表现出东方民族生活之特有情趣。到第十一期时，他们又提出了诗歌“四性”——世界性、超现实性、独创性和纯粹性。到1959年，创世纪诗社已经成为台湾现代派诗歌的大本营，也成为批判新诗“西化”的攻击目标。针对关杰明、唐文标等人的批评，《创世纪》诗刊又发表了《请为中国诗坛保留一分纯净》，提出了“四反”原则，即“反对粗鄙堕落的通俗化；反对离开美学基础的社会化；反对没有民族背景的西化；反对30年代的政治化”①。

创世纪同仁精诚团结，坚持自己的艺术主张，在艺术上做了积极的探索。其中，成就最高、影响最大的当数洛夫。

八、洛夫的诗

洛夫（1928—2018），湖南衡阳人，本名莫洛夫。1948年考入湖南大学外文系，次年随国民党军队去台，长期在军中任文职官员。洛夫大学时代开始发表作品，后一直从事业余创作，被称为现代派的“诗魔”。出版的诗集有《灵河》、《石室之死亡》、《外外集》、《无岸之河》、《魔歌》、《众荷喧哗》、《时间之伤》和《酿酒的石头》等，诗论集有《诗人之镜》、《诗的创作与鉴赏》、《洛夫诗论选集》等。1996年洛夫移居加拿大温哥华，开始在华文语境下继续诗歌创作，并于2001年发表3092行长诗《漂木》，以此诗获得当年诺贝尔文学奖提名。

洛夫的诗歌创作曲折变化。早年尝试“新民族诗型”，既强调“美学上直觉的意象表现”，又倡导“中国风”、“东方味”，反对“横的移植”。50年代末，竖起“超现实主义”旗子：反对旧的文学规范，主张通过潜意识的真诚表现现代人的思想和经验；以形而上学的态度，主张通过艺术的手段使我们的精神达到超越的境地；表现方法上，主张自动主义。60年代后期，洛夫开始接受人们的批评，在《我的诗观和诗法》一文中理论上提出诗人是清醒做梦的人，倡导知性现实主义；洛夫晚年的创作开始向中国古典诗歌寻找，开掘新的意象图景。

① 古继堂主编：《台港澳暨海外华文新诗大辞典》，沈阳出版社1994年版，第583页。

洛夫诗作的基本主题是书写生命意识，探索和表现生命的意义。早期的诗集《灵河》是浪漫抒情诗，书写生命的欢乐，写青春少年的爱情梦想和温馨体验，但也包含着人生的辛酸和无奈，以及诗人的孤独感和悲愤情怀。

上帝用泥土捏成一个我
我却想以自己作模型塑造一个上帝
——《归属》

《石室之死亡》是洛夫进入超现实主义创作期的代表作。这是一部由仅有编号而无诗题的 64 首诗组成的 600 余行长诗。台湾诗评家张汉良说其意象的复杂与慑人，在中国现代诗坛上独树一帜。作品所表现的是一个关于生与死同构的生命主题。诗人反复地运用各种光明与黑暗的意象，如白昼、太阳、火、向日葵和黑、夜、暗影、坟墓、棺材、蝙蝠等，通过矛盾语法的碰撞，体悟生命的生长与衰落、坚强与脆弱等。由于寓意深奥、艰涩，也成为读者接受的阻隔。《无岸之河》、《魔歌》之后，诗人回归传统，诗风从艰涩走向明朗，主要书写生命的意趣和文化乡愁，如《有鸟飞过》、《长恨歌》、《金龙禅寺》、《边界望乡》等。

公元 2000 年的一个冬日清晨，洛夫面对北美洲的皑皑大雪，写下了《漂木》的第一句："没有任何时刻比现在更为严肃。"他以耄耋之年，居然又完成了 3092 行的长诗《漂木》。2001 年以来，该诗先后在台湾《自由时报》副刊和北京《新诗界》全文连载，并陆续出版各种单行本。《漂木》共分为四章，标题分别为"漂木"、"鲑，垂死的逼视"、"浮瓶中的书札"和"向废墟致敬"，其中第三章"浮瓶中的书札"又由"致母亲"、"致诗人"、"致时间"三个部分组成。第一章通过漂木完成两岸之现实关怀，第二章通过鲑鱼再现一己之生命体验，第三章之主题则较为繁复，反复书写的重大母题有母亲、诗人、时间、诸神。第四章通过废墟展开多元之文化批判。

《漂木》是诗人洛夫晚年移居海外后在新世纪的重要创获，正如台湾学者简政珍所言："没有这一首长诗，他已攀上中国二十世纪诗坛的高峰。有了这一首三千行的长诗，他已在'空'境的苍穹眺望'永恒'的向度。"诗人"最初的构想只想写出海外华人漂泊心灵深处的孤寂和悲凉"，后来"转为对生命全方位的探索"。《漂木》是诗人一生生命体验和艺术经验的结晶，更与"二度流放"的漂泊经历密不可分。

洛夫曾说："漂木"暗喻海外华人随海湾漂流的共同命运，却在历经风浪后拥有更丰富坚强生命力的特质。后来许多人称我"漂木"，我也欣然接受，我就是一根古老的中华漂木，一直向着东方的中国漂流，我最终是要回到家乡衡阳去的。漂木协会吸纳海外华人各领域有成就的艺术家，将互相激荡产生的多元文化艺术互相熏陶。

“漂木”是书名，也是长诗第一章的题目。漂木实为最佳之隐喻，“漂泊的年代/河到哪里去找它的两岸?”隐喻着漂泊、漂流、流浪之意；可视为一种放逐、流放命运的象征。诗人的诗思随着“漂木”在海上漂流，通过“漂木”的视角展现了台湾和中国大陆的历史和现实的社会面貌，其中不乏深刻的反思和尖锐的批判。全诗中的鲑鱼、书札、废墟等意象均可视为漂木之变体，与漂木共同构成了一个象征系统。

《漂木》是一部形而上的心灵史诗，是海外华文诗人洛夫晚年对自己生命体验和美学价值的一次总结。其中写出了海外华人漂泊心灵深处的孤寂和悲凉，对现代人精神原乡的持续追寻。这种追寻不是对原乡的返还，或者对身份的定义，而是探寻文化传统与现代性之间的转换或重建。其间表露出的对自我与外在的怀疑和迷惑，成为现代中国知识分子的一个缩影。漂木在台北、上海这两个悲情城市之间的浮沉摆荡，见证了20世纪中国的悲情历史。在拨开历史、政治等重重迷障的同时，也劈开自己被遮蔽和自我蒙蔽的部分。正是这种内外的双重怀疑和剖析，才使得漂木及漂泊中的寻求获得意义。

洛夫《漂木》的出版似乎暗合着台湾现代派诗歌走过的一个轮回。诗人们在集体信仰失落之时，都不约而同地选择了现代派，从而有了“诗魔”洛夫的《石室之死亡》。他们开始激越地诘问生死、宿命、是非的终极问题，开始大胆痛斥现实的崩坍。故乡、家国、理想、信仰的失落与幻灭，扯下了现实主义的遮羞布。现实主义哪里还能诉说尽那一个时代里，所有人断崖般的宿命。而出走半生，洛夫再次回归之时，从《石室之死亡》到《漂木》，我们看到了一种回望，看似回到诗人曾经出走的原点，但我们不能忽视的是这一路的回归，所画出的圆形的轨迹。这轨迹，是在诗歌美学上现代派和汉语诗歌传统的一种融合，是对时代与个人、原乡与异域、回归与漂泊，不再偏执的一种壁垒分明。这种回归后形成的轨迹是一种无论在诗歌艺术美学，还是在主题意蕴中的一种自洽。这种自洽的模式，也揭示了最终文学里现代派与现实主义的融合；这种融合既有艺术美学上的，也有价值追寻上的。当走向一个新的纪元之时，洛夫用《漂木》所呈现的自洽的美学模式，一举使得汉语诗歌在新的千年里走向了世界文学的视野——《漂木》于2001年获得诺贝尔文学奖提名。

九、痖弦的诗

痖弦（1932— ），河南南阳人，原名王庆麟。1948年参加国民党军，随即去台湾。1954年参与成立创世纪诗社。1971年退役后，先后任幼狮文化公司总编辑，兼东吴大学教授、《联合报》总编、《联合文学》杂志社社长兼总编。主要诗集有《痖弦诗抄》、《深渊》、《血花油》、《印度》、《诗人手札》等，诗论集有《中国新诗研究》等。

长诗《深渊》是痖弦的代表作，表现出诗人对生存空间的焦虑与思考。他认为，诗人"要说出生存期间的一切，世界终极学，爱与死，追求与幻灭，生命的全部悸动、焦虑、空洞和悲哀!"①

诗人还爱表现小人物的悲苦，常用戏剧手法和反讽语言来写诗，诗歌注重营造场景气氛，具有情节性等特征，如《坤伶》、《乞丐》等。

十六岁她的名字便流落在城里
一种凄然的旋律
那杏仁色的双臂应由宦官来守卫
小小的髻儿啊清朝人为她心碎
是玉堂春吧
(夜夜满园子嗑瓜子儿的脸)
"哭啊——"
双手放在枷里的她
有人说
在佳木斯曾跟一个白俄军官混过
一种凄然的旋律
每个妇人诅咒她在每个城里

——《坤伶》

他认为，诗人的全部工作似乎就在于"收集不幸"，从"人生负面及其希冀"的"痛苦中提炼喜悦"。作者善于从真切的生活细节出发，营造一种意味深长的戏剧情境，使得人物栩栩如生，真切动人。

痖弦在谈自己创作时说：我早期的诗可以说是民谣风格的现代变奏，且有超现实主义色彩，在题材上我爱表现小人物的悲苦和自我的嘲弄，以及使用一些戏剧的观点和短篇小说的技巧②。台湾"十大诗人选集"在评述他的创作时认为：痖弦的诗有其戏剧性，也有其思想性，有其乡土性，也有其世界性，有

① 张新颖编选：《中国新诗1916—2000》修订版，复旦大学出版社2011年版，第222页。

② 转引自刘登翰：《台湾文学隔海观》，风云时代出版公司1995年版，第289页。

其生之为生的诠释，也有其死之为死的哲学，甜是他的语言，苦是他的精神，他是既矛盾又和谐的统一体。他透过完美而独特的意象，把诗转化为一支温柔而具震撼力的恋歌。

十、笠诗社

1964年6月15日，赵天仪、林亨泰、黄荷生、陈千武、李魁贤等组织成立笠诗社，发行“属于台湾人自己的”“纯诗刊”——《笠诗刊》。笠诗社受到台湾籍诗人的热烈响应，如巫永福、吴瀛涛、詹冰、锦连、叶笛、许达然、杜国清、郑炯明等。以“笠”命名，取台湾斗笠的纯朴、笃实、原始美和普遍性以及不怕日晒雨打的坚韧性，表示台湾岛民勤奋耐劳、自由与不屈不挠的意志。一方面标示着乡土的内涵，另一方面可以看到台湾本土意识的抬头。他们奉行“新即物主义”路线，内容上大体包括三个方面：一是乡土精神的维护；二是新即物主义的探求；三是对现实和人生的表现和批判。在艺术追求上，有的诗人追求乡土味，有的诗人崇尚现代主义，有的诗人奉行超现实主义……风格多样。可以说，笠诗社的成立是现代诗转向的一个标志。一方面他们并不排斥现代主义诗歌，注意对各种现代艺术手法的吸收；另一方面，他们对60年代以来的现代诗发展趋向不满，认为盲目的实验反导致诗艺的堕落和伪诗的大量出现，因而提倡现实主义、人生批评和诗歌的真挚性。

在政治倾向上，笠诗社自成立以来也发生了很大变化。20世纪80年代以前，他们是“中国论”者，所追求的是“中国风格”和“中国方向”。诗人赵天仪在谈“笠”的方向时写道：“我以为中国现代诗的方向，正是笠所追求的方向。而笠开拓的脚印，正是竖立了中国现代诗的里程碑。我以为现代诗的创造：在方法论上是以中国语言为表现的工具，以清新而确切的语言，表现诗的感情、音响、意象及意义。而在精神论上，则以乡土情怀，民族精神与现实意识为融会的表现。以这种方法论与精神论并重的基础，来探索我们共同的未来的命运。笠同仁在这十六年来的一百期之中，正是朝着这种现代诗的主流，开创了一条忠实的创作的途径。”[①] 1980年，笠诗社同仁庆祝《笠诗刊》创刊一百期时，放声高歌“中国之歌”，并坚定地宣告：“笠的方向，就是中国的方向。”到80年代中期，某种分离主义逐渐萌生，出现了“去中国化”的倾向。到80年代末90年代初，这种分离主义倾向逐渐演变成“文学台独”的一部分，从而将文学政治化了。

---

① 赵天仪：《现代诗的创造》，台湾《民众日报》1980年12月13日。

第四节　乡土诗歌

一、林焕彰的诗

林焕彰（1939—　），台湾宜兰人，曾用笔名牧云，龙族诗社的主要成员之一。1963年开始发表作品，1965年加入笠诗社，后加入龙族诗社。著有诗集《牧云初集》、《斑鸠与陷阱》、《历程》、《公路边的树》、《现实的告白》、《无心论》、《孤独的时刻》以及童话诗集《童年的梦》、《妹妹的红雨鞋》、《有一条小路》等30多种。

首先，林焕彰的诗有意识地将乡土生活的描绘融入传统文化因素。他常常抓住富有乡土或具有民族文化色彩的平凡事物或事件的发展来展开诗歌意象，表达十分浓郁的乡土情感和民族之爱。

其次，林焕彰关心现实，并与诗歌民族意识的追求结合起来。如散文诗《清明》以儿童的内心感受和思绪来描写富有民俗色彩的清明扫墓活动，既书写了血缘亲情，又传达出中华传统伦理的丰厚内涵。

林焕彰诗风明朗，语言平实，与朴实的乡土情调相一致。

另外，他的另一重要诗歌贡献在于儿童诗的创作与倡导，创作了众多题材、符合儿童心理和审美需求的诗歌作品。

二、吴晟的诗

吴晟（1944—　），原名吴胜雄，台湾彰化人。1960年开始诗歌创作，70年代进入创作高峰期，出版的诗集有《泥土》、《向孩子说》、《飘摇里》、《吾乡印象》、《吴晟诗选》，散文集有《农妇》、《店仔头》、《无悔》和《不如相忘》。

吴晟以其乡土特色的诗歌而引人注目。吴晟的家乡地处台湾中部地区，作家对家乡的“泥土”充满了深沉的爱。正如余光中在《从天真到自觉》一文中所言：“等到像吴晟这样的诗人出现，乡土诗才有了明确的面貌。”

吴晟的早期诗歌受现代派影响，以跳跃的意象抒发年轻人的内心忧郁和甜蜜的情梦。诗歌主要收集在《飘摇里》、《不知名的海岸》等集中。到70年代，随着台湾作家本土意识的增强，吴晟转向了乡土创作。他以劳动者的情怀和生命经验叙述农民的劳动，抒写他们的生活情境，刻画他们的性格特征，并探索其命运。如《晒谷场》、《店仔头》、《雨季》等，展现了丰富生动的乡村生活，充满了鲜活的生活气息和生命律动。

《野草》正是农民那卑微而顽强的生命力的象征。《含羞草》抒写了农民那内敛含蓄、恭俭谦和以及委曲求全的性格特点。

“母亲的双手，一摊开/便展现一页一页最美丽的文字/那是读不完的情思/那是解不尽的哲理。”（《手》）诗人对母亲的赞颂，也是对家乡、土地及其承载的乡土文化的歌颂。也正因为如此，诗人对70年代工商文明对乡土文明的渗透深感忧虑。“机器们匆匆的叫嚣，逐渐阴暗了吾乡恬淡的月色与星光”，“吾乡人们闲散的步子/统统押给了小小的电视机”，而“路还是路/泥泞与否，荒凉与否/一步跨出，陷下多少坎坷/路还是路，仍然/一一引向吾乡的公墓”（《路》）。

在台湾诗坛，吴晟是能够真正从农民的立场和角度来抒写农村，展现农民劳动生活、思想感情和历史命运的诗人之一。其诗歌情感真切，语言朴素自然，充满浓郁的乡土风味。

三、莫那能的诗

莫那能（1956—　），汉名曾舜旺，台湾台东人，生于一个贫苦的排湾人的家庭，曾当过采砂工、捆扎工、搬运工等。

“山地文学”的崛起是80年代台湾文坛引人注目的重要文学现象。严格意义的“山地文学”是指高山族作家的文学创作，宽泛意义的“山地文学”则还包括汉族作家以高山族生活为题材的作品。在台湾文学史上，广义的“山地文学”早已出现，但并不繁盛；狭义的“山地文学”更微乎其微，但80年代后，却双双获得了较大的发展。特别是后者，继1983年布农小说家田雅各登上文坛后，几年内又有排湾诗人莫那能、泰雅作家瓦历斯·诺干（柳翱）、雅美散文家波尔尼林、雅美作家施努来、卑南作家孙大川等相继崛起。相较于汉族作家的“山地文学”，他们的创作显然具有更重要的意义。

莫那能的家庭和个人都是十分不幸的，但对他来说，更为不幸的是面临着部落解体、文化失落、种族灭绝的危机。从小就面临的不幸遭遇，使他早慧地对人生和社会有较清楚的认识，对真善美、假丑恶有较深刻的感悟。他秉持对民族的热爱，精心创作，抒写台湾少数民族集体心灵深处沉积的抑悒、怨恨、愤怒和自卑，以及追寻救赎和解放的情感，并表达他对当前台湾少数民族诸问题的认识。他以诗为高山族的生存和发展而呐喊、抗争和讴歌，感情奔放，爱憎分明。因此有人把他的诗归入“政治诗”。1989年，他的第一本诗集《美丽的稻穗》出版，并获得1989年“关怀台湾基金会”文化奖助。

这是一个用生命写诗的作家。中学毕业离开部落的他，充满期待地来到城市，但这却是一段极不愉快的日子。愤怒在他心中化为动力，从1984年至今，他不断地在为台湾少数民族权益努力，希望有一天台湾少数民族问题可以真正地受到重视。在《遗憾》一诗中，“我”对新婚的妻子说：“当你依偎在强壮/

厚实的胸肩，/请你要听见，/这失明的躯体内/正横行着癌。/当你满心分享着/喜乐的情缘，/请不要想起，/那荒远的高山上/残破的家园，/作妓女，失去子宫的/妹妹的哀怨，/患肺结核的/父亲的心酸，/百岁老祖母的愁颜……”这是一个充满创伤，积叠着无比的悒郁和愤懑的心灵，也是受欺压最重的少数民族才会有的特殊心态。

1980年，莫那能写下了《恢复我们的姓名》这首诗，“从‘生番’到‘山地同胞’/我们的姓名/渐渐地被遗忘在台湾历史的角落/从山地到平地/我们的命运，唉，我们的命运/只有在人类学的调查报告里/受到郑重的对待与关怀……”因为诗人深深地知道，姓名与尊严密不可分；“恢复我们的姓名”，是恢复我们的尊严。这是高山族同胞争取民族尊严的强烈呼声。也因为这首诗让他受到重视，被人尊称为盲眼诗人。此后，他创作了许多反映台湾少数民族现实社会窘境的诗作，如《为什么》写道：“只要太阳还升起/只要高山还耸立/只要大河还奔流/被迫离乡别井的/失散颠沛的民族/终要愤然崛起。”在《鹊儿，听我说——给山地知青》中，诗人以鸠占鹊巢，比喻外来的侵占，呼吁对待侵占者，“善良不能过分”，指出“妥协只会加速自己的灭亡”。因此他提倡斗争哲学，鼓励人们采取积极的态度，相信经过奋斗和努力，高山族终会获得“土地的芬芳”、“阳光的温暖”与“和平相亲的歌唱”。他用浑润而又凄美的歌声唱出了身为台湾少数民族的悲伤、无助而又源源不绝的生命力。由于作者在山区的大自然中长大，故诗中有着其他城市诗所难以有的辽阔、恢宏、强大的形象思维。他说他最大的希望是：“在绝望中找到希望，在悲愤中获得喜悦。”

莫那能说：其实台湾少数民族的问题没有被重视过，我们要的不是同情，而是不再受歧视。近几年都在强调本土化，但是部落里的本土化的落实并不是教族语，这不奇怪吗？要解决台湾少数民族的问题，并不是只有靠少数民族自己的努力，而是要串联起所有的弱势族群，整合后，一起向主流意识对抗。这也是我一直以来努力的目标。

第五节　新生代诗歌

一、简政珍的诗歌

简政珍（1950—　），台湾台北人，1972年毕业于台湾政治大学西洋语文学系，后又获台湾大学英美文学硕士和美国奥斯汀德州大学比较文学博士学位，曾是台湾中兴大学外文系主任，目前是中兴大学外文系专任教授、《创世纪》诗刊副总编辑、尚书文化出版社总顾问。简政珍自1975年开始陆续发表诗作，成为80年代台湾诗坛主要的学者诗人之一，也是台湾新世代诗人的翘楚。他在理论与创作两个方面都有着杰出的表现，主要有《季节过后》、《纸上风云》、《爆竹翻脸》、《历史的骚味》、《浮生纪事》、《意象风景》等诗集和《放逐诗学》、《空隙中的读者》、《语言和文学空间》、《诗的瞬间狂喜》等诗论著作。

简政珍诗艺的核心是“沉默”、“空隙”和意象的经营。诗人通过各种手段营造意象，压缩、凝练语言，使一些本来叙事性较强的段落，转化成颇具诗的韵味和情趣的场景。他曾写道：人耗费口舌来描述一件事情，来表达内心的感受，但喧嚣冗长的言语不如一个沉静的意象。将诗在艺术上的精练、含蓄的要求，提升至诗的本质的高度。显然，简政珍的诗缺乏流行抒情诗那种铿锵作响的节奏，他注重的是以充满“空隙”和“沉默”的凝练语言取胜，为此甚至有意牺牲讨人喜欢然而花哨的节奏。因为他认定，诗的本质是沉默，水的惊涛骇浪会淹没真正的声音，水流只有无声，才能听到语言沉默的声音。例如，他的诗《火》：

午夜，当人的脉搏
随着霓虹灯起动
一把火寂寞得想
一览人世风景

一楼，甫刚睡眠的国四学生
揉眼皮，找眼镜
不知怎么一回事，直到
所有的升学参考书
在火中变成升腾的舞者
还不知道
怎么安排心情

二楼误以为火焰敲门是
警察临检，一对男女
慌乱中以衣服
包裹相互亵渎的语音
然后争相
赤裸夺取燃烧中的窄门

三楼，一个年轻的母亲

抱着婴儿，背对
进逼的火影，茫然
看着闭锁的铁窗
和街上捡拾生活的
小猫

四楼没有人迹
眼见日历一张张成灰
墙上的挂钟停下来默哀

火焰兴致地跃上
五楼时，单身的老人
正翻个身梦着
战火和晚霞
一个小偷及时
剪断通往顶楼的铁栅
从容投入
清冷的夜色

和穆时英笔下“华东饭店”四层楼层层雷同的情况恰恰相反，简政珍笔下火灾现场中的五层楼各有特色，戏剧性地分别隐喻了当代台湾社会中不同的人生世相——他们原本各自生存在自我的意识领域，国四生（升学的恶性竞争）、苟合中的男女（色情泛滥）、母亲与婴儿（遗失了丈夫）、荒废的四楼以及单身老人和小偷（老人福利和犯罪猖狂）。这些缺乏内在联系互不关联的个人与事件透过火势的蹿升而得以联结。在这首诗里，我们仿佛读出一幅变相图背后真正的意旨：不仅仅在于提供社会问题的整体缩影，更为警醒的在于火灾如果不发生，同一公寓依旧是五层楼互相隔绝、疏离的时空。这些可能推算的内容，却以中性的语言赋予繁复的寓意，透过意象折射出来。

简政珍堪称台湾诗坛上继叶维廉之后又一位兼擅创作和理论的诗人。比起诗作，其诗论也许是对诗坛的一项更大的贡献。他曾对某些人所谓第一流人才从事创作，第二流人才从事批评的论调颇不以为然，指出广义的批评家应该有三个层次：第一种人是评论的文字因为有创作作品才能存在；第二种人是从作品中看到幽远的文字世界，进而延展成见解；第三种人则是文学思想家，他有宏远的文观或诗观，独立于任何个别作品之外，从博览的作品中思索文学的本质及有关文学的美学问题，“这种人绝对是第一流人才”。简政珍显然努力使自己站立于“文学思想家”的行列中。

简政珍作为“文学思想家”的特征，一是建立了一个比较完整的诗论体系。它既包括诗的本体论，也包括诗的创作论和读者阅读（鉴赏）理论。而这几部分并非相互游离，而是有着一以贯之的文学理念加以连接，从而形成一个环环相扣、自圆自足的有机整体。二是方法论上也有其贯穿始终的特色，这就是辩证的特征。从本体论的诗与现实的辩证，到批评论的理论与创作的辩证，再到创作论的“沉默”、“空隙”与丰富内涵的辩证、腾空自我和书写真我的辩证……“辩证”充斥于简政珍整个理论体系。三是这一体系以现象学为基石，撷取了包括存在主义、读者接受理论、语言学、符号学、解构学、新批评等诸多现代文艺流派的因素，加以创造性的梳理、融合、发挥而构成，具有极饱满的理论思辨的质地。甚至在他吝于量而精于质的实际批评文字中，也处处闪烁着对诗的本质体认和思想。

二、向阳的诗歌

向阳（1955— ），本名林淇，台湾南投人，曾加入诗脉诗社，为《阳光小集》诗刊创办人。自 1973 年开始现代诗歌创作，致力于十行诗和方言诗的创作与倡导。主要诗集有《银杏的仰望》、《种子》、《十行集》、《心事》、《土地的歌》、《岁月》、《四季》、《乱》等。

第一本诗集《银杏的仰望》初步显示了作者精于语言的选择，精于意象的经营，精于声韵与情采的糅合，语句十分从容与悠然。

在遥遥的村墟里
一片捣衣声，声里有疏钟
有狼嗥，有你眸中遥遥的暮霭
——《联想之外》

我无罪，我涔涔的颊上有泪
千行。我原欲燃起夜郁中明亮的篝火
不意沙滩寸断，一缕孤烟黎黑
——《河悲》

在诗人冷静的观察与深沉的感喟里，年少隐约如篝火的情怀，以及滚动不息对乡里的关爱，那稠密的意象随语词汩汩流出。

奔腾的感情是向阳诗歌的一大特色。在他的情诗《十行集》与《心事》中，流淌的是深沉的情感。《土地的歌》是对土地、家乡、社会、台湾的爱；

《四季》是人在异乡而以二十四节气来表达对台湾的思念。

《十行集》是作者尝试新诗形式、开拓诗歌体裁的实验诗。十行诗每一首均以五行二节为统一形式，但如果细加探究，则每一首的排列又各有丘壑，如《楚汉》、《水歌》、《雨落》、《痕伤》等诗，前后节均采用字数相等的对仗，明显吸取了古典诗词的营养，令人读之韵味无穷。它是诗人有感于古典诗和现代诗的短长而创立现代新诗格律的尝试，显得简洁、精致、机敏而不失呆板。在意象的营构上，诗人大量采用传统诗歌中的“飞鸟”、“落叶”、“流水”、“小桥”、“落日”等富有原型色彩的意象，既增加了诗歌联想和蕴涵，也体现了诗人对古典诗歌和传统文化的心仪。

诗评家萧萧在《有限的形式·深沉的爱——评〈向阳诗选〉》一文中认为：向阳的诗，多少年来标示着台湾知识分子的良知……向阳，无疑地又成为众多诗人所不能同列并评的对象。因此，向阳的诗，在1923年发展至今的台湾现代诗史中，是从庶民走向士民又能回头关怀庶民的诗作代表。庶民不觉其深，士民不觉其浅；士民有所知、有所觉，庶民有所感、有所动，与土地、人民共同呼吸。

思考论述题：

1. 台湾现代主义诗歌兴起的原因有哪些?
2. 谈谈张我军在台湾新诗发展史上的地位和贡献。
3. 以《错误》为例谈谈郑愁予诗歌的抒情性特征。
4. 试述余光中诗歌的艺术特征。
5. 谈谈洛夫和罗门对新诗现代性的追求。
6. 简述笠诗社的艺术追求和在台湾文学史上的地位。
7. 结合具体作品论述莫那能诗歌创作的本土性特征。
8. 简述台湾新生代诗人的艺术追求。

第四章　台湾散文

第一节　台湾散文发展概述

“五四”新文学运动以后，赖和、杨逵、张我军与钟理和等台湾作家开始了现代白话散文的创作。赖和的《无题》为台湾最早的白话散文，杨逵的《垦园记》与钟理和的《贫贱夫妻》堪称台湾当代最优秀的散文篇章。它们的出现标志着台湾现代散文创作最初的实绩。1949 年以后，随着国民党政权的南迁与一大批文化人积聚台湾，台湾文学在继承“五四”文学传统的基础上发展起来，现代白话散文创作也得到蓬勃发展。

台湾现代散文创作，首先是以乡愁主题的书写引人注目的。这些怀乡散文较少受到当时台湾文学极端政治化倾向的影响，为台湾文学的健康发展开拓了崭新的艺术空间。这些怀乡散文的作者大多是自由主义知识分子，为“五四”后成长起来的一批文学宿将，对文学艺术独立品格的坚守，使他们较少受到当时台湾极端政治倾向的影响，创作出了有别于当时“战斗文学”的清新可爱的散文作品。同时这些散文多写乡关之思，包含深刻的社会历史文化内涵，又因为这些乡关之思里含有作者深切的生命生活体验，因而大多情真意切，格外感人。像梁实秋、苏雪林、谢冰莹、张秀亚、琦君、林海音、尹雪曼、张晓风的《故都风情》、《千石谱》、《父亲的花园》、《湖上》、《髻》、《冬青树》、《小城风味》、《常常，想起那座山》等，大多为怀乡散文的上乘之作。

台湾乡土散文创作大体分为三个时期：光复前、20 世纪 60—70 年代和 80 年代以后。光复前的赖和、杨逵、张我军和钟理和等的散文创作，作为对日本殖民者的殖民统治的反抗，以浓郁的乡土气息和地域特色见长；60—70 年代的散文创作在与现代派的反驳中发展，直面现实，多反映下层农民的生活、经历与命运，具有强烈的现实主义精神；80 年代以后的乡土散文创作在文化多元格局中发展，大多书写城市化、商业化过程中人类那些抹不去的永恒乡愁，具有深切的人文关怀。

在大陆已经有名的学者、作家到台湾的大学或公共文化领域工作，他们勤奋的笔耕开启了当代台湾散文的新园地。其中梁实秋、台静农、苏雪林、林语堂等学者的散文，无疑代表了现代台湾散文创作的艺术水准。余光中、张晓风、林文月等的散文创作，已经超越了他们前辈的樊篱，将现代散文创作引向了全新的境界。这些学者大多学贯中西，既继承了“五四”散文的优良传统，又吸收了西方现代文化精神，散文创作往往从人性、文化和哲思的视角去体悟人生社会，既富情趣，又有理致，情理兼容，显示出学者散文应有的风致。

女性作家的散文创作是台湾女性文学的重镇。从乡愁书写到性别的审视再到性别的抗争，台湾女性散文的创作显示出清晰的发展轨迹，表现出深厚的人文关怀。女性文学的“异军突起”促成了台湾当代散文创作的繁荣发展，尤其是从性别经验等女性文学特有的角度出发，张扬女性意识、生命意识，关注现代女性生存处境，探讨现代女性生命存在的价值、意义，对人性的解放，为完美的新的道德与文化建设提供了丰富的精神资源，是现代文学史上乃至文化史上不可多得的精神财富。

与“一体化”要求及其规范化的大陆当代文学相比，台湾现代散文创作具有展现现代伦理新思想、强烈的宗教情怀和对传统文化价值的认同等多样化的价值观念。这些特点使当代台湾散文创作更具当代感、现代品质以及创新品质。如林文月散文的“胞与情怀”、简媜的“自我和谐伦理”建构的思想和张晓风、席慕蓉对于目前性别秩序的认同，以及台湾散文作家那些具有宗教气息的散文，缘于世俗情感的、超越宗教信条的爱、人道主义的价值取向，构成其散文独特的品质。

琦君散文有源于基督教的博爱观念，母亲、外祖父身上的佛教慈悲情怀，老师夏承焘的道家的超然物外的精神特质。这些思想在她只是一种信仰，其作用只是用来支持一种人生态度和价值立场，维系一种对人性完美发展的可能性的经久不渝的期望和信心。佛理的众生观念，普度思想，往往包含自我牺牲的否定性内涵。比如所谓修行，那是以个我生命的苦行为指归的，但简媜散文却将这种观念相对化、辩证化，并把它们理解成一种生活实践的方式。如在《醒石》、《红尘亲切》、《水月》等里，她阐释了苦与乐之间的对立与辩证内涵，以及它们对于自我与道德重建的积极意义。寺院中所包含的那种拒绝现代异化的新的价值和信仰，使简媜深为折服并受益匪浅，她的散文因而显得空灵淡远，幽深玄渺；而天人合一、物我相通的宗教观念，则使简媜散文呈现出一种淡泊澄观的美。林清玄的散文也具有浓厚的宗教色彩，这一点也毫无疑问。

对传统文化价值的认同也是台湾现代散文重要的外显特征。如著名女性作家琦君的《母亲新婚时》、《母亲的偏方》、《毛衣》、《髻》、《母亲那个年代》等，对勤劳善良、宽厚节俭、关爱儿女、善待穷人、忠实于丈夫的传统女性品格作了充分的表现。罗兰的抒情散文里，超然物外的老庄哲学成了她抗拒现代世俗气，在精神上自由、自在、自立的根据，而佛思禅意提供的生命智慧则成了简媜在一个价值失范时代安身立命的精神安慰。为了抗击现代化带来的负面影响，陈冠学、王鼎钧与林清玄等作家的乡土散文创作对于传统文化及其价值也采取与乡愁书写者相同的立场，具有引领面向现代化的现代人把目光转向传统的价值功效，强化了台湾文学的民族特性。

随着70年代以来台湾作家对于“五四”散文传统的反省与散文本体观念的追问，台湾散文作家重新审视感性散文之弊，呼唤散文的理性美与“知性”品质，像余光中等散文作家，尤其是张晓风、简媜等一些新生代作家，开始了大量的文化散文、哲思散文与杂文的创作，将散文创作引向多元发展的审美之途。

在台湾现代散文的诗学建构上，新生代作家简媜是标志性人物之一。她的《渔父》描写人伦亲情最原始感情；《母者》写女人、女性吊诡性的生命、命运经验；《四月裂帛——写给幻灭》写刻骨铭心的爱情体验和感知，这不是短小精悍，内容要精，形式要美的散文文本规范所能框架的。它们的篇幅的增大、感情必须要让读者透过文字的激荡、摩擦去感受出来以及突破“散文的平面描述”要立体一点的“创格”尝试，为现代散文诗学建构开拓了新的路径。

台湾不少优秀散文作家也构建了属于自己的文体。如梁实秋的“雅舍体”、陈冠学、林清玄等的“田园体”、琦君的“回忆性叙事文体”、罗兰的“哲理性‘小语’体”、林文月的“拟古体”和节制凝练的文体、张晓风秀丽豪放兼备的文体、简媜“创格”的现代散文文体等。它们共同显示出台湾散文创作对于现代散文审美建构所作出的积极努力。

第二节　乡土、田园散文

台湾乡土、田园散文的发展源远流长，最早可以追溯到光复前“台湾文学的奶母”——赖和的《无题》。它描写了一位姑娘出嫁时热闹的场面，具有乡风民俗的色彩。杨逵是台湾当代散文的第一代作家，是石头底下“压不扁的玫瑰花”。他的乡土散文以《首阳园杂记》为代表，主要记述自己植树种花的生活感受，也具有浓郁的泥土气息。

台湾乡土文学自发生以来，主要经历了两次大的论战。第一次是在“日据时期”。当时争论的主要问题是“以北京话为主的白话文，还是以台湾的本土方言来写作”，文学的语言形式成为争论的焦点。由于当时日本侵略者强制推行日语，为反抗这种思想文化上的统治，作家们便选用读者易于接受的本土方言，描写乡土的现实，“使民众了解自己的民族性格并为解放而努力”①。70年代台湾乡土文学创作出现了第二次高潮，其原因来自两个方面：一是受国际寻根文化潮流的影响，二是为了反拨60年代以来西方现代派的影响，文坛上出现了要求回归“五四”传统的创作呼声。相对于小说，虽然散文在论战中受到

① 叶石涛：《八十年代的台湾文学》，《四海》1985年第5期。

的影响并不大，但是作为大的文学与文化语境，却促使乡土散文发扬现实主义传统，吸收现代观念意识，丰富了创作的思想和技巧。

20世纪60年代起，台湾经济迅速发展。到了80年代，传统的宗法制农村经济已过渡到现代化的工商经济，台湾社会民主化、现代化程度提高，文学也走向多元化、多样化，创作空间、题材领域、文学体式和文学手法的拓展和扩大，使传统的怀乡散文、现代散文和乡土散文不再那么泾渭分明，而向取长补短、兼收并蓄的方向发展。都市、乡土、田园和生态散文出现，并主要反思经济发展带来的竞争激烈、人际冷漠、生态破坏和环境污染等社会问题。在这个时期，大型报纸副刊以其自主性和号召力，促使乡土文学、报导文学崛起。如林清玄、阿盛都做过副刊编辑，走过初期写报导文学、乡土散文的路子。他们出身农村，新闻工作又增加了接近社会、返顾农村的机会，因此，他们得以在早年记忆、乡土变迁、城乡对比中挖掘大量素材。陈冠学的散文，则抒写田园乡野中山水林泉、鸟兽虫鱼的灵动活泼之美，从中体味出自然与生命的真趣。王鼎钧年龄稍大，少年时期在大陆度过，散文创作大量出现在60年代末到70年代。

一、王鼎钧的散文

王鼎钧（1925—　），笔名方以直，出生于山东临沂。王鼎钧幼年时期对中国传统文化特别是儒家与道家的文化有深入的学习，14岁写诗，15岁试评《聊斋志异》。少年遭逢国家大变故，孤身一人远走他乡读书求生存，经青岛等地在台湾生活二十年；1951年开始文学创作。1963年到1966年担任联合报《人间》副刊主编，做过幼狮文化公司期刊部总主编。最后于知天命之年远离中华文化圈去往纽约，他散文的成就最高，著有散文集《人生三书》、《情人眼》、《碎琉璃》和《左心房漩涡》等。《昨天的云》、《怒目少年》、《关山夺路》、《文学江湖》四部回忆录荣获第五届在场主义散文奖。

《碎琉璃》写了我的故乡小城，母爱，多愁善感的童年，当兵和求学的经历等各类事件，以叙事为主，在故事的追述中，引入了小说和诗的笔法，增强了散文的可读性。如祖先的逃难、拓荒、建城，从祖辈的口述中代代相传，就好像一部民族顽强生存的史诗。《迷眼流金》回忆了我的流金岁月。《一方阳光》是冬日四合院天井里“母爱”的呈现，“我清楚记得一股暖流缓缓充进我的棉衣，棉絮膨胀起来，轻软无比”。《红头绳儿》写我的对小伙伴朦胧的“爱情”。以上散文在故事的展开中，为了推进情节、烘托氛围、表现场景，透露心理，作者往往插入一段诗句、歌谣或诗化的语言，产生了间离的审美观照效果。有些散文则通过象征性的意象寄予作者对战争、妇女命运、民族觉醒和文化的深刻思考。如“九一八”事变摧毁了人们琉璃般美丽的家园，所以母亲梦见碎琉璃堆中的困境；我并未告密，却引来年青寡妇的怨恨；抗战爆发，舅舅毅然离家参军；二先生是非常有学问的读书人，可是却因三次不中进士，含恨悬梁；疯爷爷不屑求取功名，是经常喝酒骂座的狂狷之士，然而他取法乎上、不拘俗套的教学方法，却使我受益匪浅。

《左心房漩涡》贯穿着宏大的民族、文化、人生主题，描写了退伍士兵、乡村医生、卖卦者、老夫子等各个阶层的人，展示了他们的信念、操守、梦想以及高贵的品德。《中国在我墙上》、《红石榴》、《脚印》和《我们的功课是化学》等散文，或纯粹抒情，感情澎湃而激越；或因物及人，发老年看透世事的哲思。最有代表性的是《大气游虹》。它以书信体写成，是作者客居美国时寄给友人的信。一万多字的篇幅，以感情之深挚、动人，以其雄健和阳刚之美，堪称现代“离骚”。它的特色之一是，采用了现代派的梦境、象征、独白、意识流的手法，表达了作者思乡情切而又对现实充满疑虑的复杂情感。特色之二是，亲切的对话口吻，有利于宣泄作者强烈、真实的感受。特色之三是，时空跨度大，忽而乡土，忽而异国，在回忆与现实中穿梭，相互烘托与对比，增强了读者的印象。

2013年，王鼎钧以《昨天的云》、《怒目少年》、《关山夺路》、《文学江湖》四部回忆录荣获第五届在场主义散文奖。授奖词称其“以在场叙事的姿态，提供了百年中国现代史最独特的个人经验、世纪尘烟在作品中沉淀后的宁明叹息、大道若简的人类智慧及在场散文的高端笔意”。王鼎钧四卷回忆录断断续续写了十七年，他曾说：“我关怀的是金字塔下的小人物，贴近泥土的‘黔黎’，历史忽略了他们，不愿笔生花，但愿笔发光，由我照亮某种死角。”从少年的眼光看出去，从历史的另一边看回来，同样的时代，看到参差与被遮蔽的角落。

《昨天的云》讲述抗战前少时记忆、家族传奇、家乡风物，写得更为具体，不同于一般历史小说的线性叙事，而似一幅流动的“移步换景”的《清明上河图》。形态各异的芸芸众生一个个从眼前缓缓走过。通过这些人物群像，王鼎钧阐释了乡土中国的社会阶层结构及其鲜明特点。

《怒目少年》以少年之眼谈论抗战动荡年代的成长、战火中的迁徙、流离中的求学和挣扎、成人世界的倾轧和荒诞；写了四年内战期间国民党将领李仙州艰难进入山东后给学生讲的故事，从中引发出思考：“入鲁是李仙州的梦，他活在别人的梦里，我们又活在他的梦里，我们自己也会做梦。一个人多高多大，要看他的梦能包容多少个别人的梦。入鲁失败，多少人都得重新编梦。”个人的梦想与历史的梦想有时候不期而遇了，是志同道合互相成就，还是一起沉沦覆灭；人生至此一次，历史也不会重来，作家借此感叹人生的扑朔迷离，凸显了动荡岁月中人心的不稳。

《关山夺路》记载国共内战四年，血肉拉锯、生死一线，战争天平逐渐倾斜；王鼎钧写内战，不从战火之中看取历史的尘埃，也没有走主流意识的路径，而是秉持文学家的良知，发现历史缝隙中的微末，从中管窥到政治变化对人心的巨大影响。《关山夺路》对国民党为何一步步战败的原因进行了分析，结构谨严，论证严密。叙述五叔与士兵们在缅甸雨林枪林弹雨、血肉横飞的远征用了敬重的古文笔法，描绘起祖国的苍白俊朗、秀丽树木则常用现代诗的语言。其笔调冷峻、抒情、节制、激越；闲庭信步几笔，用心铺排成章。

《文学江湖》以文学为中心描绘赴台后台湾文学人物、文学潮流、个人文学之路，以及台湾社会生态。每一部中家事（史）、国事（史）、天下事彼此交织，互相映衬；既有个人的断代，也有历史的断代。把文学史写活了，凸显了作家的艺术功力。其中又特别对台湾当代的许多历史事件都敢于揣测其前因后果并大胆评价其中所涉人物的历史功过。

四部回忆录中，第一二部《昨天的云》与《怒目少年》偏重于描写与抒情，第三四部《关山夺路》与《文学江湖》则主要叙述与议论。这使得故事时间结束于 20 世纪 70 年代末的这四部回忆录“言犹在耳、意犹未尽”。

在这四部回忆录中，王鼎钧以小人物的人性著历史性，他曾谈道：固然“无情不似有情苦”，但“无情何必生斯世”？愿我们以有情之眼，看无情人生，看出感动，看出觉悟，看出共鸣，看出希望！以小说笔法写散文。他并不注重叙述自己的生平经历，而是更多地将目光聚焦于周遭的人们及他们演绎出的各种事件。此种叙述方式若从小说的叙述艺术来论，可追踪到博尔赫斯与卡尔维诺的后现代小说叙事方式。

王鼎钧在台湾文坛享有极高的声誉，他和余光中一起被称为散文界的双子星座，并以其风格的沉郁顿挫被比作“杜甫”。良好的古典文学修养，各种文学体式的实践，使他在写作中大胆实验；丰富的经历和渊博的学识，使他成为“这一代中国人的眼睛”，“记录了一个动乱、和平而又混淆的时代”。

二、陈冠学的散文

陈冠学（1934—2011），台湾屏东人。台湾师范大学国文系毕业后，任教师和编辑多年，1972 年重归故里，过着书生、农夫的生活。他曾精研中国古代思想，著有《论语新注》、《庄子新注》、《庄子新传》等书。他还着力于台湾拓荒历史和当地语言的研究，写了《老台湾》等著作，是当代知名的散文家、学者。

陈冠学的散文创作，开始于退隐田园之后。先后出版《田园之秋》、《访草》、《蓝色的断想》、《父女对话》等散文集，散文集《田园之秋》一经发表，就受到文艺界的极高评价。台湾评论家叶石涛称它是台湾 30 多年注重风花雪月未见灵魂悸动的散文史中，独树一帜的极本土化的散文佳作。台大教授颜元叔的感受是读每一句都觉得是恰到好处而又有难以预测的惊讶。

散文《田园之秋》以日记体的形式写成，分初秋、仲秋、晚秋3部篇章，91篇日记。按时间顺序，从9月1日到11月30日，展示了台湾秋季美丽的田园生活。有农时、农事的记载，有自然美景的描绘，有晨昏读书的心得。文中，随着时间的推移、游历路线的转换，运用物候学、地理学、生物学等知识，探索大自然神奇的变幻和丰富多样的万物生灵。作者与大自然接近，是零距离的，因此能将日月星辰、风云雨露、草木虫鱼平等对待，以物喜为己悦。作者还善于发现和捕捉景物的细腻之处，以研究和怜悯的心态去描写。在《弃猫》中，阿狂、阿痴是一对青年夫妻，他们收养了三只可爱的小猫：阿憨、英国绅士和阿美丫。作者花大量篇幅写了猫与主人的家居生活，其描写的细腻及传神，让人感到它们就是三个顽皮的孩子。《小女儿的虫鱼朋友》中，从草蝉到斑鸠，不分贵贱，老父和小女儿一一喂养、照料，也因此，女儿有无数的友伴和纯美的爱的友谊。

陈冠学的田园散文，虽有远离尘世的隐逸之美，但并不缺少作为知识者对社会的思考，《田园今昔》和《弃猫》就是极好的例子。前者表现了对今日田园大量使用化肥、农药的忧虑，后者哀叹了一对青年人的弃世，对排挤他们的社会发出深深的责问。

三、阿盛的散文

阿盛（1950—　），本名杨敏盛，台南新营人。1977年台湾东吴大学中文系毕业，曾任记者、编辑，担任过《时报周刊》的编辑主任。出版过《行过急水溪》、《唱起唐山谣》、《两面鼓》、《绿袖红尘》等十几本散文集。

阿盛是70年代后期乡土文学论战中涌现出的“最具潜力的作家”之一，其风格是“写实的、淑世的”。他的散文视野广阔，历史感强烈，善于透过台湾农村的变迁，追忆童年的土地之梦，揭示和批判都市的罪恶，而“乡土”是其贯彻始终的主题。

首先他描述了一个民族、地方的历史。《散文庙群岛》中，念念不忘的是“国姓爷”郑成功。《唱起唐山谣》里，乡人用童谣、俗谚记载着祖先从唐山迁台湾筚路蓝缕的功绩，抒发了作者承续三百年民族同根的情感和历史责任感。《风流龙溪水》是对大陆祖居地漳州的追忆，带着深沉的乡愁：“些许兴动，些许感喟，参杂些迷惘”。其次，他概括了乡村变迁的历史。《厕所的故事》以看似不雅，实则人人无法回避的“上厕所”为突破口，从我的小学一年级写到工作后，遍述乡村厕所变迁的种种奇闻逸事。第三，表现城市与乡村的同步变迁。乡村的老一辈虽固守田园，年轻人对都市却充满了向往和想象（《稻田和火车》），在城市金钱与欲望的腐蚀下，人们逐渐失去了善良的本性和灵魂的安静（《绿袖红尘》），家乡的田地变成了水泥地，多年后当我携妻儿回乡时，再也找不到父亲的“命根子”稻田（《稻田和火车》）。第四，对比都市里的尔虞我诈、人际淡漠，表现了乡村和谐的伦理关系。看到母亲为我求取的“真武殿”香火袋，就想起了祖父的宽容随和、与人为善（《契父上帝爷》）。

阿盛的散文语言幽默、谐趣。《厕所的故事》婉而多讽，显示了封闭、贫穷的农村人面对新奇事物的种种可笑之处，读来忍俊不禁，却又感到一丝辛酸。《爱的故事》中爸爸青年时期游手好闲，自从因骂人遇见了妈妈，就浪子回头。他到了外祖父家，称赞“每一样东西，包括猫狗在内”，活化出爸爸的滑稽和热情，也颇为感人。

四、林清玄的散文

林清玄（1953—2019），出生于台湾高雄，自幼立志成为作家。后考入世界新闻专科学校电影创作专业。从 17 岁开始写作，出版著作 100 多本。曾任《中国时报》海外版记者、《工商时报》经济记者、《时报杂志》主编等职位，写作相当勤奋，遍获各种文学奖，被誉为“宝岛才子”、“台湾文化的良心”。

林清玄早期散文充满乡土气息，多描绘平民阶层的生活。他本出身农家，后来又多次深入台湾农村内地，与劳动者共同生活。80 年代之后的散文，发扬了他省思人生的长处，将佛经阐读融入人生感悟，表现出智慧、澄明、博大、悲悯众生的风格和情怀。

林清玄散文取材十分广泛，大致可以做以下分类：(1) 表现童年、少年时期的生活。如《秘密的地方》讲述我沿着故乡的小河作秘密的长途旅行，第一次认识了故乡以外的村镇和农民；《兵卒无河》描写了天生苦命的同伴“棋子”悲惨的童年；《过火》记述了孪生弟弟与我难忘的七年生活，表现了亲人的拳拳护佑之心。(2) 描写父亲、母亲的形象。如《红心番薯》描述了爸爸忆苦思甜的忧患意识，赞美了“红心番薯”执着于土地，不择生存条件的顽强生命力，这也是父亲人格的化身；《永铭于心》写母亲，呈现三幅画面，概括了母亲的勤劳、乐观、虔诚，对子女博大而深沉的爱。(3) 描写工商经济的无常对于农民的伤害。《箩筐》、《吴郭鱼和木瓜》中，香蕉、木瓜丰收，却等来更低的市场价格，农民只能将其丢弃；由种水稻到养鱼，结果连鱼塘也得毁掉。(4) 描写难忘的田野风光。如《沟坪与草花庄》流溢着台湾农村特有的季节景色。(5) 表现和谐的家庭伦理、人际关系。如《鸳鸯香炉》倡导相互扶持与理解的夫妻关系；《冰糖芋泥》渲染全家人围吃冰糖芋泥的融融之乐；《木鱼馄饨》里老人以特殊的信号木鱼声，给人们送来物美价廉的夜宵。(6) 表现人与自然的和谐相处。如《卖茶老妇》里喝淡水龙山寺的老人茶，是一种悠闲、简单的返璞归真。(7) 以花草果鸟虫鱼为话题。林清玄散文中这类散文占很大分量。有对生态环境的关注和忧虑，如《香鱼的故乡》、《琴手蟹》；有对家乡花、果系列的念念不忘，寄托着牵动血脉的思乡之情；有对小动物细致入微的观察和爱怜；还有对季节、树木、天空、竹林、山林、都市体验等予以描写的文章，在对比中有褒贬。

第三节　学者散文

台湾散文中的学者散文一脉，在几代作家的努力经营下，呈现出一派繁荣的景象。佳作迭出，名家林立，梁实秋、余光中、张晓风和林文月为杰出代表。

一、梁实秋的散文

梁实秋（1903—1987），原名梁治华，北京人，祖籍浙江杭州。1923 年赴美留学，获哈佛大学文学硕士学位，1949 年东渡台湾。同年，《雅舍小品》在台北出版，风行不衰，迄今发行五十余版，创下中国现代散文印量的最高纪录。一生出版散文集《雅舍小品》、《秋室杂文》、《槐园梦忆》、《菁秋琐记》等约 30 种，翻译《莎士比亚全集》40 卷，另有文学评论集《文学的纪律》等多部。

梁实秋的散文创作，始于强敌入侵的多事之秋。当内忧外患之际，他醉心于“风来则洞若凉亭”、“雨来则渗如滴漏”的陋室，从中寻觅“雅舍”的诗意，书写自娱，闲情偶寄，“雅舍”赋予的苦辣酸甜，他也躬受亲尝，久而能安，在恬淡闲适中捕捉艺术的人生情趣。“对于梁实秋来说，‘雅舍’正是民族深重灾难的一幅侧影，也是灵台摆脱痛苦的一种折射。”① 梁氏以后的大量散文，正是这种“雅舍”精神的产物。

梁实秋的散文，很少记录波澜壮阔的时代风云，也没有喋喋不休的刻板说教。他多描写曾经历过的生活细节，谈衣食住行，叙礼仪风俗，忆故人旧知，议道德修养，评社会现象等等。如《面条》以设问开端，继而浓墨重彩地铺染北平家中做面条的繁杂工序，又谈到面条的吃法，引发出了面条的味道，道出“味在汤里而面索然寡味，应该是汤在面里然后面才有味”的真谛，把自己崇尚的人生境界完全融入“面条”之中，不著一字，尽得风流；《握手》用鄙夷的目光和辛辣的笔锋，传神勾画了达官贵人目空一切的傲慢相，令其丑态毕现，洋溢着鲜明的爱憎之情；《槐园梦忆》不但写足青灯相伴、耳鬓厮磨的男

① 杨匡汉：《东山有雨》，陕西人民教育出版社 1999 年版，第 486 页。

女之情，更使具有传统美德和智慧的东方女性形象跃然纸上；在《洋罪》中，作者一方面肯定外国风俗对于本国的影响，另一方面又反对生吞活剥的照搬，有鲁迅“拿来主义”的文化姿态；《洋罪》一文从一个很小的细节切入，所涉事例皆为生活事例，所谈的也仅限于风俗，而其指涉的却是如何对待西方文化的大问题，于朴实淳厚之中蕴藏着强大的说服力和深刻的思想意义。

梁实秋散文的艺术个性主要表现在他那独特的韵调上。他的散文不讲排偶，但于参差不齐中寓有整齐排偶之笔；不拘格律，但有时也自然有平仄的谐调和声韵的配合，具有节奏美。如《雅舍》中写道：“细雨蒙蒙之际，‘雅舍’亦复有趣。推窗展望，俨然米氏章法，若云若雾，一片弥漫。但若大雨滂沱，我就又惶怵不安了，屋顶湿印到处都有，起初如碗大，俄而扩大如盆，继则滴水乃不绝，终乃屋顶灰泥突然崩裂，如奇葩初绽，砉然一声而泥水下注，此刻满室狼藉，抢救无及。”又如《送行》：“‘黯然销魂者，惟别而已矣。’遥想古人送别，也是一种雅人深致。古时交通不便，一去不知多久，再见不知何年，所以南浦唱支骊歌，灞桥折条杨柳，甚至在阳关敬一杯酒，都有意味”，呈现出一种不露斧斫的音乐美。

梁实秋的散文，文笔简洁，风格恬淡，于朴实平淡中蕴藏深意，具有中国名士风范与西方绅士风度的神韵，集抒情散文与学者散文的特色于一体，雅俗共赏、老少咸宜，达到了一种“绚烂之极归于平淡”的艺术境界。

二、余光中的散文

余光中“右手为诗，左手为文”，诗文兼擅。自 1963 年出版第一部散文集《左手的缪斯》以来，先后有《掌上雨》、《望乡的牧神》、《焚鹤人》、《听听那冷雨》、《青青边愁》、《记忆像铁轨一样长》、《凭一张地图》、《桥跨黄金城》等散文集行世。

余光中是台湾文坛上举足轻重的人物。早在 20 世纪 60 年代，他就提出了“散文革命”的口号。在《剪掉散文的辫子》一文中，他激烈批判了三种落伍的散文：“一是夹缠难读的洋学者和国学者的散文；二是伤感滥情的花花公子的散文；三是专门生产清汤挂面式的白话文的浣衣妇的散文。”之后，余光中推出了第四种散文——讲究弹性、密度和质料的新散文，亦即“现代散文”。所谓“弹性”，旨在强调散文对于其他文体的兼容与吸纳；所谓“密度”，着意于加重散文在一定的篇幅（或一定的字数内）满足读者对于美感要求的分量；所谓“质料”，力在推崇对字句的推敲与锤炼，进而提升散文的境界。

余光中的散文创作，是这种观念的实践。“红灯撞击着红灯冲击着浮沉的白灯白灯白灯”（《登楼赋》）、“雨是潮潮润润的音乐下在渴望的唇上舔舔那冷雨”（《听听那冷雨》）、“塞外，曾是胯下的马发间的风沙曾是梁上的燕子齿隙的石榴染红嗜食的嘴唇”等句子，就显示出他革新散文语言的趋势。在需要高速行进时少用甚至不用标点，在余氏散文中也数见不鲜。《丹佛城——新西域的阳关》一文中，他写道：“白。白。白。白外仍然是白外仍然是不分郡界不分州界的无疵的白，那样六角的结晶体那样小心翼翼的精灵图案一吋一吋地接过去接成千哩的虚无什么也不是的美丽，而新的雪花如亿万张降落伞似的继续在降落，降落在落矶山的蛋糕上那边教堂的钟楼上降落在人家电视的天线上最后降落在我没戴帽子的发上当我冲上街去张开双臂几乎想大嚷一声结果只喃喃地说：冬啊冬啊你真的来了我要抱一大捧回去装在航空信封里寄给她一种温柔的思念美丽的求救信号说我已经成为山之囚后又成为雪之囚白色正将我围困。”这段文字，长句极长，长达130字；短句极短，只有一个字。句子长度的极度悬殊，标点符号的巧妙运用，也显示出余光中散文语言的倾向。

余光中是最早将意象引入散文创作的台湾作家之一。他的散文中常常有纷至沓来的绵密意象。如《登楼赋》中，当他登上纽约102层的帝国大厦时，一种宏伟而深情的感悟化成行文中奇警的意象，眼下的丛楼都成了纷然杂陈的断崖与危石，“而我立在最高峰上，前，无古人，后，无来者，一任苍茫的风将我雕塑，一块飞不起的望乡石，石颜朝西，上面镌刻的不是拉丁的格言，不是希伯来的经典，是一种东方的象形文字”。他的散文也有以一个意象为中心辐射开来的名篇佳作。如《蒲公英的岁月》，将自己的放逐，自己的远游，自己的文学灵魂和艺术追求与蒲公英的意象相契；《听听那冷雨》则以冷冷的雨珠，将在一颗敏感心灵中蠢蠢而动的古中国层层叠叠的记忆串起，有机地组成一幅凄楚、凄迷的思乡图。

余光中的散文创作，作为其“四度空间”之一维，以独特的姿态在散文史上熠熠发光。因此有论者认为“余氏以其抒情彩笔，纵横捭阖，缔造了一个中西古今交融的散文新天地；在20世纪中国作家中，大概无人能出其右”①。

三、张晓风的散文

张晓风（1941— ），江苏铜山人，生于浙江金华。8岁赴台，毕业于台湾东吴大学，曾任教于台湾阳明医学院等，是台湾第三代散文作家中最有成就的女作家之一。作为一个学院派散文作者，她把台湾现代散文艺术推向了成熟的境地。余光中认为“在风格上，晓风能用知性来提升感性，在视野上，她能把小我拓展到大我，乃能成为有分量有地位的一流散文家”②。

---

① 古远清编：《余光中评说五十年》，文化艺术出版社2008年版，第262页。

② 余光中：《亦秀亦豪的健笔——我看张晓风的散文》，见黄维樑、江弱水编选《余光中选集》第三卷，安徽教育出版社1999年版，第228页。

张晓风的散文创作有三个主题——乡愁、性别思考与生命人生主题，而贯穿始终的却是一份人间的必要的温度。在她看来，并非人生苦短，人生就是活着，活着就要承担一份牵绊。其散文表达出来的那份温馨、执着与生的智慧，那种安顿生命的方式，传达出高于宗教人生关怀的世俗智慧，具有强大的思想感染力。

在散文艺术上，从简单的比附到丰富的联想，从单纯的物象到复杂多样的联想物，从比附的明晰追求到朦胧意境的创设，一级一级达到张晓风散文的豪喻，造就了张晓风散文的独特艺术。“只要你肯在我的船上，晓风，你是我最甜蜜的负荷。”（《地毯的那一端》）“当满山红叶诗意地悬挂着，是多么美丽的忧愁啊！”（《林木篇·枫》）“我们变得好像是在时间方面得到一笔横财的暴发户，可以挥霍的掷出。”（《一钵金》）“难道这不就是生活吗？太阳割切着四季，四季割切着老人，老人无言地割切着一只只浑圆柔润的橘子。”（《生活赋》）“万物之有名，恐怕是由于人类可爱的霸道。”（《问名》）“风流俊赏的周郎那里料到自己竟中了弹琴素手甜蜜的机关。”（《错误》）“现在是春天，一切的好事都应该可以有权利发生。”（《我有一个梦》）张晓风散文最为耐人寻味的就是她的散文创作中这种独特的“句子结构”，这些诗歌中常见的矛盾修辞格、拟人格，张晓风散文运用极多，一经她运用，就境界全出。“在绿叶的掩覆下，它不会再暴露那种让人焦灼的奇异的美了。”（《木棉花》）木棉树自己暴露它的美，唯有张晓风式的诗心才能写出。有人认为张晓风有一双“透视平常的慧眼”，大概就在于她能够从这样一些平常景色中看出如许情致。

张晓风散文的典型方式是《林木篇》、《初绽的诗篇》、《癫者》、《雨之调》、《生活赋》、《春俎》、《种种有情》、《许士林的独白》、《问名》和《只因为年轻啊》等。每一篇散文由一组行文构成，每一篇行文都是一节富有哲理的现代派诗，这一节节现代派诗构成一篇富于诗意的散文。如《林木篇》由“行道树”、“枫”、“白千层”、“相似树”、“梧桐”组成，每一节借物表现一种人类的美的品质，如奉献精神、纯洁心境、坦诚胸怀、独立意识和高洁追求，合起来却传达出一个现代知识女性丰富的精神世界。

《白千层》显然是一首富含哲理的散文诗。其知性的特质、结构的跳跃，包括坏孩子剥树细节的穿插，显示出张晓风散文极强的诗化品质，开拓了现代散文的新的艺术之路。

四、林文月的散文

林文月（1933— ），祖籍台湾彰化，生于上海。就读于台湾大学中文系并留校任教，是台湾大学中文系教授，著名六朝文学研究专家和翻译家。教职之外从事散文创作，有《京都一年》、《读中文系的人》、《遥远》、《午后书房》、《交谈》等散文集，获得过台湾“中兴文艺奖散文奖”、“时报文学奖”、“国家文艺奖”（1989）等，是在台湾散文史上有一定影响的学者型女性散文作家。

与张晓风散文的豪放兼秀丽的美学风格不同，林文月散文自然淳朴，有谢灵运诗“初发芙蓉”般的自然秀净，有陶潜的朴拙醇厚，有周作人的闲适、青涩，“平易中见情趣，朴实处透至情”①。她的散文很少山水花月之作，多的是书情、师生情和胞与之情，为纯粹意义上的学者散文。

林文月的散文多写师长，写书情，多方面书写了学者的襟怀和智慧丰采。这些散文有《在台大的日子》、《台先生的肖像》、《因百师侧记》、《怕羞的学者——James Robert Hightower 印象记》、《一叶文集》等。林文月写她的师长，用质朴的、口语化的语言，从日常生活、读书、交往等很平凡的琐事出发，多方面地反复铺陈。这一点与苏雪林完全不一样，没有溢美之词，很少用华丽的辞藻，用平实的语言叙述，反而情真意切。

林文月有不少散文创作，写自己的读书生活，抒发一个读书人安于书斋的精神坚守。如《我的读书生活》、《书情》、《阳光下读诗》、《一本书》等，写出了一个女性学者的书斋情怀。在《因百师侧记》里，我们看到的不仅仅是自己老师的学问人格，还看到作者自身的坚守和对于自己老师的照顾而生的温暖感：把听课笔记保留了 30 多年，一方面包含着对老师的爱，另一方面包含着一个学者对事业的执着。

林文月散文的题材显得狭窄，却别有深度。如有学者敏锐指出的“那种胞与情怀，是学者散文中很少有的”。《父亲》、《给母亲梳头》中照顾多病父亲、年老母亲的那种反哺情怀，《台先生的肖像》、《因百师侧记》中对于师长的爱，自身体会到的温暖感，《记忆中的一爿书店》里对于无意中走上治学之路的日本平凡男女的感激，都显示了林文月散文的真正独特之处。从女性学者的角度来看，林文月散文中体现出的胞与情怀和知识分子的生命感怀，是她有别于其他学者散文的特殊性所在。

第四节 女性作家散文

乡愁散文是台湾女性散文创作的起点。琦君、林海音等几乎都从书写乡愁开始了她们的散文生涯。《城南旧事》、《三色堇》、《红纱灯》、《英子的乡愁》等乡愁文学的最好作品，均出自女性作家之手。对于台湾女性散文作家来说，她们的散文创作，乡愁言说中包含着性别意识，性别抗争融合在乡愁言说之

---

① 倪金华：《台湾散文新观察》，海峡文艺出版社 2002 年版，第 159 页。

中，是一个重要的外显特征。如张秀亚、林海音、罗兰等的散文创作就包含两个基本主题：虽然散文主题多为乡愁，但因为视野与女性自身生活所限，她们所写就多为自己、母亲、姨娘等女性，从女性自身及其性别体验出发，反思女性人生与命运的特性。

简媜等第四代女性作家的散文创作，是新女性思想的直接产物。她说：真正把它（女性议题）掼到桌上的，要属《女儿红》，我想我是生气了才这么做，气几千年来中国人从结绳记事到敲击键盘发 E-mail 给南半球、北半球之友人、敌人，怎么女人拥有的东西还是没多大变化？在我看来，女人真正拥有的是她自己的眼泪与经血①。

陈惠琬也说：自做了母亲，曾有一度灰头土脸地忘了自己还是个女人。那种被掩埋的感觉很窒息。我开始挣扎着由尘埃中爬出，想重新找回那张失落的脸。女人的角色、定位与生命目标，便成为我那一段时日不断探讨的题材。郑宝娟则对于男权意识形态对女性的阉割做了坚决的抗议。

像这样有意识地涉足女性议题，“要做一等女人”的女性主义呼声，成了台湾女性散文的一个新的时代主题：对落后的男权意识形态进行批判，对女性性别本身反思，张扬女性意识、探讨现代女性人生意义与价值。三毛以后，简媜等女性作家的散文创作，大多都跳出乡愁，表达这种女性主义的思想主题。简媜的《女儿红》中的《秋夜叙述》、《母者》和《哭泣的坛》等优秀散文，充分显示出女性散文的主题演变趋势。

台湾女性散文创作更为明显的创新，还在于由于女性自身独特的社会历史经验、性别经验与体验，把女性写作的性别主题内涵引向了深入：女性主义者对于在全球化范围内两性基本上都是一夫一妻制的性别体制——“文明的缺憾”进行了重新审视与思考，焦点都集中在对于这种“文明的缺憾”的批判上，对于传统的父权制中心意识形态的清算上，而对于性别总体的和谐相处经验的描述、思考因为被当作老生常谈而忽视了。台湾一部分女性作家的散文创作却以对于这种和谐的现存两性秩序的想象与描写，丰富和补充了女性写作的新向度。如林海音、琦君等沿袭“五四”以来女性写作传统，20 世纪 80 年代后，简媜“潜入内在去揪出瘀伤和痛楚”和构建和谐的自我伦理的写作新路，席慕蓉基于道德关怀出发的对于目前性别秩序的认同和两性和谐性别经验的书写，就丰富了女性文学的主题内涵，“反驳了虚构叙事‘弑父’、‘杀夫’、情欲书写和‘豪爽’为标榜的性别分离主义倾向，以中国式女性书写和建构和谐的

---

① 简媜：《女儿红》，九州图书出版社 2000 年版，第 3 页。

性别伦理思想，将女性写作的性别主题引向了深入”①。

一、琦君的散文

琦君（1918—2006），浙江永嘉人，毕业于杭州之江大学中文系，被称为20世纪最富有中国风味的散文家，台湾文坛上活生生的国宝。在大陆，琦君也是深受欢迎的当代优秀女作家。她的怀乡思亲的散文，以及她散文的温柔敦厚的艺术风格，深得大陆读者的喜爱，在当代散文史上也有重要的地位与意义。

琦君曾经说：“来台湾时，仓促中不及带出那些未经整理的零乱篇章。那些事，在我心中也非常凌乱。生活安定下来以后，我才又重新一件件的追忆，重新琐琐碎碎，片片断断地写。写了许多童年的故事，写下我对亲人师友的怀念，也写下我在台湾的生活感想。这些，也许会被认为是个人廉价的感伤，鸡毛蒜皮不值一提的身边琐事，或老生常谈却自以为了不起的人生哲理。对这些批评，我都坦然置之。我是因为心里有一份情绪在激荡，不得不写时才写。每回写到我的父母亲及师友，我都禁不住热泪盈眶。我忘不了她们对我的关怀，我也珍惜自己对她们的这一份情。像树木花草似的，谁能没有一个根呢？我若能忘记亲人师友，忘掉童年，忘掉故乡，我若能不再哭，不再笑，我宁愿搁下笔，此生永不再写，然而，这怎么可能呢？”② 琦君坚持自身对于写作题材的选择，并始终开掘与表现这一题材，在通常认为的小题材中做出了大文章。

琦君散文有源于基督教的博爱观念，母亲、外祖父身上的佛教慈悲情怀，老师夏承焘的道家的超然物外的精神而形成的温柔敦厚的艺术风格。有人认为：“琦君早年历经战乱家变，中年又有在法院工作的多年经验，她并非在蜜糖罐里长大的，也不是没有见过世界和人性中丑恶的一面，但她总愿以慈心和爱心去看世界。她不是哲学家，也没有系统地阐述她的人生观，在从童年到青年的成长期中，她受到过中国传统道德的熏陶，也刻下了佛家、基督教‘爱’的哲学的印记。无论她所接受的这些思想是进步或落后的，在她只是一种信仰，其作用只是用来支持一种人生态度和价值立场，维系一种对人性完美发展的可能性的经久不渝的期望和信心。”③ 这即是琦君散文审美风格形成的重要思想原因。

琦君散文写了许多女性形象。她散文中以母亲为中心的女性长辈形象的描

---

① 程国君、杜建波：《台湾女性散文的审美创造》，《陕西师范大学学报（哲学社会科学版）》2007年第1期。

② 琦君：《琦君自选集·写作回顾》，黎明文化事业公司1975年版，第14页。

③ 徐学：《以爱心洞照忧患人生——浅谈琦君散文》，《台港文学选刊》1988年第4期。

绘，包含着她对于女性人生命运的深切关注。这使琦君的散文创作具有了女性书写的特色。琦君以《髻》、《压岁钱》、《衣不如故》为代表的女性书写，就是这方面的典型。“半是依恋半是怨”，以仁爱的眼光来看待女性人生及其命运，而不是以批判的眼光从历史文化和体制的角度来写女性形象。这是琦君那一代散文作家女性书写的重要特点。

二、张秀亚的散文

张秀亚（1919—2001），河北沧县人，北平辅仁大学西洋语文学系毕业，后赴台湾，任教于台北辅仁大学。从事散文创作数十载，有散文集《三色堇》、《牧羊女》、《北窗下》、《水仙辞》、《石竹花的沉思》、《湖水秋灯》、《白鸽紫丁花》等。20 世纪动荡而风雨变幻的现实给她的丰富人生经历，以及传统男性中心社会文化崩溃夹缝中的生命体验，成就了张秀亚散文创作丰富的精神向度，也使她成为台湾女性文学的燃灯人。

张秀亚的创作有唯美主义的艺术倾向，也包含有女性作家的性别敏感。其作品唯美情调与性别敏感并重。典型的作品是《寻梦草》与《风雨中》。《寻梦草》是张秀亚 18 岁的作品，文后题词“记好友小瑷瑷的幻梦”，通过一个美丽而感伤的故事，表现了作者的幻美追求与人生感悟。张秀亚说她好创作的个性，是在好讲故事的母亲明慧温存的怀抱里形成的，海峡两岸一段时间里文学具有的意识形态龃龉，与她的创作无关。她只认“美”，把生命看作一涧溪水，她曾经参透的世界真相的本质是“婉娈美丽”。其 60 余年的创作，凄迷幽幻、典雅妍婉的艺术个性一直未变。

抒情散文《风雨中》是张秀亚美丽而坚强人格的写照。文本借一个为人母者雨中接孩子回家的日常“本事”，巧妙而自然地反映了为人母者独自担待这个世界的方式：“但当还未找到机会为真理为人类而献身时，我只默默地走着一个平凡的女性的路子：恨我所该恨的，爱我所当爱的，对于邪恶，我决不妥协。在人生的舞台上，我唱的是最吃力的独角戏，导演者是环境的大手，制造效果的是电闪雷鸣。在我的台词中，没有闪光的口号美丽的谎言，但我忠实的，以全心，全力，全意爱了人类稚弱无依的两个!”作者自比“蔷薇花”，对自身生命有深刻的省思：“酡颜的蔷薇花，自昨天开放后，一直在低垂着头，此刻，似是深感到这低气压，它忽然起了无言的抗拒。我看见它突的一抖动，散落了一地残瓣，像是点点的红蜡泪，就如此结束了它短暂的地上行旅，在这早凋中，我似乎读到了一曲生命的悲歌。”“风雨中”显然是作者生命之旅的象征。此文记载的是张秀亚这朵“蔷薇花”在“风雨中”的身影：“这些年来，我已惯于一个人在风雨中跋涉了，走吧，风雨有停歇的时候，路也终有个尽头啊!”凄凉但执着，孤独但内心富有，这是现代世界里女性的独特的“这一个”，“北窗下”美丽的声音。

三、三毛的散文

三毛（1943—1991），浙江定海人，生于重庆。1967 年赴西班牙，就读马德里大学、德国歌德学院，在美国伊利诺伊州立大学法学图书馆工作。1970 年回国，在台湾文化大学德文系、哲学系任教。1973 年在撒哈拉与荷西结婚。第一部作品《撒哈拉的故事》1976 年 5 月出版；1981 年 11 月，在中南美洲旅行后写成《万水千山走遍》；1990 年写成剧本《滚滚红尘》。与琦君、张秀亚相比，三毛散文具有很强的自叙色彩。其主要内容，一为一个台北女子的自身传奇爱情，二为一个台北女子对撒哈拉及其历史的书写。这种书写显示出来的精神品格表明，三毛已经与琦君、罗兰们有了距离——走出传统女性书写的藩篱，而达到了一种新的审美。

三毛的创作改变了传统的女性书写那种深闺独处的渴望和幽怨诉苦的模式，显示出女性书写新的审美向度。三毛的散文，是一个台北女子的爱情书写。女性或者书写者，表达的是一种超越男女对立的个性自由主义意识形态，或者这种意识形态之下的女性真实人生体验，与撒哈拉男权中心意识形态下的女性悲惨处境对比中更显出它的高贵品质。如《大胡子和我》里，三毛以幽默的笔调，写了具有“超于贤妻良母的人生观”的三毛与那个天性就有自由意识的荷西的新型婚姻爱情关系：男女都坚决不承认自己是对方的“另一半”，自己本身就是整体；结合，不过是希望结伴同行，就是人生这条道路上找个伴而已；心灵的自由才是双方牢牢把握住的；“开放的婚姻”，就是对它最好的定义。

三毛散文改变了中国千古以来流浪文学作品里的流浪者主体。无论是“慈母手中线，游子身上衣”，还是“断肠人在天涯”，流浪人都为男人，中国文学文本中是根本不可能有女性流浪者存在的，因为那时女性大多在深闺。三毛的出现，流浪的主体成了女性。一个女性，“万水千山走遍”，足迹遍布撒哈拉，这是中国文学里新的动人风景。一个打扮得花枝招展，飘曳着长裙，伴着异国爱侣，以一双好奇的眼睛，浏览着这个美丽世界的东方智慧女性的流浪者形象，是中国文学中的“这一个”。

中国文学中，流浪者都是迫于某种外在压力而逼迫流浪，心中充满悲苦，三毛散文中的抒情主人公则是带着对这个世界的好奇而流浪，又对这个世界寄予深深的同情。地道地说，三毛的流浪是一种现代人所说的旅行，只不过三毛的旅行乃“文化苦旅”，其写作也是一个文化苦旅者的生命感悟，是一个东方台北女性面对着多元的世界文明的知性思索。

三毛散文创作本身显示出女性自身的一种人格高度。三毛曾经说过：“我不是妇女解放运动的支持者，但是我极不愿意在婚后失去独立的人格和内心的自由自在化。”她作品的思想深度来自一个具有独立人格与个性的女性对这个世界、对这个世界的人的阅读的感悟。像《大胡子和我》、《结婚记》、《梦里花落知多少》等，显示的就是一个女人在爱情婚姻中特立独行的个性。

三毛是台湾女性抒情散文创作中一个承前启后的人物。她前面的那些女性散文创作，叙述人大多深受传统文化的影响，从三毛开始，笔触伸入到了更为广阔的境界。以流浪者的姿态，对不同文化与文明进行了人道主义的审视；抒情主人公的爱情表述，显示出一个现代女性特立独行的个性品质。三毛已经走出感伤幽怨的女性写作藩篱，树立起了散文创作上的一个新的丰碑。

四、简媜的散文

简媜（1961—　），台湾宜兰人。台湾大学中文系毕业，曾经是台湾 20 世纪 80 年代最年轻的散文家。在台湾当代 30 部世纪经典里，她的散文集《女儿红》位居其列。80 年代以来，她出版的散文集有《红婴仔》、《水问》、《只缘身在此山中》、《月娘照眠床》、《私房书》、《下午茶》、《梦游书》、《胭脂盆地》和《女儿红》等，获得过（台湾）吴鲁芹散文奖、时报文学奖等。在台湾新生代散文作家中，对于现代散文诗学建构最有贡献的是女作家简媜。

简媜认为：“我觉得有时更重要的是把故事说完整，而说完整有时无法用散文的平面描述来完成，总希望立体一点，而要立体，甚至有些感情必须要让读者透过文字的激荡、摩擦去感受出来，那么就要有情节的设计在里面。有情节才能让这一事件立体起来。而当它立体起来的时候，文字才可以形成一种对立面，形成一种对比的感觉，才有可能摩擦，读者才比较能够透过这样一种搜寻的过程获得阅读的感受。”① 在此审美自觉基础上的简媜散文创作，突破了传统及其“五四”以来小品文的格局，以及平铺直叙和散文的平面描述的框架，开拓起一种立体化的能够传达现代人复杂感受和体验的散文诗学趋势。

突破“散文的平面描述”，把小说情节因素吸收到散文创作中。如《四月裂帛——写给幻灭》，相恋了七年的情人最后一次相约，这可以写成一篇小说，甚至长篇小说，但作者对于这些情节作了“散化”处理：先表白作者自己的心情感受，从最后一次见面的约会感受写起，然后回味这个无法容纳到婚姻躯壳中的爱情故事，结尾表现对方死去以后的感受、思念，就是一篇散文了，尽管它有上万字的大篇幅。在散文中，隐隐约约的情节穿插，似乎是无头无脑的书信的引用，与张错几段诗歌的内在主旨似的隐语交织，加上那种倒置式的结构，就使散文显得相当立体，也极有跨文体写作的特性。

---

① 简媜：《类型化·模糊化·私语化》，《台港文学选刊》2002 年第 8 期。

简媜的散文一方面创作中的叙述者能够审视内在的复杂性，抖落出一些散文作者不敢呈现的“我”的腐朽忤逆的意识，甚至审视“我”内在丑陋的本质；另一方面，她又把第三人称的叙述引进散文创作中，以全知视角叙述，甚至第一、第三人称交错使用，扩大散文的叙述路径。如也是写人伦至情的《渔父》，真正地把父女这一人类最原始情感的原始味榨了出来。这里面的原因就在于作者能够深入自身内心，反复书写心目中父亲形象的多样性。那个一家人支柱的有严重夫权意识的大男人父亲，那个爱酗酒的粗暴的父亲，那个叫我剥臭袜子、我诅咒他死去的父亲，那个给我酸梅汤、叫我读书的父亲，那个叫我爱恨交织的父亲竟然是一个人。这个人是我“遗世而独立的恋人!”一篇散文，能够写出如此多样化的人性，是这篇散文深刻与伟大的原因之一。又如《母者》，写作家见到的三个母亲。“我”是一个叙述视角，“她”（三个母亲）是一个叙述视角，散文第一、第三人称交织，写尽了女人、女性和母亲吊诡性的生命、命运经验。在这些散文中，最引人注目的还是这些散文那种平静的、冷寂的、客观化的叙述、抒情基调。它改造了以往感性散文主观的情感宣泄的套路，在现代散文文体建构上迈出了具有决定作用的关键一步。如《四月裂帛——写给幻灭》、《贴身暗影》和《雪夜，无尽的阅读》等散文，在此意义上成了新散文的经典文本。

以描写取代叙述，或者尽量缩小、挤压叙述的成分，让描写成为散文的主要表达方法。琦君等女性散文作家的散文，叙述回忆中的情致，叙述占了很大的成分，并以叙述的清晰、简练作为散文美追求的主要标志，但是，现代散文却有了新的审美高致——感受、体验的描摹及其存在的思索成了主要的审美追求。也许现代人的感受、体验无法叙述，却可以描摹，是现代散文作家进行这种艺术改造的重要原因。简媜散文成功地实现了这种转型，如《贴身暗影》、《母者》等，描写的成分明显多于叙述的成分，不再简单叙述女性人生经历、命运，而是描述女性日常生活、生命与命运的吊诡性经验，描写她的沉思的样子，她的腔调，叙述变成了偶尔的穿插。同时，这种描写也不再是外在风景的描摹，而是人的内在风景的描写，不是“荷塘月色”般的美丽景致的描写，而是人的内在心相的勾勒。前者是传统散文的审美追求，后者才是现代散文的真正高妙所在。

以繁复、诡异的意象和语言修辞，使感情必须要让读者透过文字的激荡、摩擦去感受出来的审美旨归，改变了过去散文语言那种朴实而缺乏张力，散文表现直接明了而缺乏含蓄的审美格局。由于语言的多义和意义的暧昧，世界存在的丰富多样性，过去那种简单朴实的语言很难表现现代人复杂微妙的真实生存感受和体验，因此，以繁复、诡异的意象拼凑和语言修辞来表现现代人复杂的生存感受、体验的现代诗歌方式便被简媜等散文作家所借用。如《母者》

中，蝙蝠、黑云、浓雾、寺院、蝉鸣等多个意象的选用，就相当艺术地表现了女人的吊诡性的生命与命运经验；《四月裂帛——写给梦幻》则以空城、归舟、裂帛、苦茗等多个意象，展现出对那一段七年的情感的复杂感受。像这样的语言“头条新闻看来像从牲口嘴里抢出来，粘着黏稠的唾液。”“‘告别’，原是跟丧礼一样纠缠不清的事”，“那百千万亿年只可能有一回的一瞬”，“我是痛苦的空城”等能够引起生理和心理不舒服感的又充满矛盾的造成一种陌生与生涩的意象、语言，因为真实地传达了现代人充满荒诞、无奈的感受和体验，在简媜散文创作中就频频出现。这已经迥异于传统散文的语言和意境以及表达方式，显示出现代散文新的审美境界。

散文现代化需要有人探索，简媜显然是台湾女性散文现代化的标志性人物之一。总体上看，经过“创格”的简媜散文，像那些没有一个肯定句的现代派诗，否定性诗性结构和语言、意象豁然凸现，以描写取代叙述，或者尽量缩小、挤压叙述的成分，让描写成为散文的主要表达方式，以平静的、冷寂的、客观化的叙述和抒情基调替代了热情的、主观的、一览无余的情感宣泄的散文套路，成功地实现了散文审美的现代转化，为现代散文艺术的革新、散文美学的建构开辟了新路。

第五节　杂文

现代台湾的杂文创作，成就较大者当推台静农、柏杨、李敖等人。

一、台静农的杂文

台静农（1902—1990），安徽霍邱人，原名传严，字伯简，晚年号静者，笔名有青曲、孔嘉、白简等。北京大学研究所国文门肄业。小说创作成就较高，先后出版有短篇小说集《地之子》和《建塔者》，被誉为乡土写实派的杰出代表。台静农编写的《关于鲁迅及其著作》为新文学运动以来第一部评论鲁迅的专集。1946 年 10 月赴台，任教于台湾大学中文系。执教之余，著述不辍，出版有散文集《静农论文集》、《静农书艺集》、《龙坡杂文》等。

台静农的散文，深蕴对生命的感悟与体验，充盈着一种纯朴、真挚的人间情怀。在其代表作《龙坡杂文》中，时时可以感受到“情”的无处不在，既有怀旧之情，伤逝之情，更有浓浓的思乡之情。“追昔忆往”是《龙坡杂文》的一个重要主题。在 35 篇散文、杂文、小品之中，有 14 篇与此相关。名篇有《辅仁旧事》、《有关西山逸士二三事》、《伤逝》和《我与老舍与酒》等。在台静农的笔下，无论是对故土的眷恋还是对亲友的思念，无论是对友谊的礼赞还是对生死的感叹，无不透露出作者对美好人生的执着追求与对理想人生境界的强烈渴慕。

台静农既是作家又是学者，其杂文创作内蕴丰富而深刻。他与台湾散文“一代宗师”梁实秋共同开拓出现代台湾散文的崭新局面。他的质朴而重情感、回忆与重叙述的杂文创作影响了林文月等一代散文作家，影响尤为深远。

二、柏杨的杂文

柏杨（1920—2008），原名郭衣洞，河南辉县人。1949 年到达台湾，曾任教于成功大学。1968 年因“侮辱元首”、“通匪”而被捕，遭监禁九年有余。在狱中笔耕不辍，先后完成了《中国人史纲》、《中国历代帝王皇后亲王公主世系年表》、《中国历史年表》等三部史学著作。杂文集主要有《玉雕集》、《倚梦闲话》10 集、《西窗随笔》10 集、《牵肠挂肚集》、《丑陋的中国人》、《中国人，你受了什么诅咒》、《红袖集》等 40 余种，另有《柏杨版资治通鉴》72 册和小说《云游记》等。

柏杨杂文取材于台湾社会，多选取普通人所见所闻所感之事为题材，揭示现实生活中的人生百态：远到传统伦理，近到大专联考；大到政局腐败，小到邻里纠纷，无一不是他切入社会的最佳角度。他又往往仗义执言，毫无顾忌，抨击时弊不留情面，加上行文谈古论今、汪洋恣肆，形成了杂文创作中特色独具的“柏杨体”。

柏杨杂文的代表作是《丑陋的中国人》。这个集子中的《中国人与酱缸》、《人生文学与历史》和《丑陋的中国人》三篇杂文，均由讲演稿整理而成，比较集中地抨击了中国传统文化的弊端和中国人的人性弱点。在《丑陋的中国人》中，作者指陈了中国人身上的多种劣根性表现，如“脏、乱、吵”，“不能团结、窝里斗”，“死不认错”等，并挖掘出造成国民劣根性的深层原因，即“中国传统文化中有一种滤过性病毒，使我们子子孙孙受了感染，到今天都不能痊愈”；《中国人与酱缸》一文，进一步探讨了“酱缸”的形成和发展过程：历史文化中的不合理成分，随着时间的流逝而不断沉淀，愈沉愈多，愈久愈腐，终成一个发酸发臭的“酱缸”。这种文化的代表是“官场”，封建社会的一切都以做官人的利益为前提，从而使酱缸文化变得更深更浓。在《酱缸特产》中，柏杨认为，构成酱缸的主要成分是奴才政治、畸形道德、个体人生观和势利主义。由于这些成分的存在，自然产生了酱缸文化的产品：权势崇拜狂；牢不可破的自私；文字魔术和诈欺；僵尸迷恋；窝里斗、和稀泥；淡漠、冷酷、猜忌、残忍；虚骄恍惚。柏杨以“酱缸”来比喻中国文化中的恶质文化，将其腐蚀性和自私、丑陋全面暴露，发人深思。

柏杨杂文以幽默、流利见长，作为台湾“世俗社会的代言人”，柏杨始终站在世俗社会的立场上发言，试图建立一个真本性的世俗社会，而现代性的民族国家正是这个真本性的世俗社会的合理延伸。柏杨继承和发扬了鲁迅杂文的战斗传统，在国民党的白色恐怖下，独立撑起“改造国民性”的大旗，是 20 世纪 80 年代唯一能够与“五四”时代的鲁迅遥遥相对的人物。

三、李敖的杂文

李敖（1935—2018），原籍山东潍县，生于哈尔滨。1949 年随家迁居台湾。1954 年考入台湾大学法律系，旋即退而转读历史系，1959 年毕业，后任职于台大历史研究所，兼任《文星》杂志主编。虽两度入狱，然勤奋写作，主要杂文创作有《传统下的独白》、《李敖告别文坛十书》、《为中国思想趋向求答案》、《李敖千秋评论丛刊》100 册、《李敖祸台五十年庆祝十书》等，另有《李敖回忆录》、《李敖快意恩仇录》和历史小说《北京法源寺》等作品。

1961 年，李敖在《文星》杂志上发表《老年人和棒子》一文，抨击台湾的“老年人”拿的是一根“莫须有的棒子”、“落了伍的棒子”、“不放手的棒子”，呼吁台湾社会的年轻化。此文一出，立刻激发了青年人的躁动和老年人的愤慨，引起了激烈的争论。在接下来的中西文化论战中，李敖接连发表了《给谈中西文化的人看病》、《我要继续给人看病》等言辞激烈的文章，成为论战的焦点。后来，李敖因得罪蒋介石父子和国民党高层显要而入狱，论战宣告结束。

李敖主张作家应该“唤醒民众”，使“民情洞开”、“民智普遍”。他涉猎广泛，评古论今，嬉笑怒骂，皆成文章。其杂文内容繁杂，涵盖台湾社会政治、文化、思想、道德各个领域；形式多样，有日记、随笔、札记、评论、书信等各种体裁；风格多变，或辛辣犀利，或诙谐幽默，或冷嘲热讽，或各种手法兼而有之。

李敖博学多识，且一身傲骨，其文往往无情揭露台湾的社会弊端，猛烈冲刷文化积淀中的糟粕成分。他虽饱受牢狱之灾，然初衷不改，相继写出了《孙中山研究》、《蒋介石研究》和《国民党研究》等一系列政论性杂文。在《民主趋向》中，他从“用暴力维持政权，特务横行，基本人权没保障”等十二方面，揭露“台湾独裁政权”，并指出“有历史眼光的人们必然会从时代的趋向，去观察一切的反动政权和独裁者，然后为他们的悲剧命运描绘死亡的景象”，流露出历史唯物主义的倾向；在《蒋介石的鞠躬症》中，由“蒋介石一见到国父遗像，立即脱帽鞠躬”谈起，自然而然地引出蒋“光着大秃头，向‘东方’的‘天父’连番鞠躬不停，这不是愚夫愚妇行径，又是什么呢?”的论断，将蒋介石滑稽可笑的面目暴露无遗；在《蒋介石的时间表》中，李敖从人的阶级本质来分析蒋介石：出身于“奸商世家”，通过“搞奇货可居式的政治，最后俨然成为中国领袖”，但最终“被他通吃了的中国大陆又被他通吐了出来，不能顺守，扫地出门，最后连茴香豆都不得吃，完蛋到孤岛台湾来”。在诙谐的语调中夹杂着毫不留情的讽刺和挖苦，又营造出一种情溢于言、情理交融的氛围，达到了痛快淋漓的喜剧化效果。

“李敖的杂文，表达率真，语言情绪化，不避俗字俗语，极其灵动活泼，以狂放恣肆的姿态和言必有据的文字，名噪一时，但与柏杨一样，有时也因故作惊世骇俗语失之片面。”①

思考论述题：

1. 台湾现代散文的价值观念与大陆当代文学有哪些不同之处？
2. 乡土、田园散文的创作走向及其代表作家的艺术风格是怎样的？
3. 《雅舍》等名篇怎样体现出梁实秋散文“绚烂之极归于平淡”的艺术个性？
4. 余光中的散文创作如何实践其“剪掉散文的辫子”的文学观念？
5. 为什么说张晓风把台湾现代散文艺术推向了成熟的境地？
6. 三毛散文的独特精神品格体现在哪些方面？
7. 简媜对现代散文诗学建构的贡献是什么？

---

① 张振金：《中国当代散文史》，人民文学出版社2003年版，第505页。

第五章　台湾戏剧、影视文学

第一节　台湾戏剧、影视文学发展概述

国民党政权败退台湾后，由仇共恐共的情结所驱使，在实施“戒严”、“整肃”的同时，建立以军中演剧队为主体的官方演剧体制和以张道藩为主任的中华文艺奖金委员会，以强权压迫和重金引诱两手推行“战斗文艺”、“反共抗俄”戏剧。

20世纪60年代初，台湾戏剧出现转机：一是1960年李曼瑰借鉴欧美小剧场的经验，大力倡导小剧场运动，以一种“在小型剧场里演出有严肃艺术企图的剧本的演出方式”来应对当时低迷的戏剧环境，振兴易卜生的写实主义戏剧传统。二是创刊于1960年的《现代文学》和1965年的《欧洲杂志》与《剧场》对西方现代戏剧的广泛介绍，构成了台湾当代戏剧、也是中国现代戏剧“第二度西潮”的初始浪头。三是姚一苇自1962年在《现代文学》上发表《来自凤凰镇的人》起，步入台湾剧场，并标志台湾“继以‘反共’为主题及拟写实为形式的戏剧”[①] 之后一种新戏剧的诞生。

70年代进入台湾剧场的张晓风、黄美序、马森等已不能满足早期“拟写实主义”的风格，有意借鉴当代西方剧场的新潮流，企图在剧作上有所突破和转变，表现出更为明显的走出了三四十年代传统话剧模式的现代意味。

1980年，姚一苇为给夹缝中的台湾戏剧打开出路，策划了一个全省性的实验剧展。随着实验剧展的幕布拉开，台湾当代戏剧进入一个新的阶段。台湾从1980年到1984年举办五届实验剧展，加上1985年的“锣声定目剧场”共演出《包袱》、《荷珠新配》、《我们一同走走看》、《傻女婿》、《木板床与席梦思》、《嫁妆一牛车》、《金大班的最后一夜》、《黑暗里一扇打不开的门》、《猫的天堂》、《我们都是这样长大的》、《过客》等40个剧目，成为台湾小剧场戏剧“显示规模，颇具实绩的自我展现”。实验剧展的举办催生出从南到北雨后春笋般涌现的如兰陵剧场、方圆剧场、表演工作坊等数十个小剧场剧团和蔚然大观的编导演新生代，也鼓励创作出为数众多的戏剧作品。众多小剧场剧团以不计票房价值和着意创新的频繁演出，在当代台湾建立起一种经常向社会展示体制外戏剧的有效方式，更重要的是以求新求变的精神，对戏剧的编、导、表演形

① 马森：《姚一苇的戏剧》，台湾《联合文学》1997年第6期。

式进行实验，探索戏剧表现生活的新的语汇、新的媒介、新的综合，在这种大胆反叛与着意创新的风气鼓动下，所谓“拟写实主义”被扬弃，集体即兴创作之风一时大盛，舞台剧的概念约定俗成地流行开来，并终于形成主导台湾剧场的实验戏剧潮流。

80年代后期，台湾后期小剧场形成第二波浪潮。“解严”前后，小剧场演剧纷纷走向社区，走向政治，走向后现代。在经常演出的二三十个剧团里，有三分之一颇为活跃的剧团，如环墟剧场、河左岸剧团、优剧场、当代台北、零场剧团、425环境剧场、反UFO剧团等，因“在剧场艺术上较前卫，在社会关怀上较激进而被称为‘前卫剧场’”，其排演的戏剧如《杨美声报告》、《兀自照耀的太阳》、《寻找——》、《马哈台北》等因倾向于更带前卫色彩的探索而被称为“前卫剧”或后现代戏剧。

1987年中国戏剧出版社出版戏剧学者林克欢编的《台湾剧作选》，收录李曼瑰《楚汉风云》、姚一苇《一口箱子》、张晓风《武陵人》、王桢和《春姨》、白先勇《游园惊梦》、金士杰《荷珠新配》、黄美序《木板床与席梦思》、马森《花与剑》、陈玲玲《爱情红绿灯》、纪蔚然《死角》等7个多幕剧和3个短剧，加之90年代江苏文艺出版社选编《中国当代十大喜剧》时收入的姚一苇《红鼻子》，大致反映出大陆学者视野中的台湾当代代表剧作家和代表剧作。

电影电视在台湾的发生与发展，也是与台湾特殊的历史背景紧密关联。

1901年11月，一个叫高松丰次郎的日本人将十多部新闻短片带到台湾，并在1908年建起台湾第一座电影院“芳乃馆”，专为日本人放映电影。1922年日本松竹蒲田放映株式会社在台湾拍摄了第一部故事片《大佛的瞳孔》。

1921年台湾人开始自己经营电影放映。“台湾文化协会”积极输入大陆电影，至1945年，输入国产影片三百多部，主要是才子佳人片、武侠神怪片、家庭伦理片，如《孤儿救祖记》、《殖民边史》、《古井重波记》，也有少数左翼电影，如《故都春梦》、《渔光曲》等。

1925年5月成立的台湾映画研究会拍摄了台湾本土制作的第一部故事片《谁之过》。影片的片名折射出“五四”“问题小说”和“问题剧”的影响，剧情是小姐与青年恋爱，情敌花花公子雇用流氓强抢小姐，幽禁于密室。迷恋小姐美色的流氓打倒花花公子，欲强奸小姐时青年恋人赶到，解救小姐大团圆。

1931年“九一八”事变爆发后，日本政府强化对台湾政治、经济、文化控制。30年代台湾电影基本上为与日方合拍，推行奴化宣教。1940年日本殖民当局又强制推行“电影界新体制”，将台湾电影带入黑暗时期，台湾本土电影遭遇封杀。

1945年8月15日日本无条件投降，台湾光复。1949年底，上海国泰电影公司在台湾完成的《阿里山风云》成为台湾第一部自制的国语故事片，影片插曲《阿里山的姑娘》(高山青)从此代代相传，成为台湾本土电影诞生的一个重要符号。

国民党政权在消除台湾电影日据痕迹的同时，将台湾电影烙上强烈的“反共”印记。1945年11月台湾行政长官公署接管日本在台电影机构台湾映画协会和台湾报道写真协会，合并成台湾电影摄影场。同年12月，台湾行政长官公署公布《电影审查办法》，规定所有影片除了要遵守电影检查法规、取得准映执照外，还要符合不准放映日本影片、不准使用日语发音和不准有日文字幕等台湾地区特殊的审查规定。1951年台湾公布《电影片检查标准》和《戡乱时期处理国产影片的办法》，禁止放映共产党辖区摄制，或共产党人编、导、演的影片。1953年又公布《电影检查法》和《电影检查法实施细则》，基本确立了台湾“反共抗俄”的电影管制方向。

20世纪60—70年代台湾电影随着对“反共”电影的反拨开始复苏。1962年台湾年度电影奖“金马奖”开始评选。1963年中影公司提出了“健康写实主义”，主张“尽量发挥人性之同情、关切、原谅、人情味、自我牺牲之美德，使社会振作，引导人人向善，走向光明”。民营的独立制片公司从1963年的41家增加到1969年的129家。李行的《街头巷尾》、《蚵女》、《养鸭人家》、《路》、《秋决》等乡土片，白景瑞的《寂寞的十七岁》、《第六个梦》、《新娘与我》等爱情片，李翰祥的戏曲故事片，胡金铨的《龙门客栈》武侠片都享有盛誉。以琼瑶电影为代表的描写男女浪漫情感的爱情文艺片，如《几度夕阳红》、《哑女情深》、《花落谁家》、《彩云飞》和由武侠小说带起的新武侠片，如《龙门客栈》、《侠女》、《少林功夫》等成为绵延醒目的电影风景。

80年代以后，随着台湾局势的变化，台湾电影获得了一个全新的发展空间，一批具有文化自觉和较高艺术品位的电影编导，如侯孝贤、杨德昌、陈坤厚、张毅、王童、万仁、张美君等，主要改编台湾当代作家黄春明、王桢和、朱天文、廖辉英、白先勇等人的小说，先后推出《看海的日子》、《儿子的大玩偶》、《风柜来的人》、《油麻菜籽》、《嫁妆一头牛》、《玉卿嫂》、《老莫的第二个春天》等台湾新浪潮电影。这类影片所具有的乡土气息和人文情调，使之鲜明地区别于香港电影而更接近于大陆母体文化性格。

90年代，李安、蔡明亮、陈国富、赖声川、何平等新锐导演再次刷新台湾电影。《喜宴》、《戏梦人生》、《青少年哪吒》、《爱情万岁》、《饮食男女》、《多桑》、《禅说阿宽》、《卧虎藏龙》等一批影片或在国际电影节获奖，或走进欧美市场，以1994年台湾举办“迎接新新电影系列活动”为标志，呈现出欣欣向荣的新新电影景象。

台湾电视是1962年开播的，台湾电视剧也是从这时起步，经历初创、发展到成熟，形成了具有台湾本土特征的电视剧谱系。台湾的现实题材电视剧主要是家庭伦理剧，如 80 年代的《情谊无价》、《厦门新娘》。从 1986 年《几度夕阳红》创下收视纪录开始，琼瑶言情电视剧一发而不可收，《烟雨朦朦》、《庭院深深》、《在水一方》、《海鸥飞处彩云飞》逐年播映。武侠电视剧是台湾电视剧的另一类型，主要是根据古龙和金庸小说改编的作品，如《楚留香新传》、《射雕英雄传》、《鹿鼎记》。具有台湾本土特征的歌仔戏电视剧也有较大的发展。

第二节　李曼瑰、姚一苇的戏剧创作

一、李曼瑰的戏剧创作

李曼瑰（1907—1975），出生于广东台山的一个基督教家庭，1926 年被保送入北平燕京大学，受到冰心的写作指导和熊佛西的戏剧训练。1934 年赴美国密西根大学研究院研读戏剧。1940 年回国后，1941 年到重庆妇女指导委员会工作，主编妇女刊物。1949 年李曼瑰迁居台湾，“以宗教家的热情全力推展台湾剧运”，还热心于儿童戏剧、宗教戏剧和戏剧教育。她一生情系戏剧，为台湾当代戏剧作出了难以替代的重要贡献。台湾作家丛静形容她是中国新文艺以来，第一位对戏剧锲而不舍的女作家。

李曼瑰在 50 年代初参与写作“反共抗俄”戏剧，1950 年创作的去台后的第一部戏剧《皇天后土》，“表现国民党人被迫迁台后蛰居一隅的孤愤与嫉恨”。但李曼瑰毕竟是一个具有民主主义思想、淡泊名利、执着于戏剧的知识分子，面对现实她很快摒弃了“反共抗俄”戏剧，并对自己写作的带有一些影射时政的政治偏见的历史剧《汉宫春秋》三部曲“进行了修改，削减了其中的政治色彩，着重于剖析人性，描写王莽性格的矛盾”①。这实际上是标志了她的“转向”。在李曼瑰为推展台湾当代戏剧而借助官方或带有官方色彩的外壳外，更为实质的是：在官方色彩的掩护下，李曼瑰所苦心经营、勉力推动的台湾剧运悄然反拨，越来越从官方走向民间，从官办走向民办，从单一走向多元，戏剧演出越来越偏离台湾官方话语，越来越边缘化，终于酿成 80 年代充满反叛性的生机勃勃的小剧场运动。而李曼瑰本人也在这个过程中逐渐远离台湾政权。

李曼瑰认为“戏剧是为着表现的”，“要写有意义有价值合乎时代的剧本”。从文体上讲，“诗如点，小说如线，戏剧如球”，她注重戏剧结构的完整性、剧情发展的有序性和人物形象的丰满，强化矛盾冲突，制造戏剧效果。自 1925 年写出第一部戏剧《有价值的人生》，半个世纪以来李曼瑰创作了三四十部戏剧。她在大陆期间的戏剧创作成就主要表现在抗战时期写的一系列作品，如三幕悲

---

① 刘登翰：《台湾文学史》下，海峡文艺出版社 1993 年版，第 773 页。

喜剧《冤家路窄》、三幕喜剧《戏中戏》、五幕悲喜剧《天问》等。这时期李曼瑰正从事妇女运动，主编妇女刊物，她正好借戏剧创作"把潜在心里的对妇女问题的见解，逐渐搬出来。倒也不错，说得很痛快淋漓"。用戏剧描写妇女，主要是知识女性的生活状态，描写她们的理想追求和心态情感。

李曼瑰在台湾从 1950 年—1972 年共创作 14 部戏剧。从题材上大致可分为三类：一是 50 年代前期在国民党政权的鼓动下写作的"反共抗俄"戏剧，二是从 50 年代后期开始写作的历史剧，三是六七十年代写作的《淡水河畔》、《阿里山的太阳》等反映台湾现实生活的戏剧。成绩最大的是她的"汉宫春秋"系列历史剧，包括《王莽篡汉》、《汉宫春秋》、《光武中兴》、《大汉复兴曲》、《楚汉风云》，和后期写作的《汉武帝》、《琼池仙梦》等。1961 年发表的《楚汉风云》被认为是李曼瑰戏剧的代表作，同时也被看作这一阶段的台湾话剧中较有代表性的作品。

李曼瑰创作历史剧时并不把自己当作研究历史的学者，"只是从远古的史料中寻求可采的剧情，摄取传统文化、思想、道德的精华，赋予古代人物以新生命，让他们从书本上生硬的名词和简略的记载中跳跃出来，在舞台上活生生地表现他们的行为，披示他们的意念，发挥他们的思想，流露他们的情感，而使现代的观众了解、体会、瞻仰前贤远圣的豪情浩气、高风亮节。或可奏陶冶性情、潜移默化之效，又或可透视古人的错误而知所鉴戒"①。她创作的五幕 12 场话剧《楚汉风云》依据《史记》、《汉书》的历史记载，站在当代人的立场以刻画人物为中心重构楚汉历史，在历史人物求王与求美、为己与为天下人的矛盾与选择中，表现人物的性格和气质，展示人物的情感和欲望，探索人性的底蕴，大气磅礴而又浓重抒情。"以悲剧英雄论项羽，以政治家论刘邦，以理论家论张良，写来激越苍凉"，其中最富激情的是张良与虞姬和项羽与虞姬的爱情。张良、虞姬和项羽都是具有"君子"品格的英杰，他们情感真挚，执着地以自己的生命去追求自己的"梦"，但也都有自己的私情或局限，因而只能轰轰烈烈地书写苍凉。就这样，在剧中，跌宕起伏的情节构成生动的戏剧性，丰富激越的人物情感汇成强烈的感染力。

二、姚一苇的戏剧创作

姚一苇（1922—1997），生于江西会昌，1946 年厦门大学毕业后去台湾银行任职，1956 年"转换"，任教艺专。自 1962 年以来共创作戏剧 14 种，出版《艺术的奥秘》等美学、文学著作 9 部，被誉为是当代台湾"暗夜中的掌灯者"②，

---

① 田本相：《台湾现代戏剧概况》，文化艺术出版社 1996 年版，第 87 页。

② 陈映真：《暗夜中的掌灯者》，台湾《联合文学》1997 年第 6 期。

他是台湾当代戏剧中“继以‘反共’为主题及拟写实为形式的戏剧后……第一个写出‘新戏剧’的人”①，他的去世，甚至被台湾评论界认为是结束了台湾剧场的一个时代。

长期生活在威权统治阴影下的姚一苇，一方面“对时局和政治保持着十分敏锐的戒慎和防卫意识”②，而另一方面，作为一个具有正义感、社会使命感和对人类怀有悲悯之情的学者型的剧作家，他仍然保留了评析历史、评判社会、追求真善美的权利。他认为一个真正的作家不会只想到自己，他必对这一他所依存的世界，有所感，有所思，有所忧虑，有所关怀，有所否定。因此，从表面上看，是姚一苇以“与世无争”、“行事谨慎”的姿态将自己定位在渺小的读书人，而形成他“莫谈国事”的失语；而内在的是姚一苇在“政治环境”的压抑和存在主义思潮的牵引下，将戏剧审美创造——无论是“古”事新编还是取材现代——的目光聚焦在“人”，以对“人的处境”的思考与艺术表现表达对“政治环境”的“不让”和批判。

姚一苇的戏剧创作不同于他同时代台湾一些戏剧家的“自娱”，或仅仅为了“标新立异”，他是带着深深的人生感受，在历史与现实的触发下严肃而痛苦地写下长久酝酿于心的戏剧。在姚一苇那里，当思索人的“处境”从一种哲学思考转变为戏剧审美创造时，便使姚一苇的戏剧创作产生向外和向内两极扩展的特征。向外，是使他的戏剧既写实又超写实。无论是撷取古代素材的“古”事新编，还是将“人类亘古以来的主旨隐藏在一个现代化的社会框子里”，都以写实和象征相结合的手法来描写“这是个人类的世界”。写实，是为了获得真实性；象征，是为了提炼普遍性。而向内，则是从“人”的“处境”写到人的“命运”，将“命运”从外在的一种神秘和支配性力量转化为内在的萦绕于心的感觉和驱动行为的压力。

“处境—命运—压力”的戏剧创作心理定式，使姚一苇的戏剧，尤其是前期戏剧反复渲染着那种危机四伏，阴谋环伺和朝不保夕的危机感和“没有明天”、“回不了家”的痛苦。《红鼻子》同样展示了随时可能降临的危机和一群被异化的都市人，更值得注意的是，这部戏剧更为积极地思考人如何面对“人生之境”，如何挑战禁忌森严的“政治环境”——这就是由于人的本体觉醒，人执着地寻找失落的自我，护卫自己的信念。尽管人仍然很软弱，但他在面具的保护下可以把握自己，与命运抗争，并以人的庄严祭献而告终。《红鼻子》中神赐的出走和寻找失落的自我，以及最后的祭献，将姚一苇戏剧深层结构中与“人的困境”对人的压抑和异化相对峙的另一条线索明朗化。剧作家的立场

---

① 马森：《姚一苇的戏剧》，台湾《联合文学》1997年第6期。

② 陈映真：《汹涌的孤独》，《台湾与海外华文文学评论和研究》1997年第3期。

是“真正回到‘人’的本位上来!”，是捍卫“人性完整之自由”，是抵拒“他者”对“人”的驱使，无论“他者”是以强权的、温情的或是以时尚的“后现代”形式出现。

80年代后期，姚一苇又目睹了台湾“解严”、东欧剧变和柏林墙倒塌等一系列重大事件。这些急遽的“大历史论述断裂崩毁”给思索的姚一苇带来新的困惑、迷惘、挫折、无常与荒谬的感觉，他不得不继续做着“找不到路回家的梦”。而姚一苇在90年代初写下的最后一部戏剧《重新起来》，让一对因轻信、盲从而分手的中年夫妇在经历了人生坎坷后再度携手，再次表示他极力克服思想上的困惑，而对人生、对人类、对未来的乐观主义态度。

姚一苇自称是“一个真正从现代走向后现代的人”[①]，但同时他又“谦卑地向我国传统戏剧学习”，多方面地继承了民族戏曲、曲艺的舞台艺术。他的前期戏剧注重吸取和表现传统戏曲的“叙述性”、“表演性”和“写意性”，并着意采用“说”“诵”“唱”并置、多有重复的“极为通俗的韵文体”，以诗化的风格创造“我国的真正国剧”。他中期的戏剧《一口箱子》和后期戏剧《访客》更多地表现了西方现代主义戏剧的特点，但荒诞剧的形式感并没有消解民族性的内核。他的后期的戏剧从繁华走向简练。

姚一苇的戏剧作品尽管成就不一，但每一部都是新的创造。姚一苇不仅以自己开创性的戏剧活动推动台湾当代戏剧发展，同时也以自己的戏剧创作将台湾当代戏剧提升到一个崭新的时代高度。他的那些代表剧目，如《来自凤凰镇的人》、《碾玉观音》、《红鼻子》、《重新起来》，可以毫不逊色地进入中国当代优秀戏剧之列。

第三节　侯孝贤、李安的电影创作

一、侯孝贤的电影创作

侯孝贤（1947—　），广东梅县人，1948年随父迁往台湾花莲，被公认为是台湾电影的旗帜。侯孝贤在长达二十多年的创作中，一直站在台湾电影的最前沿……台湾电影的特点，在他的电影里表达得最为充分，表现得最鲜明[②]。

作为电影编导，侯孝贤从1980年到1985年平均一年推出一部影片，1980年，《就是酸溜溜的她》以流畅自然的影像讲述当代台湾农村的生活故事。1981年，《风儿踢踏踩》别有一番海岛的民俗风情。1982年，《在那河畔草青

---

① 姚一苇：《文学向何处去——从现代到后现代》，台湾《联合文学》1997年第4期。

② 陆绍阳：《中国当代电影史》，北京大学出版社2004年版，第156～160页。

青》风格清新，有着浓厚的乡土气息。1984 年导演的《冬冬的假期》被影评人视作：又臻另一境界，透过结构的高度自觉，挖掘了许多温暖、怡然的情感及人与环境的关系，又对人、情感及环境极端尊重。1983 年导演的两部影片《儿子的大玩偶》和《风柜来的人》被认为是台湾新电影的重要里程碑。

侯孝贤的电影真诚地关注社会人生，在侯孝贤的一连串作品中，人们可以看到，从《风柜来的人》起，他常常是通过对个人一段成长经历的描写来展示台湾某个阶段、某种状态下的生活风貌。《风柜来的人》“对青少年在成长过程中的彷徨、烦恼与爱情都作了忠实的呈现”，《冬冬的假期》描写男孩冬冬带着妹妹婷婷离开台北到乡间外公家度假，在“青青河畔草，郁郁园中柳”的乡间感受到乡土亲情、人生困惑、社会问题以及大自然的奥秘。1989 年的《悲情城市》在“二二八”起义的背景中平缓悲怆地讲述一家四子的人生命运，在不经意的时光流逝中台湾知识分子的憧憬和伤痛无声地凋零成历史的隐痛。因而台湾影评人很有见地地指出：从侯孝贤开始，他把台湾环境当作创作的主体，不论选材的方向，或是形式表现的真实性，都使“台湾”主题更加突出，这是侯孝贤迄今最值得珍惜的地方。侯孝贤还拍摄了《恋恋风尘》（1987）、《尼罗河的女儿》（1987）、《戏梦人生》（1993）、《好男好女》（1995）、《南国再见，南国》（1996），导演《海上花》、《千禧曼波》（2001）、《咖啡时光》（2004）。

也有学者认为，侯孝贤的所有影片似乎只有一个主题：童年往事。所以故事都只用一种讲述方法：追忆。而以《童年的往事》命名的影片被认为是台湾至今为止最好的本土电影。

1985 年侯孝贤导演《童年的往事》这部带有自传性质的影片，讲述阿孝一家，包括祖母、父亲、母亲、哥哥、姐姐、阿孝和弟弟，从广东梅县迁居台湾的故事。影片一开始就是一段点明主题的旁白：“这部电影是我童年的一些记忆，尤其是对父亲的印象……”在画外那充满深深愧疚的旁白之中，我们见证了一段懵懂的童年经历与叛逆的少年时光，如烟雨浮云般匆匆在眼前伤感地划过，同时，“另一种感觉，就是整个台湾的社会变迁，自大陆迁台以来的整个时代的感觉”① 也升腾起来。侯孝贤有意将一个家庭故事融入到台湾历史的发展进程中，让个人的成长和历史若有若无地细密交织着，试图把个人的记忆变成时代的记忆、民族的记忆，用质朴和冷静的讲述折射台湾社会的变迁，用平淡而写实的美学风格来挥洒他的眷恋与悲悯，在悠然而写意的天地下，他以舒缓缥缈的画面展示着其中的潮起潮落、人来人往、分分合合、悲悲戚戚……这正是侯孝贤电影所特有的“宁静内省的东方式生命体验，并演化为从容、质

① 胡星亮：《中国电影史》，中国广播电视出版社 1995 年版，第 511 页。

朴的叙事风格"[①] 以及散文式结构和注重心绪的表现。因此评论家说："以前看侯孝贤的电影，就像是站在远远的距离外，听一个男人讲一个沉默的故事，一个一个静态的长镜头组成了一幅又一幅的画面：远山、繁忙的渔港、辽阔的海，正在逐渐消失的乡镇生活，衣着朴素的乡下少年，不需要声嘶力竭的呐喊，在和风细雨中，侯孝贤就征服了你。"[②]

二、李安的电影创作

李安（1954—　），祖籍江西，出生于台湾，毕业于美国纽约大学电影制作系。

李安一直在寻找中国文化与西方文化的交接点，并在那里尽情展现他的才华。他以《推手》（1991）、《喜宴》（1992）和《饮食男女》（1994）的家庭三部曲一鸣惊人，成为20世纪90年代新人辈出的台湾影坛中最具人气的电影艺术家。继后李安就"走向世界"，为好莱坞拍摄影片《理智与情感》，由一个杰出华人导演成为具有国际视野的、并且被好莱坞认可的著名导演。2000年李安导演的《卧虎藏龙》更是用神奇的东方武侠征服西方观众和评委，第一次为华语电影赢得奥斯卡最佳外语片奖。李安导演的电影还有《荫凉世界》（1982）、《分界线》（1984）、《理智与情感》（1995）、《冰风暴》（1997）、《与魔鬼共骑》（1999）、《绿巨人》（2003）、《断背山》（2005）。

李安的电影远离"宏大叙事"和"重大题材"，从题材到表现手法都不"凝重"，而是日常生活中的凡人琐事，往往是在"家"的框架里构思与描画传统伦理与亲情的涟漪，表现其在文化碰撞和社会变迁中所激扬起的细微细究并具有情趣情致的冲突，由此显现传统文化在现代社会的生存处境，并提出拯救的方案。

《喜宴》与《推手》、《饮食男女》一样在家庭故事中表达伦理思考、东西方文化的碰撞以及戏剧性：居住在纽约的台湾青年高伟同的同性相恋生活，假结婚的设计，喜宴过后的弄假成真，高父的发现真情，高母的面对真相，顾威威的生活抉择，同性恋人的解决矛盾，以及高伟同父母的离去，无不含有强烈的戏剧悬念。影片不断地设置戏剧冲突，又不断地"化险为夷"，消解冲突，缝合矛盾，最后是一个无可奈何的皆大欢喜。李安并没有用猎奇的态度拍摄一个在当时还很敏感的同性恋题材，而是强调一个家庭面对这一问题的多向度的反应，并在其中表现了作者豁达开明的文化理念：台湾青年与美国青年的同性

---

① 倪震：《向侯孝贤导演致敬——在侯孝贤导演对北京电影学院赠片仪式上的讲话》，《北京电影学院学报》1990年第2期。

② 陆绍阳：《中国当代电影史》，北京大学出版社2004年版，第156～160页。

之恋，台湾与大陆男女之间的异性婚姻，中国父子之间的价值冲突，高伟同的性与情以及身与心的自我分裂……具有一种普遍的寓言意义。

台湾老演员朗雄在李安的家庭三部曲中连续三次扮演了父亲的角色，他把传统的父亲形象诠释得丝丝入扣，淋漓尽致：睿智、内敛、敏感、幽默，同时带着孤独沧桑。不同于李行电影中父亲形象的严厉，侯孝贤电影中父亲形象的乡愁，杨德昌电影中父亲形象的弱化，“李安电影从对中国文化传统的顾惜而一再肯定和表现父亲的价值，不仅生动表现了《推手》中父亲的‘拳艺’、《喜宴》中父亲的‘书艺’和《饮食男女》中父亲的‘厨艺’，以及他们的或固执或宽厚或隐忍的不同个性，而且将之作为中国文化传统的象征，在他们不同的遭遇和选择中，展示着中国传统‘父权文化’不断面临挑战及其不断转化的‘现代启示录’”①。

武侠片《卧虎藏龙》的海外投资的背景和大陆景观的拍摄为台湾电影产业走出了新路。《卧虎藏龙》在戏剧方面走向好莱坞式的文艺套路，在美学上则发扬了中国传统的写意风格，在竹林山水之间，突兀地设置下白色的凉亭，于天地间孤立、方状的窗孔透射着李慕白的身影，隐约表达着道家与侠义之间天方地圆的心胸与观念。而竹林上的对决，水面上的追逐，人物飘身而起犹如断线的纸鸢，“不由得叫人想起早年胡金铨制导的《侠女》。两部影片有很多相似之处，镜头稳健，画面写意，飞跃腾空与刀剑相交如泼墨般的文人豪情，像是画笔当空飞舞，谱下秀丽诗卷”②。

思考论述题：

1. 比较海峡两岸“两度西潮”的同与异。
2. 姚一苇戏剧创作在台湾当代戏剧史上的重要地位。
3. 20 世纪 80 年代后期台湾小剧场的后现代特征。
4. 侯孝贤电影悲怆平缓的影像特征。
5. 台湾电影与香港电影是如何相互影响又各具特色。

---

① 陈墨：《百年电影闪回》，中国经济出版社 2000 年版，第 438 页。

② 宋之文：《台湾电影三十年》，复旦大学出版社 2006 年版，第 248 页。

第二篇 香港、澳门文学

第一章 香港、澳门文学概述

第一节 香港新文学

关于香港新文学，一般认为，从 20 世纪 20 年代后期开始。如果以 1949 年为分界线，可以分为前后两个阶段：1949 年以前的香港文学称为香港新文学早期，1949 年以后的香港文学称为当代香港文学。关于当代香港文学的分期有不同分法，一种看法是十年分期说，大体以十年为一个时期，分为 50 年代的绿被文化期、60 年代的现代文学期、70 年代的通俗文学期、80—90 年代的多元文化期。一种意见是以“中英联合声明”的签署作为标志分为前后两个时期，将前三十年作为前一时期，将过渡期的香港文学作为后一时期。第三种意见是以 70 年代为界划分为两大阶段，将 50—70 年代称为当代香港文学前期，70 年代至今称为当代香港文学后期。我们采用这一分法。

一、香港早期新文学（20—40 年代）

香港新文学是在 20 世纪 20 年代后期开始起步的。1927 年 2 月，鲁迅从广州到香港作了两次讲演，题目为《无声的中国》、《老调子已经唱完》。这一年，香港报纸的文学副刊出现新景象，就是开辟新文学副刊，如《大光报》的“大光文艺”副刊、《大同日报》的“大同世界”副刊。1928 年 8 月，被称为香港新文坛第一燕的文学刊物《伴侣》问世。《伴侣》是香港第一本白话文文学期刊，主要撰写人有黄天石、谢晨光、侣伦、张吻冰等，不久，他们组建了香港第一个文学社“岛上社”。这个时期比较有影响的作品有侣伦的《穷巷》、黄谷柳的《虾球传》等。

抗战爆发以后，形成内地人士南迁香港潮，其中有一大批进步作家南下香港，如郭沫若、茅盾、巴金、夏衍、戴望舒、端木蕻良、萧红、阳翰笙、欧阳山、郁达夫、陈残云、徐迟等，他们积极宣传抗日救亡，传播新思想、新文化，促进了香港新文学的发展。这批作家到香港后，成立“中华全国文艺界抗敌协会香港分会”，创办或接办文艺报刊，如茅盾主编的《文艺阵地》等，这些刊物为香港作者提供了阵地，培养了香港本土青年作家，促进了香港文学的发展。

战后的40—50年代之交，又有一批作家南下香港，如徐訏、刘以鬯、李辉英、曹聚仁、金庸等。

二、当代香港文学前期（50—70年代）

文化上左右两派的对峙。新中国成立后，香港各派政治势力斗争激烈，文化上也存在左右两派的对峙。50年代初，在美国新闻处的控制、策划下，曾出现所谓的“绿被文化”现象。“绿被文化”是指美国战后确立的反华战署总目标下的文化措施，由美方“亚洲基金会”资助亚洲出版有限公司、友联出版社出版《人人文学》、《今日世界》等刊物，并用美元资助作家出书，如张爱玲的《秧歌》、《赤地之恋》就是“绿被文化”浪潮下的产物。这些刊物与小说带有明显的“反共”倾向。同时有左派作家唐人的《金陵春梦》、宋乔的《侍卫官杂记》等作品。

内地写实主义的延续与现代文学的兴起。内地南来作家如徐訏、曹聚仁等，坚持写实主义方向，创作了长篇小说《炉火》与《酒店》，本土作家舒巷城的《太阳下山了》，都是现实主义的优秀作品。与此同时，香港也受到西方现代派文学的影响，50年代中期，诗人马朗就主编《文艺新潮》，大力倡导西方现代主义文艺思潮。60年代初，刘以鬯先生主编的《香港时报》副刊《浅水湾》，介绍西方现代派作家，他本人以香港下层知识分子为题材，借鉴西方现代派的写作技巧，完成了长篇意识流小说《酒徒》，在现代文学史上具有不可替代的重要价值。

都市文化消费促使通俗文学开始盛行。香港通俗小说从20世纪50年代就起步了，武侠小说的开山作是梁羽生的《龙虎斗京华》，创作于50年代初。一年后，金庸的《书剑恩仇录》问世，新派武侠小说由此拉开大幕。金庸、梁羽生此后推出的一系列作品，奠定了他们武侠小说大家的地位，他们的名声远播海内外。言情小说由50年代的黄天石开始，到60—70年代以亦舒、严沁、林燕妮、岑凯伦为代表的女作家，创作量大，读者面广。历史小说作家有南宫搏、高旅，科幻小说作家有倪匡（即卫斯理）。

三、当代香港文学后期（80—90年代）

进入80年代，香港经济持续高速发展，“商业都市”的特征愈来愈明显。

两次重大政治事件的影响，即一是内地实行改革开放，二是中英签署联合声明，在这种大背景下，文学与政治的关系出现了调整，过去“对峙”的局面逐渐被“交流”所取代，形成都市背景下的多元化格局。香港作家队伍出现重新整合：表现在本土作家的迅速成长，70 年代后的第三代南来作家也崛起为文坛的重要力量。

通俗文学发展到高峰。武侠小说继金庸、梁羽生后，温瑞安出山。言情小说有写财经题材的梁凤仪，写怪异言情的李碧华，写都市言情的张小娴等。

框框杂文是香港通俗文学的一大景观，是指报刊上发表的专栏文章，常用框框圈起来。这类专栏有专门作者执笔，在报刊上位置固定，内容专业化，篇幅短小、形式活泼。有人统计，90 年代，香港报纸每天的专栏多达千个以上。学院派作家梁锡华、黄维樑、潘铭燊，女作家如小思、李碧华、张小娴等都是著名的专栏作家。黄维樑指出：“香港报刊的专栏杂文，更是香港文学的最大特色，其盛况为两岸以至四海五洲所无。”①

南来作家崛起。20 世纪 70 年代以后，又一代中、青年作家南来香港，到 80—90 年代成为香港文坛的重要力量，有陶然、颜纯钧、东瑞、黄河浪、王璞、白洛、戴平等。他们肩负使命感，坚持现实主义写法，反映香港社会现实，主要作品有陶然的《旋转舞台》、《一样的天空》，颜纯钧的《天谴》，东瑞的《暗角》，黄河浪的《故乡的榕树》等。此外新生代作家迅速成长，如黄碧云、董启章、陶杰、钟晓阳等。

学院派的探索文学。高等学府里走出来的学者型作家，学习、借鉴西方的写作技巧，倾向做从现代到后现代的实验。这批作家的代表人物有也斯、刘绍铭、梁锡华、黄国彬、余光中、黄维樑等。他们的作品以散文、诗歌为主。

总的看来，香港文学具有都市性、兼容性与特殊性的特征，正如黄维樑先生所指出的：“香港的文学百年来不断在演化，一直受到港内外政治、经济等因素的影响。香港这一中西文化交汇都市的性格，也使香港文学除了古今兼摄之外，还有明显的中外并蓄的特色。”②

第二节　澳门新文学

澳门的新文学起步晚于大陆（内地）、台湾和香港，澳门新文学从 20 世纪 30 年代至今，可以分为三个时期：早期为 30—40 年代，中期为 50—70 年代，近期为 80—90 年代。

---

① 黄维樑：《香港文学再探》，香港香江出版有限公司 1996 年版，第 26 页。

② 黄维樑：《香港文学再探》，香港香江出版有限公司 1996 年版，第 26 页。

一、澳门早期的新文学发轫于抗战时期

《澳门日报》总编辑李鹏翥先生指出："远在抗日战争时期，澳门的文艺活动蓬勃一时。活动的中心主题，都与抗战这个历史使命有关。"30 年代后期，几家报纸如《大众晚报》、《华侨报》、《学生报》都开辟有报纸副刊，发表有关抗战题材的作品。抗战胜利后，作家茅盾、张天翼、于逢都曾来澳门小住。但整个 40 年代，澳门文坛比较沉寂。

二、50—70 年代为澳门文学的生长期

新中国成立后，澳门在政治、经济、文化等方面都受到内地的影响，澳门文学也开始打破 40 年代的沉闷局面，出现富有生机的新景象。1950 年 3 月创刊的《新园地》为社团出版的文学性期刊，同年创办的《学联报》也开辟有创作栏目，夏茵、鲁茂、胡培周都为这个刊物写短篇小说。1958 年，《澳门日报》创刊，其综合性副刊仍用《新园地》之名，副刊首先就连载了香港著名作家阮朗的小说《关闸》，同时还注重发表短篇小说。1963—1964 年出版有《红豆》期刊 14 期，这期间，诗人余君慧、李丹、汪浩瀚、江思扬都开始崭露头角。70 年代，《澳门日报》、澳门归侨总会、中华总商会都曾举办文学讲座，阮朗曾来澳作讲演。此时澳门作家还把作品寄到香港发表，凌钝把这些作品编为《澳门离岸文学拾遗》，分上、下册，收有新诗、散文和短篇小说。

这个时期的澳门文学，总的来说发展较缓慢。其一，50 年代后，由于社会形态、政治等方面的原因，内地作家不能自由往来，外来作家来澳较少，澳门作家队伍单薄；其二，澳门社会比较封闭，与外界缺少交流、联系；其三，出版事业不发达，文学作品发表园地很少。

三、80—90 年代为澳门文学的繁荣期

这个时期的文学一般又称为过渡期文学。1987 年中葡关于澳门问题的联合声明签署，澳门文学逐渐发展，走向繁荣，进入澳门文学有史以来最为辉煌的时期，表现为：

第一，作家队伍壮大，作家主体意识加强。80 年代以来，随着澳门社会的变革，经济的起飞以及内地改革开放政策的影响，澳门人口剧增，由内地、东南亚及欧美移居澳门的学者、作家与本土作家汇聚一起，经过十多年的发展，形成了一支颇具数量而有实力的作家群，出版了一批有影响的、足以令澳门文坛生辉的文学作品集。

第二，涌现一批高素质的写作社团。澳门人口不算多，各种社团却成百上千。由于社团众多，每月都举办各种各样的文化活动，如书展、画展、邮展、

书法展、摄影展以及音乐、绘画活动等。80 年代中期，文学社团纷纷成立，形成澳门文坛新景观。1987 年，澳门笔会宣告成立，这个社团聚集了澳门从事文学创作的大部分成员，并出版了文学刊物《澳门笔汇》。1989 年，五月诗社成立，这个诗社汇集了澳门老、中、青几代诗人，堪称名副其实的诗歌重镇，并出版了《澳门现代诗刊》。1990 年，澳门中华诗词学会成立，出版了《镜海诗词》，1992 年，澳门写作学会成立，办有会刊《澳门写作学刊》，澳门大学师生联合办有文学刊物《蜉蝣体》。

第三，报业、出版业迅速发展，文学阵地扩大。主要作家作品有林中英的短篇小说集《云和月》、鲁茂的长篇小说《白狼》、周桐的长篇小说《错爱》、陶里的小说集《春风误》和《百幕她的诱惑》、寂然的《抚摸》等。散文作家主要有鲁茂、凌棱、李鹏翥、李成俊，代表诗人有陶里、苇鸣、淘空了、黄晓峰、庄文永、林玉凤。

思考论述题：

1. 简述香港文学的发展历程及分期。
2. 香港文学的鲜明特色表现在哪些方面？
3. 简述澳门文学的发展历程及分期。

第二章　香港、澳门小说

第一节　香港、澳门小说概述

由于特殊的历史境遇，香港、澳门的小说发展有着既不同于内地又不同于台湾的发展历程。

一、香港小说

香港小说的发展大致经过以下几个阶段：

萌芽期：香港新小说最早的源头可以追溯到1921年创刊的《双声》杂志，上面刊登了两位主编的两篇白话小说——黄昆仑的《毛羽》和黄天石的《碎蕊》，而后在1924年夏创刊的《英华青年》季刊上，刊登了五篇白话小说和一篇方言话剧。无论从思想内容还是艺术形式上看，它们都为香港新小说、新文学的萌芽。

拓荒期：鲁迅先生1927年2月于香港作的两次演讲《无声的中国》和《老调子已经唱完》，无疑给香港文坛吹来了“五四”新文学的春风，基本结束了萌芽期文言与白话并存的过渡阶段，促成了香港新小说的诞生。其标志是1928年8月出现的香港第一本纯文学的白话文刊物《伴侣》，张稚庐、侣伦、张吻冰、谢晨光等一批文艺青年成了它的编者和主要撰稿人。从8月15日创刊到1929年1月15日停刊，共刊登了小说32篇①，显示出早期新小说的实绩。继《伴侣》后，《铁马》（1929年）、《岛上》（1930年）、《激流》（1930年）、《红豆》（1933年）等刊物相继诞生。此外，一些报纸副刊如《大光报·大光文艺》等也增加了小说等新文艺作品的篇幅。围绕着这些刊物，以侣伦、杰克（黄天石）、谢晨光、张吻冰（望云）、张稚庐、黄谷柳、岑卓云（平可）、龙实秀等作家为代表，出现了香港新小说创作的第一次繁荣。其中，侣伦的《伏尔加船夫曲》、《永久之歌》，谢晨光的《胜利的悲哀》，张稚庐的《献丑之夜》等可谓早期新小说较有代表性的成果。

沉寂期：抗战爆发后，大批文人南下香港避难，有萧红、郭沫若、茅盾、叶灵凤、端木蕻良、戴望舒、萧乾、夏衍、许地山等，他们以笔代刀继续进行抗日，香港成为另一个抗战文化中心。不管是茅盾创办的《文艺阵地》、主编

---

① 袁良骏：《香港小说史》第一卷，海天出版社1999年版，第43页。

的《立报》副刊《言林》，戴望舒主编的《星岛日报》副刊《星座》，还是萧乾主持的《大公报》副刊《文艺》，都是属于战斗的文艺刊物，小说舞台成了南下作家的天下，有茅盾的《腐蚀》、萧红的《呼兰河传》、戴望舒的《灾难的岁月》、张天翼的《华威先生》、许地山的《铁鱼的腮》等。这些作品，除了创作地点是在香港外，大都不能与香港挂钩，只是在香港继续发展的中国新文学。

1941年香港的沦陷使得南下作家纷纷北返，但抗战胜利后国民党发动内战，内地的环境又迫使他们再度南下，有茅盾、郭沫若、夏衍、司马文森、廖沫沙、乔冠华、邵荃麟、冯乃超、聂绀弩、邹荻帆、曾敏之等。他们在香港文坛非常活跃，办杂志、刊物，从事创作，组织活动，还影响了一些香港本土作家，取得了文学创作上的一些成就，如黄谷柳的《虾球传》、侣伦的《穷巷》等。

受1941年香港沦陷的影响，当时刚刚发展起来的香港本土小说逐渐沉寂，少部分作家如侣伦等继续坚持现实主义创作，大部分作家则转向港岛传奇的通俗小说创作。

20世纪30年代以后，随着香港商品经济的发展，市场规律也日益尖锐地对文艺作品产生着制约，作家们不能不考虑读者的口味和市场的需求，再加上内地南下作家的强劲势头，在这些合力的作用下，30年代末40年代初，出现了一个“港岛传奇”小说的创作热潮。第一代本土作家侣伦对此大惑不解，他这样写道：“奇怪的现象发生在新文艺在香港已经扎根的时期，事情却出现了转折。特别是在抗日战争爆发以后，有部分曾经为新文艺工作致力的作者，却随了读者‘口味’的转变而转变：离开了新文艺岗位，换了笔名去写连载的章回体小说。杰克（黄天石）以《红巾误》，望云（张吻冰）以《黑侠》，平可（岑卓云）以《山长水远》等单行本，分别为各自的新路向打开了门户，而且赢得了读者。”① 日本投降后，这种“传奇”之作，便逐渐成了香港小说创作的大热门。

发展期：50年代到70年代初的香港文坛，由于其特殊的政治环境、地理环境等因素的影响，逐渐呈现出和内地文坛不同的发展轨迹。新中国成立前后，很多右翼文人从内地涌入香港，在美国新闻处和亚洲基金会的支持下，创办《人人文学》、《中国学生周报》等杂志，鼓吹“反共”文学，和左翼作家造成左右对峙阵势。

这批南来作家，如阮朗、徐訏、徐速、李辉英等承继了30—40年代内地文学中或写实或浪漫的传统，写了大量作品。一批本土作家如舒巷城、夏易、海辛等也纷纷崛起，关注香港的社会现实，写出了《太阳下山了》等优秀的作

---

① 转引自袁良骏：《香港小说史》第一卷，海天出版社1999年版，第92页。

品。在“美元文学”盛行的时代，另一股表达香港人无法选择自己命运情绪的现代主义文学潮流于1956年开始悄然崛起，一直延续到60年代。倡导现代主义小说观念的主要有马朗主编的《文艺新潮》（1956年）、刘以鬯主编的《浅水湾》（1960年）、昆南与李维陵主编的《好望角》（1963年）。这些刊物不断引进介绍西方现代主义思潮，以此来推动发展香港文坛新的现代主义文学运动，刘以鬯是这个运动中小说领域的代表。除此之外，50年代中期，以金庸、梁羽生为代表的新武侠小说的兴起，开创了香港小说的新局面。随之，言情小说、历史小说、科幻小说等通俗文学门类竞相在50—60年代的香港文坛上绽放并流行天下。香港小说进入发展期。

繁荣期：从70年代至今，香港小说进入众声喧哗的繁荣发展期，最突出的特征是都市性和本土性的融合。

70年代以来，一大批在香港文化教育背景下成长起来的作家，有着与生俱来的对香港的认同感和草根性。他们英式教育的成长过程，使他们敏锐地感受着外来文化和西方文学思潮的气息。在目睹和亲历香港的都市发展中，更热切地从都市文化的角度切入追踪最新的艺术浪潮。一方面，这些作家们用自己的语言讲述香港故事，描写城市经验，塑造城市形象；另一方面，由于正处于历史过渡期，关于香港文化认同、身份追寻等话题越来越多地出现在小说中。就小说作家结构来说，主要包括南来作家（如陶然、东瑞、巴桐、颜纯钩、王璞、蔡益怀等）、本土作家（如西西、也斯、亦舒、钟晓阳、李碧华、黄碧云、张君默、董启章、余非等）和内地以外移居或旅居香港的作家（如钟玲、施叔青等）三部分。就小说门类来说，继承发展了50—60年代延续下来的大众通俗小说、乡土现实小说、现代主义小说，又吸收借鉴了海峡两岸和外国新潮小说的现代意识与表现手法，后现代主义小说逐渐繁荣。通俗小说领域亦舒、林燕妮、梁凤仪等新派都市言情小说流行香港。严肃小说领域中，前人如西西、也斯等继续前行，后来者如罗贵祥、董启章异军突起，在小说新文类的开拓上不断创新，出现许多跨文类的书写。

纵观商业气息浓厚、后殖民文化语境中的80—90年代小说，呈现出身份追寻、怀旧寻根等新的主题以及与此相应的两大新文类，即李碧华等为代表的塘西文类和也斯、黄碧云等为代表的旅程小说。南来与本土、通俗与严肃、现实与现代后现代、都市性与乡土性的大融合交汇出香港小说的喧嚣与繁荣。

二、澳门小说

澳门新文学的起步比较晚，总体而言还不够成熟与深厚。从20世纪30年代新文学的萌动，一直到80年代才有澳门文学形象的自觉。1984年3月，澳门日报社借助举办“中国当代作家书画展”的机会，邀请香港作家和本地文艺界人士召开座谈会，大家一致赞同韩牧提出的“建立澳门文学形象”的呼吁，加上1983年第一个文艺副刊《镜海》的创办，澳门文学开始走上自觉。

澳门的小说大约萌芽于20世纪30年代中后期的报纸副刊（如陈霞子主持的《大公报》副刊），这种情况，至今也没多大改变。如果说30—40年代的澳门小说处于萌芽期，50—70年代就是发展期了。由于澳门发表园地有限，所以作家大多把作品寄到香港或其他地方发表，这些小说后来主要收在凌钝编辑的《澳门离岸文学拾遗》一书中，虽然水准不一，但比萌芽期有所发展，主要是以直面现实、批判现实生活的现实主义创作为主。

80年代以来，除了以写实手段为主的现实主义小说外，现代主义、后现代主义小说等纷纷涌现，呈现出多元拓展的可喜局面。现实主义倾向的小说主要以鲁茂的长篇小说《白狼》为代表，周桐的《错爱》因为心理描写的细腻、人性刻画的深刻而引人注目。80—90年代，在西方思潮的影响与两岸创作的推动下，澳门文坛开始涌动现代主义、后现代主义的小说，主要以陶里的《百慕她的诱惑》为代表。魔幻小说致力于小说形式、技巧的实验，对生活进行扭曲变形、夸张的描绘，从而揭示出人性的本质。梯亚、寂然等新一代作家则致力于后设小说的探索和创新。这些被命名为魔幻现实主义小说、后设小说等颇具先锋意味的实验之作，明显具有与传统叙事小说不同的特点。它们试图以新的文体构成来更新人们对生活和经验乃至文学本身的看法，寻求与读者的新的对话方式，表现出对小说艺术的自觉探索。

第二节　香港本土作家的小说

一、黄谷柳的小说

黄谷柳（1908—1977），出生于越南海防市，原籍广东梅县。少年时代生活在云南河口，1927年到香港，做过工人、店员、校对。1928年，他的处女作《换票》在香港《循环日报》上发表。这期间，他与香港作家谢晨光、侣伦关系密切，并参加了“岛上社”。抗战期间，他回到内地，曾在国民党军队中任秘书，抗战胜利后，他回到香港，在穷困的环境中坚持创作。1941年11月，他的中篇小说《春风秋雨》在香港《华商报》副刊《热风》上连载，1948年，这家报纸又继续两次连载他的中篇小说《白云珠海》和《山高水远》，这三部中篇小说后来辑为一部长篇小说出版，名为《虾球传》。此后，他又创作了中篇小说《刘半仙遇险记》、童话《大象的故事》和《前程万里》、《生命的幼苗》等独幕剧本。1948年，他回国参加粤桂游击队。新中国成立后，他曾任《南方日报》记者，1951年初，参加中国人民赴朝慰问团，在朝鲜前线写了一些文艺通讯。

《虾球传》在香港早期的写实小说中占有重要地位，茅盾曾给予高度评价。他在《关于〈虾球传〉》一文中说：1948 年，在华南最受读者欢迎的小说，恐怕是第一要数《虾球传》了。认为这部作品从城市市民生活的表现中，激发了读者的不满、反抗与追求新的前途的情绪。《虾球传》以抗战胜利后至新中国成立前这一历史时期的香港和广东为背景，描写了穷困少年虾球浪迹香港、广州，误入黑社会，饱尝生活的艰辛苦难，最后加入东江游击队的坎坷曲折的人生道路。作品既揭露了当时香港黑社会的种种邪恶、黑暗，同时广泛而真实地展现了当时粤港地区的风云变幻、各种社会势力的激烈争斗与冲突。

这部长篇小说的成功首先在于人物形象的塑造，小说中的主要人物个性鲜明、生动传神。虾球是出身贫寒的流浪少年，他也曾有过天真、美好的憧憬，然而在流浪中，被黑社会头目所利用，被威逼而成为“马仔”，充当恶棍鳄鱼头的走卒，但他毕竟年幼、善良、纯真，良知未灭，他历尽社会苦难，虽然心灵受到玷污，却奋力在虎口里挣扎、探求，他的好朋友牛仔之死使他受到强烈的震动，他幡然醒悟，终于认清鳄鱼头的丑恶嘴脸，下决心走正道，重新做人，毅然回到内地参加了游击队，成为“正派的、有用的中国人”。虾球是一个血肉丰满、个性鲜明的人物形象。小说不仅真实地表现了他性格的多面性、丰富性，而且令人信服地写出了人物思想的演变、发展过程。小说中的其他人物如六姑、牛仔的塑造也相当成功。鳄鱼头洪斌作为反面人物形象，作者并未作脸谱化、漫画化处理，他的贪婪、凶狠、投机、狡诈多变、善于钻营，通过一连串的情节，表现得淋漓尽致。

《虾球传》在艺术上也做了成功的探求。茅盾认为，它打破了“五四”传统形式的限制而力求向民族形式与大众化的方向发展。这部长篇小说在结构上有两条线索，以虾球为核心的主线串起一帮穷孩子及游击队指战员的生活命运；副线以鳄鱼头为主串起一帮黑社会人物。两条线索交叉发展，有分有合，脉络分明。小说的语言也很有特色，《虾球传》所反映的是粤港地区四十年的生活，小说语言的难能可贵在于，既营造出浓郁的地方色彩，又规范而具有可读性。颜纯钩指出：“《虾球传》以规范中文为主，而消化运用了大量粤语的俗语，由于善加溶化，所以不落痕迹。而书中引用的‘咸水歌’，黑社会套语甚至人名，也都使地方色彩更加浓厚。”①

二、侣伦的小说

侣伦（1911—1988），原籍广东惠阳，生于香港九龙。本名李霖，又名李

① 颜纯钩：《母荫》，中国文联出版公司 1995 年版，第 143 页。

林风，笔名侣伦、林风、林下风等，曾就读于英文学校。1927 年回广东参加国民革命军，不久就离开军队回香港，专门从事文学创作。此前，他写的新诗《睡狮集》在香港《大公报》副刊上发表。1928 年，他开始用侣伦的笔名在有“香港文坛第一燕”之称的《伴侣》杂志上发表小说。此后，他曾任小学教师、报馆编辑、电影公司编剧等。1941 年秋，他的小说集《黑丽拉》在上海图书出版公司出版，1942 年，他从沦陷的香港逃回广东的紫金县，在一所小学任教，并创作了小说《无尽的爱》等作品，1945 年冬回香港。1948 年，他的长篇小说《穷巷》在《华商报》副刊《热风》上连载。50 年代以后，他出版了长篇小说《爱恋曲二重奏》、《欲曙天》、《特殊家室》，中短篇小说集《三颗心的男子》、《都市风尘》、《残渣》、《爱名誉的人》等，散文集《无名草》、《向水屋笔语》等。

侣伦是香港文学资深的本土作家，他的创作生涯长达半个多世纪，对香港文学的发展作出了杰出的贡献，被誉为贯穿香港现代和当代文学的第一人。他长期坚持创办文艺期刊，主办文艺副刊。他创办过《岛上》、《铁马》杂志，编辑过《南华日报》、《新地周刊》、《华侨日报》、《南风》、《激流》等报纸的文艺副刊。1955 年还创办了“香港采风通讯社”，对推动香港文学的发展、培育文学新人作出了贡献。同时，他的创作态度严肃，富有使命感，他不热衷赶时髦，不趋时媚俗。他的作品格调健康、风格清新、艺术性高，深受读者欢迎。

他早期的作品多以爱情为题材，如《西班牙小姐》、《无尽的爱》，充满着忧郁感伤的情调，人物的结局大多是悲剧性的。

《穷巷》是侣伦最有代表性的作品，曾在《华商报》副刊《热风》上连载部分章节，1952 年由香港文苑书店出版单行本，新加坡出版时改名为《都市曲》。这部小说一出版，就引起文坛的很大的反响，黄茵在《〈穷巷〉读后》一文中说：“仿佛是在沉黑的天空闪出了一颗灿烂的彗星，它打破了新文坛的寂寞。”① 《穷巷》反映的是第二次世界大战以后的香港社会现实。小说的主人公是一群“卑微者”，有成天为生计卖文为生的高怀、小学教师罗健、收破烂的莫轮和退伍兵杜全，这四条穷汉子共居在九龙一贫民巷的楼上，后来又有被高怀所救，本欲跳海自杀的少女白玫加入，临时组成一个“家”。他们或因失业、或因生活重担所逼、或因穷困而失恋，成天为生计、为交房租而疲于奔命，挣扎在社会的最底层。然而他们善良、坚韧，有执着的生活信念。在艰难困苦的窘境中，他们同舟共济、患难与共，信奉“友情比金钱好”，表现出真挚的友爱之情，充满人情美。小说还刻画了另一类“吃人动物”，如汉奸王大牛、雌老虎周三姑、包租婆旺记婆，这群人是邪恶势力的代表，正是由于他们的凶狠

① 转引自王宗法：《当代台港文学名作赏析》，海峡文艺出版社 1989 年版，第 519 页。

残暴、为富不仁，才酿成了一群卑微者的悲剧。小说的结尾，笼罩着浓重的悲剧色彩，杜全跳楼自杀，高怀等人被赶出了这临时住所而流落街头。杨义高度评价《穷巷》的成就，认为："这是香港二三十年间最有分量、独具情趣的城市小说之一。作家以开阔的审美视野，正视战后初期香港社会小市民、小人物的相慰相携，在沉重的悲剧气氛中追求幸福生存信念和美好情操。"①

侣伦曾有过当电影编剧的创作经历，他在这部长篇小说中成功地运用了戏剧法，使得小说的故事情节起伏曲折，高潮迭起，悬念丛生，极富于戏剧性。作品还擅长运用个性化的语言对话刻画人物性格，但不足之处在于对人物的内心世界开掘不够。

三、舒巷城的小说

舒巷城（1921—1999），香港乡土作家的先驱者，祖籍广东惠阳，生于香港。原名王深泉，笔名泰西宁、方维、邱江海等。曾就读于育才书社，教会办的华仁书院。1941 年太平洋战争爆发，次年香港沦陷，他离香港赴桂林，在战乱中流离到昆明，战后数年，他浪迹天南海北，直至 1948 年返回香港与家人团聚。先后任职于洋行、商行、建筑公司、香港大学经济系，业余从事写作。1977 年 9 月，曾应爱荷华大学"国际写作计划"之邀，赴美参加文学活动。舒巷城在小说、散文和诗歌方面都卓有成绩，著有短篇小说集《山上山下》、《雾香港》、《曲巷恩仇》、《伦敦的八月》，长篇小说《再来的时候》、《太阳下山了》、《白兰花》、《巴黎两岸》，纪实小说《艰苦的行程》，散文集《拜伦与爱情》、《灯下拾零》，诗集《我的抒情诗》、《回声集》和《都市诗抄》等。

梁羽生称"舒巷城是'土生土长'的香港作家"，"他的作品可说最有香港的'乡土'特色"②。刘登翰说："舒巷城可以称得上是最具创造力和影响力的'本土'作家的代表。"③ 舒巷城早期的短篇小说大多以香港的西湾河、筲箕湾的贫民区为背景，那是他童年生活过的地方，而作品中写的都是港岛下层的小人物。《鲤鱼门的雾》是舒巷城的成名之作，描写了一位海员回到故土鲤鱼门时的惆怅情怀与心理创伤。鲤鱼门是香港的贫民窟，梁大贵从小就生活在这里，他的父亲一次出海捕鱼遇难，而此时的大贵还未出生，由母亲把他拉扯大。他当过杂工，25 岁时成为一名海员，15 年后回鲤鱼门，物变人非，亲人都没有了，见到的只有鲤鱼门的雾。小说谱写了一曲动人的香港小人物的悲歌，是香港 50 年代难得的佳作。舒巷城前期的短篇善于营造环境气氛，具有

---

① 杨义：《中国现代小说史》第三卷，人民文学出版社 1998 年版，第 273 页。

② 梁羽生：《舒巷城的文字》，《南洋商报》1982 年 9 月 27 日。

③ 刘登翰：《他洒在他的作品之中》，《台港文学选刊》1999 年第 6 期。

浓郁的抒情性，《雪》正是这样的作品。香港青年余华登机离港去英国，他此行不是旅游，而是去伦敦“上工”。航程中，他心事重重，忆起父亲曾漂洋过海去谋生而死在曼谷，后来，哥哥做了远洋轮水手，如今他失业了，只得跑向海外，把白发的母亲留在新界的乡下。小说通过余华在航程中的感受、回忆，表现了香港社会经济转型期间小人物悲苦的生活命运，真实记录了一代香港人赴外洋谋生的心路历程。小说不注重故事框架，而是以人物的心理感受与变化为线索，将往事与现实连缀起来，情节已经淡化到次要位置。

《太阳下山了》这部长篇力作代表了舒巷城小说创作的最高成就，它以自然、质朴的笔调表现了香港鲤鱼门一带贫苦人家的世俗风貌。《太阳下山了》的突出特色是：生动塑造了社会底层小人物的群像，如卖歌人、说书人、穷作家、包租婆、小商贩等。主角林江是个孤儿，不知道父亲是谁，养母梁玉银收养他以后，两次丧夫，嫁给了开鞋店的小老板林成富，但却遭到这个继父的厌恶与歧视。林江聪慧、仗义、倔强，他结识了贫困而有骨气的作家张凡，在张凡的教诲与帮助下，他逐渐明白了一些人生的道理，并萌发出奋斗的目标。张凡是一位正义、刚直、有责任感而富有才华的作家，他虽然生活穷困潦倒，但却不为金钱名利所动，不去写那些低级庸俗的黄色小说，表现了一个正直的知识分子的良知。从张凡这个人物身上，我们也看到了作家自己的身影。围绕林江这个人物，小说塑造了一群社会底层人物，如继父林成富一心梦想发财，却屡遭失败，后来小店倒闭，又不愿做苦力，最终沦为赌徒，酒醉而死。这部长篇集中反映了小人物沉重的生活负荷与艰苦挣扎，表现了他们之间互爱互助、相濡以沫的友爱情怀，揭示了普通小人物的崇高美德和品性，充溢着一种人情美、人性美。小说的另一特色是具有浓郁的香港风情、乡土风味。从 20 世纪 50 年代步入文坛开始，舒巷城的作品就始终以香港为背景，以香港人为主角，充满浓厚的香港风土人情。《太阳下山了》中出现的鲤鱼门海峡、筲箕湾、西湾河、泰南街，具有鲜明的地方色彩，作品中对中秋观灯、儿歌、艺人说书、茶楼、新年“挥春”的描绘，组成了极有特色的风俗民情画。

《巴黎两岸》是一部具有宏阔视野的长篇小说，小说的背景移到了法国的巴黎。西蒙·布兰是一位有才华的穷画家，他从故乡浪迹到巴黎，靠卖画为生。女友娜莎为家境所迫而沦为妓女，西蒙却无力帮她脱离苦海，身心交瘁的西蒙最后从埃菲尔铁塔跳下身亡。舒巷城在《巴黎两岸》的后记中说：“世界上有许多大城市，善与恶，美和丑集于一身，但是不像巴黎那样，站在两个更大的极端上。”这正是《巴黎两岸》深刻的主旨所在。

四、海辛的小说

海辛（1930—　），广东中山人，本名郑辛雄，笔名海辛、范剑等，幼年时曾随家人避难去香港，16 岁那年再度流浪到香港。曾做过酒店侍者、理发店学徒、面包店工人、五金厂职工，后来进入南方学院文艺系攻读文学。从 1956 年起，进入一家电影公司当编辑，做文字广告宣传工作，后离开影视界专门从事创作。40 多年来，海辛勤奋写作，笔耕不辍，创作了小说、散文、电影剧本等各类体裁的作品集 40 多部，以小说成就最大。主要作品有短篇小说集《远方的客人》、《红棉花开》、《飞向蓝天》、《染色的鸽子》、《西瓜成熟的时候》，中篇小说《青春恋曲》、《青春的脚步》、《天使天使》，长篇小说《银色的旋涡》、《岐江浪跃》、《叛逆的女儿》、《乞丐公主》、《塘西三代名花》、《花族留痕》、《庙街两妙族》和《海峡幽灵》等。

海辛坚持"为人生而创作"的宗旨，他的作品始终聚焦在香港本土的社会现实，塑造了形形色色的港人形象。海辛是从短篇小说步入文坛的，他的短篇关注香港下层小人物的命运，如 70 年代末出版的小说集《寒夜的微笑》，着力表现生活在港岛的劳动人民的艰辛与悲苦，塑造了诸如渔夫、鞋匠、艺人、小职员、残疾人、尼姑、乞丐等社会底层的一群，充满浓郁的生活气息。尤为可贵的是，海辛在《染色的鸽子》等作品中还着力表现了小人物的扶助穷困、互助互爱的侠义精神，突现他们的善良、友爱和纯朴的人性美，让人们看到了光明与希望。但他早期的短篇主旨直露，人物比较平面。海辛后期的短篇对现实和人生的洞察更加深刻，主题的思想蕴含愈加丰富，人物形象也日趋立体化，更为深广地反映了光怪陆离的香港社会的变迁与发展。《夜宴》的主角是一群四处流浪的乞丐，他们选择一个尚未搬迁的坟场举办乞丐大联欢，却遭到大批警察的干涉，小说的结尾写道："难道乞丐们在坟场上边无人古堡草场开晚会，也犯罪吗?"作品以一个特殊的视角，相当深刻地揭示了一群被遗忘的人们的悲惨遭遇。黄维樑评价这个短篇说："《夜宴》写来集中凝练，不枝不蔓，是他众多作品中出色的一篇。"① 《最后的古俗迎亲》将现代都市与古朴的乡村做对照，在描写社会变化的同时，赞赏了乡村所保持的纯朴民情与传统美德。

从 70 年代中期起，海辛开始创作长篇小说。1985 年创作的《乞丐公主》是一部颇有影响的长篇小说，乞丐公主丁风娇靠父亲行乞的钱长大成人并读完书院，然而现实生活使她越来越厌恶行乞的营生，她不愿继承父业，奋起自立，最终取得了事业的成功，并赢得了纯真的爱情。它取材独特，描写了港岛两代乞丐的生活命运，记录了时代对这一特殊人群的冲撞及在两代人身上的投影，赞颂了青年一代的奋斗创业精神，从一个侧面反映了香港社会的变化。这部长篇小说是作家艺术上日趋成熟的标志。1991 年，海辛出版了长篇小说

---

① 黄维樑：《多元化的样品——八十年代香港小说选析评》，《华文文学》1988 年第 1 期。

《塘西三代名花》，作者说它是一部反映现代歌影视艺人和过去名花生涯的小说，作品从30年代的欢场名花写到80年代的影视歌星，通过她们的命运史及悲欢离合，反映了香港演艺界半个世纪的风云变化及艺人的人世沧桑。小说成功地塑造了昔日名花花影湘和现代影星钟月湘的形象。就思想性和艺术性而言，这部长篇都是作家的代表作。此后，海辛又创作了续篇《花族留痕》。

1996年和1998年，他又接连出版了《庙街两妙族》和《海峡幽灵》两部长篇小说。《庙街两妙族》是一部反映香港本土现实的历史性传奇，它以两个家族的恩恩怨怨展开复杂的矛盾冲突，从一个侧面透视出香港半个世纪的社会变迁。而近作《海峡幽灵》却具有侦探小说的特征。

五、西西的小说

西西（1938—2022），原名张彦，广东中山人，生于上海。1950年随父母定居香港，香港葛亮洪教育学院毕业。曾在小学教书，后从事创作，担任过《中国学生周报》、《大拇指周报》、《素叶文学》等刊物的编辑。西西写作范围广泛，诗歌、小说、散文和电影剧本都兴趣浓厚，主要著作有中短篇小说集《东城故事》、《春望》、《胡子有脸》、《手卷》、《母鱼》，长篇小说《我城》、《哨鹿》、《美丽大厦》、《飞毡》，诗集《石磬》，散文集《花木栏》、《耳目书》等。1983年，短篇小说《像我这样一个女子》获当年联合报第八届短篇小说奖。《西西卷》中的小说部分获第二届香港中文文学双年奖小说奖。

西西是创作的多面手，其主要成就在小说方面。她是一个锐意创新的作家，她的小说力求每部作品从内容到手法都能出新，她对多种题材和写法做过探索和尝试。郑树森对西西的小说给予了高度评价：在西西近30年的小说创作中，变化瑰奇一直是显著的特色。当代小说各种“次类型”体裁，西西都曾尝试和探索。从传统现实主义的临摹写真，到后设小说的戳破幻象，自魔幻现实主义的虚实杂陈，至历史神话的重新诠释，西西的小说始终坚守前卫的第一线。

西西早期的短篇小说处于试验阶段，如《玛丽亚》等大多写的是充满异国风情的故事。1979年，西西出版了长篇小说《我城》，标志着她创作的新转折。在《我城》的序中，西西说：“我决定写个活泼的小说，就写年轻的一代，写他们的生活和他们的城，用他们的感觉去感受，用他们的语言去说话。”小说用儿童的眼光观察社会，用儿童的心态去感受事物。作品的主角是城市里快乐、年轻的一代，有电话修理工阿果、公园管理员麦快乐、小木匠陈乐、海员阿游等，它以70年代的香港为背景，没有中心事件作情节线索，而是通过这批年轻人的眼睛去反映这座城市经济的迅速发展，城市面貌种种方面的变化。小说充满开放、进取的意味，乐观昂扬的格调，表达了对于生于斯、长于斯的

"我"城的特殊而复杂的情感。这部小说借鉴了拉美魔幻写实的手法，常常出现奇异的想象与幻想。

西西还有一类传统写实的作品，短篇小说《像我这样一个女子》是其代表作。小说中的"我"继承了姑母的职业，在殡仪馆做化妆工。因为这个职业，姑母当年的恋人吓得逃跑了，而今"我"与男友热恋，但却始终瞒着自己的职业，终于男友提出要参观"我"的工作情形。"我"矛盾重重，万分痛苦，她的命运如何？会同姑母一样吗？小说异常深刻地揭示了这位女子遭人歧视、不被理解的心态，既表达了这类女性对美好爱情婚姻的向往和憧憬，也无情鞭挞了社会上的世俗偏见，在平淡的叙述中表现出淡淡的忧伤。短篇小说《感冒》、中篇小说《哀悼乳房》都属于这一类。

西西从70年代就在探求小说的新写法，她称为的童话写实或童话小说就是一种。这类小说由写实与幻想杂糅构成，其间穿插、糅合以童话、寓言或民间故事。如短篇《玻璃鞋》取材于格林童话，童话中的玻璃鞋，全国的女孩子都试过，只有灰姑娘一个人合穿。而小说的意旨在于，香港人的适应能力强于灰姑娘——如住房，再拥挤也可以适应；如写稿，可以按预留的框框字数而定。以后的"肥土镇"系列小说以肥土镇为背景，编织出一个个幻想与写实相糅合的故事。而90年代创作的长篇小说《飞毡》，可以看作"肥土镇系列的扩展"。《飞毡》的提要中介绍说："这小说是西西肥土系列故事的扩展，以香港百年来的历史为题材，予以艺术的转化，提升为一个普通的寓言。"《飞毡》借用神话的意象作框架，通过花顺记家三代人及其邻居的命运，记写了几个家族的兴衰史，反映了一个海岛城市的发展和变迁。小说涉及此城的历史、地理、风土民情、社会现实等方方面面。这部长篇小说可以看作西西童话小说的集大成之作。小说中，写实与幻想并存、现实与超现实相融。

西西的《哨鹿》是一部借鉴西方现代手法写中国历史题材的长篇小说，实际上是借小说对历史作新的诠释。

西西的作品涉猎的生活面很广，勇于开拓新题材，而且在艺术上也进行了多种探索与试验。她很钟爱欧洲与拉美作家的小说，如马尔克斯、卡尔维诺、巴尔加斯等，她在作品中借鉴、吸收了他们的写法。她在小说中运用魔幻写实，充满奇特的幻想，如在《我城》中，写城里居民用斧头截取空中的雷电："手持斧头的人当先一斧，斩了一截电光下来，而身旁的一个人连忙拉过一件黑衣服，把电光一裹，又立刻把衣服塞进了衣橱。"《浮城志异》没有情节、没有人物，只是一系列的城市侧面拼贴画，《像我这样一个女子》中意识流的运用流畅而自然。她不愿意生搬硬套，而力求走出自己的新路。

她在作品中大胆地将小说与其他艺术品种联姻，构成一种互涉，如诗文、注文、图文的互相穿插配合。《玛丽个案》作品的正文只有8句话，每句话后用括弧加注，注文大大长于原文。《浮城志异》13 节文字配以 13 幅图画，是一种图文互涉。而《感冒》中穿插以约 30 句古今诗句传达人物的心理感应。这些都是作家的新探索。西西的小说艺术上变化瑰奇，锐意创新，但在对生活的开掘方面还欠深度，因而缺乏一种撼人心弦的震慑力。

六、吴煦斌的小说

吴煦斌（1949—　），女，福建同安人，生于香港，1973 年毕业于浸会学院生物系，后在一所高中教生物，1978 年赴美留学，就读于美国加州州立大学圣地亚哥分校，硕士毕业后返回香港从事翻译工作。著有短篇小说集《牛》、《吴煦斌小说集——一个晕倒在水池旁边的印第安人》，散文集《看牛集》，翻译萨特的《呕吐》、马尔克斯的短篇小说等。

吴煦斌是属于那种产量不多却讲究质量，而且取材独特、风格独异的小说家。《牛》收有 9 篇短篇小说，后在台湾出版的《吴煦斌小说集》除那 9 篇以外，又加上了以后的两个短篇小说《信》和《一个晕倒在水池旁边的印第安人》。刘以鬯先生评价吴煦斌的小说：重视吴煦斌的小说，因为她的小说篇篇都有深意，在那些好像“熔炼”的文字中，诗与哲理常如春天的花朵般处处盛开。

吴煦斌的小说取材与众不同，她迷恋丛林荒野，钟情于大自然，而对现代都市高楼大厦却缺乏兴致。读她的小说要理解两层内涵，那就是人与自然。吴煦斌的小说塑造的是硬汉子的形象，她笔下的自然大多是处于原生状态的荒野丛林。她在作品中，以深沉的笔调歌咏了这类男子汉形象，诸如《石》中的父亲、《山》中的大弟、《猎人》中的猎人、《牛》中的童等。《牛》是吴煦斌小说的代表作，主人公童伙同“我”与荑三人进入了丛林，克服艰难险阻，徒步穿越无人的荒野，经过 6 天的长途跋涉，终于找到了洞穴古壁画“奔牛图”，而在洞穴中又遭遇狂风暴雨，洪水淹洞，险些丧命。童多年收集洞穴壁画，他丧失了语言功能，但在这次探险考察的旅程中，他表现出惊人的勇敢、沉着，他不能言语，可他执着、刚毅。“你从他的把握中觉到了他的生命的奔流、忧虑和欢腾。”《猎人》中的猎人寡言少语，“沉默的时候他像树，他只有在追捕和搏斗中才以另外的生命活着。他有一种动物的矫健，力量从他身上出来像爆裂的河道”。小说中写他捕牛、猎豹惊心动魄、撼人心弦，让人感受到生命的勇敢与力量。小说中的“我”称“他是空中的雕像”。

吴煦斌的小说表现出对大自然的挚爱与众不同，她不以展现大自然的风景美取胜，而是以生态学者的眼光，赋予大自然以生命，表现了人对大自然的亲近、关切。所以，小说对自然界的动物、植物的描写细腻入微，作家的笔下，一切生物都充满活力、灵性，而作品中的人对这些生物亲近、温情。《牛》中的童拾到一枚小小的鸟蛋，然后找到一条带着小叶的羽毛一般的攀藤，细细地把它绑起来挂在颈子上。“我张开四肢，我的脸上胸膛上感到太阳下茎秆的温暖的柔软的抚触。”《猎人》中猎人说动物静止的时候是不能杀的，它的生命不在那里。“他不让我惊吓藏匿的野兽，我便学会了森林的谦逊和静穆。”人与自然何等亲和、密切。从《牛》中对洞穴壁画“奔牛图”里奔牛昂扬、飞腾的律动的气势描写，也感到艺术中的动物的生命美、活力美。

吴煦斌的小说具有浓郁的抒情性、哲理性。她作品中的抒情表现在融融的诗意，可以说，她是在用诗的构思写小说。她的作品，故事情节已相当淡化，人物的职业、身份、年龄都模糊难定，时代背景也不清晰。小说不刻意塑造人物性格，人物只是某种精神的符号或某种象征。作家的意图是在这种故事的框架中融入某种哲理，就此而言，她的小说完全可以看作现代的寓言。她作品中的硬汉子总是在荒野丛林中爆发出力量的美，森林就是一种理想的象征。《一个晕倒在水池旁边的印第安人》中的印第安人显然是一种象征，沟通、成长、理解常常成为小说主旨的深意所在。

第三节　香港通俗小说

一、金庸的小说

金庸（1924—2018），浙江海宁人，本名查良镛，金庸是他写武侠小说的笔名，是“镛”字的一分为二。抗战爆发后考入重庆国立政治大学外交系，后就读于东吴大学法学院。毕业后，曾在上海任《大公报》记者。1948 年香港版《大公报》复刊，遂被派往香港，后与友人创办《明报》。从 1955 年处女作《书剑恩仇录》的创作开始，一直到 1972 年《鹿鼎记》的出版，金庸一共创作了 15 部作品。除《越女剑》外，金庸把每一部作品题目的开头一字连成两句诗——“飞雪连天射白鹿，笑书神侠倚碧鸳”，按写作时间排列即为：《书剑恩仇录》、《碧血剑》、《雪山飞狐》、《射雕英雄传》、《神雕侠侣》、《飞狐外传》、《白马啸西风》、《鸳鸯刀》、《连城诀》、《倚天屠龙记》、《天龙八部》、《侠客行》、《笑傲江湖》、《鹿鼎记》。1994 年 5 月，北京生活·读书·新知三联书店出版了金庸作品全集。

金庸的武侠小说问世已半个多世纪，但读者对金庸作品的喜好一直未曾衰减。绝大多数作品被改编成电影、电视剧，还不断地重拍，使金庸成为 20 世纪知名度最高的华文小说家之一。金庸的武侠小说之所以引起那么大的轰动，是与其小说独特的思想艺术魅力分不开的。

首先，金庸的武侠小说有着丰富的文化哲学内蕴。许多海外华人将金庸的武侠小说作为子女教育的中华文化教科书，其中的诗词歌赋、琴棋书画、典章文物、历史掌故、医卜星相、渔樵耕读、人文地理、山川史话等等，简直就是一种特殊形式的文化大百科。这是现代中国人失落已久的“中国”，是如诗如画的梦幻中国，洋溢着中国传统文化的审美神韵。

金庸的处女作《书剑恩仇录》就蕴含着某种象征含义，一“书”一“剑”，而且是以“书”为主，这就确立了他以后全部作品的内在要素：“剑”中蕴含“书”味，“武”中蕴含文化与哲学的底蕴。中国传统文化思想源远流长，然而又以儒、道、释三家最为注目。金庸的三部巨著《射雕英雄传》、《笑傲江湖》、《天龙八部》分别是儒、道、释传统文化思想的最好注解。儒家追求修身齐家治国平天下，《射雕英雄传》透露的就是刻意求善、希冀和平的宽大胸怀。儒家的仁、义、礼、智、信，为国为民、牺牲自我的精神在主人公郭靖身上得到了很好的体现。《笑傲江湖》入木三分地写出了岳不群等伪君子对权力的垂涎三尺及其引起的人性异化。相比之下，令狐冲就鲜明地体现了道家的思想。他逍遥自在，不为虚名和权势所迷，“行乎其不得不行，止乎其不得不止”，如行云流水，任意所之。至于佛家文化，《天龙八部》则作了形象的说明。在这本书中，无人不冤，有情皆孽。如何才能解脱人世与人性的罪孽与悲苦呢？只有“众生无我，苦乐随缘，心无增减”才能化解。全书洋溢着对苦难人生的怜悯之心。

第二，金庸的小说很少有一般武侠小说中常见的狭隘的民族主义情绪。他的小说差不多都有真实的历史背景，并往往是民族矛盾十分激烈的年代。金庸不再囿于狭隘的汉民族的“民族主义与爱国主义”，而是考虑中华民族的整体利益，更多倾向于和平主义及民族的和睦与团结，推行“国际主义与和平主义”，从而超越了狭隘的民族矛盾。在《天龙八部》中，金庸塑造了一位顶天立地的异族英雄好汉乔峰（萧峰）。他是一位在汉民族长大的契丹人，他那最后的壮举化解了一场民族战争，这种自我超度的精神让关里的千千万万汉人都自叹不如。金庸对汉人及文化痼疾的批判，也是他高出别人的武侠小说的地方。他对中国文化进行反思时，悟出汉文化及其汉文化心态总是从内部开始腐朽，从极盛走向衰败，从而不堪一击，明王朝、李自成的大顺王朝、明郑氏政权等的衰落主要原因在于汉民族的内部矛盾，而不是异族侵略。

第三，金庸武侠小说成功塑造了众多性格各异、栩栩如生的人物形象。他曾说写武侠小说主要是想借暂时的人生描写永恒的人性，而人性是复杂的。金庸小说中的人物很少是单纯的“好人”或“坏人”，他洞察人性的奥秘，以及人性自身的冲突和矛盾，以一种宽容和理解的态度，来刻画每一个人物。金庸作品中的主人公大多是丰富性与多面性相结合的立体人物，正中有邪，邪中有正，亦正亦邪。他说：“小说的主角不一定是‘好人’。好人、坏人，有缺点的好人、有优点的坏人我都写。”他还说：“人生其实很复杂，命运跟遭遇千变万化，如果照一定的模式去描写的话，就太将人生简单化了。”他笔下的小龙女、杨过、黄蓉、郭靖、陈家洛、张无忌、乔峰、令狐冲、胡斐、韦小宝等性格各异、个性鲜明，给人留下了难忘的印象。

金庸塑造人物最突出的特点是叙写了各种各样的情：男女之情、父母之情、兄弟之情、师徒之情、朋友之情、知音之情等。三毛曾说金庸武侠小说创造出人类最伟大的，古往今来最不能解决的，使人类可以上天堂、也可以下地狱的一个字——情。杨过与小龙女、郭靖与黄蓉、周伯通与瑛姑、令狐冲与任盈盈、段誉与王语嫣、张无忌与赵敏……问世间，情为何物？金庸的小说做了较为圆满的解答。

第四，金庸小说的情节结构非常具有创造性，既放得开又收得拢。冯其庸认为金庸小说的情节结构有五个特点：庞大；紧张；波澜壮阔，奇峰突起；前呼后应，细针密线，因果相连而又相隔，叙事无意而实有意；奇情壮采，瑰思幻想[①]。金庸总结自己的创作时坦言“后期的比前期的好些，篇幅长的比篇幅短的好些”，很大程度上是指小说的结构艺术。金庸多以社会动荡、民族矛盾激化时期的历史作为小说的叙事背景；以主人公成长、成才、成功的漫长、艰苦、曲折而坎坷的历程作为武侠小说情节结构的核心与统领；在历史、传奇、人生故事相互交融的外在结构中又蕴含着丰富深厚的内在寓言结构。《笑傲江湖》可说是一部“政治寓言”；《鹿鼎记》中的韦小宝由一位不学无术的市井无赖变为康熙的大红人，并官至鹿鼎公。作者不仅写了韦小宝的所向披靡，还另设了一条线索来映照政治领域中正派忠诚的无用。韦小宝这样的人物在古代可能有，现实社会中也可能有，这一传奇人物有着深刻而真实的历史寓言价值和文化寓言价值。

第五，金庸的小说不拘泥守旧，善于调动各种艺术手法，自成一家。他常常以传统手法为基点，大胆引用外来表现技巧，如电影蒙太奇、意识流、象征、超现实主义等，并融于民族风格之中。他想象力丰富，常以超自然的想象，把飞仙神怪之类化入笔下，呈现一幅幅人神交往的武侠世界奇观。金庸小说的语言是传统文学和新文学的综合，兼容两方面的长处，传神而又优美。金庸多才多艺，素有“洋才子”之称。他借鉴、运用西方现代文学和中国新文学的经验去创作武侠小说，使他的小说从思想和艺术上都呈现出新的质素，达到新的高度，这是以高雅文学融入通俗文学所获得的成功，也是金庸对现代中华文学的贡献。严家炎说：“如果说‘五四’文学革命使小说由受人轻视的‘闲书’而登上文学的神圣殿堂，那么，金庸的艺术实践又使近代武侠小说第一次

---

① 冯其庸：《读金庸》，《中国》1986 年第 8 期。

进入文学的宫殿。这是另一场文学革命，是一场静悄悄地进行着的革命，金庸小说作为 20 世纪中华文化的一个奇迹，自当成为文学史上光彩的篇章。”①

二、梁羽生的小说

梁羽生（1924—2009），广西蒙山人，原名陈文统。因他曾用“梁慧如”的笔名写文史随笔，并十分喜欢武侠小说家宫白羽而以梁羽生为笔名，岭南大学经济系毕业。1949 年去香港《大公报》工作，1962 年辞去副刊编辑之职，从事专业创作，1987 年移居澳大利亚。梁羽生出身于世代书香之家，从小受“文必四六”的外祖父影响，爱好文墨、爱填词作诗，有“少年词人”之称。抗战时期，有些学者避难于蒙山，其中有太平天国史专家简又文、敦煌学及诗书画名家饶宗颐等。梁羽生拜他们为师，学习历史与诗词，受益匪浅，对后来的武侠小说创作有很大的影响。

1952 年，港澳两派武师公开比武，虽然只用了三分钟便决出了胜负，却成为当时港澳两地的焦点话题。《新晚报》总编辑罗孚看准时机，力邀梁羽生写作武侠小说，于是有了新武侠小说的处女作《龙虎斗京华》的诞生。梁羽生从 50 年代初发表武侠小说一直到 80 年代初宣布“封刀”，共创作武侠小说 30 多部，较为著名的有《白发魔女传》、《七剑下天山》、《萍踪侠影》、《云海玉弓缘》、《大唐游侠传》、《龙凤宝钗缘》、《侠骨丹心》、《武林天骄》、《武当一剑》等。

梁羽生的小说有很强的历史性，兼有历史小说之长。他的小说都有明确的历史背景：《龙虎斗京华》、《草莽龙蛇传》写的是近代史上的义和拳运动；《七剑下天山》、《江湖三女侠》、《侠骨丹心》等写的是清朝的历史传奇故事；《白发魔女传》、《萍踪侠影》、《散花女侠》等是以明朝历史为背景的；《风云雷电》、《武林天骄》、《飞凤潜龙》等写的是辽、金、宋、元时期复杂的民族矛盾及其冲突；《大唐游侠传》、《慧剑心魔》、《女帝奇英录》等主要反映唐代的历史风云。梁羽生不只是将历史作为小说的叙事背景，而且也让许许多多的历史真实人物和事件走进小说的传奇世界。作者常常借历史风云中的民族斗争、阶级矛盾、宫廷斗争、时代变迁的种种画面，来揭示为国为民的侠义精神的深刻主题，这无疑使梁羽生的武侠小说有一种大的场景、气势与规模。但作者常常满足于叙述历史知识，演绎野史传说，给读者一种历史与传奇脱节之感。

梁羽生对侠与义充满了追求。小说中的正面人物，大都刚柔相济、能文能武、侠道正义。对于侠与义，梁羽生有自己的看法，宁可无武，不可无侠。武

---

① 严家炎：《一场静悄悄的文学革命——在查良镛获北京大学名誉教授仪式上的贺词》，香港《明报月刊》1994 年 12 月号。

是一种手段，侠才是最重要的。侠就是正义的行为，侠义精神是梁羽生小说的根本精神与特征。他集中社会下层人物的优良品质于一个具体的人物，把侠士塑造成为正义、智慧、力量的化身，同时揭露反动统治阶级的代表人物的腐败和暴虐。他塑造了许多文武双全、侠义双全的理想形象，如卓一航、张丹枫、段圭璋等。这些都是为国为民、牺牲自我的“侠之大者”，是代表大多数人的利益的，是民族精神、道德文化、儒家精神的结晶。梁羽生武侠小说在歌颂侠士为国家、为民族、为民众、为正义而勇于牺牲、死而后已的理想精神的同时，对那些民族叛徒、内奸、狂徒、邪魔、奸臣等进行了无情的抨击。梁羽生笔下的人物，正邪、善恶、好坏的界限分明，不似金庸笔下的人物那般亦正亦邪、正中有邪、邪中有正。梁羽生笔下的侠是正统的理想的侠。然而正是这种正统的侠义道德品质的理想化表现，有时影响了对人性的深入挖掘。

梁羽生作品中的侠，大多是诗剑风流的才子、名士，学识渊博。他在化名佟硕之的一篇文章《金庸梁羽生合论》中指出：“金庸擅长写邪恶的反派人物，梁羽生则擅长写文采风流的名士型侠客，佯狂玩世、纵性任情、笑傲公卿的一类人物。”《萍踪侠影》中的张丹枫，就是名士型侠客的典型人物。在瓦剌长大的汉人张丹枫，身负世仇，要与朱元璋的后代争江山，完成父辈遗愿。面对瓦剌的入侵，张丹枫是报私仇还是为国为民呢？这种矛盾与痛苦造成了张丹枫亦狂亦侠、能歌能哭、豪迈脱俗的个性。他纵性任情却不忘社会职责，他佯狂玩世却又能自省，他笑傲公卿却又能顾全大局。梁羽生笔下的侠士常能吟诗作词，并常以诗词应和，是诗与剑的合一。梁羽生还写了不少以女性为主人公的武侠小说，《江湖三女侠》、《白发魔女传》、《冰川天女传》、《女帝奇英录》、《云海玉弓缘》中的女性不仅容貌美丽，而且多才多艺，对爱情专一。这些女性形象有时甚至比男性形象更为生动。

梁羽生对情的描写有独到之处。“情”是新武侠小说不可缺少的一部分，面对情与业的冲突，金庸偏向于情，梁羽生则偏向于业。儿女私情必须服从国家、民族、侠义、道德的利益，中间经过曲折波动，最后以圆满的方式结局或为了国家、民族、侠义的利益，牺牲爱情，以悲壮的结局告终。梁羽生小说中的“情”具有鲜明的理想道德感和理性精神，发乎情，止乎礼，私情服从大局。这在小说《慧剑心魔》中表现得相当突出。慧剑是道德理性之剑，而心魔则是人性、情欲种种，要“挥慧剑，斩心魔”，给人以道德升华之感，但又有感情单调、无深度之嫌。

梁羽生的小说写人写事写景都有诗词般的意境。他从小就受中国传统的古典文学熏陶，所作小说从内容到形式都有中国传统小说的痕迹。回目对仗工整、典雅精致，如“剑胆琴心，似喜似嗔同命鸟；雪泥鸿爪，亦真亦幻异乡人”（《七剑下天山》）；小说的开篇和终篇的诗词，总是作而不述，并具有独立的审美价值；小说中又引用了很多古代诗词，那些侠士常常出口成章，这使得梁羽生的武侠小说风格典雅。

三、亦舒的小说

亦舒（1946—　），原名倪亦舒，香港科幻小说大家倪匡是其兄长。生于上海，祖籍浙江镇海，5岁时来港定居。1973年，亦舒曾赴英国留学三年，学习酒店食物管理。先后做过记者、编辑、电视台编剧、酒店管理，甚至担任过新闻官，现已移居加拿大，主要从事小说和散文创作。亦舒的创作量之丰富，极其罕见。从16岁出道开始，已经出版了近200部作品，其中小说近100部。主要作品有《玫瑰的故事》、《朝花夕拾》、《喜宝》、《我的前半生》、《她比烟花寂寞》、《今夜星光灿烂》和《玉梨魂》等。另有散文集《豆芽集》、《舒服集》等。

亦舒、倪匡和金庸并称为香港通俗文学界的三大奇迹。“金庸创作流行武侠小说，倪匡创作流行科幻小说，亦舒创作‘流行’言情小说。结果都从象牙塔外，进占到象牙塔内，以至部分最学院派的学者，也不能不正视他们，研究他们。”人们习惯于以严肃还是通俗来评价一个作家和他在文学史上的地位，在当今雅俗相互转化与合流的后现代主义社会，这种观念显然有点过时。流行并不等于庸俗，其中自有其对人性严肃思考的一面。亦舒的小说就是借助于言情小说的通俗形式揭示香港都市女性的生存状态及其对女性命运的思考，与内地20世纪80—90年代出现的张洁、张辛欣、林白、陈染等对女性生存之路的探索有异曲同工之妙。也许亦舒的多产和作品的流行致使评论者忽视了其作品在揭示都市人生存状态方面所独具的认识价值。

亦舒本人很反感自己的小说被列入流行小说。当别人问她小说是否可以分为严肃和流行的两类时，她说宁愿只有两个潮流，一是谈人生哲理的，一是说故事的。用她自己的分类法，她的小说是属于说故事的，而且又只是说爱情故事的。亦舒的言情小说的主角是中产阶级的知识妇女和职业女性，由于亦舒本人就属于这一圈子，她从自身体验出发，展示了这一阶层的女子在香港这个现代都会里的生存现状与困境。在她们身上，亦舒表达了对现代女性命运的思考和现代女性寻找身份角色的困境。如子君（《我的前半生》）、邓永超（《曾经深爱过》）、喜宝（《喜宝》）、汤宜家（《西岸阳光充沛》）、杨之俊（《胭脂》）、焦日朗（《天秤座故事》）、江宁波（《灯火阑珊处》）、常春（《没有季节的都会》）等等，她们一律美丽、聪明、能干、优雅。

她们既受着传统思想的浸染，同时又受到时代的冲击，因此，一方面她们渴望独立、自主，在社会上实现自己的人生价值；另一方面作为女性，社会上的性别压力依然存在，她们得付出比男性更多的努力，才能和男子取得同等的成就，因此她们也特别留念作为女性的性别差异可能带来的好的生活乐趣，诸如爱情、亲情、被呵护、被照顾。然而，在金钱主宰一切的商业社会里，爱情已被披上了金钱的外衣，有钱便是有情，无钱便是无情。

《喜宝》叙说了一个用金钱购买爱情的故事。小说描述了 21 岁的出身寒微的剑桥大学女高才生姜喜宝偶然结识富家女勖聪慧，受其邀请参加后者与宋家明的订婚礼。她的才智、谈吐、美貌同时吸引了勖氏父子，为了完成学业和维持生计，在金钱和爱情之间，她选择了虽已花甲但仍颇具魅力的勖存姿，为此，她得到了金钱、珠宝甚至一座苏格兰城堡。然而勖存姿强烈的占有欲使喜宝感到失去了自由，她曾试图抗争但未果，只能做笼中的金丝鸟。勖存姿的死，终于使她可以摆脱束缚，但对她却并无太大的意义了，因为她已经失去了一切：青春、爱情、生命力。这篇小说事实上是在探索人生存的意义：金钱、爱情、健康、自由，到底什么才是人生应该追求的东西，怎样才能生活得更加充实快乐？对这些问题，小说最终并未给出答案，主人公最后落入寂寞空虚之中。如果说《喜宝》只是提出疑问，那么《我的前半生》等则进一步探索女性的生存之路。《我的前半生》提供了一条娜拉走后不是回来就是堕落之外的第三条道路，那就是自强自立、自尊自信。

亦舒言情小说的价值还在于她深刻剖析了都市人普遍的精神状态——寂寞。亦舒笔下的女主人公有理想，有抱负，精明能干，是事业上的成功者，但她们又常常是婚姻、爱情中的失败者。她们尽管有才华，有独立人格，但在心灵深处充满了寂寞与孤独感，这几乎成了亦舒作品中主人公的共同心理特点。少年玫瑰跟爱情玩火是因为“寂寞”(《玫瑰的故事》)；季少堂抛妻别女，坠入情网，也是因为宋榭珊的美貌和美貌底下所浮现出来的寂寞，深深吸引了他，无法自控(《风信子》)。更有甚者，如《她比烟花寂寞》中的姚晶，英年早逝之际，不但社会早已将她遗忘，就连丈夫和女儿也不需要她。她孤独寂寞得连遗产也不知该留给谁，最终只好留给只见过两次面的记者。烟花尚且还有绚烂的一刻，可是她却比烟花还寂寞。难道这不是对现代社会中人类普遍的精神状态的揭示吗？

爱情，对于亦舒来说只是表现形式而已，重要的是通过它传达对香港中产阶级女性生存状态和人类命运的普遍思考。在商业社会中，金钱和爱情可以画等号，那种琼瑶式的脱离人间烟火的唯爱主义在亦舒小说中很难找到，而亦舒本人对爱情持怀疑态度，再加上个人情感生活的挫折，因此她笔下小说的结局很少真正地花好月圆，往往在最华美处戛然而止，即使有美丽的结局，人物也是在寂寞中煎熬，把对爱情、婚姻、人生的思考统统留给了读者。

亦舒是一个真正懂得如何叙述爱情故事的人。亦舒小说的笔法，毫无掩饰、直爽简洁，她从来不刻意多花笔墨堆砌气氛。其中蕴藏的沧桑和痛楚，是让懂得体会的人看的。亦舒小说中另一个大特色是，几乎所有她的作品，都以第一人称“我”来写。很少有一个小说家有那么丰富的创作量，而所有的作品，几乎全是用第一人称的方式来写的，这点是亦舒小说极突出的一点。她崇拜鲁迅，崇拜曹雪芹，崇拜张爱玲，对大师小说的精心研读使得她的创作在潜移默化之中深受影响，造就了今天的文坛才女——亦舒。

四、林燕妮的小说

林燕妮（1943—2018），原籍广东惠州。美国柏克莱加州大学遗传学学士，香港大学中文系古典文学硕士，“香港艺术家联盟”第二届最佳作家奖得主，盛世国际广告公司行政前总裁。科学的训练和文学的修养、东西文化的糅合以及广泛的旅游，令林燕妮有视野广阔的世界观，作品充满时代气息，成为香港作家的佼佼者。金庸曾说林燕妮是现代最好的散文女作家。而倪匡则更正说不是女作家，而是最好的散文作家！她的创作从散文起家，六年后开始小说创作，从此一发不可收，其文学成就二者并举。主要有散文集《懒洋洋的下午》、《粉红色的枕头》、《小黄花》、《青草地》、《风和日丽有雨》等，小说集《痴》、《盟》、《缘》、《浪》、《雪似故人人似雪》、《为我而生》、《铁蝴蝶》、《空江烟浪》、《朝颜》、《花蕙》、《野雾》、《诗囚》、《丙等操行生》、《九个人一个宝藏》、《精品店之什么都想要的女人》等。

林燕妮是个美丽、才情俱佳的女作家。她的小说大都是“爱情小说”，但因为角色的身份个性不同，就可以有许多不同的爱的方式，但整个说来，仍是一个主题的变奏。这主题就是“女性因得不到理想的爱情而烦恼”，理想太美丽，而人世太平庸。浪漫之爱常与现实之无奈发生冲撞。明天要成婚的小女子在夜雾中寻找着另一个男子的容颜；或者刚刚完婚的小妇人在异国的云香鬓影中感觉到那种怦然的心跳；又或者，寂寞的商人妇离开家庭，在香港的酒店与一个鬼魂心心相印……这些是林燕妮小说中常见的意象。

小说的主角大多是都市中成熟的美丽而有钱的女性，作者用心去体会她们无可奈何的烦恼和排遣不了的愁苦。虽然是古代“闺怨”内容的延续，但林燕妮以小说的形式写“闺怨”，题材千变万化，人物具有多种多样的个性，气象万千地写尽了各色人生。她坦诚她小说中的不少人物均有原型，许多灵感得益于她广泛的社会接触与丰富的人生阅历，因而使得她的情爱小说蕴含了丰富的时代内涵。

描写美丽的白领女性的烦恼与愁苦对她来说可谓得心应手。正因为林燕妮属于这个圈子，那种美丽而真实的哀伤体会尤其深刻。

《缘》是最能体现林燕妮情怀的作品，是林燕妮写的第一部长篇小说。小说叙述了范斌和四个女人的故事。相伴一生是缘，短暂的欢愉、刹那的眼神交会也是缘。作者抛开俗世的喧嚣、规范的道德伦理的束缚，表现了人生中亮丽、柔情的一面。

“五年了，/还记得吗？/梦里，/我用青草。/缚着你的一滴眼泪。//此刻，/你用秀发，/缠着我那紊乱的心。”电影巨星范斌临终前委托律师在五年后登出的启事牵动着四个女人的心——文宓、宁三、方壁君、朱丽莉。他的初意是写给文宓的，但这四个女人，其实都是他生命的一部分，每一个都印证着他的一段历史，他的一种情怀。方壁君代表着他的过去，她的爱炽烈得让人窒息；朱丽莉姐姐般的爱给予他包容和庇护，每次心情难过时，那儿就是避风港；文宓是他的最爱，和她在一起的每个日子总是那么欢愉，她总能激发他的自信与柔情，然而上层社会的文宓并不认同范斌的下层世界，虽然时至今日，范斌已是大红大紫的大明星。宁三起初在范斌的眼里只是一个小女孩，但她那阳光般的明丽与单纯的爱终于让范斌感动不已。然而美丽的爱情总是来得太迟，范斌已是肝癌晚期。

往事如烟，但男女间的真情却不会因为死亡而淡去。范斌死了五年以后，方壁君仍活在他的世界里，她只能选择自杀。文宓终于选择与丈夫离婚，要做他的寡妇，因为离开了范斌的她过得并不快乐。朱丽莉则决心要好好带大范斌和她的女儿小莉。而宁三发誓永远是他的妻子，她深信生死不能相隔。这样的情丝，虚幻得让人哭泣，美丽得让人悲哀，但却是我们内心的渴望。

林燕妮常常演绎人世间的“痴迷”与“情缘”，但又与以忠贞为核心的“痴”大异其趣。她表达了一种“寻望者”的执着，在这个充满了界线、充满了规则的世界上，她要追索一种自由挥洒的生存状态，要追索一种极限体验下的男女情感。在林燕妮的小说中，常见这样一类青春女子，爱得深邃，爱得彻底，而又爽朗、明快，没有一般多情女子的缠绵多愁，如宁三（《缘》）、悠悠（《回风》）。悠悠在情人的葬礼上旁若无人地抱着心爱的人洪骏的尸体轻轻地抚摸着，还如此对洪骏的未婚妻说：“我依旧会与你争夺他，他去了，我们仍未了结。我还是会爱他！”她固然爱洪骏，爱得发狂，然而，她仍有自己的生活方式，喜欢艺术，喜欢所有的人，“今晚约一群时装设计家谈时装，明天跟一群心理学家脱光衣服去做什么赤裸分析，后天跑去学打坐，大后天去探访六婶的孙儿孙女，大大后天又去化装舞会”。爱得彻底，生活得也更彻底。

金庸这样评价她的小说：“她把女性的心理细细雕琢、细细描绘，她所写的都是大都市中成熟的美丽而有钱的女性。她们的烦恼和愁苦其实没什么大不了，往往是她们自己的任性和高傲所造成的，然则，这毕竟是真实的哀伤。很少会有人把大都市中这些有钱小姐的烦恼写得这样真实。拭在瑞士真丝手帕上的眼泪，也是痛苦的眼泪，虽然，轻柔的手帕永远擦不痛眼角。”① 诚哉斯言！

虽然林燕妮意识到了“浪漫的爱”与现实的生存之间有着抵牾，却并不感到绝望、灰暗，在作品中不断地书写着“爱”，因为“爱”是人世间最诗意化的存在方式。

五、梁凤仪的小说

梁凤仪（1949—　），原籍广东新会，生于香港。香港中文大学博士，曾经在电视台、证券公司、银行工作过，创办出版社，现为永固纸业集团董事及勤+缘出版社董事总经理。她自1989年开始创作起，虽是业余作家，但数量惊人，小说和散文集至今已经超过百部，较有代表性的小说有《尽在不言中》、《誓不言悔》、《豪门惊梦》、《醉红尘》、《今晨无泪》、《九重恩怨》、《花魁劫》、《花帜》、《大家族》、《归航》等。1991年8月21日，人民文学出版社宣布出版梁凤仪的系列作品，使她成为获此殊荣的首位香港作家，这一行为本身充分肯定了梁凤仪作品的价值。

梁凤仪的小说主要以香港的工商、金融及政界为背景，将人物的悲欢离合融入商场的尔虞我诈、刀光剑影之中，描摹了现代经济大都会里搏击挣扎着的众生相，揭示了“九七”过渡时期香港各阶层人物的复杂心态，被视为财经小说。她在《我怎样与写作结缘》中说道：“生活在二十世纪末的香港，在这国际知名的金融中心工作经年，我经验到现代商业知识、技巧、手段和成效，更体会到社会内事物的贤愚美丑、人性的忠奸善恶、生活的悲欢离合。”于是，工作之余她将自己的经验和体会作为小说素材，通过艺术概括，忠实、迅速地反映香港都市生活面貌。

梁凤仪是一位自觉把财经和文学结合起来的颇有成就的作家，她在财经中发现了故事，发现了人物，发现了构成文学魅力的种种元素。在某种意义上，她是不懈发掘财经文学魅力的第一人。她发现创造了一种新的题材、一种新的畅销小说类型，并且为它们取了一个响亮而有吸引力的名称：财经小说。梁凤仪在她的小说中展示了财经作为都市中心的一幅幅惊心动魄的场景。另外，作品中流露出的“北望中原”情结也是吸引读者的重要原因，正如人民文学出版社社长陈早春所说，梁凤仪的小说着重反映的是香港回归祖国前这一特定时期、特定环境的社会生活，这是别的作家所不可取代的。《花帜》、《归航》等作品表现出强烈的家国意识。但她的优点也正是她的缺点，小说过多充斥财经和政治性的内容，因而削弱了文学的成分，并且由于她的高产，商业背景、复仇主题、女强人形象等不可避免地出现了重复，形成一种梁氏模式。

① 费勇：《林燕妮传奇》，广东人民出版社1996年版，第303页。

梁凤仪的小说又被称作言情小说。财经只是小说的外壳，其核心是人与人之间的情感特别是男女之间的恩怨情仇。小说塑造的女强人形象以及流露的女性自觉意识是其小说的一道别致风景。如果说琼瑶的言情小说主人公都是些不食人间烟火的纯情男女，那么出现在梁凤仪笔下的是一群才貌超群、历经磨难而魅力无穷的成熟的中年女子，她们曾经被冷酷的男人社会抛弃，为了独立，终于从血泊中站起来了。

梁凤仪认为女性要获得独立，实现自我价值，必须摆脱对男人的经济依附，克服自身的软弱和狭隘，走向更广阔的世界去勇敢追寻人生价值，通过奋斗拼搏成为事业的女强人。只有自尊、自立、自强，才能使女性具有完整的人格精神。《誓不言悔》讲述了一个家庭妇女许曼明在丈夫丁松年变心后，伤心欲绝，当她明白一切无济于事时，便拭去泪水，果敢地走出家庭奋斗成功的故事。《花帜》中的杜晚晴，才貌双全，人品高洁，却因没有自己独立的事业而仰人鼻息，以致受骗受辱。《九重恩怨》中的江福慧，因有强大的事业基础，终于对欺骗玩弄过她的仇人报仇雪恨。正如作者在《誓不言悔》自序中所说："我们深信只有自强不息，站起来奋斗，循修德修行，增强学养沿独立生活的途径走才是正大光明的出路。"这鲜明体现出了梁凤仪对商业社会中女性命运及人格的独立思考，具有现代女性批判意识。某种意义上，梁凤仪的财经言情小说是对女性问题的观念以及对女性归宿的一种探究的小说。但是，作者以男性作为陪衬，给女主人公以超越一切苦难的力量，最终报仇雪恨，虽然畅快淋漓，但也不免陷入狭隘的女性意识。

梁凤仪有着丰富的人生阅历和深厚的生活根基，并研究过晚清小说，因此她深谙通俗小说情节的提炼、故事的编织、悬念的设置和矛盾冲突的处理，作品有较强的可读性。在语言运用上，跳动的句式、短促的段落、明快的节奏，较符合香港生活的快节奏，颇有商业都市特色。

六、李碧华的小说

李碧华，广东台山人，生于香港，曾任记者、教师、编剧，并撰写专栏，是香港文坛的才女文妖。她才高意广，行踪神秘，狡黠聪慧，从不在大庭广众前抛头露面，坚持不公开照片、身世、年龄，容貌不详。主要作品有小说《胭脂扣》、《霸王别姬》、《秦俑》、《诱僧》、《青蛇》、《满洲国妖艳——川岛芳子》、《潘金莲之前世今生》等，另有散文集《爆竹烟花》、《红尘》等，共40多部。其中不少作品为影视剧本改写而成，而有些作品则由小说改编为影视，二者互为表里，难解难分。她是小说和影视结合得比较完美的作家之一。

李碧华的小说多从传奇、历史故事取材，描写男女之间前世今生的爱情，缘定三生，缠绵悱恻，凄迷哀艳，形形色色，五彩斑斓，因而有"天下言情第一人”的称誉。李碧华一再坦言，她比较相信鬼神、命运和轮回之事。她的言情小说充满了诡异色彩、宿命色彩，她爱写鬼神，爱写轮回，如花、单玉莲、段小楼、蒙天放等人物穿越时空隧道，感受悲欢离合，以不同时代的眼光和标准，凸显出同样的世道沧桑，古今相袭的历史性悲哀颇有鲁迅故事新编之风。

李碧华的言情小说很特别，思绪常常在现实和历史、今生和前世间自由穿梭。生活在发达的香港，身边充斥着各种各样现代人的爱情，商业都会情爱生活的功利和平淡使她特别沉迷于在营造的古典传奇氛围中叙述那个人们心中最渴望的完美的爱情。除了《胭脂扣》里殉情又还魂寻找爱人的女鬼如花，还有《秦俑》里为爱等待三世的蒙天放，《诱僧》里为爱义无反顾牺牲自己的公主红萼，《霸王别姬》里为爱痴傻的虞姬程蝶衣等。“问世间情为何物？直叫人生死相许。”在她的小说中寄寓着作者对真爱、对永恒之爱的追求。

同时李碧华又不由自主地透过历史的迷雾，借助现代的手法，剥出情爱之外丑陋的真实，揶揄爱情梦幻，嘲弄社会现实。试看李碧华笔下的男性形象，与女性对爱的执着相比，他们大都是懦弱、自私、好色的男人，如《胭脂扣》中十二少的负义、《青蛇》中许仙对白蛇的背叛、《诱僧》中石彦生的反复无常，还有《潘金莲之前世今生》中武松面对真爱的懦弱和虚伪。

李碧华以清醒的意识对以父权制为中心的男权社会提出独特的挑战，嘲弄男女爱情的欺骗性质与山盟海誓的虚伪矫情，她恶作剧地写古代爱情生死相许、缘定三生背后的难堪真相和现世爱情更加无趣窝囊的平庸。相比于如花对十二少只求付出不求回报的爱的痴迷，现实中永定与阿楚的爱情则要功利得多，阿楚相信大丈夫不可一日无权，小丈夫不可一日无钱。爱情的浪漫与执着让位于平淡与实惠，现代的物质文明颠覆了纯美的爱情、质朴的人性，让人颇觉苍凉。这点李碧华很有张爱玲的神韵。但不同的是，李碧华没有放弃对真爱的企盼与浪漫的想象，她仍忍不住要塑造些真性情的男女，因为“古今交融的世界，人都很渺小，只是世上有些东西，是永恒不变的”①。她所向往的爱情是人类情感中最值得追寻记忆的一部分，用奇情的笔致稍加强调，便无形中触及现代都市人深埋心底的某个情结，这是她所写的故事既感人又畅销的主要原因。

李碧华的小说不是一般的纯言情小说，它蕴含着比爱情更加丰富的内涵，融入了历史的、社会的、美学的、哲学的意蕴。

80年代中期，“九七”回归即将到来，忽然唤醒了港人对本土文化意识的追寻。港人面对着“何去何从”的历史大考验，面对各种身份的困扰，产生了集体的焦虑，这一焦虑又引发了集体的怀旧。于是在怀旧中寻找历史、确认身

---

① 李碧华：《李碧华作品集（四）》，花城出版社2001年版，第136页。

份、想象家国就成了这一阶段香港文学的主题。李碧华敏感地抓住了这一时代特征，首先把目光投向了港岛西区石塘咀那七八十年前的烟花之地，写出了成为引发这股“怀旧”之风的经典作品《胭脂扣》。

从表层来看，这是一个凄艳唯美的爱情故事，如花为爱在阴间痴痴等候50年，又不惜折寿10年回到阳间苦苦追寻。作者借如花的眼来看80年代的香港，并以她对永恒爱情的追求，来反照当代香港的道德沦丧以及轻浮庸俗的爱情。李碧华小说的成功之处不仅在于她对现代性的拷问，更在于对香港意识的追寻。正如藤井省三所说：小说《胭脂扣》让八十年代的读者记忆三十年代的香港，借此创造出香港意识的五十年历史。

如花的追寻，其实是一次原乡追寻之旅，途中恰遇另一对现代香港情侣袁永定和凌楚娟。缺乏历史感的袁永定在帮助如花寻“乡”的过程中，饶有兴味地查阅起历史资料来，令人深味的是，他查找的不是中英的“正史”，而是不为“正史”所容的地道港人历史的香港娼妓史，因为这其中蕴藏了一部既不属于英国，也不属于中国的，充满“情义”的民间的香港历史，而这正是《胭脂扣》感动香港读者的另一地方。它从一个边缘的角度完成了对香港历史的还原，迎合了“九七”临近时港人对香港历史的重新想象。正是这样一种明知有变，却又无可奈何的恐慌与虚无的心态，让港人产生了巨大的共鸣。除此之外，对香港意识的书写和香港身份的追寻反映在李碧华笔下的还有程蝶衣是“男儿郎”还是“女娇娥”的辗转、小青在“做人”与“做妖”之间的徘徊、单玉莲在“现代女性”与“明代女子”两种个人意识之间的摇摆不定，这些都显示李碧华言情小说的独特性。

如果以印刷业绩和畅销程度来看，李碧华理应被划到通俗小说家之列，然而我们却又从她貌似通俗的文本中读出了几缕“被压抑的现代性”①。就艺术表现手法和叙事创新来看，李碧华既有浪漫主义之风，又糅进了魔幻现实主义手法，还把现代和后现代主义的时空交错、视点转换、心理独白、意识流、性别书写、反讽解构等手法运用得灵活自如。这些都有力证明了所谓“严肃文学”和“通俗文学”二元对立的非科学性。

王德威认为：“李碧华的文字单薄，原无足观。但她的想象穿梭于古今生死之间，探勘情欲轮回，冤孽消长，每每有扣人心弦之处。而她故事今判的笔法，也间接托出香江风月的现貌。”② 其评价非常在理。总之，李碧华的小说

---

① 王德威：《想像中国的方法：历史·小说·叙事》，生活·读书·新知三联书店1998年版，第12页。

② 王德威：《想像中国的方法：历史·小说·叙事》，生活·读书·新知三联书店1998年版，第389页。

想象丰富、瑰奇诡异、情节性强，常常从“历史的断裂、失忆处”入手，试图用戏弄揭示或弥补历史的“真相”，在对历史的颠覆和重写中读出些被压抑的现代性，为言情小说的书写提供了一种新的路向。

七、卫斯理的小说

卫斯理（1935—2022），浙江镇海人，生于上海，原名倪聪。曾就读于华东人民革命大学，1957 年到香港，开始写作生涯。他初以倪匡为笔名，为《真报》、《新报》、《明报》写武侠小说，一举成名。1963 年始，以“卫斯理”为笔名，转向创作科幻小说，有《老猫》、《蓝血人》、《地图》、《无名发》等，形成“卫斯理科幻小说系列”，在港台地区和东南亚等地大受欢迎。他还是金庸小说的研究家，《我看金庸小说》系列是金学研究中非常重要的资料。他的写作范围广，写作速度也相当快，时速约四五千字，却不用打腹稿。作品数量相当多，迄今为止，在科幻小说写作方面的华人作家中尚无人能出其右。

由于倪匡早期写过武侠小说和侦探小说，因此他的科幻小说明显地掺杂了武侠的成分，有时还带有侦探小说的意味。《钻石花》是其第一部科幻小说，小说留有浓厚的武侠小说色调。作品主要围绕价值三亿美元的秘密宝藏，展开武术界掌门与黑社会人物的争夺。其实，科幻成分很少，是一部过渡性作品，以后的作品则科幻性越来越浓。

他的作品大致可以分为两种：一种以卫斯理、白素为主角，着重对人性的描写；另一种以原振侠、黄娟为主角，较具幽秘气氛。对科幻小说，卫斯理有自己独特的见解，他说：写科幻小说，科学知识倒不能太丰富，即使写了也一定不好看。可以看出卫斯理是不主张在科幻小说里注入太多科学内容的，否则就变成科学文献了。

他的小说情节曲折诡异，悬念迭起，具有非凡的想象力。大胆的想象、奇特的幻想，是卫斯理科幻小说的显著特色。自然界的每个自然现象、人类社会中的每个历史记载、民间传闻，以及他自己的每一个念头、感触、怪主意，他都天马行空地进行联想、幻想。他常借一个故事对自然界或人类社会中未被认识的“谜”一样的事物作大胆的猜测和解释，非凡的想象力、广博的学识和跃动的思维在这些猜测和解释中得到较好的体现。传说明代沈万三家有一聚宝盆，以物投之，随手而满，是以富可敌国。究其原因，原来那是外星人留下的一台结构精密的金属复制机所致（《聚宝盆》）。又如《心变》，对人类何以信神、何以有宗教进行了大胆的探索。外星人来到地球，一个恶灵也偷偷地随之而来，给地球带来了巨大灾难。外星人因其太空船失去能量而没法回去，沉睡不醒成了神。为了要与恶灵作斗争，人类必须以虔诚之心来唤醒睡神，于是就有了宗教。这种探索有一定的科学性，同时不乏作者丰富的想象。

真正的科幻小说应该是科学性、幻想性与文学性的结合，而文学性除了情节的曲折生动、人物个性的鲜明以外，还应探索人性。卫斯理的科幻小说比较好地做到了这一点。他常常借外星人的描写对人性进行自省和批判，并对人类未来的命运进行思索。《丛林之神》写了一个能预测未来的人，按理他应快乐异常，实际上他却苦闷无比；《贝壳》告诉我们，一个富豪不如一枚贝壳快乐，因为他虽然有钱却没有自我，而失去了自我的人生是一场空；《不死药》这个故事又告诉我们，得不到的东西才觉珍贵，而得到了却又不觉得真正幸福满意，人生就是如此。

在卫斯理的科幻小说系列中，比较有代表性的是《无名发》和《老猫》。《无名发》写的是外星人的罪犯被放逐到地球成为人类祖先的故事。卫斯理的天外来客说，虽然不新鲜，但把世界重要宗教创始人或思想家描写为负有伟大使命的外星人，他们分别是 A（穆罕默德）、B（释迦牟尼）、C（耶稣）、D（老子），这无疑是小说家想象力丰富的一大表现；再者，他对头发功能的解释也别出心裁，他认为，头发“原来是思想电波束的通路”，但在人被发配到地球之后，这一功能便消失了，于是人变得虚伪、欺诈、贪婪、妒忌、凶狠、残酷、自私、蛮横。在外星人看来，人是“具有极度危险性的可怕生物”，有时，甚至为了贪念，“使另一个个体死亡，甚至使千千万万个同类个体遭受极大的苦痛。可以用卑污的手段，抢夺其他个体的所有，可以用残酷的方法，使其他个体蒙受害处，而令自己得到好处”（《标本》）。虽然如此，作品中当卫斯理的灵魂到了好似天堂的外星后，B 问他：“你还想回去么?”他回答：“我一定要回去！你们不明白，我是地球上的人！在地球出生，在地球长大，和地球有千丝万缕的关系!”一方面表达了人对所居地的归属感，另一方面也说明地球虽非至善之境，却仍然是人类以后生命之所寄。通过法律、宗教、教育等手段，人肯定能发扬善的一面，抑制恶的一面，这样，人类就会进步。这里流露出作者对人类未来命运的探索和终极思考。

卫斯理的作品可读性、趣味性极强，有些作品有一定的深度，但由于他的高速高产，据说最多的时候共有 12 家报纸连载其小说，因此作品时有漏洞，且文字也欠修饰，影响了作品的质量。

八、南宫搏的小说

南宫搏（1924—1983），本名马彬，浙江余姚人。抗战期间投入新闻界，1949 年任上海《和平日报》总编辑，是年底移居香港，卖文为生。后主要从事历史小说创作，是香港较早成名的历史小说家。他的历史小说主要有《赵飞燕》、《孔雀东南飞》、《江山美人》、《武则天》、《李香君》、《梁山伯与祝英台》、《大汉春秋》、《杨贵妃》、《西施》、《李后主》等。

南宫搏有较厚实的旧学功底，同时又接受了西学的熏陶，善于编排情节，并注意人物的心理刻画，可以说他是中国以西欧现代手法写历史小说较早的一个。他的历史小说从古典文学题材中汲取灵感，虽然常常是历史风云中的细枝末节，但大多是人们耳熟能详的故事，如《风波亭》、《桃花扇》、《李香君》、《武则天》、《韩信》等，但在南宫搏的笔下，这些吉光片羽的历史片段，却能老调新谈，谈出个人对历史的理解和看法。

在《杨贵妃》序言中，南宫搏认为："中国历史，就从文献最少的夏代起计，每一个朝代，大抵都有些特出的女人。'特出'指其本身的姿色美丽以及和政治的关联；任何一个朝代的美丽女人，倘若没有强烈的政治陪衬，便不会享大名，流传后代……那些历史上著名的美人，大致是少有'福寿全归'的……几乎脱不了悲终。"因此，他往往选择那些很艳情的故事，以历史上著名的美人作小说的主人公，把一个个爱情故事写得旖旎动人。南宫搏在描述这些故事时，尤其注重人物性格和爱情心理的分析。《绝代佳人》中，李夫人入宫前与霍光相恋，但其兄李延年为取宠将妹妹献给了汉武帝，毁了她的终身幸福。虽然汉武帝对她宠爱有加，但她总郁郁寡欢，后染上了肺病。为了报复汉武帝，李夫人在垂危之际，在汉武帝的寿诞庆典上，浓妆艳抹，疾跳新舞，当场衰竭而死。小说着重刻画了"绝代佳人"的不幸、抑郁和刚烈，也写出了汉武帝既好色又钟情以及李延年的厚颜无耻。《杨贵妃》中的杨玉环活泼乐观，聪颖漂亮。面对如此出色的美人，本也是守道德的李隆基无法战胜内心的激情与欲望，两人终于走到了一起。《赵飞燕》描写了一个平民女向上爬的故事，作者着重刻画了赵飞燕的工于心计的性格、极强的占有欲与极怕失宠的不平衡心理。《妲己》塑造了一个野性十足、深得皇上宠爱又深受后宫排斥的女人……作者给予这些女主人公以极大的同情，写了她们情与欲的分离，写了她们与政治密不可分的关系以及由此带来的悲剧命运。

总的来说，南宫搏十分重视对于古代爱情故事的现代改编，通过传统的故事表达有着启蒙意义的民主和个性解放的现代意识，如《洛神》、《孔雀东南飞》、《梁山伯与祝英台》等，在创作方法上或写实、或浪漫、或心理分析，不拘一格。

九、董千里的小说

董千里（1923—　），原名董炎，笔名项庄，浙江人。毕业于中国新闻专科学院研究班。先后任上海《申报》记者、编辑，1950 年移居香港。长期写作专栏，小说创作以历史小说为主。主要作品有《寂寞红》、《铜雀台之恋》、

《成吉思汗》、《董小宛》、《马可·波罗》、《玉缕金带枕》等。

董千里常常在小说中表现宫闱之内的矛盾冲突，以及帝王、宫女、嫔妃的命运遭际，并以宫廷秘史、传奇故事穿插其间，爱恨情仇缠绕其中，使作品弥漫着浓郁的浪漫色彩。董千里强调，历史小说贵乎想象不必拘泥史实。这种创作主张为他提供了纵横驰骋的广阔天地，敢于大胆虚构。在塑造人物形象时，注重刻画复杂的人性。《成吉思汗》是较有代表性的作品。成吉思汗是蒙古的开国之君，也是中华民族历史上的一位盖世英雄，他率领的蒙古铁蹄不仅统一了大漠北方的所有部落，而且南征西夏、金国，西征大食、印度，建立了横跨欧亚两洲的蒙古大帝国。无疑，成吉思汗的辉煌业绩带有十分残酷的侵略性，他对中国北方以及西域诸国的物质生产和精神文明的摧残也是令人发指的。但尽管如此，成吉思汗仍然是人类史上一个罕见的大英雄。他善于用人、胸有谋略、坚韧不拔、指挥若定，有过人的领袖才能，尊重父母、爱护兄弟、疼爱妻儿，呈现在读者面前的是一个血肉丰满的历史人物。作者以冷峻的眼光，站在新的历史高度，对成吉思汗的功与过、善与恶、美与丑、得与失进行了客观科学的评价。

董千里的历史小说，不是简单地演绎历史事件，而是把人世间的各种“情”注入作品中，以情动人，使他的作品缩短了历史的距离感，容易与读者产生思想感情的共鸣，从而具有较强的艺术吸引力。如瑗瑗与高世荣的爱情，马可·波罗与麻合谋的友情，成吉思汗与拖雷的亲情，其中尤以爱情描写最为生动，情节曲折生动，哀怨动人。

第四节　香港南来、旅港作家的小说

一、徐訏的小说

徐訏（1908—1980），浙江慈溪人。1933 年北大哲学系毕业，转该校心理学系读研究生。1936 年赴法国巴黎大学修哲学，获博士学位。1937 年发表的短篇小说《鬼恋》，是作者的成名作。徐訏移居香港前就已出名，主要作品有《吉布赛的诱惑》、《精神病患者的悲歌》、《风萧萧》、《阿拉伯海的女神》等。1950 年移居香港，以写作为生，主要有《炉火》、《期待曲》、《彼岸》、《痴心井》、《有后》、《百灵树》、《结局》、《婚事》、《私奔》、《太太与丈夫》、《女人与事》、《江湖行》、《悲惨的世纪》、《时与光》等小说，台湾正中书局出过《徐訏全集》（1～15 卷）。他曾经担任香港浸会学院文学院院长兼中文系主任。

徐訏生性耿直坦率，似乎是一个落落寡合、孤高自处的人，一贯我行我素，独来独往。他是一个非组织的人，一生未加入过任何党派。他一生经历了两次中国大革命、两次世界大战以及六次政权的变更。近半个世纪的各种变动使得徐訏的生活没有一个定型，而各种思潮又使思想没有一个依赖，于是徐訏只能在寂寞文苑中做一个踟蹰独行者了。

由于文艺观念、身世、时代、历史、地理等多方面原因，徐訏不管是创作还是办报刊、出版社，都处于绝对孤独状态。50年代初定居香港到1980年去世的30年，是他最为孤独的时期。在中国现代小说史上，徐訏可以说是一位较完整地体现了小说创作孤独状态的作家。在所有的南来作家中，徐訏是过客意识最浓重的一个。虽然在香港住了整整30年，可香港对他来说，是作为过境的一个痛苦的地方，“人困小岛异域，情伤碧海明月”①，而他在香港是一个“无根的过客”、孤独的异乡人。

徐訏始终漂泊在都市上空，没能真正投入香港，由此造成他的尴尬与无奈。他的小说大都取材于内地，而非香港本地，如《鸟语》、《私奔》、《百灵树》、《盲恋》等。这些乡土记忆、上海书写都可以理解为对徐訏现实生存的协助，它可以在心理上扩充人生地不熟的狭隘空间，能够以气息般的温情挽救困难中的生命。同时亦可以这种记忆为手段，将他乡的色彩抹上异域的天空，从而为自己谋得生息之地。

即使是描写香港社会现实、香港人悲欢离合的《星期日》、《一九四零级》、《舞女》、《女人与事》、《小人物的上进》、《时与光》诸篇小说，也只是浮光掠影的香港，大多带有批判的眼光。黄康显认为：“他写香港，只有香港的影子，而盖在这个影子上面的，是另一个更高、更大、更深的中国移民的影子，在小说的画面上流动、放射！”其实，以徐訏的才华和内地都市生活描写的经验，他是完全有条件更深刻地表现香港都市特征的，然而“读徐訏的小说，即使惊诧于色彩的艳丽，也会产生雾里看花的感觉。雾里的花，模模糊糊，失去应有的真实感，令人难以肯定是真花抑或纸花。徐訏没有勇气反映现实，处在现实环境里，竟像丑妇照镜似的，想看，又不敢看”。这再次说明了徐訏小说缺乏香港性的特点。

长篇小说《江湖行》是徐訏创作生命的高峰，也是对他人生经验的最全面、最深刻的总结。这是他“倾其毕生学问、经历与见识写成的”生命之歌。

《江湖行》运用第一人称“我”叙述了周也壮的人生故事。流浪是主人公的生命特质，是小说主要的故事线索，同时也是小说揭示的主题。对周也壮来说，生命只有在流浪中才有存在的意义，因此逃离农村、漂泊都市、浪迹江湖、最后归隐山林。流浪给了主人公生命自由的精神安慰，也给他带来了具体的生命痛苦。因为葛衣情的毁约退婚，主人公进入上海读书。虽然弃绝了乡

---

① 徐訏：《原野的呼声》，台湾黎明文化事业公司1977年版，第25页。

村，可是乡村的生存方式本质上维系着他的精神和文化个性，都市不可能真正接纳他，所以他不可避免地以流浪者的身份在都市里漂泊，精神极度孤独寂寞。主人公深深意识到，都市文明对自己生存能力的腐蚀，由此陷入更深的生存恐惧和生命痛苦，于是只能再度流浪江湖。他说："我是一个注定要在这不定的流浪生命中过活的人，一切理想与事业是同我无缘的。"重新流浪的他爱上了紫裳，但是上海特定的都市剧团文化使她成为大明星并疏远了他，他只能第三度流浪。历尽江湖坎坷，最后在峨眉山顿悟出家。周也壮的身世和寻觅体验告诉我们，个人在这个全球化时代总是感到若有所失。他似乎总是生活在别处，总在自己不在的地方生存，生活处处遭遇陌生或隔膜。他身在都市却心向乡村，置身乡村却留恋都市，身在江湖却心向佛门。这样，个人就总是处在一种身份不定的危机感的包围之中。经过了从乡村到都市、都市到江湖、江湖到都市、都市到内地反复几次的流浪，主人公周也壮对生命与爱情有了独特的体悟。对于一个属于独身与流浪的人，也许退隐山林、削发为僧是一种最切合于流浪本质的生命方式，独自面对自然的冥思苦想是一种最为纯粹的精神流浪，主人公的精神自由才能在这种方式中得以永恒的延续。

徐訏在小说中反复强调："我想说的不是故事，而是生命。"确实如此，周也壮的人生流浪故事和多角爱情故事只不过是小说的表层结构，隐藏其中的深层结构则是作者对生命的感悟与体验。人物用独自在江湖上漂泊谋生作为抵抗感情失败的手段，作为个体自我身份确认的依据。对生命存在的诗意追问，对生命超越与生命自由的向往，构成了流浪的形而上意义。它是存在的一种维度，也是一种通道。出于对自由生命理想的追寻，主人公不断地流浪，最后悟透人生，遁入空门。

由于徐訏受到叔本华、尼采等人哲学思想的影响，对生命有着不一样的感悟和体验，留学法国时的法国浪漫主义文学、哲理小说和资产阶级民主自由思想对他以后的创作都有很深的影响，流落异域小岛后的疏离和放逐感使得他对人性、生命、爱情、苦难等问题有了更深入的思考。在商业气息日渐浓重的香港，徐訏找到了书写自己的方式，那就是对人性美的追求，对生命、苦难、存在、价值等命题的哲学思考与提升。这些在《江湖行》中都得到了充分的体现。

总之，哲学思索和宗教情怀是徐訏香港时期作品身份想象性建构的主要关键词，也是他晚年心态和思想轨迹的归结，他漂泊的一生经由哲学和宗教的沐浴而逐渐走向内心的稳定与宁静，他的小说也因此而达到一个新的境界。除此之外，传奇故事、浪漫色彩、心理分析、感伤笔调、悲剧意识依然是徐訏香港时期小说的主要风格。

二、刘以鬯的小说

刘以鬯（1918—2018），原名刘同绎，字昌年，生于上海，祖籍浙江镇海。1948年移居香港，主要从事编辑和文学创作，《香港文学》首任主编，后为香港作家联会会长。著有小说集《天堂与地狱》、《寺内》、《一九九七》、《春雨》、《黑色里的白色　白色里的黑色》，长篇小说《酒徒》、《陶瓷》、《对倒》、《岛与半岛》、《他有一把锋利的小刀》等，另有论文集《端木蕻良论》、《看树看林》、《短绠集》等。

刘以鬯是南来作家的杰出代表，经过短时间的心态调整，很快找到了描写香港都市生活的切入点，被形容为描写香港日常生活、香港人精神的最成功的作家，有“都市行吟诗人”① 之称。其小说的最大价值就在于运用现代主义手法写出了都市人的空虚、孤寂和荒谬的精神实质，以及对实验小说形式的不断探索。

刘以鬯的《陶瓷》就是书写都市人的欲望的。欲望控制着陶瓷迷丁士甫的喜怒哀乐，使人从根本上丧失了自己。正如小说题记中所言：“欲望，就像电兔戏弄格列狗那样，把人类当作玩具。”刘以鬯确实是一个较快理解并把握香港都市精神实质的作家，因此笔下的都市人物个个形神毕肖。这些都市人的内心无处着落，只能在醉与醒之间徘徊，在城市里游荡，在四壁都是镜子的空间里顾影自怜，在对过去的回忆中消磨空虚无聊的时光。他们是一群“都市的游荡者、精神废墟中的流浪汉”②。

《酒徒》是刘以鬯的代表作，也是公认的中国第一部长篇意识流小说，其地位和价值可想而知。《酒徒》的主人公是个有着较高品位的职业作家，也是此小说的叙述者，从14岁开始就从事严肃的文艺工作，编过纯文艺副刊，编过文艺丛书，又搞过颇具规模的出版社，出了一些五四运动以来的最优秀的文学作品。可是动荡的政治局势逼迫他到香港后，为了生活，只好将二三十年的努力全部放弃，开始用黄色文字去赚取可怜的自尊和骄傲。寂寞孤独的酒徒只有借酒浇愁，到醉乡去麻木自己，暂时忘却这沉重的孤独感和压抑感。然而，酒精的麻醉是有限的，而苦闷焦虑就像幽灵，只要他清醒着就会侵蚀他的心灵，挥之不去。酒徒实在无法适应这个丑陋的、失去理性的、人吃人的可怕的现实世界，任凭自己在醉后虚幻的空间遨游。酒徒的世界是个绝望的世界，在

---

① 蔡益怀：《浪迹香江——试析刘以鬯小说中的游荡者形象》，《华文文学》2002年第5期。

② 蔡益怀：《想象香港的方法：香港小说（1945～2000）论集》，中国社会科学出版社2005年版，第176页。

商业社会中，人的精神意义彻底崩溃。面对这个无可挽回也无法重建的价值体系的崩溃，人在内心中普遍感受到困惑、迷惘、混乱和痛苦。酒徒就是这样一个在精神炼狱中煎熬的人，理智上他清醒地意识到在现代商业化社会中坚持精神守望的不可能，但情感上却难以放弃对文学理想和精神信仰的追求，于是在半梦半醒之间进行绝望的挣扎与反抗，折射出酒徒的不甘与执着。

酒徒不是一般意义上的酒鬼，作者采用了戏谑性的反讽，“世人皆醉我独醒”，酒徒醉后吐的真言具有超凡的智慧，并成功借鉴了意识流的某些手法，如感官印象、时间蒙太奇、内心独白等，来深刻揭示主人公酒徒的内心真实，即社会环境对文学理想的压抑以及无望的挣扎与屈从。

刘以鬯是实验小说的不懈探求者。他的小说创作力求每篇有创新，或是内容，或是形式，或是表现技巧和艺术手法。他认为，“小说是艺术的一种方式，艺术贵在创新。写小说的人不求新求异，就无法产生具有独创性的作品”。“实验小说”是刘以鬯毕生追求的目标，这并不是单纯地为标新立异而实验，而是代表了一个真正热爱文学的人对小说艺术永无止境的追求。刘以鬯是一位奉行现代主义创作手法的作家，他吸收了国外现代主义的小说理论，但又不拘泥于此，大胆突破传统的通过人物塑造和故事情节来反映社会生活的现实主义小说观念和叙事模式，成功地创造了一种或没有人物、或没有故事的新写法，注重小说的形式和结构创新的现代主义叙事。

《链》、《对倒》都没有故事，只有人物，而人物也不是传统意义上的典型塑造。《链》可以说是展览式的人物素描，刘以鬯通过这种环环相扣的链状的形式结构为我们勾勒出一幅表面熙熙攘攘，而内里空空荡荡的社会真实图画，反映了“社会联系之链由血缘、历史的带有时间性的特征向空间性特征的转变，反映了现代人对社会的印象和感觉”，“链”是形式，也是内容。《对倒》则从双联邮票中得到启发，采用双线交错并行发展的形式，淳于白和亚杏，一男一女，一老一少，却互不相识，有如两枚相对独立的邮票。他们一个生活在对过去的美好回忆中，一个则生活在对未来的美丽憧憬里，形式上一正一倒。到了《吵架》和《动乱》甚至连人物都没有了，而只用“场景”或“物”来代替。《吵架》通过房间内凌乱不堪的场景描写（两盏小灯已破的吊灯、破碎的玻璃杯和花瓶、撕碎的报纸、剪得稀烂的衬衫、被刀子割破的油画、像一堆垃圾散在地板上的麻将牌等），把吵架的程度、夫妻双方的性格、吵架的原因显露无遗，暗示一个家庭的破裂。

《打错了》采用结构并置的方法，虚构出陈熙接听一个打错了的电话而造成的两种偶然结局，一是偶然死于车祸，一是成为一起车祸的目击者。小说本身没有什么新颖之处，只是因两种不同的假设带来的主人公不同的命运而被赋予了哲理性的蕴涵，即人对命运的无可捉摸感。《黑色里的白色　白色里的黑色》黑白相间的版面形式以及《副刊编辑的白日梦》开头与结尾正反颠倒的排版形式也让人耳目一新。

刘以鬯小说的实验还在于运用现代主义的表现手法及技巧进行故事新编，主要有《寺内》、《除夕》、《蛇》、《蜘蛛精》、《追鱼》、《盘古与黑》等几篇。故事新编这种形式不是创新，但内容和表现技巧可以不断地翻新下去。这些小说是以现代人的眼光，用现代主义文学技巧，重写传统题材、民间传说的有意义的尝试，是传统文学与现代意识相融合的较成功的探索。原来生动曲折的故事情节一概略去，而采用新的手法、赋予它新的内涵，来探讨现代社会里人性的本质。不管是张生与崔莺莺的故事、许仙与白娘子的传说，还是唐僧与蜘蛛精的故事、金鲤鱼与张珍的爱情、盘古开天辟地的神话，在刘以鬯笔下写来都别有新意。

最能体现刘以鬯故事新编创新意识的是《寺内》。从文体形式来看，作者有意创造一种“诗体小说”，用诗的隐喻、象征、意象的语言写小说，活用诗歌的句法分行排列组合小说的句式。从表现手法来看，采用弗洛伊德“梦的解析”和“性爱理论”来切入张生和崔莺莺的爱情故事以及老夫人、红娘的心理活动。从文学价值来看，消解和重新阐释了流传千年的以“情”为主的爱情神话，显示出现代人对人的本质的思考和对性本能的看法。

刘以鬯一方面坚定不移地进行现代主义小说的实验；另一方面利用自己编报纸副刊和纯文学杂志的有利条件，极力为严肃文学争得一席之地。他对文学事业的热情和对现代小说形式的探求推动了香港现代主义文学的发展。

三、陶然的小说

陶然（1943—2019），本名涂乃贤，原籍广东蕉岭，出生于印度尼西亚万隆市。1960 年回祖国北京，毕业于北京师范大学中文系。青少年时期就比较喜欢文学，由于特殊的机缘，大学期间接触了不少外国文艺作品。1973 年移居香港，曾任《体育周报》执行编辑，后任《香港文学》总编辑、香港作家联会副会长。主要作品有长篇小说《与你同行》、《一样的天空》，中短篇小说集《陶然中短篇小说选》、《岁月如歌》，小小说集《表错情》、《美人关》，散文集《月圆今宵》、《红茶馆》、《秋天的约会》等共 30 多部，成绩斐然。

正如王绯所说，陶然“是一个永远地被放逐出家园的无根的旅人，一个经过了漫长漂泊、孤独和疲惫的心灵历练，最终在香港落下脚的旅人”。其小说主要分为三类：

一是放逐经验抒写（移民世界和情爱世界）。从万隆到北京，又从北京到香港，两次痛苦的放逐经历使得陶然对人生有着不一般的体验，而他创作激情的迸发也是缘于移居异地无法融入香港商业语境的身份困惑和焦虑。陶然的放逐遭遇引发的特殊的自我关注，被作家溶解在作品中，酿造出一个又一个底层文化迁移者的故事，有《冬夜》、《蜜月》、《海的子民》、《人间》、《红颜》等。如《蜜月》中的田保杰和汪燕玲夫妇移民香港后虽苦苦挣扎着结了婚，但他们的蜜月之旅却不是幸福之旅，而是伤心之旅、绝望之旅。为了偿还婚债，他们寄希望于赌场的侥幸，可幸运之神终究没有向他们微笑，灾难却不期然降临到了他们头上。因为无法还钱，他们被迫当众做“春宫”表演。在这个黑暗而恐怖的仪式中，他们的爱情、他们的幸福、他们的理想、他们的人生全都在一浪高过一浪的狂热而淫荡的笑声中被埋葬了。陶然注视着这群背井离乡的移民，以最大可能地贴近人性的情怀，讲述着每一位移民的遭际和苦难。不管是物质层面的生存艰难，还是精神层面的灵魂漂泊，移民们体验的是一种不知道何处是终点的绝望。初到香港的陶然融合自身的放逐遭遇和移民的辛酸，批判着资本主义社会中人性的畸变，凸现新移民的生存体验和身份焦虑。

移居异地带来的经验断裂和经验重组过程中存在价值解释的不确定及无法定位的身份焦虑，使得对于飘逝的往昔的伤感回忆成为陶然及其笔下主人公释放身份焦虑的主要手段。“北京情结”成了陶然展开其爱情世界的情感源泉。13年北京生活的经验对他可谓刻骨铭心，给他的创作留下了深刻的烙印。当作者的笔一触到北京时，那绵绵的情感就汩汩流淌，汇成《与你同行》、《天外歌声哼出的泪滴》、《记忆尘封》、《走出迷墙》、《岁月如歌》等佳作。如《与你同行》（1994）这部长篇小说以华侨子弟范烟桥由香港赴北京参加母校校庆的经历和心理活动为中心内容，通过主人公深情而伤感的内心独白和独白中的回忆，写他与学生时代的恋人章倩柳长达几十年的爱情悲欢，再现了60年代到80年代内地和香港的历史和现实社会生活状况，透过漫漫岁月展示社会的变迁和高度商业化的香港世情。陶然自己说，这是“一个心爱的题材”，正因为如此，作者本人的生活经历和情感经历不由得投射在主人公范烟桥、章倩柳的身上，小说成了他青春爱情和放逐经历的见证。难怪有学者认为，陶然笔下的主人公往往总是难以摆脱个人生活经验、情感触须的羁绊，其言行举止有形无形地显露出作者本人的某些气质和性格的烙印①。

二是香港经验书写（商战题材和娱乐界题材）。经过了短时间的不适，陶然很快就摆正自己的心态，把视线投向香港现实生活，显示出主动认同香港的努力，逐渐弥合和香港的距离感。他自己承认道：“我比较多地把注意力放在当下香港的生活场景中去，是因为对香港身份的认同，不论爱还是恨，其立足点还是在于坚实的香港土地。”② 商业大战、娱乐竞争是香港社会绕不开的两

① 钱虹：《都市里的浪漫和抒情》，《评论和研究》1996年第1期。

② 陶然：《写作中的香港身份疑惑》，《香港文学》2004年3月号第231期。

大内容，也就自然成为陶然香港经验小说的两大题材，有《追寻》、《旋转舞台》、《巨星》、《一样的天空》、《没有帆的船》等。其中长篇小说《一样的天空》(1997) 以对陈瑞兴和王承澜两位朋友现实交往和友谊历史的叙述为主要内容，通过他们来港后不同的人生遭际，批判了金钱统治一切的尔虞我诈的黑暗现实，揭示了人情淡漠、人性丑陋的主题，是商场题材小说的代表作。陈瑞兴和王承澜本是学生时代的密友，移民香港后也仍是关系非同一般，但在商业语境的强烈冲击下也濒临危机。陈瑞兴经过多年的钻营已经成为香港屈指可数的大富豪，而王承澜却一直只能在一家报馆里当个小编辑"捱世界"。虽然主观上，陈瑞兴很珍视这种友谊，但他却无法突破商业地位对他的限制，"有钱赚就有友情，没钱赚就是无情"，置身在这样的语境里，王承澜和陈瑞兴的友谊自然是走投无路。

三是颠覆和"重煮"古典文学经典（故事新编)。主要有《黑旋风卷上太平山》、《徇私华容道》、《无头客追杀蒙面汉》、《摩登关二爷》、《美人关》、《连环套》、《反》等。从 80 年代后期开始，陶然涉足历史题材，借取历史人物的形和神，让他们穿越时空隧道往返古今，或托胎转世来到当代香港体验人生，惊觉自己已无法容于商业社会。陶然通过文本嫁接对古代文学经典进行的颠覆或者"重煮"，蕴含着十分明晰的人性考量和社会批判倾向。

陶然的小说具有浓浓的抒情味，被公认为写爱情小说的行家里手。特别是进入 90 年代的小说创作，爱情不再作为附加物而存在，而还原到它本身的纯粹状态，进入为爱而爱的唯美世界。《天外歌声哼出的泪滴》中，作者围绕主人公萧宏盛在机场候机所产生的在过去、现在和未来之间的意识流动展开他和袁如媚的情爱故事。不管是在过去、现在还是未来时间里，不管是对现实世界里的袁如媚还是对虚幻时间里的洪紫霞，宏盛对她的爱地老天荒永不变，被誉为"东方的《廊桥遗梦》"。

陶然小说具有自觉的小说意识。经过了从 70 年代对经典的继承和模仿到 80 年代的努力突围，到 90 年代形成了"个人化的叙述"[①]，这主要体现在他对叙事视角和叙事结构的灵活运用以及细腻感伤的内倾叙述上。小说是叙事的艺术，叙事艺术水平的高低直接决定着小说的成败。如《一样的天空》中的陈瑞兴和王承澜在香港"搏杀"了二十多年，每个人都有一段坎坷的奋斗史，作家采用内聚焦视角让每个主要人物自身敞开心扉，第一、第二、第三人称内心独白的视点自由转换，让读者一起进入叙述者及主人公的心灵世界，因此，小说的情节和结构也就呈现出心理化和情绪化的色彩。这是陶然作品主人公赖以生

---

① 王绯：《阅读陶然——一种凸现历史感的"作家论"尝试》，《海南师院学报》1998 年第 2 期。

存并显示自己个性的基本方式，也是陶然个性化叙述的主要标志。

四、颜纯钩的小说

颜纯钩（1948— ），笔名慕翼、斯人等，福建晋江人。1978年移居香港至今，现为香港天地图书出版公司副总编辑。主要作品有小说集《红绿灯》、《天谴》，散文集《自得集》、《母荫》等，另有电影文学剧本《血雨》等。

就小说而言，颜纯钩的作品大致可分三类：第一类是“文革”的历史悲歌，如《迷茫》、《山路》等；第二类是“文革”后迁港新移民的血泪挣扎；第三类则是港人的社会写真、人情写真，如《割肉》、《耳朵》等①。无论是“文革”知青、新移民还是香港普通平民，都承受着生命之重，作者笔端不由地严峻、凝重。三类作品中，写得最多也是最好的是第二类。颜纯钩用细致的笔触剖析新移民的生存困境，挖掘身份追寻的迷茫和焦虑，来探索生存的要义。在新旧环境的转换过程中，新移民因为无法调和分裂的因素，如窘迫的生存处境、漂泊的性爱解脱而造成身份认同危机，于是死亡及关于死亡的想象就成为摆脱身份危机和焦虑的隐喻。

到香港，首先面临的问题是找地方居住和找工作养活自己，只有满足了基本的生存需求，人才能追求更高层次的生命意义。香港并不是新移民所想象的遍地黄金的自由之地，新移民初到异地必然会面临窘迫的生存困境。《眼睛》中“文革”的一场武斗，“我”失手戳瞎了好友振邦的一只眼睛，19年后，他们在香港竟又戏剧般地重逢，可是两个人物的命运却是那般不同，一个是公司高级职员，住在高楼大厦，一个是该大厦垃圾员，住在很小的一个厅房里。因为眼睛的残疾，振邦找不到好工作，住不起像样的房子。“我”出于内心的歉疚，每月偷偷给他妻子一点钱作为补偿，后被振邦发现，这终于激发了他内心潜藏已久的仇恨，他以同样的方式报复了“我”。振邦的这种行为看似残酷，但又何尝不是窘迫生存处境下身份焦虑的一种极端表现呢？

任何移民都很难消除属于他们的边缘性的社会处境，因此一开始痛苦的就业经历就会对其身份确认施加影响。美国作家阿瑟·米勒（Arthur Miller）说过：一个人失了业，也就失去了自我本质。这道出了失业惶恐和身份焦虑的联系。没有了赖以生存的工作，也就没有了生命意义的最根本基础，更无从追寻生存的价值。《红绿灯》中那个被学生尊敬地称为“王老师”的哥哥，因为受不了“文革”的冤屈申请到了香港，投奔他弟弟荣华，可是骨肉亲情在香港只不过是一个“钱”字。他在大学学的专业在这儿根本不值一钱，找工作极其困

① 袁良骏：《香港文坛的精雕细刻派——颜纯钩》，《达县师范高等专科学校学报》2000年第1期。

难。修车行、洋行都试过，下工厂又顾惜着知识分子的面子，最后终于找到了一份洗衣店的工，可好景不长，因为生病时间太长丢了工作，被人看作神经衰弱的王老师只好失业。虽然妻子写信来说政府已经给他平反，可以恢复教师工作和待遇，但是对于王老师来说，移居是一条不回头的漂泊路，他只能任由孱弱的身体在香港游荡。王老师清醒地意识到，像他这样的外来移民是无法得到身份认同的，周围环境的强大挤迫使他逐渐疏离人群，他无从追寻生命的意义，最后迷离恍惚中被汽车撞死了。

“性”常常成为颜纯钩笔下移民身份认同的选择，也是作者透视人性常用的手段。《彼岸》中的阿秀不甘心在广州过清苦的日子，为了实现她的理想(拥有大量的港币、私家车、花园洋房等)，偷渡到彼岸。可是她面临的是，因黑市身份白天不能出去打工，作为没有什么一技之长、但颇有几分姿色的女人，将会有什么样的命运可想而知。悲惨的是，她们沦落为同样是在香港卖苦力挣钱的男人们泄欲的工具。十几个男人，几个女人，挤在一个狭小的空间。为了摆脱这种困境，在邻居阿婶的极力劝说下，她找了个可以当她叔叔的木匠昌哥同居，帮他生了孩子，满以为可以获得政府颁发的身份证，可事情并非如此，只能再次面临早晚被解回广州去的命运。显然，阿秀的性活动与她想在香港摆脱黑市户口获得居民身份的简单欲求密不可分。

如果说阿秀等偷渡客是用“性”来换取“居民身份”的话，那么已经取得居民身份的移民的性经验表达和想象性叙述又有什么蕴含呢？显然，“性”具有某种象征含义，它与移民的精神压抑、身份焦虑紧紧联系在一起。新移民身在异地的陌生感，居住空间的狭小，工作环境的恶劣，与亲人长期的两地分居，必会产生失根的郁闷，它常常会通过性压抑和适当时机的性放纵表现出来。《天谴》中已婚的姐姐跟未婚的弟弟从内地到香港，同居斗室，睡上下格的碌架床。姐姐在内地的学历不被承认，于是只能白天在工厂打工，晚上念书，还跑补习，只盼考个医生牌，好改善生存环境，半夜还得洗两人换下的衣服。后来洗衣的担子被弟弟接下了。“瘦长纤细的手指，搓揉着姐姐的胸罩内裤，事情就慢慢地开始了，终于发生了乱伦之事。”① 身处异地的精神抑郁、身份焦虑和斗室里膨胀不安的情欲相纠缠在一起，人物可以从这里寻求些许精神安慰。

然而，以性爱的形式出现的对精神家园的茫然追逐，它将永远陷于“得”和“失”的二律背反之中，因为它只是通过性欲放纵来抓住个体存在的当下性，却不具有永久性。人物无法摆脱边缘性的处境和身份认同的焦虑，所以当翔远（姐姐的丈夫）终于被批准来香港时，姐姐和宏弟的畸形性爱也就走到了

---

① 颜纯钩：《天谴》，香港天地图书有限公司1992年版，第117～132页。

尽头。颜纯钩的小说常常表现出存在主义生命哲学影响下无根的、漂泊的性爱解脱和无尽的孤独的死亡暗示。当居住环境、工作经历、性爱压抑对新移民产生身份焦虑并无法解决时，就必然会产生肉体的伤害或毁灭。死亡及关于死亡的想象成为摆脱身份危机和焦虑的一种途径。

颜纯钩的小说不注重情节框架和外部冲突，而注重人物的心理冲突和内在情欲的刻画，无情批判了物欲社会的世态炎凉和对人性的扭曲，笔调冷峻犀利。颜纯钩喜欢用一种补偿行为来抵销另一种行为的后果，达到某种平衡，如《生死澄明》用婴儿的胎死腹中来偿还“我”对初恋情人的亏欠；《眼睛》以眼还眼，因而小说的结构显得四平八稳，比较完整。小说语言词简而意深，言近而旨远，耐人寻味。

五、东瑞的小说

东瑞（1945— ），原名黄东涛，祖籍福建金门，生于印度尼西亚爪哇。60年代在印尼上中学，1969年毕业于泉州华侨大学中文系，后到香港定居，现任获益出版有限公司总编辑，作品多次获奖。他是香港文坛的多面手，小说、散文、儿童文学、评论都有集子问世。他是一个勤奋而多产的作家，各类作品集总计已过百种。他的创作开始于70年代初，70—80年代，东瑞在小说领域可以说是多方出击，长篇、中篇、短篇集约有20部。他一度生活在香港社会的最底层，在打工谋生的岁月，他中午在大排档吃饭的一点时间都抓紧写作。

东瑞早期的创作具有鲜明的写实特色，他的小说取材广泛、社会批判性强，展示了香港社会的“浮世百相”。对香港高楼大厦背后的小人物的生活，现代大都市的贫富不均、五光十色的香港夜生活都有形象而生动的精彩描写。这个时期的中篇小说集《夜香港》、《白领丽人》、《夜来风雨声》颇有社会反响。短篇小说集有《彩色的梦》、《少女的一吻》等。《夜祭》是早期短篇的佳作，它通过一对新人在新婚夜的情感冲突，揭示了封建的传统观念残留在青年人心里的阴影，批判了落后、陈腐的观念对青年一代的伤害，期望他们挣脱旧的枷锁，走出阴影，战胜自己。短篇《孝生和丽儿》写一对中学生因早恋、最后殉情而自杀的悲剧，抨击了不合理的考试制度，也批判了家长简单、粗暴的教育方法，呼吁社会关爱孩子、理解孩子。

东瑞早期的小说具有通俗写实的特征，故事情节有吸引力、可读性强、重外部描写。主题严肃而不媚俗、真实而不伪饰，可谓雅俗共赏。

90年代初，东瑞从生活的困境中走出，创办了获益出版有限公司。他在创作上也出现了新的转折，以短篇小说集《似水流年》和长篇《暗角》的出版为标志，东瑞的小说创作进入了一个新阶段。他逐渐摆脱了比较单一的通俗写实的风格，对现实的观察更加深刻，思考亦更具深度，而且广泛吸收了西方现代小说技巧，来表现物质愈来愈发达的现代大都市的光怪陆离、形形色色。短篇小说集《无言年代》与长篇《迷城》的问世，可以看作东瑞小说创作的自我挑战与超越。

《无言年代》是东瑞进行小说试验的产物，是他求新求变的短篇力作。这部集子运用了诸如象征、隐喻、荒诞、意识流、科幻、时空交叉等现代写法来折射香港社会现实，使人耳目一新。《寻找那床》中，一对准备结婚的年轻人在现代大都市寻找旧式的碌架床和木板床，可走遍港九都找不到，到处卖的都是现代的豪华床，结尾却意外地买到棺木做睡床。显然，小说中的“床”是一种象征，是一种忠诚、实在、长久的情感象征，两个人物的名字“怀远”、“念昔”也具象征意义。小说追求一种朴实、单纯而坚固的生活信念，对返璞归真的生活憧憬与高度发达的物质文明现实形成强烈反差。《锁》中的锁的象征意义耐人寻味，它是现代社会人际间隔膜、冷淡、封闭的象征。《无言年代》和《面具年代》都运用了荒诞的写法。《无言年代》中的卜门是靠外发校对和在大厦做垃圾工为生的小人物，一天醒来，发现城市下雪了，四周都是冷冰冰的，报摊、邮局、歌舞厅……连情书都是印好的，人变成了冰树，失去了语言交流，失去了心灵的沟通，城市进入了“图象”时代。小说以荒诞情节折射出现代社会人性的迷失、被扭曲与情感的堕落。

《暗角》和《迷城》是将现实主义与现代主义相结合的未来小说，是东瑞长篇创作的新收获。这两部长篇完全打破了以往传统的写法，从内容到形式都具有强烈的现代意识，有别于早期长篇的写法。情节淡化，由外部的写实转向了内部心理的真实，并多方面吸纳了西方现代小说的技巧。东瑞坦言：《暗角》“几乎把我平素的思索都写进去了，融合了我四十年来的人生经验和对一些世事的看法”。廖子馨对这部长篇有精辟的评价：“《暗角》是座饱满的大海绵，里面蕴寓着许多人生的问题，包括生的希望、生的失望、死的恐惧、死的冀望等，那么从海绵体流出来的液体，是浓郁的人生孤独。”小说运用了意识流手法，捕捉到丰盈的意象，象征意蕴深厚。应当说，这部作品是东瑞长篇创作的超越，他的转折是成功的。《迷城》就题材而言，与《暗角》迥然不同，作家在继续进行长篇写作的探索。就表层看来，它写的是一个作家与歌女的爱情故事，而透过这个爱情框架，实际上叙述了个人对人生、人性、生命、文学、艺术等的见解。这部长篇小说首要的特色是它的诗意叙事，可以称得上是一部长篇诗体小说，或曰象征写实小说。作品虽写爱情，但完全没有一般作品常见的三角恋、婚外情，更没有刻意安排富于煽情的刺激性场面。男女主人公在马来西亚的槟城相遇及几日的出游、赏景、空间设置、对话都极富诗情画意，这种诗意还表现在渗透于小说中的那种忧伤感、孤独感，而尤为突出的是这种诗意叙事中的象征意蕴。《迷城》这个题目本身象征着人的探索、寻求。而小说中出现的树林、墓地、山洞、怀旧歌曲、古董店的钟表……都具有象征、隐喻的含义。小说的主人公在寻找真、善、美，寻找人的理想、生与死的含义。90年代末，他又出版了长篇新作《尖沙咀的丛林》，反映了香港尖沙咀的历史变迁，具有浓郁的香港本土意识，显示出别样的创作风格。

东瑞还钟情于微型小说创作。至今他已出版《尘缘》、《留在记忆里》、《朝朝暮暮》、《东瑞小小说》等8部微型小说集。对微型小说，东瑞的创作态度是严肃的，在《留在记忆里》的代序《魅力十足极短篇》中，他集中对这种文体发表了精彩的见解，他认为："极短篇是：对人生的深刻感悟，以极短的篇幅，诗意地表达出来。因此，新颖深刻的立意、寓意，构成了它的生命和灵魂。""极短篇就是如此迷你，魅力十足。以一当十，片刻的陶醉绵延、升华成恒久的文学记忆，在你的阅读史上印象不可磨灭。"

东瑞还是香港作家中以很大精力投入少年儿童小说创作的重要人物，而且在这个领域里卓有成绩，出版了《琳娜与嘉尼》、《王子的蜜月》、《叛逆出猫党》、《逃出地狱门》、《相约在未来》等20多部小说集。这些作品展示了求学阶段的少年男女在成长路上的心路历程，生动描写了学生们在学校、家庭与社会各个方面的生活，是窥察香港少年生活的缤纷万花筒。此外，他还有评论、散文、小品集多部。

六、施叔青的小说

施叔青（1945—　），本名施叔卿，台湾彰化人。淡江文理学院法文系毕业，美国纽约市立大学戏剧硕士，主要从事创作和研究工作。1978年移居香港，1994年回台湾定居。台湾、纽约、香港三地的生活经验给予她极其丰富的创作源泉。早期作品受超现实主义影响，后期风格发生重大变化，趋向现实主义。著有小说《约伯的末裔》、《牛铃声响》、《倒放的天梯》、《愫细怨》、《完美的丈夫》、《夹缝之间》、《情探》、《颠倒的世界》、"香港三部曲"、《微醺彩妆》、《行过洛津》等。

这个出生于台湾，留学于美国，而后随着哈佛毕业的夫婿移居香港16年，其间又不断出入台湾和大陆、东方和西方的女作家，仿佛是"上帝"的特意安排，天生就应该来写香港的。她自己也有这样良好的感觉："我觉得全世界找不到第二个地方像香港这样有利于我的写作。我是从台湾来的，台湾的社会比较封闭，没有香港的国际性，我也住过纽约，但在那里寄人篱下，很寂寞。"

香港16年是施叔青创作的黄金时期，主要有两个系列："香港的故事"和"香港三部曲"。

施叔青的《香港的故事》系列（《愫细怨》、《窑变》、《驱魔》等为代表），以展现香港都市世情生活的精微及刻画女性心理的细腻、真实描摹人性著称。

在这方面，施叔青毫不掩饰张爱玲对她的影响，她承认："在技巧表现上，我受她（张爱玲）的影响很深。"施叔青涉足华洋杂处的香港中上层社会的亲身经历，激活了她"叹世界"的冲动，她的笔下常常出现白领或中产阶级的女性。无论是《愫细怨》中的愫细、《窑变》中的方月、《一夜游》中的雷贝嘉，还是《情探》中的殷枚、《寻》中的杜伊芳，她们虽然都有着不错的职位和经济地位，但都有着或有过不太如意的婚姻或爱情经历，这是一群被寂寞所噬咬、被欲望所驱逐的女人，她们在欲望和寂寞间苦苦挣扎着。

《愫细怨》为我们展现了香港社会中上层女性在欲望与理性的矛盾中痛苦挣扎的内心，由此揭示了女性的尴尬处境和精神困境，不妨看作是香港都市女性的一个代表。《愫细怨》中，愫细与洪俊兴的关系主要就是建立在性爱的基础上的。从美国留学归来的愫细，拥有一份不错的工作，事业上很有发展前途，经济上更是完全独立，有着极强的女性主体意识，由于丈夫另有新欢而选择分居。愫细对洪俊兴的最后否定，不是"理性、精神对肉身的否定，而是女性肉身对想要主宰支配她的男权性观念与行为的否定"①。施叔青以女性的敏锐细致入微地剖析了愫细挣扎的内心与不堪言说的情感体验，揭示了女性当下的生存困境。

另一系列是"香港三部曲"系列。在此之前创作的《维多利亚俱乐部》可以看作是这一系列的发端，主要写大法官黄威廉审理的一桩发生在维多利亚俱乐部的巨额贪污案。追溯黄威廉的家谱激发了作者对香港历史探索的兴趣，于是就诞生了用小说文本来"做历史的见证"的三部曲，时间跨度从 1984 年直至"九七"回归。

"香港三部曲"是一部"家族史—殖民史"小说。作者透过一个在 19 世纪末从东莞乡下被拐卖到香港沦落为妓的黄得云的家族史建构了香港百年殖民发展的历史想象，黄得云及其后代理查、威廉、蝶娘不仅是香港百年殖民史的参与者、见证者，更是一个完整的隐喻和象征。它包括三部：《她的名字叫蝴蝶》、《遍山洋紫荆》、《寂寞云园》。第一部《她的名字叫蝴蝶》采用让黄得云穿行于香港历史事件之中的线性结构，突出蝴蝶的象征，影射香港的形成。作者把舞台搬到华洋杂处的香港，任由英国殖民者现身说法，斗胆地尝试作家未曾涉足的领域——深入白人统治者的内里，审视殖民者的诸般心态②。第二部《遍山洋紫荆》则更多的是以英国殖民者拓展新界的事件为中心，对香港社会生活的多个侧翼面进行展开。到第三部《寂寞云园》，预设的"百年沧桑"的

① 李今：《在生命和意识的张力中——谈施叔青的小说创作》，《文学评论》1994 年第 4 期。

② 施叔青：《她名叫蝴蝶》代序，花城出版社 1999 年版，第 4 页。

创作意图还留下大段时间的空白，为了减轻压力，作者通过曾孙女黄蝶娘的视角来描写黄家三代的传奇，并让她在电视里演绎自己家族几代人的恩怨情仇。“我”也扮起了串场的角色。被抛弃后的曾祖母黄得云得到汇丰银行董事修洛的垂青而时来运转，祖父理查逐渐成为地产业大亨，父亲威廉当上了大法官。随着香港经济的腾飞，曾祖母修建于半山的寂寞云园被迫拆掉，淹没在历史的风云里……昨天和今天，历史和现实被黄蝶娘用一种现代的、挑剔的眼光和调侃的语调来重新发现和讲述。这种故意抹去历史深度的后现代的游戏调侃，构成对香港殖民历史的彻底颠覆和解构。

如果说“香港的故事”系列主要是对家庭婚姻系列中的“男人与女人”的存在主义与女性主义关注，那么耗时8年的“香港三部曲”则是以后殖民理论来诠释香港独立的女性人生和百余年被殖民的历史。性是作为“东方—被殖民—女性—弱者”的一种被压迫的现实和颠覆的象征。第一部中洁净局官员亚当·史密斯骑在黄得云柔若无骨、洁白如霜的身上肆意发泄，黄得云无力对抗，这是香港开埠初期被殖民的象征。第三部《寂寞云园》中出现在我们面前的是很具绅士风度的银行大亨西恩·修洛，可是当他激情遭遇风韵犹存的黄得云时，却是个欲举不能的性无能者。在两人的情感之路上，黄得云反客为主地居于对西恩的支配地位。

从第一部中的性征服者亚当·史密斯到第三部中的性无能者西恩·修洛，这种支配与被支配的性关系的变化，透露出殖民主义从海盗时期的豪取强夺，到依赖绅士风度的统治，其间逐渐没落的信息，象征着对“西方—殖民—男性—强者”的颠覆。作者透过男女性关系的变化书写了“东方—反殖民—女性—强者”的历史过程，至此达成家族史和殖民史的二元重构。

“香港三部曲”是施叔青迄今最宏大、也最具社会效应的一个艺术建构。在朋友们的建议下，回到台湾的施叔青准备为自己的原乡做点贡献，构思台湾三部曲，目前已经完成一部《行过洛津》，我们期待着其他两部的诞生。

历史—历史文本—小说文本，“九七”回归之前对香港历史的怀旧与书写之风盛行，而施叔青可以说是其中的佼佼者，她用三卷本的大河小说从后殖民的角度对香港历史投注了更深层次的关怀，这是她迥异于其他描写香港的作家的地方，不愧为香江风情的描画者。

第五节　香港新生代小说

一、董启章的小说

董启章（1967—　），生于香港，1989年毕业于香港大学比较文学系，

1994 年在此系获硕士学位，曾任中学教师、大学助教，现从事写作及兼职夜校教师。1992 年在《素叶文学》发表第一篇小说《西西利亚》，并撰写书评。1993 年与友人创办《文化评论》。著有校园中短篇小说集《纪念册》、《小冬校园》、《安卓珍尼》、《名字的玫瑰》和长篇小说《双身》，杂著《地图集》，编著阅读与评论合集《说书人》，与黄念欣合著《讲话文章——访问阅读香港十位作家》等。长篇《双身》获台湾第十七届联合报文学奖长篇小说特别奖、红楼梦奖评审团奖。董启章属于那种创作起点高，又勇于试验、探索的小说新人。他的小说给读者打开了一扇奇异、新鲜的窗口，令人惊奇。

他的中篇小说《安卓珍尼》夺得台湾联合文学第 8 届小说新人奖中篇小说首奖。这次评奖是匿名的，当评审完毕，谜底揭晓，众评委对作者的性别大感意外。因为评委们从文本判断作者很可能是女性，而香港作家董启章却是一位男士，这年 27 岁。同时，他的短篇《少年神农》亦获此届短篇小说推荐奖。从此，董启章这个名字为文坛所关注。

他的小说写得扑朔迷离，属于难懂一类，它往往蕴含理性的思考，呈现多义性。《安卓珍尼》是他的代表作，小说中的主人公“我”，是一位年轻的研究生物学的女学者。她与丈夫的感情产生危机，独自来到荒野的山中寻找一种动物斑尾毛蜥，它是一种雌性的单性繁殖的动物。她的丈夫是一个温文尔雅的商人，很有修养，但却把她当作学生似的予以管教，她无法忍受。来到荒山，却被另一个沉默寡言、举止粗野的男人强暴了，并怀上了孩子。在文明社会，丈夫用知识统治她，在蛮荒山野，男人用暴力占有了她。她欲摆脱男性，甚至想能使女性自身生产出另一个单倍体以和卵子结合，自行创造生命。小说给人的思考是多方面的。“当我在一个世界感到窒息，我可以逃到另一个世界去吗？而在另一个世界里，我肯定我便能够得到解放吗？还是，那里，有另一种暴力，另一种压抑？”作品启示读者，逃避是不能获得解放的。小说可以当作女性主义小说来解读，是对男权社会女性地位、人格与命运的反思。这位女生物学家，显然也是个女权主义者，她的这段“奋斗史”有其豪壮的一面，然而真的能找到一个摆脱或者没有男性的“女儿国”吗？离开男性，她可以创造新的生命吗？《安卓珍尼》的副题是“一个不存在的物种的进化史”，斑尾毛蜥实际上是不存在的。小说中的“我”“在安卓珍尼的身上看到了自己的命运”。就人类的生存与发展而言，小说提出的问题发人深思。台湾作家杨照高度评价这部中篇，说“这是我看过非常非常少数的女性书写，其中穿插的生物学知识是非常成功的穿插，因为每一个穿插到最后都让读者知道作者的用意在哪里。中间的故事乍看之下很像通俗的罗曼小说，但是最后却让我们知道作者传达的完完全全不同于罗曼史的信息”①。

董启章常常从自然科学的书本知识获得启示与想象，《永盛街兴衰史》中的“我”跟父母移居加拿大四年后返回香港，开始收集爷爷旧居的老屋所在地永盛街的资料，依据《香港地图绘制史》所绘的不同时期的地图，“我”在推测、想象这条街的兴衰历史，并由此构想从曾祖父起，直到现在的几代人的家史。作者曾经出了一本关于地图的杂著《地图集》，副题是“一个想象的城市的考古学”，他在这本书中说：“在这本体例混杂和难以归类的地图阅读结集中，作者以一种罔顾现实的态度在纵横拼合的点线和色块间，读出各种既共同又私密的梦魇、缅怀、渴想和思辨。”② 这句话正是《永盛街兴衰史》的最好注脚。小说通过一条街道的变化写城市的变迁、人世的沧桑。小说中还穿插了《粤曲歌坛话沧桑》中的《客途秋恨》的曲词，以诠释或映衬人物的心绪、感受，构成文“曲”互涉，并与地图等有关知识的叙述，形成贯穿全文的三重奏。

董启章的小说企求将文学与自然科学联姻，如《安卓珍尼》之与生物学、《永盛街的兴衰史》之与地图学、《聪明世界》之与心理学、《少年神农》之与医药卫生学等等，小说中的故事框架与某学科知识相穿插、交错。小说中的故事线索清晰可寻，人物形象的身份、经历也并非模糊不明，而它的主旨又与某学科知识密切相连。这种结合并不生硬、牵强，《安卓珍尼》中的生物学文本乍读之下，似乎觉得枯燥，但仔细品味才察觉，它与女主人公的感觉或觉悟是一致的，是互为结合而非累赘。因而它给人留下的不仅仅是社会、伦理或情感层面的，而且涉及人与自然，人类的生存与发展等值得探索的问题，更启发人们作深层次的理性思考。

董启章非常讲究小说的结构艺术。《安卓珍尼》采用了故事文本与生物学文本相穿插的复调叙述，而《少年神农》则由神话故事与现代生活两个板块组成，前半部分是虚幻的神话，后半部分是今日之现实，把古今勾连为一体，古代的神农与当代的医药学大学生相呼应，在结构上呈现出对称的美。

二、黄碧云的小说

黄碧云（1961—　），生于香港，曾就读香港中文大学新闻及传播专业，后去法国第一大学学习法文及法国文学。返回香港后，曾任记者，做过6年的新闻工作，曾到越南、泰国、孟加拉国、老挝采访，当过编剧，并作为自由撰稿人为报纸刊物写稿。从1991年起，她出版了三部小说集，即《其后》、《温

---

① 杨照：《关于〈安卓珍尼〉》，台湾《联合文学》1994年第11期。

② 董启章：《地图集》，台湾联合文学出版社1997年版，第146页。

柔与暴烈》和《七种静默》，都由香港天地图书有限公司出版。其中，前两种都获得香港中文文学双年度奖小说奖，并获香港艺术发展局首届文学奖。散文集有《扬眉女子》和《我们如此很好》两种。

在香港作家中，黄碧云走的是独特的小说路数。她的小说的写法与众不同，她用一种极平静而超然的口吻叙说着一个个爱与恨、生与死的故事，从中读不出理想与寄托，也看不出谴责与批判，只是透露出悲凉。

小说集《其后》大体有两类叙事，一是爱情，一是漂泊。《盛世恋》是她写婚姻爱情的代表作。小说写的是太平盛世的婚恋故事，没有大波大澜，没有离奇曲折。书静与老师方国楚，由师生关系演变成夫妻，婚后书静发现，曾高举理想之旗的老师，如今一味苟且，原来，她并不爱他，他们之间没有爱情。终于她决定离婚。他们的离婚很平静。小说写得自然、平淡无奇，却相当深刻地揭示了一个年轻女子的复杂迷茫的心态。小说的结尾是这样的："太平盛世，最惊心动魄的爱情故事也只能如此。八十年代的香港。"《她是女子，我也是女子》中的叶细细是一个女同性恋者，她一往情深地恋着同学之行，两人关系超过平常人，原以为可以厮守终生，不料，之行背叛了她，最终离开她而去。这两篇小说如颜纯钩所指出的："读这小说，便觉人生只是无数姿势而已，爱是姿势，恨也是，聚散也是，升华与沉沦都是。"① "友情会过去，亲情也会，爱也是一点点在消逝的东西，甚至恨也是。"另一类作品写人生的漂泊，主人公往往漂流在异国他乡。《一个流浪巴黎的中国女子》中的主人公叶细细，流浪法国的年轻中国女子，为求学、工作，生活困窘，又因失恋而孤独寂寞，"我来巴黎以后，我学会不大想将来，反正亦无将来可言，就不要去想了"。最后，她在郁郁寡欢中自杀而死。《其后》中的"我"，一位中年男子，患了乳癌，妻子自杀、妹妹在从政中被谋杀，他回到乡下探望大哥，大哥带他去看两个刚挖的新坟，告诉他是为哥俩准备的。临别时，哥哥叮嘱说："要戒烟，早睡，好好地死。"这里，哥哥的嘱咐，竟然不是好好地活，而是好好地死。在他的思想意识里，死与活似乎没有什么区别了。这类作品，作者突出的是生命的漂泊无依，人的内心的痛苦。小说中的人物只有过去，没有将来，也不想将来。

《温柔与暴烈》与《其后》相比，充满了罪恶、暴力、凶杀、血腥，而作家的叙说仍是那么平静。《失城》中的陈路远杀死了妻子和四个小孩，居然对邻居说："你们都进来吗？没关系，他们都死了。"而事后他坦言："我只是无法背这爱情的十字架。"

黄碧云小说中人物的名字在不同的作品中反复循环出现，他们不是同一个人，这些名字只不过是一个符号而已。女性如叶细细、赵眉、陈玉，男性如詹

① 颜纯钩：《推荐意见》，《台港文学选刊》1990年第12期。

克明、陈路远，如果说，在《其后》中，这些人物还有情感和理性的线索可寻，那么在《温柔与暴烈》中，这些人物渐渐失去理性，充满怪诞的念头，荒唐的行为，处于精神病人的状态，近乎一种“怪物”。《呕吐》中的叶细细是一个混血儿，童年时母亲的惨死给了她可怕的刺激，从此，她患上一种病，感情强烈，无法控制时就呕吐，她敏感、早熟，喜欢出走，对生活感到厌倦。她清醒时是一个正常人，呕吐时就呈现精神病态。黄碧云的小说就在探索这种人生的困境，以及人在这种病态下的感觉与行为。《捕蝶者》中的陈路远小时候父亲离家出走，母亲也死得早，18 岁那年杀死第一个女子。以后，他杀了人，连自己都几乎忘记，“仿佛杀人十分应该”，最后，他杀死了与其有性关系的女子赵眉而被香港警方缉拿。小说中构成互涉的穿插文字“每一存在都播下了它毁灭的种子”，或许是解读这篇作品的钥匙。

黄碧云生在香港，又在法国上大学，回港后，香港已进入高度发达的工业社会。加之她经常独自离港，周游欧美各国，同时又值世纪末香港历史命运转折的特殊时刻，所以她的作品表现出浓重的现代、后现代文化倾向，从价值取向到艺术手法，都受到现代文学、后现代文学的影响。也许是留学法国的缘故，法国“新小说派”对她创作的影响不可低估。“新小说派”的代表作家罗布·格里耶宣称：“‘新小说’的创作方法的特征之一，就是捕捉存在——人的存在和物的存在，而这种存在又是游离于大社会和人群之外的孤立现象。”① 综观黄碧云的小说，虽然有背景交代，但都是淡而模糊，人物的命运与社会基本上是游离的，人物的遭遇看不出前后因果关系，作家着意于写人的存在，写人生的体验，诠释人生的困境，表现人的无奈、悲凉与痛苦。

在艺术上同样如此，她直言：“我却认为无情节，甚至无人物，只呈现语言形式的现代小说（更精确地说，是新小说），是文明的一大进步。”② 黄碧云的小说不着意于故事情节，不注重刻画人物性格。时空次序任意颠倒，着力营构意象、象征，常用拼贴式写法。如《双世女子维洛烈嘉》选择了三个不同时空的场面拼贴而成，几乎没有故事情节，而同一人物虽然在不同场景中出现，却理不出前因后果关系，主人公维洛烈嘉只是每个特定时期的一种存在。《呕吐》中，呕吐这一生理现象作为一个中心意象贯穿全篇，亦可视为一种象征。

读黄碧云的小说，常常被那种可怕的梦魇窒息着，压得人透不过气来，因为她在作品中表现了人存在的痛苦和悲凉，这也是小说的一种写法，而作家写得又很有才气。

---

① 转引自陈焘宇、何永康编：《外国现代派小说概观》，江苏人民出版社 1985 年版，第 491 页。

② 黄碧云：《金戒指的静默》，《台港文学选刊》1991 年第 5 期。

三、钟晓阳的小说

钟晓阳（1962—　），女，生于广州，长于香港，中学就读于香港玛利诺书院，后赴美留学，毕业于美国密歇根大学电影系。她十三四岁就开始写作，在诗词、散文、小说方面都显露出才气。18 岁时的长篇小说《停车暂借问》出版后便一鸣惊人，迅速引起文坛高度关注，这一年，她获香港第八届青年文学奖散文高级组第一名及第二届中文文学奖第一名。出版的有短篇小说集《流年》、《爱妻》、《哀歌》，散文集《春在绿芜中》，1995 年她又出版了长篇小说《遗恨传奇》。

《停车暂借问》是钟晓阳的成名之作，小说叙述了女主角赵宁静的两次爱情故事，时间从 40 年代的东北直到 60 年代的香港。第一部《妾住长城外》的背景是抗战时期，情窦初开的宁静爱上了日本军官之子、大学生吉田千重，由于当时正处在抗日战争期间，日军投降之后，这段刚刚萌生的爱情也跟着夭折了。第二部《停车暂借问》，宁静与表哥爽然相爱，两人情投意合，由于爽然的父亲已给他订婚，他又无法与家庭决裂，加之宁静也在父亲的压力下被迫定亲，所以尽管爽然深深爱着宁静，最终两人却没能结合。第三部《却遗枕函泪》写的是 15 年后，早已结婚的宁静与爽然在香港相遇，爽然仍然孑然一身，而宁静的婚姻已濒临破裂，当宁静毅然与丈夫离婚，准备与爽然建立新家时，爽然却离开香港赴美国，一去不归。宁静的两次爱情经历都以悲剧而结束，小说以细腻、委婉而清丽的笔调把两段爱情故事写得如梦如幻、哀婉动人。

钟晓阳以后的创作主要以爱情婚姻为题材，《二段琴》叙说了一个穷苦出身的青年二胡琴师莫非的两段爱情故事，他与凤回的爱情是真挚的，虽然有了孩子但却不能结合。以后遇见的杨清妮，死死缠着他，却不能激起他爱情的火花。《哀歌》中的我深深爱着那位商业渔夫，最终未能结为夫妻而留下永久的缺憾。钟晓阳的小说叙述的都是这样的爱情，男女主人公真挚相恋，而结尾恰恰总是悲剧，“此恨绵绵无绝处”，小说的艺术魅力也就在此处。人们期望作品中的男女主人公结合，而他们偏偏不能团圆，小说编织的这种缺憾美给读者以深深的震撼。钟晓阳小说中的爱情是理想化的，严峻的生活现实往往使得这种理想化的爱情不得不屈从、泯灭，最终以悲剧而结束。有的研究者把它概括为古典与现实的两难是有见地的。

1996 年，钟晓阳发表了长篇新作《遗恨传奇》，这部长篇小说拓展了原本局限于婚恋的创作题材，描写了香港豪门的情仇故事，作品人物众多，情节曲折，在广阔的社会背景上展开了复杂的矛盾冲突，标志着作家创作的新起点。

钟晓阳非常善于开掘人物的情感世界，尤擅长揭示人物在恋爱状态中丰富、复杂而细腻的心理活动。如《二段琴》中，莫非等恋人凤回来访时的心情："她不来的晚上，莫非便心神不定，意兴懒怠，明知道她不会来了，有意无意，还是要侧着耳朵听听门铃有没有响，有时只不过在他心里响起来，他倒一溜烟地冲去开门，有一回，门铃响了，他又疑心是自己的幻觉，反倒很镇静地继续拉二胡，但门铃继续响了几下子，他试探着去开门，几乎不相信是她。"这里把人物的那种期待、焦虑、心神不定的情态揭示得惟妙惟肖。作家描写青年人的恋爱心理深得《红楼梦》之神韵，擅长揭示出人物复杂的体验、感悟，隐藏在内心深处的隐秘。《停车暂借问》中就多次写到宁静读红楼，由此可见钟晓阳对红楼的研究也非同一般。台湾作家王鼎钧极为赞赏《停车暂借问》，指出："作家写薛家，态度冷静，多用史笔，如曹雪芹之写宝钗；写林家，心肠热烈，多用诗笔，如曹雪芹之写黛玉。如果我们说《停车暂借问》深受《红楼梦》的影响，把《红楼梦》中的一男二女的关系变奏为一女两男的关系，或不致受识者的诃讥。"这种评价是中肯而有眼光的。

钟晓阳小说的语言充满灵气，她善于抓住瞬间的印象，并能将这种感觉逼真地传达出来，仿佛使人看得见、听得着似的。如《停车暂借问》中"她不由自主地回过头去，那男顾客也转过身来，瞬即成了她的镜子，照着和她一样的神情、眼光和往事"。《哀歌》中"明媚的阳光下，芥菜花好看地开着，为了蝴蝶的爱"。前者写人，后者写景，都能用一种印象式的写法表达出来，让人感悟得到。

她小说中的语言常常饱含着诗意，呈现出一种诗意的叙事风格。如《停车暂借问》中写宁静与千重的一段："两人缓缓步出大门，循路走着，夹道的茅屋草房莫不高挂灯笼，月亮升起来了，光晕凝脂，钟情得只照三家子一村；宁静手里也有月亮，一路细细碎碎筛着浅黄月光，衬得两个人影分外清晰；灯笼有点动动荡荡的，人影便有些真切不起来，倒像他们在坐船渡江，行舟不稳，倒影泛在水上聚聚散散。"又如"不如以我一生的碧血，为你在天际，血染一次无限好的、美丽的夕阳；再以一生的清泪，在寒冷的冬天，为你下一场大雪白茫茫"（《哀歌》）。这两段语言中，意象的选用，浓郁的情感色彩及抒情笔调，都极富表现力。前一段文字中月亮、灯笼的意象相辉映，后一段中"夕阳"、"大雪"的意象营造都给人留下深刻的印象。有论者指出：钟晓阳作品的语言受到张爱玲的影响。的确如此，如氛围的渲染、意象的创造、语言的张力等，但她又能从中跳出，自成风格，形成鲜明的个性特色。

四、葛亮的小说

葛亮（1978—　），原籍南京，现居香港，毕业于香港大学中文系。曾获亚洲周刊华人十大小说奖、台湾联合文学小说奖首奖等。著有小说集《七声》、《谜鸦》、《浣熊》、《戏年》、《相忘江湖的鱼》，以及"中国三部曲"长篇系列小说的前两部《朱雀》、《北鸢》等。

葛亮最喜欢的中国现代作家沈从文在两方面影响了他，一方面是文学审美层面的诗性言说，另一方面是主题方面的古典与现代之争。“他在长篇小说《长河》中，提出有关‘常’与‘变’的问题。他认为现代性的东西好不好，是要放在传统的语境中去检验的。”① 纯粹的现代性在葛亮笔端呈现出神秘的凶险，只具有单纯的“变”，而失去了生命必不可少的“常”。成名作《谜鸦》就是反现代性的代表之作。《谜鸦》与希区柯克的电影《鸟》构成互文关系，都市女孩简简是一位理性主义者，不相信鸟可以毁灭人类，执拗地饲养了名为“谜”的乌鸦，最终却因传染了乌鸦携带的病菌而使胎儿死于腹中，丈夫愤而杀死了乌鸦后，简简竟因爱子、爱鸟的双重离去而跳楼自尽。现代性的理性之光制造出的光亮，只不过是世界的表皮与幻景，葛亮试图告诉我们：生命终究摆脱不掉宿命的“隐忍的内核”。

正是在此反现代性语境之中，葛亮开辟出更为温情的道路，转向了地方书写、民国书写，既有“变”又有“常”。失去了理性光芒的映衬，宿命褪去玄黑的神秘性，更多地被体认为一种生命的常态。与宿命同为生命常态的，还有人性的坚韧与弹性，葛亮为此寻觅到两种象征，一种是《朱雀》里的朱雀，另一种是《北鸢》里的风筝。《朱雀》以南京为中心，叙述叶毓芝、程忆楚、程囡三代母女从 20 世纪 30 年代到 90 年代的传奇经历。一只金饰朱雀在她们之间流传，串联起命运之“变”中的“常”，最终回到原主人洛将军之手。当洛将军用锉刀将朱雀头上的镀铜锉掉时，“一对血红色的眼睛见了天日，放射着璀璨的光”②，朱雀就是生命生生不息的象征。《北鸢》状写 1926 年到 1947 年的民国时代，展示出卢、冯两个家族众多人物的命运。葛亮在自序中强调，《北鸢》“这本小说关乎民国”，他认为民国是常与变、传统性与现代性的历史交汇处，彼此之间处于激烈碰撞、未分胜负的状态，民国时代未为个体定制太多必须遵守的条条框框，个体与群体之间的关系是良性互动的。民国精神就体现在风筝这一象征物，卢文笙与毛克俞对风筝的命名概括出了风筝的全部意义：天有不测风云，风筝因而“命悬一线”，体现出生命之变；但风筝又显示出“一线生机”，恰恰是那不起眼的一线承载了生命的全部坚韧与弹性，也即生命之常。

艺术风格上具有明显的新古典主义追求。语言典雅而不夸张，长短句错落有致，富于节奏感。对于地方风物，往往以格物的认真精神进行工笔细描，展现出静物的稳定与美好。

---

① 葛亮：《写作是我内心沉淀之道》，《天津日报》2016 年 12 月 15 日。

② 葛亮：《朱雀》，作家出版社 2010 年版，第 442 页。

第六节　澳门小说

一、鲁茂的小说

鲁茂（1932—　），原名邱子维，原籍江西临川，生于广东佛山，长期在濠江中学任语文教师。他是左手写散文、右手写小说的高手，对戏剧亦极有修养，能编导、表演。他是澳门著名的长篇连载小说作家，从60年代到90年代的30年写作生涯中，在《澳门日报》副刊上几乎天天能读到他的长篇连载小说。这期间，他创作了20多部长篇小说，是澳门创作量最多的作家，有《星之梦》、《小兰的梦》、《黑珍珠》、《莫负青春》、《爱情的轨迹》、《蒲公英之恋》、《杜鹃花开》等长篇连载小说，这些作品总计字数达千万字，但大都散失了，没有结集出版，直到1995年，他才出版了长篇小说《白狼》。他的短篇小说也未结集出版。另有散文集《望洋小品》。

鲁茂的小说取材澳门社会现实生活，描写了各个阶层形形色色的人物，尤其善于塑造下层小人物形象，如工人、教师、义工、学生等。廖子馨认为："这些以写实为主要创作手法的作品，具有见证时代变迁、社会发展的意义，一定程度上是澳门社会的风貌纪实。"

《白狼》取材独特，描写澳门中葡混血儿吴白朗误入黑帮，几近毁灭的故事。廖子馨认为：这部长篇中的吴白朗是一个凝聚着社会矛盾的角色，尤其角色是土生身份（中葡血统），有特殊的意义，因为在澳门的长篇小说创作中还未曾对这类人物给予专题的描写，同时，作品中还对近年在澳门出现的新市民——北地胭脂进行了相当精彩的刻画，"蓝泡泡"小姐是第一位出现在连载小说中的北地胭脂。这两个人物充实、丰富了《白狼》故事，作品反映出20世纪90年代澳门社会某个侧面的时代风貌。

陶里对鲁茂的小说做过中肯的评价：在他的作品中，少有穷凶极恶之徒，也没有血淋淋的杀人情节，他惯于写小市民的生活和心态，虽然作品没有曲折离奇的情节，但从平淡的常见的小市民生活中道出善恶的斗争最终的目的是使读者舍恶取善，享受人生。

《望洋小品》是鲁茂的散文随笔集，取材广泛，笔法灵活，篇幅短小。李鹏翥认为："这些作品首先言之有物，具有强烈的时效性，作家从国际大事、国家大事以至社会生活、个人生活，有感而发，因感抒情，下笔如行云流水，中心脉络却卓然可见。"《墓志铭》揭示出一种人生哲理，这是一篇寓幽默于人生哲理的佳作。而《猫的天堂》从发生在身边的琐事中写一种感受，寓意深长。

二、周桐的小说

周桐（1949—　），原名陈艳华，笔名沈实、沈尚青，生于广东新会，任《澳门日报》英文翻译。从70年代开始写长篇连载小说，到90年代中期，创作了13部长篇，与鲁茂同时成为澳门长篇连载小说的奇才。长篇连载小说有《半截美人》、《八妹手记》、《幻旅迷情》、《晚晴》、《澳门假期》等，长篇《错爱》1988年出版。她还以沈实的笔名在《澳门日报》写《西窗小语》的专栏，传递欧美各种社会、经济、科技信息。

《错爱》以尤琴、李怀民的婚姻爱情为主线展开故事情节，围绕这条线索，还安排了尤铃、安祺及私生子里蒙等副线，其中有李怀民与异国女子安祺一夕缘的“错爱”，有心怀阴谋的尤铃对姐夫的“错爱”，小说交织着错综复杂的纠葛。《错爱》成功地刻画了几个栩栩如生的人物形象，尤琴、李怀民、尤铃等人物性格鲜明，给人留下深刻的印象。小说情节曲折复杂，悬念迭出，引人入胜。

《晚晴》是周桐的另一部长篇，从一位女编剧卷入一个富家的爱情及财产的纠纷中，引出另一个富有传奇色彩的爱情故事：四十年前在战难中被拆散的恋人，暮年意外重逢，感情不减当年，欲重续前缘，却因子女们的自私阻拦，不能结合，终成悲剧。小说可读性强，从一个侧面反映了澳门的现实生活。

周桐小说的背景多发生在我国澳门，但小说中的情节与人物常常跨到国外，如陶里所说：周桐的眼光较远，触角也灵敏，她的小说人物，个个形象鲜明，有的情节是跨国的……开阔了视野。

周桐的长篇小说注重情节性，擅长在曲折的情节中设置多条线索，并善于设置悬念吸引读者。如李鹏翥在《人生·爱情·即食文化》的序言中说：“以特有的女性敏感将微妙的两性情感的心理，错综复杂地表现出来。许多时奇峰突出，许多时惊世骇俗，令读者常有文艺心理学中的陌生文化效应，保持期待的张力。”

周桐还有与人合集的散文集《七星篇》、《美丽街》。

三、陶里的小说

陶里（1937—　）是诗人，也是小说家，他出版了两部风格迥异的小说集。《春风误》这本小说集主要运用写实的手法反映海外华人的生活命运，如作者自己所说：“从正面写爱情，从侧面反映海外华人的生活。”《百慕她的诱惑》序中写道：他“生平最怕听到人家说我写的东西像某人的作品”，“我从来不模仿别人”。他虽然只出版了两本小说集，却锐意创新，敢于实验，既不模仿别人，也不重复自己。

陶里的小说集《百慕她的诱惑》，独特、怪异。《聊斋志异》的志怪传奇，拉丁美洲的魔幻写实，都为作家所吸收、借鉴、消融，正是在这种荒诞与神奇的审美空间中，陶里重构出观照世界的真假美丑的价值体系。

小说集中有一串神奇、虚幻的故事：人变成小动物在地上爬、现实中的人可以走进已经消逝的历史、幽灵附在活人的身上、马肚子里走出六个汉子、石卵可测试人的爱恋的真假、建筑设计图纸上女鬼起舞……然而这荒诞不经的故事的背后，却是当代香港、澳门社会的本质写真。陶里坚持创作来源于现实生活的原则，他在《百慕她的诱惑·序》中一再说："它不是写实的作品，却处处是现实场景、现实心态"，大大小小的故事，来自现实，"笔者虚构的故事，任情节再复杂，任题材覆盖面再广，其实只是现实世界的小缩影，其本质只是现实的万一罢了"。这本小说分为四辑，收有短篇小说和微型小说 63 篇。作品的背景主要在香港、澳门，少数篇章拉到了越南、葡萄牙和岭南小镇。小说的取材是独异的，是作家对当代港澳都市生活的独特观照。一类题材反映了现代工商都市社会的物欲横流、金钱主宰一切，人性被扭曲，被异化。《百慕她的诱惑》中的"我"，因为妻子的大腿被广告商拍成大型广告画，赚了一大笔钱。妻子的腿还换来一百万的保险金，"我"用它买了汽车和楼房，并充当了妻子的经纪人。为了金钱，妻子的大腿成了"摇钱树"。

陶里的小说既借鉴了西方魔幻的手法，又借鉴了《聊斋》中神奇的幻想，是一种复式借鉴。他打破了传统的时空观念，叙述时间随意倒错，空间转换的界限被打碎，生与死的鸿沟也可以自由逾越。不同时间、不同空间发生的事件可以聚焦在同一场景之中。运用情节的荒诞以激活小说的生命力，是这本小说集的又一别致处。荒诞不仅仅是荒谬、离奇，还有不合常规、违背常理、不合逻辑之意，《百慕她的诱惑》常常把读者带进现实中不存在的世界，这个世界不可理喻，怪诞不经，是一种超现实的存在。陶里在小说集中还成功地运用了象征手法，一些精彩的短章犹如象征性寓言。

四、寂然的小说

寂然（1974—　），原名邹家礼，广东新会人，毕业于澳门大学中文系，现任中学教师。寂然是澳门小说的新秀，作品多次获澳门文学奖。从《月黑风高》到《抚摸》，他一直在探讨小说的写法。

《月黑风高》系列所写的澳门社会治安、暴力犯罪，是其他澳门小说家很少涉猎到的。作家以敏锐的现代人感觉，在小说中正面展示了现代澳门一帮江湖少年刀光剑影、惊心动魄的殴斗场面，也相当细腻地刻画出阿力、细毛等一群青少年的心理世界，同时也涉及社会、学校、家庭在教育青少年方面存在的严重问题。而变态杀人狂阿达在小说中，如同音乐的复调一样，从一个侧面呈现了现代都市社会的怪世相。小说具有强烈的现实感、批判性，是极具深度的社会写真。

《抚摸》是一部“别出心裁”的新作，它是一个意蕴丰富的文本，具有强烈的艺术震撼力，读后令人耳目一新。无疑，这是寂然的又一次成功试验。

《抚摸》的开篇虽然也设置了“后设”的框架，但主要在于运用“聚焦”探索人性的幽微。的确，寂然创作这篇作品的胆子够大的，在一个中篇中，写尽青春恋、同性恋、异性恋和三角恋。尤其是对同性恋大胆、直露而近于疯狂的描写，在澳门小说中恐怕是很少见的。

《抚摸》中成功地运用了情节聚焦与叙事聚焦。所谓情节聚焦，这里是指小说的情节聚焦在“抚摸”这个行为上，整个作品围绕这一聚焦点而展开，小说中的人物也是通过各种各样的“抚摸”而发生关系的，它犹如舞台上投射的多束光柱的交汇点（这与叙事学中“聚焦”的概念不一样）。“抚摸”作为一种行为形态，心理形态是人性的情欲的外化表现。小说中，用这种敏感的触觉抒写人生的情欲体验，表现形形色色的人生原态，让它活生生地呈现在读者眼前，寂然的勇气和魄力令人赞叹。小说中的各种抚摸构成了一个喻象系统，小说中的每一节，都是写的叙事主体对抚摸的感觉与体验。这里的抚摸当然不是一般的触觉行为，而是一种情欲、心态的表现，是情欲的象征。

寂然小说的语言特色是构成文本的符码系统融合了中西小说的特征，可以说有两套符码系统。

一套系统富有现代意识。寂然借鉴了西方现代小说如海明威语言节省、干净的写法，如没有写景，没有写人物的外貌衣着，没有情节过程的交代等。运用意识流似的连绵长句，如《抚摸》第一节的一段长句：“那是一种发型带点冷艳眼神带点纯情鼻梁带点高傲嘴唇带点性感俏脸带点妩媚颈项带点神秘身高和体型都带点病态的集大成之美。”五十多字没有标点，任凭人物意识流动。也有现代诗似的、跳跃而不连贯的短句，如《抚摸》第三节中，只有两个字的十个名词短语的分行排列，跳跃而不连贯，留下许多空白，却给人极大的想象空间。

另一套系统具有古典韵味的语言风格。寂然的小说继承了中国古典诗词及元杂剧的语言特点，如讲究排比、对仗，运用整齐的四字句、三字句等，如《你喝醉了》中的有些段落就有这个特点。如：郑安安的记性很好，而且分析记忆能力很强，谈情说爱，妙语如珠，表情投入，激动时眼泛泪光，欢笑时笑意盈盈，事无大小都用心聆听。这段话以四、六句为主，连用三个四字句，六字句大体对仗，颇有古典韵味。

值得强调的是，寂然的小说与西方现代、后现代作品不能等同而语，他是借现代、后现代小说之“瓶”装澳门现代都市生活之“酒”。他借鉴的是艺术手法，表现的是生活原生态。从他的小说中读不到西方作品中的那种孤独绝望、生存危机。

思考论述题：

1. 香港小说发展的几个阶段及其主要作家作品。
2. 澳门小说的发展历程。
3. 为什么说金庸的武侠小说是“一场静悄悄地进行着的革命”?
4. 梁凤仪财经爱情小说的特点。
5. 如何理解李碧华的怀旧经典小说《胭脂扣》?
6. 卫斯理科幻小说的分类及其创作特点。
7. 南宫搏、董千里历史小说的创作特色。
8. 如何理解徐訏小说中反复强调的“我想说的不是故事，而是生命”这句话?
9.《酒徒》在刘以鬯小说中的地位。
10. 为什么陶然有“写爱情小说的行家里手”之称?
11. 颜纯钩、东瑞新移民题材小说的艺术特色。
12. 施叔青“香港三部曲”的主题意蕴和艺术特色。
13. 香港新生代作家各有何创作特色?
14. 选择葛亮的一部小说写文学评论。
15. 鲁茂、周桐长篇连载小说的特色。

第三章　香港、澳门诗歌

第一节　香港、澳门诗歌概述

一、香港诗歌

早在20世纪20年代，新诗就在香港出现了，但只是在尝试阶段，大多浅白、直露、缺乏诗的意境。香港新文学推动了新诗的发展，1933年12月创刊的《红豆》，封面就印有“诗与散文”的字样，是提倡发表诗歌的重要园地，这个刊物，到1936年8月停刊。“岛上社”是当时重要的文学社团，其成员创办的《铁马》、《今日诗歌》都是发表诗歌的文学阵地。这个时期出版的重要诗集有陈江帆的《南国风》，路易士的《行过的生命》、《上海漂流曲》，林英强的《蝙蝠星》，侯汝华的《海上谣》等。

抗战爆发以后，一批作家南来香港，推动了香港文学的发展。1938年5月，戴望舒从上海来到香港，居住香港时间长达11年，他曾编辑《星岛日报·星座》、《星岛作家》、《中国作家》等报刊，诗集《灾难的岁月》的主要诗作都写在香港。名篇有《狱中题壁》、《我用残损的手掌》等。此外，还有鸥外鸥、蒲特、袁水拍、徐迟、陶行知、陈残云、杜埃等，他们在香港写的诗歌富有战斗的激情，充满爱国主义精神。

抗战胜利以后，南来诗人来香港的有臧克家、邹荻帆。吕剑出版了诗集《诗与斗争》。黄宁婴的诗集《民主短简》富有战斗性、讽刺性。袁水拍、陈卢荻的诗歌都继承了抗战时期诗歌的战斗传统。

50年代，一批南来的诗人离开香港回内地，香港的诗坛相对比较沉寂、冷清。50年代初，力匡与何达是南来诗人中的突出代表，本土诗人首推舒巷城。50年代中期，现代派诗歌冲击香港诗坛，最先提倡现代主义诗歌的是诗人马朗，1956年，他创办了《文艺新潮》，他的诗集《焚琴的浪子》开香港现代诗之先河。60年代，也斯、戴天、绿骑士、胡燕青登上诗坛，老诗人有徐速、舒巷城。

由于现代主义诗歌弊端越来越明显，70年代以来，香港诗坛写实主义、现代主义与浪漫主义诗风并存，形成多元化的格局，当时的刊物主要有《诗风》、《海洋文艺》、《当代文艺》等。70年代后的诗坛由三个群体的诗人构成，一个群体是香港本土诗人，有西西、羁魂、也斯、黄国彬、古苍梧、温健骝等。到八九十年代，一批青年诗人成长起来，有王伟明、陈德锦、秀实、王良和、罗贵祥等。另一个群体是从内地南来的"新移民"，有蓝海文、陈浩泉、黄河浪、傅天虹、王一桃、晓帆、张诗剑、梦如等。还有一个群体是外来诗人，如来自台湾、澳门或海外的余光中、叶维廉、韩牧、梨青、原甸、陶里等。这些诗人具有流动性，有的在香港一段时期后又离开香港而去。

二、澳门诗歌

澳门是个"诗城"，诗人众多，就澳门文学而言，成绩最突出的是诗歌创作。

澳门当代诗歌创作可分三个时期：50年代为萌芽期，60年代到70年代为发展期，80年代以后是成熟期。50年代，澳门新诗以《新园地》、《澳门学生》等刊物为园地，代表诗人有李丹、李鹏翥、李成俊、蓝丁、甘枫等。60年代的澳门诗坛较前活跃，这个时期的代表诗人包括余行心、李丹、汪浩瀚、雪山草和韩牧等，《红豆》、《澳门日报·新园地》等报刊是发表诗歌的主要阵地。70年代的澳门诗歌，相对比较沉寂，发表诗作较多的诗人有江思扬、韩牧及在内地成名定居澳门的作家华铃。80年代以后，澳门诗歌创作逐渐出现繁荣景观。创作队伍上，澳门诗坛已是四代同堂，老一辈诗人有华铃等，中年诗人有韩牧、陶里、云力、汪浩瀚、淘空了、高戈等，青年诗人则有苇鸣、懿灵、流星子、凌钝、齐思、王和等，而更年轻的"新生代"诗人有林玉凤、黄文辉、冯倾城、谢小冰、郭颂阳等。其中，苇鸣、懿灵、陈达升等人的诗作曾被选入大陆、台湾的诗歌选集，有些诗作多次获奖。

澳门诗坛，新诗与旧体诗词并重，1991年，澳门成立"中华诗词学会"。学会出版会刊《镜海诗词》，还逐年编辑出版丛书《镜海诗林》。1992年出版了《澳门当代诗词选》，编入马万祺、梁雪予、佟立章、冯刚毅、黄坤尧、谭任杰等澳门当代40多位作者的700多首诗词作品，在澳门诗歌发展史上是具有开创性的。现已出版的诗词专集有：马万祺的《马万祺诗词选》，佟立章的《晚晴楼诗》，梁披云的《雪庐诗稿》，冯刚毅的《天涯诗草》、《镜海吟》、《望洋兴叹集》、《冯刚毅诗词选》，曾铁明的《曾铁明诗集》，谭任杰的《听雨楼诗词》，程祥徽的《程远诗词初编》、《程远诗词二编》，陈颂声的《星月诗踪》，吴小玉的《小乘山房诗稿》以及毅刚编纂的《澳门四百年诗选》，邓景滨编的《郑观应诗选》等。

澳门新诗，尤其是现代诗创作取得了可喜的成绩。1988年，陶里与诗友组织五月诗社，接着《澳门现代诗刊》创刊，成为澳门集中发表诗的"重镇"。诗人苇鸣说："自从80年代以来，代表着澳门文学的形象，担当了与其他地区作实质上的文学交流的角色的，正是澳门的现代诗。"陶里、淘空了、高戈等当时的中年诗人已在进行现代诗的试验，而且成绩可观，而苇鸣、懿灵、刘业安、凌楚枫、流星子、梯亚等年轻诗人的诗作更倾向现代主义，有的诗还带有后现代色彩。他们对社会事物进行严格反思与重新评估，在诗的艺术上求新求变。这一派的最早实践者为苇鸣，此外还有懿灵、凌钝、梯亚等。

第二节　香港本土诗人的诗歌

一、羁魂的诗歌

羁魂（1946—　），原名胡国贤，广东顺德人，生于香港。香港大学中文系文学硕士，曾任《文社线》、《学苑》及《诗风》编委。曾在中学任教 20 多年，1994 年移居澳大利亚，不久返回香港，后任中学校长。出版有诗集《蓝色兽》、《三面》、《折戟》、《山乃匍匐》、《趁风未起时》、《我恐黎明前睡去》，散文小说集《写马经的诗人》，散文集《七叶树》、《胡言集》等。1972 年，从大学毕业不久，他就与黄国彬等人创办《诗风》杂志，且坚持 12 年，出了 116 期，对推动香港新诗的发展，促进诗歌的对外交流功不可没。90 年代，他又与王律明等创办《诗双月刊》。

羁魂早期的诗作曾受到超现实主义诗风的影响，他特别推崇洛夫的诗，诗集《蓝色兽》就是这个时期的产物，诗中意象怪异，语言晦涩难解。但他很快就摆脱了这种影响，从诗集《三面》开始，诗风发生转变。他说："面向三十的《三面》，标志'象牙塔'与'小摇床'之间，怎样一段平凡而普通的人世旅程?"描写香港的市井风貌，为小人物画像，在羁魂诗歌中占有一定位置。他在《庙街榕树头》中写道："黄昏来时带回的一片黑/突然擦亮/在游人堆拥的脚跟下　一个没有霓虹的夜/便如常醒在/榕树头前丛丛喧闹之间/马会诊所的阴影外/有专治鸡眼痔疮顽癣梅毒的/医/天后及观音堂紧锁的朱门旁/有吹擂善观气色精推命理的/卜/多才层停车场后/也有兼擅国粤欧西名曲的/昨日或今日之星。"诗人把镜头对准香港九龙庙街的榕树头，摄下了具有旧城区特色的港岛众生相。黄维樑指出："羁魂的《庙街榕树头》，写香港古旧事物而有此功力和概括力，应该存入香港的博物馆。"《弄龙的老人》中对民间老艺人的高超技艺赞叹不已，"一挑即成硬舌/一削即成逆鳞，竹签戮下尖尖失神是目/梳齿咬住轻轻不扬是须"。《凿》中写给刻碑石的老人，"是你把生命刻入，还是生命把你凿去"，都表现出对现代都市本土底层小人物生存和命运的关注，这在香港诗坛是难能可贵的。

羁魂的诗以古典为貌，以现代为神，常常将古典情韵与现代意识相融合，或取古诗的意象，或用旧诗的典故，或取材历史故事，借古喻今，以表达对现实、人生的感慨。如长达百余行的长诗《刺秦》，以宏阔的气势、慷慨的音调歌咏了壮士荆轲的英雄壮举，“跳动/一如燕市铿锵的击筑/热血浴着他正砍落的右股/滚翻/一如易水慷慨的悲歌”，全诗写得大气磅礴，正气凛然，赞颂了荆轲的侠义情怀和大无畏的勇敢精神。

他的抒情、咏物诗，情感真挚、明白晓畅。在《如果我死》中，诗人坦然面对死亡，充满温馨的情调，“如果/我死/我只愿墓前不经意而过的/那个女孩/还带着笑地说：我充满希望”，没有豪言壮语，表现出普通人的平常心，却写得质朴动人。《花咏五题》分别以《水仙》、《牵牛花》、《向日葵》、《仙人掌》和《香石竹》为题，表达了诗人的某种情趣或寄托。这组小诗曾得到广泛好评，《仙人掌》歌咏了一种坚韧实在的精神，《香石竹》歌咏这种植物“你/怀抱着的那股/母性的轻柔/貌若牡丹而不沾富贵/姿如玫瑰却不带刺芒/无乃/康健而温馨的芳香”，诗人借香石竹赞颂了一种可贵的品性、高尚的人格。羁魂诗的语言有时晦涩艰深，读起来佶屈聱牙，直到 80 年代中期以后才逐渐趋向明朗。

二、温健骝的诗歌

温健骝（1944—1976），广东高鹤人，在香港长大。1964 年台湾政治大学外文系毕业。台湾求学期间，开始在《文星》等刊物发表作品，回香港后，诗作多在《中国学生周报》发表，1968 年赴美参加爱荷华大学举办的国际写作计划，以英文诗集《苦绿集》获得文学创作硕士学位。1974 年由美国返回香港，先后在今日世界出版社、时代生活出版社担任编辑，最后在香港中文大学中文系任教。1975 年与友人创办《文学与美术》双月刊，1976 年因病去世，年仅 32 岁。诗人生前编辑的诗集《苦绿集》未出版，他去世后，香港三联书店编辑出版了《温健骝卷》，收入了他的诗集《苦绿集》、《帝乡》，散文及评论集《夜雨说诗》、《浮鼻集》、《浮鼻集外》和文学论文。

温健骝早期的诗作，主要指赴美前的诗歌，他认为那时：人在时间的压力下生活，自己的创作，就是要表现在这种压力下的挣扎。在艺术上，受到台湾诗坛现代主义诗风的影响较深，这与他当时在台湾读书有关。如在《问》中：“推开一浑灰茫/你张目/可见我缈缈的影子么？……当岁月空虚如一缕云烟，你可自觉/我卑微的存在么？”在《山城引》中，诗人问道：“是谁，/能用时间穿起一串承平的鸟鸣？/用痛苦喂养着柔弱的生命？/当狂飙在历史血河的两岸　拂起喟然的叹息声声。/我们，我们是将渡未渡者。”当时的诗人主要表现了一种孤独、寂寞，寻找不到出路的伤感情怀。

诗人赴美以后，视野更为开阔，对生活的认识也愈加深刻，诗歌创作从题材到艺术形式都发生了变化。他重新审视现代诗，检讨现代诗的弊端，对台港现代诗作了尖锐的批评，并回归到有积极意义的现实中来。他说：“写诗光是弄弄矛盾的语法，做些古语翻新，追求文字的感性是不够的。那样，只能走到死巷里，我要走出来。现在，我高兴自己走出来了。”他到美国以后写的诗，编成诗集《帝乡》。古苍梧在《温健骝卷》的诗集编后记中说：“我认为健骝最有创意的作品是收于《帝乡》的诗。这些诗，是由于内容上的突破而走向形式的突破的，其意义就不单在于对现实的反映，而更在于对现实的深挖批判了。”《帝乡》分为“镜花”与“红堤”两辑，诗人说，“镜花”是“以讽世也”，而“红堤”所喻的是时事，所待者在将来。《帝乡》中的诗涉及时事政治，如越战、台湾、香港的社会现状、后工业文明等。如《广治郊外》：“歧路上，怀孕的妇人蹲着/一串农夫的足印走过/一辆坦克犁过/负荷着将熟的稻子的田野/新生的带血的婴儿大声地哭了。/没有人停下来。子弹使他们缄默。/歧路上黑衣的妇人坐了下来。/溅了血的黄花静静地站着。/一只青蝇缓缓地爬过婴儿的鼻孔/抱着犹带暖意的小尸体的母亲大声地哭了。”这首诗以沉痛的心情控诉了战争给人们带来的灾难，尤其是对妇女和儿童的摧残更为惨重。《和一个越战美军的对话》深刻揭露了战争给人们严重的精神刺激。

诗人最后的作品充满昂扬的情调、乐观的情绪，如《我爱》中的“我爱这人世，这宇宙/爱美的永恒；/我爱风，那浪游的风/爱云，那飘忽的云/我爱那恒常的日升月沉/我爱春花在雨中绽放……我爱这一切一切啊/爱这一切来激起我艺术的灵火/诗的魂”。诗人这类诗与早期迥然不同，给人以精神的鼓舞与力量。然而不幸的是，正当盛年的温健骝却离开人世，过早告别了诗坛。

三、马朗的诗歌

马博良（1933— ），笔名马朗，原籍广东中山，生长于华侨家庭。抗战末期由南洋返回祖国内地，20 世纪 40 年代末毕业于上海圣约翰大学，曾任上海《自由论坛报》记者和编辑。1950 年到香港，1956 年在香港创办《文艺新潮》杂志，倡导现代主义文学，60 年代移居美洲。

少年时代的马朗有神童之称，他 12 岁就在上海发表作品，15 岁主编《文潮》月刊，出版过诗与小说集《第一理想树》。他 50 年代的诗集后来结集为《焚琴的浪子》，60 年代他赴南美，这以后创作的诗歌结集为《美洲三十弦》，1976 年出版。

马朗的诗歌创作可分为上海、香港和美洲三个时期。少年时代，马朗就与当时上海的著名诗人邵洵美和路易士（纪弦）交往甚密，并受到他们诗艺的熏陶与影响。他十二三岁创作的诗歌《战争末期即感》、《车中怀远人》、《雨景》等，意象独特、意旨深邃，着实让人惊叹于诗人的早熟。特别是在他的诗中，表达出对祖国、对人民、对战斗者的无比关切和热爱的情感，这尤为可贵。

到香港后，马朗创办的《文艺新潮》大力倡导现代主义诗歌，在大量译介英美现代诗人作品的同时，还发表了一些具有强烈社会意识的诗作。他以自己的创作实践探索一条新路，即把深刻的社会内容与现代艺术手法结合起来。《焚琴的浪子》与《国殇祭》是诗人的代表作，这两首诗写于40年代末，当年曾经贴在华北革大的墙垣，1956年在《文艺新潮》创刊号以“献给中国的战斗者”为题发表。在诗的短序中，诗人说：“生活在战斗者行列中间，有无比的痛楚和冲动，在苏醒和半苏醒的空间，我对周围的献身者有两种感触，一是鼓舞和赞颂，一是悲哀和幻灭。”一方面诗人深情歌咏那些献身的战斗者：“一群赤裸裸的原人/只看着红色风信旗的指向/听着喧哗的瀑布……他们决然走过/以坚毅的眼/无视自己”，“今日的浪子出发了/去火灾里建造他们的城”（《焚琴的浪子》）。另一方面又为生在那“焚琴煮鹤”时代的知识分子的命运与前途深感忧虑与悲戚，“凄惨，被屠杀的40年代凄惨的是活在这一代的少年人”（《国殇祭》）。

50年代，马朗在香港还写过都市诗，可以看作是诗人写上海的继续。《北角之夜》捕捉了港岛一角的夜景，“最后一刻的电车落寂地驰过后/远远交叉路口的小红灯熄了/但是一絮一絮濡湿了的凝固的霓虹/沾染了眼和眼之间朦胧的视觉”，诗中虽然描写了夜香港迷蒙的美，但这类都市诗更多地融入了诗人的复杂的思考，如《空虚》中“一片记忆的空白/映现在对面的墙上”，抒发了生活在都市中的“我”的孤寂与迷茫。

第三节　香港南来诗人的诗歌

一、犁青的诗歌

犁青（1933—　），原名李福源，祖籍福建安溪。1947年来港，50年代移居印尼，80年代初重返香港进行诗歌创作。主要诗集有《踏浪归来》、《千里风流一路情》、《情深处处》、《犁青山水》等。

早在40年代，犁青就出版了诗集《红花的故事》、《苦难的侨村》、《瓜红时节》。这些作品虽然略显稚嫩，但是已经开启诗人关注现实，体现出强烈的社会使命的特征。移居印尼之后，他仍然密切关注中国的发展变化，写下很多热爱祖国和海外华侨的作品，并和中国诗坛保持密切联系。80年代重返香港诗坛后，为内地（大陆）暨港澳台地区诗坛交流做了大量工作，因此也被视为“南来诗人”的中坚力量。

爱港、爱国是犁青诗歌的主调。诗人重返香港，惊喜于它翻天覆地的变化，写下《踏浪归来》。他认为中国香港是“一艘豪华的巨轮”，正与美国、日本、中国台湾等“角逐力量”、“拗较手腕”，最终“是一条永不沉没的巨轮”，向“那闪烁着智慧和胜利之光的/人间天堂”“全速前进”。对于祖国改革开放取得的业绩，诗人也迅速反映，用诗歌加以记载和歌颂，如《白天鹅赞歌》、《祝君顺风》等。诗人还利用企业家的身份，身体力行支持祖国的建设，这在《我从远洋迢迢赶来报到》、《到深圳去》、《冬天，我飞去北方洽谈》、《哈尔滨之夜》中都有鲜明的体现。但是，客观地说，这类作品总体上激情有余，提炼不足。这种情况在犁青的山水诗中得到了控制和弥补。

犁青的足迹遍及大江南北甚至世界各地，这给他创作山水诗提供了很好的机缘。诗人取材于山水、纵情于山水，却不同于传统的山水诗。这首先体现在诗人更加钟爱那些人化的山水，“原始的山水是自然美。但经过人们去开掘、拂掸、清洗、磨亮，她的美就会更逼人而来”。如《黄山索道》、《小人国》、《北京大学广场》、《站在石碑上的老人》等，诗人注重表现自然景观和人文景观的有机交织和深刻对应，从而使得情感的抒发更加强烈，也更有现实针对性。其次，即便是对自然山水进行吟咏，诗人也注重社会意识和自然客体的融合。这在“桂林组诗”中体现最为明显。如《桂林月》要表现桂林月色之美，但是诗人却发掘出“天上月”、“水底月”、“山上月”等，“我站在花桥上/月亮在看我/我在看月亮/醉倒在她心上”，物我融为一体。《桂林姑娘》把美丽的桂林山水比作自己心中的姑娘，既写姑娘又写山水，山水之美和姑娘之美融为一体，从而达到移情于物的效果。第三，犁青的山水诗体现出丰富的想象性。如《大鲁峡谷的情话》将台湾大鲁峡谷和桂林漓江山水融为一体；《万里长城和尼亚加拉瀑布》将中外两处景观同时展现。这种想象的丰富性，一方面是和诗人丰富的生活阅历有关，另一方面也体现了诗人思维的敏捷性和浪漫性。

犁青关注祖国的方方面面，同时也将眼光投向世界，密切关注各类时事，写下了大量的“国际时事诗”。90 年代初，巴尔干半岛风云骤集，南斯拉夫面临分裂，诗人正好在塞尔维亚参加一个国际性文学活动，抱着对南斯拉夫前途和命运的关注，写下《一座耸立着的倒置的金字塔》。1999 年，科索沃战争爆发，诗人写下《共和广场上的音乐会》、《1999 年科索沃的春天》、《空中的飞弹如流星》、《太阳的眼睛被烧成黑球》、《白鸽子是座坚实的桥》等作品。有一些国际题材的诗作虽然时事性不是很强，如《美利坚》、《日本万花筒》、《飞翔在以色列的诗篇》等，但也都体现了诗人对世界局势和人类命运的密切关注，这与时代和平、进步、发展的人类共同主题是相契合的。《石头》是诗人国际题材诗作中最具哲理蕴含和深刻历史内容的一篇。以色列随处可见的“石头”，既是生活的写实，也是饱受历史灾难的犹太民族的象征；既燃烧着犹太民族仇恨的记忆，也蕴含着对和平的呼吁和祈求，渗透着诗人强烈的主体意识。从这个意义上讲，犁青是国际性的诗歌使者，也是国际性的和平使者。

二、张诗剑的诗歌

张诗剑（1938— ），原名张思鉴，福建长乐人。毕业于厦门大学中文系，1978年移居香港。主要诗集有《爱的笛声》、《流火醉花》、《诗剑集》、《秋的思索》等。热心文学组织工作，创办有《香港文学报》等。

“初抵香港备尝人生冷暖酸辛的际遇，和对自己自幼成长的故国家园的殷切思念，构成了张诗剑诗歌的两个切入点。”① 诗人一方面冷眼旁观香港的方方面面；另一方面则极力抒写对故国家园以及亲朋故交的思念。《赛马风云》、《白日梦》等从不同角度剖析了香港社会寡情、势利的现状，进而呼唤传统伦理道德和美好人性的回归。《故乡水》、《鼓山行》、《武夷胜景》、《家乡三月》等作品则是对故乡进行诗意描写，抒发故土之思。如《故乡水》：“故乡有圆井，/燕儿低低飞，/挑水酿酒去，/蛙声阵阵催，/妻儿门前等，/未饮心先醉……”有风物的展示，也有人情的描摹，真是一幅恬静的乡村美景。这两个切入点，一个写实，一个记“忆”，两相对照，诗人内心深处的情感不难捕捉。

除了状写香港现实和抒发故园之思外，张诗剑偏好咏物诗和哲理诗。当然，咏物的目的不仅仅停留在物上，更重要的是借物传情。《紫砂茶壶》是一首蕴含着浓浓友情的咏物诗。“紫砂茶壶”是朋友临行前的馈赠物，在朋友远去之后，“为了浅尝思念”，于是用茶壶泡上铁观音，“竟然一样冲出陆羽梦”，思情摇曳纸上。而虚拟中的“壶盖碎了一角”，却使得思情如同“苦涩的情人”，更加撩人。《烟花》中“把全世界的火药/都制成美丽的烟花”，更是传达了自己对永久和平的期望。一些咏物诗体现出鲜明的哲理，如《拐杖》：“你助人为乐/一个有感情的木头/心甘情愿承受着压力/护人过桥//却有无情人/当他过了河/便把你踢掉//你在河边控诉/你在郊外呼号/过路的老人也忿忿不平/愿与你结伴潦倒/拐杖啊。”看似咏物，却透露出世态炎凉。结尾更是神来之笔，“过路的老人”和“拐杖”同一命运，作者在平淡的字句中蕴含着深刻的批判。《读报》则是采用诙谐的手法传达世相：“翻开天/掀开地/读一份报纸/最钦佩/有人将圆写成扁/有人将扁写成圆/咀嚼其中五味/一笑烟消。”一些记者为了某些利益不惜颠倒黑白，诗人没有一字褒贬，但是“一笑烟消”很明显传达了自己的情感。这些作品结构简单，意象无奇，但是却能够引发读者的深思。

三、蓝海文的诗歌

蓝海文（1942— ），本名蓝田，原籍广东大埔。1963年到香港定居。主要诗集有《蓝海文抒情诗一集》、《我是风》、《创造集》、《天马集》、《第一季》、

① 刘登翰：《香港文学史》，人民文学出版社1999年版，第561页。

《铜壶》、《惊蛰》、《昨夜不是梦》、《花季》等。曾主编《文学天地》、《诗坛》、《世界中国诗刊》等。

蓝海文古典文化底子深厚，有《天问译注》、《今本楚辞》等多部学术著作，这使得他在诗歌创作中时时体现对民族、历史、文化等的深层思索。诗人的诗作处处可见诗经、楚辞、唐诗、宋词的影响，有儒家思想的敦厚，也有道家思想的空灵。香港作为一个国际大都会，诗人生活其间，难免受到西方思想的影响，对于这一点，诗人有着非常明显的认识："我是/中国的苹果树/以东方的精神/作我硕大的支柱/身上虽然有些/西方的枝叶/是枫是荷/是苹是桃/都在一树里成熟//东风里/唱过之乎者也/西风中/唱过阿弥陀佛//我的血液/充满神奇/谁与我接触/都要归化我族……"（《苹果树》）诗人起于咏物但又不止于咏物，"苹果树"实际上是诗人自我的象征。抱着这样一种情思，蓝海文的诗歌写得古韵十足，汉陵、长城、孟姜女、兵马俑、圆明园等都被诗人入诗，在这些历史古迹和历史人物身上，寄托了诗人对中华悠久历史的追思以及对博大精深的传统文化的仰慕。

针对台湾诗坛和大陆诗坛日益"西化"的倾向，蓝海文祭起"新古典主义"的大旗。他认为要以"新古典主义"为现代诗安魂，现代诗必须"归宗"和"归真"，而这两点正是新古典主义的精神所在。在秉承中国传统诗学的基础上，诗人提出了现代诗的五大信条："其一，诗言志；其二，诗必言之有物；其三，诗绝对可解；其四，新古典主义用的是'软典'，把硬典消化后，变成我们的血肉和骨骼；其五，内容决定形式。任何技巧都不能掩盖诗的本质。"①从本质上讲，这些诗歌理论相对我国源远流长的诗学传统来说，并没有太多的创见，但是诗人是有针对性而发，多少有点正本清源的作用。

诗人倡导"新古典主义"，在创作实践中也努力贯彻自己的理论主张。以《第一季》等为代表的"新古典主义"诗作努力表现中国传统的人文精神。孟姜女是一个家喻户晓的人物，诗人却将她和秦始皇兵马俑并置在一起，并发出感慨："筑长城的/都白骨去了/最后还是他的兵马/活着"，这种感慨是对历史最好的总结。在《唐山》一诗中，诗人更是直抒胸臆，从而达到"言之有物"："管他/飘风旋风龙卷风/卷得走的/不叫华夏。""唐山"是海外游子聚集的一个重要地点，但同时也是这些游子对故国家园的称呼，有着双重含义，作者的这种感慨达到对民族精神张扬的效果。有些诗相对含蓄，但是绝对不是"不可解"。如《狮子山》："伸伸懒腰/翘翘尾巴/一只不能不回家的/道光手上走失的/石狮子"，体现了诗人对香港殖民化的感慨。《红豆》写道，"一滴杜宇的血/一滴大雁的悲啼/一滴其美如蜜的爱/一滴血浓于水的/朝朝暮暮"，虽然意象较

① 蓝海文：《新古典主义诗观》，《诗刊》1993年第4期。

多，但是诗人却努力把握“红豆”的内涵，并将其内化为故国思、游子恋、民族情的象征，从而使其传统因素和现代因素很好地结合起来。

蓝海文因为追求新古典主义的“言之有物”和“可解”，使得有些诗歌过于浅淡，缺少了应有的含蓄和深度。同时，由于对传统浸淫过深，诗人对自己生活的香港大都市的现代性却熟视无睹，使得创作题材有一定的单一性。

四、黄河浪的诗歌

黄河浪（1941—2012），原名黄世连，福建长乐人。福建师范大学中文系毕业后曾在中学任教，1975 年移居香港。曾为夏威夷华文作家协会主席。主要诗集有《海外浪花》、《大地诗情》、《天涯回声》、《香江潮汐》、《风的脚步》、《海的呼吸》等。

同大多数南来诗人一样，黄河浪对香港的人情社会进行了倾心描绘。随着时间的推移，诗人对香港产生了深厚的情感，进而把香港作为自己的“第二故乡”，但是他对香港的情感自始至终是复杂的。一方面，诗人当时以一个新移民的身份来到香港，起点很低，底层人生经验比较丰富，这使得他以异乎敏锐的感受来揭示香港都市文明存在的种种问题。如他认为工作压力过大，使得人没有喘息的空间，那些上班族成为“同一模子印出来的/公仔”（《上班族》）；城市如同一片“水泥森林”，人们只能像“笼中那一只/无言的鹦鹉”一样“自囚”其中（《自囚》）；作为文化象征的“图书馆”也只能是夜总会和投注站中间的一点点缀罢了（《图书馆》）……这些作品有着明显的批判意识，虽然带有诗人个人的印记，但是给人的感受是非常强烈的。但是，诗人很快融入香港这个大都市，体现出强烈的认同感，因此也从另一方面对香港的都市风情进行了多方面积极的展示。诗人以欣赏的姿态描写香港的“空中走廊”、“玻璃大厦”、“模特女郎”等，并将这些都市风光同田园风光、自然景物融合起来，这又在一定程度上消解了诗人的批判。介入中的批判，或者批判中的介入，这原本就是一个本色诗人在大都市里应有的姿态。

黄河浪交游甚广，这使得他的创作内容呈现非常开阔的景象。他相当一部分作品都记录了自己的行旅，有对自然风光的写实描摹，体现诗人的赤子之心；也有对历史的深切反思，体现诗人对传统文化的挚爱之情。如《瘦西湖》：“纤细如一握楚腰/在杨柳风里/甩开葱绿的水袖/袅袅婷婷/舞出千古风流//二十四桥箫声/化作婉转的黄鹂/洒落一路清幽/五亭之下/引出多少明月/在碧波中漂浮//北海的白塔连夜飞来/依依不愿再走/隔江的金山涉水而过/分一片奇峰/在湖中淹留//最多情是水边垂柳/把绵绵幽思/写满荡漾的绿绸/是杜牧的诗/还是姜白石的词/谁能猜透。”这首诗写得古意盎然，把瘦西湖的美丽景致和相关的人文环境交代得非常清楚，诗人凭借着自己对色彩的敏感以及独特的艺术感悟力（曾研习绘画），使得一汪静谧却又不乏韵味的古湖即时呈现在读者面前。虽然纯粹是写景，但是历史的深厚感仍然得到鲜明的呈现。在游历长城时，他分明听到了一个“古老民族的自白”：长城这个“防波堤”自始至终是“把战争的洪水/挡在门外”（《民族的自白》）。诗人在美洲瞻仰哥伦布的雕像时，认为桥下的流水实际上是印第安人的鲜血（《哥伦布雕像》）。诗人的审美并不停留在事物表面，而是深入脊髓进行历史的剖析和反思，从而将诗意升华到读者未曾设防的心理高度。

黄河浪的诗歌非常注重个人感受，但是他更注重在诗歌中呈现古典诗词的韵味。他认为只有“熔化古典”，才能“锻造现代”，要“开放自己，兼收并蓄，向四面八方学习，向古今中外借鉴”，但是这个度要把握好：“可以向西方借火，但不宜全盘西化，截然割断传统的‘横的移植’，只能栽培出失血的花；也可以从古典取经，却不可食古不化，脱离现实生活的生搬硬套，只会制造出仿古瓷器。”① 黄河浪的诗歌正是做了这样有益的尝试。

第四节　旅港诗人的诗歌

一、余光中的诗歌

余光中（1928—2017），1974 年至 1985 年，余光中应聘到香港中文大学任教（其中一年回台湾）。在香港期间，余光中创作了三部诗集，即《与永恒拔河》、《隔水观音》、《紫荆赋》，被人们称为“香港时期”。

余光中在香港的创作，并没有因为地域不同而迥异于先前和其后，进而自成格局。但是诗人在一个地方待的时间长了，其山川风景、人情物事等都会与他的生命和创作体验相融合，从而使得创作上也能发生应有的变化。余光中自己也说：“如果 4 年前我不曾越海西来，这本诗集的面貌一定大不相同……”

从创作内容上讲，余光中香港时期的诗歌创作大致可以分为北望诗、文化诗和“九七”诗三大类。

“北望诗”是余光中五六十年代怀乡诗的延续。诗人坦言自己在香港“时时北望而东顾”，“以前在台湾写大陆，也像远些，从香港写来，就切肤得多”。《北望——每依星斗望京华》如此写：“一抬头就照面苍苍的山色/咫尺大陆的烟云/一缕半缕总有意缭在/暮暮北望的阳台”，“叠嶂之后是重峦，一层淡似一层/湘云之后是楚烟，山长水远/五千载和八万万，全在那里面”。窗外青山的

① 黄河浪：《熔化古典，锻造现代》，《当代诗歌》1986 年 8 月号。

阻隔，使得诗人在空间上止步，但总能浮想联翩，祖国的秀丽山河和悠久文化在笔下比比皆是。同台湾时期的怀乡诗相比，因为空间距离的相对拉近，使得诗人借助实物表达情思，进而关注大陆现实状况的作品增多。《沙田之秋》由“秋”落笔于“伶仃一只蟋蟀”，蟋蟀可谓诗人寂寞吟唱的投影，因此也只能是诗人情思的一个引子，“触须细细挑起童年”，“一袅汽笛哀啸”，接上的是途经沙田的九广铁路。“香港的滋味”是“用一千只铁轮在铁轨上弹奏/向边境，自边境，日起到日落/北上南下反反复复奏不尽的边愁/剪不断辗不绝一根无奈的脐带/伸向北方的茫茫苍苍……”（《广九铁路》）诗人在乡愁的基础上表现了对祖国深沉的爱，这种爱一方面体现为希望祖国早日统一：“二十五年一裂的创伤/何日重圆，八万万人共婵娟?”（《中秋月》）另一方面体现为对大陆现实的密切关注，如《公无渡河》、《梦魇》、《海祭》等，有控诉，有慨叹，也有同情和关怀。

由抒发乡愁和关注现实进而反思中华文化是诗人的重要创作题材。余光中在香港中文大学从事古典文学教学工作，这使得他的笔触伸得更深、更远，“在主题上，直抒乡愁国难的作品减少了许多，取代它的，是对于历史和文化的探索”，这类作品“对作者的见识和想象是一大考验”。《漂给屈原》、《湘逝》、《夜读东坡》、《梦李白》分别是吟咏前辈大诗人：“非湘水净你，是你净湘水”，“此生恐难见黄河/唯有诗句，纵经胡马的乱蹄/乘风，乘浪，乘络绎归客的背囊”，“最远的贬谪，远过贾谊/只当作乘兴的壮游，深入洪荒/独啖满岛的荔枝，绛圆无数”……或庄重，或戏谑，但是其中饱含着深刻的人文反思，也昭示着诗人精神上的皈依。《唐马》由博物馆里的唐三彩写开，从秦汉写到盛唐，但是落脚点却是那些赌马场上作壁上观“不谙骑术，只诵马经”的子孙们，这是对民族精神衰败乃至丧失的感慨。但是诗人还不曾绝望，在《火把》中，“一支火把，赫赫自洪荒的惶骇”，“不能在我们手里熄去”，这是作者重振民族精神的呐喊。

余光中在港后期恰好是中英顺利完成关于香港问题的谈判并签订“联合声明”之时，因此诗人也体现了和当时很多港人一样对香港未来的关注之情。如：“一弹就破一吹就散的红雾/十三年的风雨经得住吗”（《紫荆赋》），“北下的风沙会吹倒芦苇/吹倒逐波的闲鸥野鹭”（《别门前群松》）。诗人在港十年，已然将香港作为自己的第二故乡，因此，在告别香港时，又体现为另一种离愁别绪：“如果离别是一把快刀/青锋一闪而过/就将我剖了吧，剖/剖成两段呼痛的藕/一段，叫从此/一段，叫从前/断不了的一条丝在中间……”（《别香港》）可以说，没有这种“离别之痛”，就不会有这种关切。

余光中的“香港时期”创作诗歌近 200 首，占全部诗作的四分之一左右，有论者甚至认为他“是在九龙半岛上最后完成龙门一跃，成为中国当代大诗人的”[①]。由余光中带起的香港沙田派诗歌创作群体却对香港文学产生着持续的影响。

二、戴天的诗歌

戴天（1937—2021），原名戴成义，祖籍广东大埔，于台湾大学外文系毕业后定居香港。50年代开始发表诗作，主要作品有诗集《岣嵝山论辩》、《石头的研究》、《戴天诗选》，散文集《无名集》、《渡渡这种鸟》等。

早在50年代就读于台湾大学外文系时，戴天就参加了台湾的现代诗运动，受其影响，在创作中追求“借灵性与智性的交配而以空灵为归宿”[②]，这在早期代表作《摆龙门》中有鲜明的体现。诗人将“女人的双乳”、“烽火的阿尔及利亚”当作“没有味的香口胶儿”进行一番“摆龙门”之后，感慨道：“当我们刚刚要把/右手的文化揪平/在左手/又诞生了野蛮”，有象征主义的感伤，也有超现实主义的精神超越。

戴天在香港的诗作，和大多数诗人一样，有着强烈的怀乡情结。他自己曾经说过：“不论在什么地方，我是作为中国人写诗。”[③] 如《一九五九年残稿》：“我摊开手掌好比摊开/那张秋海棠的叶子/把命运的秘密公开//这条是黄河充满激情/那条是长江装着磅礴/我收起手掌/听到一声/骨的呻吟。”表面是摊开手掌相命，但是诗人的落脚点却将掌纹内化为“黄河”、“长江”，自然的意象成为诗人与祖国血脉相连的象征。《提起长江的笔》对为了民族解放不怕死的牺牲精神表达了自己的崇敬之情：“死是什么？/死是我们民族生存下去的象征/是我们民族再生的代名词/是我们民族挺直腰身面对横逆的/证明。”作者虽然是对当年抗战的“杂忆”，但是饱含着民族的自豪感：“我们的大地变成了/百衲衣，我们的心灵/熔在抵抗强暴的/烈焰中，我们是中国/怎么能在鬼子面前俯首？”对民族精神的关注，使得诗人把目光投向了内地的种种社会现实，《文革评注》就是这种情感催生的作品。诗人一方面固然是对特定年代人性异化的揭露和抨击，另一方面更重要的内涵却是进行深刻的反思，鲜明地体现了诗人的赤子情怀。

在对中华文化有了更深入的了解之后，戴天的诗作体现为更加厚重的文化特色。看到长江，就有一种民族认同感和自豪感：“看见长江的时候/颈项伸长

---

① 流沙河：《诗人余光中的香港时期》（上），《香港文学》1988年第48期。

② 转引自洪子诚、刘登翰：《中国当代新诗史》修订版，北京大学出版社2005年版，第383页。

③ 王剑丛：《香港文学史》，百花文艺出版社1995年版，第165页。

如虹吸管/摆出一个躬身去钓历史深浅的姿势/也许是佛说的罢/弱水何止三千/一瓢饮亦可为足矣/不足者如饥如渴。”对于大江南北的瑰丽景象，诗人更是突发奇想：“忍不住要将草长莺飞的景色/用江水这条翠绿的缎带系起来/再打一个蝴蝶结/当成庄重的礼品/送给乡情如断弦/暗地里弹尽日月星辰的异客。”（《长江四帖》）热烈的情感、浪漫的想象以及深沉的人文关怀交集在一起，于平静处见动人心魄的内在张力。《拟访古行》脱胎于杜甫早年壮游齐鲁大地时创作的一些诗篇，如《望岳》、《题张氏隐居》、《陪李北海宴历下亭》等，但作者的用意不在于“旧词新翻”，而在于对中国传统美学精神的张扬。

对西方文明浸淫颇深，但血管里流淌的是中华民族的血液，这种双重身份使得戴天的不少作品充满沉郁愤激之情。如《啊？我是一只鸟》是嘲讽那些灵魂已经死掉的“活死人”；《造像》将现实生活中凡事态度暧昧、观点含糊，自始至终掩藏自己真实面目的一类人的脸谱勾勒出来；《岣嵝山论辩》揭示的是现实生活中脱离实际有着浓厚士大夫情结的“腐儒”形象。这些诗作是用西方现代文明来烛照传统知识分子身上的积习，既诙谐有趣，又发人深省。

第五节 澳门诗歌

在澳门诗坛上，陶里、苇鸣、淘空了是三位有影响的诗人。他们的诗既反映了澳门的现实生活，也表达了澳门和海外华人的心绪，既有强烈的现实感，又有沉重的历史感。

一、陶里的诗歌

陶里（1937— ），原名危亦建，笔名阮放，广东花都人，生于越南。曾在越南、柬埔寨和老挝的中学任教，后在老挝首都万象从商。旅居中南半岛期间，经历了第二次世界大战及 20 世纪 60 年代中印边境冲突，足迹遍及越南、柬埔寨、老挝和泰国。1976 年返回香港，3 年后转到澳门。曾任澳门五月诗社社长、澳门笔会理事长、《澳门笔汇》主编。出版有诗集《紫风书》、《蹒跚》、《马交石》、《冬夜的预言》，小说集《春风误》、《百慕她的诱惑》，散文集《静寂的延续》、《水湄集》、《等你在冬季》、《莲峰撷翠》，诗论集《逆声击节集》、《让时间变成固体》，评论集《从作品谈澳门作家》等。

陶里在战火纷飞的中南半岛，开始了创作之旅。他这个时期的创作以诗歌和小说为主。1958 年，陶里 21 岁时创作的《高原怀想曲》，是他最早的诗作。次年他又写了《我在海边》，表达了诗人对未来、对理想强烈的憧憬和向往，“在那无数的脚印底下/我发现一个个金色的海螺/它们迎着初开的太阳/发出夺目的光芒”。他在中南半岛期间的诗作后来收集在诗集《紫风书》第二辑《夜正深深》里。其中有的诗如《大年夜致西贡》、《鸽子死了》，颂赞了湄公河畔的人民反抗侵略者的正义斗争；有的诗表达了爱国爱民的海外赤子之心；还有的诗抒发了对爱情和亲情的真挚感情。

陶里 1976 年到香港，在香港的 3 年，由于生活所累，诗人几乎停止了写作，直到 1979 年去澳门，陶里的创作逐渐进入状态，诗作渐渐多了起来。令人注意的是，澳门题材的诗歌成了诗人创作的崭新领域。这年 8 月他写了《铜马像十四行诗》，这是陶里吟咏澳门的第一首诗。不久，他又在《水渍集》组诗中，以澳门名胜古迹妈阁庙、普济禅院、大三巴牌坊为题，抒发了自己的爱国赤子之心："台是台/虽非明镜亦明镜/《望厦条约》的辛酸就刻在台上/痕迹斑斓的台/老死不去的心。"写于 1982 年的《过澳门历史档案馆》是陶里这一时期的代表作。诗人写道："其实/自从林则徐被鸦片烟熏黑以后/我的先人便远适/金山/老祖母把柔肠挂在/荆林里怀念他乡游子/而浪子被卖猪仔的名字/又记于/什么历史档案?"诗人以现代意识审视历史，反思历史，将个人浪迹海外的遭遇与遭异族统治的澳门历史融为一体，抒发出一种沉重的忧患意识，具有深沉的历史感。

进入 80 年代，澳门文学呈现出发展态势，激发了陶里创作的活力。1987 年，澳门笔会成立，陶里被选为理事，1988 年，陶里与诗友组织五月诗社，并任理事长，1990 年，他主持《澳门现代诗刊》的编辑出版工作。1991 年陶里的诗作结集为《蹒跚》出版。诗人的创作方法突出表现在吸收、运用西方现代诗的表现方法与艺术技巧。《蹒跚》一诗中有这样的诗句："我们本来就很童话/不论晨昏踏出家门即成企鹅/摇摇屁股摇摇头便那么春夏秋冬/尽管不如此这般地春夏秋冬/蹒跚/蹒跚/蹒蹒跚跚　蹒蹒跚跚/始终走不出自画的脚下锦绣河山/白云悠悠　流水夜何时有明月呢?"诗评论家谢冕教授认为："陶里这本诗集对他的诗歌创作来说是一块新的里程碑。在这本诗集中，由于现代意识和现代技艺的引进和发挥，把《紫风书》那些传统的命题更有效地向着深层推衍。"陶里在诗集的代跋中认为："现代诗具有语言的无序性，事物的变形性，意象的反常性和题旨的含糊性。"诗集《蹒跚》是诗人用诗来诠释"现代诗"的尝试。

陶里不但迷恋诗歌创作，同时也潜心研究中外诗歌理论。就在他在现代诗的海洋中徜徉之际，1993 年，他推出了一本诗歌理论专著《逆声击节集》，书名源于刘勰《文心雕龙·知音》中的"慷慨者逆声而击节"。这本书分为三部分，卷一是本书最为精彩的部分，《追踪澳门现代诗》、《认识现代诗》是论著中最重要的论文。文章系统论述了现代诗与情感的关系，阐述了现代诗在抒情、意象、语言、表现技巧等方面的特征，颇有学术价值。

二、苇鸣的诗歌

苇鸣，原名郑炜明，祖籍浙江宁波。幼时随家人到澳门，毕业于澳门大学中文系。后获博士学位。曾任教于澳门大学文学院。出版的诗集有《双子叶》(与人合作)、《黑色的沙与等待》、《小城无故事》、《血门外无血的沉思》、《无心眼集》、《传说》、《自我审查》等。编著有《澳门新诗选》等。

苇鸣是个热衷于诗歌文体实验的诗人。他的诗，主题多义，内涵丰富，常以简明的象征、隐喻、通感等手法，在躁动不安的情绪中，表达复杂细致的感受，抒写对香港、澳门的种种感慨，抒写对祖国的情意结。如《铜马像下，传自金属的历史感》便是一首有代表性的诗作。铜马像是葡萄牙军队攻占澳门而竖立的纪念碑，曾耸立在澳门的路环。诗人以犀利的笔锋，愤懑的情感，把殖民者钉在历史的耻辱柱上。当年的所谓“纪念碑”，今日正好作为入侵者的罪证。“将军/你本已够残朽的形体/你充满恐惧的利剑/连同你健壮的马儿/都冶铸成一个金属的惊跃了/从此/关于你的历史/便静止为一个/危险而可耻的姿势。”诗人回顾历史，也在诠释历史，诗中融入了当今澳门人的思考与评价。从苇鸣的这类诗中可以看出，诗人在表现现代人的意识和情绪中，渗融着浓郁的历史感悟，并以沉重的历史感和现代悲剧精神来反思社会现实。香港诗人羁魂在苇鸣的诗集《无心眼集》的序中指出：题材方面，当是苇鸣最令人惊服之处。

苇鸣的诗风既有其沉郁的一面，也有其潇洒的一面。苇鸣是澳门知名的新潮诗人，他的某些诗十分前卫，被澳门诗人懿灵列为澳门“后现代诗派”的先行实践者。他的诗突破语言的限制和障碍，往往不规定思维的空间和走向，以无定式的章法句法，形成扑朔迷离的艺术氛围，在空疏、间隔、残缺的结构中，留下许多意味深长的空白，引导读者同诗人一起发掘、思索，以求获得兴奋愉悦的审美体验。羁魂在评论苇鸣的诗时指出：他更以广告、报告、摘要等实用文体作诗，毫无定格，大大拓展了诗体的畦域，给人以新颖之感。

三、淘空了的诗歌

淘空了（1943—　），原名郑卓立，福建惠安人，毕业于福建师范学院中文系。1981年移居澳门，曾做过工人、车夫，后任教于澳门一所中学。著有诗集《我的黄昏》、《黄昏的解答》和《黄昏的再版画》等。

他迷恋于现代诗写作，执着地走自己的路。诗人有着曲折的人生经历，他当过车夫、看门人、教师，饱经生活的磨难与坎坷。诗人说：“时近黄昏，这颗孤寂的心，总祈盼一次心绪的喷发，即使用沉渣，喷出来可证明心灵还执着了人生的追求。”“一百次创伤不认为死亡/陪葬更未是僵尸甚而当作墓志铭/然而血痂或会熔融或可滴淌/因为太阳是红的月亮也是红的/在这微笑季节里。”（《抛块砖头》）他的诗敢于直面人生，于艰苦的命运中透露出刚正坚毅的品格，显示独异的文化品性。如《黄菊》一诗中赞美黄菊的芳魂，“花潮汹涌时/你没有开/你把精灵藏在深深的苦涩里/当太阳灼痒蝉声时/你虽也蛰痒难忍/然而决不伸手抓搔/直到五柳先生呵缕酒气/你才撞烂东篱看世界/草裙干枯/山容苍白/独山坡上的纸鹞肥膘/使你笑亮万千眼睛/从南角墙下越野到北隅城垛”。诗人歌咏黄菊在“花潮汹涌”时，没有赶时髦开放，而是在“草裙干枯”、“山容苍白”时，却“笑亮万千眼睛”。诗人拥抱黄菊的魂，醉倒于它的金色，那“金色的清凉”流露出对生长黄菊的自然、泥土的爱恋。这首诗咏颂黄菊的独异精神、刚毅品格，正是诗人自我人格的写照。

淘空了善于经营意象，而且意象密集，富于跳跃性，常常在苦心寻求的诸多意象中，运用意象的叠加捕捉美的升华。诗人三本诗集的书名都用了“黄昏”一词，这个词语本身就是富有象征性的意象。正如他在《黄昏的再版画》的后记中所说：“我是诗创作的迟到者，生命历程与创作过程有较多云翳，才营造美丽黄昏。”他在《手的新生命》中有了一组意象：“手从窗口伸出去/就想起了山村袅袅炊烟/想起一阵阵挥洒汗雨/想起被海风吞咽锄杠/想起教板车压瘦枯柄/也想起点燃残灼/想起梅枝上塑插的海棠花/想起黑板下雪花濡染的斑丝。”炊烟、汗雨、锄杠、板车、残灼、梅枝、黑板，看起来其间似乎没有什么联系，而细读才领悟到，这一组意象正是诗人大半生经历的形象缩影，从童年的山村，到小岛拉板车的艰辛，直至挑灯夜读的教书生涯，令诗人感叹万分，也激发了读者想象的空间。

淘空了的诗重直觉、情感激越，具有意象新奇、语言无序的特点，常在诗中创造出新颖奇崛的境界。“他的诗，除了非理性、非逻辑性之外，他还是破坏规范化语言的能手，他用无序语言所写的佶屈聱牙句子，真令读者瞠目结舌。”[①]“太阳剃光头从城垛跳下/软禁的晚风假释了”（《晚风渡小城》），“窗口老是呆滞眼睛沉思/花的浪潮却流注活力/在露台碰撞得红紫青蓝”（《闯马路》），“太阳剃光头”，“晚风假释”，“花的浪潮却流注活力”，“碰撞得红紫青蓝”，这些诗句语言呈无序性，不合逻辑，在大胆的想象中呈现出奇特的组合方式，营造出新奇的意境，给人以美的感受。

思考论述题：

1. 简述香港诗歌的发展历程。

---

① 刘登翰：《澳门文学概观》，鹭江出版社 1998 年版，第 127 页。

2. 略论羁魂、温健骝、马朗三位本土诗人的创作特色。
3. 余光中旅港期间的诗歌创作对香港诗坛的影响。
4. 比较蓝海文与犁青两位诗人的创作特征。
5. 选择张诗剑、黄河浪的代表诗作赏析。
6. 简述戴天诗歌的创作风格。
7. 试述陶里、苇鸣、淘空了诗歌的现代特色。

第四章　香港、澳门散文

第一节　香港、澳门散文发展概述

一、香港散文

香港的自由港环境大大促进了媒体的发达，大众媒体也赋予香港散文口语化的特征；这些散文作品都很短，有少至三五百字的，多的也就一千字出头。短、平、快的日常生活，需要迅速直接地切中心灵要害，而非长篇大论或朦朦胧胧，这当然首先要求文章在篇幅上要短。在短小的篇幅内，香港散文不仅是挫万物于笔端，而且十分精炼、隽永。香港的散文颇得散文的真髓：形散神也散。统观《香港精美散文赏析》，无论是情绪、观点、题材、形式，很难找到两篇雷同的，如蔡澜潇洒随性，金庸平白如话，黄维樑娓娓道来，陈耀南夸张机趣，西西奇幻玄思，等等，真的称得上“百花齐放”了。

20 世纪 50 年代香港散文创作数量不多，一则是可供作家发表散文的报纸杂志少，二则是本地的散文创作队伍尚未建立起来。其间，从事散文写作的主要是南来老作家，而出版个人散文专集的只有曹聚仁、徐訏等少数几位作家。值得一提的是，当时由吴其敏主编的《五十人集》和《五十又集》，这两部颇具分量的散文集共收入叶灵凤、黄蒙田、舒巷城等 87 位作家的 100 篇散文，这两本书出版于 60 年代，但其中多数作品写于 50 年代，是香港作家 50 年代在散文园地惨淡经营取得的成果。

60 年代香港的散文较之 50 年代有了长足的进展。随着香港经济的快速发展，报刊数量剧增，这就为散文的大发展提供了很好的外部条件。许多作家将在报纸副刊上发表的散文结集出版，大量散文集的面世，成为此间文坛的可喜景观。出版散文集的以中老年作家居多，叶灵凤的《忘忧草》、《百叶杂记》，曹聚仁的《鱼龙集》、《浮过了生命之海》，吴其敏的《闲墨集》，舒巷城的《灯下拾零》，夏果的《石鱼集》，徐速的《一得》，侣伦的《无名草》，司马长风的《长歌集》等，都属有特色的散文集。夏易的散文集《花边·拇指·爱》、《港岛驰笔》、《希望之歌》等大多取材于社会、人生问题，丰富的联想，鲜明的对比是她常用的手法。明朗、昂扬、饱含激情是夏易散文的基调。几位后来离港赴海外定居的老作家也写出不少散文佳构，如李素的《心籁集》、《窗外之窗》，思果的《河汉集》，农妇的《锄头集》、《水牛集》等，都各具特色。

70年代以来，香港的散文创作呈现一派色彩斑斓的繁盛景象。香港报纸此时不仅数量繁多，而且很多报纸在形式上进行了改革，将版面划分为若干小专栏，设立了五花八门的固定栏目，由专栏作者负责撰写稿件。这类专栏文章以散文为主，有随笔、杂文、小品等，讲究知识性、娱乐性、趣味性，篇幅短小，大多只有三五百字，适合生活节奏快的香港读者口味。众多的报纸专栏，造就了一大批文思敏捷，出手奇快的专栏作家，推动了香港散文创作。总的来说，香港报纸专栏创作不乏才华横溢的作家和美文佳构，像高雄、潘柳黛、简而清、蔡澜、李默、圆圆、王亭之等，都是港人耳熟能详的著名专栏作家。

老中青三代散文作家在香港文坛形成了整齐的梯队。以曾敏之、吴其敏、罗孚、黄蒙田、夏果等为代表的老一辈散文家，大多年事已高，仍笔耕不辍，继续为香港文学事业发挥余热。他们生活阅历丰富，知识面广博，文字功底扎实，散文是他们驾驭自如的一种文体。曾敏之的《望云海》、侣伦的《向水屋笔语》、夏果的《闲步集》、黄蒙田的《画廊随笔》等散文集，里面收入的作品都创作于70年代。香港中年作家写的散文更受欢迎，他们不仅创作力旺盛，作品情思之醇厚、文笔之鲜活，都超越了资深老作家，如彦火的《枫桦集》、也斯的《山光水色》、阿浓的《一刀集》、张君默的《粗咖啡》、吴羊璧的《煮字疗饥》、东瑞的《湖光心影》、陶然的《夜曲》、黄维樑的《大学小品》、陈耀南的《刮目相看记》等等，都是各具特色的散文集，显示了中年散文家的实力和实绩。香港文坛新秀在散文创作方面也显得虎虎有生气，他们思想开放，常常大胆地将一些新的技法引入散文，有些青年作家的散文已形成风格。杨贾郎的《香港眼》、白洛的《吊起水晶灯》、巴桐的《港岛散记》等都是相当出色的散文集。香港散文创作领域活跃着一支女作家队伍，如夏易、小思、西西、李默、亦舒、圆圆、紫娃娃等。香港散文女作家的创作就整体而言存在重技巧而轻内容之弊，以“小家碧玉”者居多，未见有大手笔。

本时期的香港散文中游记成为热门品种，其中又以中国游记居多。神州的名山大川对香港同胞有着巨大的吸引力，一时间，游记集子联袂推出，有黄国彬的《三峡·蜀道·峨眉》、何紫的《山河款语》、水禾田的《黄河行》、张君默的《新疆小品》等等。这类游记大受欢迎，并吸引更多的香港同胞来祖国参观畅游、寻根问祖。

80年代以来，散文成了香港文坛的第一大文学样式。报纸的框框专栏是杂文的主要园地。黄维樑在《香港文学研究》一文中做过一个统计：“发现在本港销路好，或者有代表性的十三份日晚报中，一共有接近四百个专栏，其中九十个是小说，大多数是长篇连载，余下来的三百一十个，是各式各类的框框杂文。”在阵容浩大的报纸专栏杂文队伍中，有男有女；有老年，亦有中青年；有书卷气甚浓的，亦有专写轻松题材供人娱乐的。打开香港报纸，像项庄、罗孚、吴其敏、梁小中、张文达、胡菊人、戴天、简而清、王亭之、潘铭燊、昆南、林燕妮、亦舒、蒋芸、李碧华、李默等的专栏文章，几乎每天都能看到。框框杂文属于典型的港式“快餐文化”，其特点是：富有知识性、娱乐性、趣味性，轻松、活泼、幽默，颇合一般市民趣味，带有明显的商业性质。

回归前后的香港文坛，散文集出版量之大，在香港文学史上是空前的。处于这一风云激荡时代的香港散文，内容无所不包，形式百花齐放，这是香港文学的多元化格局在散文领域的体现。从作品中可以看到，香港散文创作已达到相当高的水平，从内容到形式都臻于完善，或对社会人生有深度的透视，或对景、物、人均有细致入微的观察、剖析，或注重意象铸造，而情真意切，语言圆熟，则是这些散文的共性特征。“九七”回归是港人最关心的问题，自然受到众多散文家的关注。尽管不同的作家思想观念不同，对题材的选择和把握各有特色，但他们都把港人的心态，喜怒哀乐一一绘入自己的散文作品之中，为这一时代的重大题材留下了历史性的记录。

二、澳门散文

20 世纪以来，澳门相对处于比较平和的政治局面中，较少激烈的政治冲突，也未发生剧烈的社会变革。70 年代以来，经济发展迅速，人民生活水平提高很快，生活安定、富裕，澳门社会这种政治、经济、人文环境的静态使得澳门散文得到了平稳的发展。散文是澳门文坛仅次于诗歌的重要文体。单是在澳门各中文报副刊上经常投稿的散文作家就有三四十人。

澳门散文创作队伍阵容较为整齐，有以鲁茂、李鹏翥、芳菲、梅萼华、胡晓风等为代表的老作家；有以陶里、林中英、东方一羽、南宫燕、凌棱、金子中等为代表的中年作家；有以玉文、陈浩星、黎绮华等为代表的青年作家。就整体而言，澳门散文创作题材广泛，种类繁多，有抒情散文，有偏重叙事的报告文学，还有随笔、社会速写、游记、小品、杂感、回忆录等。就数量而言，已颇为可观，但有强烈艺术感染力的作品并不多见，多数作品缺乏大气。

80 年代澳门文坛就出版了几本可观的散文集，如陶里的《静寂的延续》，叶贵宝、苇鸣、黎绮华合著的《三弦》，李鹏翥的《澳门古今》，鲁茂的《望洋小品》，冯为铿的《谈文字说古今一集》等。内地出版的由袁鹰、曾敏之主编的散文集《海天·岁月·人生》中收入李成俊、李鹏翥、陶里、柳惠等澳门作家写的一批散文。1985 年中国友谊出版公司出版了陶里的《静寂的延续》，使内地读者初识了这位澳门作家。书中收入的 93 篇作品，是从他所发表的五六百篇散文中精选出来的，题材广泛，反映的生活面亦相当广阔。

90 年代，澳门散文集更是联袂问世。1990 年，有徐敏的《镜海情怀》。1991 年，由陈浩星主编的《七星篇》出版，书中收入林蕙、沈尚青、林中英、丁璐、梦子、玉文、懿灵、沙蒙8位女作者的作品，还有林蕙的《有情天地》、刘羡冰的《南欧风采·葡国教育》等。1994年，澳门星光出版社推出《人生大笑能几回》（林中英）和《澳门风物志》，由澳门基金会出版。后者收入250多篇文章，是从发表于《澳门日报》上的文章中精选出来的，作品语言活泼生动，颇有可读性，有的属澳门史料钩沉之作。90年代中期，澳门基金会出版的散文集还有冼为铿的《谈文字说古今二集》、章文钦的《澳门与中华历史文化》等。澳门基金会出版的上述散文集均由吴志良主编，冯少荣任副主编，吕平义为执行编辑。此外，陆续出版的散文集还有澳门青年文化协会出版的游记《世界奇观背囊游》、澳门日报出版社出版的《足迹的幻化》等。1996年9月，林中英主编的《澳门散文选》出版（由澳门基金会推出，列入濠海丛刊之一），共收入57位澳门作家的114篇散文佳作，从作者年龄来看涵盖了老中青三代，作品内容、风格琳琅满目，给人以“乱花渐欲迷人眼”之感。澳门散文家常以一颗爱心去关心广大市民的疾苦，在作品中展示了一种温柔敦厚的内心情怀，弘扬善良人性的光辉，充分体现了真、善、美的文学特征。然而，这种真、善、美的抒写每每于无形中局限了作家的艺术视野，令他们的艺术表现显得较为单一，缺少自我意识的张扬，主体意识得不到进一步深化。

第二节　香港学者散文

香港作为国际性大都会，在对外交流方面是非常开放的，资讯自由流通，创造了良好的人文社会环境，加上它处于中西文化的交汇点，是沟通东西文化的桥梁，于是吸引了世界各地大批华人学者汇集于此。70年代以来，宋淇、金耀基、高克毅、余光中、思果、陈之藩、黄维樑、梁锡华、潘铭燊、小思、梁秉钧、黄国彬、陈耀南、刘绍铭、董桥、张五常、梁巨鸿、陈永明、周兆祥、刘创楚、黄子程、陶杰等人，或根生于斯，或从外而来，在教学、科研和工作之余，挥洒七彩健笔，吐露心声心情，礼赞自然山水，议论社会人文，其感性有春花秋月的璀璨明丽，其知性有春秋史笔的中肯正义。黄维樑认为：这些散文中，多的是当行本色的“学者式散文”，也就是多学识而富机智的散文。……这些学者既埋首于象牙塔中，也徜徉于市井街巷……他们是中国当代散文的名家，不但驰名于香港，于台湾，甚至已享誉于中国内地（大陆）以至所有华人社区。

香港学者散文风格多样，个性各异，但也具有一些共同点，如知识丰富，视野开阔，对中国社会历史和整个人类文明有一种深切的关怀，对民族性格作出了深层的反思，在中西文化的激烈碰撞冲突中，寻求传统和现代的结合点，而且他们的散文熔学养、智能、才情、辞采于一炉，汇感性、知性、情趣、理趣为一体，具有很高的文学品位和审美价值。正如董桥在散文集《这一代的事》自序中所说：“散文须学、须识、须情，合之乃得 Alfred North Whitehead 所谓‘深远如哲学之天地，高华如艺术之境界’。”梁锡华、金耀基、黄国彬、也斯、董桥、黄维樑、小思、陶杰等是有代表性的几位学者型作家。

一、梁锡华的散文

梁锡华（1933—　），生于广东顺德，自幼生活在香港，为英国伦敦大学哲学博士，入籍加拿大。曾执教于加拿大圣玛丽大学及香港中文大学，后在岭南学院先后担任文学院院长兼文史学系主任、教务长兼现代中文文学研究中心主任。1994 年退休后定居加拿大，笔耕不辍。著有散文集《挥袖话爱情》、《有余篇》、《明月与君同》、《四八集》、《八仙之恋》、《情系一环》、《一墙之隔》等。梁锡华学贯中西，是理性、知性和悟性合一的学者文人。深厚的文化底蕴和绵密的感情意绪，使他在教书和学术研究之余，尤擅以散文随笔方式表达对现实人生的睿思。

梁锡华的散文取材广泛，内容鲜明，既有对山水、人物的深情描绘，也有对社会、人生、文化的独到剖析。其中最具影响力的是描摹人生百态，反映社会世态的杂感。《牛仔裤》指出穿牛仔裤的最大弊端是损害人的生殖能力，是人类的一种“慢性绝种法”，向盲目趋奉潮流的年轻人敲响警钟。梁锡华还爱唱反调，向传统的习惯挑战，提出自己的新见解。《漫话慢蜗牛》为蜗牛“正名”，赞颂谦卑、踏实、稳健的“蜗牛精神”，表面是“蜗牛论”，而实际是“人论”，作品在幽默调侃中表达深刻的主题。《报屁股》也是一篇翻案文章，作品先为“屁股”正名，以颇具谐趣的语言，从屁股的实际功能谈到美学价值，极力渲染它的重要性，然后用二分法来谈“报屁股”，得出的结论犀利深邃，使人折服。梁锡华的散文知识容量大，他谈古论今，广征博引，娓娓道来，各种典故资料，人文风习，他都信手拈来。《一墙之隔》从伊甸园的无墙讲到《诗经》中的“逾墙相从”、《西厢记》中的张生跳墙、《蝶恋花》中的“墙外行人”、“墙内佳人”，然后笔锋一转讲到“无形之墙”、“筑墙之恶”，取材广泛，遐搜博采，在翔实的论证中求俏皮、求趣味。总体说来，梁锡华的散文寓庄于谐，不滞不黏，妙语连珠。

梁锡华的散文、杂感数量多，水准高，如《八仙之恋》、《我为山狂》、《四八集》、《已见集》、《梁锡华选集》等散文集，情感丰沛，纵横捭阖，妙趣横生，有精辟独到的见解，文字功力深湛。梁锡华持这样一种文学观：文学作品是该有教育作用的，即使不是什么经纶大义或道德善行，至少在文字上要给读者一点启示，一点提升。他的创作正是对自己理论观点的实践。作为一名才识不凡的散文家，他的散文不仅是真情真意的流露，而且每每将生活情趣和人格品鉴联系起来，给读者以教益。多年的学者生涯和丰富的人生阅历，使他的散文学问稠密，意蕴丰厚。他探幽析微，旁征博引，古今中外的掌故史料，人文风习，无不舒卷挥罗笔下，文笔洒脱自如，浑然天成，又加之深刻的思想底蕴，显示出独特而卓越的文化品位。梁锡华的文笔勤快而活泼，常以悲天悯人的情怀透视社会人生的诸多层面，感情充沛，辞采飞扬。他的语言活泼俏皮，幽默无半点卖弄牵强，一切都来得从容自然，不滞不黏，明丽动人。嘲讽世事，意到笔转，自我调侃，亦庄亦谐，姿态横生，为文的理趣与情趣兼容合一，浑然天成。

二、金耀基的散文

金耀基（1935— ），原籍浙江天台。台湾大学法学士、台湾政治大学政治学硕士、美国匹兹堡大学哲学博士。香港中文大学社会学系讲座教授、台北“中研院”院士、香港中文大学校长。著有《从传统到现代》、《中国现代化与知识分子》、《大学之理念》、《中国民主之困局与发展》、《中国社会与文化》、《中国的现代转向》、《剑桥语丝》、《海德堡语丝》等。

在香港域外游记创作中，特别值得一提的是金耀基，金耀基的散文无论叙事、写景、抒情，均行云流水、潇洒畅达，以一派学者文人风范而著称。其文字于清澈、清新、雍容之外，兼有一股弄笔者所难攀企的书卷气和绅士气。这种写得有诗意又有历史感和文学神韵的文字，被董桥称为“金体文”。

金耀基的两本著名散文集《剑桥语丝》和《海德堡语丝》，是旅欧的实录，展示了作者广博的学识，出众的才智，儒雅的风度，高尚的人格和美好的情愫。金耀基的游记广泛采用对比映衬手法和丰富的想象、联想。身处异域的作者，时时超越了个人本位，将视线投向自己“根”之所在的中国，审视母体文化与异国文化之差异。例如，作者在参观凡尔赛宫时，忍不住又想起故宫，想起景山；参观柏林墙时，联想到长城，并比较二者的异同；在垂柳飘拂的尼加河畔流连忘返时，作者“想起柳永的词”；在去蓝得勃田海域的路上，“田野寂寂，头上一轮清清的秋月”，作者自问：“这是杜甫的荆州之月？是台北淡水河之月？抑或是香港吐露港之月？……”诸如此类的对比，把绵绵情愫引向更深更远，产生言有尽而意无穷的艺术效果。金耀基在行文时很善于将叙事、描写、议论、剖析和谐地熔于一炉，既有形象生动的叙事和精雕细刻的描写，又有深刻透彻的议论和条分缕析的剖示。景、物、情、意于文中浑然融为一体，使读者于美的享受中，得到感情的陶冶、有趣的知识和思想的启迪。

三、黄国彬的散文

黄国彬（1946— ），广东新兴人，在香港出生。香港大学英文与翻译学士、英文系硕士、多伦多大学东亚学系博士。先后在香港中文大学英文系、香港大学英文与比较文学系、加拿大约克大学语言、文学及语言学系任教。目前为香港岭南大学翻译系教授兼主任。著有《偷听三千年前的情话》、《语言与翻译》等，已出版诗集、散文集、评论集、译著等20余种。曾获香港中文文学（散文组）双年奖。

黄国彬游学大洋彼岸多年，深受英国文学影响。黄国彬散文颇具美国古典散文遗风。尤其是在那些长篇的游记中，历史的沉重，脚步的沉重，还有心灵的沉重，加上考究的用词，肃穆的节奏，以及对仗句和圆周句的频繁使用，使他的散文充满了古香古色的味道。

黄国彬散文的形式滞重，思想却不失为新鲜，且常有奇笔。例如，他谈到大学生活，谈到沙田六年的教书生涯时，洋溢的热情和率性的幽默处处可见，且具现代感；《莎厘娜》写校园餐厅的风景，传神到我们可以在那罗宋汤的香气中，一边由于害怕自己成为邻桌飞短流长的对象而出冷汗，一边欣赏玛丽·霍普金斯和格·坎贝尔的小曲。就是谈到老鹰、兰花这类被古今中外的文人雅士写滥了的题材时，也能写出他独有的清新，小题材在他笔下能写出大气势。写老鹰：在长江，我曾见过海鸥动也不动地伏在水面，等江水把它冲到好远的下游才鼓翼飞回原位；然后又伏在水上，随波漂向下游。在几千尺的高空，吐露港的老鹰也像海鸥一样，把气流和晚风当作江水戏弄。吐露港的黄昏，人人都写意，却没有人能像老鹰那样逍遥。写兰花：或者把兰香裁成披肩，送给一个人，看她轻轻披上……这种古色古香的想象，沉淀到心头，或许补充了现代人所缺乏的某种怀旧情怀。

四、也斯的散文

也斯（1948—2013），本名梁秉钧，原籍广东新会，在香港长大并接受教育。1978年夏赴美攻读比较文学，研究中国新诗与西方现代主义的关系，1984年获比较文学博士学位。回香港后，任港大英文及比较文学系讲师。在香港散文创作领域，也斯是位重要作家，他是位文坛多面手，除了写得一手好散文，还写小说、作诗、撰写评论、搞翻译，并和文友创办过《四季》、《大拇指》等文学刊物，而他的正业则是教师。也斯是香港典型的学院派学者型作家，其代表作有散文集《山水人物》、《山光水影》，诗集《雷声与蝉鸣》、《游诗》，短篇小说集《养龙人师门》等。

在也斯的创作中，散文产量最高，成就最大，他早期出版的散文集《灰鸽子早晨的话》、《神话午餐》，虽文笔尚嫌粗疏，然从容不迫，娓娓道来，朴素清新、不事雕琢的风格已见端倪。《山水人物》的出版，标志着也斯的散文进入成熟阶段。他的笔下出现了气质、风度迥异的艺术家，有音乐家、诗人、画家、演员、作家、雕刻家等。他作品中更为动人的是对下层小人物的描绘，有船上卖菜的老婆婆、陶瓷艺人、排字房的童工、卖木履的老人、海滩上挖蚬的人、钓鱼的人等。也斯从不同的角度，采取不同的构图法，运用不同的色彩摄下了这些人物的音容笑貌，写出他们生活的艰难和他们得不到满足的卑微的愿望，赞颂了他们高尚的人格，对他们不幸的命运寄予深切的同情。也斯最新出版的散文集《山光水影》写的是香港的山、水、街巷、人物。也斯熟悉、热爱生于斯，长于斯的香港，这颗"东方明珠"的每一点变迁，都能触发他无穷无尽的情思。作为一位思想型的作家，他的散文中充满了饱满的感情，这种感情表现在作品中不是火山喷发般的，而是含蓄蕴藉的，唯其如此，更显得深沉且意味深长。也斯在散文取材上严加斟酌，乍看并无关联的凡人小事，旅途中所见的零星景物，通过作者主观感受的胶合、熔铸，显现出醇厚的意韵。对祖国和同胞，也斯怀着一份真诚的爱心，他以乐观的态度面对坎坷的生活道路和多难的人生，他的作品没有感伤与消沉，而总是给人一种美的熏陶，引人向上、向善。也斯揭露社会阴暗面的散文作品有一定的认识价值，但这些作品在批判的深度和力度上还有所欠缺，因而思想的冲击力不够强。

五、董桥的散文

董桥（1942—　），原名董存爵，原籍福建晋江，幼年随父定居印度尼西亚。1964年毕业于台湾成功大学外文系。不久赴英国伦敦大学亚非学院从事研究。1979年返港，任职于美国国际交流总署，1988年起任《明报》总编辑。多年来在《明报》写专栏《英华沉浮录》，已出版单行本三卷。董桥以散文著称，结集出版了《乡愁的理念》、《董桥散文》、《双城杂笔》、《藏书家的心事》、《另外一种心情》、《跟中国的梦赛跑》等散文集。

董桥属学者型作家，他博闻广识，学贯中西，他的散文有思想深度和理论上的探索，却绝不枯燥，熔学、识、情于一炉，追求悠闲境界，于悠闲之外又孕育着浓郁的人文情怀和炽热的中国情结。他的散文谈名家轶事、琴棋书画，纵论社会、生活、人生，具有极高的知识含量，在文化的演示与追求中感悟生命和人生。董桥的作品闪现出一种感性和知性相兼容的特质，属于思辨和才情汇通的文体，体式丰富多样，结构谋篇匠心独运。董桥在他的散文中写海峡两岸，绘纽约，记英伦，说政经，谈历史文化，用大手笔写篇幅短小的文章，令读者回味无穷。无论是写古代题材还是写现代生活题材，他的文章中都散发出浓浓的书卷气，字里行间既有中国人的智能，又不乏英国式的幽默。《中年是下午茶》感悟人生中年阶段的独特处境；《一室皆春气矣》深感现在的人情不是太浓就是太淡，话里话外充满情趣和理趣。联想丰富、比喻精妙是董桥散文的最大特色，如《藏书家的心事》通过一连串的妙喻，幽默俏皮地写出了现代读书人和藏书家对待不同种类书的感情。董桥在中西文学中获得了丰富的营养，他旁征博引，将中西文学化为自己的艺术生命，运用得出神入化，灵活自如。他以浓郁的书卷气，儒雅的文化精神、英国式的幽默，形成了独特的“董桥风格”。

六、黄维樑的散文

黄维樑（1947—　），生于广东澄海。香港中文大学中文系一级荣誉学士，美国俄亥俄州立大学博士。曾任教于香港中文大学中文系、台湾佛光大学等。著有《中国诗学纵横论》、《香港文学初探》、《香港文学再探》、《怎样读新诗》等学术论著和《突然，一朵莲花》、《大学小品》、《我的副产品》、《黄维樑散文选》等散文集。

身为学者的黄维樑是位擅长散文随笔的作家。他在《我的副产品》一书的自序中说：“我的主要产品是‘学院论文’，学术意味自然浓厚。我的副产品也常带知识性学术性，具有我的职业属性，可称‘学者散文’。”黄维樑的散文题材广博，天文地理，人生百态，花草虫鱼，各地风光习俗，恋爱婚姻，家庭生活，师生情谊，子女教育，书斋情趣……可谓包罗万象，加上浓浓的书卷气，鲜明的思辨色彩，更显得姿彩各异，是学者散文的又一典型。

黄维樑的散文以情理交融，知性感性互渗著称。《大学小品》中的散文，涉及文学、政治、教育、传播、文化、生活、艺术等众多方面，一方面在感性的基础上自觉地追求散文的文化品位和学术品位，另一方面又以学者作家的良知和社会使命感致力于文化普及工作。《美丽必须消逝》、《爱不爱香港》、《甜蜜与温柔》、《不要谋杀中文》等篇或寓情于事，将强烈的主观感情寓含于感性描写之中，或融情于理，在议论中渗透感情，达到了情理交融的境界。黄维樑不仅能自如地协调好情理关系，使散文给人以知性与感性水乳交融、和谐一致的感觉，而且在语言运用上，能使散文语言形象生动，富于变化。他善于运用比喻、象征、谐音、双关等多种修辞手法，努力做到“妙语解颐，启人遐思”。他往往在平实流畅的叙述中显现智慧与才情，展示了典雅浑厚的文化气质。

七、小思的散文

小思（1939—　），本名卢玮銮，另有笔名明川。原籍广东番禺，生于香港。1964年毕业于香港中文大学中文系，1981年获香港大学硕士学位，曾任教于香港中文大学中文系。著有散文集《丰子恺漫画选绎》、《路上谈》、《承教小记》、《日影行》、《不迁》、《彤云笺》、《香港文学散文》等。

小思的散文涉及的题材广泛，感情真挚，阐发了一种仁慈博爱的精神。《丰子恺漫画选绎》通过介绍丰子恺的画，弘扬一种崇高而深沉的民族感情和气节。《日影行》是作者在日本时的见闻感受的实录，深刻揭露了日本军国主义势力的卑鄙行径，篇章中洋溢着游子眷恋祖国的情愫。《路上谈》和《承教小记》从不同角度探讨青年的切身问题，对学生热忱勉励，循循善诱，作者勇于剖析自己，努力使自己和学生的心灵得到沟通。小思的散文形式多样，有的偏重叙事，有的着眼于说理，形成了富于个性的散文风格，表现为构思精巧，内涵隽深，意境幽远，写人、记事、绘景、抒情、说理有机融合，文笔轻盈，有人称之为“香港的冰心”。作为一位情感细腻的女作家，小思对每样事物观察入微，大至天下国事，小至一只飞蛾，她都对之有所深思，有所动情。她以女性、学者、诗人的温婉、儒雅和激情，为读者描绘了飞光溢彩的现代都市的一幕幕风景。在光怪陆离的都市社会里，小思散文的冲淡清丽，悠远静观，是一道令人眼前一亮的小溪。

八、陶杰的散文

陶杰（1958— ），本名曹捷，原籍广西。出身左派报业世家，年轻时在香港湾仔长大。自幼接触古典文学，曾以散文《屋之挽歌》夺得1976年全港中学生征文比赛冠军。17岁赴英国华威大学攻读英国文学，获硕士学位。回港后，曾任《华侨日报》、《明报》副总编辑，现为专栏作家。著有《历史和地理间的沉思》、《那一夜星斗》、《霓虹花忆》、《自恋红烛》、《泰晤士河畔》、《香港这杯鸡尾酒》等20余部散文集。

陶杰的散文穿梭中西文化，笔下文字情理并茂，自成一家。他文笔优美，辞藻华丽，善于运用多种修辞手法，对比喻法特别精通，善于把抽象的感觉和概念化为立体的景物，使笔下文字带有强烈的视觉效果。如散文集《霓虹花忆》，内容环绕香港文化、社会民生、政治法制等，借着大家都熟悉的社会事件，既论事件亦讽刺时弊，同时还以大家生活上都会遇到的大事小事，探讨香港社会文化的优劣。风格时而幽默，时而挖苦、夸张、反讽。《迷宫三千祭》选辑了陶杰对中国香港、内地及西方人文特色、见解及评论的文章，其中关于香港的茶餐厅文化，以至中国的历史建筑、中国国情及西方的文化特色皆有提及。并且大量引用古今中外的文学作品和历史、艺术、政治等各方面的知识，把记叙、描写、抒情、议论等元素融合在一起，构成一种既富有诗意，又不失说服力的文体。《她是他的一场宿命》等深入地剖析了香港政治、文化和人文精神，亦透过一场疫症，了解中国历史及人性面貌，评论独到，情理兼备。从哲学到治港方略，从教育到比基尼装，从自助餐到赌场的告示牌，无不谈得风情百种。他的作品中亦常见中西文化的比较，揭示中国文化的缺失。如《自恋红烛》等散文以文化为主题，阐发有关中西文化的见解、对香港中文水准的意见等。就幽默讽刺类散文而言，无论文字、技巧还是视野，陶杰都已达到了一个比较高的水平。他的散文为呈现香港的多元性，为思考香港的文化与政治提供了另一种观照的视角。

第三节　澳门散文

一、李鹏翥的散文

李鹏翥（1934—2014），笔名梅萼华，原籍广东，生于澳门。曾先后兼任澳门新闻工作者协会理事长、澳门笔会监事长、澳门中华诗词学会副会长、澳门基本法协进会副秘书长、《澳门日报》读者公益基金会副会长、澳门大专教育基金会副会长等职，后任《澳门日报》总编辑。李鹏翥在文化界具有相当影响力。他博览群书，学问渊博，30 多年来在文化事业上笔耕不懈。

李鹏翥是个“杂家”，爱好广泛，书法、绘画、篆刻、诗词等无所不通。作为澳门知名的新闻工作者，出色的社会活动家，他对社会现实具有较强的责任感与使命感。集报人、诗家、社会活动家于一身的他，散文创作既有鲜明突出的题旨，又有敏锐深入的现实观察，还有着活泼多样的形式，笔触流畅，意味隽永。

李鹏翥成长于澳门，对本土有深厚的感情，他以深情的文字、飞扬的激情，创作了 200 多篇有关澳门地方名胜掌故的短文，发表于香港报纸副刊，后来选辑成《澳门古今》一书，雅俗共赏，一纸风行，既可作地方风土志一类书来读，又是史家研究澳门不可或缺的参考资料。《濠江文谭》所收文章的时间跨度，约始于 1973 年终于 1994 年，内容庞杂，有谈书的，有谈作家的，有谈书法的，也有谈篆刻和绘画的，文史杂烩，体现了作者的博学和友谊遍及大江南北的事实。还有一点不可忽视的，就是作者选材，多与澳门有关，既表现出一个名副其实的“杂家”本色，又传达了热爱乡土的情怀。

作为澳门著名的散文家，李鹏翥不但散文写得好，而且对散文的认识自成体系。他把视野推广到经、史、子、集，指出：对于散文的界定，文学理论家众说纷纭，事实上对于这种自由自在、抒写自如的文学体裁，与诗歌、小说的关系非常密切。有些抒情性文学性散文，其文字的精炼，形象的饱满，感情的丰富，比诗歌不遑多让；有些叙事生动的新闻特写、报告文学以至传记，往往又与小说不易分辨开来。

二、林中英的散文

林中英（1949—　），原名汤梅笑，广东新会人。1970 年开始创作，写过大量散文、小说，内容多是对生活的感性体会，表现出现代女性意识。长期从事报刊编辑工作，后任《澳门日报》副刊副主任，澳门笔会副理事长。主要作品有散文集《人生大笑能几回》、《眼色朦胧》、《自己的屋子》，小说集《云和月》，儿童故事集《爱心树》。

林中英的散文轻盈柔美，令人神思。她以简洁、优美的文笔把现实生活中感受到的每个角落，每个画面都记录在她的文字里，让读者去感受和回味。在《表妹》、《打针时想到的》及《明月在竹湾》等作品中将一份感觉和一团记忆，投影在文字的书写中，但文字背后所隐藏的那种心灵的烙印，如一个小石头掉入湖水中激起的涟漪，短暂却令人深思。

她的笔触好比广角镜，从多角度摄下生活片段加以分析，加以评论。林中英的书写充满人生的思辨，见微知著。如《泰女》一文，女作家观察入微的眼光，反映了澳门近年特有的社会现象。荷兰园二马路由于泰女数目的增多，变相卖淫业兴起，泰国货品店、泰国食物店应运而生，使那个地区的夜生活显得比其他地区繁荣热闹，而它的背后有着离乡别井的泰女血泪交织的悲惨故事。林中英笔下虽然没有带着激情的申诉，但她对这一班泰女所寄予的同情却隐约可见。

作为一位情感纤细的女性作者，林中英在作品中表达了女性对爱的渴求和对两性关系的思考。在《女人四十》、《时间拿去了的》、《青春长驻》及《书台》等文中流露了一个女人步入中年的独特感受。《一对冷足》描写了男女之间十分微妙的感情，但是作者却洞察出温馨中所隐含的一种思索。当你身边的男人要你把“一对冷足”伸给他取暖时，这“一对冷足”从这一秒钟开始成了你和身边男人之间感情的温度计，当他帮你取暖时，这是一种幸福的表现，当他对这种行为开始感到厌倦时，也就是一段感情危机的开始。一般的女性往往只体会到温情的表面，却没有感受到温情的内涵，林中英深深地体会到了一段感情是必须经得起考验的。她在作品《做个中性人》、《女性新人类》、《一个自己的房子》及《文野之足》等中，也一一地剖白了女性在大男人主义的话语权利下的心声。

思考论述题：

1. 简述香港散文的艺术特色。
2. 简述香港散文的作家构成。
3. 简述“框框杂文”的艺术特色。
4. 为什么说香港回归前后其散文是香港文学的多元化格局在散文领域的体现？
5. 简述澳门散文的特点。
6. 简述香港学者散文的艺术特色。
7. 简述“金体文”的艺术特色。

第五章　香港、澳门戏剧及影视文学

第一节　香港、澳门戏剧及影视文学发展概述

一、香港戏剧的发展

根据现有的资料，香港最早的话剧大概是 1844 年英军业余剧团演出的。1911 年清平乐剧团排演的《庄子试妻》很可能是香港第一部中文话剧，那时演出用幕表提纲，与内地文明戏类似，时人称之为白话剧。

1937 年全面抗战爆发前后，内地文化人，包括夏衍、欧阳予倩、阳翰生、宋之的等纷纷南下香港，1939 年 3 月“中华全国文艺界抗敌协会”在香港成立分会，欧阳予倩和蔡楚生等负责戏剧研究部。一时间街头剧、活报剧、校园剧和剧院演剧如雨后春笋布满港九新界，剧团总数超过 150 个。

20 世纪 50 年代香港历史剧盛极一时，如姚克的《西施》、《秦始皇》，熊式一的《西厢记》，李援华的《孟丽君》，黎觉奔的《赵氏孤儿》，柳存仁的《红拂》、《涅槃》，熊汉林的《三笑姻缘》等。

60 年代的香港弥漫着一片“欧风美雨”。1962 年钟景辉从美国归来，大量翻译和上演美国剧目，如《售货员之死》、《小城风光》、《玻璃动物园》、《动物园的故事》等，加上其他剧作家翻译《妙想天开》、《并无此言》、《英雄》、《社会栋梁》《底层》、《人间地狱》等，形成翻译剧的热潮，至 1966 年，香港上演的“外国新派剧”有近百部。

经历了 70 年代后期的转型后，香港戏剧在 80 年代步入了“一个灿烂年代”，“有一支为数可观的编、导、表演队伍，有着专业、业余和校园戏剧的演剧体制和相应的政策支持”。随着香港回归的迫近而引起的“九七情结”和“本土意识”，一批中青年香港作家纷纷写作“对香港的历史、人生和社会”有“观察和思考”，并“有着自己追索”的“本土戏剧”：《逝海》（袁立勋、曾昭柱，1984 年）以象征本土的渔民生活为背景，围绕海生的回归展开情节；《我是香港人》（杜国威、蔡锡昌，1985 年）的主角是概念化的香港人——被殖民统治的居民，“企图在种种嬉笑怒骂的否定之中，为‘香港人’找寻一个定义”；《花近高楼》（陈尹莹，1989 年）叙述“一群有血有肉的渔村居民的命运”；《废墟中环》（潘惠森，1989 年）则是以荒诞剧的形式表现“一个城市人的噩梦”，“中环是商业的心脏地带，象征着香港和香港人

存在的理由”①。此外，还有《命运交响曲》（袁立勋、林大庆，1986年）、《人间有真情》（杜国威，1986年）、《香港梦》（张祥、蔡锡昌，1989年）、《末世风情》、《风雨摇滚》、《聊斋新志》（杜国威，1989年）、《取西经》、《大屋》（陈敢权，1990年）、《伴我同行》（古天农，1990年）等。

随着“九七”回归，香港剧场已从边缘转化为内地（大陆）与港台戏剧交流的一个中心，也增加了自身发展的多种机会。尽管香港话剧仍被认为是“小众文化”，但每月都有三四出新戏推上舞台，艺术上兼容并蓄，前卫与通俗并存，或寻求雅俗共赏。

二、澳门戏剧的发展

1925年澳门土生葡人排演《74年台风之后》，可视为澳门戏剧的先声。

抗战时期澳门涌现了前锋剧社、绿光剧社、起来剧社、晓钟剧社等剧社，以演剧积极投入爱国救亡运动。

1943年澳门成立了本土第一个职业话剧团体“艺联”，排演曹禺的《雷雨》、《日出》和阿英的《明末遗恨》。

中华人民共和国成立后，澳门戏剧仍然呼应内地戏剧潮汐，剧作《刘胡兰》、《南海长城》、《年青的一代》风行一时。60年代中期以后，“很多剧社都因为种种原因而停止了活动，澳门的戏剧一下子陷入了低潮”②。复苏期后的澳门戏剧在坚持现实主义传统中呈现多元化状态，主要业余剧社有晓角剧社、海燕剧社、澳门剧社、澳门大学剧社等。

澳门剧作家周树利（1938—　），1995年出版个人剧作集《简陋剧场剧集》，收录1975年至1993年创作的22个小品短剧。李宇樑迄今编导舞台剧作品30多部，其中《亚当&夏娃的意外》、《男儿当自强》和《二月廿九》是剧作家的都市三部曲，也是他近年的代表作。

三、香港影视的发展

1909年，在北京拍摄了中国第一部电影《定军山》4年之后，香港就拍摄了电影短片《偷烧鸡》，以诙谐的方式讲述一个小偷偷烧鸡被警察抓住的故事。1913年香港华美影片公司黎民伟自编自演故事短片《庄子试妻》，其妻严珊珊饰演婢女而成为中国第一位女演员。

30年代香港粤语片繁荣，1935年至1937年出品157部，1936年南京政

---

① 田本相：《香港话剧选》序，见方梓勋、田本相编《香港话剧选》，文化艺术出版社1994年版，第1～7页。

② 田本相、郑炜明：《澳门戏剧史稿》，江苏教育出版社1999年版，第19页。

府曾发布“禁映粤语片”的法令，后因抗日战争的爆发而没有真正实行。

1937 年抗日战争全面爆发，同年底上海沦陷，蔡楚生、司徒慧敏、夏衍、汤晓丹、侯曜等许多上海电影人南下香港，团结香港电影人拍摄抗战粤语片《血溅宝山城》、《游击进行曲》，以及国语抗日爱国电影《孤岛天堂》、《前程万里》、《白云故乡》等。1941 年底香港沦陷后，香港电影人同仇敌忾，或离港，或转行，没有一个香港影人与日寇合作，香港电影处于停顿状态。1945 年抗战胜利后解放战争爆发，内地许多电影人再次南下香港，促使香港电影全面复苏，涌现出大中华影业公司、永华影片公司以及大光明、南群、大江、民生等影业公司，出品《同病不相怜》、《三女性》、《风雪夜归人》、《春城落花》、《国魂》、《清宫秘史》、《野火春风》、《水上人家》、《恋爱之道》等国语片。

从 1949 年底到 1966 年，香港电影业呈现出百家兴起、欣欣向荣的局面，共拍摄电影 4000 多部，等于年产量平均 200 多部，被电影史家认为是香港电影发展的“黄金时期”。1949 年南国公司推出王为一导演的《珠江泪》，展现珠江岸边普通百姓妻离子散的悲惨故事，质朴自然、真实感人，令本土观众备感亲切，轰动港城，被誉为现实主义粤语片的一个正确的、坚实的、全新的起点。沿着这一起点，香港涌现出了新联、中联、华侨、光艺等一批粤语制片公司。新联影业公司以“佳品”为号召，吸收秦剑、李铁、李晨风、吴楚帆、红线女等著名粤语片导演和演员，陆续出品《败家仔》、《再生花》、《桃李满天下》、《新婚夫妇》等叫好又叫座的影片。中联则以“制作严谨”为标榜，主要拍摄写实性强的影片，先后改编巴金小说《家》、《春》、《秋》，拍摄《苦海明灯》、《千万人家》、《危楼春晓》等反映民生疾苦的影片。国语片在数量上不如粤语片，但在制作规模和艺术质量上远远高于粤语片，国语片制作公司主要有长城、凤凰和邵氏三家。

武侠电影是香港电影的一大传统，50 年代香港就拍摄了有关黄飞鸿的武侠影片 62 部。60 年代下半期至 70 年代，新派武侠片、李小龙真功夫片和喜剧功夫片相继而起。新派武侠片以李翰祥导演的《儿女英雄传》、岳枫导演的《燕子盗》和张彻拍摄的《虎侠歼敌》为发轫，1966 年张彻导演的《独臂刀》和胡金铨导演的《大醉侠》形成和引领香港武侠电影潮流，导出了《金燕子》、《报仇》、《萧十一郎》、《云海玉弓缘》、《流星·蝴蝶·剑》、《路客与刀客》、《侠女》等一大批经典影片。70 年代初李小龙应嘉和公司邀请回到香港，连续主演《唐山大兄》、《精武门》、《猛龙过江》、《龙争虎斗》，其真实搏击的武打风格令武侠片焕然一新，并促使香港武侠片由导演时代转到明星时代。到 70 年代中期，武侠功夫片开始趋向喜剧化，以成龙主演的影片《蛇形刁手》和《醉拳》为标志，流行的武侠片被变奏改调，应接不暇的打斗招式被掺杂了杂耍般的噱头，正义凛然的复仇行为被涂抹上喜闹色彩，不苟言笑的侠士英雄被改写成单纯善良、好奇贪玩的顽皮平民，妙趣横生。总之，被大大地平民化、世俗化。成龙在八九十年代还编导主演《师弟出马》、《龙少爷》、《警察故事》、《A计划》、《红番区》、《霹雳火》、《龙旋风》等影片，将其喜剧功夫片做成了电影系列和香港电影品牌，并成功走进好莱坞。同时，徐克在90年代的《笑傲江湖》、《新龙门客栈》等片中再次复兴了古装武侠电影。

70年代末一批从欧美学习电影的年轻人回归香港，为香港电影带来清新气息，开启了香港电影的新阶段，即"香港新浪潮电影运动"。一大批年轻导演，如余允杭、许鞍华、谭宗明、严浩、关锦鹏推出新锐影片《父子情》、《半边人》、《投奔怒海》、《似水年华》，将镜头更多地对准现代人和现代生活，用新颖的视听语言刷新传统的电影风格，推动香港电影趋向健康严肃、注重人性伦理，注重引导人向善，形成了一个时间不长但影响深远的影片新浪潮。80年代始香港电影呈现多元化态势，电影的类型主要有武侠功夫片、警匪片、鬼怪片、文艺片、伦理片、历史片、社会片等，较有特征的是以周星驰的影片，如《霹雳先锋》、《赌神》、《喜剧之王》和《大话西游》为代表的"无厘头"喜剧。

"大陆学者在将香港电影与大陆和台湾电影的比较中，归纳出多元性、草根性、商业性和时尚性几个特点"①，台湾影评人则用形象的比喻比较香港电影与台湾电影："如果说台湾电影是三四十岁知识分子对过去的沉湎及反省，香港电影则代表二十多岁年轻人拼命往前冲的牛劲；台湾电影因为注重内省与内敛，所以发展出长镜头、慢节奏的抒情风格，香港电影则完全是纷乱、精力的组合，局部特写镜头、快速的蒙太奇，破碎割裂的时空，常是香港电影用滥的美学技巧。它们交织成一个感官视觉充满刺激、叙述极具动力的世界。"②《纽约时报》影评人曾抱怨一部功夫片"尽皆过火，尽是癫狂"，其实那些张狂的娱人作品都包含着出色的创意和匠心独运的技艺，是香港给全球文化的独特贡献。

香港电视起步于1957年，到70年代中期，香港电视剧还主要是由若干单元剧和电视小品组成的系列剧。以1976年香港电视连续剧的诞生为标志，开始了香港的电视大众文化时代，也代表了香港电视剧的成熟。香港电视剧真实地描写了香港特有的社会生活、各种人物与都市文化，一般都是以人生的事业、爱情、伦理或商战为线索，描写个人成长奋斗史，或家族复仇恩怨史。

① 陆绍阳：《中国当代电影史：1977年以来》，北京大学出版社2004年版，第176～179页。

② 黄琳主编：《影视艺术：理论·简史·流派》，重庆大学出版社2001年版，第271页。

90年代香港曾评选过“80年代十大最受欢迎剧集”，其入选作品《上海滩》、《网中人》、《义不容情》、《神雕侠侣》、《公私三文治》、《誓不低头》、《鹿鼎记》、《流氓大亨》、《倚天屠龙记》、《新扎师兄》可以使我们大致了解80年代香港电视剧。

第二节　朱石麟、李翰祥、王家卫的电影创作

一、朱石麟的电影创作

朱石麟（1899—1967），江苏太仓人，由创办电影杂志起家，后弃笔从影，开始了40年的电影创作生涯。朱石麟的电影创作可分为三个时期：早年在上海的“联华”时期，以《慈母曲》最为著名；上海沦陷后的“孤岛”时期，是他创作最惨淡的时段；而真正确立他在影史上重要地位的是1948年之后的香港时期。

1923年，朱石麟入盟罗明佑在京主持的华北电影公司，后担任联华三厂厂长，先后为联华编导《故都春梦》、《自杀合同》、《归来》、《青春》、《征婚》等片。上海沦陷时期，朱石麟导演《赛金花》、《香妃》、《人约黄昏后》、《良宵花弄月》、《万世流芳》等片。1946年朱石麟赴香港，先后在大中华、永华编导《各有千秋》、《清宫秘史》、《误佳期》等。从1930年开始到1949年，朱石麟（参与）编导的50多部影片“大都能从普通民众的日常生活及其内在心理出发，在情感与理智相互冲突的叙事格局中，在悲剧与喜剧相互调和的情绪总谱下，将独出心裁的伦理诉求与国族想象联结在一起。这是一种独特的儒雅风度、悲悯气质和人文关怀，尽管没有直接张扬救亡与启蒙的时代精神，也没有努力宣示民主与自由的进步理念，但通过苦心经营、独辟蹊径的电影创作，朱石麟成功地表达着正在为不可阻挡的时代强力摧败得奄奄一息的家庭价值观，并在对西方思潮的适度接纳和中国文化的深情回望中建立起一种不无理想主义色彩的国族认同”①。1954年，朱石麟发起组建凤凰影业公司，先后编导影片《一年之计》、《新婚第一夜》、《新寡》、《抢新郎》、《三凤求凰》、《故园春梦》等，多取材家庭伦理，表现亲情和人情，注重生活细节的描写，艺术风格细腻而含蓄。《清宫秘史》的放映引起轰动，《误佳期》被公认为香港电影史上划时代的现实主义杰作，《一年之计》于1957年获文化部1949—1955年优秀影片荣誉奖。

---

①　李道新：《伦理诉求与国族想象——朱石麟早期电影的精神走向及其文化含义》，《当代电影》2005年第5期。

朱石麟少年丧父，青年患病致残，但他始终保持达观心态自学成才，执着电影艺术，为中国电影作出了卓越贡献。朱石麟在40多年的从影生涯中，共编导近百部影片，其作品多取材家庭伦理，流连于庭院卧室，表现亲情人情，注重生活细节的描写，自然、朴素、清新、含蓄，与费穆、桑弧极为接近。只是朱石麟相较费穆，没有太多的文人气，与桑弧作品里那股知命后的从容气质又有所不同。他的社会责任感是应景而生，不提供最终的去路，而简洁明快的喜感又使他分外亲切。“在中国电影史上，朱石麟不是一个移风易俗、革故鼎新的电影导演，甚至，从一开始，他就没有跟随中国电影的主流及多数影人的步伐同心协力、与时俱进。无论选取何种题材、尝试何种类型，总有一种温柔敦厚、微言大义的家国情怀，一以贯之地萦绕在朱石麟的作品序列。唯其如此，朱石麟电影才在20世纪30年代以来的中国影坛独树一帜，并成为有史以来最具民族特性的中国电影之一。”① 与费穆、沈西苓、孙瑜等“作家导演”的影片比较，朱石麟的许多影片也许不能称作是精品，但却造就了人文电影的另一种经典。他“善用比喻处理人物、情节与环境之间的相互关系，精于在场面与场面间对立关系的推展结构中诱导主题思想的产生，对形象的刻画具有现实主义的手法和朴素的象征”，和其他优秀的中国电影一样，朱石麟的电影也是以蒙太奇美学为基础、以单镜头美学作为表现手段的，它具有中国电影在造型风格方面的特点。朱石麟以对现实的全情关注及对中国传统人情的周密体察，朴素细腻的电影格局成就了独具香港特色的新现实主义电影学派。他也是港式喜剧的扛大旗者，直接影响了其后的李翰祥、胡金铨、许冠文。香港学者认为朱石麟对香港电影的贡献表现在三个方面：一是在香港创作了许多杰出的电影，二是创办和主持了“凤凰”和“龙马”等杰出的电影公司，三是在香港培养了不少优秀的电影人才。

二、李翰祥的电影创作

李翰祥（1926—1996），辽宁锦州人，1948年赴香港影界发展，1954年在亚东公司导演第一部影片《雪里红》，1956年入邵氏公司，先后导演《水仙》、《窈窕淑女》、《春光无限好》、《给我一个吻》等娱乐片。50年代末李翰祥拍摄古装黄梅调歌唱片《貂蝉》和《江山美人》，叫好又叫座。其编剧导演的《梁山伯与祝英台》艺术地再现一个家喻户晓的传奇故事，祝英台女扮男装与梁山伯的同窗友情、梁山伯痴情憨傻的可爱可怜，以及梁祝以身殉情双化蝶的浪漫悲剧所编织的曲折故事、纯真爱情和美丽结局，使影片创下了票房、观

① 李道新：《伦理诉求与国族想象——朱石麟早期电影的精神走向及其文化含义》，《当代电影》2005年第5期。

众、偶像崇拜、社会影响等多项电影纪录，1963 年获台湾电影金马奖和亚太影展多项奖项。1963 年李翰祥转场台湾创立国联影片公司，拍摄《七仙》、《状元及第》、《西施》等影片，再次取得成功。1972 年再回香港邵氏公司。

李翰祥从 1952 年协助导演《翠翠》至 1996 年共导演 70 多部影片，其中为邵氏公司拍了 49 部题材多样、类型多样的电影，多部作品获奖，对香港和台湾电影业作出了重要贡献。80 年代他又率先进入改革开放后的内地，在北京实地拍摄《垂帘听政》、《火烧圆明园》等片，影响一时，开创了中国电影交流的新局面。

《江山美人》是李翰祥的代表作，影片取材于富有传奇色彩的明朝正德皇帝与江南梅龙镇民女李凤姐一见钟情的民间传说，人物性格鲜明，节奏流畅，服饰、道具和语言古风洋溢，呈现着华夏文化的风韵，而黄梅戏无声不唱、无动不舞、载歌载舞的舞台艺术更使影屏画面优美。

三、王家卫的电影创作

王家卫（1958—　），出生于上海，1963 年随父母移居香港，1980 年毕业于香港理工大学，随后入香港 TVB 电视台的电视制作培训班，以助理的身份参加了一系列电视剧集的制作。

王家卫如同他的电影一样，总让人有种期待和神秘感。王家卫在华人世界里制造了流行，制造了时尚，制造了“王家卫神话”。

1988 年王家卫初次编导电影《旺角卡门》就被视为具有非凡才华的新一代导演。1990 年，他集合了 6 位香港备受欢迎的演员，执导了影片《阿飞正传》，该片囊括了当年香港电影金像奖最佳电影、最佳导演及最佳男主角等奖项；1994 年推出的古装武侠片《东邪西毒》获选在 1994 年威尼斯影展做首次公映；同年，王家卫的另一部脍炙人口的影片《重庆森林》令他在国际电影界深得认同；1995 年，他的《堕落天使》在多伦多的国际电影展中首映；1997 年编导的《春光乍泄》获戛纳国际电影节最佳导演奖；2000 年编导《花样年华》，再次获得戛纳电影节的最佳特别技术大奖及最佳男主角大奖；2004 年推出《花样年华》的续集《2046》。

王家卫电影被认为是最具香港特色的，如同张艺谋之于中国大西北、杨德昌之于台北都市。香港是王家卫电影之旅的本土和源泉。王家卫擅长在香港都市的华丽与喧哗中，展示香港人在过渡期寻找历史、文化和身份的“花样年华”和迷惘心态。

王家卫说过两句重要的话：“我并不是对都市人的失落、错爱等问题有特别的兴趣，因为这种情况越来越普遍。我只是想把一些现实的事情拍出来，拍点都市气息。”① “连续五部戏拍下来，发现自己一直在说的，无非就是里面的一种拒绝：害怕被拒绝，以及被拒绝之后的反应、在选择记忆与逃避之间的反应……”② 情爱是王家卫电影故事的载体，但王家卫电影表达的是现代都市的荒原感和现代都市人的失落孤独，他影片的人物大多孤独而自闭，渴望爱情，渴望交流，但又在选择与逃避之间动摇。由张曼玉与梁朝伟再次合作的影片《花样年华》，描写 20 世纪 60 年代香港两个同病相怜的人欲爱不能，欲说还休，在“发乎情而止乎礼”的道德束缚下，日子在花样年华中过去，他们最终迎来的是永远分离，因而被称为中国化的“廊桥遗梦”。《重庆森林》描写两位香港警察的失恋，他们都有真挚的感情与追求，但都与爱情擦身而过，与恋人失之错位，这种咫尺天涯的情感失落更显示现代都市人的孤独与无奈。或者是无根漂泊，如《阿飞正传》中旭仔那段充满宿命感的画外音独白：“世界上有一种鸟是没有脚的，它只能一直地飞呀飞，飞得累了就睡在风里。这种鸟一辈子才下一次地，那一次就是死亡的时候。”所以王家卫自称他的“作品一直有连续性及彼此相连……所有的作品都围绕着一个主题：人与人之间的沟通”，但实际上是描述“人与人之间的沟通”的愿望与困惑。

从类型上看，王家卫电影借鉴了各种电影类型，但又不是简单的黑帮片、武侠片、警匪片或情爱片，而是加以糅合与重造，形成了“拼凑”的效应。在画面空间上，王家卫电影往往以嘈杂、逼仄而又变形的空间设置、跳动不居的时空转换，镜头的无逻辑组合表现人物置身其中却不知身在何时何处的虚幻，与影片挥之不去的独白和失落暧昧的情调形成了他独具魅力的影像风格。

王家卫善于利用人物话语、内心独白和画面结合，创造一种独特的氛围。王家卫电影的话语独白有时看似很矫情，如汪国真的诗，但又让人印象深刻，许多后来成为都市小资的流行语，如“如果有多一张船票，你会不会跟我一起走?”还有“我们最接近的时候，我跟她之间的距离只有 0.01 公分，57 个小时后，我爱上了这个女人”。

第三节　李援华的戏剧创作

李援华，广东番禺人，1916 生于香港，成长于香港，退休于香港，在香港从事话剧工作 55 年，是香港资深的有成就的戏剧家。他 1983 年在《李援华戏剧独幕剧集》自序中说：“直到现在，我曾导演过二十八出戏，写过五十六个剧本，其中舞台剧四十一，播音剧十二，电视剧三。”李援华出版的戏剧集

① 潘桦等：《世界经典影片分析与读解》，中国广播电视出版社 1999 年版，第 300 页。
② 粟米编著：《花样年华王家卫》，中国文学出版社 2001 年版，第 204 页。

有《李援华戏剧独幕剧集》、《曹禺与中国》、《好儿童剧集》、《李援华作品选》等多种。

李援华 1935 年结盟戏剧。随着话剧救亡运动的开展，剧作家在香港开始了他的戏剧活动，他说：是感到国家多难，希望通过戏剧，对国家民族作出轻微的责任。对国家、民族的责任感是李援华写作的动力，他赞成戏剧应该与社教配合，但他避弃政治活动的情节，认为戏剧虽然为人民服务，但为人民服务却不一定是要写上政治的。而研究者认为，李援华戏剧可以“归纳为三个主要类别：一、鼓吹积极进取，倡导救世助人的人生观；二、批判傲慢主观，暴露知识分子的弱点；三、同情女性不幸，探讨恋爱婚姻的问题”①，并指出他的女性主义为同情女性、褒扬女性，为崇高的女性造像。

李援华戏剧创作视野开阔，题材广泛，风格多样。几十年来，他在许多方面，包括戏剧题材、戏剧样式和戏剧风格上不懈探索，他的《李援华作品选》中就分别收录史诗剧《黑奴》、历史人物剧《昭君出塞》、民国传奇剧《风雨山房》和描写香港现实的社会剧《天涯何处无芳草》。他还“写过二十个独幕剧”，他的《李援华戏剧独幕剧集》又收录了他在 60 年代创作的“描述梦境”的“梦剧”《惊梦》、“独脚短剧”《跳无常》、“谐趣惹笑”的《之子于归》以及“把人作布景”的《梯子》和“三个演员合演一个角色”的《海鸥》等。剧作家自己表述：如果我真的曾对本港剧坛有过一些贡献，主要是颇有毅力和敢于尝试所致。在李援华所收录戏剧集的作品中，有相当的是改编或借鉴之作，其中有的独辟蹊径，别开生面，有的似曾相识，意兴阑珊，也有的映照出剧作家的身影，比如他的《风雨山房》和《天涯何处无芳草》，就有人认为两个剧本里的作家合起来便是李援华，此说也得到了剧作家的认同，他还自称借剧中的作家来批评自己。

思考论述题：

1. 香港新浪潮电影运动的电影史学意义。
2. 王家卫电影的都市气息。
3. 香港武侠电影的艺术风格。
4. 内地戏剧对香港戏剧的影响。
5. 20 世纪 80—90 年代香港电视连续剧风行内地的原因。

---

① 张秉权：《李援华作品选》序言，见李援华《李援华作品选》，花城出版社 1991 年版，第 2 页。

下编　海外华文文学

第一篇　东南亚与东北亚（日本）华文文学

海外华文文学，作为一种世界性的文学现象，迄今已有近百年的历史，但它引起中国学者的普遍关注和研究还是20世纪70年代末80年代初以后的事。中国推行改革开放政策，使海外华文文学自然而然地进入了中国学者的研究视阈。从1982年起，中国基本上每隔两年召开一次规模盛大的世界华文文学国际学术研讨会①，到现在为止已经召开了十七届，并出版了十七本论文集。不过，真正将海外华文文学纳入研讨范畴的还是1986年12月底在深圳召开的"第三届全国台港与海外华文文学学术讨论会"，头两届年会都以台湾香港文学为主。

"海外华文文学"的称谓和概念，最初是由国内的学者陈贤茂等提出来的。陈贤茂在《海外华文文学的定义、特点及发展前景》中明确界定："在中国以外的国家或地区，凡是用华文作为表达工具而创作的文学作品，都称为海外华文文学。"目前这一定义继续沿用。虽然一直以来都有研究者质疑这一定义，认为以语种来命名"海外华文文学"有诸多局限性，但至今为止我们还找不到更适合于"它"的定义方式。另外，必须说明的是，这里的"海外华文文学"还特指华文新文学，即在中国"五四"文学运动影响下诞生的白话华文文学。一般来说，只有移民海外的华人及华裔倾向于用母语（汉语/华文）创作，因而大体而言，海外华文文学作品绝大部分是海外华人所创作。海外华

① 1982年6月在暨南大学和1984年4月在厦门大学召开的年会均叫"台湾香港文学学术研讨会"，从第三届即1986年12月底在深圳大学召开的年会开始将海外华文文学纳入视野，称为"第三届全国台港与海外华文文学学术讨论会"，第四届（1989年4月在复旦大学召开）称为"第四届台港暨海外华文文学学术讨论会"，第五届（1991年7月在广东中山市召开）又将澳门文学补充进来，称为"第五届台港澳暨海外华文文学国际学术研讨会"，到了第六届（1993年8月在江西庐山召开）经过提议正式更名为"世界华文文学国际学术研讨会"，后延续下来。2012年10月，第十七届世界华文文学国际学术研讨会在福州师范大学召开。

文文学与华人移民的关系密不可分。按照华人在海外分布的状况以及华文文学创作繁荣的程度，我们基本上可以将海外华文文学分成两大板块：一大板块是东南亚华文文学，另一大板块是欧美澳华文文学。海外其他国家和地区当然也有华文文学创作，但未能形成规模、气候，鉴于篇幅的限制，这里暂不涉及。

第一章　东南亚华文文学概述

第一节　东南亚华人移民与华文创作

东南亚位于亚洲的东南部，处于亚洲、非洲、澳洲之间，在明代以前称为“南海”或者“西南海”，到明代则称为“西南海外”或“东西洋”、“西洋”，明末又被称为“南洋”。现在的东南亚包括马来西亚、新加坡、印度尼西亚、泰国、菲律宾、文莱、越南、老挝、缅甸、柬埔寨等国。所谓东南亚华文文学就是指以上国家所发生的华文文学。华文文学在东南亚的产生和发展，是华人南迁与扎根的结果，没有华人，就没有东南亚的华文文学。东南亚华文文学发展史从某种意义上来说，就是东南亚华人的移民史与创业史。

中国与东南亚各国的往来，始于汉代。据《三国志》记载，东南亚历史上第一个大国扶南国于公元243年派遣使团，带着乐师和特产来到中国，而中国在公元245—250年间派使团回访扶南。到唐朝，东南亚各地已有华侨的足迹，中国许多商人到南洋经商，作短期或长期定居，揭开了中国移民东南亚的序幕。7世纪，中国开始向马来群岛、爪哇、苏门答腊、苏禄群岛以及菲律宾移民，故不少华侨往往自称“唐人”，把中国故土称为“唐山”。15世纪，郑和七下大西洋，在福建、广东沿海掀起了第一次移民大浪潮。大批中国人漂洋过海，到南洋各国定居，进行贸易。17世纪，大量中国移民来到马来群岛，在这里建立固定贸易点。19世纪，随着苦力贸易的合法化以及鸦片战争的失败，中国出现了第二次海外移民浪潮。尤其是西班牙、葡萄牙、荷兰、英国等欧洲列强由于在商业和工业上有开发自己南洋殖民地的需要，都把中国当作一个取之不尽的廉价劳动力市场，从而造成大批华人移民南洋。19世纪90年代，每年总有10万以上华工到南洋。大量华人移民南洋，纯粹是为了生计，他们要么在马来西亚、新加坡、泰国、印度尼西亚诸国开荒种植橡胶、咖啡和槟榔，开采锡矿、金矿，要么在当地从事理发、打铁、木工、修鞋、补牙、捏泥人等手工业活动，客观上为建设东南亚各国作出了巨大的贡献。华人生活在东南亚，历经几代，繁衍不息，现在居住在东南亚的华人占海外华人总数的六分之五，总计有3000多万人。有华人就必然有华文文学，华人文化的影响在华人社区占有主导性地位，因此东南亚这一地区的华文文学具有广阔而深远的基础和发展前景。

东南亚华文文学的兴起与当地华文报纸的创办有着莫大的关系，后者是前者的依托。东南亚地区早在19世纪就出现了华文报，第一份华文报是英国传教士马礼逊创办的《察世俗每月统记传》，1815年8月5日在马六甲印行。比较正规的华文报还有马来亚（包括现在的新加坡和马来西亚）的《叻报》（1881）、菲律宾的《华报》（1888）等。进入20世纪后，除了上述两个国家还不断地涌现华文报纸外，泰国、印度尼西亚、越南等国也均有多家华文报纸陆续创办。这些华文报纸创办之后，为了提高读者的阅读兴趣，常在报纸上增设文学副刊，刊登诗、词、小说和散文。据文学史家方修考证，东南亚第一首华文新诗《原来学生》（作者啸崖）刊登于马来亚的《新国民杂志》（《新国民日报》的副刊）上，时间是1920年2月18日，距离胡适在中国文坛进行第一批白话新诗的创作尝试（《新青年》第2卷第6号，1917年2月）正好3年时间。可见，东南亚地区的华文文学创作起步较早，后来随着中国政局的变动，大批中国新文学作家南来，使东南亚华文文学创作逐渐繁荣起来。

进入20世纪30年代之后，尤其是中国爆发全面抗战的前后几年，在中国如火如荼的抗战形势的影响下，东南亚各地华人同仇敌忾，纷纷成立各种抗战组织与文艺团体，华文报纸相继创设文艺副刊，客观上为华文文学创作趋向繁荣提供了阵地。由此，东南亚华文文学创作进入战前繁盛时期。但1941年随着日本侵略者的铁蹄踏遍了东南亚各地，华人社团、华校、华文报刊均遭取缔或封闭，东南亚华文文学创作陷入困境。

1945年日本宣布无条件投降，东南亚各国开始进行艰难的战后重建工作时，华人社会也在脱离苦难后恢复生机。华校、华报的复办和创办，一定程度上促使华文文学创作重新焕发活力。与东南亚各国反对殖民统治、要求独立建国的形势相适应，东南亚华文文学创作的内容开始发生重大的、质的变化，由以前的根据回忆和遥想中国社会生活转向面向本土现实，华文作家的心态也由原来的“落叶归根”向“落地生根”转变。但是，由于东南亚各国政府并不信任华人，在狭隘的民族主义情绪支配下，各国政府相继出台政策限制华人社团的发展和华校、华报的创办，马来西亚、印度尼西亚、菲律宾、泰国、越南等国从50年代中期开始，在不同时期都兴起过血腥的排华浪潮。这种状况毫无疑问制约了东南亚华文文学的发展。

20世纪80年代之后，出于经济发展的考虑，东南亚各国与中国交流日益频繁，恢复了正常的邦交关系，各种限华政策开始松动，客观上又使东南亚华文文学创作进入了一个新的发展时期，老中青三代作家齐集一堂，全国性的文联组织得以成立，多元化格局开始形成。这一时期确实是东南亚华文文坛“莺飞燕舞，百花齐放，争妍斗艳”的时代。可是，困境依然存在，东南亚华文文学特质薄弱、西化严重、艺术性不高成为制约其深层发展的屏障。当然，不管怎样，活跃在文坛的华文作家诗人不但逐渐为中国的读者所熟悉，而且在世界华文文坛甚至世界文坛也占有一席之地。

21世纪以来，东南亚华文文学的发展有了新的面相。新移民文学、华文微型小说、闪小说、闪小诗以及华文网络文学的创作为东南亚华文文坛注入了新的生长活力。自2017年起，浙江工商大学出版社陆续出版发行了由朱文斌和曾心（泰国）主编的“新世纪东南亚华文文学精选”系列丛书，该套丛书包括东南亚华文微型小说、闪小说、短篇小说、诗歌、小诗、文化散文、生态散文、幽默散文共计8册，旨在为读者提供管窥“一带一路”沿线国家华文创作的窗口。关于东南亚华文文学的学术交流和研讨会的规模也有所扩大，2017年底第十二届东南亚华文文学研讨会在中国厦门和泰国曼谷举行，70余位海内外专家学者齐聚一堂，就“一带一路与东南亚华文文学发展的历程及特点”展开研讨。未来，在中国“一带一路”建设深化落实的背景下，东南亚各国与中国的文化交流与文学互通将更加频繁和深入。

第二节　东南亚华文文学与中国文学的关系

中国文学对东南亚华文文学的发展产生了巨大影响已是不争的事实。对于东南亚华文文学而言，不论是早期受中国“五四”文学运动的影响，与中国现代文坛保持着同步发展的格调，还是50年代后逐渐走上独立发展之路，即由“侨民文学”转变为“本土文学”，中国文学一直是它模仿的对象、汲取营养的资源库。然而，时至今日，东南亚华文文学发展面临困境也是有目共睹的。于是，一批东南亚华文作家和学者对此予以反思，认为中国文学是强大的殖民者，它们殖民了东南亚华文文学，从而阻碍了东南亚华文文学的发展。正如马来西亚华人作家黄锦树批评以温任平为首的马华现代主义文学时所说：“马华文学的现代主义透过中国性[①]而带入文学的现代感性（虽然还谈不上‘现代性’）有其不可磨灭的积极意义：细致化，提炼了马华文学的艺术质地，重新以中国文化区（台湾）的现代经典为标杆，一洗现实主义的教条腐败气，然而

① 中国性，英文表达为Chineseness，也可译为“中华性”，简言之，就是中国特性、中国特色和中国特质之义。它的产生，是中国文学/文化的影响所致。

却也在毫无反省、警觉之下让老中国的庞大鬼影长驱直入，几致让古老的粽叶包裹了南国的‘懦弱的米’，极易沦为古中国文学的感性注释。”① 新加坡学者王润华也说：“当‘五四’新文学为中心的文学观成为新马文化的主导思潮，只有被来自中国中心的文学观所认同的生活经验或文学技巧形式，才能被人接受。因此不少新马写作人，从战前到战后，一直到今天，受困于模仿与学习某些‘五四’新文学的经典作品。来自中心的真确性（authenticity）拒绝本土作家去寻找新题材、新形式，因此不少被迫去写远离新马的生活经验。”②

应该说，这批学者挖掘出庸常论述中易被人遮蔽的一面，有一定的创见，但是，他们绝对地将中国性与本土性直接对立起来，忽略东南亚华族的族裔性、东南亚各国政府的权力话语和西方话语在东南亚华文文学发展中的干预、压迫作用，偏颇与激进在所难免。事实上，选择华文（汉语）作为文学书写的工具和载体，就意味着中国性的不可离弃，这是因为中国性早已深深地内化于华文（文化）之中。尽管林建国曾设想：“也惟其表义活动的可能，中国文字/符表的命运，才是一条或多条不断生产论述和意识形态之旅；中国文字的命运便在它不断远离‘源头’，不断指涉和进入与‘源头’不相同的历史情境，陌生的历史情境，甚至丧失中华性/中国性的历史情境。”③ 试图从语言的开拓方面冲淡中国性，但事实上任何一个空间的开拓都不可能是无限的，拓展汉语/华文的空间如果走到极端，不是故步自封就是自取灭亡，断绝了语言最基本的交流功能。

东南亚华文文学受中国文学的影响，总的来说，是利大于弊。那么东南亚华文文学会不会反过来对中国文学也产生影响呢？事实上，逐渐本土化的东南亚华文文学，因中国传统文化与异质文化嫁接而孕育出完全不同于中国文学的文学精品。这些文学精品是华文文学世界的共同财富，迟早会对中国文学产生积极的影响。

当然，至今我们还没有发现东南亚华文文学对中国文学的走向产生明显影响，原因是多方面的。首先，一段时期的闭关锁国，使中国文学界与东南亚华文文学界无法进行正常的交流，东南亚华文文学作品很难进入中国，以致中国作家与读者对东南亚华文文学了解不深，这是一个重要的原因。其次，在东南亚华文文坛，从事创作的人多，从事研究的人少，由于缺少研究和评论，就不能发掘文学作品的社会意义，也无法提高东南亚华文文学的知名度，这又是一

---

① 黄锦树：《马华文学与中国性》，台湾元尊文化企业股份有限公司 1998 年版，第 131 页。

② 王润华：《华文后殖民文学——中国、东南亚的个案研究》，学林出版社 2001 年版，第 118～119 页。

③ 林建国：《为什么马华文学?》，台湾《中外文学》第 21 卷第 10 期。

个重要的原因。最为重要的是，20 世纪 80 年代后，中国对东南亚华文文学的研究虽然取得了一些成绩，但由于资料的极度缺乏，由于对各国的华文文学发展现状缺乏感同身受的认识，因而出现了许多“鼓励”性（空泛的语言多，深刻的议论少；客套话多，有见地的分析少）的评论文章，在一定程度上反而制约了东南亚华文文学的发展，致使东南亚华文文学的精品无法彰显，更谈不上如何影响中国文学了。

思考论述题：

1. 简述东南亚华人移民与东南亚华文文学的关系。
2. 东南亚华文文学的兴起为什么与当地华文报纸的创办有关？
3. 如何理解东南亚华文文学与中国文学之间的关系？

第二章　1965 年以前的新马华文文学

第一节　新马华文文学发展概述

中国与马来亚的往来，始于汉代。到了唐代，已有不少中国商人到马来亚经商。宋元之际，开始有一些中国人为避战乱而移居马来亚，至明清而逐渐增多。鸦片战争以后，中国人移居马来亚的人数急剧增加，据 1980 年统计，华人约占新加坡总人口的 76%，占马来西亚总人口的 37%。由于华人人口众多，新马两地的华文教育十分发达，华文文学创作也相应得到发展，其繁荣程度，居东南亚各国的首位。

在历史上，新加坡和马来西亚同为英国殖民地，共处在一个政治实体之中，因此，本章在探讨 1965 年以前的华文文学的时候，便将两国合在一起叙述。在殖民地时代，当地习惯简称马来亚华文文学为"马华文学"，1965 年新加坡、马来西亚分家后，马来西亚华文文学仍沿用"马华文学"的简称，新加坡华文文学则简称为"新华文学"。

1919 年 10 月，新加坡《新国民日报》创刊，其副刊《新国民杂志》开始出现具有新思想、新精神的白话文学作品，文学史家方修认为这就是马华新文学史的开端。这一时期的作者，大部分是南来作家，当地出生的较少。他们的作品大都以中国的城乡生活为题材，充满了浓厚的中国色彩和"侨民意识"。在文艺运动方面，整个新马华文文坛，基本上为中国的文艺思潮所左右。例如，1928 年"创造社"、"太阳社"在上海倡导无产阶级革命文学，传至新马，于是就有了南洋"新兴文学"运动的勃兴；1937 年，中国的抗日战争激发起新马华人的民族感情，抗战文艺运动也在新马文艺界掀起热潮。王哥空的《面包及其他》、丘士珍的《峇峇与娘惹》、林参天的《浓烟》、铁抗的《义卖》等便是这个时期涌现的较为优秀的作品。当然，这个时期像吴仲青、曾华丁等那样以风土习俗的南洋色彩和心理真实上的热带气息相结合所创作的作品虽然为数不多，但已透露了马华文学尝试建构自身的主体性和本土化的愿望。

1941 年 3 月，新马等地相继沦陷，在日军的残酷统治下，马华文学的发展几乎中断。二战结束后，马华文学得以复苏，但马来亚作为新兴民族国家开始了其历史进程，华族也经历了由华侨社会向华人社会转化并进而共处于居住国国民社会的复杂过程，这一变动的曲折经历给马华文学以重大影响。虽然 1947 年发生了"马华文艺独特性"的讨论，但结果是妥协的，大部分作家都认为马华文艺应该多反映“此时此地”的生活，同时也应该写祖国（中国）题材的进步文艺。1948年6月，为了对付马来亚左翼分子，马来亚英殖民政府实施了紧急法令，管制民间的结社与出版活动，再加上一些南来作家如胡愈之等先后回归中国，使新马华文文学的主体性一下子清晰了起来，“马华文艺独特性”的口号自然就易于为新马文艺界所接受了。然而，黄色文化（强调色情、反映个人消沉情绪的作品）却乘机泛滥起来。1956年1月，英殖民政府和以拉赫曼为首的民选联盟政府在伦敦举行谈判，决定马来亚于1957年8月31日独立。“默迪卡”（独立）使新马文艺界也备受鼓舞，1956年3月18日，全星文化协会筹委会召开文化工作者响应独立运动大会，发表了《当前文化工作者的任务》的宣言，号召“以爱国主义文化压倒殖民地文化，压倒黄色文化，压倒各种殖民地文化的意识和言论”，至此，马华文学完全脱出呼应中国文学的格局。方北方、韦晕、云里风、姚紫、絮絮、李汝琳、姚拓、李过、杏影、曹兮、苗秀、赵戎、刘思等的创作，在推进马华文学本土化方面起到了非常重要的作用。

1965年，新马分家，成为各自独立的国家，华文文学的发展也因受本国政治、经济等各种因素的影响而呈现不同的面貌。

第二节 主要作家选讲

一、方北方：马来西亚华人史的书写者

方北方（1918—2007），原名方作斌，生于广东省惠来县，1928年南渡马来亚，1937年回国升学，1947年重返槟城，长期担任教职。已出版20多部长篇小说、中篇小说和短篇小说集。“风云三部曲”和“马来亚三部曲”两个系列长篇，奠定了他在文坛上的地位，为他带来了崇高的声誉。1989年11月，方北方荣获第一届马来西亚华文文学奖。

方北方的经历和素养，使他心中蕴蓄的中国情结，比一般华侨、华人更为深沉，而他考虑的问题，也更为深远。1954年出版的中篇小说《娘惹与峇峇》，表现了他对殖民地教育的反感，同时也反映了他对维护华文教育和民族文化的深沉思考。“娘惹”和“峇峇”是新马华侨根据马来语音译而创造的新词，在《辞源》、《辞海》中是找不到的。简单地说，娘惹指的是侨生女子，峇峇指的是侨生男子，而且特指接受英文教育的侨生女子和男子。小说中属于第二代的侨生林娘惹，虽然从小接受英文教育，但受家庭影响，中国传统的伦理道德并未在她的思想观念中绝迹。林娘惹的儿子林峇峇，属于第三代侨生，因为家里已没有其他老人对他产生影响，因而在他身上的中国气质更加稀薄了，

长大成人后，变得性格乖张，行为放荡，寡廉鲜耻。在日军占领马来亚时，他纵容新婚妻子勾搭日本军官，从而获得赌场肥缺，大发其财。日本投降后，他人财两空，缠绵病榻。到病榻旁边来看他的，只有他的一位亲戚和曾被他抛弃的儿子林细呇。作者在小说的最后推出林细呇，显然有意把林细呇与他父亲林呇呇作鲜明的对比：林呇呇因受殖民地教育而荒淫堕落，丧失人性，林细呇却因在亲戚支持下接受华文教育而成长为一个热情有为的少年。

鸿篇巨制"风云三部曲"包括《迟亮的早晨》、《刹那的正午》、《幻灭的黄昏》三个长篇，通过一群热血青年在抗战期间和抗战胜利后的活动和经历，描画了从1937年抗日战争爆发到1949年国民党政权被赶出大陆为止的12年间的历史。方北方在"风云三部曲"总序中说："我不自量绵薄，欲为中国的抗日战争与民族自救运动，以及社会革命时代，留下一些历史的真实史料；而以《迟亮的早晨》揭示中国军民抗战的艰辛与长夜迟迟未亮的原因；以《刹那的正午》反映老百姓用千辛万苦换来的胜利，与那如日中天的局面，由于国共内战，遂致一瞬即逝；以《幻灭的黄昏》表现没落的政权，到了太阳下山的时分，终于退出大陆而幻灭。"从全书来看，方北方的目的是达到了。他以生动的笔触，为这段历史保留了一份形象的记录，其中注入了他的人生阅历和体验，也熔铸了他对历史的看法和评价。

小说的发展有两条线索：一条是方向、吴素芬、张逸人之间的爱情纠葛以及他们的社会活动的情节线索，另一条是与男女主角的社会活动相联结的历史背景线索。爱情描写是贯穿整个三部曲的情节主线。小说男主角方向性格懦弱，心地善良，努力追求进步。他深情地爱着吴素芬，但当他了解到吴素芬爱的是他的表哥张逸人后，为了成全他们的爱情，主动离开他们回到家乡。张逸人牺牲后，方向长期照顾吴素芬母子，虽然他仍执着地爱着吴素芬，但也只发乎情而止乎礼，没有非分之想。后来特派员莫文德因逼婚不遂，枪伤吴素芬腿部，致其两条腿都被锯掉。这时方向也没有抛弃吴素芬，声称要为她"推一辈子轮车"。小说中的男女主角都有一种共同的信念，认为"伟大的爱是牺牲"，这就给小说中的爱情抹上了一层悲壮而理想的色彩。实际上，恋爱故事只是一种载体，载负着作者对历史的思考，力求反映历史的本来面目。与恋爱故事相联结，作者也用很多篇幅写了男女主角的社会活动，如《迟亮的早晨》中的剧宣队活动，《刹那的正午》和《幻灭的黄昏》中的平民夜学和游行示威活动。"风云三部曲"的重大成就，就是在回顾历史时，突出了人民力量的重要性，同时也强调了人心的向背在历史发展进程中所起的决定性作用。小说以不少篇幅表现了国民党政权是如何在失去民心之后终于走向败亡的。

"马来亚三部曲"是三部情节、人物各自独立，但又有着内在联系的长篇小说，包括《树大根深》、《枝荣叶茂》（又名《头家门下》）和《花飘果堕》。

第一部《树大根深》是一部形象的马来西亚华人创业史，也是一曲拓荒者之歌。第二部《头家门下》根据方北方的创作意图，是表现华人经济的成长与教育挂钩的情形，从而促成华人社会的觉悟而关心母语教育的发展。第三部却是以“花飘果堕”象征马来西亚华人社会当前所面临的困境。不难看出，方北方以大树作为比喻，象征马来西亚华族发展的历史，从政治、经济、文化各方面的发展和演变，表现华人社会的结构以及精神面貌。

二、姚紫：南洋生活的关注者

姚紫（1920—1982），原名郑梦周，生于福建泉州。因癌症在新加坡去世。姚紫中学毕业时，正碰上抗日战争，于是辗转于福建各地，当过小职员及报刊编辑。抗日战争胜利后，他在厦门《江声日报》担任副刊编辑，1947年底只身南渡新加坡。1949年5月，他的中篇小说《秀子姑娘》由《南洋商报》出版单行本，在3个月内重版3次，销行1.6万册，成为新加坡空前的畅销书。

《秀子姑娘》写的是抗日战争期间的故事，地点在缅甸战场。秀子姑娘是日军的上士电讯员，在一次战役中被俘。为了从她口里获取军事情报，俘虏营姚主任即小说中的“我”——主动地接近她，用感情来软化她，结果两人之间产生了爱情。秀子姑娘无疑是小说中写得最成功的人物，各种各样的矛盾，诸如战争与人性的矛盾、个人感情与国家观念的矛盾、个人利害关系与人类真理的矛盾，都交织在这个人物身上，使她忍受着爱与恨的烈火的炙烤、煎熬，她的形象因而显得非常丰满。在这些矛盾中，她始终把国家观念摆在主要位置上，因此，当她了解到，小说中的“我”曾乘她酒醉，从她口中套取情报的时候，她从“我”的房里偷出了手枪，把黑洞洞的枪口对准了她的情人。在秀子身上，我们看到被战争压抑了的人性，看到被野心家扭曲了的灵魂。小说努力想揭示：秀子姑娘是非死不可的，然而，她的死只是矛盾激化的结果，并不是矛盾的解决。只要战争依然存在，秀子姑娘的问题就永远无法解决。作者通过秀子姑娘的形象，回答了他自己提出的问题：人类需要爱，人类不需要战争。

1953年出版的《阎王沟》，是姚紫的另一部反映抗日战争的小说。小说以1944年的湘桂大撤退为背景，以华侨机工王司机和妓女蒋桂花的悲欢离合为主线，描绘了一幅后方人民流离失所的悲惨图画。

50年代初，姚紫发表了另一部同样以第二次世界大战为题材的中篇小说《窝浪拉里》，但小说的场景已从中国移到了南洋。这是一个新的标志，标志着姚紫在关心故国的同时，已开始把他的目光投向他生活着的南洋，并且关注着南洋各族人民的命运。从表面上看，《窝浪拉里》写的是一个充满异国风情的爱情故事：在太平洋战争爆发后的苏门答腊，“我”——一个化名窝浪拉里的中国人，因怜悯一个从日军集中营逃跑出来的荷兰女子兰娜的不幸遭遇，收留了她，并进而同居。小说中不乏大量的爱情佐料，但我们如果把窝浪拉里和兰娜的关系认真加以考察的话，我们可以发现，把他们的关系称作“爱情”，其实是十分勉强的。兰娜之所以委身于窝浪拉里，并不是对他产生了感情，“而是害怕饥饿和死亡，像娼妓一样的心理，用廉价的爱情换取生活的保障”。窝浪拉里对于兰娜，也仅是怜悯、同情，加上肉欲的诱惑，谈不上心灵的交流。因此，《窝浪拉里》与其说是一篇爱情小说，毋宁说是一篇社会政治小说，一篇反殖民主义的小说。

小说的最大成就，是塑造了兰娜的典型形象。在小说中，兰娜是作为殖民主义者的象征而出现的。作为300年来掌握印度尼西亚土地的统治者的女儿，兰娜在战前过的是养尊处优的生活。战争来了，她和她的中校父亲被关进了日本人的集中营。因为忍受不了日本兵的折磨，她冒死逃出了集中营，当她得到窝浪拉里的收留，得到印度尼西亚人的庇护时，她也曾表示了感激之情。然而，当窝浪拉里在战争胜利后与她重新见面的时候，她却凶狠地瞪着他，喊道：“我不认识你，滚开！可厌的中国人！”这一声喊叫，暴露了一个殖民主义者的傲慢、忘恩负义和根深蒂固的种族偏见。

当姚紫把他的笔触伸进南洋生活领域的时候，他也描绘了大都市的社会景相，并写出了表现都市风情的中篇小说《咖啡的诱惑》。那笼罩全篇的诗意的朦胧，那咖啡及演戏的新奇比喻，那行文谈吐的睿智与哲学意味，使读者在不新鲜的故事中，却感到一种新鲜的艺术魅力。作者借吴娟娟的身世以及她与“我”的爱情纠葛，写出了殖民地社会的畸形，写出了繁荣掩盖下的罪恶，写出了霓虹灯照耀下的黑暗，也表现了小说反映现实的力度。

三、苗秀：充满热带激情的写手

苗秀（1920—1980），原名卢绍权，在新加坡出生，祖籍广东三水，因眼疾和癌症不幸去世。少年在英校受教育，曾是《星洲日报》翻译兼《晨星》文艺副刊主编，后为南洋大学中文系副教授，亦曾担任新加坡作家协会副主席、新加坡写作人协会顾问等职。

苗秀战后开始小说创作，这一时期，他出版了《红雾》、《边鼓》、《旅愁》、《第十六个》等短篇小说集。《红雾》、《边鼓》侧重写日寇侵占新加坡期间的暴行，以及海外华侨各阶层对战争的不同态度，或者写战争遗留给人民的精神创伤；《旅愁》、《第十六个》侧重写战后城市下层人民的苦难生活。作家以略带幽默苦涩的笔调，描绘了这样一个生活的“事实”：战争的胜利，并没有给社会带来繁荣，给人民带来富足和安定，相反随着战争的结束，人与人之间反而变得冷漠自私，加上经济的萧条，失业的恐惧，饥饿的威胁，贫富越来越悬殊。

当二战一结束，苗秀便意识到“马华文艺”不应仍然停留在战争的阶段，应该用中、长篇小说描绘出大时代的风云和汹涌的波涛。从苗秀反映大时代生活的几部作品来看，尽管这些作品离他的“庞大计划”还有相当的距离，但它们毕竟填补了时代的空白，在一定程度上透视出了1941年前后那个如火如荼的大时代的面貌和动态。长篇小说《火浪》反映了新加坡沦陷前三个月的社会动荡和斗争生活；中篇小说《年代和青春》、《小城忧郁》以及长篇小说《残夜行》描绘的是沦陷期间人民的痛苦、呻吟和抗争。

苗秀的这几部小说，都是以人作为描写的中心。他以饱满的激情塑造了林秋、丁莹（《年代和青春》）、梅挺秀、姚红雪、夏财副、林玲（《火浪》）、林铁山、尤软（《小城忧郁》）等爱国知识分子。他们为了民族的生存，为了真理和自由，与受苦受难的人民一起抗击侵略者。他们中有的人如夏财副、林玲开始时动摇、彷徨，但终于没有失去反抗和追求真理、追求进步的勇气，经历了时代的锻炼，他们终于成长起来了。与此相反的是，有的知识分子如老智（《年代和青春》）、张来或因个人主义思想严重，或因悲观失望，结果经不起大时代的考验，消沉、退缩乃至走向毁灭。此外，在《火浪》等作品中，苗秀还通过对丁主任、方先生、“密斯脱香港”、“密斯杨”以及方少奶奶等所谓“白领阶级”的各种丑行的揭露，告诉人们在大时代里既有光明又有黑暗，既有“严肃的工作”，也有“荒淫与无耻”，这无疑从另一个方面强化和丰富了作品的时代感。

苗秀的另一类小说，主要是以都市市民，包括小知识分子的生活为题材，按作者的说法，这类作品不过是表现一些小人物的卑微的生命跟他们的同样卑微的遭遇而已。在这方面写得最出色的是《新加坡屋顶下》，这部小说描写的是职业扒手陈万与下等妓女赛赛相恋的经过。他们在巴士车上偶然相遇而后相爱，但双方都隐瞒了自己不太光彩的身份：陈万自称是店员，赛赛则骗陈万说她是游艺场的咖啡女。直到有一晚，陈万在“黑巷”附近作案被捕，而赛赛正好在场，这时双方才明白了对方的真正身份。这里，爱情仅仅是小说的外壳，作家的立意在于揭露批判，在于挖掘隐藏于爱情后面深刻的社会意义。《新加坡屋顶下》达到了一个相当高的艺术境界，它几乎没有多余的说明议论，全篇均由具体可感的生活画面构成。

苗秀被称为“热带型”的小说家，一方面是指他所选择的题材，所塑造的人物和描写的生活内容具有热带城市的特点；另一方面也是指他笔下的自然风光的描写透出了一股热带的气息，这种热带气息在马华其他作家那里也或多或少存在着，但在苗秀这里却表现得特别鲜明。

四、姚拓：小人物生活的摹写者

姚拓（1922—2009），又名姚天平，生于河南巩县。18岁离开家乡，走上从军之路，几乎走遍了中国大地。1953年定居香港，1957年南下新加坡，第二年转到马来西亚吉隆坡，主编《学生周报》、《蕉风》等杂志。已出版小说集《弯弯的岸壁》、《二表哥》、《四个结婚的故事》、《五里凹之花》以及散文集《墙头上的小红花》和《姚拓戏剧集》等。

50年代初期姚拓在香港生活了六七年。在以香港为背景的小说中，他忠实于他的经验与观察所得，描绘了50年代初期香港低下阶层的生活与精神面貌，其中有滑稽荒唐的故事，也有生活的辛酸和压力，更有人性的丑陋倾轧与争斗。这类题材中写得最精彩最具代表性的是《船头上的鸡笼》和《夺“妻”之恨》。《船头上的鸡笼》写水上人家少女阿英不愿像鸡笼里的两只母鸡那样被囚禁在船头上，不愿听从妈妈的安排嫁到有马达的船上，向往岸上那个被妈妈描述为“比码头的污水还要肮脏”的世界。《夺“妻”之恨》在整篇充满夸张的描述过程中，写活了这个都市社会里的小职员仇荣。他的所谓报仇自始至终充满了闹剧式的荒唐谐谑。姚拓作为一个幽默、喜剧式作家的天分在此已发挥与表现了出来。

在姚拓后期以马来西亚为背景的小说创作中，他仍然以他所熟悉的公司职员、报社编辑、作家、中小学教师和推销员等中下层人物为描写对象。他们并非什么大英雄，而是生活战场上的小人物，发生在他们身上的故事大都荒诞不经。他总是以一种幽默谐谑的笔触，向我们叙述发生在他身边的一个个“如此荒唐、滑稽，却又如此的美丽与有趣”的故事。这类小说，写得最精彩的当推《走死运的人》和《义务媒人》。《走死运的人》中的小说家周志奋生活境遇每况愈下，当他发现被人误认为“亡于车祸”却给他“遗属”的生活带来了戏剧性转机时，他独自出走东海岸渔村，在那里安然度过余生。小说对社会极尽讽刺之能事，而交织着凄凉的社会气氛又不乏柔和、温馨的人物心理的结尾，让人回味无穷。《义务媒人》的诙谐幽默久为马华文坛称道。小说写“我”平生第一次做媒，为阿英表妹物色了一位意中人——小学教员夏大福。老夏的“吃苦节俭”根本敌不过他未来岳母金家阿姨的悭吝刁钻，不仅“逼得”老夏负债累累才得以完婚，还连累“我的太太全部典卖了她的首饰”。

作为一个典型的现实主义作家，姚拓的才华不在于奔驰不羁的想象，而在于质朴谐拟的摹写。他严肃认真地咀嚼他独特的人生体验，老实而本色地记录了“乱世儿女的生活风貌”与掺和着喜乐悲伤苦辣酸甜滋味的“小人物在本世纪的琐碎情形”。

五、赵戎：热带风情画的绘制者

赵戎（1920—1988），原名赵大成，生于新加坡，祖籍广东南海。自30年代初起长期任教，战后曾任报纸副刊、丛书主编、编委。从30年代初开始，他便在执教之余笔耕不辍，代表性的作品有：长篇小说《在马六甲海峡》，中篇小说《海恋》，短篇小说集《芭洋上》、《热带风情画》，评论集《论马华作家与作品》、《赵戎文艺论文集》、《赵戎文艺批评集》和辞典《新马华文文艺辞典》等。

赵戎曾主编过《新马华文文学大系》的史料卷和散文卷，极为熟悉新马华文文学历史，也曾对新马华文文学发表过许多真知灼见。他很早就赞同建立新马华文文学的本土传统，而其小说创作则体现出这一主张。写于1951年的《芭洋上》在把热带雨林的情味色调融入小说方面已显出一定的成熟。作品描写三个“为了逃避日寇的爪牙——特务和侦探们的追捕”，跋涉在密林山野中的青年的经历，以浓重的笔触描述出在茫茫雨林、浓厚醉人的椰花香中，朴素耿直的马来人、南洋客，都遭受着日寇的种种侵扰。清婉抒情的南洋风光的描绘，反衬出日军兽行的恐怖。而甘榜的饮食礼教、人种气质，都弥漫着浓郁的南洋风味和马来情调。

出版于1960年的《在马六甲海峡》是赵戎的代表作。这部长篇小说汇时代风云于笔下，通过一对青年男女爱而不得的命运悲剧来折射马来亚光复前后的救亡历史，不但情节曲折生动，笔调细腻清新，再现了新加坡沦陷于日寇之手的史实，而且发人深省，促使人们面对历史、革命、生命、爱情、存在等人类的终极问题作出形而上的思考，从而使文本获得巨大的内在张力。小说没有刻意去再现战争和战斗场面，而是以此为背景，塑造了“我”即文中的“张”、“冰”和她的哥哥“琳”，还有老梅、老石、老铁等一群青年知识分子在那个危机深重的时代，自觉肩负起民族救亡之重任的形象。小说以“我”和“冰”的爱情为主线，展现时代风云变幻，与20世纪30年代中国左翼文坛流行一时的“革命＋恋爱”的“普罗小说”有几分相似。但是，它在艺术成就上显然要高于一般的“普罗小说”，因为它剔除了“普罗小说”那种概念化塑造人物形象、用小说图解政治观念、欣赏盲动主义和冒险行为的做法，而将笔触放到人物心理的解剖上，细致入微而又合情合理地展现人物在革命和恋爱的“冲突”中的内心矛盾、思想分化和理想追求，并在人物身上倾注了作者对那个时代知识分子的独特观察和生命体验。

六、韦晕：人道主义的关怀者

韦晕（1913—1996），原名区文庄，生于香港，祖籍山东济宁。1937年南渡新加坡，开始在《晨星》、《狮声》等刊物上发表作品。先后出版有短篇小说集《乌鸦港上黄昏》、《都门抄》、《旧地》，中篇小说《还乡愿》、《荆棘丛》、《陨石原》，长篇小说《浅滩》等。1991年，他被授予第二届“马来西亚华文文学奖”。

韦晕的作品，大都以地位卑下的小人物来作为叙述故事的主人公，诸如蕉民、渔夫、海员、矿工、农妇、村姑、教师、小贩、工头、小侨领等现实生活层面上的各种身份类型的小人物，几乎都被他囊括一尽，应有尽有。作者以一种悲天悯人的博大胸怀审察这些小人物身上人类所具有的普遍性弱点、病态，表现出深刻的人道主义关怀。这种人道主义情怀使韦晕格外关注异族之间的相处，跟其他作家开掘这一题材有所不同的是，韦晕侧重于人性复苏复归的呼唤。《旧地》中的华族妇女阿珍当年跟欧人杜邦相恋，战争中又以一个女性难以承受的代价从日军的法西斯密网中解救杜邦。杜邦虎口余生，战后重返马来亚寻找救命恩人阿珍。然而，当年那块虽充满苦难却消除了种族隔阂的热土如今又因私欲重筑着民族间的隔膜，杜邦再也见不到从前那种亲切的目光，最终未能在旧地寻回昔日的友情。《乌鸦港上黄昏》中华族老渔夫伙金在马来渔民沙立夫冒死相救的感召下对娇妻红杏出墙的宽恕；《暮紫》中欧人菲莱亚出于本性对遭日军追杀的华人“我”的拼死相救等等，无一不包含着韦晕对沟通民族的伟大人性力量的热切呼唤。

韦晕唯一的长篇小说《浅滩》，取景于马华社会剧然变动的50年代，人物众多，角色各异，头家、财副、社团秘书、教员、记者、绅士、地痞、女佣、弃妇、风尘女子等，联系着马华社会政治、经济、教育的各个角落，而作品始终着眼于各色人等的生存状况，卑微崇高交杂，沉沦奋起互见，是一幅浓缩的时代大画卷。

作为一个卓有成就的马华乡土文学作家，韦晕在艺术上不断追求且刻意创新。像《还乡愿》一类的作品，作者写得细致入微、神情飞动，每一个细节都带着浓郁的乡土色调和生活气息，从中可以感受到“五四”以来的现实主义文学对他所产生的影响。除此之外，韦晕也能在大写实中从容自若地融入现代小说技巧。像《寄泊站》对夜色海雾中老舵手、小船工的漂泊生活描写得真切逼人，仿佛能闻到海腥之风，而船泊于不属任何一方管辖的礁丛中的构思则使小说带上了海外移民精神漂泊的象征含义；还有《旧地》中也可见意识流手法的娴熟运用。

七、刘思：擂响诗歌战鼓的诗人

刘思，本名刘世朝，原籍广东潮安。1935年南迁新加坡，1937年开始发表诗作。日军南侵前，刘思是当时诗歌团体“吼社”的总务，主编该社的“诗歌专页”。除了创作许多慷慨激昂的战鼓式的诗作，刘思也写散文、通讯及诗论。战后，刘思基本上转向了旧诗词的创作。刘思创作颇丰，创作态度极其严肃认真，但对发表后的作品不爱惜，更没有将它们结集出版的打算，直到80年代初，才由其长子长谣整理出版了《刘思诗集》和《刘思诗词集》。

刘思的诗创作于特殊的年代，因而他首先有着特殊年代诗歌的特征：慷慨激昂，铿锵有力。比如，《去，去当兵！》：

紧紧吧，
握一握手；
热烈的掌心——
燃烧着一团笑。
……
去，
去当兵，
去参加战斗，
跟着我就来呀

奔放的热情，严谨的诗思，鼓点式的诗句，很容易让人联想到抗战时期中国著名的“擂鼓诗人”田间。

由于有较好的古文学根底，加之对完美的诗歌形式有着执着的追求，刘思十分讲究对诗句的锤炼，因此他的诗中，总有一些形象鲜明、构思奇巧、能读可诵的佳句。如：

月光漂白温柔的记忆
我记起远方一个城市
——《游子吟》

回头遂惊心落月迷津
一片风帆驮走了何人
——《倦游篇》

不仅炼句，也炼词、炼字。像上述摘引诗句中，“月光漂白温柔的记忆”中的“漂白”，“一片风帆驮走了何人”中的“驮”字，都用得十分准确、形象、生动，且能引起读者的无限联想。由此，可看出刘思铸词炼字的功夫，这也是他注意从生活实践中收集、提炼、取舍语言的结果。

第二次世界大战后，刘思转向了旧诗词的写作，他创作了大量的四言、五绝、七绝、五律、七律和词，但以五绝、七绝最佳。

这些绝句，语言简洁精练，体积虽小但内涵丰富，加之意旨深远，音韵自然，实在是诗歌中的佳品。比如悼刚果民族英雄鲁孟巴的四首五言绝句就很出色。四诗一气呵成，刚健有力，豪迈激昂，掷地有声，且诗思完整，内容充实，富于时代气息。尤其是“赤血喷星斗，光天看此时”、“英雄头掷地，石破惊天倾”、“千秋问几人，一死惊天下”等等，堪称佳句，很好地表现了刚果这位民族英雄的高尚情怀和英雄气概。刘思这时期写的另外一些诗，如《读正气歌》、《悼双凤夭折》等，均具有这个特色。

思考论述题：

1. 1945年以前，新马华文文学受中国新文学的影响主要表现在哪些方面？
2. 请分析方北方中篇小说《娘惹与峇峇》中林峇峇的形象。
3. 中篇小说《秀子姑娘》表现了作者姚紫怎样的一种思想情怀？
4. 为什么说苗秀是“热带型”的小说家？
5. 请以具体作品为例，简要谈谈姚拓小说的幽默谐谑之风格。
6. 简述赵戎的长篇小说《在马六甲海峡》的艺术成就。
7. 为什么说韦晕是一个人道主义关怀者？
8. 简述刘思诗歌的艺术特色。

第三章　新加坡华文文学

第一节　新加坡华文文学发展概述

新加坡独立之后，开头几年，由于忙着经济建设，尚顾不上文学事业，所以文坛显得有些沉寂。进入 20 世纪 70 年代以后，随着新加坡的经济起飞，文学创作愈来愈趋繁荣。首先是年轻作者不断涌现，带着一股朝气和锐气，使新加坡华文文坛出现新的气象。其次是各种文学团体相继成立，如新加坡写作人协会（现改名为新加坡作家协会）、新加坡文艺协会、五月诗社、岛屿文化社、阿裕尼文艺创作与翻译学会、金声文艺学会、加东文友俱乐部等，都是在 70 年代以后出现的。这些团体大都有自己的刊物。园地的增多，促进了创作的繁荣。单行本的出版也有显著的增加。据估计，从 1965 年至 1981 年的 16 年间，在新加坡出版的单行本约有 600 多本，超过了以前 40 多年新马两地出版的总和。

新加坡建国后，作品数量增加了，在诗歌创作方面取得突出的成就，如五月诗社的创作成为一时之景观。在小说创作方面，量增加了很多，质却没有超过建国前的水平。在文学评论和文学史研究方面，也有许多作者在默默耕耘，如方修、杨松年、苗秀、赵戎、周维介等，都有许多建树。其中以方修成绩显著。他从 50 年代中期起，就开始努力搜集马华新文学史料，并在占有丰富资料的基础上，于 60 年代初完成了三卷本的著作《马华新文学史稿》，接着又编辑出版了 16 册的《马华新文学大系》。由于他的辛勤劳作，使过去默默无闻的新马华文文学一跃而引起国际注目。近些年来，不但中国各地纷纷成立研究机构，而且美、英、日等国的一些研究机构，都在收集和研究新马华文文学，就是一个明证。

进入 80 年代以后，新加坡先后举办了“国际文学座谈会”和“国际华文文艺营”，邀请各国的华人作家畅谈写作经验，进行国际华文文学的交流。表面上搞得十分热闹，但实际上，新加坡的华文文学已在走下坡路了。从 1984 年起，华文降为第二语文，使青年学生阅读和使用华文的水平大为降低，华文作品的读者数量也因而锐减，这给华文文学的发展前途投下浓重的阴影。进入 90 年代之后，情况有所改观，随着中国综合国力和经济实力的增强，新加坡政府的华文教育政策有所调整，华文文学的发展应该说进步不小。

21 世纪以来，新加坡华文文学的发展步入了新的历程。当代新华文坛作家队伍庞大，周粲、骆明、何乃强、白荷、陈华淑、王润华、淡莹、冯焕好、林锦、林高、辛白、寒川、郭永秀、辛羽、胡春来、艾禺、希尼尔、董农政、伍木、齐亚蓉、孙宽、蔡家梁、邹璐、刘瑞金、陈晞哲等都是活跃分子。自2012年起，新加坡华人民间团体“世华文学研创汇”组织编辑出版的“新华文学大系”丛书陆续付梓问世。“新华文学大系”收录了从1965年至今新加坡优秀的华文文学作品，包括戏剧集、诗歌集、散文集、小说集、理论集、史料集等共计14册，“为当代新加坡华文文学在新加坡国家文化经典、世界华文文学经典乃至世界文学经典中找到了其可能存在的价值与位置”①。随着“一带一路”建设的持续推进，新加坡与中国的经济、教育、文化等诸方面的交流将不断深化，新华文学的发展也将迎来新的机遇。

第二节　五月诗社

新加坡华文诗坛的五月诗社成立于1978年，由文恺、淡莹、谢清、南子、流川和喀秋莎发起成立。成立后，得到众多现代诗人的响应，像林方、梁钺、蔡欣、贺兰宁、郭永秀、华之风、希尼尔、伍木、林也、董农政、刘含芝、周维介等纷纷加入。从发展轨迹来看，五月诗社承继了60年代马华文坛（包括新华文坛）的现代主义诗风，但与之稍有不同的是，新马华文诗坛经过长时间的“写实与现代的论争”之后，这时候出现了现实与现代相融合的趋势。那些在60年代已经崭露头角的现代派诗人如文恺、谢清、南子、流川、贺兰宁、林方等的诗风也开始趋向于这种融汇。正如“五月诗人”林方所说：“我把强调‘现实’意义的诗戏喻为‘蚕吐丝’，它的更大要求毋宁在制造一件合身的衣服，而把醉心‘现代’意味的诗戏谑称为‘蜘蛛丝’，虽被斥为出自‘旁门’，却能轻易捕获斑斓的蝴蝶。当‘正统’与‘异端’为确立个别的逻辑蕴涵而展开激烈论争之际，许多衣服上都出现了美丽的蝴蝶图案，那无疑是以蚕丝为经、蛛丝为纬，纵横交错用功编织出来的。”② 林方的话道出了“五月诗人”的心声，以“现实”为经、以“现代”为纬编织出来的诗歌世界正是五月诗人共同的艺术追求。林方的《纸飞机》：

把每一立方日子/压缩成薄薄一张日历/我不断向蓝空标去/一只只纸折的飞机/有的忧愁，有的快乐/都已远扬无迹//无数的纸飞机/偏有一只，

① 张晶：《中国溯源与本土诉求：从〈新华文学大系〉看当代新加坡华文文学的经典建构》，《暨南学报（哲学社会科学版）》2017年第2期。

② 林方：《五月现代诗选》，新加坡五月诗社1989年版，第86页。

沉甸甸地/任飞也飞不起/只因那天/在我们之前杨柳依依/我们之后霏霏细雨

诗人通过丰富的想象，把抽象的时间变成具体可把握的“日历”，以日历折成的“纸飞机”一只只飞向天空象征着飞逝而去的一天天日子，而其中有一只“纸飞机”沉甸甸地飞不起来，则说明这一日给我们留下了深刻印象。为什么会留下深刻印象呢？因为那天是“我们”分别的日子。分别的情景诗人化用了《诗经》里的名句来表达，以“杨柳依依”象征离别时恋恋不舍的样子，以“霏霏细雨”象征别后的孤独寂寞和思念之苦。全诗采用了多重象征手法，具有现代诗的意蕴，但诗风明朗，显然是与现实主义相融合的结果。

我们知道，东南亚华文诗坛的现实主义与现代主义合流是在向华族文化传统回归的途中完成的。五月诗社当然也不例外，从《纸飞机》化用《诗经》里的名句就不难看出。而且，实际上诗社以“五月”命名本身，就已经表明了诗人们承传中华文化传统的心志。“五月，是缅怀屈原的时候，是收割诗的季节。饮恨含冤的楚臣远了，忧国忧民的情怀，却随呼啸的诗风排山倒海南来。诗灵越峰、过洋、穿雨、行云，南来小小的岛国。我们吮吸每一滴风中的精华，开创了另一个诗的天地……只要可以行吟的季节还在，龙舟必会越浪启程，载满五月诗花、五月的行板。有水的地方就有舟，有岸的地方就有歌。听吧！我们既已豪饮岛国的池水，必唱家乡音，必吟家乡诗。”（《五月诗刊》创刊号）“五月诗人”以中国历史上的伟大诗人屈原为楷模，承继屈原精神，这是他们中国情结的一种典型表现。他们和天狼星诗人认同屈原有很大的不同。天狼星诗人主要以屈原的流放来隐喻自己的处境，而他们则以屈原伟大的人格和忧国忧民的情怀为讴歌对象，寄托他们对社会现实的不满和批判，如新加坡著名诗人郭永秀的《你的名字》：

多少人还记得起/你的名字，记得起/曾有人散发悲歌/在汨罗江畔/为一页不可改变的历史/哭了又哭，抱起岸边一颗无辜的大石/投入永不回头的江水中/……//你的名字——/如一片响彻云霄的钟声/在不肖子孙的耳中/激不起一丝丝/寻根的回响//你的名字——/如一幅七彩绚烂的名画/在没有自尊的社会中/因有意或无意的漠视/而慢慢褪色/最后，消失在/这善忘的世纪中/……

对于新加坡华人社会失落了屈原精神，诗人感到激愤和悲伤。因为在某种程度上屈原精神实际上就是中华民族精神的象征，失落了它就是失落了中华民族的“根”。

1965年新加坡从马来亚联邦独立出来之后，致力于经济建设，很快使新加坡实现了社会转型，成为经济发达的“亚洲四小龙”之一，但日趋商业化的经济环境和西方化的国民教育给整个社会发展带来种种弊端。新加坡社会以华族为主体，可是执政政府却规定英语为第一国语，在全社会逐步推行英语化教育，华文教育不可避免地遭到挤压。迫于生存和就业的需要，许多华人家庭都将自己的子弟送到英校接受教育，以便给他们谋求一个好的前程。到了1984年，华文教育被推入低谷，华文小学招生几乎出现零招生的情况。这样，年青一代不懂华语，不理解华族社会的风俗习惯已不是一件稀奇的事。面对这种伪西方化所导致的华族“失根”现象，华文诗人忧心忡忡。梁钺的名诗《鱼尾狮》较为典型地表达了这种心态：

说你是狮吧/你却无腿，无腿你就不能/纵横千山万岭之上/说你是鱼吧/你却无鳃，无鳃你就不能/遨游四海三洋之下/甚至，你也不是一只蛙/不能两栖水陆之间//前面是海，后面是陆/你呆立在栅栏里/什么也不是/什么都不像/不论天真的人们如何/赞赏你，如何美化你/终究，你是荒谬的组合/鱼狮交配的怪胎//我忍不住去探望你/忍不住要对你垂泪/因为呵，因为历史的门槛外/我也是鱼尾狮/也有一肚子的苦水要吐/两眶决堤的泪要流

“鱼尾狮”是矗立在新加坡河口的一座塑像，狮头鱼尾，口能喷水，在许多时候被认为是新加坡的象征。但正如新华学者、诗人王润华所分析的那样，“这只鱼尾狮，是‘鱼狮交配’的怪胎，作为鱼狮乱交而产生的后代的鱼尾狮，它永恒地在吐苦水。他永远在寻找自己的身份：自己既然是狮，却不能高视阔步地走在森林里，做万兽之王；有鱼之尾，却不能在水中遨游。今天的新加坡人，几乎人人都发现自己像一只鱼尾狮，是一只怪异的不知名的动物。新加坡的文化思想的发展，新加坡个人的成长，都正面临这种困境，因为新加坡正处于东西方之间的‘三文治’社会，自己是黄皮肤的华人，却没有中华思想文化的内涵，甚至不懂华文。新加坡华人受英文教育，却没有西方优秀文化的涵养，只学到个人主义自私的缺点”①。面对华族文化出现危机，诗人梁钺在《茶如是说》中进一步表达了这样的心愿：

---

① 王润华：《华文后殖民文学——中国、东南亚的个案研究》，学林出版社2001年版，第86～87页。

我们都是一杯茶/清清白白，家世自有/茶经可以翻查/买棹南下已经是很久以前的事了/虽然我们不再时时提起/茶山当年的韵事/毕竟，我们仍是茶呵//是茶，当然该肤着我们好看的茶色/当然该涵着我们清纯的茶味/这色就算是褐/也褐得十分古典十分/出色，味道就算苦涩/那也苦得芬芳/涩得过瘾//还是做一杯清纯的茶吧/与其廉售，与其让炼乳/如此刻意地污化我们/清清纯纯的我们/还是纯纯清清地做一杯茶吧

以“茶”喻指华人，是十分恰当的。做一杯清清纯纯的茶，还华族本来文化属性和历史，到 80 年代末成为众多新加坡华人甚至统治阶层的共同意识。

第三节　主要作家选讲

一、黄孟文：针砭现实与讥刺人性

黄孟文（1937—　），生于马来西亚吡叻州，祖籍广东梅县。1961 年南洋大学中文系毕业，1968 年获新加坡大学硕士学位，1975 年获美国华盛顿大学博士学位。回新加坡后曾在政府部门任职，后进入商界。已出版有小说集《再见惠兰的时候》、《我要活下去》、《昨日的闪现》、《安乐窝》、《学府夏冬》，散文集《朝阳从我身边掠过》等。

发表于 1968 年的《再见惠兰的时候》是黄孟文的成名作。小说描写的是“我”儿时的伙伴惠兰，虽然聪颖灵慧，但由于生活贫困而过早地失去了进一步接受教育的权利。待“我”20 年后大学毕业再见到她时，31 岁的惠兰已经是 9 个儿女的母亲，已成为一个为了偿还儿女债不得不终日劳累而憔悴不堪的半老妇人了。作品的成功之处不但在于以惋惜悲怆的笔调写出了昔日惠兰“才华被无情的现实埋葬掉”的悲剧，更在于那个极像妈妈的小女孩，20 年后“是不是也会跟今日的惠兰那样，在贫困的胶园农村过着困苦的生活”，以致重复着她的母亲早年失学的悲剧？这才是至关重要的。这篇小说与鲁迅的《故乡》之间有着诸多相似之处：两作中“我”的儿时伙伴都是那么的聪颖灵慧、活泼可爱，他（她）们又都是因为生活的贫困而失去了本来可以有的美好前景。尤其是惠兰的那一声“黄先生”无法弥补、无法逾越的情感鸿沟，也同样深深地震颤着读者的心灵。不过，两作之间的差异也很明显：《故乡》所描写的是一幅近代中国农村破产的图像，闰土这一形象的意义主要在于揭示出那个时代的中国农民由精神上的摧残所导致的麻木，而《再见惠兰的时候》写的是 20 世纪 50 年代末 60 年代初马来西亚农村的贫困现实，惠兰的意义则主要地表现为贫困使才华夭折。

1991年，黄孟文出版了小说集《安乐窝》。与前一时期的作品相比，其题材领域或生活视野显得更为宽阔，主题意蕴上也更具哲理意味。在《安乐窝》的生活场景中，既有高度现代化的、令人乐而忘返的西方“安乐窝”，也有以金钱为轴心的商场，有万里重洋之外各式各样的留学生生活，也有充分展示丑恶人性的各式各样的社会舞台；而活跃其中的人物角色，既有甘当金钱奴隶的亿万富翁、落寞寡欢的公教人员，也有不忘祖国祖先的民族意识强烈的知识分子和以洋为荣、以洋为乐的青年学子，洋洋大观不一而足。作家在这里展现给我们的是一幅多姿多彩而又含蕴丰厚的现代社会人生图画。比如在《安乐窝》中，沙马原是一位思想激进、为巴勒斯坦人民的自由解放事业出生入死的热血青年，但到美国读书后，马上被这个西方世界的“安乐窝”所迷醉，逐渐蜕变成一个“向物质享受低头的极端个人主义者”，公开宣称不再回到那个“没有一点安全感”的故乡。《官椅》中那个已从署长的高位上退休的庄老先生，为了再过官瘾而复制了往日办公用的那张“官椅”，但是，坐上了复制的“官椅”还是无法平衡太过沉重的失衡感和失落感，最后，只有在狠踢那只宠爱的小黑狗一脚时，才仿佛找回了昔日的威风。作者犀利而又不失幽默地讽刺鞭挞那些利（权）欲熏心的权力拜物教者和金钱拜物教者。

黄孟文在微型小说创作方面也取得了显著的成绩。自20世纪90年代开始，作者有意识地尝试着在微型小说中运用象征的手法来表达他更为深刻的思想。《喜鹰》中那幅让人心灵为之颤动的老鹰喜滋滋地等着啄食奄奄待毙的小女孩的图画，绝不是为了简单地再现非洲的饥饿，其中实际上深潜着作者对社会对人生的关注和忧虑；而“毛果山传奇系列”，虽然写的全是猴子们的事情，却并不是写给小朋友看的动物故事。不论是猴子们的“换血”（《换血》），还是水帘洞独立中学的“最后一课”（《学府夏冬》），人们从中读到的是作者采用“以猴喻人的手法反映工商社会在现代文明冲击和西方文化影响下，传统文化、传统伦理与传统精神日益被蚕食、鲸吞乃至解体的现象”。

二、流军：独特的乡土传奇

流军（1940— ），原名赖涌涛，生于马来西亚柔佛州边佳兰镇，祖籍广东丰顺县。15岁移居新加坡，肄业于南洋大学中文系。早在学生时代，流军便尝试小说的写作。已出版有短篇小说集《热爱土地的人》、《暗度陈仓》，中篇小说《玉镯的故事》、《蜈蚣岭》，长篇小说《浊流》、《赤道洪流》等。

作为一个现实主义作家和乡土主义者，流军总忘不了生他养他的那片乡土——那块只有一块邮票那么大，然而也像福克纳的纳帕塌法县那样美丽神秘的边佳兰。他怀念儿时开芭种地的往事，怀念生活在那个古镇上的勤劳、质朴、勇敢的人民以及华巫两族的友谊。他早期的小说《热爱土地的人们》、《玉镯的故事》便是献给他的故乡和故乡人民的。然而，真正给流军带来声誉的，则是 1989 年出版的中篇小说《蜈蚣岭》。

《蜈蚣岭》是流军乡土题材的代表作，也是一曲拓荒者的赞歌。它以石川夫妇开发蜈蚣岭为线索，展现了两代华人披荆斩棘、胼手胝足、共建家园的可歌可泣事迹。小说中的朱武伯是上一代华人的代表，他因在唐山闯了祸，被迫过番来南洋。他凭着那夺命的朱家拳，凭着顽强的意志，终于在南洋扎下了根。小说中的石川是华人新一代的代表，他 13 岁便随二叔过番，以后便帮助二叔砍树开芭。他既有华族特有的吃苦耐劳的意志，同时又有熟练的劳动技巧。《蜈蚣岭》的独特之处，首先在于作家采用了写实与传奇相结合的笔触，浓墨重彩地描绘了石川夫妇与大自然的斗争：他们在原始森林的空隙间盖起了简易的木屋，他们用锋利的巴冷刀披荆斩棘，他们驱退了群猿野牛，战胜了瘴疠的侵袭，消灭了凶猛的老虎，砍伐了千年的古木，把一片鸟兽出没的荒地变成了稻田和胶园……当然，《蜈蚣岭》之所以值得称道，就在于作者不仅描写了人与自然的搏斗，同时还描写了“猪仔”与橡胶园主以及穷凶极恶的走狗的斗争。在《蜈蚣岭》中，工人与园主和工头的冲突虽然是侧面描写，但通过朱武伯的叙述，尤其是通过朱武伯与周大蛇在蜈蚣岭上的那场恶斗，读者多少也能感受到当年创业的悲壮。

值得注意的是，在《蜈蚣岭》中，流军还以相当的篇幅，反映华巫两族的隔阂与和解。在小说的结尾，当石川的虎骨膏治好了老哈兹的“神经病”和风湿病时，民族之间的隔阂终于冰消雪化了，读者感到的是一种亲和融洽的气氛，一种在艰难的创业中建立起来的民族友谊。

长篇小说《浊流》是一部富于批判性和讽刺意味的作品。它的批判性和讽刺意味不仅在洪锦泰和牛一火这两个人物身上得到体现，同时还通过洪锦泰、牛一火和林全德的师傅老东海的悲惨遭遇加以强化。在小说中，作家用讽刺的笔调写老东海的女儿和儿媳的“数典忘祖”也许出于无意，但在客观上它却达到了这样的效果——要关心和重视母语的教育。因为倘若新一代的华人没有接受华文教育，他们的头脑中也就没有中国的伦理道德观念，从而变得性格乖张、狂妄自大，没有起码的孝道和人性。

出版于 1993 年的《赤道洪流》，是流军的第二部长篇小说，是一部正面描写大时代中的大题材的史诗式作品。《赤道洪流》以 1941 年底的太平洋战争为背景，以作者的故乡柔佛州边佳兰镇的人事为素材，全面地反映了太平洋战争爆发后至 1945 年 8 月 15 日日本宣布投降这 3 年 8 个月间马来亚人民艰苦卓绝的抗日战争。当然，作家不是面面俱到地去反映这段生活，而是有主有次、有详有略地写他熟悉的人事。他以抗日军的活动为主线，浓墨重彩地描写了他们如何在柔南的森林中与日寇周旋，如何以大无畏的牺牲精神迎来了胜利的曙光。在紧张激烈的战争场面的描写过程中，作者还腾出笔墨描写大麻山中山民纯朴的田园生活，特别是对田雨丰与金风、来狗与小燕、二虎与二妹的爱情描写，更是纯美得令人神往。

流军是一个善于编故事的作家。他编故事的才能既受惠于中国的古典小说，也得益于每天晚上一边喝乌龙茶，一边听母亲“讲古”。由于注重小说的传奇性、通俗性和故事性，他的小说一般都有生动曲折的情节。他的小说语言既有口语的生动形象、平易流畅，又没有地方语言的狭隘性，这种语言和他的选材、他的人物塑造，与小说中曲折的情节相得益彰，共同构成了流军小说的独特世界。

三、尤今：书写沙漠的艺术之花

新加坡建国以前，女作家寥寥可数，这是可以理解的。殖民统治时代谋生的艰难，华人社会男尊女卑的社会风气，剥夺了妇女受教育的权利，以致写作竟成了一种奢侈品。新加坡建国以后，情况有了很大的改变。一方面，由于经济繁荣，生活安定，妇女有了平等地接受教育的机会，使她们被压抑的文学才能得到充分的发挥；另一方面，在经济急剧增长时期，许多男人都转而从事报酬更加丰厚的职业，空出来的文教事业的职位，便由女性知识分子充任。20世纪70年代后，新加坡已出现了一个人数相当可观的女性作家群，其中的佼佼者有：尤今、尤琴、蓉子、孟紫、君盈绿、张曦娜、杨秋卿、孙爱玲、蓝玉、刘培芳、白金、白荷、青青草、梅药、黄华、吴赐苏、吟露等。

尤今（1950— ），原名谭幼今，生于马来亚怡保，祖籍中国广东。1973年毕业于南洋大学中文系，做过图书管理员、记者和中学教师。尤今以出版《沙漠里的小白屋》而出名，于是有人把她称为“新加坡的三毛”。

尤今一生有两大癖好，一是旅行，一是写作。她喜欢教师这个职业，因为教师一年有两个假期可以外出旅行写作。她著作颇丰，主要有：《社会鳞爪》（新闻特写集）、《模》（小说集）、《沙漠里的小白屋》（游记）、《缘》（散文集）、《面团与石头》（小说集）、《南美洲之旅》（游记）、《奇异的经验》（游记）、《沙漠的噩梦》（小说集）、《人间乐土》（游记）、《一壶清茶喜相逢》（游记）、《美丽的胎记》（游记）、《跌碎的彩虹》（小说集）、《荒谷》（游记）、《天涯海角》（散文集）等等。

1979年，尤今随同夫婿到了沙特阿拉伯。在沙特阿拉伯居留的一年中，尤今以敏锐的观察力捕捉各种新鲜的印象，写成了《沙漠里的小白屋》。这本游记出版后，受到读者的欢迎，十分畅销，连出三版，并荣获新加坡全国书业发展理事会颁发的“华文最优秀作品奖”。尤今在这些游记中除了描写沙漠的荒凉和热以及社会风气的保守，还以她的心灵去领略沙漠的内蕴。她描绘在强烈阳光照耀下，不绝地闪烁着澄亮光芒的沙丘，描绘形状跨向怪异如同艺术品的石山（《太阳与黄沙之间》）；她引领读者去逛游那条充满了阿拉伯风情的大街，去领略那保持古老传统特色的韵味（《属于阿拉伯人那条街》）；当然，她也以很多篇幅去描写沙漠里的人情美，其中有乐于助人的阿拉伯人（《死亡的阴影》、《瞧，人掌》），有努力想突破古老传统规范的阿拉伯美女伊曼（《伊曼》）。尤今善于从平凡的生活中发掘诗意，因而她的游记韵味隽永，在娓娓的述说中，荡漾着古老的阿拉伯情思。

尤今酷爱旅行，她已到过亚、非、澳、欧、美五大洲的43个国家，从遥远的北极圈到荒僻的亚马逊丛林，都留下了她的足迹。她的作品，游记差不多占了一半。尤今说，她的游记"内容以四物为主：人物、事物、景物、食物"（《生死线上的掌声》自序）。在这四物中，尤今写得最多的是人物，即使是写其他三物的篇章，也往往离不开人。她认为通过写人，不仅可以认识各地的风土人情、思想习俗，而且可以增进人与人之间的了解，减少误解。因此她总是努力去发现人性的美好一面，去探究人们思想深处的深邃和奥秘。比如《爱手金——我的土耳其朋友》写尤今在土耳其旅行时，邂逅穷大学生爱手金，得到他的热诚帮助。当她请他在中国饭店吃一顿饭作为回报时，他一定要把自己的份额还给尤今，表现了土耳其人的"我们穷，但我们绝不乞求"的民族自尊心。尤今在旅行途中，每天都接触到各种各样新鲜有趣的事物，她以她的生花妙笔，把这些新鲜事物都记录在她的游记中，使读者一本在手，便能坐游天下，增广见闻。比如《我试土耳其浴》记叙尤今在土耳其浴室沐浴的过程和感受，十分富有情趣。

在尤今所说的"四物"之中，专写景物的游记不多，也不十分精彩。她写景比较单调，缺乏那种情景交融的意境，缺乏那种撩人心绪的魅力。她自己说：我个人觉得在景物的描绘上，文字的魅力比不上图片。因此她没有把很多精力花在写景上。

四、蓉子：服务社会的"莫愁"情结

蓉子（1949—　），原名李赛蓉，生于广东潮安。在她8岁时，由祖母做主，送给她姨母当养女，并随养父母移居马来亚柔佛州的一个偏僻小镇。16岁时，她单枪匹马出去闯天下，后来又到了新加坡。她当过工厂女工，当过推销员，后在姚紫的扶持下开始写作。1978年，她自费出版短篇小说结集《初见·彩虹》，3天之内就卖了3000本，10天之后不得不再版。现已出版有《星期六的世界》（散文集）、《初见·彩虹》（小说集）、《蜜月》（小说集）、《伴侣》（中篇小说）、《白啤酒》（随笔）、《中国情》（散文集）、《百万之爱》（小说散文集）、《谁道风情老无份》（散文集）等。

蓉子崛起于20世纪70年代初，是一位有独特艺术风格的女作家。那娓娓动人的叙说，那扑面而来的生活气息，那含蓄隽永的人生哲理，那流荡于字里行间的脉脉情思，使她的作品具有一种引人入胜的艺术魅力。

蓉子早期除了写小说散文之外，同时还在报刊上主持了三个社会服务信箱，即秋芙信箱、莫愁信箱、蓉子信箱。她每周都要阅读和答复大量的读者来信，14年的累积，其数量十分可观。1991年，她对这些信箱文章进行一番梳理，选出较有代表性的文章共123篇，结集为《情未了》一书，分二册出版，颇受读者的欢迎。这些信箱文章内容十分广泛，几乎涵盖了整个人生的方方面面，当然，其中有相当大一部分是少女、少妇所提的关于恋爱婚姻方面的问题。蓉子写的这些信箱文章，绝非那种干巴说教的空洞文章可比，其中有灿然的文采，有温馨的友情，有苦口婆心的劝导，也有热情洋溢的期盼，可以说是一种非常富有文学色彩的优美散文，或者说是一种充满人生哲理的诗篇，是她的一种独特创造。一位青年女性为爱情所苦恼，写信问信箱主持人："爱情到底是什么？爱一个人是不是只该默默付出，不问收获？如果爱一个人，他却不懂得珍惜及不懂得回报，这种爱是不是可以持久？"蓉子的复信简直就像是一首诗："爱情是：没看到他，你想他，念他。相思绵绵。知道他会打电话来，你分分钟拉紧心弦等；听到他的声音，就是你灵魂回来的时候。伏在他肩膀，你会满心欢喜。听到他咳嗽，你会为他着急。他的烟味是香的，他的皱纹是美丽的。你会因他改变坏习惯，你会为他煮一锅可口的菜汤。因为他，世界变得美丽，生也有了希望。你像女儿般撒娇，又似母亲般慈爱。他的气息令你心慌，他的舌尖使你心颤……"

中年以后，蓉子忙于商务和爱老院的工作，较少有时间从事小说的构思和创作，但她仍每天挤时间写散文和随笔。她在《联合早报》上有个"与我同行"的专栏，还在其他报刊上发表文章。这些文章的结集，便是后来出版的《中国情》、《百万之爱》和《谁道风情老无份》。文章短小精悍，每篇千字左右，而内容却很充实。《中国情》是蓉子在中国各地进行商务洽谈和探亲旅游的所见所闻、所思所感，表现了炎黄子孙对故国的挚爱之情；但爱之极，也不免会对一些不良现象加以批判。不管是赞是叹，都源自她心中那股浓浓的"中国情"。

收入《谁道风情老无份》集子中的散文，大部分是描写爱老院的工作和生活的。其中有工作辛劳的叙说，也有老人百态的描摹。在看似平淡的描述中，却表现了作者的爱心和奉献精神。全院的老人，九成是卧病者。有一位病人已毫无知觉，"鼻孔插输食管，尿道安输尿管，年龄近八十，一身数种病，背后五个大烂疮，肉呈黑褐色，流着恶臭的脓水。护士在清理疮口时，整个拳头可以放进烂洞里，旁人见了饭也吃不下"。这样的病人，连医院都不肯收，蓉子却收下了。她常常告诫院里的护士和职工们：要把老人当作是来我们家做客的人，好好款待。她每天天未亮就起床，开车赶到爱老院上班，夜晚九点半才回家，每天工作 15 小时。虽然工作非常辛苦，非常劳累，但是，“看到家属们的信赖和笑容，看到老人们康复回家，看到有关当局的欣赏，看到荒地变成明媚的花园，看到人们的感激，报上的谢启”，她又感到辛劳有价了。更重要的是，她找到了一种奉养老人的社会模式。

五、陈瑞献：蜂雀竞飞的自由精神

陈瑞献（1943—　），祖籍福建南安，生于印度尼西亚苏门答腊岛，现为新加坡公民。陈瑞献 17 岁开始自习工笔水墨画，并尝试文学写作。19 岁开始研究佛学，后一生事佛，恪守不渝。1964 年，陈瑞献考入南洋大学语言文学系，主修英文及英国文学，并选修法文和巫文，毕业后受聘担任法国驻新加坡大使馆新闻秘书，直到 1992 年。与此同时，陈瑞献开始积极投身于新加坡华文文学事业，同年创立五月出版社并以“牧羚奴”为笔名出版新马文坛首部华文现代诗集《巨人》。

在新加坡文坛，乃至于在整个东南亚华文圈内，恐怕找不到哪一位艺术家像陈瑞献那样，以其卓异的天赋和多方面杰出的才能，同时涉足文学和艺术的众多门类，且能独领风骚，取得累累硕果。在文学方面，他是新加坡现代诗的开山祖和奠基人；他也是新加坡现代小说最具前卫性和创造性的成功探索者；他还写散文、编剧本、作寓言，数量不多，却成就斐然。在艺术方面，他画油画、画国画、画素描、画胶彩，甚至还发明了一种纸刻，同时又搞舞台美术设计和服装设计。另外，他还是一位治印名家和书籍装帧大师。可以说，几乎所有的视觉艺术门类中，都有陈瑞献不倦探索的足迹，同时也记录着他那令人难以望其项背的成就。所以，他被称为新加坡文艺界的“巨擘”，是一位备受爱戴和推崇的“国宝”。

陈瑞献是以一个极富创新意味的现代主义者的姿态登上 20 世纪 60 年代新马文坛的。他的诗集《巨人》，无论是观念意识、感觉形式以及语言经验，都清楚地呈现出陈瑞献与西方现代主义文学尤其是法国象征主义诗学观念的密切关联；而事实上，波特莱尔式的奇崛怪异，韩波式的梦幻飘逸，玛拉美式的冷艳瑰丽以及里尔克式的神秘冥想等等，都不同程度地在陈瑞献的早期诗作中留下了印记。象征主义诗学观念所提倡的通过诗人的想象去体悟宇宙万物的神秘交感，并在主体与客体之间相互“感应”的基础上去建一个超现实、超感觉的诗化世界的主张，使得陈瑞献的思维方式具有了一种超验色彩，他的诗作也因此在立足于现实的同时表现出了浓厚的超现实意味。因而，无论是《侍者》、《弃婴》、《哑子》等诗作所展现的现代都市声色光影下蠕动着的不幸者的悲苦命运，还是《巴士站》、《组屋》、《冰淇淋店》等诗作中所勾勒的现代都市混乱、嘈杂、喧闹而又充满敌意的灰色景观，或者是《花钟》、《孤石》、《雨点笼》中所流露出来的迷惘失落和颓败虚无，都清楚地显示出了诗人对现实世相的敏锐观察和冷静省思，喻示着现代人心灵世界在一个日益物质化的社会中难以弥合的分裂与错乱。正是基于这一体验和立场，陈瑞献在他的诗歌作品中，三次通过"巨人"形象不遗余力地塑造，表达出他对一种健康、刚健而又超世拔俗的崇高精神人格和英雄气质的向往与追寻。比如《巨人》第一首开篇写道："你的时代，黄沙星散/看不见芊绵和碧绿的影子/你迢迢地来，涛声动魄/生存缩为日月的苦。"这是一个尼采笔下查拉图斯特拉式的出场：带着睨视群氓的孤傲和悲天悯人的情，背负着人间沉重的苦难，传递先知的启示，巨人来到了这个满目荒芜的人间，于是，"黄沙已筑成不碎的盘石/你的血汗遍育翠朴的家园/嗓门齐开，海的儿女/歌一伟大人格的完成"。昂奋的情绪、质朴的形象表现出诗人内心深处对"巨人"的仰慕与崇敬。

佛教的生命无常、万象如幻的观念不仅对陈瑞献的人生观产生了深刻的影响，而且在其诗歌作品中得到了较为集中的体现。比如《贝壳村不可能之建筑》是一首充满新奇意象组合、深奥的玄想意味以及宗教情绪的诗作。诗中那繁复回转的象征符码直接来源于贝壳天然螺纹的绵密盘旋，其意义则直指时间之源的混沌神秘与空间形式的无序扩张。《与舍利弗坐》一诗写的虽然是诗人的一种修行经验，但表达的却是他对于人生无常本质"转识成智"的彻悟。"但见祖父埋葬曾祖父父埋葬祖父/但见曾外祖母怀胎外祖母外祖母怀胎母/儿女/若有所备/紧跟在/我的后头"。一旦了悟事物此等"真相"，纵使面对人间一切的生老病死、悲欢福祸，亦能以平常之心处之。

陈瑞献在《创作注——我的方法》一文中，把自己的创作方法极有诗意地概括为：蜂雀竞飞之立意。他说："蜂雀在我眼中，是自由心的另一个美妙象征。其飞也，正反上下前后左右无所不能，甚至能定于空中，与一花一叶久厮磨；其体积至小战斗力至强，或大吃大喝或不饮不食而不减其速；其为形也，鸟之镜花水月，蜂之海市蜃楼，为一不受制于时间空间，住于介于出于反常、正常、超常之生命体。"综观陈瑞献文学创作的实践，我们可以看出，那蜂雀竞飞所体现出来的超越一切形式障碍、摆脱所有束缚的自由精神，不仅是陈瑞献艺术创作所尊奉的一项基本准则，同时也是他创作境界的生动呈现和他之所以能够不断大胆创新、兼收并蓄进而自成一体的根本原因所在。

六、王润华：橡胶树与乡土情怀

王润华（1941—　），祖籍广东从化，生于马来亚吡叻州金保市以南的一个橡胶园。王润华是一位有成就的学者，也是新加坡诗坛上一位有特色的名诗人。王润华从小接受华文教育，中学时代开始写作，高中毕业后，到台湾政治大学求学。当时的台湾，正是现代派最流行的时候，他也狂热地迷上了现代诗，并与他的朋友张错、黄德伟、叶曼莎、张齐清、林绿等创办星座诗社，出版《星座诗刊》。也是在这时期，他与女诗人淡莹认识，进而恋爱，最后结为夫妇。1966 年，他把大学时期的现代诗结集为《患病的太阳》出版。1967 年，王润华与淡莹一起到美国，进入威斯康辛大学周策纵教授门下攻读硕士和博士学位。1973 年，他返回新加坡南洋大学任教。1980 年，他在新加坡国立大学任教。王润华著作颇丰，其中诗集有《患病的太阳》、《高潮》、《内外集》、《橡胶树》、《山水诗》等。王润华在 1984 年曾获得东南亚文学奖，1986 年又获得新加坡最高荣誉之文化奖（文学）。

王润华最服膺现代派的下述信条：每一首诗都应是一种新的试验。因此，他的诗歌创作历程，也就是不断探索、不断试验的过程。他的诗歌创作大致可以分为三个时期，第一个时期是西化期，以《患病的太阳》为代表；第二个时期是回归东方时期，以《内外集》为代表；第三个时期是走向乡土时期，以《橡胶树》为代表。

《患病的太阳》收录的是王润华大学时代的作品。那时候在台湾正是现代派最狂热的时候，他读的又是外文系，因而不可避免地受到西方现代派的影响。这些诗多是抒写内心的感觉和体验，诗意朦胧，社会背景则完全淡化了，所用典故，也多是希腊神话或是西方的历史掌故，可以明显地看到西化的痕迹。

1967 年，王润华到美国威斯康辛大学主修中国文学。他用了很多时间读唐诗，研究司空图和中国古典诗学。随着研究的深入，他发现：中国古典诗学比西方现代派理论更加优越，而唐诗也比现代派诗歌更典雅，更含蓄，言有尽而意无穷。这一发现，使他的诗风有了很大的转变。比如《内外集》中《象外象》和《观望集》这两组诗，把中国象形文字的诗情画意，象形文字的意象美，以及先民创造文字时的丰富的想象力，用诗的形式表现出来，很受论者的推崇。《象外象》第二首《武》：

我的鞋子
踏着你昔日的足印寻找
你底威武——
荷戟行至
国史馆前

当我抬头

你却只剩下一只足
　　　　一把戈
悬挂于精武门上

关于“武”字的解释，长期以来流行的是《左传》的释义：“止戈为武”（《左传·宣公十二年》）。这个解释，包含了儒家学派“仁”的理想。一直到19世纪末，甲骨文出土之后，人们才发现甲骨文的“武”字，左边是一个足印，右边是一把戈。古人造字的原意是兵士拿着戈，雄赳赳地走向战场。这与儒家的止息兵戈的解释正好相反。王润华的诗，以“踏着你昔日的足印寻找/你底威武”的诗句，还原了“武”字的原始意义，弘扬古人的尚武精神，但在今天，在国史馆前，却只剩下一只足（足与止同），一把戈了，诗非常含蓄，言有尽而意无穷。

20世纪70年代中期，王润华在漂泊11年之后，又回到了他的南洋乡土。一种怀恋乡土的炽热感情，使他创作了许多以南洋特有风物为描写对象的作品，这就是后来收集在《橡胶树》、《南洋乡土集》、《山水诗》、《秋叶行》中的诗歌和散文。在第三个时期的诗歌创作中，王润华追求一种明朗而耐读的诗歌境界。他拥抱乡土，面向生活，又干预生活。《面具小贩》描写了一个街头闹市常见的贩卖假面具的小贩，他每天都模仿着街道上众人的形象，制造各式各样的假面具：

像播种前的种籽
我将一个个脸孔放在太阳下曝晒
而且涂抹上虚伪的颜料
再贴上便宜的价格

小孩子，你会辨认吗?
黑色表现刚正
蓝色是阴险的性格
白色后面藏着奸恶和卑贱
左边那个是淫妇
右边那个是贵人

但是
笑容并不象征高兴
哭泣并不表现悲哀

因为它们都是假面具
我随时随意抄袭自
匆匆走过的行人的容貌

在充满竞争、充满陷阱、你争我夺的现实社会中，许多人常常不愿意以真实的面目出现。他们或者为了取悦上司，或者为了欺骗朋友，或者为了骗取爱情，或者仅仅是为了保住饭碗，为了生存，因而不得不把自己的真实感情掩藏起来，掩藏在各式各样的假面具后面。诗人在讽喻的同时又带着一种无奈，一种深沉的悲哀。

七、淡莹：太极之境与发上岁月

淡莹（1943—　），原名刘宝珍，祖籍广东梅县，生于马来西亚霹雳州。高中毕业后赴台，就读于台湾大学外文系。1967 年，淡莹赴美深造，并获得了威斯康辛大学文学硕士学位。1974 年回新加坡定居，开始积极参与新加坡的现代诗运动，并于 1978 年与谢清、南子、文恺、喀秋莎一起发起成立了新加坡最早的也是最具有影响的现代诗社团五月诗社，曾任该社社长。淡莹已出版《千万遍阳关》、《单人道》、《太极诗谱》和《发上岁月》等 4 部诗集，其中《太极诗谱》荣获 1980 年新加坡书籍理事会颁发的全国华文诗歌奖。

翻开淡莹不同时期的诗集，我们可以清楚地看到，其诗歌除了一小部分为赞颂吟咏自然景物之作外，感叹青春的美丽，抒写内心的悸动，流连浪漫的幻想，咀嚼爱情的滋味，乃是其中最为突出的主旋律。正是这些内容，构成了淡莹诗作中一个相对独立而完美的自我心灵世界。如《寒夜之后》一诗："我也常希望/自己是一枚贝壳/从小喜欢漂洋过海/熟练地搜集/各类水族的家谱/珍藏在回旋的客厅里/那天流浪到你临水的家/便俯贴在你耳际/大方地告诉你/海洋一生的秘密。"玲珑、清纯的意象，自我陶醉的陈述，显示出一个青春生命诗意盎然的灵动。当然，在淡莹这个专属于她个人的纯净世界中，最引人注目也是最感人的无疑是她对爱情的吟咏。其中既有悱恻缠绵的款款柔情的流曳，"……二月底三月初/我折起伞外的雨季/你敢不敢也折起我/收在贴胸的口袋里/黄昏时，在望园楼/看一抹霞色/如何从我双颊飞起/染红湖上一轮落日"（《伞内·伞外》），也有那苦涩而甜蜜的无尽相思的倾诉，"雨打纱窗五更寒/你犹在三千里外/犹在渺茫处/我却记取那夜共舞时/旋律把我卷入深深的寂寞里"（《过客》）；既有日常生活中情人间耳鬓厮磨、两情相悦的浪漫情趣，"你有话要说，请说/却不能躺在壁炉旁/虽然侧卧仰卧/都不会有人窥视"（《雪与你》），也有情感交融所泛起的温柔沉醉，"于是风雨之后的那晚/我被握成一朵红睡莲/日夕等待/歌手行吟至湖畔/吟唱一曲/采莲谣"（《团圆》）。我们不难看出，无论是对内心隐秘世界情丝意绪的敏锐捕捉，还是对心灵幻想的浪漫铺陈，或者是对爱情体验的细致品味，淡莹的诗都从不同角度向我们展示了一个多彩多姿的女性情感世界。

在美国留学和生活 7 年的人生经历，对于淡莹的诗歌创作来说，是一个重要的转折点。身居不同文化背景所导致的文化差异，既为诗人拓展了更为辽阔的文化心理经验，也为诗人反观人生、感悟生活提供了一个全新的艺术视角。比如《楚霸王》一诗，诗人以项羽一生事迹为诗的素材，把英雄末路的悲剧写得慷慨激烈、豪气干云，不仅为这位生为人杰、死为鬼雄的“壮士”谱写了一曲悲壮的挽歌，同时，更使她自己的心灵从中获得了一次强有力的撞击，由此而迸发出来的火花，也把诗人笼罩在一片刚健、悲沉而浓郁的文化气氛之中。诗人通过怀古诗与古老中华传统文化建立了精神联系。当然，当淡莹沉入中国传统文化精神血脉之中的时候，她所追求的就不是单纯的文化归属意识，而是以传统的富有活力的文化精神作为自己人格建构和生命感悟的重要价值资源。这一点，最为突出地体现在她所创作的《太极诗谱》之中。

《太极诗谱》共有短诗 40 首，它们得之于淡莹练习太极拳的真实感受，尽管其中有不少是单写太极动作的作品，如《白鹤晾翅》、《单鞭下势》等，但更多的还是借太极拳动作的演示和刻画，蕴含作者对人生的体验以及由这一体验所生发出来的宇宙生命哲理的沉思和感悟。《云手》：“生命线/感情线/事业线/往返折叠之后/竟幻变为/一张椭圆形的/网罟//任你是/七级浮屠/或是/一片盘音/也休想逃避/这次劫难。”诗人以太极招数中的起承转合暗示生命的往复循环，在波澜不惊的徐缓悠长之中表现出诗人的一种豁达心境。

作为诗人“中年心境”的艺术呈现，《发上岁月》中的大部分作品所构筑的情感世界，大都是围绕着诗人日常化的生活和心理体验而展开的。诗人以一颗敏感而饱含着人生智慧的平淡诗心，从一些“家务事”、“儿女情”的日常写真之中，去体验和开掘生命之道的永恒真义和幽深奥理。如《家务事五题》是一组十分生活化的诗歌，共有《洗衣》、《晒衣》、《熨衣》、《擦窗》、《吸尘》5 首，虽然取材于纯粹家务平常琐事，但就是在这种极其平淡琐屑的日常生活描写中，诗人却能用平淡而不干枯的语言，单纯而寓深情的意象，把那些看似平常的事态写得生动有趣，诗意盎然，流露出诗人热爱生活的情操。

作为一个具有浓厚现代审美意识的诗人，淡莹所创作的诗歌不以题材取胜，她总是能在有限的题材范围内，充分运用现代诗的表现技巧和抒情手段来表现自己内心丰富和微妙的感觉。

八、原甸：独抒性灵的“青春诗人”

原甸（1940—　），本名林佑璋，祖籍福建闽侯，生于上海，1946 年日本投降后去新加坡与父团聚。原甸少年时就对诗歌发生浓厚兴趣，17岁创作了长篇朗诵诗《土地，我的母亲》。1962年，他在新加坡出版了第一部诗集《青春的哭泣》，一举成名。

原甸，是一位独抒性灵的诗人，总喜欢用“激流怒水般”的抒情方式，毫无保留地唱出他的挚爱、理想、痛苦和悲伤。我们看那首作为诗集名字的《青春的哭泣》：

你曾经被我以狂热的诗篇赞颂过的
而此刻对我投着如此轻蔑和俯就的神情的
冷酷的祖国哟！
你看看我呀！
你听听我说呀！
呵，你为什么连睬也不睬我一眼呢？
难道我如此哀号着摇撼着你的双臂
你一点也感觉不到么？
祖国哟！祖国哟！
你不要抛弃我
你看我一眼吧！
……

《青春的哭泣》是在特殊的时代背景下唱给祖国的一首哀歌。它一方面表达了青年诗人对他的“马来亚”祖国火一般的激情，表达了一个为理想、为信仰、为祖国的独立自治、为民主自由而战的斗士的心声；另一方面却又因祖国的贫穷落后，因他的青春的被拒绝，因他满腔的报国热情不被理解而伤心哭泣。

原甸早期的诗歌主要是受到中国诗人艾青的影响比较多，其特点是采用“自由体”，在形式上有点散文化，但由于比较重视诗教，有内在的节奏和韵律，感情充沛真挚，诗风明白晓畅，颇受读者欢迎。

20世纪70—80年代以后，原甸经历了一段坎坷的流浪生涯。1964年回国升学，碰上“上山下乡”，1965年底回到香港定居下来，1984年底回新加坡，使他对人生，尤其对香港这个十里洋场的虚伪奸佞、市侩习俗有着切肤的感受，因而题材的选择、主题的挖掘和格调开始发生了一些变化。收在《原甸三十年集》中的诗，既有思乡的《月的甜和咸》、《月亮新论》、《风筝》等诗，也有大量描绘香港社会百态的诗，如《球的种种》、《租字特写》、《跑马日》、《传呼机》等。这时期，原甸的诗在艺术上日渐成熟起来，由原来的热烈明朗、粗放开阔转向含蓄隽永。《月的甜和咸》："铜锣挂在天边/思乡人泪涟涟//到处的月亮一般圆/为什么异乡的月这般咸//异乡的月这般咸/因为它泡着思乡人的泪涟涟。"泰国诗人岭南人的诗《回到故乡的月亮胖了》写到离开曼谷时，"窗外的月亮，瘦瘦的"，但来到香江，"抬头一看/回到故乡的月亮/胖了"，与原甸这首诗有异曲同工之妙。两者都写月亮，都将月亮物化，都借助通感来寄托思乡之情，不过，两位诗人的观察点和构思角度还是有很大差异。

原甸除了创作短诗之外，还创作了《情人节的诗》、《普希金之死》、《十字架的血》、《水流千里》、《孕妇岛的传说》、《寡妇山》等6首长诗。其中《水流千里》长达千行，叙述了一家华侨三代人的苦难历程和他们的斗争，是一部形象的新马华人的血泪史和斗争史。而长达2000多行的《孕妇岛的传说》则是根据马来群岛的民间传说改写，讲述一个优美动人的爱情故事。它们都是马华诗坛重要的收获。

原甸还出版了《香港·星马·文艺》、《马华新诗史初稿》、《我思故我论》三本文艺论著，可以看出诗人对马华文艺的过去与现在、文艺思潮的流向以及具体作家的创作情况都了解得相当全面。他对马华文艺的介绍、研究、总结，特别是他在促进各地区的华文文学的相互了解和交流上所作的贡献，应当和他的创作一样受到人们的重视。

思考论述题：

1. 何谓"五月诗社"？如何理解五月诗社"五月"的含义？
2. 试比较黄孟文《再见惠兰的时候》与鲁迅《故乡》的异同点。
3. 请以《蜈蚣岭》为例分析流军小说的乡土意蕴。
4. 试述尤今游记的艺术特色。
5. 为什么说蓉子是一个服务社会型的作家？
6. 为什么说陈瑞献的诗歌透露着超现实的意味？
7. 请举例说明王润华诗风的前后期变化。
8. 请分析淡莹早期诗歌的艺术特点。
9. 请简要谈谈原甸的《月的甜和咸》这首诗是如何表现乡愁的。

第四章　马来西亚华文文学

第一节　马来西亚华文文学发展概述

1965 年，新加坡、马来西亚华文文学分家以后，分散了力量的马来西亚华文文学渐趋沉落。由于华文教育受到限制，华族学生阅读华文文学书刊的需求量逐渐减少，社会日益商业化、生活娱乐化，广大华人多以直观的影视为主要“阅读”对象。华文日报如《中国报》、《星槟日报》、《光华日报》等的副刊由日刊、双日刊改为周刊、旬刊、月刊甚至季刊，篇幅也缩小为半版。马华文学受到了政策和重商轻文的现代社会商业化思潮的双重冲击和挑战。马华文学的严肃文学更受到严峻的考验。为了扩大发行量，获得经济效益，只能迎合市民阶层的爱好，为数不多的副刊逐渐为“港式”作品占有，变为娱乐性的专刊。

1975 年初，吉隆坡《南洋商报》副刊《读者文艺》揭开了“马华文学的前途”讨论的序幕。随着讨论的扩大，《星洲日报》副刊《文艺春秋》也参与这场文艺争鸣，并一直延续到 1976 年。这场论争和另一场由陈雪风发起的关于“马华文学现实主义与非现实主义”的论争一起，促使马华文学觉醒起来。再加上马来西亚经济和文化不断发展，社会环境不断宽松、自由，1978 年，拥有 300 名会员的马来西亚写作人（华文）协会成立，成为马来西亚华文文学从沉寂走向繁荣的标志。

除写作人协会之外，比较活跃的文艺团体还有：南马文艺研究会、吡叻文艺研究会、天狼星诗社、大马华人文协、戏剧研究会等。这些文艺团体都开展了许多活动，推动华文文学的发展，同时又致力于一个共同的目标，就是争取使华文文学成为马来西亚国家文学的组成部分。从 20 世纪 70 年代末起，马来西亚几乎每年都有由各文艺团体和华人社团举办的文学评奖活动，同时设立出版基金，出版各种文学丛书，如“犀牛丛书”、“大马文丛”、“棕榈丛书”、“人和文艺丛书”、“今天文丛”、“东方文丛”、“涛声诗丛”、“德麟文丛”以及天狼星诗社出版的五套丛书等。新加坡、马来西亚华文文学分家之后，马来西亚华文作家出版的单行本（包括港台出版的）约 500 本，这是一个不小的成绩。马来西亚还没有出现像方修那样的文学史家，但马仑的《新马华文作家群像》和《新马文坛人物扫描》，以及云里风任总编辑、戴小华任副总编辑的《马华文学大系（1965—1996）》一套共十卷本的完成，却为新马华文文学的研究，提供了许多宝贵的资料。正如云里风所说："只要全马文友们能够团结一致，大家抱着为马华文学献身的精神，相信马华文学这块园地，在2020年来临时，必然会开出灿烂的花朵，结出丰硕的果实来，那时我们所要争取将马华文学纳入国家文学主流之内的宏愿是必然可以实现的。"①

值得一提的是，在马华文坛上还活跃着一个特殊的创作群体，那就是大马华裔赴台求学写作群。早在20世纪60年代初，在我国台湾求学的华裔马来西亚学生便积极参与台湾文坛活动。多年来也有不少求学于台湾的作家重新回到马华文坛努力打拼，例如陈强华、王祖安与傅承得，他们多半在台湾完成作家的"成长仪式"，然后返回家乡，或教书，或在报馆服务，或开书店，为马华文学发展作出贡献。80年代中期以后，在台湾《中国时报》与《联合报》的文学奖得奖名单中，商晚筠、李永平、张贵兴、潘雨桐、林幸谦、黄锦树、陈大为等华裔作家的名字经常出现，两大报奖成为80—90年代马华作家在台湾"取得进入文坛的通行证"的途径或捷径，也开启了"马华文学"在台湾活动的第三种模式。90年代旅台马华作家进一步主动出击，在台湾出版、编选各种文类的选集，推销马华文学，既达到自我建构典律的功效，也将当代马华文学风貌更清楚地展现在台湾读者面前。1995年，陈大为率先编辑《马华当代诗选（1990—1994）》，第二年钟怡雯编了《马华当代散文选（1990—1995）》，黄锦树在1998年跟进，主编《一水天涯：马华当代小说选》，而陈大为与钟怡雯于2000年合编的《赤道形声：马华文学读本I》以及陈大为、钟怡雯与胡金伦在2004年合编的《赤道形声：马华文学读本II》更是典律建构大工程。简单地说，正是李永平、张贵兴、黄锦树、黎紫书的小说，林幸谦与陈大为的诗，林幸谦与钟怡雯的散文等让马华文学有机会在台湾大放异彩，同时也供应了台湾文学一批充满域外风格或异国情调的文本，可谓两全其美。

21世纪以来，当代马华文坛上有不少颇具创作热情的作家，包括冰谷、田思、戴小华、叶蕾、李忆莙、梁放、李宗舜、冬阳、冯学良、郭诗宁、纪湘怡、刘爱佩、杜忠全、许通元等。随着网络媒介的快速发展和普及应用，马来西亚华文文学开始朝着文学电子化的形态转型。其实早在20世纪90年代，马华文学就开始进入了网络传播阶段。现如今，马华文学馆、马华文学电子图书馆、马华文学评论数据库、马华文学数位典藏中心，以及马来西亚华社研究中心等马华文学及相关研究文献的网络资源纷纷向公众开放。马华文学已然开拓出新的生长空间，并以一种新的生长方式迈步华文文学的新纪元，这将对马华文学史料的电子化和马华文学的共享、传播、普及等诸方面产生长足的裨益。

---

① 云里风：《云里风文集》，鹭江出版社1995年版，第368页。

第二节　天狼星诗社

天狼星诗社成立于1973年，由绿洲、绿林、绿原、绿湖、绿田等九大分社合并而成，以温任平、温瑞安兄弟为主将，集聚了当时一批较为新锐的现代诗人，如黄昏星（李宗舜）、方娥真、蓝启元、周清啸、张树林、殷建波、廖雁平、许友彬、谢川成等。它的出现正是马来西亚推行国家文化三大原则之后，华文教育、华族文化处于危急存亡之际。天狼星诸子以承传华族文化为己任，通过手抄、油印借来的书籍和自办刊物、结社举办文学活动等维系华族文化属性，同马来西亚的单一国家政策进行对抗，拒绝同化。这种对抗与马共的武装对抗是不一样的，前提是他们已经认同了这块土地，只是对于马来政府企图马来化有所抵触。他们的心态是典型的“落地生根”心态，中国情结深厚，希望能保持华人的独立地位和作为华族存在的文化属性。从他们的创作来看，采用现代主义诗歌的艺术手法，从中国古典诗词取材，化用传统典故、意象、意境等是他们诗歌的一大特色。实际上，他们正是以这样的创作姿态融进华教运动的大潮，参与传统中华文化之创造，为马来西亚华人保存文化之根。温任平的《再写粽子》：

> 我把粽子交给你/你把它放进嘴里嚼起来/突然/你似想起什么似的/张口欲语/我看着你瞠目结舌，哽着/抽噎着，呼吸急促，像一串不连串的泡沫/期期艾艾/说不出半句话来/我听见在河的下游/有人/单独地在吹竽

现代主义诗歌一般在诗质上以主知的诗想取代感伤的诗情，而主知的诗想主要通过戏剧化、象征化、意象化三种表现手法得到实现。从这首《再写粽子》不难看出，温任平颇得这三种表现手法的神髓，运用起来得心应手。首先，他以戏剧化的手段塑造了“你”吃“我”给的粽子时被噎的场景，而这时“我”却听见河的下游有人孤独地吹竽。这里“我”和“你”表面看并没有确定的所指，但与“粽子”这个充满中华传统文化意味的意象联系起来，我们就不难明白，“我”和“你”都是传承中华文化的华人，“你”吃粽子被噎实际上是象征着华人在传承文化传统时被当局钳制的尴尬。“河”的意象是喻指中华文化传统之河，那么“我”听见河的下游有人吹竽就不难理解了，那是象征着不管当局如何钳制，华人传承文化的决心不可动摇，纵使处于孤独无援的境地。整首诗象征意义浓厚，避开了与外在现实世界的直接碰撞，利用古典意象的转化，达到讽喻现实的目的，从而隐晦地表现了华人坚守传统文化的姿态。

温任平自喻是现代的“屈原”，他的学生谢川成曾经以“屈原情意结”和

“现代屈原的悲剧”为题评论过他的诗歌。屈原精忠报国却不为朝廷所容，被放逐以至自戕，一直被视为是古典文人高风亮节的代表。温任平在《流放是一种伤》、《水乡之外》、《夜航感觉》等诗作中重复使用水、船、舟子等意象，使人联想到屈原以及隐匿在屈原象征形象后面的历史意义，如《水乡之处》：

有人走来/下着雨，他没有披蓑衣/踽踽在黄昏时节的昏蒙中/咳嗽起来//他缓步向前/步入齐膝的浪花里/在全面的冷沁中，去遗忘/楚地的酷暑/淹过他的五绺长须之后/他微笑，带点不经意的揶揄/他抬头看天，最后的问句已经结束/就把头猛然插进海面去/一块全白的头巾，如最初的莲台/冉冉升起

再现了一幕现代“屈原自沉汨罗江”的情景。温任平并没有经历过任何流放外地的生活，他以屈原的被放逐自喻，更多的是一种精神上的应合。这种精神流放是在文化认同与现实生活发生冲突之下产生的，换句话说，就是诗人认同“文化中国”为当局所不容，被置于边缘，从而产生放逐之感。放逐感经常伴随着孤独、寂寞与失落，温任平的许多诗作都表现了这样一种情绪。温任平这种文化上坚守的悲剧感是天狼星诸子的普遍情绪，与他们为华族请命安身的使命感息息相关。

天狼星诗社的另一员主将温瑞安求学台湾以后，于 1976 年在台重组神州诗社（参加者有黄昏星、方娥真、周清啸、廖雁平等天狼星诗社骨干），与天狼星诗社分裂。温瑞安等人来到台湾，在他们意识深处等于回到了中国，虽然台湾只是中国版图上偏向一隅的小岛。使他们万万想不到的是，他们来台之后，发现“现实的中国”与他们“想象的中国”并不相同，虽然当时执政的国民党当局出于政治上的需要，把他们看成是“侨民”，欢迎他们回归，但事实上他们在台还是处于边缘位置，而且，台湾本身相对于中国大陆只是一个小海岛，加上他们联想到自身在马来西亚的遭遇，一种多重放逐的悲痛感油然而生。多重放逐的命运使他们无法找到一个平衡点以慰藉漂泊无依的心灵，只好认同国民党台湾当局的“大中华”想象，在这种想象中完成关于“神州”的建构。以温瑞安为例，如果说“天狼星时期”的温瑞安还只是孺慕中国传统文化，以“冷月”、“小舟”、“灯火”等意象入诗，表达一种拥抱中华传统文化的心志的话，那么到了“神州时期”，温瑞安已经开始全面认同中国（包括政治上），以比“台北人/中国人”还“中国”的华人自居，更加珍惜自己的中华血缘和使命感。台湾实实在在只是现实中国的一小部分，由于政治上的对立，它与疆域辽阔的中国大陆相隔绝，因而“中国”只能靠想象来建构，于是，极具丰富想象力的武侠诗及武侠小说便成为温瑞安的建构武器。散落天外的武侠世

界——江湖，为温瑞安等承担起文化上“舍我其谁”的抱负提供了自由驰骋的舞台。

与天狼星诗社分裂之后的神州诗社，因其在台的位置，对中国更加一往情深，已经由单纯地认同“文化中国”走向全方位地认同中国。以历史的后见之明来看，后来温瑞安被台湾当局遣送回国，马来西亚政府拒绝接受，只好流落到香港不是一种偶然。

第三节 主要作家选讲

一、潘雨桐：古典韵味的现代小说

潘雨桐（1937— ），原名潘贵昌，生于马来亚森美兰，祖籍广东梅县。他曾留学美国，获俄克拉荷马州立大学遗传育种学博士学位，此后返回马来西亚从事遗传学方面的研究工作，业余从事文学创作，已出版小说集《昨夜星辰》和《因风飞过蔷薇》，另外还有大量散见于新马等地华文报章上的小说、散文、随笔等。

潘雨桐的创作有着较强的现代意识。这种意识根源于作家对现实社会的精微观察和在此基础上的深刻理解，也正由于此，我们才能在潘雨桐的作品里到达现代生活的至深之处。那是一种充满纠结、令人迷乱的际遇，这际遇在外在性那里展示着人本身的一种状态。代表作《烟锁重楼》通过细腻的性格处理而走向生活的深层。父母来美国探望两个已在美安家的儿子，由于二儿媳妇是个美国人，两位老人在二儿子家呆得不太合意，只住了十几天就转到了大儿子家。但若从文化冲突的角度讲，可以说，小说讲述的是一个参差迷离的世界。在这个艺术世界里，不同人物的背后隐藏着不同的文化支撑。由于异质文化的信念支撑的不同，人物的思想、行为乃至每一个细小的意志活动在文化内涵上完全不同甚至对立。二儿子凌浩云与施维亚之间的夫妻关系在“稳定”的外表下面潜藏着巨大的危机。他们结婚多年，并且已经有了不止一个孩子，在日常生活中，也没有显明的、让人觉得不可调和的冲突。不仅如此，在父母来美的第一个星期里，媳妇施维亚还能多少表现出一点东方老人所痴迷的“孝敬”。应该说，他们之间的夫妻关系是比较稳定的。然而在这背后，由于文化之间的差异以及根源于此的不同的信念、追求，他们又几乎处身于两个完全不同的世界。

《烟锁重楼》对文化冲突的书写也体现在施维亚对公公、婆婆来家做客的态度之中。在华人看来，父母到儿子家住一段时间是天经地义的事，到儿子家做客无须诸般讲究，而美国人对此却不以为然。施维亚想知道老人到她家来住是否准备了房租也是完全可以理解的，她压根儿就没有“公婆”、“贤惠媳妇”等的概念，她对公婆来访的理解只是“一个不是她家的人来她家住”。双方对这同一件事情的不同理解都是有坚强的文化支撑的，因而，消除冲突便不仅仅只是协调行动的问题。

潘雨桐的小说《癌》、《一水天涯》等能受到白先勇的称赞，就在于他不仅将传统与现代技法融于一体，而且在开掘其所置身的马来西亚社会生活时，又将台北、纽约等地华人的生活包容进小说世界。《一水天涯》以台湾妇女林月香的叙事视角来写华人在马来西亚的坎坷际遇，反映出作者在创作上将不同层面的华人文化在源头上进行整合的努力。林月香随夫定居马来西亚十多年，由于种族歧视政策，一直无法加入马来西亚国籍。在这样的境遇中，寄托林月香愁苦的是一把橘红的茶壶。来自中国的这把茶壶的象征意义在此不言而喻。当小说通过林月香的知觉去表现华人在异国的坎坷遭遇，尤其是在不平等的教育制度下遭受的排斥时，这些严肃的社会、民族问题被化作了平淡话语中的弦外之音，化作了源自华族文化的强韧而又无奈的追求。

陈贤茂曾在《潘雨桐小说与古典诗词意境》一文中，认为潘雨桐的小说善于化用中国古典诗词的意境。因此，潘雨桐在马华小说界的出现，说明了在小说现代化进程中，文化传统仍是一个应该借助的传统。

二、陈政欣：亦梦亦觉的魔幻创作

陈政欣（1948— ），生于马来西亚，祖籍广东普宁。20 世纪 60 年代中期开始尝试新诗创作，是早期现代诗的开拓者之一。70 年代中期以后，陈政欣告别诗坛，开始了小说创作，已出版《树与旅途》（1984 年）、《陈政欣的微型》（1988 年）和《山的阴影》（1993 年）等 3 部小说集。

陈政欣是一个从思想观念到艺术形式方面都执着而又颇具个性的思考者和探索者。比如小说《公孙俩》，写的是两个时代两代人生活方式和思想观念的差异。阿公李亚华 18 岁时从中国南方的汕头乡下，只身来到南洋闯荡；孙子李利发 20 岁时大学毕业到一家现代化的工厂当白领职员。阿公当时考虑的是要靠什么样的方式谋生，要如何拼搏才能够在南洋生存下来；孙子心烦的则是不知如何消磨、度过周末无聊寂寞的时光。作品中时而过去时而现在的自然随意切换，给我们的感觉像是在“观看”一部讲述一个古老与现代故事的影片。影片以黑白与彩色画面的相互切换叙述着两代人的昨天与今天，重心落在对李利发这样的现代青年的心灵困境的描绘上。小说《剩下的下午》则通过“我”——一个工厂的单身小职员，于星期六下午下班之后躲在餐厅的一角避雨、冒雨冲到巴士站乘巴士进市区、在小食摊上吃午餐、到邮电局寄钱回家、到乌节律路商店买了一件衬衫和一双皮鞋、到咖啡座喝咖啡耗时间、与偶然相遇的同乡“华”一起看傍晚场电影、然后回家睡觉这样毫无故事性可言的琐碎乏味的细节和与之相伴相随的卑琐的细节描写，沉闷然而又是十分成功地展现出现代都市人那种无奈以及对社会及时空的茫然无措感。陈政欣曾经这样表白过：我的触觉尝试伸向各领域的不同层次，最终目的是把人的心灵展示出来，而其中所说的“人的心灵”，主要指的就是当时正处于经济转型起步阶段的马来西亚社会（这里所指的主要是马华社会）中人们所特有的心灵困境。

除了展示“人的心灵”之外，陈政欣从70年代中期到80年代中期的整整10余年间对人的生与死以及与此相关的时空轮回问题进行了多方面的探讨。小说《那人，无法开窗……窗开了》中醒于盲黑的现代人对时间之窗的无能为力，一方面既写出生命成长过程的痛苦和衰老的悲哀，另一方面也是更为重要的一点则是揭示出人在时间面前的无力感和恐惧感。两篇同样名为《洞》的作品，通过对“我”及“我”的女儿过去与未来情况的窥探，证明了生命和时间的永恒轮回。在这些作品中，作者充分发挥了他丰富的想象力，用蕴涵奇崛的意象和繁复多重的象征意味，去诠释他所能理解的那个形而上世界，带有魔幻现实主义的特征。

80年代中期以后，陈政欣相继写出了一批反映社会风尚、人情心态的作品。《生日礼物》、《没事的！》和《贿赂》分别从不同的角度、层次写出了政府公务员收受贿赂的丑行；《忙死了》以拖沓烦冗的文字，讽刺政府机关工作人员松垮拖沓的工作作风；《亲情友情》借着鬼魂上门求老友帮忙被拒的情节，道出了现代人的“情义”往往只停留于口头上的承诺；《火刑》、《合作社》两作，一用推理一用科幻的形式，揭露和嘲讽了80年代中期发生并震撼整个马来西亚社会的合作社金融风波。

陈政欣善于借鉴西方现代派和拉美魔幻现实主义的艺术手法，但是，就这些作品所观照描画的生活客体而言，大多基本上还是属于现实的范畴，作者只是在艺术的表现方式上吸收了一些外来的手法加以“变异”而已。

三、小黑：黑山白水的历史反思

小黑（1951—　），原名陈奇杰，祖籍广东潮阳，生于马来亚吉打州巴东色海，毕业于马来亚大学数学系和教育系，长期在中学任教。1969年开始发表作品，已出版有小说集《黑》、《前夕》、《悠悠河水》、《白水黑山》和散文集《玻璃集》等。曾获大马文化协会小说奖（1985年）、乡青小说推荐奖（1990年）和“花踪”小说推荐奖（1990年）。

小黑的小说可称为“历史反思小说”，1957年独立以来，马来西亚的社会现实在他笔下得到了多角度的展现。小说《前夕》以马来西亚政治生活的一般状况为背景，以坐着议员宝座“二哥”的竞选连任为事件主体，突出展现竞选过程中人们的各种意见和喜怒哀乐，为我们描绘了一幅华人争取本民族权益的政治生活图画。“二哥”作为议员，在为华人社会争取权益方面显得力不从心，养成了一种忍让、迁就的职业习性。“爸爸”对“二哥”的行径极为不满，因而在是否再投“二哥”的票的问题上犹豫不决。“大哥”是个生意人，对“二哥”的竞选非常关心，因为“二哥”做官了，他的生意就好做。而留学归来的“三哥”不但不支持“二哥”，还在报上发表文章攻击“二哥”，表现了“三哥”突破狭隘的家庭观念，以马华社会的整体利益为重的先进思想。

《十·廿七的文学纪实与其他》叙述官方大逮捕行动前后的事件。这项行动于1987年10月27日执行，代号“茅草行动”。这篇小说的辐射面很广，似乎涵盖了80年代中后期马来西亚政治局势的动荡不安、族群关系的剑拔弩张以及华族权益的岌岌可危。它的焦点集中在一个华族知识分子汉生对官方话语霸权的抗争，在一阵阵的呐喊与彷徨之后，汉生为了要避开官方的大逮捕而惊惶失措地连夜开车回北方老家，然后就这样和家人一起失踪了。小说以倒叙兼插叙的方式再现了主人公在失踪前的种种事迹，并引用各种同时期的其他文本配合他的行动，形成了一种“多声喧哗”的宏伟声势，微妙地表达作者对当权者的政治反抗。

在《白水黑山》中，小黑以得自南洋乡土的意象和体悟于历史巨变的思索，描绘了黑山、白水两镇杨、陈、白三家从20世纪30—40年代抗日卫马斗争到70—80年代经济起飞这40余年中的沉浮兴衰，从中寻觅马来亚华族人文变迁中的民族血脉。小说构思奇特，“我”所写家史小说《白水黑山》的章节和杨、陈、白三家至今尚健在的父辈子孙的生活场景交叉展开。故事情节错综交叉，在一种历史的差异感中渗透出作者的思考：事实就是历史，但历史不都是事实。因此，小说情节并不计较于所有历史事实的了了分明，作品着意再现的仍是真实的历史氛围。

小黑在中篇小说《遗珠》中，以他一贯的精简而玄秘的语言营造文本的虚幻性，若即若离地对现实政治进行微妙的言说。小说借着叙述者/主人公寻找一颗（遗失的）珍珠为主线，安排他经历了一个很奇异的旅程。这颗珍珠表征着一种欲填补现实缺陷的理想，因为珍珠的遗失使得社会不安定、种族矛盾冲突加深。为了使社会稳定，民族和谐，寻找这颗珍珠就成为意义深长的任务。这篇文本完成于马来西亚种族关系面临相当尖锐考验的80年代后期。虽然随着1987年的大逮捕行动平息了一场可能发生的种族流血对抗，但是作者仍然对形势不表乐观。

马来西亚的特殊国情和华族的特殊境遇，使得小黑的反思、“伤痕”小说可能一时还未被世人所理解，但他那容纳着人类进程、民众命运的历史反思已经并将继续构成马来西亚华人历史的重要内容。

四、梁放：融入乡土的“自然”创作

梁放（1953—　），原名梁光明，祖籍广东新会，生于马来西亚沙捞越色拉卓镇。受父亲影响，梁放从小喜欢阅读文艺作品，曾留学英国，获土壤力学硕士学位。留英期间，阅读了大量西方文学名著，钟爱英国作家D. H. 劳伦斯以及美国作家杰克·伦敦等人的作品。梁放于80年代初开始创作，已出版短篇小说集《烟雨砂隆》和《玛拉阿妲》、散文集《暖灰》和《旧雨》等。

梁放是一位乡土作家，他的小说多取材于东马沙捞越的乡间生活，写那里平常人的平常人生和平常感情。作家把当地人、本地景以及古朴独特的民俗有机地融为一体，使其作品具有强烈的本地色彩和浓郁的乡土气息。看他的小说，读者会很自然地勾画出这样一幅充满南洋情趣的生活图画：高脚木屋排成一排，彼此连接，成一列“长屋”。住在长屋里的伊班人日出而作日落而息，大家和平相处，互相帮助，其乐融融。这使其作品具有极强的艺术魅力。

梁放早期成名作《烟雨砂隆》写的是“我”的同事卢因抑郁而孤僻，进而冒险去长屋寻欢，最后葬身江浪的故事。在小说中，作者塑造了几个个性鲜明的人物形象，卢是其中着墨最少的一个，然而却是最成功的一个。他个性很强因而显得不够友好，对污浊不堪的社会有种内在的反叛因而不被接受，故而郁郁寡欢；他挣钱、攒钱是为了能和一个他所爱的女人结婚，在听“我”讲了伊班女人放浪的传说后，便默不作声地去长屋找伊班女人寻欢；他不是着意于放纵，而是寻找安慰，因为他在他的周围找不到关爱和温暖；他不满，他排斥，他反叛，然而他毕竟是一个小人物，于是便只好静静地来，默默地去。严格说来，卢的抑郁和死亡并不是小说的主题，构成《烟雨砂隆》的主题是“烟雨砂隆”之“烟雨”，是情绪化了的人事和景物，是情绪化了的整个人世，或者干脆地说，《烟雨砂隆》的主题就是一种“畏”的情绪，以及隐藏在这种情绪背后的人对死亡的理解。

《龙吐珠》写于1984年，最初发表在《星洲日报》的《文艺春秋》副刊并在沙捞越州其他报刊上转载，是一篇获奖作品。小说讲述的是这样一个故事：“我”是一个当年来南洋谋生的华人与一个当地伊班女人所生的孩子，在“我”很小的时候，华人父亲决意离开“我”和印代（伊班语，母亲的意思）回唐山去了。父亲走后，印代忍受着一个女人、一位母亲能够忍受的全部痛苦抚养“我”长大，她在经济极端困难的情况下把“我”送进寄读小学。在学校里，“我”开始知道有一个伊班母亲并不是一件令人高兴的事。于是，印代每次来校看“我”，“我”都不高兴，不要她带来的东西，催她快走，并且跟同学说那不是“我”的母亲。有一次，印代要在“我”的宿舍住一夜，“我”坚决地拒绝了。后来印代在食堂里睡了一夜，第二天早上把“我”前一天拒收的东西留下来才走。后来，印代在“我”拒绝与她联系的多年之后，默默地离开人世。她留下的木箱里藏着“我”儿时的玩具和父亲的一张照片。小说着力探讨的既不是民族矛盾，也不是某些其他的社会关系，而是善——母性、美——女性和真——人性以及这三者在现实伦理世界中的被戕害，而印代这个形象恰好是所有这一切的完美统一。

写于1986年并被收入台湾国际文化出版社出版的《世界中文小说选》的《玛拉阿妲》，是短篇小说的精品，也是梁放创作中的上品。小说的故事情节很简单：在“我”小的时候，镇上来了一个长我几岁的伊班族女孩，“我们”相识后便要好起来。她是从家里逃到这镇上的，没人照顾她。后来，镇上的一个经常偷鸡摸狗、行为不端的华人旺族老哥儿以收养为名糟蹋了她，并利用她卖淫。镇上的人都明白，唯独“我”和她不知道那是怎么回事。她只知道疼，“我”只知道她流血了。几年之后，她不明不白地失踪了。作者把“我儿时记忆的碎片”拼到一起，为我们创造了一个美和丑并存、美无时无刻不遭到戕害的世界，读来令人扼腕。在这个世界里，虚伪与纯真、狡诈与天真、漠然与无奈、淫邪与童真、霸道与奴性互相交织，形成了一张有弹性又牢不可破的网，玛拉阿妲永远都闯不过。她无力面对那个世界，但她必须面对那个世界；她不懂得（因而也就无从谈起反抗）什么是摧残，但她必须接受摧残；在她孩童的、单纯而透明的世界里根本没有“妓女”、“卖淫”这类概念，但那个世界却疯狂地强奸着她，这便产生了极大的悲剧效果。在小说中，作者没有批判，也没有赞誉，只是平和地、漠然地把那个真实的艺术世界呈现在读者面前，让作品在解读之中获得一种形而上的意味——玛拉阿妲的悲剧就是那个世界的本质。

梁放的乡土作品是美的、动人的。《烟雨砂隆》、《龙吐珠》和《玛拉阿妲》体现了他创作的三个逻辑阶段：转向乡土，走进乡土，融入乡土。他以他乡土世界的“自然”反抗着教化世界的“文明”。

五、李永平：原乡情结与“仙境”意识

李永平（1947—2017），出生于婆罗洲英属沙捞越古晋市。1967年，李永平赴台湾大学就读于外文系。1976年赴美国纽约州立大学阿尔伯尼分校外文系攻读硕士，1982年获美国圣路易斯华盛顿大学比较文学博士。返台后先后任教于台湾中山大学、东吴大学、台湾东华大学、新加坡南洋理工大学。1968年出版了《婆罗洲之子》，1976年出版小说集《拉子妇》，后又推出长篇小说《吉陵春秋》、《海东青：台北的一则寓言》、《朱鸰漫游仙境》、《迌迌：李永平自选集（1968—2002）》、“月河三部曲”（《雨雪霏霏：婆罗洲童年记事》、《大河尽头（上卷：溯流）》、《大河尽头（下卷：山）》、《朱鸰书》）。李永平的文学

创作在港台地区受到肯定，曾获得第九届时报文学奖小说推荐奖、《联合报·读书人》最佳书奖、第三届“红楼梦奖：世界华文长篇小说奖”专家推荐奖、第三届“中山杯”华侨华人文学奖评委会大奖、第十九届国家文艺奖等，其个人因为文学创作成绩突出被评为第十届台大杰出校友。

李永平的成名作《拉子妇》可以说是异族题材小说中最好的作品。拉子婶是“我”三叔娶的土妇，她的长相、人品皆佳，且会讲华语，但祖父却认为三叔娶她有辱门风，愧对祖宗，要将三叔逐出家门。就在种种歧见的包围中，拉子婶只是卑微、静默地做事，终于在三叔娶了唐人新妻八个月后，因病无声无息地死去。这里，华人的自大、偏见被透彻地剖析，而拉子妇作为南洋故乡的表象浸润于作者深广厚重的悲悯情怀之中。

李永平的第一部长篇小说《吉陵春秋》，以十二个分合皆可的短篇描述了吉陵镇棺材铺刘老实因其妻长笙受当地无赖孙四房强暴而自戕，怒而杀孙妻和妓女春红，他也因此被囚，但从此以后小镇似乎始终笼罩于刘老实的复仇阴影之下。小说写得虚虚实实，吉陵镇容纳进了中国内地荒僻小镇、南洋热带雨林、台湾乡村和古典市井等迥然相异的风情。美籍华人学者王德威曾说，李永平无须“再需要一个寻根的代言人”，“整个吉陵小镇就是作者的心中丘壑，无处不弥漫着他制造摩挲多情的身影”，而且他反传统而行，将吉陵镇写成“原乡者的梦魇”，实在是“对原乡传统的重大‘贡献’”①。《吉陵春秋》超越了作者自传式的影响，又消解了现实乡思的羁绊，而以一个子虚乌有的“原乡”小镇传达出对人性漂泊中善恶的思考，以乡土层面寄寓现代主义思考，显示出作者深厚的创作潜力。

列入著名的台湾“联合文学文丛”的长篇小说《朱鸰漫游仙境》可称得上是一部奇书。李永平以七个天真烂漫的小学二年级女生暑期游逛红尘十里的台北城的故事，表达了他对传统原乡形象的再度瓦解。对李永平而言，定居台北多少有点返乡意味，然而，他笔下的 8 岁小女孩朱鸰及其伙伴所漫游的“仙境”台北却是危机四伏，引人侧目。李永平既在现实的层面上，也在象征寓意的层面上，颠覆了“原乡”温馨、纯真的意味，而呈现出一片人性的废墟。小说结尾，八个灿笑如花的小女孩失踪于台北某黑店时，人们会感觉到整个台北城的崩坍，它完全成了一种文化梦魇。

自 2002 年开始，李永平的创作风格发生了转变，其采用一种不纯正、不地道、带有南洋风味的华语记录了他在婆罗洲的三段经历，即后来被称作“月河三部曲”的《雨雪霏霏：婆罗洲童年记事》、《大河尽头（上卷：溯流）》、

---

① 王德威：《想像中国的方法：历史·小说·叙事》，生活·读书·新知三联书店 1998 年版，第 224 页。

《大河尽头（下卷：山）》以及《朱鸰书》，这也是其在“见山又是山”的第三境界的代表作品。李永平希望能够通过创作“月河三部曲”将自己看似古怪的语言加以锻炼，提升到文学的境界，将南洋的华语提升到文学的层次。经过再创造的华文不仅恰如其分地彰显了李永平的浪游身份，而且能更好地还原婆罗洲社会和族人的生活风貌。2017 年 8 月，《文讯》开始连载《新侠女图》，隔月李永平因病去世，这本没有终篇的武侠小说遂成为他的绝笔之作。

六、商晚筠：现代主义的乡土写作

商晚筠（1952—1995），原名黄绿绿，生于吉打州华玲，祖籍广东普宁。1977 年毕业于台湾大学外文系，翌年返回马来西亚。20 世纪 70 年代初开始创作，她的《寂寞的街道》曾获得马来西亚“王万才青年文学奖”。著有短篇小说集《痴女阿莲》等。

商晚筠的小说在探讨人的生与死问题、探讨人性的含义方面倾注了极大的热情。《黄昏以后》是一篇象征意味很浓的作品。小说主人公是一位 87 岁的老太太，她很少讲话，怕见阳光，只一味地坐在大厅里“沉思”。小说的艺术世界有一个显著的特点，那就是没有光。整篇小说让人在黑暗和疲惫中去体验“老”的含义。小说中的“老”是对“这样地生”的否定，而正是在这个否定的过程里，人的存在获得了一定程度的体现。《痴女阿莲》中的阿莲虽然有些痴呆，但她毕竟也是一个人，应该享有人的尊严。可现实中，母亲烦她，弟弟打她，别人戏弄她。这里，作者对人性的思考颇有深度。当阿莲在她弟弟的朋友的眼睛里发现自己的影像之后，她便对他有了好感，并不断地盯着他看，这时，她看到的是她自己；而当他逃离她时，她的这个根植于人性本身的“索要自我”的逻辑就更加清楚地表现出来：她找他，追他，求他，坚持要把他眼中的她拿回来；她最后只有大哭，那是无人理解的悲哀，因为在她周围的世界是残缺不全的。《君自故乡来》这篇小说曾在台湾获奖，讲述的是对生命的意义的期待以及爱作为价值在生命流程中的作用。小说主人公“他”行将死亡，但一直不咽下最后一口气，为了等待年轻时的恋人春妹的消息。当他从照片上看到心爱的春妹已经变成干瘪老太太，并且也没有对他讲什么重要的话时，他离去了。整个过程是一个期待的过程，作者在此将爱、期待和生命拼合成一个关于人的完整概念。

商晚筠的小说迷人之处在于她将乡土情调与现代笔法结合在一起，即使写都市生活，她也会赋予“再乡土不过”的底蕴，而就是写纯然的乡村生活，她也要予以象征等艺术的处理。《蝴蝶结》写得扑朔迷离，女记者从从在采访专题报道中认识了在风尘中滚了 20 余年的生母，但她一直拒不相认。生母病亡，从从赶回，但并非奔丧，而“是来跟她一笔勾销”。小说便从这启程起笔，而实际上雨夜车祸，从从身亡，因此这漫漫旅途中的“我”已是从从的幽灵。人生旅程匆匆，需要告别的是成长中的伤痛。作者这一思索，连同小说中人“鬼”独白的构思，使人们极为熟悉的“近”生活被拉得“陌生”、“遥远”，使其中的意象显得意味深长。《七色花水》写一对姐妹挤在一个木澡盆里洗七色花水的乡村生活图景，由此引出了姐姐跟一个年轻人陈顺年的恋情故事。其中那飘浮于木盆中而又溢出的菊花、红凤仙、牵牛花等流光溢彩，而又转瞬流失，这一交织着热带生活风味和华族传统意识的生活场景，其意蕴实在令人咀嚼回味不已，而妹妹伸手去捞，姐姐阻止说“流掉就流掉算了”，更蕴藏着对生命意义的思考。

商晚筠的小说以丰厚的乡土积淀和多层面现代主义气息融合，对人生诸多问题及人性作出思考，显示了一种颇具特色的东方现代主义。

七、李忆莙：东方式的存在之思

李忆莙（1952—　），原名李玉金，生于马来西亚槟城，祖籍广东文昌。20 世纪 70 年代开始创作，素以散文名世，19 岁开始耕耘小说园地，先后出版短篇小说集《女人》、《城市人》、《痴男怨女》等。

东方式沧桑感与西方现代主义的巧妙融合使李忆莙的小说虽凄怅而不哀伤，虽涉神秘又并无悖谬。《马的英姿》中塑造了一位自强不息的女主人公瞬瞬。她患有先天性肾脏病，还未开始的年轻生命变成死神唇边的微笑，她并未因此而崩溃，在寂寞凄凉中与命运作搏斗，向全世界证明自己是一个最健康、快乐幸福的人。瞬瞬渴望像徐悲鸿笔下的骏马一样自由奔驰，但最终她的生命转瞬而逝，只留下她临摹的一幅马的英姿。小说充满了一种向上的执着力量。《人间事》则通过“我”的回忆，重现了“我”的两次恋爱。“我”的第一位恋人海姿生性高傲，面对她的成功“我”感到自卑，为了改变生活“我”远走中东，海姿毅然和“我”分手，嫁给了“我”的好友明和。“我”后来娶了秀兰，她是一名歌手，为了名利出卖了原有的灵气，“我”无法忍受她的变化，决定和她分手，再次独身。小说中的人物各有失落，彼此间的心灵距离总是越来越远，让人怅惘。但失落来自抉择，其中并不缺乏生命的感动。

生命短暂，诗意地栖居于大地又如此的艰难，李忆莙则以“生命本是自己的，应该承自己多多关照”来包容。因而，她一方面执着于自己追求灵性生活的信念，另一方面则对他人的不同选择表示尊重。小说《女人》中提到女人有很多种，作者最赞同的是“做自己所乐意的事情，不在乎别人的看法”。《死世界》中的月莱活在一个“死世界”里，这世界即使没有一点爱和温暖，人依然可以活下去，但不能没有钱。作者看透了月莱这样的女子无法抗衡命运，她给予人物的同情只有诅咒那个“死世界”的死亡了。

李忆君的小说写得自然真挚，在对生命、存在的思考表达方式上借鉴了现代主义手法，但审美倾向仍然是东方式的一言难尽的圆润和悠长，极具个性。

八、戴小华：穿越三度情感空间

戴小华（1949— ），生于台湾，祖籍中国河北。台湾文化大学毕业后，先后留学美国和英国。1973 年出嫁到马来西亚，成为马来西亚公民。因此，马来西亚、中国大陆和中国台湾，构成了她的三度情感空间。三度情感空间再加上西方留学的经历，使得戴小华在创作上选材广泛、自由挥洒和不拘一格，形成了自己的特色。

戴小华一开始创作，就显示出她是一个富有社会责任感的现实主义作家。她谈到自己为什么创作时说："我为什么写作，很简单，只是有动于衷而希望表达。1986 年发生在马来西亚的那场合作社风暴，见到直接受害的存款人高达 54 万之多，忽然间，感到自己心中积满了许许多多要说的话，于是，我才真正拿起了笔。"① 正是这种要创作的冲动，使她创作出了电视剧本《沙城》。《沙城》由马来西亚电视台拍成电视剧播出后，曾轰动一时，由此也奠定了戴小华在马华文坛的地位。

《沙城》以"新泛电事件"造成的股市大崩溃和合作社风波为题材，描写海达公司董事长李达海因车祸死后，他的妻子金珠、大女儿秀丽及舅子金石趁机成立合作社骗取社员的血汗钱，结果害人害己，他们也受到了法律的制裁。在《沙城》中，作者还塑造了两位理想人物，一位是李达海的二女儿李秀珍，她出淤泥而不染，在急功近利、投机取巧的风气中保持自己的操守；另一位是热血青年叶润平，刻苦自立，知书达理，面对污浊的病态社会，坚守着他心目中的"圣地"。不难看出《沙城》的中心指向：它是通过两组人物的塑造，"来表现人性善与恶的冲突，理想与现实的分裂，名与利的争夺"。正是在这种冲突中，作者抨击了不踏实、浮华的风尚，赞扬了正确的社会价值观，反映了当时社会思想及人民的生活感情。《沙城》有一个曲折动人的故事情节，特别是作者在某种程度上采用了象征手法——建立在沙滩上的城堡，随时会被一阵大浪冲得无影无踪，并将这一意象贯穿于情节的过程和场面描写，这样便赋予了《沙城》以哲理性，给读者留下想象的空间。

戴小华写得最多的还是散文，已出版《天涯行踪》、《戴小华中国行》、《深情看世界》、《戴小华散文选》等散文集。这些散文大多以游记为主，但作者不是泛泛地介绍某地山水风光或风土人情，而是融进自己的真情，有属于自己的感悟，充满灵性。

① 戴小华：《戴小华散文集》代序，中国妇女出版社 1993 年版，第 1 页。

九、吴岸：注重象征的现实主义诗人

吴岸（1937—2015），原名丘立基，生于马来西亚沙捞越州古晋。中学时期开始写诗，1957 年，吴岸和几位爱好文学的诗友创办《拉让文艺》，致力于推动当地的华文文学。1962 年推出第一部诗集《盾上的诗篇》，受到好评。1966 年至 1976 年，10 年间，因生活的变故，吴岸几乎停止了创作。1982 年，吴岸出版了第二本诗集《达邦树礼赞》，为他带来了盛誉。之后，他又出版了《我何曾睡着》（1985 年）、《旅者》（1987 年）、《榴莲赋》（1991 年）等 3 本诗集。

吴岸以诗人的赤诚和纯真来反映他曾经感受过、体验过的生活，来表达他对理想的追求、对光明事物的向往，来剖析现实及人民的历史，或者表达他对祖辈生活过的故国和他生于斯长于斯的乡土沙捞越的热爱。因此，吴岸诗的天空是广阔的。从《盾上的诗篇》开始，吴岸便很注意通过生活的细节，用画面和想象来表现人们的日常生活。《黄昏的诗》就是如此。此诗从开头的写景，到竹林深处的琴声，到“妈妈从猪寮弯着腰回来”，再到孩子们在“草坡上生起野火”，再由野火引起妹妹“是云彩红，还是我的火更红”的联想，最后，一家人围坐在桌边吃晚餐，整首诗几乎是由一个个的生活细节构成；而且，它是那样的自然朴实，那样的富有生活情趣！

从第二本诗集《达邦树礼赞》开始，吴岸的创作有了重大的突破，发生了质的飞跃。一方面仍然保持着早期诗作的清澈与明晰；另一方面生活的磨炼，阅历的丰富，使他变得成熟，他的诗也因此显得深沉、凝练、含蓄和隽永，基本上克服了早期某些诗作议论太多、结构涣散、凝练不足的散文化弊病。对于现实，他不是照相式的叙述或交代，不是表面化的记录或拘泥于生活，而是以个人的经验、“我”的感觉和情绪为基础，以隐喻象征和抒情为主要手段，艺术化地给予传达。

纵观吴岸的诗创作，我们看到，吴岸很善于运用最简单朴素的语言以及象征、隐喻和通感等现代派表现手法，将日常的观察转变为多义的现实，将丰富的诗的内涵蕴藏于单纯的物象或简单的主题之中。这是他的《人行道》：“在一亩天地里/人行道太漫长/清早/踏着它奔跑/黄昏/踩着它踱步/一月/一年/十年/竟无法抵达它的尽头/在一亩天地里。”粗粗一看，这首题为《人行道》的诗平淡无奇，因此它很容易被粗心的读者忽略。但倘若你多读几遍，你就会觉得这是一首非常优秀的诗篇。它好就好在诗句平白如话，意象十分单纯，但内涵却十分丰富。表面看来，《人行道》写的是城市生活空间的逼仄，城里人日复一日地在狭小的空间里上班散步，但诗的更深层却是对于生命价值的探索：“在一亩天地里”，人们“竟无法抵达它的尽头”，难怪诗人要发出慨叹——

"人行道太漫长"。在这里，诗人采用了隐喻的表现手法，即以"人行道"隐喻人生的道路；而"一亩天地"则是诗人生活于其中的社会环境的缩影，同时也暗喻人难以超越自我，无法突破他所生存的那个社会，这种景象多少有点像钱钟书的《围城》。至于诗的结尾，不仅仅是呼应开头，形成回还往复的抒情效果，更主要的是为了突出诗的中心意象，这是现代诗常用的表现手法。

还有《墙》、《波浪》等诗，运用十分朴素简洁的语言，通过象征、拟人、明喻、暗喻和通感等表现手法来巧妙地暗示主题，剖析日常生活中的各种事实——从人生、生命、伦理、价值观到与诗人有关的个人经历、心理历程和社会事件等等。从艺术形式上看，这些诗有的四行一节，有的二三行或十几行一节，有的整首诗只有一节，且诗行一般都较短，往往由二三或四个音步组成。与不规则的行数和音步相适应，吴岸近期的诗在押韵上也较自由随意，不像早期的诗那样注重韵脚。此外，这些诗还省去了一些不必要的逻辑虚词以及助词"的"字，这样一来诗句也就更加圆活、简洁和有生活味。凡此种种，都可看作吴岸在寻求诗的创新和突破的道路上卓有成效的努力。

吴岸的独特声音属于现实主义，但又不仅仅属于现实主义。他的诗不仅富于力度，而且精于浓缩主题于凝练精致的形式之中。他总是尽量抛开那些非抒情的议论和信手拈来的陈词滥调，尽量使每首诗都是一部形象饱满、充满想象力的艺术佳构。

十、田思：犀鸟乡的放歌者

田思（1947—　），原名陈立桐，又名陈应桐。生于马来西亚沙捞越州古晋，祖籍广东潮安。1969年毕业于新加坡南洋大学，曾当过中学教师，从事过社团工作。已出版有诗集《赤道放歌》、《竹廊》、《犀鸟乡之歌》、《我们不是候鸟》、《给我一片天空》，散文集《长屋里的魔术师》，评论集《六琴弦上谱新篇》等，并编有数本当地青年作者合集。此外，田思有一些作品被选入中学课本，还有不少作品被译成马来文出版。

田思是一个感情真挚、热爱祖国、热爱家乡和热爱生活的乡土诗人。因而他的诗，首先是献给生他养他的犀鸟乡，献给生活在赤道线上的劳动人民的。他以青年人的激情唱道："赤道芬芳的土地啊/我们挚爱的母亲/让我们以儿子的骄傲赞美你/以儿子们的虔诚对你礼敬。"（《赤道放歌》）他对美丽的犀鸟乡，爱得那么热烈而淳朴："一片广袤的犀鸟乡/在赤道上焕发着芬芳/犀鸟歌唱祥和的土地/我们歌唱淳朴的家乡。"（《美丽的犀鸟乡》）年青的诗人只是将他的满腔激情，将他在生活中获得的体验和灵感自自然然、平平实实地表达出来，但透过那些清新质朴的诗行和抒情流畅的旋律，我们却分明感到了时代风雷的激荡，感到了一种爱国激情的升华，触摸到了一颗炽热的、跃动着的诗心。

作为一个生活在多元族群的华裔诗人，田思除了赞美家乡美不胜收的田园风光外，对发生在这块土地上的故事和传说，尤其对其他民族的生活和风习，也表现出了极大的兴趣。在《竹廊》一诗中，诗人描绘了达雅同胞的生活习惯，赞美了华人与“长屋里的每一个子民/永远像竹片一样彼此相连”的友谊，其融洽的气氛令人感动。同样的，在《长屋离情》里，诗人为读者描绘了发生在长屋里动人的别离情景，讲述着伊班族的子女们怎样为族人的命运而奋斗。在田思的诗中，我们尽可以饱览沙捞越的山光水色，了解达雅族、伊班族、加典族等兄弟民族的历史以及他们的风情习俗，领略到这块曾经被称为“蛮荒世界”的土地的美丽和神奇。

进入20世纪90年代以后，田思的诗艺有了很大的进步。这种进步，最明显地表现在他以内在的诗性代替了以往外在的铺陈，以高度概括的艺术抽象消解了过去的“生活具象”，如“晨曦洗尽/千古峰烟熏黑的/一穹蓝天//淋漓激情/以跌宕狂草/挥舞/万里/江山/的/新绿”（《长城写意》），“湖跳舞了/以风的节奏/抖落惺忪与焦躁//白发红颜/交错旋转/柳丝也荡出绿意//晨曦渐熟了/石凳上几个菜篮/漾在湖光中”（《福州西湖晨舞》）。在《给我一片天空》这首优美抒情的诗中，诗人用“乳白色天空”、“蔚蓝色天空”、“金黄色天空”、“紫色天空”四种不同的天空颜色，来比喻幼年、童年、青年和壮年，而“给我一片天空”则表现了诗人对纯洁的童年、亮丽的青春、活泼的生命和人对大自然的和谐以及人道主义情怀的祈求、渴望和向往，它就像一根红线，层层推进，把诗引向高潮：“给我一片天空/一片紫色的成熟的天空/别让酸雨淋湿了我的梦/别让烟雾遮蔽了我的真诚/别让我内心天然的热带雨林/让位给一栋栋冷漠的洋灰钢骨/我把睿智沏成一壶龙井/我把哲思梳成一株银柳/我平和的心曲通过一管牧笛/悠悠地回荡在晚风夕照里。”诗中尽管运用了比喻、通感、拟人等表现手法，但诗十分明白晓畅，荡气回肠，有一种内在的感情冲击力，加之它形象生动，色彩鲜明，旋律优美，又有浪漫主义的色彩，健康向上的情调，这样，自然就极容易引起读者的共鸣。

第四节 马来西亚华人新生代作家群

在马华文坛，有一批出生于20世纪50年代末至70年代的新生代作家引起了人们的关注。他们大多生于马来西亚本土而求学于港台地区和欧美等，如林幸谦、陈大为、钟怡雯、辛金顺、陈强华、林惠洲、黄锦树、黄玮胜、寒黎、吕育陶、禤素莱等，还有一些学成于本土的，如李敬德、林春美、黎紫书等。这一批作家痴迷华文创作的心态是开放的。他们把华文不只是看作一种媒介的工具、一种身份的认同，他们写作也不只是承担起传承文化香火、维系华族血脉的使命，他们用华文创作，是在汲取着历史，又守望着未来。

应该说，马华新生代作家的崛起与20世纪90年代以来华文报刊及文艺副刊的扶持和宣传有着密切关联。以《星洲日报》文艺副刊为例，作为东南亚地区拥有悠久办刊历史和持续可观发行量的华文报刊，《星洲日报》大量刊载“花踪文学奖”的获奖作品及相关文学评论，使得新生代作家作为一个群体开始浮现出马华文坛的“历史地表”，并逐渐成长、壮大，成为文艺副刊的主要力量，推进了马华文学的世代更替与范式转换①。《星云》、《文艺春秋》以及《南洋商报》的文艺副刊等，竞相参与当代马华文学创作与文艺批评的争鸣场域，进一步推促了新生代作家的创作和新生代文艺批评力量的生长。

新生代作家无论是关怀现实，还是体认传统，都以个性化、多元化为出发点。“回归现实”、“回归传统”，实际上都是以蕴有现代理性的作家个性来重新审视现实和传统的。陈大为《治洪前书》、《再鸿门》等诗集对历史、传统（中华和南洋的都有）极具个性的现代诠释；傅承得对《静夜思》、《天净沙》等古典文体的诠释，也完全是对传统和现实的一种个性嫁接。在其他作家的创作中，洪泉、李天葆、鞠药如、黄锦树、黎紫书等的小说已挺进到前辈作家少有开掘的历史和现实层面，时有独异的南洋反思；林幸谦、辛金顺、钟怡雯等的散文在将最真切的人生描写和最自由的言说方式融合在一起时也各各相异，截然有别。总的来说，他们在“消解历史”、“解构经典”、“颠覆传统”乃至“逃遁自我”中寻求新的精神向度，追求乡土意味与现代气息的融合。

一、黄锦树：现实主义传统的反叛者

黄锦树（1967—　），生于马来西亚柔佛州，20世纪80年代末求学于台湾，现任教于台湾暨南大学。1989年起，他的小说屡获马来西亚的乡青小说奖、台湾的大马旅台文学奖、联合文学小说奖、联合报文学奖、中国时报文学奖等。已出版有短篇小说集《梦与猪与黎明》、《刻背》、《土与火》等。在新生代作家中，黄锦树的小说创作，无疑最具挑战性。

黄锦树的学历背景使他的小说创作一开始就具有极强的颠覆性。对马华文学传统的理性思考使他几乎迫不及待地要用小说形象来宣判现实主义传统的死亡。《胶林深处》就是这样一篇小说，作品中，那黑森森的胶林被描绘得极有意味，林影的浓淡、林野的气息，都有着无尽的深邃，仿佛一座艺术符号的“象征的森林”，然而长居于其深处的作家林材却无法跟其发生应合。林材家境

① 王文艳：《论20世纪90年代马华报纸文艺副刊与马华“新生代”——以〈星洲日报〉文艺副刊为中心》，《暨南学报（哲学社会科学版）》2013年第6期。

清寒，有过社会底层的丰富经历，又酷嗜文学，视写作为第一生命。但这一切并未带给他创作活力，尽管他笔耕不辍，共发表了912篇小说，但最后连他自己也觉得这些作品，即使不是麻痹，也是睡着了的文字。于是，林材对现实主义文学的生命力作了反省。《胶林深处》的题旨不言而喻，但作为小说，它却存在着衔接不平衡的两部分。作品转换使用“你”、“他”、“我”三个叙事视角。在“你”、“他”两个叙事视角中，文字被驾驭得出奇制胜而又恰到好处，丰富独异的想象在含蓄回味中丰富着题旨，呈现出一颗“柴已经烧完了”，剩下的只是“灰”的“枯竭”心灵。但在“我”的叙事视角中，语言被驱使得几近一览无余。从林材“过于规律过于大量”的文学生产到“应酬恭维”式的“现实主义评论”，都被一一直接明了地罗列，宛如一篇浅显的寓言解读。这中间明显让人感觉到作者对马华文学现状的焦虑和解构传统的指向。

黄锦树的焦虑和激进，使他对后设、拼贴、谐拟等后现代书写方式产生了浓厚的兴趣，使他写出了一系列嬉笑怒骂的文字。《M的失踪》、《大河的水声》故意以诺贝尔奖的光环，不论是真是假，照出文坛老少原来就是一群牛鬼蛇神。在作者看来，庸俗的、投机取巧的作家文人只宜打下十八层地狱，或权充作家工厂的标本，或干脆让老虎吃了变成大便。

黄锦树经营的题材非常广泛。前辈的垦殖经验，日军蹂躏马华村庄的血泪(《色魇》、《说故事者》)，马共兴衰始末(《鱼骸》)，以及80年代印度尼西亚非法移民所造成的治安恐怖(《非法移民》)，都一一出现在他的笔下。作者通过回首家乡人事，爬梳历史伤痕。

二、林幸谦：螺旋式推进怀乡文学

林幸谦(1963—)，生于马来西亚芙蓉州，祖籍福建永春。马来亚大学文学学士，台湾政治大学硕士，香港中文大学哲学博士，现任教于香港浸会大学中文系。他的创作屡获海内外文学创作奖，如时报文学奖、吴鲁芹散文奖、香港中文文学创作奖、花踪世界华文文学奖等。已出版有诗集《原诗》、《诗体的仪式》，散文集《狂欢与破碎》、《漂移国土》、《人类是光明的儿子》、《愤懑年代》等。

林幸谦承袭了海外华文写作的文化怀乡传统，并将这个传统进行螺旋式推进，将其浸淫于现代主义的染缸，以“存在主义”者的眼光重新审视海外华人的“被抛”命运与生存困境，将其从文化的层面提高到哲学人类学的高度进行思考，因此他一再抒写海外人如“失落阳具”的男人或者“遗失子宫”的女人的宿命和生命缺失的感伤。在这样的幻灭情绪的支配下，诗人写下很多诗篇。在《诗体的仪式》这部诗集的第三卷《他者：中国崇拜》里，诗人真实地宣泄了自己内心中幻灭、无望、悲叹，以及那种寂寥、愁闷的情怀，如《故国的神话》："孤独的流亡者/尸骨的内在寂寞/都绝无仅有/涌入，破碎的中心"；在《破碎的乡愁》里，诗人反复书写自己生命的恒久的缺憾感："再也无法圆满/……/梦的碎片/滑过银河的中心/割破中年/……支离破碎的，海外人的国度。"

也许是怀着对现实生活的巨大失望，感到孤独、苦闷的林幸谦把目光投向了社会政治、历史神话中寻求精神的支撑点。在诗集《原诗》里，诗人将政治、历史纳入到一种艺术秩序中进行观照，为个体的深沉孤独寻求超越的方式，然而，结果并不令人满意。如《在资本主义的名下》：

晚来独赏的后资本主义
在城中活下来
所有曾经参与抗战的主义
注定死在资本中

"在资本主义的名下"，政治的现实状况不可能有丝毫的改变，人作为自我的主体依然得不到尊重，在异己的强大力量支配下，人"辗转跌入无名深渊里"。

在散文创作上，林幸谦以后散文理论①与实验性的作品，主张散文书写模式跨越单一性的界限。他的散文不断从雨林故土出发，最后漂泊在中国的边境和异乡的小路上，体现了他对离散、流亡、放逐生活的思考。

三、陈大为：旧题新写

陈大为（1969— ），生于马来西亚怡保市，1988年赴台，就读于台湾大学中文系，1994年就读东吴大学中文所硕士班，1997年就读于台湾师范大学国文所博士班，现任教于台湾台北大学。陈大为的诗作屡获海内外大奖，已出版诗集有《治洪前书》、《再鸿门》、《尽是魅影的城国》、《靠近罗摩衍那》等。

陈大为的诗，贯穿《治洪前书》、《再鸿门》、《尽是魅影的城国》三部诗集的都是神话、历史、南洋主题。诗人有意扬弃长篇叙事诗以史实情节线性发展的语言惯例，而把现代性历史模式/神话模式的元历史宏大叙述的初始文本结构加以改写或重组，将人类历史发展的抽象宏伟结构和基本共识还原到生活中细节琐碎的具体建构，在其中诗人"引用"了历史古典素材为其诗文本的骨干，适时加入后现代的语言视角和书写策略。在陈大为的诗里，这个旧题新写

① 林幸谦认为，后散文不同于过去的散文，过去的散文被囚禁在纪实、抒情、写景、状物、说理、表意等范畴，而后散文则可以结合现实生活经验和虚构想象、怪诞或魔幻，让散文在现实、想象、意境、结构和叙述视角等领域占有更大的空间。

的工程主要表现为历史/神话话语本身与寓言化的历史主体的冲突，比如代表作《治洪前书》、《曹操》、《再鸿门》等诗，都让我们看到诗的叙事者并不是站在历史洪流的过程之外来发声，他是置身其中的主要角色，具有启动情节发展与评议针砭的双重作用。

陈大为的诗语言多采用后设的书写策略，来借此颠覆读者对历史的刻板印象，及有意还原一些历史上可能被史笔丑化扭曲的人物细节，借历史或情节的多重转折和叙述声音，来改变读者僵化惯性的历史观念和古典想象，如《南洋史诗》不再沉溺于历史知识的拆解或从阅读史料的无尽想象出发，却很巧妙地以叙述者个人小我的观点来试探，试图把握南洋历史上从中国移民（逃亡）南来的华裔族群的集体潜意识心理状态和生活处境。

2005 年出版的《靠近罗摩衍那》是陈大为诗风向叙事风格转变的一部诗集。诗人抛弃了以前常用的意象，启用了新的意象系统和句构，开始抒写马来西亚的多元种族文化与地志。

四、黎紫书：诡异的历史追溯

黎紫书（1971—　），原名林宝玲，生于马来西亚怡保市，毕业于霹雳女子中学。曾获多项文学奖，已出版有微型小说集《微型黎紫书》，短篇小说集《天国之门》、《山瘟》、《出走的乐园》、《野菩萨》等，以及长篇小说《告别的年代》、《流俗地》。

黎紫书是一位诡异的书写能手。她执着于叙述父辈们的故事，这些故事纠缠着无法完全破译的谜团，在揭开真相的同时又使得真相更显扑朔迷离，血腥、屈辱、悲愤和沧桑感扑面而来，在诡秘的氛围里作者却要努力去还原历史原貌、探究历史真相。《州府纪略》是关于早期马共活动的反思小说。在小说里，作者对女主人公谭燕梅的身世揭秘可以看作是对马来西亚华族的历史追溯，谭燕梅与刘远闻的关系揭示出马来西亚华族的生存历史中马共所发生的深刻影响，而刘远闻形象的暧昧则让读者感受到那段历史有太多隐秘。

《山瘟》是一篇关于早期马共政治斗争的侧写，以一位后辈追述祖上参与过去那段历史斗争的故事为叙事架构，凸显一位具有传奇色彩的马共男斗士——温义（又叫山神/山瘟）。他神出鬼没、骁勇善战、枪法如神、似人似兽，是一个十足的神秘形象，但他最终被自己的同志干掉，隐喻着轰轰烈烈的马共斗争最后以失败告终。黎紫书的小说虽然对真实的历史进程掌握得不是非常准确，但她对马共斗争的叙述不只趋向于展示它的神勇与惨烈，也表述了乌托邦的失败因素，揭示出较为深刻的华人政治斗争的成败起落。

黎紫书的历史叙述与她对历史的反思立场和情感认同是密不可分的，她以这样的表述方式完成了一个土生土长的马来华族对马来西亚本土经验的表达。

对于女性成长阵痛以及命运悲剧的关注与同情是黎紫书小说创作的一大主题。黎紫书的关于历史的叙事区别于前辈马华作家那种宏观视野，她更倾向于站在后辈的视角，用一种日常生活絮语去解构宏观历史，将历史的后遗影响溶解在具体的个人命运之中。

思考论述题：

1. 如何理解天狼星诗社的中国情结？
2. 为什么潘雨桐的小说被称为“具有古典韵味的现代小说”？
3. 简述陈政欣小说的魔幻现实主义特征。
4. 如何理解小黑小说的历史反思性？
5. 请分析梁放小说《龙吐珠》中的印代形象。
6. 请以《吉陵春秋》为例分析李永平的文化寻根意识。
7. 请分析商晚筠小说《痴女阿莲》中的阿莲形象。
8. 简述李忆莙小说的艺术特色。
9. 《沙城》的题目“沙城”有何象征意义？
10. 吴岸诗歌的前后期有何变化？
11. 试述田思诗歌的艺术特点。
12. 马华新生代的创作在马华文学史上占有怎样的地位？

第五章　泰国华文文学

第一节　泰国华文文学发展概述

20 世纪 20 年代，依附于泰国华文报纸副刊产生的泰国华文新文学（以后简称“泰华文学”），一开始刊登的作品如本地华侨作者子才的小说《拉夫歌声》、无心的诗歌《爱神》、《昨夜的梦》和散文《爱神和饥鬼》等，不论从形式到内容，都明显地带有中国新文学作品影响的痕迹。这些作品所反映的内容大多是对故国家园的眷恋和忆念，因此，基本上还属于“华侨文学”或“侨民文学”的范畴。

30 年代中期，由于当时泰国政府还没有对华文文教事业实施限制性政策，华侨社会的侨校和华文报业相当繁荣，客观上形成了一个十分有利于华文文学发展的环境。一批文学青年开始效仿中国新文学作家们的做法，纷纷成立文艺社团。10 年间成立的文艺社团竟多达 40 余个，其间较有代表性和影响较大的是方柳烟、郑铁马等人的“彷徨学社”和许征鸿、郭枯等人的“椒文学社”。方柳烟的小说集《回风》、郑铁马的散文集《梅子集》、林蝶衣的小说《扁豆花》、谭洪金的小说《禁果》、绿流的散文集《椰夜篇》、黄病佛的《死亡集》和《涂鸦集》等，就是这一时期的代表性成果。这一时期的泰华文坛，呈现着一派蓬勃兴盛的好势头，形成了泰华新文学史上的第一个浪潮。

30 年代后期，中国爆发全面抗战前后的几年间，泰华社会同仇敌忾纷纷奋起响应祖国全民抗战的号召，积极投身于抗日救亡运动的洪流中。在文学活动方面，则在当时中国文坛的影响下，展开了“国防文学”和“民族革命战争的大众文学”两个口号的论争。这场论争的直接作用，是催生了不少反映抗日救亡生活的作品。

1939 年末至二次大战结束前的长达五六年的时间里，由于前有泰国军人政府的亲日排华政策，后有日本帝国主义的侵入，华校华报均遭封闭取缔的厄运，泰国社会几无华文文化教育可言，泰华文学失去了寄托依凭的根基。

二战结束后，泰国政府改变和重新调整对华侨的政策，不但宣布战争期间被封闭取缔的华校华报可以复办，而且准许新办的华校华报无条件注册。泰华作家队伍的构成发生了巨大变化，这一方面是由于当时中国局势的险峻，一批有经验有水平的作家南来泰国谋生；另一方面是原先生长在泰国，而后又曾到中国或新加坡求学、工作的文人也在此时返回泰国，投入文坛。这两方面的作家主要有史青、吴继岳、巴尔、克夫、伍滨、周艾黎、连吟啸、陈陆留、肖汉昌等人。由于上述种种主客观条件的改善，加上经过战后几年的恢复积聚，泰国的华文文学在50年代达到了前所未有的全盛期。

50年代末至70年代初期，泰国政府对华政策又发生了重大的逆变。华侨、华人的活动受到了诸种限制，华校华报更是因政治和经济的原因纷纷关闭，泰华文学再次陷于相当困难的境地。但是，泰华作家们并没有被严峻的环境所吓倒，他们想方设法因时制宜克服种种困难，坚持以韧性战斗的精神，为华文文学的生存和发展而奋斗。大报不让办就办小报、周刊，政治不让触及就尽量避开。经过十多年的积聚，尽管成果不甚丰硕，但总算有了差强人意的收获。方思若等9人合作的长篇接龙小说《风雨耀华力》，吴继岳、史青、倪长游、巴尔、沈逸文、年腊梅等人的一批作品等，便是这个时期里泰华文坛的佼佼者。1975年7月，中泰建交以后，泰华文坛虽曾一度透出喜人的春光，但由于泰国政局的风云多变，泰华文学也同样几经波折，于变幻坎坷之中无甚建树。

80年代以后，泰华文学才真正踏上复苏发展的坦途，并且其兴盛繁荣的局面一直持续到90年代，取得了引人注目的成就。这一时期的泰华小说，已经将审视的眼光扩展到整个社会生活的各个层面、各个角落：有的写出了经济的发展为人们提供了施展才能获取成功的机会，如黄重先的《许乌仕和他的运输马队》等；有的表达了传统文化在新的形势下所产生的困惑，如李栩的《光华堂》、陈博文的《抉择》等；有的执着于对宗教的领悟和人生哲理的探索，如刘扬的《岔道口》、黎毅的《瞬息风云》等；有的则纯粹是以轻松悠闲的笔致赞叹或调侃社会的众生相，如范模士的《麻将官司》、朱健夫的《玩佛相的哀乐》等，其反映的生活内容显然比以前更为广阔、更为多样。而在艺术的表现形式上，也开始有了变化的苗头，在传统的现实主义居于主导地位的坚实土壤上，出现了一些现代主义的试验品。琴思钢的《猫尸及其它》糅合着结构主义、象征主义、意识流等多种现代派的表现手法，写出了他对“一群身无恒产的都市新流浪者”的命运的忧虑和同情；刘白的《回光返照》则是以梦幻的笔法写出了作者对日趋式微的华文文化事业的担心。

散文创作一直是泰华文学中成就较为稳定的一族。散文的篇幅较为短小，形式较为自由，比较适合于“亦商（工）亦文”的泰华作家商务之余零碎成篇的写作特点。各种统计资料表明，在所有已结集出版的泰华文学著作中，散文（含杂文、小品、特写）的数量一直高居榜首。司马攻的《明月水中来》、《故乡的石狮子》，梦莉的《烟湖更添一段愁》、《关山有限情无限》，年腊梅的《迷失的八哥》、《花缘》，陈博文的《雨声絮语》、《海忆》，还有白翎、白云、姚宗伟、白令海、林牧、伍滨、饶公桥、黄水遥等人的作品，都是各具特色的名篇佳构。

在30年代末曾展现过宏丽歌喉的泰华新诗，进入40年代以后就再也难觅昔日的雄风，但自踏进 80 年代的门槛之后，却又一改几十年来的委顿状态，有着十分出色的表现。诗人们不但将大量的诗作发表于各大华文报纸的综合性文艺副刊上，而且以极大的热情以借刊的形式自己编发诗歌专刊。史青、林蝶衣、许征鸿、李少儒、岭南人、张望、子帆、琴思钢、范模士、司马攻、年腊梅、姚宗伟、张燕、黄沙扬、饶公桥、曾天、梁风、林牧、征夫、黄水遥、白领、修朝、老羊、马清泉、白云、茅芦、年十七、陈达瑜、姚志光等人便是飞翔在湄南河畔的“黄莺雏凤”。10 年间累积下来的诗作当以万千计，诗集有史青的《洪汜的河》、曾天的《微笑国度之歌》、李少儒的《未到冰冻的冷流》、子帆的《子帆诗选》、饶公桥的《早雾・石莲・荷花》、李少儒等多人合作的《五月总是诗》和《桥》等。在这些诗人诗作中，有的承续五四运动以来新诗的传统，有的则另辟蹊径，转承西方现代诗风。沉寂多年的泰华诗坛，一时间生机勃勃，莺飞燕舞。

进入 90 年代后，随着中泰关系的愈趋密切，泰华文学所借以生存的环境得到了较大的改观。泰国政府大大放宽了对华文教育的限制。众多的华文报纸相继增加或扩大了文艺副刊的数量和版面，文艺社团逐渐增多。除了泰华写作人协会（即现在的泰华作家协会）之外，泰商文友会、泰华文艺作家协会、泰国文学艺术会等文艺团体纷纷成立。大环境的改善与作家们的努力耕耘，给 90 年代的泰华文学创作带来了累累硕果。据岭南人先生在《九十年代泰华文坛漫步》一文的统计，仅仅是 90 年代初 4 年左右的时间里，撇开散见于世界各地华文报刊上的单篇作品不论，光是结集出版的集子（含个人专集与多人合集）就多达 30 种。而另据我们很不完全的统计，自 1995 年至 1998 年，泰华文学界所结集出版的各种集子，总数也有 30 种之多。

现在，尽管泰华文学生存大环境有所改善，以及 90 年代以来所取得的丰硕成果给处于发展中的泰华文学带来了无限生机和憧憬，但是，至少到目前为止，我们原先所曾经担忧的泰华作家队伍的老化问题，还没能得到明显的改变，依然困扰着泰华文学的发展。当然，对于泰华文学的前景，我们尚可不必过于悲观。21 世纪以来，随着华文教育的蓬勃发展以及泰国政府鼓励学习汉语的各项政策的推行，泰华文学势将迎来新一轮发展的春天。2001 年泰国留学中国大学校友总会的成立，以及 2007 年留中大学校友会文艺写作协会的成立，使得自 20 世纪 40 年代以来留学中国的泰国大学生文艺创作者汇聚一处，组成了当代泰华文坛中的一支文学弄潮队伍。目前活跃在泰华文坛上的作家包括岭南人、司马攻、马凡、曾心、梦莉、余秀兰、林太深、博夫、张锡镇、小草、若萍、今石、杨玲、吴小菡、阡陌、晶莹、墨子、莫凡、苦觉、梦凌、澹澹、许爱朕、易青媛、陈树荣、谢曼蓉、陈泽虹等。当代新生作家或将成为泰华文坛新的主创力量，这一更替将结束近百年来泰华文学以移民文学创作为主的时代，泰华文学创作将向本土化为主流的新纪元开进。

第二节　长篇接龙小说《破毕舍歪传》和《风雨耀华力》

《破毕舍歪传》和《风雨耀华力》两部集体创作的长篇接龙小说，是20世纪50年代末60年代初泰华文坛摆脱了过去侨民文学的影子之后应运而生的两部重要作品。这两部长篇小说，以其独特的风姿、特殊的历史地位在泰华文学史上占有辉煌的一页。

这两部长篇接龙小说可以说是泰华三代优秀作家通力合作的成果，作者都是当时活跃于泰华文坛的作家，既有老年作家，也有中青年作家。《破毕舍歪传》由亦舍（倪长游）、亦非（倪隆盛）、笔匠（方思若）、沈牧、亚子、东方飘六位作家集体创作而成。《风雨耀华力》除了上述五位作者（东方飘除外）外，参加创作的还有李虹（年腊梅）、白领、红缕、陈琼（吴继岳）。正是这批志趣相投的业余作家，在50—60年代泰华文学处于挣扎求存的艰难困境的时候，创作了《破毕舍歪传》和《风雨耀华力》两部接龙小说，奋起为泰华文坛撑起一片小小的艳阳天。

《破毕舍歪传》和《风雨耀华力》两部小说，借鉴了中国古代章回体小说和民国初年出现的集锦小说的形式，摒弃了集锦小说游戏人生、迎合小市民趣味的庸俗情调，而代之以深沉的忧患意识和严谨的现实主义创作态度，使这两部小说展现了泰华50—60年代风云变幻的社会生活，凸显出当时泰华社会不同阶层、不同地位、不同环境的各色各样人物的生动活泼的众生相，是一部反映50—60年代泰华社会生活的生动历史画卷。

《破毕舍歪传》沿袭泰华文学现实主义创作道路，以喜剧的形式、讽刺的笔触描写了一位出身于一家大纱布行的“阿舍”（即公子哥儿），因沉迷于女色，整日花天酒地、挥霍无度，又不懂理财，终于把父母辛辛苦苦建立起来的基业毁于一旦，弄得家破人亡、抛妻弃子，以至于投靠无门、沦落街头，成为近于小偷乞丐的“破毕舍”，而后又历经劫难、几经奋斗终于获得新生的故事。围绕着破毕舍这一阿Q式的人物，小说塑造了一大群当时泰华社会中活灵活现的人物形象，这些人物以各自不同的生活方式、不同的处世方法和性格特征，以及所处的不同环境，共同构成了50年代末泰华社会生活的众生相，成为泰华社会的缩影。

《破毕舍歪传》在一定程度上再现了50年代泰国社会开始步入商业化道路时出现的世风日下、西风东渐，西方资本主义商品经济的弊端开始侵蚀泰华社会的肌体，然而，具有传统东方伦理道德的广大下层劳动人民，还是依然保持勤劳朴实、互助友爱、讲仁义讲道德的优良传统。刘伯、王姆、秀娥、豆腐花叔等普通人民，虽然职业不同、性格互异，如刘伯色厉心慈、王姆菩萨心肠、秀娥内向坚毅、豆腐花叔慷慨乐善，然而他们都在自己的人生实践中各自体现了中华民族固有的优良品德，奠定了泰华社会以传统思想文化为主体的基调。刘伯、王姆等形象的典型意义，在于早在50年代就告诉了人们，不管商品经济的发展会带来什么样的污泥浊水，人性的光辉总是存在的，人类社会总是要向光明的前景发展的；世路即使再崎岖、再污浊，东方传统的人性美始终不会泯灭。

《风雨耀华力》是继《破毕舍歪传》之后问世的姐妹篇，着重以20世纪60年代初期曼谷的耀华力路为背景，通过一对泰南华裔青年到曼谷寻找职业，流落在耀华力路求生、拼搏、奋斗的艰辛历程，反映了60年代初期商品经济潮流开始涌向泰国时泰华下层民众风风雨雨的生活，刻画了各种各样的人物形象，是泰华60年代社会生活的缩影。

耀华力路是泰国最繁荣最有代表性的唐人街，在那一公里左右的街道上，既有华侨大老板开办的公司、大商行，也有中国风味十足的饭馆、茶楼，还有西方风味的酒吧间、夜总会。然而，在这繁华的高楼大厦背后，也有一排排低矮肮脏的平房陋巷。小说以此为背景，向读者展现了一幅幅60年代初期泰华社会的生动画面：梨园掌故、赌场风波、监狱内幕、卖笑生涯以及围绕着耀华力路发生在小说主人公身边的各式各样人物的甜酸苦辣和悲欢离合。

小说中的主人公李俊和鸭脯都是从泰南的胶林走向大城市曼谷的青年，同今天中国从乡村滚滚涌入城市的打工仔相似。由于李俊从小一直生活在纯朴的胶林之中，纯朴憨厚的秉性，加上学校教育给予的知识和理想抱负，他刚一踏上曼谷的耀华力街头，便处处显出与纸醉金迷的商品社会格格不入的窘态来。小说塑造了李俊这一个正面人物，对他采取了既同情又善意嘲讽的态度，是意味颇为深长的。同是从泰南胶林流落曼谷的青年鸭脯就不一样，由于他从小就是一个被社会遗弃的孤儿，为了生存，他学会了适应任何环境。他对这个世界没有太多的奢望，他斗大的字不识一个，却懂得社会上各种各样的人和事，懂得对付社会上的各种人和事，他有的是几分狡诈、几分流氓习气、几分玩世不恭和江湖义气。他在茶楼、赌馆、戏院，甚至街头都能寄宿；他泡茶倒水、打杂工、当临时活广告、卖彩票号码……什么都能干；他的骨子里时时闪现着劳动人民见义勇为、相濡以沫、互助互爱的可贵品德。

李俊和鸭脯流落曼谷耀华力路这一社会现象，反映了泰国社会在商品经济浪潮开始涌入时农村走向衰败，青年人流入城市淘金的社会现实，而城市的畸形发展、商品经济把金钱推向万能地位，则使传统的东方伦理道德开始衰落。

综观《破毕舍歪传》和《风雨耀华力》两部小说，传统的现实主义艺术风格是非常鲜明的。其一，颇具中国传统小说风韵，同时又结合了泰华“此时此地”的社会现实，发挥集体创作的智慧，有所改进，有所创新，弥漫着泰华社会的生活气息和特色。其二，寓庄于谐，深刻的社会批判性是这两部小说的主要特色，无疑是接受了中国传统小说现实主义讽刺艺术的影响。其三，浓郁的方言特色。参加这两部长篇接龙小说的作者大多是潮州人，他们自然而然地把潮州方言用于小说之中，浓郁的潮州方言就成为这两部小说语言上的一个突出特色。

《破毕舍歪传》和《风雨耀华力》这两部长篇接龙小说，尽管还存在许多的不足，但在50年代末60年代初泰华文坛于经济、政治双重重压之下万花纷谢的艰难困境中，它们无疑是极其耀眼的两朵奇葩。

第三节　主要作家选讲

一、司马攻：“明月水中来”之情结

司马攻（1933—　），原名马君楚，生于泰国，祖籍广东潮阳。他的写作始于60年代末70年代初，笔耕不辍，已出版有杂文集《冷热集》、《泰国琐谈》，散文集《明月水中来》、《小河流梦》、《人妖·古船》，小小说集《演员》、《独醒》，合集《轻风吹在湄江上》、《尽在不言中》等等。

司马攻的散文个性独特，“怀乡忆故”之作占了他整个散文创作的一半以上。他虽然出生于泰国，但他整个少年时代都在潮汕平原度过，尽管17岁那年他便离开中国故乡到泰国谋生，但潮汕平原富于特色的乡风习俗、人文景观，乃至一草一木都使这个海外游子终生难忘。这样，当在商余执笔为文时，他急于要表达、要倾诉的自然也就是对故乡的思恋之情。另外，司马攻之所以那么痴迷故乡的题材，还因为他曾生活在一个华文被排斥和冷落的社会环境里，虽然这令人遗憾的一页如今已经过去，但历史在人们的心头投下的阴影不会像白云青烟那样马上消失。因而，他的“思乡怀旧”篇，也是在寂寞痛苦中，在稀少的泥土里开出来的花。它们是这样的朴素淡白，但其中却寄寓着一种弘扬中华文化传统的责任感和使命感。

在司马攻的“思乡怀旧”篇中，作为主题篇的《明月水中来》无疑是值得注意的一篇。这篇散文只有一千多字，但却寓意深刻，耐人寻味。从中我们可以感受到作家心灵的流动，感受到他对中国故乡和中华优秀传统的热爱之情。但是，老一辈的恋土情结未必能被年轻一代理解。比如，有时“我”要十几岁的儿子来喝功夫茶，可是他只喝了小半杯便嚷叫起来：“哎呀！这样热，这样苦，我不要啦!”于是作家无可奈何地发出了慨叹：“我有一个感觉：这把小茶壶，算是传了三代的小茶壶，将来又要寂寞了!”然而有一天，当“我”外出回来，却

看到儿子坐在“我”经常坐着喝茶的地方，用他那生硬的手法，拿着这把小茶壶，正在喝功夫茶。这一发现不仅使“我”大吃一惊，使我意识到：“这把小茶壶将不会寂寞，它将有新的主人了。它以前是我祖父的，现在是我的，将来是我的儿子的。”不仅如此，“我”还由此感悟到“明月水中来”的真正含义：

> “明月水中来”这个明月，我看得分明：她是故乡的那轮明月。这明月我将留给我的儿子，以及他的儿子。

没有轰轰烈烈的场面，没有故作惊人的激烈之语，笔致平淡，然而平淡不是平庸，更不是有闲阶级的无病呻吟。其实，只要细读这篇散文，便不难看出它的主旨相当明确，思想性也很强。司马攻希望海外的中华文化能像那把小茶壶一样，一代一代地承传下去。由于他怀抱着一个崇高的理想，同时给它赋予了一个积极乐观的主题，《明月水中来》便不仅具有感人的力量，而且具有不容忽视的社会价值。

《故乡的石狮子》、《水仙！你为什么不开花?》、《祖国的芒果树》等散文，也都是情真意切、既具有思想性又富于乡土色彩的篇章。

《明月水中来》等散文不但表达了司马攻对两个“故乡”的依恋，体现了他弘扬中华文化的责任感和使命感，同时，这些散文还流露出这样一种倾向性，即对于精神家园的追寻和对古典主义的向往。由于置身于竞争激烈的商业社会之中，他对充满温情、人性、田园牧歌和古典主义的氛围更为怀恋。所以，他对欧洲和香港的石狮（象征金钱和现代文明）感到格格不入；而故乡的石狮在他看来却无比亲切。所以，他写了故乡的“石桥”，还为我们讲叙了“木板桥的故事”，以此来体现他对传统的认同和现代生活方式的臧否。从这一点看，司马攻不但是一个现实主义者，而且是一个充满浪漫气质的古典主义者。这大概就是他自称的所谓“精神分裂”吧，而他的怀乡恋旧散文，却因了这种“精神分裂”，而获得一种更广阔、更深远的思想内涵。

从艺术的观点看，司马攻的散文大多含有较浓的自传成分，这些散文的题材不宽，写的大抵是作家自身的生活经历，但文笔质朴简练，每篇都是真情实感的流露。另外，构思独特，且十分讲究章法。如《明月水中来》不但有感、有情、有理，在结构上也曲折有致，显得相当紧凑和完整。司马攻散文的语言，总的来说是朴素简约，但朴素并不是无文采，简约也不是简单。事实上，由于司马攻长期修炼古典诗词有得，因而他十分注意追求散文的格调和修辞的美，尤其善于遣词用字。

司马攻与梦莉，曾被泰华同行誉为“文坛双英”。他们都是以散文闻名于海内外的作家，都是“董事长”、“总经理”级的成功企业家，但他们对待生活的态度和艺术个性又很不相同。梦莉对曾留给她惨痛记忆的那个已逝的时代深恶痛绝，对于现实的社会生活也极力回避。她的所有创作，几乎都是离情的恋歌、残梦的重现，在这一点上，梦莉是个地道的浪漫主义者。而司马攻呢，尽管他对所处的现实社会并不感到怡然自得，但至少也不是深恶痛绝，所以他时不时对这个现存社会进行考察和描述，更喜欢对其嬉笑怒骂。司马攻虽然没有梦莉那份纯情，那份至柔至美的缠绵倾诉，但他却有梦莉所不及的深刻、含蓄和简洁。他喜欢表现的不是人生大树上的枝叶或繁花，而是它的根部。从本质上说，司马攻是一个现实主义者。

二、梦莉：在湄江边砌座爱情塔

梦莉（1938— ），原名徐爱珍，生于泰国，祖籍广东澄海。酷爱文艺，擅长抒情散文，作品发表于泰京各报刊，以其文笔婉丽、情感细腻、文情并茂、荡气回肠而获当地及中国一些名家和读者的赞赏。已出版散文集《烟湖更添一段愁》、《在月光下砌座小塔》、《片片晚霞点点帆》、《梦莉散文选》、《心祭》、《人在天涯》等，又与文友合集出版《轻风吹在湄江上》、《尽在不言中》。1989年，泰华八音出版社出版了评梦莉的文集《因为你是梦莉》，执笔的是海内外22位著名作家学者。

纵观梦莉的所有散文，除了《李伯走了》、《小薇的童年》、《逃离狼穴》、《美国纪行》、《无题》、《乘风破浪一风帆》等可数的几篇与爱情无涉外，其余散文都是以爱情为题材或至少涉及爱情；而在这些"爱情篇"中，写得最好、最能体现梦莉的气质和艺术个性的，则是那些抒写"离愁别绪"的散文，如《烟湖更添一段愁》、《恨君不似江楼月》、《寒夜何迢迢》、《云山远隔愁万缕》、《相逢犹如在梦中》、《心中月色长不改》、《雾海情天》等等。

梦莉的爱情散文，几乎都是残梦的重现。她是一个为爱而活，为爱情而写作的散文家。然而，现实中的爱却因文明和商业的侵蚀而变得世俗化和商品化。于是，她的美丽的情思只好到梦中去寻找寄托，她失落的理想只有在古典式的爱情牧歌中才能找到栖息之所，找到真正属于她自己的精神家园。这种寻梦的心理在《相逢犹如在梦中》表现得特别明显：一对曾经是"心心相系，灵犀互通"的恋人，在别离24年后终于相逢了。但作品没有从"现在时"的角度写这对恋人相逢后的情景，而是用四分之三的篇幅，回忆当年的"温馨缠绵，美丽的憧憬、爱与期待，以及甜蜜的陶醉"。梦是美丽的，令人陶醉的，可惜它是破碎的，而且不能久留；正因为梦的残缺和不能久留，它才那样弥足珍贵和永世难忘。《烟湖更添一段愁》由西湖的烟雨，回忆起当年桃花盛开的季节，"我"和"你"花下吟诗，秋夜话别，以茶代酒，互表心声和爱意。这一切都写得柔情似水，爱意绵绵。可惜，尽管"桃花依旧笑春风"，但"人面不知何处去”，剩下的只是“君泪盈，妾泪盈，罗结同心结未成……”。

梦莉的散文就是这样从题目到内容，都弥漫着一种淡淡的愁绪，一种如诉如泣的感伤调子和如幻如梦的色彩。她笔下男女主角的爱情无一例外都是美好圣洁的：他们相互倾慕，相互奉献，忠贞如一，痴迷执着，然而，他们的爱情都是很难“结果”的爱情之花。这样，梦莉的散文自然也就呈现出两个世界：一个是梦中的世界，一个是现实的世界；梦中的世界美好却易碎，现实的世界残酷却牢不可破。为此，她创作的心境是矛盾和痛苦的。

梦莉写于 90 年代之后的散文，题材拓宽了，内容更加丰富扎实，同时也更注意作品的结构和寓意——尽管这些作品写的仍然是她曾经经历过的生活，表达的是她对人生的感受和体验。获得“中华精短散文大赛征文”优秀奖的《在月光下砌座小塔》，是这一时期的代表作。这篇只有 1400 多字的散文，围绕着砌塔、烧塔、毁塔这一中心事件，记叙了童年的一段往事，文章十分简短精练，而结构却曲折有致，给人峰回路转之感。

梦莉的散文蕴藉、含蓄，韵味隽永，富于音乐般的旋律感与节奏感，语言朴素典雅，熔古于今，凝练传神，善于把简练的叙述、生动的描绘和画龙点睛的议论，水乳般地交融起来。读梦莉的散文你会觉得，这些文章是从作者心灵深处涌流出来的。

三、岭南人：乡愁情韵与心结

岭南人（1932—2021），原名符绩忠，生于海南文昌。1957 年毕业于山西大学中文系，同年 7 月赴港。尔后便一直从商，先是在香港华联银行任职，1966 年 3 月又赴泰国经营珠宝丝布生意。80 年代，岭南人以《回到故乡的月亮胖了》一诗引起了海内外文坛的注意，已出版诗集《结》等，此外还写作了一批散文和诗论。

《结》：“筐翻/线，一个个/倒在地下翻滚/千头万绪/绞在一起，错在一团/盘成，大的小的/旧的新的结/数，也数不出/理，也理不清/结的头，结的尾/解了旧的，结了新的/举剪，剪起剪落/唉！一剪也难了断/只有轻轻捡起，轻轻/放下，让岁月去解/旧的恩，新的怨/任历史来理/头在哪里？尾在哪里？”特殊的人生经历，曲折的感情流程，形成了这特殊的“结”。这“结”千头万绪，绞在一起，解了旧的，又结新的，真是斩不断，理还乱。那么，为什么会有这么一个纠缠在一起的结呢？如果我们把问题放到特定的时空背景下来考察，我们便不难看到，这个“结”首先是乡愁的情结。乡愁本是海外华文文学的一个重要主题，然而在岭南人那里，这种乡愁似乎更加悠远而绵长。这不仅仅因为他来自岭南，现在却侨居湄南，还因为他曾经喝过黄河水，而晋祠、山西大学更是印满了他少年时的梦想与哀乐，所以当 1986 年他终于来到了阔别

30多年的故乡，他的诗终于如《一管短笛》一样抑制不住地喷薄而出："不是仗剑北往的剑客/不是挟技南来的骚人/我，浪迹天涯的流浪汉/饮过黄河水的岭南人/犹如飞絮因风飘零。"

30年别离，30年的思乡愁结一直未能解开，这就难怪他要写《乡愁是一杯浓浓的功夫茶》："乡愁/是一杯/浓浓的功夫茶/又苦，又涩/过瘾，不如可乐/爽快，不如乌凉/明知，啜后归来/就会失眠，又要挨/一个漫漫长夜/在我，总是戒不了/还是忍不住/一杯接一杯啜/又苦又涩的/乡愁。"明知乡愁又苦又涩，但"我"还是忍不住一杯一杯地啜。这样的情怀、这样的感受不是每一个人都具备，只有像岭南人这样去国离乡、经历过生活的磨砺，同时深刻地体验过中国人的喜悦和苦难的人才可能拥有。

岭南人诗中那个纠缠不清的"结"，不仅仅是由乡愁织成的，其中也还有爱诗梦诗的丝线。如前所述，岭南人从小就梦想当一个诗人，但命运却偏偏让他当了商人。于是，商人和诗人、现实和理想不可避免地在他心中纠成了另一个"结"，使他时常处于一种矛盾与无奈之中，《如果》："如果我不是左手拿了算盘，右手又拿起毛笔/那么，我的左手就会轻快，右手就会灵巧/那么，我的歌就会哭声少，笑声多!"诗人虽然在商场上取得了成功，但在诗坛上却荒废了近30个春秋。只有当历史发生了转折，他的文学梦才得以实现，每念及此，怎能不使他感慨系之，默然惆怅，用文学形式将这种"人人心中有"的情绪艺术地传达出来。

岭南人的诗，具有淡中见真、朴素畅达的特色。他的诗来自生活，来自心灵，因此它们也像生活一样不事装饰，同时又像心灵一样纯净，并且随时准备向读者袒露。为了使诗在素淡中给人以美的感受，在平易中给人以深意，岭南人在词和字的锤炼上，灌注了不少的心血。那首令同行们大加赞赏的《回到故乡的月亮胖了》：

离开曼谷
正是八月初
窗外的月亮，瘦瘦的
像湄南河畔的象牙香蕉
悄悄地，跟着我
来到香江，回到珠江
又回到北京
抬头一看
回到故乡的月亮
胖了！圆圆的脸蛋

正如陶陶居的月饼
饼圆，月更圆

岭南人笔下的月印着岭南人独特的艺术情思、人生感受和个性色彩。诗人不仅用了物化（把物变形）的手法，同时还采用对比的手法——“胖”和“瘦”来表现望月时引起的心理错觉。在这里，“胖”和“瘦”既是全诗的诗眼，也是全诗的艺术构思点。由于有了这个构思点，《回到故乡的月亮胖了》也就飞动了起来，原先抽象的情思和感受也就变得具体可触可摸了。从这首诗可以看出岭南人炼词炼字的苦心，也可以看出他“向古人拜师，向今人学艺”已取得了可喜的成效。

岭南人的诗思如潮，诗风开阔。他的诗温情中透出粗豪，明朗里又带点淡淡的忧郁和苦涩。从岭南人的诗风，可以看到中国诗人艾青的影响；甚至可以这样说，岭南人在诗艺上的渐进主要得益于艾青，而他的缺点也来自艾青。

四、曾心：田螺壳里做道场

曾心（1938—　），原名曾时新，生于泰国曼谷，泰籍，祖籍广东普宁。1967 年毕业于厦门大学汉语言文学系，深造于广州中医学院。1982 年返回出生地，从商、从医、从教、从文。历任泰华作家协会秘书长、泰华作家协会副主席、厦门大学东南亚华文文学研究中心兼职研究员、东南大学现代汉诗研究所兼职研究员、泰国留学中国大学校友总会办公室主任。出版《大自然的儿子》、《心追那钟声》、《蓝眼睛》、《消失的曲声》、《凉亭》、《曾心自选集——小诗三百首》、《曾心小诗 500 首》、《给泰华文学把脉》等 19 部。作品曾获全球华人迎奥运征文一等奖、首届国际潮人文学奖、泰华闪小说比赛冠军等，其多篇作品被选入教程、读本和中国多个省市中考、高考语文试题。其中《捐躯》被选为 2015 年中国普通高等学校招生全国统一考试语文试题素材。

曾心以诗歌创作见长，尤其是华文小诗。2003 年，林焕彰在《世界日报》副刊上创办“刊头诗 365”专栏，引起岭南人、曾心以及几位年轻诗人的关注。2006 年夏天，曾心携手岭南人、林焕彰、博夫、今石、杨玲、苦觉、莫凡 7 人在泰国组建了一个以小诗创作为主的诗人群，曾心在他的新府邸中专门修建了一座六角凉亭，后命名为“小诗磨坊”，作为小诗诗人作诗吟诗的聚集地。该诗社成立 5 周年时，又新纳入了晶莹、温小云、蛋蛋三位中青年诗人。“小诗磨坊”每年推出一本《小诗磨坊》诗集，每本收入诗歌 200 余首，计红芳、张默、吕进、刘登翰、刘再复、朱寿桐、喻大翔等多位学者和评论家都曾为诗集作序。《“小诗磨坊”10 年小诗选》由洛夫、百灵写序推荐，深受读者好评，在当代泰华文坛上产生了一定的影响。

长期以来，泰国华文文学书籍几乎都是赠送，并非营销谋利之用，但曾心所著的《曾心小诗点评》却在泰国市场试销中获得成功，累计销出 1700 本，成为泰华现代诗歌打入泰国主体市场的首部诗集。曾心信仰佛教，他本人坚持每晚盘腿静坐，参禅悟道，并将其对于禅理的体验和理解通过诗歌的方式表达出来，试看曾心的小诗《佛》：

在半闭半开的佛眼前
我一无所求

从心灵的书架上
掏出珍藏的佛经
念诵再念诵

我也是一尊佛

《佛》讲述了一个虔诚的佛门弟子皈依佛门，修养佛性的故事。第一节讲述“我”面对佛像，洗去了自己俗世的纷扰，转而无欲无念、一无所求。第二节中，脱下尘世繁杂的我，开始静心养性，念诵佛经，追求心灵的升华与禅定。最后一节，“我”通过虔诚的求索，终于寻得佛的真谛，修成正果，欣慰地道出“我也是一尊佛”。实际上，曾心的小诗总能透出一种“田螺壳里做道场”的智慧，曾心的小诗所表现的主题内容涉及广泛，不仅有对现实人生的反映，有对历史文化之根的找寻，还有对佛性禅理的阐释，以及对人性的描摹和关照。曾心总能找到合适的方式，巧妙地找寻对应的象征物，使得其实际所要描写的对象和表达的哲理，在含蓄内敛之中透露出深远广阔的意境，达到以小见大的效用。

再看其诗歌《我的小船》：

我的记忆小船
曾在鹭江靠岸
拾得许多玲珑的贝壳
载着一船憧憬与梦幻

我的生活小船
曾几遭暗滩
颠颠簸簸

载着一船苦辣甜酸

我的心灵小船
曾一度搁浅
痴痴捡些方块文字
载着一船断简残篇

全诗分为三节，诗人从“记忆”、“生活”、“心灵”三个方面入手，在多重视角中内视自己的情感世界。第一节讲述诗人追忆过往、怀恋故地、缅怀彼时美好的情感体验，“鹭江”与“贝壳”是诗人潜在记忆的具象化表达，“憧憬”与“梦幻”则是其对逝去时光之不舍与留念的集中表现。第二节讲述诗人的生活历程，在生命的旅途中遭遇过多次挫折与挑战，饱尝了人生的“苦辣酸甜”，在回首自己来时路时，虽然五味杂陈，但却不失坚韧与乐观。第三节讲述诗人心灵上的坚守与背离，个人灵魂与精神的追求时常与现实社会中的实际抉择形成矛盾，对于曾心而言，虽然曾历经从医、从商、从教、从文等生活体验，但始终舍不掉心中对文学梦的追求，“痴痴”一词表达了其对文学赤诚的热爱，“断简残篇”则精准地表述出曾心在繁杂事务之外，对文学锲而不舍的坚守与捍卫。

除了诗歌之外，曾心还创作小说和散文。曾心的创作十分关注社会当下的现实生活，宣扬真善美的情思，充满了现实主义精神。其微型小说《捐躯》讲述了一位因拯救溺水学生而牺牲的女老师的故事；另一篇《三楞》则讲述了生活勤俭节约，甚至看病也要跟医生讨价还价的独眼张亚牛，出乎意料地在华校复办的募捐会上，将变卖地皮所得的全部纸币慷慨捐赠的故事。强烈的社会责任感，对祖国故乡文化之根的关切，对民族意识的书写使得曾心在篇幅不长的小说中也能体现出些许史诗韵味。对高尚品德的赞美，对佛国至善信仰的肯定，都是其喜好的创作取材。对人精神道德品质的看重，对文学扬善惩恶功用的发挥则是曾心作为文人的社会责任感的重要体现。

思考论述题：

1. 简述80年代后泰华文学发展的新特点。
2. 长篇接龙小说《破毕舍歪传》和《风雨耀华力》的现实主义特征表现在哪些方面?
3. 试比较司马攻与梦莉二者散文风格的异同点。
4. 以具体作品为例，分析岭南人是如何表现乡愁的。
5. 结合具体作品，分析曾心小诗中的禅理意识。

第六章　菲律宾华文文学

第一节　菲律宾华文文学发展概述

与东南亚其他国家一样，菲律宾的华文文学（以后简称“菲华文学”）也是随着华文报刊的产生而产生的。然而，稍有不同的是，虽然菲律宾的华文报刊出现得较早，但菲华新文学的真正诞生却反而较为迟缓。对于中国新文学的潮流什么时候开始冲击菲华文坛，不论是文学界还是学术界，尚未有一致的看法。但据菲华资深老作家施颖洲先生回忆说，20 世纪 30 年代初期他在菲律宾华侨中学读书时，学校图书馆中早已有丰富的新文学书刊，从胡适的《尝试集》到鲁迅的《阿 Q 正传》、徐志摩的《志摩的诗》、老舍的《猫城记》等等。由此看来，将菲华社会接受中国新文学潮流影响的时间界定于 20 年代末 30 年代初应该是较为符合实际的。

30 年代初、中期，在由杨静堂、王雨亭、卢家沛等人编的《洪涛三日刊》，李法西、林西谷、林健民等人编的《海风旬刊》等杂志上，才出现从文体到内容都明显带有中国新文学痕迹的文艺作品，这时才算真正有了菲华的新文学。在这期间，林健民、李法西、林西谷等人组织了菲华历史上第一个新文艺团体黑影文艺社，蓝天民在《华侨商报》开辟了菲华报纸的第一个文艺副刊《新潮》，并以此为基础组织了新潮社。这一时期的作家还有林一萍、高若啸、蒋江玉、上官世璋、曾逸云、庄秀环、高若虹、许冬桥、溜生、施颖洲、叶向民、谢德温、来远甫、鲍事天、叶一心等人。这时的菲华新文学，与中国新文学从形式到内容都可以说是“同气连枝息息相关”，多数还是对现实人生的关注，对故国家园的频频回顾。

30 年代中后期，在日本帝国主义加紧侵略中国到中国爆发全面抗战的几年间，菲律宾华侨关心和支持祖国抗日战争的热情高涨。他们纷纷成立各种群众组织，积极开展各项抗日救亡活动。1941 年 12 月，太平洋战争爆发。日本侵略者的铁蹄踏遍了菲律宾诸岛，华侨遭受空前浩劫，华侨社团、学校、华文报刊均遭封闭。在这期间，菲华文学创作几乎成为一片空白，而杜埃、林林、梁上苑等人或是描写中国或是反映菲律宾的抗日武装斗争的诗作，如《红棉花栗色马》、《远方》、《同志，你攻进城来》等，则是这一时期十分可贵而又较为突出的作品。

1945 年初，美军光复了马尼拉，经过战争无情蹂躏的菲岛首都，艰难地着手进行医治战争创伤的重建工作，华侨社会在脱离苦难之后也逐渐恢复生机。菲华文艺则是由于几家华文报纸的复刊或创刊而得到了快速的复苏。菲华作家经过 3 年的禁锢后所释放出来的创作热情更是一发而不可收。杜埃、施颖洲、蓝天民、林卓华的一些作品，以及“青年文协”与《华侨导报》“笔部队”联合举办的两次文艺比赛的部分杂文，施颖洲主编的《一九四六文艺年选》，杜若（柯叔宝）主编的《钩梦集》，李成之的《碧瑶集中营》，李润余的中篇小说《海外》，伊静轩的《菲岛风光》等集子，是这一时期较为重要的收获。

经过战后五六年的重建，尽管当时菲律宾国内的矛盾仍十分尖锐，但是相对于过去的战争而言，毕竟还是在和平的建设中逐步得到了恢复和发展，华校、华侨社团也蓬勃发展起来。这一段菲华社会的黄金时期，为菲华文艺在新形势下的起步发展提供了良好的社会客观环境。以菲律宾华侨文艺联合会为代表的一大批文艺社团的创办和一大批文艺著作的相继出版，是 50 年代初到 70 年代初菲华文学发展的重要标志。除了“文联”之外，20 年间菲华文坛还先后涌现了自由诗社、耕园、辛垦、飞云、新艺、默社、星座诗社、青年写作协会等近 20 个文艺团体。如果按菲华文学史料专家、《菲华文艺六十年》一书的作者王礼溥先生的统计，60 年来菲华文坛出版的文艺著作共有 150 余种的话，那么，这 20 年间所出版的就已占了总数的三分之二，由此可见其成绩之一斑。

1972 年 9 月 21 日，菲律宾总统马科斯宣布在全国实行军事戒严令（简称“军管”），停止一切政党社团的活动，逮捕反对派人士，所有报刊均被封闭。作品没有发表园地，活动没法公开推展，菲华文艺从此进入冬眠状态。

1981 年初，迫于国内外形势的要求，马科斯总统不得不宣布停止实施军事戒严令。全菲长达 8 年之久的军事管制的结束，使处于休眠状态的菲华文艺得以重获生机。菲华文艺复苏的第一只报春鸟是《东方日报》改组后改名为《世界日报》所辟的《文艺》副刊（晓华主编）。一些文艺团体也开始恢复和成立，不但那些在 60 年代以前建立的晨光、耕园、辛垦、椰风等文艺团体纷纷恢复活动，而且新成立了岷江诗社、菲华文艺协会、菲华文艺联合会、青年文艺社、新潮文艺社、征航文艺社、千岛诗社、现代诗研究会等。通过举办征文比赛，涌现出诸如施柳莺的《茉莉花》、戴佩卿的《芳草碧连天》、吴涌泉的《安娜里莎》、陈丽君的《罗莎式的悲剧》、刘纯真的《天堂路》等一批出色的作家作品。一时间真是千岩竞秀、万壑争流，形成了半个世纪以来菲华文学史上所未曾有过的繁荣景象。

更为重要的是，这一时期的菲华文坛尤其是在对外来思潮最为敏感而又多年独领文坛风骚的诗歌领域，其艺术观念和创作风格都发生了令人可喜的变化，他们已经明显地改变了60年代以来的那种向现代派一边倒的偏颇，而开始有意识地借鉴包括现实主义在内的其他种种艺术流派的手法。正如诗人和权所说："与60年代比较起来，80年代的菲华诗人在创作态度上，显得谨慎而认真，并且蜕变风格，力求建立新的诗观，不断地在诗艺上探讨、实验与创造，引起了各界的瞩目。"① 以云鹤等人为代表的从60年代走过来的不少现代派诗人，更是明显已摆脱旧有的诗风，而在繁复的技巧中，表现了人生深刻的一面。而云鹤、林泉、和权、月曲了、庄垂明、陈默、谢馨等人则是这一时期质量俱佳的杰出诗人。在小说方面，不少作家似乎也意识到单纯地固守一方圣土所存在的缺憾，开始自觉或不自觉地拉近了与现实的距离，施柳莺、施约翰、黄碧兰、黄秀琪、林泥水、林晋荣、陈琼华、杨美琼、庄子明、陈一匡、许希哲等人就是这一时期的代表性作家。在散文方面，柯清淡、王梅峰、王锦华、秋笛、王礼溥、李惠秀、邵建寅、林健民、林婷婷、林励志、施柳莺、范鸣英、庄良有、庄维民、黄珍玲、黄春安、黄栋星、陈一匡、陈琼华、杨美琼等人的作品也都在一定程度上表现了作家们对菲华社会现实人生的关注。所有这些，从整个菲华文坛上来看，虽然还不能说具有太大的广泛性和普遍性，但是，它们至少说明了在新的形势下菲华文学在艺术观念方面所发生的某些新的嬗变。

随着20世纪80年代菲华文学出版与发行的逐步恢复，不少作品选集陆续出现在图书销售市场上，诸如《菲华新诗选》、《菲华散文选》、《菲华小说选》、《东南亚华文文学大系·菲律宾文学卷》及多个版本的菲华文学史等，在为读者提供了了解菲华文学途径的同时，也为学者专家提供了必要的研究资料。当代菲华文坛的代表作家包括：莎士、陈若莉、谢馨、黄梅、庄良友、小华、施纯青、张子灵、杜鹭莺、苏荣超、东晓、翁淑理、椰子、心受、王仲煌等。21世纪以来，关于菲华文学的学术研究陆续增多，如王列耀的《隔海相望：东南亚华人文学中的"望"与"乡"》（2005年）、赵振祥等的《菲律宾华文报史稿》（2006年）、史阳的《菲律宾民间文学》（2011年）等，从侧面反映出当代菲华文学发展与传播的新景观。然而，菲华文学的未来实际面临着诸多现实困境。诚如柯清淡所言，菲律宾华人仅占菲律宾人口的1.5%，菲律宾主流社会并不使用中文，"中文受排斥，作家队伍断层，文学团体内部矛盾等历史和现实的不利因素都在阻碍菲华文学的进一步发展和提升"②。如何克服重重不利因素，把握好21世纪华文文学发展的新机遇，则是菲律宾华文文学所必须面对和亟待解决的重要问题。

---

① 曹惠民：《边缘的寻觅：曹惠民选集》，花城出版社2014年版，第206页。

② 甄蕾、马遂莲：《中国对菲律宾文学研究述评》，《东南亚纵横》2014年第1期。

第二节　主要作家选讲

一、吴新钿：日常生活与哲理探索

吴新钿（1929—　），1929年生于菲律宾，原名身钿，1962年接受基督教洗礼，改名新钿，曾用笔名心田、查理、采弥、东明等。早在20世纪40年代，还是一个中学生的他，开始学着写作散文和短篇小说。到了50年代，年青的吴新钿又狂热地迷上了新诗创作。从圣道多玛斯大学医科毕业之后，驰骋商界30余年，离开了文学创作。到了90年代，吴新钿决意卸下重担退居幕后，由此才换回了一些属于自己的时间，成为菲华文坛的“回营老兵”。已出版有《吴新钿文集》和《吴新钿诗集》等。

吴新钿的小说，是他表达对社会人生的思考和所承担责任的一种方式方法。在小说里，他往往喜欢借助某个故事来阐明他所想表达的一个立世做人的道理，于是，我们也就在《吴新钿文集》里看到了一篇又一篇的具有明显教诲意味的作品。《当掉自己前途的人》是一个具有双重劝世意义的故事，它既写出了深陷赌博的害处，同时也宣扬了“前人积德福荫后人”和“善有善报”的永恒主题。当在赌桌上连遭败绩的毕礼将公司的钱也作为赌注输掉之后，为了不致因此而影响自己的前途甚至吃官司，他只好连夜辗转于大街上，希望找到一间尚未关门的当铺，将自己手上祖传的钻戒当掉，以求在天明之前补上亏欠公司的钱额。所幸的是，他遇上了那位一直注意着他的知恩图报的好人——当年迷入歧途时曾受过毕礼先祖恩泽而一直心怀报恩的当铺老板。在当铺老板宅心仁厚的馈赠和一番劝谕下，他终于在“前车之鉴”中获得了洗心革面告别前尘的启迪，又重新捡拾起生活的信心和对前途的希望。《爱的醒觉》中的春皆，为了达到与情妇苏珊长期生活在一起的目的，不惜指使老婆孩子移民到澳洲。正当他自以为可以尽情地享受偷情的愉悦时，想不到却收到了妻子淑明寄自澳洲的准备办理离婚手续的通知。显然，在这篇作品中，“醒觉”的并不是春皆，而是作为女性的淑明。当她看到自己善良的等待得到的只是丈夫变本加厉的背叛时，“醒觉”也就成了她的必然的选择。作者通过女主人公淑明的“醒觉”警示所有的“春皆”们，当心有一天也像春皆一样成为被妻儿抛弃的对象！

事实上，吴新钿的“劝世”是多方面的。他除了偏爱表现诸如人生前途、事业家庭、婚姻爱情这些“大”问题之外，同时也常常兼及关注着诸如儿女教育以及如何做好两代人之间的沟通之类的“小”问题。小说《悟》通过父母为女儿的成长而苦恼的故事，让我们感“悟”到了这样一个道理，即面对着渐渐长大成人的孩子，两代人之间相互理解、沟通的重要性。而颇有点喜剧味道的

《难为了爸爸》所告诫我们的是，身为父母的我们，在帮助孩子时还得注意当今孩子成长的时代特点，要“让他们有自主个性，让他们自己用脑子想”，否则，弄不好反而会落得个吃力不讨好的“下场”。所有这些，都无不体现了作者对社会对人生广泛而深沉的责任感。

吴新钿的小说，篇幅都十分短小，大多是1000—2000字的短制，故事也都呈单线发展，但在情节的编撰和结构方面却颇费了一番心机。在《爱的醒觉》中，作者并没有花费太多的笔墨去叙述交代丈夫春皆在外边养情妇，或是妻子淑明对此如何反应的详细经过，而只是通过春皆向情妇苏珊说出甩开“黄脸婆”的主意、春皆到机场送别妻儿、春皆继续利用妻子的信任敷衍应付和澳洲来信这样四个看似不经意的场面的转换连缀，便把故事的来龙去脉交代得清清楚楚。尽管作者直到小说结束时也没有直接点出它的题旨，然而，故事的结尾或者说作者的这种结构安排，本身就已经表明了他对男女主人公不同的褒贬态度。而像《咖啡·心声·根》、《偶遇》和《人生梦醒时》等一些作品，其结构重心并不在情节的推进和人物的塑造上，而在于情感的倾诉。而这种情感的倾诉，不管是悲哀的还是欣喜的，感性的还是理性的，当它们诉诸笔端时，莫不都是抒情意味十足的文字。可以这样说，对人物、情节的淡化，导致了作品情感因素的增强，而作品情感因素的增强，又要求或者说体现为小说语言的抒情性，这一点成为吴新钿小说的重要特征。

吴新钿的诗歌创作也颇具特色。他的诗歌，用“爱的起点”和“爱的终点”的哲学，诠释社会、人生和自然，善于在平凡的日常生活中发现诗意，在有意无意之中显示隐藏在生活表象后面的意义，有一定的哲理性和深度。

二、施柳莺：故乡记忆与传统反思

施柳莺（1948— ），福建晋江人，童年移居香港，14岁移居菲律宾。从小爱好文学，创作了大量的散文、小说作品。她的小说创作在菲华文坛上占有举足轻重的地位。少女时期所作的《机房往事》曾获1969年《大中华日报·长城》副刊所举办的“菲华小说创作奖”的首奖。

施柳莺在为《机房往事》的获奖所写的《我的琐语》一文中就曾这样说过：“咱们的文化多丰富多优美！——如一条江，一条河，潺潺不绝！咱们的人民遇到那么多的苦难！那么多一代一代传下来的可歌可泣的故事就够你用之不完，取之不尽了！”由此可见，施柳莺的作品大多显示了作者对遥远故国那种难以割舍的精神依恋。如《恨别鸟惊心》、《归》、《丁香结》、《天凉好个秋》、《鹧鸪天》等作品，有的本身写的就是中国原乡的物事，有的虽不是直接的描写，但与中国原乡也有着千丝万缕的联系。从60年代末到90年代，从《机房往事》到《丁香结》到《鹧鸪天》等一系列作品的出现，一方面说明了作者对故国题材有着追求精神家园般的难以割舍的依恋情结，另一方面她也凭借这样一种不舍的追求为自己的作品打上了一个鲜明的标志。

事实上，即使不看内容，单单读一读诸如《天凉好个秋》、《恨别鸟惊心》、《鹧鸪天》，还有《长干行》、《高楼谁与上》、《天涯明月》等一个个作品篇名，我们就可以读到一个十分中国十分古典的施柳莺。同样也是在《我的琐语》这篇文章中，施柳莺曾谈到她从小对《红楼梦》、《镜花缘》等古典文学作品的迷恋及其所受到的熏染，而这种迷恋和熏染当然也就为她后来的文学创作打下了深厚的民族文化的根基。

施柳莺的故国题材往往渗透着浓郁的民族文化氛围，表现了她对生存状态的忧虑和思考。《天凉好个秋》中，随处可见对《红楼梦》人物、情节和其他古典诗文的引用，表姐夫林扬和那帮文学“疯子”们苦心经营的“稻香村”中满墙的诗画，固然为我们渲染了一个既古典又浪漫的中国文学的氛围，但是，林扬的最终屈服于现实和“稻香村”墙壁上滴着漆泪的诗句，却给这种氛围留下了“天凉好个秋”般的惆怅和遗憾；而尤其让读者黯然神伤的是，造成这种局面的并不单纯是表姐及其家人的压力所致，整个菲华社会过分重商轻文的功利主义倾向，才是林扬们在现实中处处碰壁的根源所在。作品中林扬们的遭遇和处境，其实不外乎是施柳莺对菲华文学当前生存状况“欲说还休”的无奈诉说。而在《鹧鸪天》里，守了18年活寡的林家大少奶奶的悲惨结局所折射的则是作者对民族传统文化在它的原生地的反思。在整个作品中，作者以一种几近纯客观的超然态度，闲闲地描述和展示着悲剧发生发展的过程；而这种不动声色的白描手法，不但丝毫没有淡化或消解作品的情感力度，反而使得它具有更强的情感张力。尤其是结尾处，当我们读到女主人公平静而又缓慢地用红色的布巾一圈一圈地缠裹着微微凸起的小腹，又慢慢地走向那将淹没自己的池塘深处的时候，袭上心头的却是一种几乎令人喘不过气的沉重感。可以说，从居留地到故国原乡，从对生存状况的忧虑到对其价值观念的反思，是施柳莺以文学的形式，对民族传统文化进行不同层次、不同角度的多方面观照的合乎逻辑的展示过程。

对中国故乡题材的情有独钟、对民族传统文化的眷恋和反思、对传统叙事模式的疏离淡化及其对“现代小说”叙事方式的借鉴运用，既是施柳莺小说独特的内涵和魅力之所在，同时也奠定了她在当代菲华小说领域的令人瞩目的地位。

三、云鹤：忧郁的“野生植物”

云鹤（1942—2012），原名蓝廷骏，生于菲律宾马尼拉，祖籍福建厦门。其父蓝天民（达暇）毕业于厦门大学，是20世纪30年代中期来菲的菲华资深老报人。良好的家庭教育，使早慧的云鹤从小便萌发了追求缪斯的执着心志，12 岁起开始在华文报上发表诗作，17 岁就出版了第一本诗集《忧郁的五线谱》。尔后的 4 年左右时间里，他又相继出版了《秋天里的春天》、《盗虹的人》和《蓝尘》等诗集。

从写作《忧郁的五线谱》到《蓝尘》，诗人正当二十来岁的青春年华，对人生、理想、爱情、友谊都有着太多的幻想和憧憬，但现实并不如他所想象所幻想的那么美好，于是，理想和现实之间的不和谐状态便不可避免地酿成了诗人深深的失望和苦恼。所以，出现在诗人笔下的人生理想和爱情友谊不是香味浓郁的醇醪，而是难以下咽的苦酒；《未题》描述的不是幸福溢满心胸的“欢乐颂”，而是“一首吟不断的悲歌”。云鹤一开始便自觉地选择了现代主义诗歌的创作路向，现代派诗歌所常有的颓废、悲观等消极情绪对诗人造成很大影响，我们在诗人这一时期的诗作中所看到的是这样一个个令人为之心情黯淡的篇名：《我有忧悒》、《暗灰色的音符》、《没有灵魂的时候》、《没有秩序的感情》、《孤寂》、《冷漠》、《伤感》、《魔》、《阴影》、《秋烬》、《尸》、《夜虹》等，而在这些诗作中随处可见的则是诸如黄昏、泣痕、废园、黑鸦、青烟、秋雨、残烬、落枫、荒野、迷失、凋零、凄然、枯萎的玫瑰、阴郁的秋夜等这样一类冷寂凄迷的景物和忧郁悲伤的情绪，以及这些景物和情绪通过直觉、幻觉、暗示、象征、意象跳跃等现代派技巧的点化所构成的一系列新颖奇兀的形象，从而抒写出“爱的忧郁”和“人生的忧郁”的双重主题。

遗憾的是，当云鹤正处于诗情最为丰沛、创作力最为旺盛的时候，由于环境和生活的改变，他不得不中断自己的歌唱，转攻摄影和建筑设计。到了 70 年代末期，在搁笔长达 15 年之后，云鹤又重返诗坛，在菲律宾国内外相继发表了一批引人注目的新作，《野生植物》和《诗影交辉》就是他复出后的两本诗集。

复出诗坛的云鹤，其诗作最为人所称道的，当数他的那些抒写海外华侨华人命运、心态的篇章，而其中最为著名的，就是他那首作为集子名称的《野生植物》。全诗仅有这样的短短两节：

有叶
却没有茎
有茎
却没有根
有根
却没有泥土
那是一种野生植物

名字叫
华侨

在诗中，诗人以逻辑上的层层递进和修辞学上的“顶针”辞格，巧妙地捕捉和营造出“野生植物”这一意象，借此诉说千百万海外华侨华人所特有的那种浪迹天涯寄人篱下的无所依凭的不安全感和危机感，既十分形象贴切，又具有撼人心魄的象征效果，使之成为海外华文文学界中传颂一时的名篇佳构。

与此相联系，由于对生存环境的担忧而自然而然地产生了对故国母怀的思念与依恋，于是，乡愁乡思也就同时成为云鹤后期诗作所反复吟咏的主题。他的那首直接以《乡愁》为题的诗作这样写道：“如果必须写一首诗/就写乡愁/且不要忘记/用羊毫大京水/用墨，研得浓浓的/因为写不成诗时/也好举笔一挥/用比墨色浓的乡愁/写一个字——/家。”按理说，直抒胸臆是诗人的大忌，但是，诗人却能在通篇的直抒胸臆中出人意表地实现了他在直中写曲的艺术构思！

复出后的云鹤无论在对生活的撷取、主题的提炼还是表达的艺术范式上，较之以前的诗风都有了很大的变化。前期那种以“蓝尘”为代表的抒写“爱的忧郁”和“人生的忧郁”已经为视野宏阔、含蕴深沉地展现海外华侨华人的命运心态、乡愁乡思和人生感悟所代替。他以对人生哲理的深沉思索和多方面的探索，写出了他生命成熟的另一阕“华彩”乐章。

四、心受：情动于中故形于文

心受（1973—　），本名洪美琴，出生于菲律宾马尼拉，后移居菲律宾南部，中文教师。毕业于圣奥古斯丁大学，获商科会计学士学位。作品多为小诗、散文与小说，散见于华文报刊；积极参与文学活动，为东南亚华文诗人笔会理事、菲律宾作家协会南部主任、菲律宾新潮文艺社文艺副刊网络编辑、菲律宾《世界日报》文艺副刊专栏作家。

心受是一位情感充沛的作家，其小说创作多聚焦于世俗社会人之常情，亲情、爱情、友情等都是其讴歌赞颂的对象。微型小说《选择题》讲述了这样一个故事：小立因父母要离婚而面临着选择爸爸还是妈妈的苦恼，江老师听了其倾诉后安慰他放宽心，果不其然最终他的父母言归于好了。文章用大部分笔墨描述了小立因无从选择而陷入苦楚的矛盾心理，突出了家庭变故给孩子带来的影响与压力之大；而当家庭和睦了，孩子便能心情轻松面露笑容，进而安心地学习和生活；两相对照之下，小说的主旨便不言自明。

另一篇《迟到》讲述了一个女孩希望能在“做礼拜”时给人留下良好印象、吸引更多关注而从此摆脱单身，却因精心打扮而误时迟到。一路走向座位时，又因高跟鞋声的声响而招致旁人关注，一时颇为尴尬，引得在场之人纷纷暗自猜忌嫌恶。小说多处进行心理描写，刻画出了女孩内心的不自信，以及无聊听众内心的尖刻苛责。响亮的声音就像一面镜子，照映出“教堂”里众多有违“教义”而并不宽容友善的心灵，具有一定的讽刺意味。小说的另一启示意义在于，通过女孩适得其反的遭遇劝诫世人：凡事过犹不及。

心受的闪小说《惊喜》讲述了一直忙于工作的丈夫打算在结婚十周年当天给妻子一份惊喜，因此电话里故意跟老婆说不回家吃饭了，不料老婆信以为真，伤心绝望之余便请了另一个“他”来家里吃饭，当丈夫回到家时，却发现饭桌的对面那本是他的位置已坐了另外一个人。这篇生活情感类的闪小说通过戏剧性的、出人意料的构思揭示了现代人、现代生活的情感矛盾。这种强烈的矛盾冲突折射了现代人、现代生活的无奈与无助，也同时告诫我们：关爱与信任之于婚姻生活幸福与否的重要性。

心受的小说皆取材于现实，具有浓重的生活气息，往往通过平常事件揭示现状、阐发情理，且作品重点突出，立意新颖别致，常能引人反思，给人启迪，让人印象深刻，皆因作者善于观察、善于感受、善于发现小事件背后的“大道理”。

心受的诗歌创作也以情见长，试看其《途中》一诗：

踏上你走过的足迹
寻不到你留下的痕迹

我捎一片回忆
给你

在不知名的路上
放肆地
想你

全诗分三部分，可以用“寻找”、“回忆”、“思念”来概括诗人想要表达的感情。第一部分诗人想要寻找曾经的痕迹，可是随着时间流逝早已找寻不到，开头就奠定了全诗因为对过去的思念而生惆怅的感情基调。第二部分诗人巧妙地化抽象为具体，想要把看不到摸不着的回忆捎给某人，再次强调自己的思念之情。最后一部分情感终于找到了一个宣泄口，无论是不是曾经走过的路，无论你在哪里，我都可以“放肆地，想你”。最后一句是全诗的情感高潮，思念之情不再遮遮掩掩而是一吐为尽，使整首诗惆怅的感情由压抑转为洒脱与释放，显示出诗人内心的思念之情的浓郁和张力。

思考论述题：

1. 简述“军管”结束后的菲华文坛发展状况。
2. 吴新钿的作品具有“劝世讽喻”意义，表现在哪些方面？
3. 为什么说施柳莺是一个“反思传统”者？
4. 以《野生植物》这首诗为例，分析云鹤诗歌的创作特色。
5. 请结合具体作品论析“心受是一位情感型的创作者”。

第七章　印度尼西亚华文文学

第一节　印度尼西亚华文文学发展概述

在中国“五四”新文化运动影响下创办起来的巴达维亚（即现在的雅加达）的《新报》(1921年)、《天声日报》(1921年) 和棉兰的《南洋日报》》(1922年) 等，都辟有文艺副刊，一方面转载中国的新文学作品，另一方面发表当地华侨作者的创作。据资料记载，1929年6月，上海真善美书局曾出版过印度尼西亚华侨青年作家郑吐飞的短篇小说集《椰子集》。

20世纪30年代中后期，日本帝国主义对中国的野蛮侵略以及中国人的奋起抗战，极大地激发了印度尼西亚华侨的民族感情。作为民众喉舌的华文报纸，则是大力配合国内的抗战形势，迅速报道和编发国内有关战争进展的消息。巴城的《朝报》、万隆的《汇流》、泪水的《新村》、棉兰的《苏门答腊民报》等报纸的文艺副刊，更是成为刊登“抗战文学”作品的主要阵地。民族意识和抗战热情是这一时期印度尼西亚华文文学创作的中心内容和鲜明特色。

太平洋战争爆发后，日本侵占了印度尼西亚群岛，对印度尼西亚人民和华侨进行了残酷的政治压迫和疯狂的经济掠夺。在此期间，所有的侨团、侨校和侨报都被查禁和解散，因此在印度尼西亚沦陷的3年半时间里，华文文学几乎不复存在。但是，当时在新加坡从事抗日工作的一批中国著名作家和文化界人士郁达夫、王任叔、胡愈之、沈兹九、杨骚、高云览等二三十人曾先后撤离新加坡，潜入印度尼西亚避难，他们在印度尼西亚华侨文学里面播下了种子，先后影响和培育了一批印度尼西亚华文文学的青年作家和编辑人才，又推动了战后印度尼西亚华文文学的蓬勃发展。

二战结束后，苏加诺领导的“八月革命”宣告了印度尼西亚独立建国的开始。随着和平的到来和印度尼西亚对华政策的友好，华校、华报的复办和创办，华文文学又开始呈现新的生机。从这时到20世纪50年代中期，各种各样的报纸副刊、文艺杂志相继复刊创刊，各种专题性的文艺比赛次第举办，各种形式的文艺团体和同仁刊物也相继涌现，小说《把孩子交给祖国》、《这就是爱情》、《母与女》、《两代》、《猪仔》，散文随笔《慕西河水缓缓流》、《怒吼的梭罗河》、《覆舟山短笛》、《让我们辛勤的劳动》，诗歌《在印度尼西亚》、《祖国，您是这样遥远，但又在我的身边》、《献给共和国的歌》、《雅加达的道路》、《写在当年收复西伊瑞安前夕》、《赤道线上的歌唱》、《你啊，印度尼西亚》，剧本

《停电之夜》、《先生大马》等作品可视为这一时期印度尼西亚华文文学的代表性作品。在这一时期，由于印度尼西亚政府奉行对华友好的政策，尤其是50年代中期，我国政府与印度尼西亚政府妥善地处理了有关华侨双重国籍的问题之后，中印尼两国的关系相当友好，两国之间的文化交流也很密切，因而当时印尼华文文学从题材、内容到创作方法上受中国的影响相当大，某些方面甚至可以说是跟着中国的风气跑。

从50年代中后期至60年代中期，由于印度尼西亚政府中民族主义情绪的日渐抬头以及由此而产生的对华政策的变化，印度尼西亚华文文学也渐次陷于举步维艰的境地。但是，印度尼西亚的华文文学还是在压抑的环境中得到了相当的发展，由周颖南、林日顺等倡设的“翡翠基金会”及“翡翠奖金征文比赛”等的举办，不但发现和培养了一批文学作品和文艺人才，而且同时还结集出版了一批作品集子，如白流、冯世才等人的《盗火者的爱情》，曾宣、黄东平等人的《青春火焰》，钟子、林立等人的《万隆孩子》等等。

1965年“九三〇”事件①以后，印度尼西亚国内局势发生了急剧的变动，中印尼关系随之趋向全面恶化。当局所采取的极端反华排华的政策，使印度尼西亚华侨华人遽然陷入极其艰难的生存境地，不但所有的华人社团、华校、华报均遭取缔，所有的华文书籍、图书馆，包括个人藏书也遭焚毁，还严禁来自任何地域的华文书报刊物进口，更有甚者，连方块字的使用也成为危及当地华侨华人身家性命的违法之举。全国只剩下一份由印度尼西亚当局情报部门督办的半中文半印度尼西亚文的《印度尼西亚日报》。此时的印度尼西亚已经实实在在地成为“全世界唯一不准华文存在的地域”，更遑论华文文学的生存与发展！

自60年代中后期以来，华文文学作家们不但没有被如此严酷恶劣的环境所吓倒而销声匿迹，反而以更为顽强的精神艰难迈进。在他们当中，黄东平可谓是最为杰出的代表。他的享誉海内外的《侨歌》三部曲以及总计300万字的作品，就是在这样一种极为困难的时期里写成的。

90年代以后，随着中印尼邦交正常化的实现，随着印度尼西亚当局对在印尼华人政策的逐渐调整改善，印度尼西亚的华文文学活动也逐渐显露出令人欣喜的变化。尽管形势还不允许他们在印度尼西亚本土公开推展华文文学，但他们还是充分发挥了自己的智慧，用与香港地区、新加坡的文友合作的形式，在香港地区或新加坡创办出版了几种与印度尼西亚华人的经济文化密切相关的杂志，给冰冻已久的印尼华文作家们的心灵，吹入了丝丝暖意。此外，“绿岛文艺社”与“祖国文艺协会”的相继成立，也使印度尼西亚全国各地的华文写

① “九三〇”事件：1965年印度尼西亚发生的政局变动事件。

作爱好者终于有了属于自己的“家”。

作为90年代以来印度尼西亚华文文学发展的最好印证的，就是一批印度尼西亚华文文学作品集子的出版面世。据不完全统计，自90年代以来所结集出版的各种体裁的集子（含个人专集和多人合集）起码有如下各种：短篇小说集有阿五的《杏子》、《扑满》、《红珊珊的故事》和《人约黄昏后》，林万里的《结婚季节》，柔密欧·郑的《随着涟漪散去了的桨声》，白放情的《春梦》，袁霓的《花梦》，晓彤的《哑弦》，多人合集的《印华短篇小说选》（林万里选编）等；中短篇小说集有黄东平的《远离故国的人们》和《头家一估俚》等；散文集有柔密欧·郑的《夕阳红上白头来》，高鹰的《高鹰散文选》，莫名妙的《妙谈人生》，柯汉扬的《海外四十年》等；诗集有谢梦涵等三人的《三人行》，诗合集有晓彤的《骄阳下的歌声》，严唯真主编的《翡翠带上》等等。印尼华文作家们艰苦的努力及其所取得的不凡成就，已经引起了整个世界华文文学界的广泛注意，同时也获得了整个世界华文文学界的普遍尊敬。

21世纪以来，印尼华文文学接续上一世纪的成绩稳步发展推进，不少印尼华文作家的作品陆续结集出版：香港获益出版有限公司于2004年和2007年推出的两部《顾长福诗集》，2003年由李顺南先生独资出版的阿里安诗集《挥别荒野》，2008年由香港千岛出版社出版的阿里安的《向晚小影》，吴秀吟（笔名旭影）创作出版的《永远的怀念》（2001年）、文集《走不尽的路》（2004年）、《走不尽的路（续集）》（2008年），以及2009年由泗水金河出版社出版的秦林写就的《奔向南方的河流——印华诗歌点评》等，呈现出印尼华文文学在新纪元的收获与业绩。当代印尼华文代表性作家包括卜汝亮、松华、黄碧珍、晓星、纪力秋、丘菊荣、袁霓、晓彤、于而凡、张弘毅、郑平、杨源秋、付慧平、黄景泰等。尽管相较于新加坡、马来西亚、泰国等国的华文文学创作，印尼华文文学的发展显得相对滞后，但印尼华文文学创作者依托文学组织，如印华文协、祖国文艺协会、印华文学爱好者俱乐部、东区文友协会等文艺组织，积极开展与其他国家及地区的文学交流与合作的积极举措，显示出印尼华文文学的坚韧生命力。

第二节　主要作家选讲

一、黄东平：“侨歌”的苦吟者

黄东平（1923—　），生于印度尼西亚加里曼丹岛，祖籍福建金门。自50年代初期开始写作以来，在历尽坎坷、饱含辛酸的40多年文学生涯中，共写下了约400万字的作品，已出版有长篇小说《侨歌》三部曲（《七洲洋外》、《赤道线上》、《烈日底下》)，中短篇小说集《远离故国的人们》，散文（含杂文）集《短稿一集》、《短稿二集》、《大石块底下的野草》，电影文学剧本《老华工》、剧本《红溪》等。

纵观黄东平 40 多年的创作历程，约略可分为前后两个阶段：1956 年至 60 年代中期为第一阶段，基本是从事诗歌创作，两册《侨风》便是其劳绩的汇集；60 年代中后期至现在为第二阶段，主要以小说创作为主，《侨歌》三部曲则是其代表作。

60 年代中后期，由 1965 年“九三〇”事件所带来的恶性排华局面，对黄东平来说，不啻是致命的打击。但黄东平没有动摇其继续为文的初衷，反而更加坚定地要为“苦难无告的华侨”写历史。当时，涉及中印尼两国关系的题材成为绝对不可触及的“雷区”。他便把目光投向已经成为历史的荷印殖民年代。卷帙浩瀚的《侨歌》三部曲，便是黄东平以其惊人的胆识和毅力，历时数载，克服了种种令人难以置信的艰难险阻，为我们奉献出来的呕心沥血之作。作者曾经说过，他创作《侨歌》的目的，毫无疑义是“更正面、更广阔”地“反映这还很少在文艺作品上得到反映的南洋华侨社会生活”，而这种全景式生活图景的再现，同样也毫无疑义地要求作品必须具备广阔的视野和与之相适应的较为宏大的结构。在小说中，那个古老偏僻的坷埠小镇，尤其是小镇中那条地处异域却仍荡漾着浓烈的唐山气息的“中国人大街”上的芸芸侨众，不论其身份地位如何，他们谁也不是主角，谁也可以是主角，也没有严格意义上的英雄人物。他们只是以自己的生命历程和运动形式在整个小说的结构网络中担当一个个网点的责任，而由他们相异的生活史、奋斗史所形成的一条条或大或小或主要或次要的辐射线，有机地把印尼和故国几百年的苦难史与当前的现实联结起来，共同汇织成一幅以二三十年代荷印统治时期为主轴的“上下几百年，纵横数万里”的南洋华侨社会生活图景。作者正是凭借这种“清明上河图”式的“散点透视”的叙事结构模式所赋予的宽阔活动空间，才得以多角度多层次、恣意自如地表现了诸如荷兰东印度公司对印尼人民、对华侨的野蛮蹂躏和掠夺，印尼人民和广大侨众团结一致、同仇敌忾反抗荷印殖民当局的英勇斗争，以及华侨社会内部互相扶持、共度时艰等如此丰富的多重主题。

与这种宏大的结构形式相适应、相依存的，是小说中众多的人物形象。全书中有名有姓的人物不下几十个，他们之中有商人、店员、财副、苦力、矿工、教师、学生、当地居民、管工、洋行经理、大小荷兰官员等，几乎囊括了华侨社会在内的整个南洋社会各个阶级、阶层和各行各业的各色人等。像李熙昌、吴阿贵、李少华、郑永源、罗占魁、王清泉、张亚枚、魏伯泉、丘联福、徐群、叶碧如等众多的身世地位不同、神情秉性迥异的人物，他们大多以其鲜明独特的性格给人以深刻的印象。

另外，在这部鸿篇巨制中，作者充分调动起自己长年生活于南洋群岛、下层华侨社会的优势，极尽所长地为我们表现了虽然地处异国他乡却仍顽强地存在的民族文化意识的种种“外显”或“内隐”的形态。那里的华侨社会仍然处处以中华民族的传统道德观念作为衡量一切人的价值标准，只有热爱祖国故乡、团结互助、勤劳俭朴、笃守信用的人才能为大家所接纳，否则即使拥有再巨大的财富也难以得到华侨社会的尊重。这就为我们了解和认识南洋华侨社会中民族文化意识的种种表现形态提供了丰富的思想文化资料。

二、袁霓：烦恼人生的关注者

袁霓（1958—　），原名叶丽珍，生于印度尼西亚雅加达，祖籍广东梅县。小学五年级以后，袁霓因华校被封闭而失去接受华文教育的机会，但她通过参加华文补习班和大量阅读华文文学作品来提高自己的华文水平，并于1972年开始她的写作生涯。袁霓的作品主要收集在《沙漠上的绿洲》、《劲风中的小草》、《三人行》、《翡翠带上》等作品集里，已出版小说集《花梦》等。

爱情是古往今来的文学作品经常吟咏的题材，而袁霓用她女性特有的细腻的笔触对爱情进行了一次又一次的别样的演绎。她的小说《花梦》、《幸福，别走》、《心语》、《他来吧，明天?》、《缘》等就是描写爱情的佳作。《心语》描写了一个少女的单相思。小说的主人公爱上了一个成年男子，但又不敢把这份爱意向他诉说，而他也是把她当作小妹妹看待。正是因为这份爱，主人公处于精神炼狱中，被爱之火烧得遍体鳞伤。而《花梦》写了15岁的纯情少女爱上了英俊潇洒的网球运动员莱蒙。但是由于家人的阻挠，有情人并没有终成眷属。最终，莱蒙远走美国，她连和情人告别的机会都没有。后来，两人虽然有过一次可能的邂逅，但飞速行驶的车并没有为爱情而驻留，命运给了坐在车中的女主人公又一次遗憾。这份美好的爱情也就只能成为追忆中的亮丽。

爱情与婚姻、家庭在一定意义上是不可分割的；走过恋爱的季节，随之而来的就是婚姻和家庭。婚姻和家庭自然而然地成为袁霓小说的又一个重要的题材。作者用她沉重、严肃或者轻松、幽默的笔描写了一幕幕婚姻和家庭的悲剧和喜剧。这些以婚姻、家庭为题材的小说，其中悲剧的比重明显大于喜剧。《一串项链》、《胡蝶》、《X＋Y的计划》都是描写婚姻家庭悲剧的作品，但它们切入的角度和具体内容又都各具特色。《一串项链》通过女佣人美亚的视角来观照男女主人公的婚姻家庭生活。男主人公表面上是十分标准的模范丈夫，但实际上是结婚一年之后便瞒着妻子在外面养了情妇。而女主人公在发现丈夫劣迹前，是一个合格的贤妻良母。后来因为一串项链，丈夫对女主人公不忠的事败露了，她就变得自暴自弃，并以自己的不忠来反抗丈夫的不忠，于是家庭也就处于分崩离析之中了。《胡蝶》借助女主人公的朋友的视角进行叙述，女主人公是事业上的女强人，但在婚姻上却是失败者。她发现英俊潇洒的丈夫和她的侄女有奸情，女主人公并没有因此而消沉，反而用事业上更大的成功来补偿婚姻上的不幸。小说不是做肤浅的道德批判，而是真实地、立体地通过家庭生活和家庭关系展现印度尼西亚人的生存状态。小说也因此获得了更多的厚重感。

袁霓在 1978 年曾一度停笔，直到 1987 年才恢复写作。作家复出文坛后当然也写了不少以爱情、婚姻、家庭为题材的小说，但这些小说的主题已不像以前的小说那样纯粹，而是具有了复合性。更引人注目的是，作家把小说题材的重点指向了广阔的社会人生，小说题材呈现出多样化的态势。譬如《叔公》写了一个黑社会的英雄叔公江湖一生的是是非非，全篇洋溢着江湖豪气；《劫数》则叙述一个女佣人将主人家的孩子租给丐婆去讨钱的故事，虽然以宿命论为底色，但主要是为了鞭挞人性的丑恶；在《生命无限美好》中，作家记述了身患绝症的病人对生命的眷恋；《祖母》则是用流动、跳跃式的语言歌颂了祖母的一生。

袁霓是以写诗登上文坛的。她写了许多诗，但结成集子的只有她和谢梦涵、茜茜丽亚一起出版的合集《三人行》。袁霓的诗篇幅不长，但取材十分广泛。她除了写抒情诗外，还写了一些叙事诗、咏物哲理诗。她的抒情诗一般是歌唱爱情、友情和亲情，情感炽热；而她的叙事诗的触角伸向了万花筒似的社会生活；在她的咏物哲理诗中，诗趣和理趣得到了比较好的统一。

三、柔密欧·郑：现代派诗歌的精灵

柔密欧·郑（1924—1995），原名郑志平，生于印尼廖省孟加丽县，祖籍福建厦门。柔密欧·郑早年曾在新加坡接受华文教育，1938 年起开始在新加坡各大报刊发表诗歌和散文。已出版有诗集《跃起》，微型与短篇小说集《随着涟漪散去了的桨声》，散文集《夕阳红上白头来》等。

柔密欧·郑选择“五四”以来的较为自由散漫的新诗形式抒写胸臆，60 年代初期以后开始大胆地尝试在诗歌中引入现代派的精灵，成为印尼华文诗坛上风格颇为独特的诗人。这一点首先表现在他的爱情诗上。如《思念》一诗：“我用思念的墨水/尽情地涂抹着/这个朦胧的黄昏/当那悠悠的一朵白云/掠过无人顾盼的红玫瑰时/唯好使它在寒风里冷颤地/加浓加深它的思念/——永远永远的思念/啊！那陌生人的弦音/竟让我咀嚼不到一切的失落//当玫瑰刺伤我的手指时/就如此割出/我一条生命上的曲线/而那天堂的美梦/就从达旺萌如山峰/滚得我如斯梦醒/确定了这是炼狱/可是却滚不出我浓烈的思念/尤其是你的丰姿仍在远方/正随不绝地飘来的海澜/教这黄昏暴露了我的脆弱。”诗人凭借意象、象征的艺术手段，渲染了一个令人怅惘心碎、追怀不已的青春爱情故事。

柔密欧·郑是一个主观色彩十分强烈的诗人。但是，与那些常常喜欢直接把自己与作品中的主人公“混为一体”的诗人有所不同的是，他往往更愿意将自己的感情投射到描写的对象上，在完成对抒情客体的吟咏的同时也完成自己的感情表达。他的很多追怀昔日情爱的诗歌是这样，不少咏物小品也是如此。柔密欧·郑的咏物小品中，除了极个别的作品是纯然描绘印尼这个热带岛国的自然山川风貌（如《山的行列》等）之外，其余的，大多是采用这种客观景物主观化的拟人化方法。其中的《虹》就颇有代表性：

无主的落花
歌罢涕零地随风飘舞
又陪送过一阵黄昏雨
把残粉冷脂任艳的淡的
都在天边粘长一条虹

白云寻诗
移流浪的脚步
在碧空里打着腹稿
而太阳方溜过西边的水晶宫
想给虹有一梦呢喃

在这里，云的移动，虹的形成及形态，显然掺和着诗人那种怅然哀伤的情感活动。此外，《风》、《海》、《云》、《风铃》、《外南梦的海边》等篇章，也都有异曲同工之妙。

当然，当柔密欧·郑周围的大多数印尼华文诗人都还习惯于以传统的现实主义或浪漫主义的形式抒写自己的生活感受时，他的这些虽然还不太成熟甚至可以说是粗糙的借鉴之作，其风格的独特和出现的可贵则是显而易见的。更何况，自60年代中期以后，印尼华文文学又陷于那样一种窘迫的境地。对于更为需要借助外来的影响补充文学养分的现代派诗人来说，失去向外界学习、借鉴、交流的条件几乎是创作生命的自我萎缩。于是，出现这样一种情况也就成为正常而又可以理解的了：“由于自己无法欣赏并观摩各地诗界朋友的著名诗篇，这无形中造成了我写诗的不少困难，因而单凭自己的热爱，于暗中摸索出来的拙诗，当然会产生出其多么不一致的节奏与风格的。对于这些不能独创自己风格的拙诗，个人认为是无可奈何的。”这虽然是诗人的自谦，但也确是那一时代包括柔密欧·郑在内的众多印尼华文作家们所共同面临的处境。

四、符慧平：底层叙事与人文关怀

符慧平（1974—　），1974 年出生于印尼廖群岛省老港，16 岁开始写作，作品多发表于印尼报章副刊及新加坡文学刊物。2016 年 5 月出版个人微型小说集《小小世界》，目前在印尼从事华文教育工作。符慧平在诗歌、小说、散文创作上均有涉猎。其小说创作的主要特征可以用底层叙事来概括，符慧平敢于暴露生活中的不和谐、不完美、不正常的现象，对于人性的异化和国民劣根性的反思是符慧平小说创作的重要主题。批判现实的丑与恶，其实质是想从内在唤醒人性中的良知和善意，最终以期创造一个更美好温暖的世界。

其微型小说《代价》讲述了富商郑老板因平日坏事做尽，最终付出惨痛代价——自己心爱的女儿被仇家绑架并遭杀害的故事。佛家语“善有善报，恶有恶报，不是不报，时候未到”，郑虎为了攫取更多利益，不惜违背善良和道义，最终这份报应落在了他的女儿身上。尽管如此，郑虎仍不知悔改，在接到犯罪分子来电时，他因心虚而不敢追究责任；在警方错将女儿的男友判为犯罪嫌疑人时，郑虎保持沉默，又残害一年轻生命；直至女儿下葬后，郑虎还冷漠地认为女儿的死必须由一个人陪葬，哪怕是无辜的建华。符慧平试图透过悲剧故事告诫世人，在利益和诱惑面前一定要守住道德和良心的底线，如若不然终究会付出惨痛代价。

另一篇小说《猎物》讲述了一则家庭暴力的故事。妻子半夜遭到丈夫的家暴，她出于恐惧从家中跑出，但丈夫像猛兽追逐猎物一般凶狠穷追不止，大街上的过客视若无睹，都选择不多管闲事，为自己规避麻烦，无一人站出来替受虐的女子说话。俗话说“各扫自家门前雪，莫管他人瓦上霜”，从鲁迅大胆揭露封建社会中麻木不仁的看客的罪恶起，不少文人墨客竞相为唤醒民众的正义感和自由意志而努力。人与人之间的自私、冷漠、隔膜是不分国别的，符慧平的笔调冷峻客观，把现实的残酷与无情暴露在读者面前，让人在惊愕、汗颜的同时，扪心自问，反思自我。

符慧平钟爱书写家庭生活，在讲述亲情中表现人性，在篆刻现实无情的同时给予贫弱劳众以深切的同情，人道主义始终是符慧平小说的重要因子。其闪小说《夭殇》讲述了一个贫苦家庭的婴儿在未满周岁就夭折的悲惨故事。故事中夭折的婴孩是这个贫困家庭的第五个孩子，开计程车的父亲和全职家庭主妇的母亲虽然尽心尽力，勉强维持全家生计，但仍难养家糊口。小婴儿仿佛天生通情达理，不像其他同龄婴孩哭闹不止，而是十分乖巧，懂得讨父母欢心。但是他仿佛冥冥之中明白自己的存在无疑加剧了家庭的负担，他的早逝正源自他的早熟，一个新鲜生命从降生到陨落，诉尽了底层人家的心酸悲苦。

符慧平的诗歌创作与其小说一样，充满了现实主义关怀和人道主义精神，试看其诗歌《赌徒》：

没人想认识它
输
到哪儿都是不速之客
栽了跟头
也罢
头破血流
也罢
都是他人铸成的错误
原来
不承认
也能是一种信仰

人生就像比赛
是一场有输有赢的赌局
有高度有深度的
才是最虔诚的
赌徒

全诗共两节，第一节主要讲赌徒总有输的时候，但即使输了也不会承认自身的过错，甚至会把错误归咎于他人。赌徒的心理不同于常人的心理，他们有时候会丧失理智，一味沉迷于输赢。第二节主要写人生就是一场比赛，既然是比赛，就会有输赢。在诗歌的末尾，诗人指出有深度又有高度的且心怀虔诚信仰的赌徒，才能达到赌徒的最高境界。符慧平的这首诗不禁让人联想到严歌苓《妈阁是座城》中关于赌徒形象及赌博心理的细腻刻画。符慧平是一位心思细腻、善于捕捉生活细节的诗人，其诗作多源于对现实人生的真切感悟，从凡俗百态中体悟哲理。

思考论述题：

1. 1965 年的“九三〇”事件对印尼华文文学造成了什么样的影响？
2. 简述黄东平创作的文学史意义。
3. 袁霓小说的题材很有特色，主要表现在哪些方面？
4. 请以具体作品为例，分析柔密欧·郑的诗歌特色。
5. 请结合实例分析符慧平作品的底层叙事风格。

第八章　其他东南亚国家华文文学

第一节　越南、缅甸、柬埔寨华文文学发展概述

越南文化与中国文化有着源远流长的关系，在法国占领越南之前，汉字和喃字曾是越南的通用文字。鸦片战争后，大批南迁的中国移民将中国古典诗词及文学经典介绍到越南。20 世纪 20 年代后，中国“五四”新文化运动对越南社会产生了重要影响，不少新文学作品在当地广为流行。20 世纪 30 年代末，越南华文作家才开始创作自己的新文学。

二战结束后，越南社会进入了相对稳定的重建发展时期，越南华文文学创作开始复苏，《亚洲》、《成功》、《远东》、《越华》、《新华》等报纸先后开辟文艺副刊，为华文文学创作提供发表平台。20 世纪 60 年代，越南华文文学发展迅速，开始追求本土个性和地方色彩。这一时期，涌现出大量文学社团，如涛声文社、飘飘诗社、奔流文社、书生文社、文艺社、野声、台风、向日葵、长河、南风等。多个诗社、文社纷纷创办自己的文艺刊物，越南华文文坛上一时形成了百家争鸣的局面，越南华文文学创作进入了一个繁荣时期。1975 年越南统一，越南当局采取排华反华政策，华人华侨的社会地位每况愈下，白色恐怖的环境中，不少华文社团和出版物旋即告停，除了官办的华文报纸《解放日报》之外，越南社会再无其他华文出版物存在。80 年代中期，《西贡解放日报》与胡志明市文艺出版社联合出版了征集选文《生活的激流》。该选集共收录了 29 篇作品，涵盖短篇小说、散文、报告文学、游记等多种文体。

20 世纪 90 年代初，为了适应新形势，《解放日报》开辟了《桂冠文艺》副刊，至此停产已久的越南华文文学创作才又重启。1993 年 12 月，陈进义主编的《越华现代诗抄》由河南民族文化出版社出版，这是自越南南方解放以来出版的唯一一本华文诗选，在越南华文文学史上具有里程碑的意义。进入 21 世纪以后，越南华文文学得到进一步发展，在新老越华作家的协力促成下，《越南华文文学》于 2007 年创刊，并开辟了“诗广场”、“诗人谈诗”、“散文诗”、“散文谷”、“小说篇”、“微型诗”、“教与学”、“学生习作”等栏目，每期都能吸纳来自东盟和中国作家的优质稿件，其国际性刊物的雏形已告胎结成型①，刘为安、陈国正、尹玲、曾广健等均为该刊撰写作品。

---

① 刘景松：《耕播·坚守·展望——读〈越南华文文学〉》，《华文文学》2009 年第 4 期。

从现有的越南华文创作成果来看，越南华文文学创作以诗歌最为多产，“现代诗已然发展成为越南华文文学中数量最多、成就最大、影响最广的一种文学体裁”①，代表性的诗社有存在诗社、海韵诗社、奔流诗社等。其次是散文和小说，而小说又以短篇小说和微型小说为主。当代越南华文文坛上较为活跃的作家包括陈国正、燕子、石羚、巧缘、冬梦、赵明、余问耕、潘宙、麒麟、叶华兴、林晓东、李伟贤、蔡忠等。

中缅两国的文化交流由来已久，据考证“至迟从元代开始，福建泉州等地的海商就到下缅甸沿海经商，而且‘十去九不还’，与当地人民婚娶繁衍，是为缅甸华侨的由来”②。缅甸华文文学深受中华文化及中国文学的影响，尤其受中国现代文学的影响颇深。缅甸华文文学以诗歌和散文创作为主流，小说较少，其中去国怀乡、漂泊离散、对侨民先辈的缅怀等是重要的主题。描写缅甸本土生活、社会风貌和华人落地生根的经历也是缅甸华文作家经常书写的内容，语言上也融有缅甸语的特色。缅甸华文作家总体上以现实主义创作手法为主，具有强烈的社会担当感和使命意识。

关于缅甸华文文学的发展脉络，许钧铨等缅甸华文作家的意见较具有参考价值：一、起步时期：1903 年，缅甸第一份华文报纸《仰江新报》（1905 年更名为《仰光新报》）创刊，随后《光华日报》、《商务报》、《进化报》等相继创办，早期的缅甸华文文学作品就刊登于此类报纸上；二、发展时期：1913—1942 年间，缅甸华文报刊有很大发展，《桥商报》、《国民日报》、《觉民日报》等八家华文报刊创刊，相关文学副刊也被创办，诸如《仰光日报》的“椰风”周刊、《兴商日报》的“野草”和“芭雨”副刊、《觉民日报》的“十日谈”和“黎明”等，同时涌现出一批文艺社团，该时期缅甸华文文学受到中国新文学影响很大，一些有名的中国文人南下一定程度上扶植了缅甸华文文学的发展；三、黑暗时期：1942—1945 年，日本占领缅甸，缅甸华文事业受到摧毁，许多报刊及多位作家的文学创作都被迫停止；四、繁荣时期：1945—1965 年，1945 年日军投降，二战结束，《中国日报》、《人民报》、《自由日报》等十余家报刊或创刊或复刊，其中文艺副刊刊登出不少缅甸华文文学作品；五、沉寂时期：1966—1988 年，1966 年缅甸当局奉行“缅甸式的社会主义”，规定除了缅文和英文，其他外文（包括华文）报刊书籍不能出版，华文创作转入地下，如朱波吟社私下出版的仅供诗友秘密交流的诗集《吟草》；六、复苏时期：1988 年缅甸当局允许首家华文周报《缅甸华报》出版，该报下设副刊时常刊发青年

---

① 谢永新：《论越南华文文学的创作成就》，《广西师范学院学报（哲学社会科学版）》2015 年第 1 期。

② 周一良：《中外文化交流史》，河南人民出版社 1987 年版，第 20 页。

学生的文学习作①。除了上述六个时期外，缅甸华文文学自21世纪以来，其发展迈向又一新阶段，无论是文学作品的创作，抑或是相关研究专著及论文都逐渐增多。

据记载，柬埔寨与中国的友好交往可追溯至汉唐时期，彼时移居柬埔寨的中国移民被称为“唐人”。20世纪30年代，由于战争原因，粤东沿海有相当数量的人民逃亡柬埔寨，及至50年代中后期，大多数华侨纷纷选择入籍柬埔寨，在当地聚居，组成华侨社会。柬埔寨的中国华人华侨中，祖籍为潮州和广州者占大多数，他们对潮汕文化感情深厚，因此广东的潮剧在柬埔寨深受欢迎，柬埔寨的潮剧演出由来已久，柬埔寨的著名戏剧《洛坤巴塞》即由潮剧改造而来，60年代中国潮剧团多次受邀到柬埔寨进行表演，观众反应热烈。

柬埔寨于1863年成为法国的保护国，1953年11月9日正式获得独立。独立后的柬埔寨实行和平政策，进行全面的经济建设，积极与其他国家发展国际友谊。相对稳定的社会环境为华校创办、华文教育、华文报刊事业和华文文学创作提供了良好的发展条件。1956年7月，黄天成、潘丙在柬埔寨金边创办《棉华日报》，及至1967年9月由于报纸刊载的言论左倾色彩浓厚而被叫停。据统计，《棉华日报》“刚创办时，发行量即达到2000份，1963年又增加到7000份，1967年高达1.1万份，成为柬埔寨华文报纸史上发行量最大的一家报纸”②。

事实上，在《棉华日报》之前，柬埔寨已发行流通过相当数量的华文报纸，如1940年后涌现的一批报刊：《播音报》、《大中报》、《华商报》、《公言报》、《现实报》、《工商日报》、《湄江日报》、《高棉午报》、《金边日报》等。1957年至1967年是柬埔寨华文报刊的繁荣时期，报纸方面有《棉华日报》、《中柬日报》、《热风报》、《真报》、《新报》、《塔山报》、《大华报》等，杂志则以《湄河湖》、《柬华文艺》、《中棉文汇》、《年青人》、《伙伴》、《新风》、《柬埔寨知识》等为代表③。

20世纪70年代，柬埔寨华文教育发展迅速，据统计当时柬埔寨国内华文学校多达200余所。70年代中期以后由于政治原因，不少华校先后关闭。1988年一批定居中国台湾的柬埔寨、老挝、越南的华文作家联合组建成立了世界越棉寮华人作家协会筹备委员会，在他乡艰难地维系华文文学创作。及至

---

① 参见许钧铨、朱海鹰主编：《缅华华文文学艺术论文集》，缅华笔友协会2018年版，第10～17页。

② 杜敦信、赵和曼：《越南老挝柬埔寨手册》，时事出版社1988年版，第249页。

③ 陈贤茂主编：《海外华文文学史》第三卷，鹭江出版社1999年版，第385页。

20世纪90年代初，被迫关闭的华校才开始恢复办校。华校教育和华文报纸杂志的创办为柬埔寨华文文学创作提供了支持，柬埔寨的华文文学作品基本都发表刊载于各类报纸的综合性副刊上。相比东南亚其他几国而言，柬埔寨华文文学先天生长条件不足，发展相对滞后，往往需要依赖其他东盟国家华文文坛的支持和援助。

从已发表的柬埔寨华文文学作品来看，柬埔寨华文文学以小说创作为主，散文和诗歌次之，作家基本上都秉持现实主义创作精神，文学创作上形成了现实主义创作传统。有论者将柬埔寨华文文艺思想概括为："在创作题材上，注重反映小市民（下层侨众）；在创作方法上，应深入生活以熟悉写作对象，并以此为纲要；在创作风格上，实现民族风格与地方色彩的结合。题材上对柬埔寨华人社会现实的深入熟悉，风格上对'地方色彩'的提倡将引导柬华文艺现实主义风格的出现。"① 此一概括对于我们了解和认知柬埔寨华文创作风貌具有一定的参考意义。钟瑞云、郭庆、许昭华、林新仪是当代柬埔寨华文文坛上比较活跃的作家。

第二节　主要作家选讲

一、刘为安：细腻情感的捕捉者

刘为安（1939—　），笔名牖民、逸民、黎安、春秋，祖籍广东高要。1939年出生在越南鱼米之乡薄寮省。爱好诗文，20世纪60年代开始在越南华文文坛活动，驰骋西堤工商界。年轻时曾获西堤华文报散文优胜奖。现任胡志明市华文文学会副会长、《文艺季刊》主编。刘氏宗亲会立案理事长、颍川华文学校荣誉董事长。著有散文集《堤岸今昔》、《后园》，诗集《雪痕》等。

刘为安的诗歌写景亦抒情，他善于在自然美景中发掘生命奥义，将人内心情感与情景进行勾连。试看刘为安的诗歌《莲》：

僻壤
泥塘
你不受污染
长出

① 黄秋韵：《柬埔寨华文文艺思想浅析——以〈棉华日报〉文艺副刊〈文艺学习〉为例》，见朱文斌、王晓初主编《世界华文文学研究》第八辑，安徽文艺出版社2013年版，第79页。

粉红色花瓣
绿绿的莲蓬
涵盖了天地间
唯你一枝独秀
纯洁
娇艳
芬香

周敦颐在《爱莲说》中描述莲“出淤泥而不染，浊清涟而不妖”，刘为安在《莲》一诗中也对莲加以赞美。诗人与莲的相遇是偶然，却被莲的“纯洁、娇艳、芬香”所吸引，喜爱之情溢于言表。刘为安爱莲，缘于它的美丽多姿——“粉红色的花瓣，绿绿的莲蓬”，同时为它在“偏僻泥塘”中昂然生长的姿态折服——“涵盖了天地间，唯你一枝独秀”，莲清新脱俗的气息弥散在诗间。《莲》全诗以细腻的笔墨对莲的外形、生长环境进行描摹，以静默淡然的笔触道出莲的高洁品质。诗人对莲刹那间的一瞥，留下了绵长的情绪，他并不掩饰对莲的喜爱之情，向读者宣扬莲的独特与高贵。

除了诗歌之外，刘为安在小说创作上也有涉猎。其微型小说《眼睛》以第一、二人称并用的日记（或书信）口吻追怀了一段四年多前与厂花黄女从相识相慕、到含泪割舍的凄美感情故事。故事借助《射雕英雄传》的情节揭示了现实与理想间的强烈反差：黄女已经有了她的郭青，“我”虽然沉溺于黄女深邃如海的大眼睛，并一度也令她欢心，却不得不面对她已经订婚并最终结婚的事实，同样是美好的结局，但幸福却与“我”无关。于“我”而言，现实与理想间的距离依旧遥远，对于美好也只能可遇不可求。这篇小说细腻刻画了一位具有浪漫注意情感的知识分子，在现实境遇面前挥之不去的怀恋与惆怅情绪。叙事视角的灵活转换，既便于讲述故事又利于主观情感的抒发，使得文章更加可信可感，富有感性色彩。水汪汪深邃如海的“眼睛”是关于美好理想的象征，寄托着“我”对美好理想的不舍与怀念，传达出“我”对现实生活中“有情却无缘”之窘境的无奈和感伤。

微型小说《没有写完的故事》同样以书信体记述了一段懵懂而青涩的情感历程。来自城市的“我”带着使命感去往乡村辅导乡民运用农机，恰巧是“你”接待了“我”，“你”的贴心温情和满含秋水的双眼令“我”留恋，带着这份情缘与留恋我们从此相离而去，而再见时却已是事过情迁，多情的“你”“我”面对早已变迁的现实时，只剩下了令人扼腕叹息的旧日回忆。小说写得详略得当，对人物动作神态和情感心理都把握得精准细致，小说叙事语言富有青春色彩，展示了青涩爱情的美好与凄迷，抱怨了社会并不遂人愿的现实无奈，同时也抒发了“多情却似总无情”的人物心声。

刘为安善于通过第一、二人称并用的叙述方式讲述美好而伤感的爱情故事，传达出时代青年男女对于爱情的渴慕与追求，讲述其爱不可得的失落与悲伤，以及妥协之下的他们对于美好曾经的无限感念之情。

二、许均铨：左手写文右手写诗

许均铨（1952—　），男，澳门居民，1952年12月31日出生于缅甸仰光市，祖籍广东台山。著作有《澳门许均铨微型小说选》，小小说集《一份公证书》，微型小说集《西蒙的故事》，小说集《浪漫禁区的情愫》。主编《亚细安现代华文文学作品选·缅甸卷》和《缅华文学作品选》（2015年春第一期、2016年第二期）；合编著《缅甸佛国之旅》、《归侨在澳门》以及《缅甸华文文学作品选》。其《驿站的岁月》曾获“第八届澳门文学奖”散文优秀奖。

许均铨的小说贴近现实，真正源于生活而高于生活，其设计精心、构思巧妙，常能给人以反思、令人回味。其小说《那双眼睛》以“眼睛”为线索，向我们追述了一段曾经满目疮痍、乱象横生的社会现状以及混乱社会中一个家庭的悲惨与不幸。小说先写凯瑟琳与“体贴识趣”的“好丈夫”营造的美满和睦的家庭氛围，这与后文所揭示出的曾经的家庭不幸形成了反跌对照，突出了苦难的深重与人物形象间的前后转变，读来令人无不慨叹唏嘘。作者通过“眼睛”巧设悬念，激发了读者进一步阅读的兴趣，并在最后的巧合中揭出真相，给人以“既出意料，又入情理”的审美体验，使得作品既耐人寻味又引人深思。该故事情节完整生动、引人入胜，能够在跌宕之中掀起波澜，既新奇而又不失真实，带给人不一样的阅读震撼，而在震撼与豁然开朗之外，我们不禁要发问：到底是什么造就了文本中所出现的不堪局面？

另一篇《美容师的过错》讲述的是移居到微威国并在该国做着清洁工作的梅姨因为无谓的过错而遭到解雇的故事。从乡下来的“读书不多”的梅姨对于城市生活存在诸多不解：明明是茅厕，老学究却说是“五谷轮回之所”；在公园做清洁工作，偏偏被叫“城市美容师”；在乡下抛青草、老菜叶喂鱼，而在微威国公园却连好面包都喂不得等，一连串的错位和矛盾皆因微威国的官员普遍都得一种“气粗病”。在梅姨看来本是正确合理的事，到了“气粗病”的官员眼里就变得错误百出了，小说揭示出不同阶层之间观念的差距之大与矛盾之深，也一定程度上反映出了官员们舍本求末、本末倒置、脱离群众与实际的虚浮作风问题，具有一定的现实批判意味。

许钧铨的诗歌创作也为颇丰。其诗歌《致五边形诗文组合》是诗人写给五边形诗文组合的一首励志诗。五边形诗文组合是缅甸近50年来首个成立的华文文学团体，由一群80后华裔创立，出版过诗集。2015年3月，五边形诗社成员首次于缅甸仰光承办“第八届东南亚华文诗人大会”。该诗分为四小节，第一节中歌颂了诗社的诞生，用“烈日”、“狂风”、“骤雨”来喻指诗社建立的困难，并进一步讴歌诗人们面对困难不畏艰险的坚定信念。第二节描绘了诗社成功建立后的业绩，“碧绿的嫩叶”指诗社不断发展和扩大，“艳丽的花卉”则指诗人们创作的成果结晶。第三、四节是前两小节的延伸，诗人在此提出了诗社的意义是否存在的问题，整首诗基调高昂激烈，情感真挚热情，是一首独特的赞美诗。

许钧铨的《山边的一朵花》是一首托物言志的诗歌。诗人描述了山上的一朵小花，生长在“嶙峋的石缝”中，生长环境十分艰难，但是诗人提出了“与众不同”这个观点，认为小花并不像其他花朵安逸的生长，反而能够唤醒生命绝处求生的本能。第二节中诗人形塑了小花日夜坚强生长的状貌，将“泪痕”比作“上天恩赐的晨露”，赞美了小花身处逆境却乐观顽强、坚持不懈努力的高贵品格。许钧铨借小花这个意象表达了自己内心的情感，即对像小花一样逆境求生的坚强品质的赞美和倾慕。

三、婉文：爱情故事的专注叙述者

婉文是柬埔寨华文小说创作中比较有代表性的一位，其尤其擅长叙述爱情小说。婉文笔下的爱情故事往往情节复杂，作家以其丰富的想象力去虚构一件件传奇爱情轶事，能够较好地将读者带入其编制的情感世界。《“威士巴”之恋》是婉文的代表作，该小说亦是柬埔寨爱情小说中较为经典的篇章之一。

《“威士巴”之恋》中的洁兰是一位爱慕虚荣、贪图享乐的肤浅少女，当她遇见风度翩翩、潇洒倜傥的公子哥高天雄后，随即抛弃了恋人林凡，转而投入高天雄的怀抱。然而，高天雄是一个金玉其外的伪君子，在玩弄了洁兰的感情之后便以父母不同意为理由将其抛弃。深受打击的洁兰在旧日恋人林凡的关爱和鼓励之下逐渐恢复信心，同时工友们的关切和友谊也感化了洁兰原本冷漠的心。实际上，婉文通过洁兰的爱情经历向读者展示了何为正确的爱情观，并就如何获得情感幸福这一永恒话题给出了自己的答案。

小说中的人物形象纷繁，但都具有个性色彩，且每一位都代表了社会上的一类群体，折射出不同群类的爱情观和价值观。在赵婶（洁兰的母亲）看来，房子、车子和金钱就代表了人生最大的幸福，获得了这些就意味着生活的美满，因此她极力撮合女儿洁兰和公子哥高天雄的爱情。而在高天雄那里，幸福就是风流，是纵情享乐，以占有美丽女性的方式获取其所谓的幸福。与赵婶和高天雄所不同的是，林凡、碧珍、月桂、少霞等人的幸福观和价值观则显得更加正当合理。对于后者而言，幸福是爱岗敬业、勤奋工作、积极进取、待人友爱、互帮互助，信仰并努力通过自己的奋斗去实现自己的价值和理想。正是因为这样一种价值观，林凡和工友们才没有在被洁兰背叛，或被其冷漠对待后将其拒之门外，而是在她受到伤害后用爱和友善去抚慰她、原谅她、感化她，他们胸怀宽广，接纳的大门始终为洁兰敞开。洁兰在经历了这场爱情变故后，其价值观也从原本的肤浅虚荣、贪图享乐转变为与林凡及工友们趋向一致，即踏实上进、友善待人、自力更生。

婉文的创作态度和情感立场十分明确，对于赵婶和高天雄这类人，作者显然是持一种批判的态度，对于林凡和工友们则是肯定和褒扬的。也正是因为婉文不拘泥于浅层的讲述爱情故事，而是深入社会现实与情感伦理的矛盾深处去建构小说情节，因此其爱情小说更显得耐人寻味。在柬埔寨华文小说的创作中，类似《“威士巴”之恋》的爱情小说还有秋枫的《被爱情遗弃的人》、易梅的《生命的转折点》、傅志远的《一对新居》等作品①。

思考论述题：

1. 请你谈谈华文报刊与越南华文文学发展的关系。
2. 请简要论析越南华文诗歌的创作历程，并举出代表诗人及诗社。
3. 结合具体作品，谈谈刘为安笔下的爱情叙事。
4. 请谈谈中国现代文学对缅甸华文文学的影响。
5. 请概述缅甸华文文学的发展历程。
6. 请论析许钧铨小说创作和诗歌创作的互文性。
7. 请谈谈《棉华日报》在柬埔寨华文文学史上的地位。
8. 请谈谈柬埔寨华文文学的现实主义创作传统。
9. 结合具体作品谈谈婉文小说中的爱情叙事。

① 陈贤茂主编：《海外华文文学史》第三卷，鹭江出版社1999年版，第390页。

第九章　日本华文文学

第一节　日本华文文学发展概述

从历史上看，日本与中国一衣带水，而且有着较为长久的文化交流的事实。在近现代史上，戊戌政变后，梁启超去日本，先后创办《清议报》与《新民丛报》，这两份在横滨出版的报纸，可谓清末保皇党报刊之领袖。甲午战争后的1896年，清政府第一次向日本派出了13名留学生，从此大批中国学生赴日留学的浪潮对中国历史的发展产生了深远的影响。“五四”新文化运动的开展与在日中国人的日本经验有着密切的联系，以周氏兄弟、郭沫若、郁达夫、陈独秀、成仿吾、夏衍、穆木天、丰子恺为代表的“五四”新文化运动干将，正是在日本开启了他们思考中国现代性的征途，进而以文艺作为开辟中国现代公共空间的道具。恰如李怡所论：“在强烈的民族屈辱体验当中，中国留日学人开始了对本民族的反思。”① 郭沫若曾说：“中国文坛大半是日本留学生建筑成的。创造社的主要作家是日本留学生，语丝派的也是一样。此外，有些从欧美回来的彗星和国内奋起的新人，他们的努力和他们的建树，总还没有前两派的势力浩大，而且多是受了前两派的影响。”② 由此可见，中国现代文学场域中的一些关键词的产生和传播，皆与在日中国学人的文化活动有着密切的联系。可以说，在日中国人的文艺创作构成了日本华文文学的主要组成部分。

1945年日本战败时，不少台湾人旅居在日本，部分作家的文学成就是在日本完成的，这其中的典型代表是陈舜臣、陶晶孙、邱永汉、司马桑敦。陈舜臣祖籍福建福州，1924年2月18日出生于日本神户市元町，毕业于大阪外国语大学印地语学科。1957年开始创作推理小说，1961年处女作《枯草之根》获奖。之后，他又连续发表了《三色之家》、《割破》、《愤怒的菩萨》等多部推理小说，1969年发表的《青玉狮子香炉》，获得“第六十届直木赏”这一日本大众文学的最高奖赏。自1967年《鸦片战争》开始，陈舜臣又将创作的重点

---

① 李怡：《“立人”与现代民族复兴问题——鲁迅留日时期的思考和警觉》，《首都师范大学学报（社会科学版）》2019年第1期。

② 张福贵、靳丛林：《中日近现代文学关系比较研究》，吉林大学出版社1999年版，第10～11页。

移向中国历史小说。此类小说大多从中国历史取材，而历史既包括中国古代历史，也包括近现代史。作品有《长安日记——贺望东探案集》、《鸦片战争》、《大江不流——小说日清战争》、《太平天国》、《青山一发》、《玉岭的叹息》、《中国任侠传》、《续中国任侠传》、《秘本三国志》、《郑成功——致旋风》、《中国奇人传》、《诸葛孔明》、《中国人杰传》、《耶律楚材》、《成吉思汗一族》、《桃源乡》、《曹操残梦——魏曹一族》等160多种，其中尤以《小说十八史略》（六卷，后改为十二卷）最为畅销，自1977年出版以来已发行100多万册。陈舜臣的中国历史小说系列，带有浓厚的家国情怀，对中国历史怀有深切的悲悯。陈舜臣先后在日本获得十多个文学、文化奖项，不仅是日本推理小说史上的首位“三冠王”，还被称为“日本中国题材历史小说第一人”。

邱永汉（1924—2012），原名邱炳南，生于中国台湾台南一个富庶的商人家庭，1954年移居日本，现代著名的投资家、经济评论家，同时也是一名作家。1955年，邱永汉在当年8—11月《大众文艺》杂志刊登小说《香港》，获得1958年下半年直木赏（日本文学奖之一），成为第一位在日本获直木赏的外国作家。邱永汉对“日本人与中国人的比较观察”情有独钟，其作品有《中国人与日本人》（1993）。

司马桑敦（1918—1981），原名王光逖，辽宁大连金州人，出身于商人家庭。早年曾经参加东北抗日义勇军，之后在洁净街56号积极投入哈尔滨左翼文学阵线活动中。1948年离开长春去台湾，1954年被派往日本。司马桑敦在东京大学攻读硕士、博士课程，获得硕士学位，并在东京大学开办中国史学讲座。1955年起担任中国台湾《联合报》驻日特派员，其报道曾被誉为台湾“东京第一支笔”。1977年从《联合报》退休并移居美国，致力于创办中文报刊。他在日本生活了20多年，对日本社会了解深刻，对时事分析透彻，文笔流畅，见解精辟。有著作《中日关系二十五年》、《张学良评传》，传记《张老帅与张少帅》、《张学良秘史》，长篇小说《野马传》，短篇小说集《山洪暴发的时候》，散文集《爱荷华秋深了》，通讯报告文学集《江户十年》、《扶桑漫步》（一、二）。

中国台湾旅日作家中两位女作家比较有影响力：林文月、刘黎儿。林文月1933年出生于上海日本租界，1946年返回台湾，作家、翻译家、学者。1969年，受台静农鼓励，她到京都大学人文科学研究所担任研究员一年，根据在日本京都的学习和观察而创作的《京都一年》是其第一部散文集，在文中，京都的亭台楼阁、古刹名园、四季变化、节令行事都被作家写得栩栩如生。

1972年中日邦交正常化，随着中国改革开放政策的实行，20世纪90年代初，投资、技术、留学与文化移民的数量逐年递增，留日学生和新移居日本的人数高涨，这都为新移民文学的发展提供了重要的基础和条件。90年代初，孙立川、王中忱、李长声等一批留学生出版了文学刊物《荒岛》，发表了旅日作家的不少优秀之作。以后又有秦岚、刘燕子、丁厥、李占刚等编辑出版了《蓝》双语文学刊物，刊登不少在日华人和中国本土作家的作品，这些作品一方面促进了日本和中国的文化和文学交流，另一方面也推动了在日华人文学的发展。只是不少主创者在世纪之交的日本生存艰难，不得不身兼多职，这些刊物最终没能长久地持续下去。与此同时，《留学生新闻》、《中文导报》等陆续创办，成为日本影响很大的中文报刊。江曾培主编的《中国留学生文学大系·当代小说日本大洋洲卷》刊登了许多留学生的文学作品。1990 年以后中国国内的很多文学刊物如《小说月报》、《上海文学》、《名作欣赏》、《小说界》、《作家杂志》、《天津文学》、《福建青年》、《萌芽》、《鸭绿江》等刊发了蒋濮、黑孩、樊祥达等在日华文作家的作品。21 世纪以来，在日华人开始在激烈的生存中站稳脚跟，回顾由出国、打拼、稳定、向上发展这一历程，经济的宽裕、书写的欲望、情感的内需都构成了种种助推的力量，促使日本华文作家创作出现了一个小高潮。当代日本华文文学从题材类型上大致可以分为：留学生文学、新移民文学、新移民海归文学等。

1990 年之后的日本华文文学作家队伍的来源构成，既有来自台湾、香港地区的，也有大陆新移民，从身份上说，既有加入日本国籍的华裔，也有不少长期旅居者，更有短期留学生、访问学者、赴日求职者等。这使原有的日本华人华侨相对单一的结构布局产生了较大变化。这些作家中，既有新“知日派”[①] 随笔作家李长声、李兆忠、毛丹青、姜建强、王东、刘柠，也有散文家燕子、林惠子、王敏、叶青、张石、杜海玲、房雪霏；既有诗人田原、林祁、和富弥生、春野、戴宇、春马，也有纪实作家曾樾、李惠薪、刘德有、樊祥达、刘东、董炳月、莫邦富、杨文凯等。而桃子、葛笑政、郑芸、蒋濮、小草、吴民民、华纯、黑孩、施小炜、晓峰、万景路、东山彰良等作家也都为当代日华文学贡献了不少佳作，其中像毛丹青、叶青、唐亚明、杨逸等用日汉双语写作的华人作家已取得了一定的文学影响力。杨逸 2008 年凭中篇小说《浸着时光的早晨》获得第 139 届芥川文学奖，是第一位荣获该奖项的外

① 知日派：指了解日本，将日本不仅作为一个认识的对象，也将其作为一种研究的对象。在中国，自从黄遵宪的《日本国志》出版以来，就表明了知识分子开始思考中华帝国以自我为中心的复杂心态，转而提出要向日本学习。在中国，不乏“轻日”、“师日”、“亲日”、“仇日”，但就是缺少“知日”（见王芝琛等：《“六十年来中国与日本”》，《读书》2006 年第 3 期）。据李兆忠考察，“黄遵宪编撰《日本国志》目的并不在日本，而在中国”（李兆忠：《雾里观花　知日百年》，《书屋》2006 年第 3 期）。知日的目的就在于解决中国的问题。近代中国百年历史上有不少知日的知识分子，如戴季陶、周作人，在当代有新知日派作家如李长声、刘柠等。国外也有知日派，如美国的鲁思·本尼迪克特。

国作家。

90年代以来，一批以旅日、留日生活为背景的作品迅速问世。蒋濮的《东京没有爱情》、华纯的《沙漠风云》、樊祥达的《上海人在东京》、林惠子的《东京：一个荒诞的梦》、小草的《日本留学一千天》、李佩的《在那片天空下》、李蕙薪的《月是故乡明——北京姑娘在东京》、张石的《东京伤逝》、葛笑政的《东京的诱惑》、孟庆华的《告别丰岛园》、亦夫的《无花果落地的声响》、元山里子的《三代东瀛物语》等都是具有代表性的作品。蒋濮的"东京"系列小说影响比较大。作品聚焦人物异国情爱梦的破灭。在《不要问我从哪里来》、《东京没有爱情》、《东京恋》、《东京梦》、《异缘》、《绿太阳》等小说中，蒋濮结合日本经验，注重描绘女性在异国情爱追寻的幻灭，紧密捕捉日本现代资本主义消费给个体情欲带来的巨大冲击。小说中的主人公大多生活在由消费和欲望共同营构的"东京"这一空间中，他们经受着从肉体到精神的煎熬与冲击。小说中的琳琳、安妮、路露、叶萍等人物"都不过是这豪华世界里无奈飘荡的一叶小小的浮萍，在东京流浪、流浪。东京恋也好，东京梦也好，反正东京没有爱情!"① 小说弥漫着浓郁的飘零与孤寂的味道，流露出早期新移民异国生存所经受的巨大冲击。

1990年以来的在日华人遭遇了日本的泡沫经济时代，日本华文文学也适逢后工业化和电子媒介的逼近。作为改革开放后第一批留学生或移民，日本华文作家从前现代化社会一下子来到一个"光怪陆离"的现代化国家，其中的复杂感受必然构成他们叙事和想象的冲动和资源。诸如：日本社会的声光电影、美丽山水、发达的交通、鳞次栉比的建筑、丰富的现代文化艺术产品、古老的传统文化的声音等都会触动作家思维的碰撞，进而激发作家的心灵的震撼。李长声的"闲话"系列随笔、华纯的《丝的诱惑：在日本俯拾文明符号》、林惠子的纪实文学《东京私人档案——一个中国人眼中的日本人》、陈希我的《真日本》、张石的《樱雪鸿泥》、房雪霏的《日常日本》、王东的《别跟我说你懂日本》等都从不同的视角，描绘着他们经验中的日本。

21世纪以来，不少日华作家开始穿越于中日两国之间，其作品更是表呈着丰富而多变的异国体验与中国情感。2011年12月，日本华文文学笔会成立后，吸引并汇聚了一大批喜欢文学、有志于用中文进行创作的在日华人作者。日本华文文学笔会在王敏、华纯、姜建强三位会长的先后带领下，通过勤于笔耕、举办文学活动、参与世界华文文学学术交流等方式，比如2019年4月在日本东京举办了首届"日本华文文学创作和评论国际研讨会"，出版了《当代

---

① 陈荒煤：《理解与召唤——〈东京没有爱情〉序》，见陈荒煤著《陈荒煤文集　第6卷　文学评论（下）》，中国电影出版社2013年版，第296页。

日华文学作品集》，推动日本华文文学走进一个新的蓬勃发展的时期。

在叙事资源的摄取方面，日本华文作家首先将书写的重心对准了历史。历史既包含着作为民族的集体无意识的记忆，还包括个人的历史记忆。前者是作家国族和群体集体身份的一种印证，后者则是作家特殊的个人经验，它包括个体性别的差别、环境的差异、认知的差异等。对不少日本华文作家来说，他们没有忘记悠久的中国历史及“文革”梦魇式的冲击。中国 20 世纪 50 年代至 60 年代中期的红色叙事以高歌猛进的姿态影像曾经造成他们对个体价值的遗忘和忽略，拒绝这种遗忘，彰显那些被掩盖的事实真相，构成了一部分作家写作的主题。他们聚焦对个体价值的挖掘和对历史观念的人性化矫正，进而凸显红色年月中被遮蔽的个体性意义，表现出历史负荷下的人性的扭曲与撕裂。那种疼痛感会直击人心，如陈永和、杨逸的作品。另一方面，一些作家开始展示全球化背景下欲望和消费给人们带来的精神迷失和惶惑，吴民民的《欲望的地平线》、黑孩的《樱花情人》、陈希我的《移民》、亦夫的《无花果落地的声响》、哈南的《新宿三丁目》等都是其中的代表。

近些年日本华文文学中引人瞩目的小说家有陈永和、亦夫、哈南、元山里子。元山里子原名李小婵，中日混血，其父亲李文清是厦门大学的一名数学教授，陈景润曾是其学生。在非虚构作品《三代东瀛物语》（2017）中，元山里子记录了祖父、父亲李文清以及元山里子三代人与日本之间的关系，重点描述了父亲李文清去日留学、回国执教、经历战争、娶回日本爱人游玉贞等复杂的人生。之后的《他和我的东瀛物语》（2019），是作家的第二部家史。作品描述了元山里子的丈夫元山俊美横跨大半个世纪的跌宕起伏的人生，他亲身经历了日本侵华战争，之后进入日本“和平宪法”年代，又经历了与日本右翼分子斗争等事件，一生的命运与近现代中日历史紧密相连。作为当年侵华战争中的一员，他在战争中不断反省这场战争给中国人、日本人带来的伤害。战争结束后，作为反战代表，元山俊美对那段不堪回首的侵华历史进行了深刻反思，并以实际行动，比如演讲、集会、游行、举办“731 部队罪行展览”、重回湖南文明铺向中国人道歉等方式，表达他的忏悔和对正义的维护。小说从一名普通士兵和日本家庭的视角再现了侵华战争中日本军人鲜有的一面。作家在叙述中充分调用了记忆中的关键点，力争摆事实，还原一个集耿直性格和英雄色彩于一身的日本士兵形象。与通常的宏大叙述或者对历史的公共记忆书写不同，小说通过元山俊美的亲历者视角展开叙述，从人性立场赋予元山俊美这位日本人不一样的“士兵”气质，从而为我们提供了认识战争和认识日本人的新的题材。元山里子的复杂而曲折的家史足以构成文学创作和生产的武库，其作品将纪实和虚构进行了融合，具有较强的文学性和史料学价值。

第二节　主要作家选讲

一、田原：中日文化的歌者

田原，旅日诗人、文学博士、翻译家。1965 年生于河南漯河，90 年代初赴日留学，现任教于日本东北大学。先后出版有《田原诗选》、《梦蛇》等诗集以及日文版诗集《岸的诞生》和多部文论集等，翻译有《谷川俊太郎诗选》（3 册）、《异邦人——辻井乔诗选》等，多次获得过华文诗歌奖。发表有中、短篇小说和大量日语论文。编选有两册日文版《中国新生代诗人诗选》（竹内新译）等。出版有日语文论集《谷川俊太郎论》（岩波书店）等。作品有较大的影响力，先后被翻译成英、德、法、意、西班牙、土耳其、阿拉伯、芬兰、葡萄牙等十多种语言，出版有英语和韩语诗选集。田原也致力于对日本著名诗人谷川俊太郎诗歌的译介和推广活动。

田原从 20 世纪 90 年代初开始发表诗歌，出国之前，已是一个诗人。留日之后的创作显示出他对故乡中国之根的复杂情愫与多面审视。对过去的再现，是将个人对故乡中国的爱与恨粘连在一体的。在《家族与现实主义》组诗中，诗人充分展现了代际记忆中历史负荷对个体的重压。“爷爷的满身疮痍/都是因为他勤劳的积蓄被划上坏成分后留下的/一次次在‘革命’的暴力中死里逃生。”[①]（《李氏爷爷》）“爷爷”在革命风暴的年岁中“满身疮痍”，这是“文革”这一个特殊时代在个体心灵史上留下的印记，其构成了诗人对一代中国人生命思考的契机，在对时间的凝视中渗透着浓浓的悲凉气氛。“梦中的河横流在我的故乡/跟传说中的那条很像/缥缈恍惚如一条鞭痕/在一代又一代人的记忆中/抽响。”[②]（《梦中的河》）诗人以河为意象，描述着河边上一代又一代的中华儿女走过的道路，“祖祖辈辈沐浴着它长大/年年干旱的农田因它的浇灌长粮”，河是生命的源泉，河也是一代代中国人生命的见证，从河流的幽暗的光影中可以窥视民族的精神和性格。“梦中的河”更是一种刻骨铭心的创伤记忆，它构成了一种力量，不断鞭策着后来的人们。诗人通过“梦中的河”抵达对中国人生命之源的探秘。

田原的诗歌大部分“完成于远离母语现场的异国边缘”[③]，因此，一部分

---

① 田原：《田原诗选》，人民文学出版社 2007 年版，第 162 页。

② 田原：《梦蛇：田原诗集》，东方出版社 2015 年版，第 55 页。

③ 田原：《书前十条》，见田原《田原诗选》，人民文学出版社 2007 年版，第 1 页。

诗歌是用汉语创作的，另一部分原本是用日语写成的，后经他翻译成汉语构成他的一部汉语诗歌选集。在其诗歌中，除了一些日本和中国的图像之外，同时还有一些关于时间和生命的图像，如在诗歌《八月》中，诗人就不断地通过使用隐喻获得对“八月”这一特定时间的深层感知，赋予了“八月”这一时间符号浓郁的哲学气息。由此，“八月”不仅是人类主观经验中的季节性时间，还包含着丰富的人类社会的和个人经验的痕迹。同时，“八月”也开始将人类不同的经验流程进行了收容与归纳，这样，“八月”的丰富性人文主题便如一幅幅绘画，在一张张不同的图像中被展示出来。

田原的一些诗作触及并使用了荒诞和恐怖的题材，但诗人的心灵体验却是极为清醒和真实的，并有内在的批判精神贯穿始终。在其异乎寻常的想象、幻想世界里，却有着坚实可靠的情理线索乃至历史想象力逻辑。《钢琴》、《马路》、《冬日》、《富士山》、《骑马者·牵马者·马》、《高尔基之死》、《黎明前的火车》、《蝴蝶之死》、《此刻》、《异国电车》都是佳作。

二、李长声：知日派随笔的开拓者

李长声（1949— ），旅日作家。生于长春，曾任《日本文学》杂志副主编。1988 年自费东渡日本，一度专攻日本出版文化史。自励“勤工观社会，博览著文章”，20 世纪 90 年代以来为北京、上海、广东、台湾等地的报刊写随笔专栏。

旅日华文作家李长声以“近而不媚，爱而不溺”① 的姿态书写中日文化。李长声自 20 世纪 80 年代末便开始在《读书》上发表日本文化的随笔文章，其时而辛辣、时而幽默、时而深邃、时而俏皮的风格已经构成了日本华文随笔散文中的一道醒目的风景线。而这种叙事风格和叙事话语策略的形成与他对日本文化和文学的长久浸淫和对中国传统历史知识的汲取是分不开的。其随笔以其渊博的知识和稳健的文风显示着日本华人“独立知识人”身份的建立，《长声闲话》系列随笔荣获华侨华人“中山文学奖”。基于早年文化出版工作的积累，凭借对中日文化和历史的熟稔，李长声的一支笔自由地出入于中日文化的肌理命脉之中。由此，他以随笔散文自由穿梭于中日文化不同的空间系统之中，描绘并制造着双重他者视域中的知识生成。

伴随着后工业时代和消费社会的到来，不少日本华文作家开始在一种多元化的社会氛围中构建自己的想象空间和多元化身份。与中国本土作家相比，日本华文作家虽然在文化接受上显示着对中国文明的继承和因袭，但是另一方面，不同地区文化的影响也催生了他们对自身多元身份的思考。对日本华文作

① 李长声、郑周明：《我们并不真正了解日本文化》，《文学报》2013 年 9 月 12 日。

家而言，中国文化、日本文化、全球性带来的西方文化甚至一些少数族文化都可能极大地左右着他们对自我身份的建构。正是在对中国文化中心的疏离和对多元文化的接受的背景下，不少作家逐渐形成了边缘文化的视域和立场，李长声正是这些作家中的代表。整体来看，他的随笔注重个体价值的实现和个人叙事空间的建构，同时，这种个人叙事空间并非对社会和文化是关闭的，相反，是十分敞开的。正像不少离散性写作一样，他的作品也构成了某种游离式效应，在观念上不凸显某一国族的立场和身份，而将重心落脚在对普世性价值的追求上，进而显示出文本的世界性色彩和意义。

具体来说，李长声的随笔以对主流叙事空间的排斥和对“非中心”意识的尊重为基础，从而在叙事资源上不断进行遴选。对李长声来说，他热衷于选取吸引他的物象和符号，站在一种独立者的立场之上，就某种现象和事物而引发思考，侃侃而谈，时而描述，时而点评，时而戏谑，时而严肃，从而很好地继承了“闲话风”传统中的自由主义风范。事实上，李长声也说自己崇尚闲适的心态，他钦慕周作人，而不太欣赏鲁迅的激越的斗志。这不是说后者对他没有影响，而是在个人趣味和审美气质上，他更接近前者。在《纸上声》、《居酒屋闲话》、《枕边闲谈》、《四方山闲话》、《东游西话》、《四帖半闲话》等一系列随笔集中，均凸显着他对自由、独立的文化观念的追求。2017 年他又出版了个人的自选集三部，分别是文学及出版篇：《反正都能飞》；文化与历史篇：《况且况且况》；生活并审美篇：《雪地茫茫呀》。

除了从现实的日常生活和镜像中摄取一些闲谈的话资之外，李长声也关注从日本历史和文化的源头中寻找文化反思的价值资源。这种叙事理路围绕着两种模式即从“现实—历史”或从“历史—现实”展开。前者注重从现实事物中挖掘深层的历史元素，以此件事物为叙事线索，但是意义并不止步于就事论事。深入历史的深层，甚至在历史的横向面上进行自由的阐述，最终将由此（现实）到彼（历史）的论述理路衍射到不同的时空中。他撬开历史的坚冰，尝试言说的多种可能性，随笔虽然短小，却囊括巨大的文化含量。后者由历史话题进入对现实秩序的省悟中，以古讽今，旨归在对当下现实的干预与参与。而作家又始终与此种现实保持着远距离的凝视姿态，不远不近，进而构成了他随笔的不急不慢、幽默洒脱、涉笔成趣的个人风格。

另外，李长声的散文一方面在话语策略上继承了中国先秦历史散文《左传》以来的“春秋笔法”、晚明小品散文、五四的“闲话风”。另一方面，在行文和叙事话语上，他又汲取了日本的随笔写作的精髓，语言讲究，精致简洁。在简短的话语结构中凸显人的性情和观念，同时流露出浓郁的诗性与思辨色彩，进而构建起个人的风格。在他的《哈，日本》一系列随笔中，他以闲适的笔调对准了日本文化和中国文化的缺陷侃侃而谈。他尝试不将自己捆绑在任何一种文化系统或模式之内。对日本来说，他是一位中国旅人；对中国来说，他又是一位远距离的眺望者，文字间的那份洒脱与幽默荡漾开来，实则呈露他看取事物和审视国族的独特的间性视角。而读者便也能领会他写作伦理中的客观与豁达，写作技术上的智识和超越。或许正是一种“不中不日”的第三方立场和视角，使得他的随笔于嬉笑怒骂之中透射出血气，让看似琐碎的叙事中掺杂着高远的姿态和纯真的性情。用他自己的话说，“哈，是初见的惊奇，是深入后的了然，而声音放低，近乎哼，甚至有一点就那么回事的不屑。这一声‘哈’，还有暗含腰斩‘哈日’族之意”①，由此观之，一个充满智慧和真性情的李长声就赫然出现了。这样，日本文化或中国文化都是其言说的素材。上至天文历法、下至街头艺妓、如血樱花，大至日本武士精神，小至一次偶遇和一句俳谐，他都能够从中捕捉出深邃的文化元素。

李长声遵从对知识的“非立场化”取舍的需求，着意于心，以一种恬淡的姿态消解着任何一种中心立场的统摄。与其说他不在乎书写对中心意识形态的触犯，不如说他早已洞彻这两者之间的复杂扭结关系，并能巧妙地大事化小，从“小”出发，微言大义。这似乎正反映了他所追求的洒脱心境与审美趣味：“梅花要一枝一枝地赏玩，而樱花只要一树一林地遥遥一望，便茫然生出些感慨。举杯痛饮，谁还管他花开花落呢?”此语一出，便使得文风从严肃骤转，滑向了一种旷达和平实。

三、陈永和：福州的文化记忆与阴鸷的中国故事

陈永和（1953— ），福建福州人，1982 年毕业于福建师范大学历史系。1987 年赴日本留学，现居住于日本。作家黑孩曾这样评价陈永和：“陈永和的故事肯定万物，视无常为命运，有对一个时代的所有的一切的尊重和理解。”②陈永和从 20 世纪 90 年代末开始创作。《东京之恋》（1998）是较早描述日本题材的小说，流露出浓郁的女性意识。之后，她发表过许多中短篇小说，国内刊物《山东文学》、《福建文学》、《上海文学》上曾刊登了中短篇小说《寻找裘方圆》、《小艾和洋姨》、《教授太太的一天》、《妈妈家的旧事》、《羚羊客栈》、《丑女桑桑》、《没有烦恼的日子》、《困境》、《东京风情》、《变脸》等。陈永和的文笔和语言具有女性特有的绵密和细腻、圆熟和老到。近些年来，随着经验和视域的渐次铺开，她显示出驾驭多种题材的可能性。发表性作品有三部长篇小说：《一九七九年纪事》、《光禄坊三号》、《黄玫瑰陷阱》。《黄玫瑰陷阱》主要描写了日本华人代际之间因认知、观念的差别所引发的情感纠葛。

① 李长声：《哈，日本》序言，中国书店 2010 年版，第 7～8 页。

② 黑孩：《我与陈永和》，《文学自由谈》2018 年第 4 期。

《一九七九年纪事》写的是“我”（男性）从日本东京飞回老家福州处理旧书之际，借由一张三十年前的旧字条，逐渐打开了尘封已久的记忆的闸门。作家将小说背景设在当代福州的三坊七巷。小说的底色是阴鸷而又黑暗的。时常出现的“停尸房”、“火葬场”、“精神病院”是人物活动的主要场景。小说将思考的对象对准了个体在“文革”中的凄惨遭遇，集中呈现特定时代特定背景下人性的扭曲与疯狂，人物也逐渐从三十年前的氤氲历史中走来。

这里重点说几个主要人物。芳表姐的母亲和林家驹完全是两个世界的人，两个本来毫无瓜葛的人只因一场政治运动，他们的命运便被捆绑在一起。芳表姐母亲为了给女儿寻找一个“红色”的、“成分好”的家庭，主动嫁给了工人阶级出身的林家驹。但她却不愿放下自己知识分子高傲的身段，不愿与其同居，哪怕承受着丈夫林家驹的毒打与虐待。林家驹遂将“复仇”的目标锁定在当时只有 15 岁的继女芳表姐身上，对其进行长期的性虐待。另一个人物关根，身材粗壮但目不识丁，又聋又哑却身为“监狱长”，掌握着权力；而身为作家的儒谨虽然满腹经纶却成为“阶下囚”。为了凸显权力对人的管控，陈永和使用了卡夫卡式的叙事手法，描述平庸之恶与权力的合谋给普通人带来的凄惨可怖的生存境况，尤其体现在儒谨这位文人身处的令人咋舌的窘境中：“除了老鼠……什么女人，一切的一切都会被这些可怕的动物赶得干干净净，他还能想什么？还能做什么呢？他只能机械地把他头脑里的老鼠重复地写下来，所以他的书，有空的地方就全是老鼠了。”① 小说将儒谨所身处的环境的酷烈与权力的胁迫都描述了出来，进而凸显出个体意义和伦理在疯狂年月中的缺失和变形。小说营造了一种阴森悬疑的气氛，鬼气、鬼影、墓地、不断出现的死亡事件等都增加了小说叙事的紧张趋势，在调动读者阅读兴趣的同时，彰显出作家处理小说题材的艺术功力。

和每一位走出国门的中国人一样，陈永和对故乡福州有很深厚的情结。她小说中无处不在的福州元素和福州景观，诸如“三坊七巷”、“台江三保”等，一方面来自她个人的经验和记忆，另一方面也来自历史传统在福州的延续，从而让她的小说与福州取得了文化地理学上的紧密关联。而这种福州记忆书写最典型的要体现在长篇小说《光禄坊三号》之中。

《光禄坊三号》描述了 63 岁的公司董事长沈一义的三份遗嘱所勾连起的不同人物之间的恩恩怨怨。沈一义生前是个呼风唤雨的商场俊杰，他生前立下了三份互为制约的遗嘱，安排周遭亲者与近者的未来生活，遗嘱公证后交由律师钟正明执行。第一份遗嘱是在沈一义死后第二天宣读的，内容简单明了。出乎意料的是第二份遗嘱：他请求妻子陈冬梅跟前妻林芬住进光禄坊三号宅院，并

① 陈永和：《一九七九年纪事》，《收获》2015 年第 8 期。

邀请龚心吕女士跟娄开放女士同住。宣读第三份遗嘱的前提条件是四个女人共同住进此宅院一年。摆在前妻（林芬）、现任妻子（陈冬梅）、沈一义的仰慕者（龚心吕）与沈一义初恋女友（娄开放）四位女性面前的是同一问题：住不住进光禄坊？

小说本身具有浓郁的福州味道和福州印记，也充满着悬念和玄机。最后，几个女人化干戈为玉帛，意见达成一致，在光禄坊三号宅院居住下来，她们之间虽然也有矛盾，但总体上是相安无事，一派祥和。人物之间的冲突被日常生活叙事所取代和冲淡，没有读者期待中的凶险和女人间的搏斗，甚至没有谜底。但是在细密的层层叙述中，交织着作家的一种恒常性的价值观念。第三份遗嘱最终在小说结尾戛然收笔，给读者留下了无限的想象空间。这一敞开性的结尾，虽有不完整之嫌，却也预示和象征着生活本身的诸多无解和不可预料之本义。

陈永和的小说将历史和福州这一地域文化进行了有机融合，她生于福州长于福州，对福州有着难以割舍的情感，这种情感符号通过主体的感知、通过民俗化符号、通过虚构性的福州人的日常生活得以生动地呈现，并生发出福州的文化地理学意义。

四、亦夫：作为方法的“面具人格”

亦夫（1964—　），陕西扶风人，原名吕伯平，北京大学毕业，1994 年发表长篇小说《土街》，之后做过图书馆馆员，文化机关干部和出版社编辑，2000 年后举家旅居日本。亦夫一直坚持小说和散文创作，先后出版了《玄鸟》、《城市尖叫》、《迷失》、《一树谎花》、《媾疫》等多部长篇小说。作家陈忠实曾对亦夫的《城市尖叫》给予较高评价，认为“亦夫的不同凡响之处，在于他把这些病态心理的人，按照生活的逻辑写成正常的人”①。

亦夫的小说诡异神秘、反叛常规。研究者已注意到其创作具有浓厚的魔幻现实主义色彩。进入 21 世纪，亦夫新作不断出现，《吕镇》（2015）是一部乡土题材长篇小说，讲述了与忘忧河、石鹰山相邻的吕镇上诸多人物遭遇的种种近乎荒诞、带有寓言色彩的经历，其中的一个人物焦大愚是一个从美国回到故乡吕镇上的传奇式人物，被人称为“焦大仙”。散文集有《盛期，我与你总是擦肩而过》。其长篇小说《生旦净末的爱情物语》聚焦于黄沙遍地的中国西北，描述“一生都是靠对爱情的回忆生活的”钟世魁家庭三代人物奇幻而又复杂的情感纠葛。小说充分挖掘现实主义叙事对社会的剖析和把脉的功能，在展示“生旦

① 陈忠实：《〈城市尖叫〉阅读笔记》，见亦夫《城市尖叫》，文化艺术出版社 2001 年版，第 3 页。

净末”各色人物的命运路程之际，彰显着现实主义写作的影射与批判功能。

长篇小说《无花果落地的声响》最初以《被囚禁的果实》为名刊载在《当代（长篇小说选刊）》2018年第6期上，一经刊载，便引来评论者的关注，并荣获华侨华人“中山文学奖”。在亦夫笔下，面具人格的勾勒和塑造不仅成为他构建小说的一种方法，也成为他理解跨文化间隔膜与壁垒的重要途径。从罗文辉的心灵嬗变，到井上惠子的日本面具的拆解，从“中国父亲”的情感变迁，再到罗文辉的深刻忏悔，可以看到，面具人格已成为亦夫处理此部小说叙事结构的重要的突破口。具体来说，面具人格主要分为传统儒家型面具人格（中国父亲）、日本圣母式面具人格（井上惠子）、文化忏悔型面具人格（罗文辉）。不同的面具人格类型牵引着故事的衍生和曲折走向，从而构成亦夫在小说领域进行主题建构、意义涵摄的主要凭据。

在《无花果落地的声响》中，亦夫尝试将他个人近二十年的东瀛旅居生活体验融入到题材中来，进而生成一种带有浓郁日本体验的跨文化小说，有着双重身份的主人公罗文辉（日本名字叫井上正雄）是一个自由撰稿人。小说以主人公罗文辉为中心，围绕着主人公的复杂的人物关系走向，在中国和日本双重棱镜投射下逐渐营建起丰盈而又绵密的文本世界，而小说主题的呈现主要是通过不同人物之间关系的勾勒体现出来的。

第一层人物关系是罗文辉与井上惠子的关系。罗文辉年轻时由于向往穿着华美的日本和服的日本女人惠子，不顾家人的发对，只身东渡日本。几十年过去了，罗文辉在日本已经安家定居，他依然没有得到以父亲为代表的中国家族的完全认可。罗文辉时常惴惴不安，左右讨好，戴着面具苦心经营着日本的家庭，又小心翼翼维系着与中国亲人之间的关系。为了维持一团和气，罗文辉甚至向中国父母隐瞒日本妻子桃香智障的真实情况。而在灵魂深处，罗文辉的灵魂却背负着双重重压，在中日两个家庭中苦苦挣扎。

小说以时间为线索，一开篇就是采用了卡夫卡式的冷静笔调讲述了惠子的一场葬礼。惠子既是“我”赴日的第一冲动，也是“我”时常魂牵梦萦的对象。事实上，也正是为了接近“惠子”，“我”才同惠子的女儿结婚并成为一家人。“惠子死了”，却在“我”的生活中激起巨大的波澜，不断引发“我”对故乡中国、日本家人之间关系的深入思考。更为重要的是“我”还向中国父亲隐瞒了另一个的惊人秘密——“儿子”井上勉与“我”没有血缘关系。惠子名义上是“我”的岳母，但是在“我”的内心世界，却相当于“精神上的妻子”。在罗文辉的不同叙事声音中，惠子时而是美的化身，时而是性感符号的象征。然而，惠子外在圣母般的美丽容颜终究也是一种面具。她曾经阴暗的生活与外在圣母般的美貌构成的反差不断啮噬着罗文辉的神经，构成了后者的精神围城和囚笼，也让后者不断明白生命与生存的实相并非只是面具外在的光鲜与亮丽，其面具背后的真实乃是生命的一种常态化存在。

第二层人物关系是罗文辉与毛燕北等日本的朋友、邻居、学生的关系。罗文辉是一个业余作家，就创作与刊登连载小说《圣徒的眼泪》一事，罗文辉与友人毛燕北进行多次切磋交流，由此牵引出罗文辉视域中的另外几对人物关系的走向，诸如三木老太太与小叔子的故事、毛燕北离婚又结婚的故事、中内千夏自杀身亡的故事、安腾和彦寻找古谷沙希的故事等等。每一对人物关系被叙述者巧妙地安排了悬念，显得扑朔迷离，却又在罗文辉这一主导叙事人物的支配下，有条有理。作为次要的线索，在主题意义上与主线——罗文辉和惠子之间的情感纠葛产生互动效应。

第三层人物关系是罗文辉与中国父亲、日本“儿子”之间的关系。显然，罗文辉具有一种撕裂式的双重人格，现实中的“我”与中国父亲之间关系的起伏消长，离不开“儿子”井上勉的参与。而罗文辉又背负着井上勉“儿子”身份所造成的自责感，其与井上勉的父子关系处于不断的摩擦中，既滋生着新的矛盾，又获得一定程度的消弭，从而得以维持罗文辉特定的身份位置。以父亲为代表的中国人对日本的看法包含了一定的顽固成分，同时也显示出中日之间的认知沟壑。视日本为第二个故乡的罗文辉，只能不断地疲于奔命，努力呵护与维系着故乡中国和日本之间的关系。

小说中的日本与中国的反差对位书写也在一定程度上展示着中日不同的社会观念，其中所饱含的批判不言而喻。在散文集《盛期，我与你总是擦肩而过》（2017）中专门有一篇与此部小说同名的散文，亦夫描写了被人们遗忘的水蜜桃化为污物，在其中说“这些果实看似悲惨的命运，其实并非被遗忘，而是源于一种与我认知相悖的习俗的囚禁……”① 亦夫在小说中发动了一场对人们固有认知观念的挑战。

五、哈南：中日文化认知观念的勘探者

哈南（1949—　），男，本名徐金湘，出生于福建莆田，1988 年开始旅居日本。哈南早在 1978 年便以本名徐金湘开始了文学创作，出国之前的小说曾在《福建文学》、《小说月报》上发表，加入过福建省作家协会。赴日后，写作暂停。21 世纪近二十年来，哈南凭借其丰富的职场经验和生活积累重新开始小说创作。之所以重操旧业，用他的话来说，最终还是源自写作兴趣。十多年的写作的暂停，并不意味着他文学情趣的停止。相反，十多年的异国生活打拼恰恰构成他域外写作题材累积与精神探索的宝贵时期，也是他打磨萃取写作风格的一个契机。哈南以绵密精细的叙述能力、敏锐而多样的触觉感知勾勒出他

① 亦夫：《盛期，我与你总是擦肩而过》，花城出版社 2017 年版，第 164 页。

异国旅居的经验和想象。小说创作更是显示出哈南文笔中的敏锐与多情，文本中那浓得化不开的情绪在2015年出版的中篇小说集《北海道》中已显山露水，这部中篇小说集曾经以单篇形式陆续发表在《北京文学》、《上海文学》、《中国作家》等刊物上，其中既有展示在日中国人“归化”和“蜕变”的矛盾挣扎（《西村和他的装置艺术》、《北海道》），也有展示新中国成立之后，阶级成分划分背景下旧式地主后代残酷的生存现状（《黄金两钱》）；既有呈现“文革”时期非正常权力统摄下的个体青春的挣扎与牺牲（《飘逝的红绸巾》），也有捕捉当代在日华人在不同文化惯习之间的压抑心理（《那一刻你不再担保》）。哈南注重在日华人形而下的现实生存境况，现实主义的描写方法是他一以贯之的叙事手段，关注中日不同伦理和传统秩序在现代的存续，深挖文化惯习对个体的制约和规范效应，是他最为拿手也最为钟情的题材。在近些年发表的几部长篇小说中，有着集中展示。

长篇小说《猫红》的时代背景定格于20世纪90年代初中国人经商大潮掀起之时，故事发生的空间则主要在中国和日本东京。在题材上，哈南处理了一个跨国境跨历史的古董生意事件。只不过，这并非是一个普通意义上的跨国寻宝之旅，而是勾勒出了中国人思想和情感结构的变迁。小说通过聚焦主人公成之久的异国生意打拼和情感磨合，来审视中日文化与习俗的根本性差异对个体的影响。当然，小说也通过插叙古董元青花的来历再现了二战期间中国元青花外流的历史掌故，重现了20世纪90年代末中日对古代中国文化遗产的商业化竞争和追逐情状。

在小说《金戒指》中，哈南处理了老年人生活和精神诉求的题材。小说中的主人公大衫从日本回国，暂居北京，并且在北京一个小巷里觅得一位老中医黄主任为自己治病。同时他有了自己的社交圈子，开始有步骤有规律地过着多彩的老年人生活。小说从大衫的视角进行叙事，不断用插叙的手法让大衫一次次地进入特定历史记忆的长河之中。于是，大衫苍白的青春和残缺的爱情得以呈现。小说将宏大历史构成的权力描述成与渺小个体相对抗的压抑性与统摄性力量，前者的强大映衬着后者的渺小。而60岁的大衫已经走过了大半生，回顾往事，只能以一种坦然的不断回忆的能力，拼命地抓住属于他们那一代人的残酷的青春的尾巴。

长篇小说《新宿三丁目》描写了大连外国语大学毕业的中国女孩孟茵在日本打拼并且殒命的故事。而孟茵故事的叙述是通过“我”的视角展开的。小说采用“我”这一旁观者叙事视角来讲述孟茵的情感遭际。它规避了孟茵内视角下复杂情感波澜的外显，从一种旁观者视角更能够看清以孟茵为代表的中国女性的异国情感危机。在跨国婚姻与爱情之中，伦理和道德层面上的差异最终体现在观念认知上的差异，这种差异也是中日两种文化之间隔膜的一个重要原因。如果继续推而广之，我们可以看到小说从男女情感这一内核出发，关涉着更为广泛的现实语境的制约与制度层面的隔膜。我们甚至还可以从在日中国人的职场体验、异国生活、政治诉求等不同方面获取同样的观察标本。哈南不惮用漫长而曲折的叙事交代和追踪一个女人在异国他乡的神秘踪迹，展现了20世纪末以来在日华人生存和生活的历史。

哈南在小说中由着自己看取人与事的恒常性的心态。他娓娓道来，不煽情，不夸张，却在语言密织的网络中准确地安排人物的身份、揣摩人物的心境，这一切又都是那么自然，那么平常。在一定层面上，哈南试图用现实中的伦理差异来传达出中日文化之间审美和认知上的根本性差别，其小说的文学性与思想性的内蕴都值得关注。

六、黑孩：女性情感与生命伦理的探索

黑孩（1963— ），女，本名耿仁秋，出生于辽宁大连，东北师范大学中文系毕业，曾任中国青年出版社《青年文学》编辑，文学创作开始于1986年。黑孩于20世纪80年代末在文坛出现时，正值新时期小说开始出现“井喷式”多元化写作的时代。早期的短篇小说、散文都弥漫着浓郁的青春的伤感与朦胧气息，尽管对现实的关注缺少一种力量，却能以诗性的言说传达情感中的困惑、忧愁等元素。

黑孩曾在不同的场合，言说她对人性的悲观认识：人性的缺陷而非完美恰恰才是人的常态，这种识见在早期小说《秋下一心愁》中得到了全面描绘。女主人公欧孩是一名记者，与丈夫零儿经历了失败的婚姻，这场婚姻的失败是源自欧孩与另一个男人米的难舍难分，最终这种“暧昧”关系被丈夫零儿发现，导致他们的情感发生危机。但是欧孩并非像虹影、陈染笔下的六六、倪拗拗那般彻底和决绝。她并不胆大，而是十分温顺，恪守传统对女性的界规与尺度，尽量完成个人在婚姻中的义务与责任。与同时期作家比较而言，黑孩更加关注情感中人物的精神和感受。她尽管也在实验中尝试一种形式的创造，却又不同于林白、陈染等女性后现代诗学精神的演绎。对于彼时的她来说，结构尚未成立，对生活的深度探析与体察似乎尚早。

黑孩于1992年开始旅居日本，由于职业原因，曾经有较长时间暂停写作。近些年来，新作不断涌现，如：《百分之百的痛》、《一江春水》、《上野不忍池》，散文集《故乡在路上》。受日本注重把玩精微细腻之风之影响，也感受于日式“物哀”传统背景下对纤细柔美之物的体察与玩味，她的写作不由自主地兼具了外邦人的陌生化视角。正如她所言，无论是新海诚的动漫，还是日本和服上的绚丽，抑或是艺伎粉白面具上的一点红，日本“细节”是她格外在意的，这些观察赋予她别样的凝视视角，拓展了她剔掘题材的禀赋。从《樱花情

人》到《惠比寿花园广场》，黑孩描述了旅日中国女性的情感遭遇，其中，一以贯之的是黑孩对女性身份和女性情感的直观，这种书写实践所表呈的对女性肉身与灵魂的洞悉具有重要的认识价值。如果说《樱花情人》是一种带有先锋意味的女性主义叙事实践，那么《惠比寿花园广场》则集中展现了移民的一段“心路历程”，笔墨聚焦于女性生命中的精神与现实、光明与黑暗。以此次写作为肇始，黑孩遂展开对不同文化背景下人类欲望和性格的双面审查，其中所呈示出的有关记忆的投射分布也使得小说在深挖人类情感结构、思考海外华人情感叙事的边界问题方面提供了重要参考。

多年旅日生活赋予黑孩对偶然以更多的体察，进而审视偶然中的必然。这种认识内嵌于小说《惠比寿花园广场》中的“我”和韩子煊波谲云诡的情感扭结之中，文字中间渐次充溢着的对不同国族中人类习性的观察逻辑越来越得到显现。而这次推动逻辑走势的文学表征武器，不在于人物单向度的肉身沉溺的展示，而在于通过一种双向的情感凝视，最终实现对人性残缺的全面勾勒。为了集中展示这一点，情感本身中的“性”的力量被弱化，物质牵引和欲望幻象的编织成为情感的主调。由此，幻象、凝视及其裹挟的欲望的面容是这部小说呈现出来的主题。在《惠比寿花园广场》中，小说主要叙述了在日中国人“我”和韩子煊之间的一段恋情，围绕着一个美丽的梦幻住所——日本东京的一处现代化建筑“惠比寿”不断展开故事的讲述，对应着小说中女主人公这一“实在界”① 之诱因——童话中的王子与公主理应幸福地生活在一起，城堡是他们的庇护和归宿，可惠比寿花园中的“我”和韩子煊却并不幸福。不少评论家已关注到黑孩创作的自然真挚这一特性，但是黑孩小说中的“痛痒”描述与心灵歌哭作为文本中的叙事重心又岂是能够简约化成为自然式的“爱与不爱”或“病态人格”使然？

继《惠比寿花园广场》之后，一向惯于描写情感的黑孩发表《贝尔蒙特公园》。她依然沿着关注个体情感的致思路径，依然是那种诚挚而又纯净的凝视世界的视角，只不过，在《贝尔蒙特公园》这部长篇小说中，她写作的雄心和抱负更大了。小说增加了对生命突发性与恒常性因素的挖掘，其主题所关涉的现代人对生存困境的超越以及作者对跨物种边界的伦理反思甚至逸出了小说叙事的边界，不由自主地指向一个更大的生命伦理的阐释空间。在这个空间中，黑孩用她敏锐的眼光审视不同生物群落中的风暴来袭与突围巨变，从中萃取与提炼值得敬畏的生命能量和值得省思的生存命题，从而不断挖掘并图绘着人的多种可能性。

① 齐泽克著，季广茂译：《斜目而视：透过通俗文化看拉康》，浙江大学出版社 2011 年版，第 76 页。

小说文笔细腻而又沾满了现代都市生存的原生态味道。作者从女性的内在感受出发，绘制出一种女性的丰富的感觉现象学，文字如湍湍细流，潜入心底，萦绕着，盘旋着，让人难以忘却。细碎的日常琐事经过女性的体验视角和感觉机制作用，别具生机盎然的味道。经过精心审察、悉心斟酌的细节无不准确传达着那些人物主体时而疾风骤雨、时而宁静致远的瞬间情绪。当然，作者的这种现实主义旨趣也不排斥生命本身的无趣和厌倦。事物总是有其两面性。小说对日本纵向社会运作机制的深层弊端的抨击是有力的。但如果只将女性对自身职场悲剧的超越指向女性内在思想的启蒙、对生命政治的洞悉，从而让女性重获新生，那么此种路径和代价之于女性，显然又构成无法承受的生命之“重”，这对于女性而言，是值得庆幸呢？还是不幸呢？这一问题当然指向了更深层的社会学的反思。

思考论述题：

1. 日本华文文学与日本文学之间的关系是什么？
2. 日本华文文学与中日社会变迁之间的关系是什么？
3. 田原诗歌的中原记忆特征有哪些？
4. 日本华文诗歌对日本诗歌的移植与接受有哪些？
5. 陈永和小说的艺术特征有哪些？
6. 哈南对当代中日文化观念认知差异的探索体现在哪些方面？
7. 李长声随笔与中国文化之间的关系是什么？
8. 日本华文文学想象中国的方式有哪些？

第二篇　欧美澳华文文学

第一章　欧洲华文文学

第一节　欧洲华文文学发展概述

五四运动前后，有相当一部分中国青年知识分子漂洋过海到达欧洲，留学求知，其中不乏作家诗人。他们的创作应属留学生文学、华侨文学。代表性的作家、诗人有徐志摩、艾青、巴金、萧乾、冯至、徐訏、老舍等。

20 世纪 50 年代以后，在我国台湾兴起留学高潮，其中虽有不少学子负笈来到欧洲大陆，但作家寥寥，多为散兵游勇，未能形成气候。因欧洲尚无文学阵地，他们的作品多在台湾或香港发表。这时期的华文文学作品，数量很少。自 1981 年欧洲华人学会在法国里昂成立后，华人之间的联系加强了，1983 年 5 月，欧洲华人学会主办的《欧华学报》创刊，更促进了中国文化在欧土的传播与发展，对华文文学的创作与研究也起了一定的作用。1982 年，《欧洲时报》、《欧洲日报》、《西德侨报》相继创刊，并设有副刊，使得欧华文坛情况有所改观，华文作家有所增加，许多地区也随之创办了一些华文刊物，如意大利的《梅讯》、维也纳的《多瑙河》、西班牙的《阳光》等，在法国的 10 多个华裔社团中不乏热心提倡写作风气的团体。“英国华文写作家协会”于 1988 年在伦敦成立，其宗旨是：交流英国（也包括英国以外）的作家、翻译家、诗人、编辑、报刊撰稿人、记者等用华文写作人士的写作经验，促进华文写作爱好者的写作水平，繁荣华文写作事业。该协会秘书长叶念伦在成立大会的发言中指出：华语是世界上把它作为母语来使用的人口最多的、而且是世界上历史最悠久的语言之一。英国华文写作家协会成立的目的是提高华文写作水平，这是有极其重要意义的。该协会聘请凌叔华、叶君健、郭南斯、何文格为顾问。英华作协成立后经常举办一些文学交流座谈会之类的活动，对推动英国华文文学创作颇有助益。1991 年“卢（卢森堡）比（比利时）荷（荷兰）华文作家协会”也正式成立，荷兰作家林湄出任会长。该文学社团成立后，卢森堡、比利时、荷兰三国的华文作家增加了彼此交流创作心得、相互砥砺的机会。1991 年欧洲华文作家协会也正式成立，该协会吸收会员达 60 多人，瑞士作家赵淑侠出任会长。在他们的努力下，欧洲华文文学步入了一个新的发展阶段。

欧洲的华文作家，也经历了三四代，后继者不乏其人。除前辈作家韩素音（英国）、赵淑侠（瑞士）、王镇国（比利时）等仍在笔耕外，活跃在华文文坛上的作家日见增多。德国有关愚谦、郭名凤、黄凤祝、罗英萁、谭绿屏、孙步菲、麦胜海、阮嘉玲、龚惠真、谢莹莹、孙步菲、任辉、筱元、刘瑛、穆紫荆、昔月、丁恩丽、夏青青、子初等；荷兰有林湄、池莲子、赵艳、孙一琪、孙逸勤、周青、廖蓉、赵安玉、陈军、王展鸿等；英国有苏立群、虹影、叶念伦、陈卓章、陈伯良等；法国有吕大明、卢岚、郭凝、郑宝娟、冯淑燕、绿骑士（陈重馨）、刘秉文、梯亚、徐林平等；还有瑞士的余心乐、杨蔚云，丹麦的池元莲、任欣欣、王依依，比利时的章平、蒋晓明，瑞典的张静河，意大利的阿航，匈牙利的乾宽、阿心，挪威的曹文、卞成刚，奥地利的唱燕、张文斌等，不时有新作品问世。

这一编“欧美澳华文文学”各章会讲述新移民文学，这里先作一简述。“新移民”是相对于台湾 60、70 年代的海外留学生老移民而言的，通常指 80、90 年代从中国大陆移民海外的留学生、知识阶层以及大量技术移民和投资移民等移民群体。“新移民文学”，是新移民从国内到海外双重生存经验互相映照和审思的一种文学书写。“新移民作家群”有何创作特征呢？它既不同于基本上是站在本土文化立场上对母国文化进行解构和重建的华裔美国文学——如西方学者所说，将美国文化身份内化后来寻找和辨识自己的母国文化身份；也不同于国内作家的海外游记类作品——从中国文化的立场和视野来摄取海外的生活片段。新移民作家不即不离的跨域写作，无论对国内生存经验还是海外生存经验，都具有一种“间性”的审思性质。国内和海外的双重经验，既是他们的生活现实，也是他们审视、比对和省思的文化优势。新移民文学所以受到特别的关注，正是来自他们双重文化身份的跨域写作所呈现的文化特征和文化优势。新移民作家群散居于世界每个国家中，对中华文化的传播与发展起到了桥梁性的作用。欧洲华文创作中老作家多以写过去的生活为主，均采用传统的写作手法，而新移民作家则以写现实生活为主，并自觉接受西方文学的影响。他们在国内发表或出版了不少描写欧洲生活经历的文学作品。

第二节　主要作家选讲

一、程抱一："第三元"文学理念的提倡与创作实践

程抱一（1929—　），生于山东济南，祖籍江西南昌。原名程纪贤，毕业于金陵大学外文系。1948 年赴法留学，1973 年加入法国国籍。1975 年，在巴黎第九大学取得博士学位。1998 年受邀回国在北京大学讲学。2002 年程抱一入选法兰西学院院士，成为近四百年来首位华裔院士。他用法文写了近 30 多部作品，包括小说、诗歌创作以及学术论著。其中大部分已被翻译成中文。主要作品有：长篇小说《天一言》（获费米娜文学奖）、《此情可待》。诗歌集《树与石》（被收入《20 世纪法国诗歌选》）、《呼吸变成语言》、《谁讲述我们的夜晚》、《期望永恒》、《万有之东——程抱一诗辑》、《生命的季节》、《36 首爱情诗》。学术论文《云雾与源泉，中国过去和现代诗歌音韵的变迁》、《唐朝张若虚诗歌形式的分析》、《虚与实：论中国绘画语言》、《中国诗歌语言和中国宇宙观的联系及其音韵的生命力》、《中国诗歌语言中主观和客观的交融，东方和西方的诗》等。

《天一言》是程抱一的优秀长篇小说代表作。1998 年获得法国费米娜文学奖。小说分为三个部分：《出发的史诗》，《转折的历程》，《回归的神话》。第一部叙述主人公天一于 1925 年出生在一个封建大家庭中，祖父做过县官。父亲是庶出，排行最小，地位也最轻。在他的记忆中，自己所住的那间屋子是"最阴冷、最潮湿的角落"。父母与孩子之间没有交流，封建等级观念根深蒂固。第二部叙述 1948 年天一到达巴黎。这是他一生的转折时期。虽然一开始到达巴黎的时候，他首先面对的是语言的隔膜。程抱一在一次采访中谈道："所有流浪在外的人一开始饱尝抛弃、匮乏和孤独的痛苦，在过去的乡愁和现在的苦难之间的撕裂感，他承受着极其'沉默'和寄人篱下的煎熬：面对着一种陌生的语言，就好像一个牙牙学语的婴孩儿，只能含糊不清地表达，词不达意、无法清晰而有条理地叙述，给别人一种被剥夺了思考和感受能力的印象。流浪者经受着被剥夺了语言的痛苦，同时认识到，语言是一个人'存在的合法性'。"后来，天一逐渐地适应了法国的生活，并认识了法国女孩薇荷妮克，经历了异国之恋。第三部讲述 1957 年天一回到中国。1959 年他被划为"右派"，到北大荒劳教。在这里，他懂得荒诞与无奈、迷茫与等待。在遭遇身体病困的时候，他不禁怀疑："我在何处？我是谁？我此时此地在宇宙永恒的中心做些什么？""即使身处孤独流放期中，仍然身不由己地被无形的锁链套着，这就是命运。在我以为无人知晓、无人关心的这段时期，是永恒，还是刹那？""永恒"

与“刹那”、死亡与生机是相对的。如程抱一在中文版自序中曾经引用普鲁斯特所言来表达他的生命观：“真正的生命是再活过的生命。而那再活过的生命是由记忆语言之再创造而获得的。”这篇小说出版之初，法国报纸曾评论：它是“挖掘个人和近代中国最为深沉的痛苦”的小说，它使“东方和西方，这两个世界从来没有过”的“接近”。它融汇着中西文化的精髓。

除创作之外，程抱一也从事翻译工作，在一次访谈中，他坦诚地说：“长期从事中法文化交流的实践，使我深刻认识到，翻译是沟通的重要手段。我体会到，要准确无误地介绍移植文化的本来面貌，不仅要真正精通母语和移植语言，还得有深厚的文化素养，学会用双重的目光来审视、来挑选。”

程抱一被称为“中国与西方文化之间永远不疲倦的摆渡人”。他把两种文化糅合，实现了艺术的升华，提出了明确的“第三元”的文化理念。他认为中西文化融合的关键在于，要实现两种文化结晶后生成的“第三元”。《道德经》讲，“道生一，一生二，二生三，三生万物。万物负阴而保阳，冲气以为和”。他对这段话有详细的解释：“原生的道指的是原生的无，从中生出原生的气，这就是一。一分为两个元素，那就是阴和阳。阳属于积极的力量，阴则是接受的柔性。这两者能够生成万物。但在二上又加了三，或者说在二之中插入了三，三正是最后一句讲的冲气……如果没有这冲气的运作，阴和阳将各自持而僵硬相对，而摄入冲气之后这一对就进入了一个开放、间开而又互动的境地；通过它们的互动，两者就可达到相互的转换。”他考虑在西方的现实处境，对中国传统道家文化给予新的理解与阐释。对古典文化，他这样说：“我们每个人，都是在传统观念中诠释，就好像胡适之考证《红楼梦》。但我们是后代人，不可能绝对地进入庄子或墨子的内心。事实上，我们每一代的人，都是受过自己当代文化的熏陶，著作或思想都有一种新的光照，这并不妨碍诠释。”进而，他将中西文化对照，认为“生命世界是统一的有机体”，“一元的文化是死的，是没有沟通，比如大一统、专制；二元是动态的，但是对立的，西方文化是二元的；三元是动态的，超越二元，又使得二元臣服，三元是‘中’，中生于二，又超于二。两个主体交流可以创造出真与美”。他的这种文化理念充分渗透在他的诗歌和小说创作中。他的诗集《双歌》和《恋情》等综合了东西方诗歌的长处，深受法国读者的喜爱。法国总统希拉克称程抱一先生是“我们这个时代的智者”。

他的诗辑《万有之东》是中西文化糅合的最好例证。诗中充满激情的独白，像一幅浓淡有致的山水画，将作者心灵深处对不同文化的原始感知喷涌而出。2005年在法国一出版便销售一空。该诗集共包括五部：《双歌集》、《托斯坎咏叹》、《沿着爱之长河》、《谁来言说我们的夜晚》和《冲虚之书》。程抱一曾解释：“‘万有之东’，超越东西之外，超越一切之外的‘东’，这是一种包容一切的境界。”《砚台石》中写道：“碧绿·蔚蓝/黄·红·橙。//自光而放的彩，/自物而发的彩，//以血·肉在此，结成未名联姻，//一夜暂短激情，/焚于眼·手之间//蔚蓝·碧绿/橙·红·黄。//转身的彩虹返向/原初之星云。//唯有它曾谙晓/梦中无色之味，/谙晓以黑·白描/无可描绘的灰。……在可见的东西里抓住不可见的东西，从有限中寻找无限。”凝练而含蓄，又颇具哲学奥义的句子，既有中国画的意境之美，也具有西方油画的色彩感，喷发出的是诗人对生命的深层思考。

二、赵淑侠：塞纳河畔之歌

赵淑侠（1931— ），祖籍黑龙江肇东，生于北平。1937年全面抗战爆发后，赵淑侠随家人逃到重庆。抗战胜利后，她随家庭辗转到台湾。1960年，她远赴法国留学，后转学到瑞士，并在瑞士定居。赵淑侠从小喜欢文学，1972年2月，赵淑侠回台湾探亲，给她很大的震撼，回到瑞士之后，她拿起笔来写作，笔耕不辍。出版有短篇小说集《西窗一夜雨》、《当我们年轻时》、《人的故事》、《湖畔梦痕》，长篇小说《我们的歌》、《落第》、《春江》、《塞纳河畔》、《赛金花》，散文集《紫枫园随笔》、《异乡情怀》、《海内存知己》、《故土与家园》等等。

赵淑侠在《西窗一夜雨》的自序中说：“在外国的十七八个年头，我走过不少地方，看过形形色色的中国人，深知他们的悲喜遭遇和求生奋斗之艰难，更看清了一些表面安定舒适，内里动荡彷徨的生活。我觉得在今天的世界上，做个中国人并不轻松；我也不相信有哪个居住在海外的中国人，会在感情上和精神上全无负担，‘漂泊感’似乎是我们这一代在海外的中国人共有的感觉。”正因为她了解在海外的中国人的思想和感情，因此她善于透过表面现象，烛照人物内心深处的幽微隐曲，创造血肉丰满而又个性各异的人物形象。《王博士的巴黎假期》是赵淑侠描写海外中国人系列小说的第一篇。小说中的王博士，是一位很有名望的科学家，事业成功、生活富裕，然而他活得并不轻松。青年时代他曾爱过一位漂亮女孩子，但那女孩子却倒进了一位年近60岁的比利时伯爵的怀抱。他既下不了决心回国，又不甘心娶一个外国女人，岁月蹉跎，至今50多岁，仍是形单影只。王博士的巴黎假期过得并不愉快，时代加诸这一代海外中国人的沉重心理负担，凝结而为浓重的心灵暗影。无根的漂泊感，无边的文化乡愁，造成了他的孤独、苦闷和彷徨。《西窗一夜雨》以陈志栩的遭遇，揭示了在国外求生的艰难，把被许多人羡慕的留学移居的人生道路，由大家所想象的铺满鲜花的玫瑰色还原为阴雨绵绵的灰颜色，颇有警醒作用。

《塞纳河之王》代表了赵淑侠短篇小说的最高成就。小说采用欲扬先抑的手法，塑造了一个外号叫“塞纳河之王”的画家王南强。他到巴黎17年，连一张画也卖不出去，整天闹穷，被大家看成是怪物。作者就在这种众人鄙厌的氛围中，着力表现他的伟大人格和他对艺术的执着追求。他一生唯一的崇高理想，就是要为中国画开拓一条新路，“把中国艺术精神介绍给世界，让中国画的美，探进西方艺术里，为全世界人接受，不光局限在中国一个地方”。最后，他成功了，他的画作终于为西方艺术界所接受，然而，他却被心脏病夺去了生命。作者用虔诚和崇敬的心情，完成了对一位为艺术和理想而献身的艺术家形象的塑造。赵淑侠在她的反映海外生活的系列小说中，描写了形形色色的海外中国人，王南强的精神品质无疑代表了最高境界。

《我们的歌》是赵淑侠的成名作。在这篇小说中，作者以余织云的留学、恋爱、婚姻为主线，描写了形形色色的海外中国人，构成了一幅色彩斑斓的人物画卷，而处在这幅画卷的中心位置的，是江啸风、余织云和何绍祥，他们分别代表了三种不同类型的人物。江啸风是一位有天赋、有才华的音乐家，他的理想是创造中国自己的音乐，创造我们的歌。他放弃了在德国的职位和优裕生活，甚至不惜与他深爱着的余织云闹翻，毅然回到台湾去，在寂寞的环境中推广我们的歌，后在一次台风中，他为了救人而淹死。余织云比起江啸风来，是一位更为复杂的人物。在理论上，她反对崇洋思想，讥笑许多人羡慕外国的物质生活；但在行动上，她却宁愿留在国外，也不愿回到台湾去。在爱情方面，她热烈地爱着江啸风，但她却不想跟他回台湾去受苦，去创造我们的歌，最终还是选择了何绍祥，过安定舒适的生活。所幸的是，余织云在“彷徨、失落、迷惘”之后，终于醒悟了。她决心要为自己的民族尽一点力，为把中国歌曲推广到世界去尽一点力。而何绍祥代表了另一个极端的人物。他是一位优秀的科学家，他的研究成果给他带来了荣誉和地位，然而，他又是一个毫无国家、民族观念的人，一心只想做一个超越国家界限的“世界公民”。但白种人根深蒂固的民族优越感和民族歧视，给他很大的打击；余织云带着孩子离开他，也给他带来了思想上的震撼。在一连串的打击之后，他终于从“世界公民”的迷梦中震醒。

《我们的歌》中的三个主要人物，尽管其起点不同，性格各异，但他们最终都回归到为国家、民族尽力这一大目标。他们无暇去咀嚼失根的痛苦，无暇去领略流浪异乡的彷徨，而是以积极进取的精神去拥抱自己的母亲，为民族的复兴献身。《我们的歌》的出现，标志着旧的留学生文学的终结和新的留学生文学的形成。

三、林湄：漂泊天涯的心路记录

林湄（1945—　），原名林梅，生于福建泉州。她成长于内地，70 年代去了香港，80 年代末又到荷兰定居。林湄创作热情一直持续不止，保持着旺盛的生命力，已写出《春之颂》、《天涯路》、《异乡人》、《漂泊》、《空茫》（后名《浮生外记》）、《迷失》、《天望》等文学作品。这些作品不仅生动展示了漂泊海外的心路历程，而且深入探索人生的意义。她密切关注妇女、老人、移民的命运，早已超越了个人命运，直逼全人类共同遇到的人生价值问题。林湄在人生漂泊中经常自勉：自强不息，超越生命的活力，与生活一起燃烧。这正是她一生追求并渗透在她创作中的人生目标和意义。

长篇小说《漂泊》讲述了一位中国女青年艺术家杨吉利漂泊到荷兰充满传奇性的婚恋生活和艰辛创业的故事。作者侧重于反映其有传统东方文化特点的新一代女移民在异国他乡与当地人文环境互相摩擦、互相适应、互相影响与渐渐融合的艰难复杂的历程，赞扬了她们奋发自强、坚韧拼搏的精神。而长篇小说《浮生外记》则相当集中地展现在外国生活了大半辈子的华侨胡磊和世顺祖孙几代人的关系，揭示出老、中、青华侨在文化观念、谋生手段、生活方式等方面的差异和对立。小说通过对少琛、桑平等新一代华侨青年的创新意识、创业实绩的描写，提出解决这些社会问题的基本途径，即华侨华人必须走出“华人小圈子”，融入到所在国的社会主体中；在经济上“走出餐馆业”，扩大创业领域；要通过华人社团加强与政府领导“打交道”，走“参政”之路，提高社会地位。作品以真实感人的情节反映华人社会观念形态的深刻变化，如桑平把老人院办得有声有色，少琛参政竞选有板有眼，老佟与娣姐的黄昏恋催人泪下，胡磊对女佣的婚外情刻骨铭心等。小说对华人华侨社会生活现状和发展道路的反映和探索达到了一定的广度和深度，具有现实而深远的意义。

被称为“天书”的长篇小说《天望》则是林湄呕心沥血十年的结晶。作者以超凡的理念，深刻的洞察力，精湛的艺术手法，深入人类精神本质和心灵体验，再现了人类生存处境中的绚烂与堕落、美与丑、强与弱、虚与实、真与假的景况，探讨人类精神世界的问题。这篇小说的结构很有特色，共分为五大篇，第一篇：水——漂流，第二篇：土——尘缘，第三篇：火——地火，第四篇：金——锤炼，第五篇：木——复活。篇章名提纲挈领地告诉我们这是一个边缘的视角，可谓是中西合璧。“金木水火土”五行和基督教的生命过程相结合，既体现了边缘人的焦虑，又融合了处于社会中心的人们的生存状态。而第一篇的背景是冬季，第二篇的背景是春季，接着是夏、秋、冬。由冬季又复归冬季。我们可以将它理解为两层含义：一方面，它意味着生命是循环不息的，以祖父的死为起始，以弗来得的复活为结束，生命不间断，人的命运也接踵而至。另一方面，小说从冬季回归到冬季，由寂寥回归到寂寥，其间的漂流、锤炼，始终不能摆脱命运的安排，一次次遭到挫败。也许有曾经的成功和辉煌，但最终都将一无所获。就像弗来得一样，拯救世界的勇气可嘉，但命运的打击令他又最终回到起点。尽管在微云的爱下，得以“复活”，可今后呢？小说留下的思考空间很大。

2014年，林湄出版了《天望》的姊妹篇《天外》，再度“十年磨一剑”。“《天外》以宏阔的地球村视野，独特而崭新的人物形象塑造，呈现出现代科技、物质发达的新世纪，现代知识分子的精神困惑与心灵世界探求。并在跨文化的地球村语境中，从人与自然的生态关系之高度反思人类的精神生态生活，是新世纪以来海外华文长篇小说创作的重要收获。”①

林湄的散文题材也新颖丰富，形式灵活多样。有专访、游记、随笔、小品或杂文，文笔自由活泼，蘸满作者的“真性情”，如对社会问题的深思默想，对人情世事的我歌我泣，均涌自肺腑，有所为而发。这些带有强烈时代感、生活哲理性和深挚人情味的散文作品，在成就上不亚于她的小说。

四、章平：漂泊异乡的反思体验

章平（1958—　），原籍浙江青田，1979年移居荷兰，现居比利时。著有长篇小说《孑影游魂》（又名《红皮影》）、《桃源》、《女阴石》、《冬之雪》、《红衣小矮人与楼兰》、《水晶帝国魔灵石》，诗集《心的墙、树和孩子》、《飘雪的世界》、《章平诗选集》等。

章平同时涉足诗歌和小说两个领域，且均有不俗的表现。在创作中，他没有单纯地沉溺于对以往生活经验回忆式的复写，而是尽可能地以其“海外视角”来透视其“中国体验”，并在这种透视中重建其作为一个“异在者”和漂泊者的生命理念。

翻开章平的诗集，感受最多的不外乎“漂泊”和“思乡”两种基本情绪。如在其第一部诗集《心的墙、树和孩子》里，《无须知道你是谁》一诗这样写道，“既然今天有缘相遇/无须知道你是谁/天南地北、五湖四海/走在一起，都爱这春的光辉//拖着你的手，默默走/这路途上能醉几回/假如明天是一声再见也无怨/记忆里已刻下一段难忘的回味”，充满着漂泊的酸楚和“无家”的感慨。其他如《给故乡的山、大海写的诗》、《江南三月》、《瓯江呵、我家乡的水》等，更能看出诗人对故国家园的刻骨思念。不过，随着章平人生阅历的丰富以及对自身漂泊生涯认同感的加强，其诗作逐渐变得含蓄、沉郁，超越了昔日单纯的思乡与哀怨，蕴含更多的是对生命本质的思考与感悟。如在诗集《飘雪的世界》里，《飘雪》一诗借着漫天飞舞的雪花，表达了诗人对一种自由、空灵、洒脱的人生境界的向往，诗的最后两节“飘飞的雪朵，纯净而洁白的肌肤/都是异域的女子，他们来自高空/从教堂旁幽黑的墓地里轻轻走过/站立的

① 江少川：《地球村视域下现代人精神世界的探寻——评林湄的长篇小说〈天外〉》，《华文文学》2016年第5期。

墓碑像它的主人的生前睡醒//他或她想讲述什么？难忘的故事/狂妄嗔怒都消失了，也没有不幸/嗦嗦声里，明白的或不明白的、都会归还给人生不灭不息的永恒”，情绪平和，诗境开阔，显示出诗人内心深处一派超然气象。

章平的第一部长篇小说《孑影游魂》（又叫《红皮影》，写于1983年）反映的是中国“文革”期间某农村所经历的一场政治浩劫。作者通过一个名叫仲龙的农村青年的奇特遭遇，用他特有的“黑色幽默”般的笔调，把读者引进了一个古怪、荒诞、诡秘、迷离的世界之中。作者没有一味地描写或控诉这场浩劫的种种罪恶，而是用一种喜剧的方式，揭示出历史与个人、存在与本质之间的不协调感，整部作品具有一种寓言般的象征意味。另外，《孑影游魂》与章平2006年新出版的两部长篇小说《桃源》和《女阴石》共同构成“红尘往事三部曲”，进一步以“文革”为背景，揭示个人在荒诞历史面前的无能为力。

《冬之雪》则是章平较为成功地反映海外移民生活的长篇小说。它以新鲜的题材、独特的视角，集中塑造了鸿雪、秦冬和之临三个性格不同、经历各异的中国青年艺术家的形象，并通过这些形象，表现出作者对生命自由本质的思考。作品没有着意渲染这三位艺术家在域外的奇遇和艰辛的求生故事，而是从精神层面写出了他们为充实自我、实现理想苦苦奋斗的心灵和人格蜕变的轨迹。

五、虹影：女性主体意识的彰显

虹影（1962— ），生于重庆，英籍华文作家。新移民作家中的佼佼者之一。她身世坎坷，天性敏感，性格倔强，曾自述：“我六岁时，黄皮寡脸，头发稀得打不起一个辫子。头脑迟钝得连过路收破烂的老头都惊奇。最后，母亲也失望了。左看右看都嫌我多余，决定把我送到四川忠县舅舅家。”诗人的敏感气质与作为私生女的不幸经历，成为她后来的创作动因。1983年2月，首次发表《组诗》；1988年4月，发表诗集《天堂鸟》；80年代末先后在北京鲁迅文学院、上海复旦大学作家班读书。1991年移居英国。1993年4月，发表了诗集《伦敦，危险的幽会》；同年12月，与于慈江合编《以诗论诗》等。这些都为她后来的小说创作打下了坚实的基础。国外的人生经验与生命感悟，更为她增添了艺术创造的资源和能量，现有长篇小说《饥饿的女儿》、《孔雀的叫喊》、《英国情人》、《阿难》、《上海王》、《上海魔术师》、《上海之死》、《好儿女花》等，中短篇小说集《你一直对温柔妥协》、《玄机之桥》、《带鞍的鹿》、《风信子女郎》、《辣椒式的口红》，散文集《异乡人手记》、《虹影打伞》等。虹影的作品不仅在中国大陆畅销，而且在台湾屡次获奖，并被译为英国、美国、德国、法国、澳大利亚、日本、挪威、瑞典等多国文字。《饥饿的女儿》曾获得台湾1997年《联合报》读书人最佳图书奖，并且被选为台湾青少年自选教材之一、美国伊利诺大学2008年年度阅读好书。

虹影的小说创作以鲜明的女性意识见长。《女子有行》、《上海王》充分展现了现代女性的独立精神。《女子有行》是虹影的第二部长篇小说，是描写未来的三部曲（《上海：康乃馨俱乐部》《纽约：逃出纽约》《布拉格：城市的陷落》）。其中描写在未来的时间里，一个中国女子无辜卷入各种斗争中。事实上，“我”真正的角色是“情人”。“天若有情天亦老”，凡是对情抱有希望的人，都会遭到致命的打击。特别是第二部《上海：康乃馨俱乐部》以极端鲜明的女性立场，摧毁男性历史，被称为“迄今为止最具叛逆性的一次女性写作”。《上海王》讲述20上半叶上海滩的故事。围绕申剧名角筱月桂的经历，描写了常力雄、黄佩玉、余其扬三代黑帮老大的故事。而最后，筱月桂成为君临上海滩的“上海王”。《上海王》与《上海之死》、《上海魔术师》，被称为虹影“重写海上花”系列小说。其中都突出地展现了虹影追求女性独立的鲜明立场与对男权历史的颠覆。

《饥饿的女儿》叙述一个在家中排行老六、名叫六六的女孩，出生在20世纪60年代的中国重庆长江边上。家境凄苦，在一个没有爱的家庭中长大。18岁的时候，终于知道自己是一个“私生女”，小说写道：“我从不主动与人提起生日，甚至对亲人，甚至对最好的朋友。先是有意忘记，后来就真的忘记了。十八岁之前，是没人记起我的生日，十八岁之后，是我不愿与人提起。不错，是十八岁那年。”生活的贫困、精神的贫瘠，使她与历史老师陷入了一段畸形的恋爱中。“饥饿”指的是一个私生女身体与精神的双重饥渴，寓涵的是一个饥荒的年代里个人的悲惨遭遇。翻译家葛浩文评价：“这本书固然说的是一个年轻姑娘与她的家庭的事，但也属于一个时代，一个地方，在最终意义上，属于一个民族。”

东西方文化的冲突与融合一直是虹影创作中的一个鲜明特征。她直言：“文明冲突将会是几十年的大题目。对于异乡人，这就是一个切身的大难题。”《英国情人》描述的是20世纪二三十年代，一个中国女诗人闵与英国战士裘利安·贝尔之间的爱情故事。裘利安·贝尔是英国布鲁姆斯伯里集团的后代，闵是他的第十一位情人。但闵让他深深折服。闵聪慧、漂亮，但已是有夫之妇，是中国某大学中文系系主任之妻。两人的爱情可谓惊世骇俗，背后透露出的是虹影关于女性解放的伦理诉求，也是关于中西方文化之间的碰撞与冲突，是后殖民时代“被殖民者”对“殖民者”的嘲讽与解构。小说蕴含着多重寓意，构思精巧，颇具后现代小说的特征。评论家朱大可认为它“措词典雅、优美，弥漫着世界主义（欧洲主义）气质，风格在劳伦斯和纳博科夫之间，却又充满女性特有的风味”。《阿难》是关于两家人之间的情仇恩怨的故事，一家是中国人与印度人，另一家是中国人与英国人。主人公阿难几经劫难，最后皈依。整部小说在展示文化冲突的同时，含有宗教救赎的意味。

贯穿虹影小说创作始终的，还有她对欲望本能的大胆表露。在一次访谈中，虹影表达："性爱是我小说的贯穿性旋律，我笔下的女人的性爱，比如《英国情人》里的女主人公，哪怕缠绵欲死，也是野性狂烈的；一旦痛苦欲绝，则是撕肝裂肺的。我绝不会遮遮掩掩捂住性器官：我的人物发乎情永远不会止于礼仪……人性的另外两个与生物界的特点——自我意识、以及叙述能力——与性爱的结合，三位一体，可能是人性的最高表现形式。"实际上，欲望书写的背后，是她对人性的深刻思考。

六、老木：植入哲理思考的小说创作

老木，原名李永华，老木为笔名。法学本科毕业。1955 年出生于聊城一个职员家庭。老木做过工、服过兵役。1992 年起在捷克做过进出口、侨团工作，首创捷克最早的华文报纸《商会通讯》。曾任欧洲华文作家协会副会长，主持创建捷克华文作家协会。老木是文坛多面手，著有长篇小说《新生》，中短篇小说集《垂柳》，散文集《石子路》、《老木随笔选集——直觉世界》、《心系故园》等 16 种。

老木阅历丰富，有跨国的丰富生活阅历，他将自己对人生的感悟、哲学思考与理想追求融入到文学创作之中，思想深沉，写作勤奋。他的小说创作广涉多种样式，包括长篇、中短篇、微型小说、纪实小说等。

五十万字的长篇《新生》是他小说创作的代表作，以跨国经商移民为主角，正面表现中欧经贸市场的商海风云，使得这部长篇题材独特而引人瞩目。长篇通过主人翁康久从中国移民东欧的经历，串起中国改革开放和捷克私有制变革的两条线索，展现出八九十年代小人物历经创业的困难艰辛与情感波折，突出展示了变革时期，底层小人物面对各种冲击、矛盾和诱惑的不同命运。康久"文革"结束后到乡镇企业东平鞋厂做工，后到捷克做生意。面临东欧复杂的商业竞争，康久在异国商海站稳脚跟，做到事业有成，找到人生的归宿。

纵观老木的小说创作有以下特点：

第一，注重新人物形象的塑造。老木以自己移民东欧丰富的生活经历，开拓跨国商贸新题材，塑造出新移民文学中引人瞩目的新人形象。长篇《新生》中的康久当过知青，从乡镇企业走出的"背货客"，一路做跨国生意，历经挫折坎坷，终于化危为安成为华商，在欧洲创业扎根。在异国商海沉浮中，康久发挥自己的聪明才智，坚守仁义、诚信的中华文化传统，同时把握到西方市场经济"法制、竞争"的运行模式，最后成为商界华裔精英。这一独特人物形象在华文文学人物画廊中很少出现，是作家理想人格的体现。第二，开掘人物形象复杂丰富的人性。老木小说中的人物性格复杂丰满，他注重开掘人物人性光明、美好的一面，同时也尖锐批判了人性的阴暗与丑陋。作家推崇集体主义利他精神，反对空洞议论和说教。老木在《天道》中，通过众多中外义工参与正义的反战活动以及踊跃无私的奉献，发现了平等友善正义是人类基本的人性，天然存在于每个人的心底深处。第三，在文学作品中融入哲学的思考。老木在《垂柳》自序中说："对现代哲学体系中被忽略的生命和人性问题的思考和研究，对我的小说写作影响很大。"他的文学创作，充分体现出他辩证看待人和事的哲学理念。《新生》中塑造的"老奘"一角，即为老庄与玄奘的"合体"，这个人物可谓是"儒佛道"哲学理念的化身，小说中"老奘"与康久几乎形影相随，成为他的精神偶像。老木的作品中有着浓郁的哲学思考和自省。他在小说中常常插入哲理式的议论。

老木的散文大体有两类，即文化散文与怀乡散文。文化散文主要写异域世情，如《石子路》写布拉格的高速公路、伏尔塔瓦河两岸的"世界建筑博物馆"与瓦茨拉夫广场，富有浓郁的历史文化色彩。怀乡散文记事写人写乡情与亲情，有浓郁的生活气息，注重细节描述。《端砚》一文构思精巧，以父亲白端砚为线索，串起对父亲一生的回忆。《妈妈，等着我》书写对亲人的牵挂，接到母亲病危的消息，作家心忧如焚，在飞机上呼唤：妈妈，等着我！情感真挚，催人泪下。

老木的诗选集《露珠——老木诗选》选有 200 多首诗，有对自然对生命的感悟，对故土、爱情的咏叹，情感与哲理交融，题材多样，短小精致。他善于用朴素的文字、白描的手法构成他诗歌的语言。如《高跟鞋》一诗，简略却深刻地揭示出时尚对人们心灵的扭曲：

> 脚/辛苦地在斜面上/寻找重心/过后/又失去了/既有的/平衡/
> 究竟是/心/需要那样的高度/还是/鞋/抽走了/脚的灵魂

这首诗通过朴实的语言和现实、隐喻两个层面的结构设计，以及字句的音韵和内在的节奏感安排，艺术而哲学化地阐释了人们在追求时尚的过程中，忘记生命本在的需求，从盲从到失落，呈现出悖论式巨大落差的心路历程。

2014—2015 年，老木用近两年时间，义务主持策划、实施，并即时报道了迄今海外华人规模最大（到访二战中欧洲的四大集中营、六大主要战场，共 32 个重要二战纪念馆和纪念地），时间最久（历时 42 天），路程最长（行程约一万七千公里）的"纪念世界反法西斯战争胜利 70 周年，单骑送铁证环球行"大型反战公益活动。

思考论述题:

1. 简述新时期以来欧洲华文文学的发展状况。

2. 结合作品，阐释程抱一的文学理念及其创作特色。

3. 为什么说《我们的歌》的出现，标志着旧留学生文学的终结，新留学生文学的形成?

4. 林湄的长篇小说《天望》主要探讨人类精神世界的问题，你是如何理解的?

5. 请结合具体作品谈谈章平是如何以“海外视角”来透视“中国体验”的。

6. 以具体作品为例，分析虹影是如何表现女性主体性的。

7. 阅读《新生》，分析康久这一人物形象的塑造及其独特性。

第二章　美国华文文学

第一节　美国华文文学发展概述

中国人最初是何时踏上美国大陆的，至今仍在考证之中。据记载，中美通商始于1784年。1848年加利福尼亚发现金矿之后，中国才开始有人移居美国。最初到美国的中国移民，当然也是以谋生为主，多为廉价劳动力，甚至有很多被以“贩猪仔”的形式贩到美洲大陆，参与了美国最早的开发。19世纪60年代，中国人为横跨美国的太平洋铁路的贯通不知付出了多少血汗和生命。然而，在美国工业革命告一段落，不再需要大量劳动力的时候，美国国会便于1882年通过了《排华法案》，使本已存在的种族歧视更加深刻化、法律化，美国华人进入更加悲惨的时期。这些早期的华人劳工，虽然在日常生活中坚守着中国的文化传统，但他们受教育有限，没有写作能力，只有一些口头作品流传，所以那时候还没有出现真正意义上的华文文学。

二战期间，中美同属于同盟国，并肩作战。在中国政府的要求下，1943年美国废除了《排华法案》，华人在美国受到法律保护，美国的华文文学才开始发展起来。如40年代后期赴美定居的黄运基，创作了长篇系列“异乡三部曲”，突出了一种自强不息的精神。这时，许多华人团结起来，纷纷成立一些文学社团，如美洲华侨青年文艺社等，创办了一些文学性的刊物，如文艺月刊《新苗》等。一些华文报纸的副刊也为文学作品的发表提供了阵地。

一些华文报纸的副刊也为文学作品的发表提供了阵地。1991年由美国华盛顿大学出版社出版的《埃仑诗集》载录了1990—1940年间在美国的华人劳工诗句，可见证20世纪初的华文文学概貌。严格说来，这本诗集也还不能称为“诗”，它们只是华工苦闷心境的记录。不过，在今天可见其史料意义所在。

20世纪50—60年代，又一批中国人从台湾来到美国。这些人大多是留学生，文化水平较高。但是，他们一踏上美国的土地，就面临着中西文化冲突，于是他们试图在文学中表达这种感受。这样就有了以於梨华为代表的“留学生文学”和以白先勇为代表的“浪子的悲歌”。稍后的作家们则在留学题材的创作中引入了反思的成分，使他们漂泊的经验在反思中得以扩大，而和更广阔的时空背景、文化背景联系起来。在朝向不同方向的拓展中，作家们形成了各自不同的风格：聂华苓的作品在历史空间和民族特性之间纵横、舒卷，张系国更加关心台湾的社会现实，丛甦则执意表现异国流浪者的心态……

除了表现海外漂泊的生活之外，还有一些小说开始对其他层次的人物（如劳工、市民等）有所表现。伊犁的《堕胎》与周腓力的《一周大事》值得一提。《堕胎》用质朴、细腻的笔致写成衣女工在社会和家庭中所面临的各种问题。《一周大事》则用诙谐幽默的笔调表现出一对夫妇因忙于做生意而引起家庭生活的不和谐。在这些作品中，作者把生活的梦想与沉重的异国现实联系在一起。另外，还有刘绍铭、水晶、方方、李渝、李黎、夏云、张北海、庄因、曹又方、李蓝、诚然谷、刘大任、袁则难、木令耆等的小说也颇有特色。

这个时期也涌现了众多诗人，如心笛、彭邦桢、郑愁予、叶维廉、张错、秦松、杨牧、蓝菱、许达然、李黎、非马、程步奎、吕嘉行、洪素丽、安晨、舒琴、李斐、木令耆、南营、夏云等。他们的诗歌创作在想象力和形式表现上都处于十分活跃的状态，而且由于对台湾现代派诗歌发展的反思，使他们接纳了中国现代诗歌的现实主义传统，甚至更为深广的文化传统。如非马的诗中，我们既可以体味到那种现代的气息，又可以体味到那种以诗悟禅的境界。

这个时期美国华人作家中除了一些人专注于散文创作外，小说家、诗人乃至大学教授、研究者都有散文创作。散文作家主要有张错、蒨心、叔华、张充和、木令耆、夏志清、唐德刚、季子、程步奎、侯榕生、陈之藩、心笛、秦松、吴玲瑶、杨牧、庄因、洪素丽等。他们的散文风格各异，佳作迭出。如庄因的散文以回忆的方式与往事相联系，表现出东方式的美学情趣；杨牧的散文具有清泉般的清纯之美，他的文字是性灵的歌，作为一个诗人，他的散文也具有诗的品格，跟诗的界限有些模糊；洪素丽的散文则是极朴实的，正如她给作品插图的版画一样，她甚至写了一些很实在的所谓生物散文，从中可以看到她的美学趣味。

随着中美关系以及海峡两岸关系的改善，尤其是中国改革开放之后，去美留学的人数剧增，美国自然涌现出更多的华人作家，但在美国土生土长的华文作家几乎没有。而且，这些华文作家的作品大多又是寄往中国大陆（内地）或台湾、香港发表的，这显然制约了美华文学的进一步发展，对于作家群和读者群的培养都是不利的。美国华人已经注意到这个问题，他们都在努力创造华语的语言环境，他们组建华文/华人作家协会组织，创办华文报纸、华语学校，推广、扩大汉语的影响力。

值得一提的是美国的《美华杂志》与《红杉林》杂志。《美华杂志》是由旧金山著名华人黄运基先生于1994年创办的一份纯文学杂志。其隶属于1972年成立的美国时代有限公司，出版形式为季刊。以此为阵地，形成了以黄运基、沙石为中心的“旧金山作家群”。因美国时代有限公司于2006年1月停业，《美华杂志》于2005年12月底停刊。值得庆幸的是，该杂志停刊后，由伯克利大学亚裔系主任王灵智教授牵头接管，成立《红杉林》杂志，由吕红担任主编，王性初担任副主编，成员有刘荒田、沙石、李硕儒、朱琦等，顾问有聂华苓、白先勇、余光中、郑愁予、陈若曦、张错、张炯、公仲、严歌苓等。《红杉林》的创刊宗旨为：“荟萃人文思想和艺术精华、弘扬中华文化。”它主张自由开放的人文精神、提供给海外华人发表艺术作品的交流平台、推动海外华文的发展、系统评价海外华文创作。在当前美华文学中，是比较有实力有优势的文艺阵地。

20 世纪 80 年代起从中国赴美国留学、移民的人数逐年增加，逐渐形成美国新移民作家群体。进入 20 世纪 90 年代，美国华文文坛已出现名家云集、新人辈出、新作迭起的局面。加拿大华文作协主席卢因曾在《加华文学的曙光——在白云诗社文学座谈会上的发言》中说：“美国那边的华文文学，人才辈出，老中青三结合，只要是执笔创作的，都拿得出作品来，甚至结集问世。从五四时代的旧将，到晚近三四年才崛起的新秀，不约而同地投入文学的行列，像百川归大海，切切实实地开花结果。”确实，美国华文文坛老、中、青三代作家齐聚一堂，再加上与中国大陆（内地）、台湾、香港文坛互动频繁、联系紧密，美国华文文学发展的新时期已悄然来到。像曹桂林的《北京人在纽约》、陈燕妮的《遭遇美国》、周琼的《纽约梦》、莫名的《梦美国、美国梦》、薛海翔的《早安，美利坚》等反映华人在美奋斗拼搏、追求自我完善的作品，已渐为大家所熟知。而严力、严歌苓、晓楂、周励、王性初、曹明华、刘荒田、少君、吕红、陈瑞林、施玮、施雨、二湘、虔谦、叶周、黄宗之、朱雪梅、陈九等新移民作家的创作更是引人注目。周励的《曼哈顿的中国女人》是新移民文学中绕不过的作品，可以被视作新移民文学的开山之作。王性初深情的怀恋故土的诗歌，堪称一绝；曹明华的散文被视为当代自然主义潮流中的佳作；刘荒田对北美草根生活的书写、少君的网络创作等等，每位新移民作家各有自己最独特的优势与明显的写作特色。

第二节　留学生文学潮

20 世纪 50—60 年代，台湾青年中出现了赴美留学热潮，与之伴生的“留学生文学”崛起于美国华文文坛。当初的台湾留学生，如白先勇、於梨华、聂华苓、陈若曦、杨牧、许达然、丛甦、非马、叶维廉、欧阳子、李黎、张系国、杜国清、洪铭水、张错、洪素丽、郑愁予等，现在都已是美华文坛的中坚力量。“留学生文学”成为美国华文文学发展的一座高峰。白先勇曾把这股文学潮分为三个时期：第一时期以於梨华为代表，主要描写台湾旅美留学生生活的沉重与感伤，表现一种无根命运的无奈和失落；第二时期以丛甦为代表，写海外华人和知识分子在移民生活中经受的文化冲突，揭示了华人在追求美国梦时所付出的代价，突出了由于盲目地美国化造成华人家庭两代人间的鸿沟；第三时期以张系国为代表，此时作品中海外华人和知识分子的社会处境和心态已发生了深刻变化，在无情地揭示部分华人思想和性格中的劣根性的同时，也表现了华人的勤奋、智慧、刻苦及其无与伦比的坚韧性与适应能力。当然，这只是一家之言，但大体上揭示了“留学生文学”作为一股思潮自有它的发展轨迹。

尽管“留学生文学”作家由于生活经历、个性特点等的不同，作品呈现出多姿多彩的面貌，但从总体特征来看，他们的创作又具有某种一致性。这就是作品中强烈的漂泊感，以及与此相关的对人生的悲剧性体验。对于他们来说，故乡的概念变得模糊起来，弥漫在他们心灵间的是无根的迷惘与孤独。这与他们的漂泊经历以及当时台湾的时势有关，不仅如此，这种漂泊感又与 20 世纪以来西方存在主义思潮相呼应。西方哲学与文学经常揭示现代人被弃绝于社会，感受到存在的荒诞，这不仅意味着现代人失去了传统意义上的家，同时也指出现代人的存在本身也只不过是一个漂泊的过程。这样，流浪就成为人的自然的也是必然的存在方式。寻找故乡，也就是寻找流浪的意义。受此影响，在“留学生文学”的作品中，流浪最后由一种生活形态确立为一种人生形态，这就是说，流浪感不仅仅是身处异国的怀乡感，还包含着人生无寄的悲剧感，从而具有了多层次的内蕴。

一、白先勇：人生无常的悲凉

白先勇（1937—　），生于广西桂林，回族。国民党将领白崇禧之子。小时因家庭的搬迁辗转重庆、南京等地。1952 年移居台湾。1956 年考取台湾成功大学水利工程学系。后来转入台湾大学外国文学系，改读英国文学。1960 年，在夏济安教授的影响下，与王文兴、欧阳子、陈若曦等创办了《现代文学》。1963 年赴美于爱荷华大学作家研究室从事创作研究，1965 年赴加州大学芭芭拉分校任教。1994 年退休。1995 年为父立传，2004 年出版新作《姹紫嫣红牡丹亭》，并致力于昆曲创作。2008 年，白先勇获聘为北京师范大学珠海分校文学院荣誉院长。2009 年，获颁香港中文大学荣誉文学博士学位。2011 年，受聘为香港中文大学伟伦人文学科讲座教授，为文学院开设“昆曲之美”课程。2017 年 3 月，在香港中文大学善衡书院以“白先勇导赏红楼梦”为题主持公开讲座。2017 年，香港中文大学委任白先勇教授为博文讲座教授。2018 年，获得第 28 届上海白玉兰戏剧表演艺术奖终身成就奖。白先勇著作等身，著有短篇小说集《台北人》、《寂寞的十七岁》、《纽约客》等，长篇小说《孽子》，散文集《蓦然回首》、《第六只手指》《树犹如此》等，以及舞台剧《游园惊梦》。其中《台北人》入选 20 世纪中文小说 100 强（第七位，是仍在世作家作品的最高排名)。白先勇吸收了西洋现代文学的写作技巧，融合到中国传统的表现方式之中，描写新旧交替时代人物的故事和生活，富于历史兴衰和人世沧桑感。

白先勇被认为是“当代短篇小说的奇才”。1964年他发表了小说《芝加哥之死》，进入创作的成熟期。之后，他连续发表了《谪仙记》、《永远的尹雪艳》等20余篇作品，结集为《纽约客》、《台北人》。这两本小说集的出版为白先勇在海内外文坛赢得了巨大的声誉。《台北人》是白先勇到美国后回过头来反思台北人的历史命运，散发着历史衰变、人生无常的悲凉感；而《纽约客》则以他在美国时的亲身经历和见闻表现身处异国他乡的中国人的无根的飘零状态。《纽约客》这部小说集集中体现白先勇作为“留学生文学”代表作家的成就。如《芝加哥之死》中，吴汉魂为了学业，舍下女友，在美国躲进地下室，封堵了整个喧嚣的外部世界，没有时间回家探望母亲，繁重的学习使他连母亲的死亡都顾不上伤心。可是，他获得博士学位后，却感到茫然若失、空虚怅惘。在繁华的异国他乡，他寻不到任何温情，“芝加哥对他竟陌生得变成了一个纯粹的地理名词”。在失望、无聊中他投入萝娜的怀抱，道德上的谴责使他最终投身湖中。作者并不直接描写文化冲突，而是表现现实生活中渗透一切的、无所不在的逼迫，让人强烈地感受到自身的异在性，体会到一种飘零失落感和彻底的绝望感。《安乐乡的一日》中，依萍一家已跻身于美国中上层社会，在生活上是相当富裕的，但依萍同样感到旅居他乡的孤独。小说的冲突集中于后半部分，女儿因不愿承认自己是中国人，依萍打她，并强迫她说“我是一个中国人”。依萍接受的是中国的文化教育、道德规范，即使生活在美国，她也始终觉得自己是中国人；而对于女儿宝莉来说，她出生在美国，生活在美国，受到美国文化的熏陶，因而她是无法理解母亲的“中国心”的。

《纽约客》的成功不仅在于作者的经历发生巨大变化，同时还在于他在这经历中引出的深刻的人生思索和悲剧意识，突出了人处于异己的、寥廓的空间中的茫然与孤寂。作品中满溢悲天悯人的情怀与博爱之心，对生与死的存在感知，继承中国古典《红楼梦》中“好了歌”的悲剧意味。在艺术技巧方面，他的朋友欧阳子这样评价：白先勇才气纵横，不甘受拘；他尝试过各种不同样式的小说，处理过各种不同的题材。而难得的是，他不仅尝试写，而且写出来的作品都非常成功。白先勇讲述故事的方式很多。他的小说情节，有从人物对话中引出的《我们看菊花去》，有以传统直叙法讲述的《玉卿嫂》，有以简单的倒叙法叙说的《寂寞的十七岁》，有用复杂的意识流表白的《香港——一九六〇》，更有用直叙与意识流两法交叉并用以显示给读者的《游园惊梦》。他的人物对话，一如日常讲话，非常自然。除此之外，他也能用色调浓厚、一如油画的文字，《香港——一九六〇》便是个好例子。而在《玉卿嫂》里，他采用广西桂林地区的口语，使该篇小说染上很浓的地方色彩。他的头几篇小说，即他在台湾时写的作品，文字比较简易朴素。从第五篇《上摩天楼去》起，他开始非常注重文字的效果，常借着文句适当的选择与排列，配合各种恰当“象征”的运用，而将各种各样的“印象”，很有效地传达给了读者。

白先勇在21世纪前后致力于振兴昆曲，改编青春版《牡丹亭》，与苏州昆曲院合作，打造青春版《牡丹亭》，在海峡两岸的高等院校成功巡演，弘扬中华戏曲的优良传统，为推动昆曲发展、复兴传统文化作出了可贵的贡献。

二、於梨华：留学生文学的鼻祖

於梨华（1931—2020），出生于上海市，祖籍浙江镇海，2020年病逝于美国。她的祖父和父亲皆为知识分子，家境优裕，但在日本侵华中衰落。1947年移居台湾，后就读于台湾大学外文系。1953年赴美并考入洛杉矶加州大学新闻系，1956年获硕士学位。1965年在纽约州立大学奥尔巴巴拉分校讲授中国文学课程，1977年任该校中文研究部主任。1975年后，多次回国，往来于中美之间。她的代表作品有：长篇小说《梦回青河》、《变》、《焰》、《傅家的儿女们》，中篇小说《也是秋天》、《三人行》，短篇小说集《归》、《雪地上的星星》、《白驹集》、《会场现形记》。她的作品主要取材于留美学人的生活。代表作长篇小说《又见棕榈，又见棕榈》，展示了无根的一代内心的迷惘和孤寂，成为当代留学生文学之滥觞。

於梨华和20世纪50年代很多台湾青年学生一样，出于对美国的向往而负笈海外。异乡漂泊的人生经历，使她在对“异乡人”——留学生的生活表现及其感情、心理流变的把握中，总是不可掩饰地流露出深重的“乡愁”，开创了“留学生文学”创作之先河。因此，於梨华被称为“留学生文学的鼻祖”。

代表作《又见棕榈，又见棕榈》，以牟天磊回台湾省亲为线索，随意点染，将在我国台湾和美国的生活、过去和现在交织在一起，其间回荡着牟天磊深深的失意与寂寞。他曾是带着梦想来到美国，但在美国的生活让他感到深深的失落，他以理想和青春作为代价所换来的只是在美国的一个饭碗而已。回到台湾，在别人眼里，他是学业有成的学人，而自己的内心则格外体味到一种青春伤逝的孤寂，而这一切是旁人包括亲人也无法理解的。牟天磊与环境的隔绝成为双重意义上的寂寞。在美国他没有家，别人总是问他何时回家；回到台湾，别人总是问他何时回美国，他成为一个“无根”的人。因此，他显得多愁善感，具体表现在他对恋人眉立的怀念、与佳利的恋情以及与意珊的情书往来上。这使牟天磊既空虚、寂寞，又富于一种浪漫的情怀。他与意珊之间虽没有多少真正的爱情，但意珊身上那种青春活力对他也是一种安慰、一种感情上的弥补与慰藉。牟天磊是“失根的一代”的代表，在他身上体现了面对新的生存环境与价值追求感到难以适应的失落感。

同是写留美学生生活，於梨华的长篇小说《傅家的儿女们》与《又见棕榈，又见棕榈》有着内在的联系，其中的人物在精神上都有一些相似之处，都表现了那种身处异国的失落与寂寞感。但作品表现的侧重点不同，《又见棕榈，又见棕榈》重在从主体方面表现人物的精神、情感世界，而《傅家的儿女们》则重在从人物和环境的关系上探求、考察人物是怎样挣扎生存的。从傅家的儿女们身上，我们既可以看到台湾社会盲目崇外的恶果，也可以看到美国社会那冰冷的金钱利害冲突对人性的戕害。

三、丛甦：从失落到觉醒

丛甦（1939—　），祖籍山东文登。1949 年赴台考入台湾大学外文系，毕业后赴美留学。1966 年任洛克菲勒纪念图书馆主任。曾任台湾《新新闻》杂志顾问、香港《开放》杂志顾问及专栏作家、中国近代口述史学会董事、国际笔会女作家委员会联合国代表、国际笔会流亡作家中心执委。她的主要作品有《白色的网》、《车站》、《盲猎》、《想飞》、《中国人》等，杂文集有《君王与跳蚤》、《生气吧，中国人》等。

丛甦旅美后，发表了一系列留学生文学，把创作视角放在广大留学生及海外华人的生活上，透过他们的艰辛与困惑，表现了一种孤独与失落的内心感触和一种对“根”的渴望。其中主要代表作品有 60 年代发表的《盲猎》、《想飞》，70 年代发表的《自由人》、《野宴》、《中国人》等小说，80 年代后她的作品有了新的突破，主要收在《兽与魔》中。

丛甦 60 年代的小说《盲猎》沿袭了早期现代派表现手法，力图以一些寓言式的故事表现自己的焦虑与困惑。作品写了五个狩猎者在一个阴森恐怖的大森林里摸索，寻找那只黑色的鸟儿。他们在伸手不见五指的黑夜，不辨路途，找不到目标，又得不到任何帮助，恐惧、焦灼、绝望笼罩了每一个人的心。全篇语调有如发自黑暗深谷的空洞回音，情节则属于“超现实”性质。作者借助这幅充满象征意味的图画，探索人类根本的存在问题，折射出留美学生的内心感触。《想飞》集子里的《半个微笑》、《芝加哥一夜》、《咱这半辈子》等小说形象地展示了留学生和旅美华人的种种寂寞、愁苦、失落和幻灭的心理，从生命角度出发，对人类的存在方式和生命意义进行深刻的思考，是丛甦创作思想成熟的表现。

丛甦发表于 70 年代的《自由人》标志着她的创作追随时代的节拍，出现了一个可喜的转折。在小说中的那个女孩身上，已找不到昔日小说中的那种落寞感，展现更多的则是来自一种身为炎黄子孙的强烈民族意识。小说《野宴》和《中国人》是姐妹篇。《野宴》写一群中国留学生利用假日到野外去聚餐，可在野宴过程中，出人意外地遭到一些怀有种族偏见的美国人的诱骗与凌辱。最后虽然只是破费了些金钱得以了结，但给每个人心头，笼罩上了一层忧郁的阴影。《中国人》写的是一个爱情悲剧，但它的基调不是灰暗感伤的，而是充满了奔放的激情。留学生史超峰在失恋后，被一个中国汉子无意中的一番话，唤醒了他作为一个中国人的民族意识。如果说丛甦早期留学生小说是描写“失落一代”，那么《中国人》诸篇表现的则是“觉醒一代”，作品更具有哲理意味。

80年代后，丛甦创作的小说主要收集在《兽与魔》这本集子中。这些小说仍然描写的是海外华人，但其内涵却更为广阔了。她写纳粹集中营以及柬埔寨的战乱等，作者的关注点是人性的扭曲和摧残。作者把人性问题引入到艺术层面加以思考，通过对人性的流浪的表现，达到对造成这种恶果的社会环境强有力的抨击。

四、张系国：人性的思考

张系国，祖籍江西南昌，1944年生于重庆。早年随父入台，1965年毕业于台湾大学电机系，1969年获美国柏克莱加州大学博士学位。张系国是个电脑科学家，对科学的“非人性”认识深刻，遂从事文学创作。已出版有长篇小说《皮牧师正传》、《棋王》、《黄河之水》、《昨日之怒》，短篇小说集《地》、《香蕉船》、《不朽者》、《天城之旅》，科幻小说集《星云组曲》及长篇科幻小说《城》（第一部）等。

张系国赴美后，开始创作反映留学生生活的小说，有较强的爱国情思和寻根意识。其短篇小说集《地》中的代表作《地》反映了留学生的苦闷、彷徨、焦灼、不可名状的落寞心境，小说浸染了浓重的怀国思乡情绪。在作者看来，离开了民族土壤，失去了“根”，正是留学生苦闷、寂寞的根源。《割礼》和《焚》描写的是美国华人的生活。《割礼》正面写中国学生在保卫钓鱼岛运动中和上一辈（教授们）的意见分歧，侧面写犹太人的割礼，由正、侧对照加深其中的民族意识。《焚》则是一篇变形的写意性小说，写的是一名“东方青年”在时报广场自焚后升空时的瞬间感受。这种残酷的自尽方式，在作者虚构的超现实场景中，并不那么可怕。自焚者不再感到痛苦，他甚至因干扰了一个股票生意人的心情而感到惭愧，围观者也不感到恐怖和惊慌，代之以欣赏的愉悦。整个过程异常平静，但这平静中映射出现实的残忍、无情，也掩藏着游子心中的巨大的哀伤、悲愤。

张系国试图绕过此前留学生文学的障碍，并未直接写留学生在美国或回家乡台湾的生活经验。他力图从侧面，甚至以超现实的手法来寄寓、概括这种情绪，但身处异国的失落感仍是其小说的情感核心。当张系国反省自己的创作时，他发现自己仍在留学生文学的圈子内。他对这样囿于表现自我经验情感感到不满："不论如何，我拒绝再充当'留学生文学'这荒谬文学里的荒谬角色。'留学生文学'是一条死胡同，除非变成那布可夫，写写'罗丽泰'，否则实在没有出路的。"短篇小说集《香蕉船》是张系国对"留学生文学"反思后的艺术收获。这部小说集的特色在于特别注重把悲剧人物、悲剧事件与整个社会现实的大背景联系起来，一方面探索游子悲剧的根源，另一方面在广阔的时空对比下加深那种悲剧的苍凉气氛。而在长篇小说《昨日之怒》里，张系国虽然还是以 1971 年留美学生发起的保卫钓鱼岛运动为背景，表现了随着运动的发展，学生内部分化的全过程，塑造了葛日新等保钓运动中成长起来的海外华人觉醒的新一代，但在主题上有所提升，他的创作开始转向对整个民族大业的思考。

在张系国的作品中，科幻小说也占有一席之地，他从 60 年代起开始创作科幻小说，以科学家的优势在科幻创作领域施展才华。他的科幻小说充满了以科学为基础的大胆想象、幻想，令人目眩。他的科幻小说并非炫耀学识，或作无边玄想，而是善于以科幻形式来表现当今社会。

五、杜国清：超然主义的诗人

杜国清（1941—　），祖籍福建仙游，生于台湾台中。18 岁考入台湾大学哲学系，后转到外文系就读。1966 年赴日本留学，1970 年赴美国斯坦福大学攻读文学博士学位。1974 年起，留在美国任大学教师。已出版有诗集《雪崩》、《心云集》、《望月》、《殉美的忧魂》、《情劫集》等。

作为一个集学者和诗人于一身的探索者，杜国清一开始就对诗学理论发生浓厚兴趣。杜国清将自己的诗学理念归纳为"六超"和"三味"。所谓"六超"是杜国清所提倡的"超然主义的诗"的基本特征："超现实的"、"超自然的"、"超自我的"、"超文字的"、"超实用的"和"超时空的"；而所谓的"三味"（"惊讶"、"讥讽"和"哀愁"）则是指这种"超然主义的诗"的最高审美理想。"六超"和"三味"不仅是台湾笠诗社的理论支点之一，而且是杜国清自身用诗歌探索人生、表现自我的基本出发点。

旅美以后，杜国清诗风开始发生变化，此后的诗歌基本主题和情感取向可以清楚地归纳为以下三点：一是以"殉美的忧魂"来感悟爱情，二是以敦厚的情怀来针砭现实，三是以超然的睿智来洞悉生命。这三点恰好表现为三种诗歌形态：爱情诗、讽刺诗和哲理诗。

翻开《雪崩》到《情劫集》等数本诗集，我们发现杜国清的爱情诗的基调是凄婉哀怨的。那种弥漫在诗作中的天荒地老的生死哀怨，从一开始就成为诗人追求生命极致和诗美极致的情感基点。一方面，诗人借此表现出生命拒绝无常、挑战宿命的意志力量；另一方面，则从中提炼出一种凄艳绝美的风格，恰如《弃情之歌》所写：“再当波浪曳去/一只不死的水鸟/竟又啄起/曾经沧海的/痛楚……”另外，在爱情诗中揭示情与欲的关系是杜国清对于生命本质的一种思考。在《火山之恋》、《床旋转着》、《富士之夜》、《老树之歌》、《浮叶》、《业障》、《爱染的血》、《垂饰》、《春蚕到死丝方尽》等一系列诗作中，诗人通过对情与欲相互纠缠和彼此冲突关系的展示，写出了人生那种剪不断理还乱的生死因缘。欲的冲动因为情的注入而显得异常华美，而充满虚幻之美的情因为欲的驱动而呈现出一种无限的活力。这是爱情辩证法，也是生命辩证法。

杜国清的讽喻诗，批判的则是现实的矛盾、社会的时弊和人性的弱点。如收入《情劫集》中的《诗人》一诗，作者将笔锋直接指向形形色色的社会世相以及现代社会中人的尊严和价值遭受践踏的残酷现实：“而那看不见的手啊 一招一挥/竟有一群 有齿无唇的微笑隐现/竟有一把匕首 于中午/刺死老妪又刺入/幼女的心脏……/神啊 您是惟一目击的证人。”这首诗以 1979 年轰动台湾的“美丽岛事件”为题材，但主旨却在于表现诗人介入现实的志向。

杜国清的哲理诗，透辟深邃、蕴藉含蓄，对生命意义和宇宙真谛充满智性的思索。《浮世篇》分上下两篇，共四段，分别呈现了忧艳的花、忧魂的月、无常的风和不定的云。花、月、风、云的无穷变幻，折射出来的是世界飘忽无常的浮世百相。上篇写人生古道、花开花落，下篇写梦原夜空、月明月暗，正合“人有悲欢离合，月有阴晴圆缺”之意，万古清愁，令人徒增怅惘。《异域》一诗表达的是诗人基于一种相对主义立场对生命意义所作的哲理探讨，一场平平常常的送葬出殡却因“棺材里没有人”而陡增戏剧性，耐人寻味。

作为一个在多元文化环境和多重生命体验中成长起来的诗人，杜国清的诗歌创作所包含的丰富内容，是远非上述三个方面所能完全涵盖的。事实上，其山水诗所表现出来的自然性灵、其咏物诗所表现出来的无限意趣以及其怀古诗所表现出来的历史意识，都从不同侧面反映了杜国清对生活意义探索的多样性及其个体生命体验的丰富性。

六、叶维廉：徜徉于东西方文化

叶维廉（1937— ），生于广东中山，1948 年随家迁居香港，1955 年去台湾，入台湾大学外文系。1963 年赴美留学，入爱荷华大学诗创作班，翌年入普林斯顿大学攻读比较文学博士学位，毕业后留在美国加州大学任教。已出版有诗集《赋格》、《愁渡》、《醒之边缘》、《野花的故事》、《花开的声音》、《松鸟的传说》、《惊驰》，散文集《忧郁的铁路》，论文集《中国现代小说风貌》、《秩序的生长》等等。

叶维廉是一位徜徉于中国传统诗学和西洋现代诗之间的诗人。他早期醉心于西方现代派特别是后象征主义的诗歌观念和诗的表现技巧，追求诗的“纯粹性”、“无限暗示性”，强调诗的“知性”、“张力”，特别是由于他离开了日常生活的观看方法，有意识地剔除诗歌中的叙述性成分，只让客观事物与纯粹的经验“自己表达”出来，因而作品艰深难懂，使人望而却步。如长诗《愁渡》描述的是中国的动乱，人民流离失所，以及诗人在人生的河流中苦渡的过程。然而诗人却用了曲折的文字、繁复的意象、省略诗中的叙述成分等手法来表现，结果晦涩难懂。

自《愁渡》以后，叶维廉的诗风有了很大的变化。诗的内容不再繁复庞杂，意象的跳跃不再无章可循，暗示、象征、歧义等手法的运用也不再晦涩难解。如组诗《变》中的《没》所写，“万里的/山石/流泉似的/一线/一线的/渗入/汹涌的黄沙里”，这是一种“纯粹经验”的呈现，单纯中蕴含着繁复，可以明显看出诗人承袭了王维的诗风，正向中国诗学传统回归。

进入80年代以后，叶维廉的诗风越发趋于淡雅自然，意象更加纯净朴实，语言也显得明白晓畅，然而其韵味却更加悠扬。《花开的声音》、《松鸟的传说》、《惊驰》等诗集可为代表。叶维廉从中国到美国，带着30—40年代中国诗人们给他的“现代意识”和手法，带着在大学当学生时学到的后象征主义，带着对艺术的虔诚和近于迷狂的艺术“试验”，带着对中国诗学的浓厚兴趣，寻寻觅觅，终于在王维的诗中找到他的诗歌归宿。这既是他适应时代潮流之举，也是他不断探索、不断扬弃的结果。

第三节 主要作家选讲

一、木令耆：边缘生存方式的反思者

木令耆，原名刘年玲，祖籍湖北，生长于上海、南京、重庆等地，1947年仅十多岁时便离开中国赴美定居。1973年在英国剑桥求学期间开始文学创作，出版有中篇小说《海泛与峭峰》、《竹林引幻》，短篇小说集《边缘人》等。

木令耆长期生活于欧美社会，对欧美社会的生活方式、生活习惯和文化风尚有较深切的了解，对海外华人，尤其是欧美华人的心理状况更有感同身受的切身体验，因而她的小说大多取材于她所熟悉的欧美华人的生活现实，努力挖掘他们复杂的心理负载，尤其是多重变奏的爱情纠葛和乡愁。同时，通过一系列人物形象的描绘，揭示海外华人多层次的生活现状，以及他们对故土、亲人及祖系文化的复杂感情，探索他们在异国他乡的生存方式和未来的发展趋向。如小说《两双眼睛》以欧文的爱情经历为主要线索，描绘他作为华裔移民，主观上一直想认同美国社会和美国文化，而客观上他则一直被排斥于美国社会、美国文化之外，成为地地道道的边缘人。小说中有一双海一般蓝眼睛的金发女

郎和有着森林一般神秘眼睛的东方女郎象征着两种截然不同的文化，欧文虽然钟情于她们，却无法得到她们。这种状态，正是欧文身处两种互相碰撞的文化之间的惆怅和惘然的心理写照。而小说《边缘人》中塑造的黄教授，姿态更为激烈。他既瞧不起当地的普通华人，又对英国殖民政策抱有隐怨；既是一位具有中国文学修养的英籍华人，以中国文化为荣，又以做中国人为耻，始终无法将中国人与中国文化融为一体，因而，他究竟是英国人还是中国人，谁也不清楚。

木令耆作为感情细腻的女性作家，对欧美社会下层华人尤其是下层妇女的形象较为关注。小说《欣其亚》关注普通美华妇女的不幸命运，通过咏青老是因在女儿欣惜亚的伙伴面前把她喊成欣其亚而遭到孩子们的嘲笑，逐层揭示出她身处异国他乡心灵深处的孤独与痛苦。咏青以交换的方式嫁给了美国老华侨，换取来美国定居的机会，心灵空虚之余与年轻杂工小文偷情怀孕，打胎时遭到地下医生的威胁敲诈，不得不按时交纳保险费，无奈只好离开丈夫逃到夏威夷自谋生路。然而，生存的威胁、心理的阴影，加上喊自己女儿发音不正引来的无端嘲笑一直困扰着她，使她痛苦迷惘。咏青的不幸遭遇和心灵创伤，从一个侧面揭示了美华下层人民尤其是下层妇女的生活现状和精神状态。

木令耆的小说常常借用意识流的手法，注重心理描写，目的在于揭示人物内心世界的微妙变化与复杂情绪，使人物更加立体化，更加具有纵深感，从而也更能反映欧美华人的生活状况和心灵世界。如《边缘人》、《两双眼睛》、《雁过也……》等篇章都不同程度地运用了象征和意识流手法，注重人物心理流动过程的描写，人物形象鲜明，小说具有诗化和散文化特征。

二、伊犁：生活原生态的表现者

伊犁（1948— ），原名潘秀媚，生于浙江温州。童年时移居香港，1967年又随家人迁居法国巴黎。1973年留学美国，此后在洛杉矶华埠从事社区服务及护理工作。已出版有短篇小说集《泥土》、《宝贝丈夫》、《十万美金》等。

伊犁的小说选材都极为平常、日常化，其中并没有刻意追寻所谓的典型或极具戏剧性的事件。因而，她的小说不论在形式上还是在内容上都一定程度地离开了传统的创作构思和人们对小说的通常理解，形成了自成一家的创作风格。如《丧事》虽然篇幅短小，但又不是传统意义上的微型小说，它写的就是平常生活中人们经常听到也经常见到的某一件事：一位老太太给她的老伴办丧事。作为题材而言，我们很难发现有什么“新鲜”之处，但它却是对真实生活的反思，反映了美国华人普遍生活的本来形态。小说《彷徨》中的女主人公桂芳好不容易来到美国，由于不适应最终选择离开，回到中国。这一决定并不是出于什么民族大义、国家观念，而是出于对丈夫的思念，对过去生活、工作环境的怀恋而形成的。作品的审美价值在于主人公极为平常的所思所想，既无惊天动地的冲突，也无令人永远难以忘怀的场面，一切都是那样平常，一如平静如水的生活原生态。

当然，伊犁这种原生态生活的描述，注重把生活原原本本地呈现在读者面前的同时，实际上已蕴含了对生活更深层次的诠释。如《圈套》中，女主人公“她”在一片甜言蜜语中与一个男人结婚后，发现丈夫婚前的许多承诺并未兑现，外加公婆的催促，不得不怀孕生子。小说的情节本身几乎没有值得注意的地方，然而，“她”对这种日常生活中这种见怪不怪的事情的理解却是相当独特的，“她”认为自己钻进了“圈套”。小说中的“圈套”，不仅指丈夫、公婆设计的“阴谋”，还主要指一种文化品格，一种社会生活形态，一种观念世界结构。从这个意义层面出发，把日常生活理解为“圈套”正是喻示着女性自我意识的觉醒、人的意识的觉醒。

伊犁的创作自始至终充满着深厚的同情心。她所关注的美国华人生活在两种本质完全不同的文化之间，一方面经受着来自实际伦理社会的生活压力，另一方面还要忍受由文化差异导致的个体心灵内部的观念冲突。这两方面的压力使华人生活多了许多的磨难、周折、痛苦和不幸。因而，伊犁对于这种生活寄予了深深的同情。

三、王性初：浪迹家园的诗性人生

王性初（1939—　），诗歌曾获得福建省优秀文学作品奖与福建省优秀儿童文学作品奖，1989 年由中国文联出版诗集《独木舟》。随之，移民定居美国旧金山。除了在美国、澳洲和中国大陆、香港、台湾的报纸杂志发表大量诗歌、散文、小说及随笔外，他还在美国和中国的报纸上开辟多个专栏，并曾获得美国著名专栏作家 Herb Caen 的评介。诗歌作品被膺选镌刻在现旧金山华埠图书馆。出版有诗集《月亮的青春期》、《王性初短诗选》（中英对照）、《孤之旅》、《心的版图》、《行星的自白》、《知秋一叶》、《诗影相随》、《一滴》、《瞬间》、《初心》，散文、诗歌集《故土之恋》。出版散文集有《蝶殇》、《美国 250 · U. S. A. 250》、《唐人街涂鸦》等。长期担任美国《中外论坛》总编辑，并任该杂志总主笔、中国冰心研究会副会长、美国华文文艺家协会副会长。

而今，王性初走在他的“孤之旅”中，依然给人行色匆匆的印象。透过其诗其文，我们感到，他那飞来飞去如候鸟的形影却包裹着一颗孤独难耐的心灵。这种忧伤更多的是来自作为一个诗人的心路追求。其诗集《孤之旅》和散文集《蝶殇》的命名，已隐约流露出诗人的这种忧伤情结。读其诗，一个独处异地的旅人、一个孤独诗人的心之旅程总在牵动我们的视线，一切似乎是行踪莫测，飘忽不定；一切又是那么透明光洁，丰富多彩。然而，苦苦的求索和追寻却那么的空虚和迷惘，“雪花零乱了蹉跎的足迹/路在脚下延伸延伸//千山万水翻一页页晕黄的日历/山野荒郊枕一场场疲惫的幻梦//踏遍满目风霜的岁月/尝尽无数人间的冷暖//肩上扛着家的空虚/扛着迷惘扛着遥不可测的明天”（《浪迹天涯》）。走过风风雨雨的人生，尝遍世间爱恨冷暖，诗人的人生孤旅罩上一层悲壮的色彩。尤其是阔别了生于斯长于斯的故土家园，带着一种复杂而难言的心绪远涉重洋，那份彻肤之痛的抉择与“仰天大笑”地走出国门一样，油然顿生万千感慨：“命运的家园是浪迹一生。”（《命运的家园》）于是诗人坦然得近乎孩子般的天真烂漫，“悄悄地笑过又悄悄地哭过都很潇洒”（《远方，有一只独木舟》）。一颗漂泊的心开始流浪，哪里才是真正的归宿之乡呢？目送着如瀑布飞流似的岁月，诗人自然渴望一个精神的栖居之所，如是，大自然的景观便在他的诗中呈现。“只有倒影做伴/那孤独便是心灵的孤独//惟有冰山作陪/那寂静才是无垠的寂静//宁愿孤独/享受生命之轻/谛听宁静/尘世随之而殒”（《孤独与宁静》），诗中隐约可见诗人离群索居、孤旅天涯的行影，当静谧的大自然衬托出诗人的孤寂，无边的空阔带来了宁静，也平添了一份走向灵尘化境、适意恬淡的心态。

读王性初的诗歌，如读一颗孤独的灵魂，以生命体验的方式匍匐，一种永远不老的是“黄皮肤黑眼睛”的情感，一种永远坚硬的是“龙之传人”的精神，在大地母体里，在诗人远望伸展的目光中，或骚动燃烧或默想沉思。他的诗歌，更多的时候是以行走的姿态展示，让人犹如置身于幽深、空寂的天籁之间。灵魂的无遮无拦与孤旅的心声流露，游丝般的意绪与隐秘般的色彩，感伤的情调与人生的忧思，相互交错叠现而形成一种内在的张力结构。从诗句中，可以窥见诗人文化生命深处的焦灼和期盼；从语词中，可以倾听到诗人微妙而深沉的心灵回声……

王性初的散文，也有自己的特点。他的散文，是诗歌的另一种方式的变奏或延伸，著名学者孙绍振先生称之为“诗性之散文”，并且认为王性初的散文，是诗性的文字，“诗人的激情、诗人的诚挚、诗人的乐观，是王性初抒写散文的内心的永远的动力”。应该说，王性初散文所作的题材多样，视角不一，文法不拘，大都注入灵动的感觉，渗透冥冥的神思。这与他置身于异国、面对中西文化差异的切身感受和体会，以及对社会人生、日常生活与大自然精于观察，敏于体悟有关。的确，其散文是诗性的，或质朴、或深邃、或飘逸、或凄美、或微妙，或机敏，这是其诗人本色，善于穿越具象和展开翩翩联想使然。无论是写人类对岸的感觉而生发“只有靠了岸，才找到了生命的归宿，才找到了停泊的港湾”的《岸的呼唤》，还是收到万里之遥的家父来信，最能慰藉这颗漂泊的心的《家书的祭坛》；无论是去秘鲁一游看到了人类创作与美的命运而发出深远追问的《古城的失落》，还是呼吁人们研究美国华人移民史时，面对“华人虾村”遗址而发出的海潮般的唏嘘与叹息的《历史，不该被人遗忘》；无论是状写日常生活中夫妻俩因生活习惯与观念不同而产生的有趣的《妻事二三》，还是记述母亲生命中最后的日子里一只蝴蝶神奇般的迹象，与自己几次同样在异国神奇地与蝴蝶邂逅的《蝶殇》。爱恋与生死、乡思与游思、失落与呼唤、永恒与寂然、虚实与动静，常常构成王性初散文的艺术视点。以人类、自然、生存为大的时空背景，使其散文显得视域广，场面大，颇具沧桑感和思辨色彩。

四、刘荒田：日常叙事的精神升华

刘荒田原籍广东台山，1948 年生，在国内曾当知青、民办教师、公务员。1980 年从家乡移居美国。在旧金山一边打工，一边笔耕。2011 年退休以后，开始在中美两国轮流居住。他从出国前的知青时代起直到出国后十多年，热衷于新诗写作。曾一度热衷于鲁迅杂文和西洋文学名著，但写作无从突破。在海外，我国台湾的现代诗对他作了第二次启蒙，后进入正途。曾获“两岸诗奖”四次，包括四川举办的“全国处女诗集大奖赛”第一名和台湾的“1994 年度优秀奖”。

20 世纪 90 年代中期起专写散文、随笔。迄今出版散文随笔集（包括选集）38 种。2009 年以《刘荒田美国笔记》一书获首届“中山杯”全球华侨文学奖散文类最佳作品奖。2013 年，获北美《世界华人周刊》、华人网络电视台所颁“2012 年度世界华文成就奖”，2015 年获新移民文学笔会创作成就奖。2011 年，散文《一起老去是如此美妙》获新疆“爱情亲情散文大赛”第一名。2015 年，获《山东文学》杂志 2015 年度优秀作品奖（散文第一名）。2018 年，小品文集《相当愉快地度日如年》入围《羊城晚报》主办的“花地文学奖”（散文类）。他是《读者》杂志签约作家。名列 2017 年和 2018 年三大文摘杂志（《读者》、《青年文摘》、《特别关注》）“最受欢迎的报纸作者”。

刘荒田在海外从事母语写作近四十年。从中年起，他以散文、随笔为主。陕西师范大学程国君教授指出：“刘荒田以‘假洋鬼子’的文化坐标与文化自信书写的散文：一、以‘草根’移民日常琐事书写为主，表现了全球化时代最常见的多元文化旨趣、人类学主题、乡愁和基于个人实现的独特生命心性哲学，给人类文化学和思想史提供了丰富的启迪；二、以移民城市旧金山的文化内质书写为标志，展现了美国这个移民社会多元文化的丰富文化景观，揭示了许多黑色幽默背后的历史与人性谬误，展现了一代新移民的心路历程，给‘国人提供了另一种人生、另一种观照、另一种感悟’。刘荒田对于现代散文创作艺术的贡献则在于：一、赋予《读者》式小品散文平易、质朴、幽默的喜剧化审美品质，为现代小品散文注入了全新的审美品格；二、把通常的新闻消息、小说题材通过分割、评议等非小说化方式处理成了‘地道的散文’文体，在贾平凹及余秋雨文化大散文和简媜唯美色彩大散文之外创造出了一种最具大众品格的随笔式人类文化大散文，为现代散文文体创造与实验提供了成功的范式。刘荒田散文是现代快节奏、消费主义和全球化的中国人走向世界时代最受读者喜爱的悦读文体。”

刘荒田20世纪90年代在海外报纸开辟专栏，开始以“假洋鬼子”自命。这就是他移民以后的人生定位。在全球化、现代化的语境，“假洋鬼子”不复是鲁迅《阿Q正传》中狐假虎威、欺压穷人的反派，而是在中西文化交混的漩涡中接受全面冲击，通过吸纳，消化，反思，整合而逐渐形成的全新人格。这一称谓，是幽默感丰沛的自嘲自喻，包含对自己散文创作立场的确认，包含着文化自信。他在美国社会长期浸泡，阅尽人事沧桑，一步步地实现两种文化的融会贯通，进而以地道的汉语，全方位地书写在异国和母土形形色色的人生，表现一代新移民的生存状态和内心世界，展示在“如何安顿生命”这一重大主题上形上和形下的探索。

刘荒田在写作实践中，有着独特的文学理念：一是以小见大。庸常日子，琐碎、刻板，又流水账般庞杂，虽不乏偶然性，但富戏剧性的情节偏少，要从这种环境挖掘出深层意蕴，就要把注意力放在奥微处，以细节凸显人性。二是以个别见一般。散文能否取得广泛的共鸣，关键在于所写的个体经验，能否折射出“普遍”的光华。三是跨文体，须从现代诗、小说、戏剧、电影中博采多种手段，使文体具备多维度，多棱角，多层次。

刘荒田从事散文写作，在两种文体上个人风格较为突出。一是记人散文，善于将类似小说的事件作散化、转化等非小说化处理，出以真实书写者的身份，想象、虚构的因素被转化成作者的叙述、议论与抒情。有学者认为，他的散文不是小说化的散文，而是非小说化的散文。他对现代散文的探索，在于把好看的故事、有影响的新闻事件等变成具深厚思想容量的随笔式大散文；在于把“中篇小说的好题材”变为“地地道道的散文”；在于文体融合、创新，从而拓展散文的内涵。二是小品文。刘荒田从20世纪90年代中期起，产量最大的是小品文，迄今已写了近五千篇。王鼎钧先生在《细品刘荒田》一文中指出：“尺幅之内，舒卷自如，落笔时一点击发，四围共鸣，触机成文，诉诸悟性。无因果，有纵深；无和声，有高音；无全景，有特写；无枝叶，有年轮。他取材广泛，向外则山川草木天地日月信手拈来，向内则心肝脾肺脉搏体温皆是文章，取之不尽，用之不竭，不涸干，无压力，多潇洒，有生机，海生潮，云生霞，花生蝶，熟生巧，美连连，意绵绵，文心生生不已。”

这位草根作家，热爱世俗，对日常人生全力以赴，日子过得津津有味，因此总能从琐事看到意义、价值、美，体悟出人生哲理和智慧。他能够在平淡如水中活出“人”的意义、情趣，他的文字常常将我们带回被忽略的日常小事，从而发现生活的伟大，人性的光明。

五、严歌苓：史与诗及人性的情感张力

严歌苓（1957—　），生于上海。在安徽的知识分子家庭长大，母亲是演员，父亲是专业作家。12 岁参加原成都军区文工团，学习舞蹈。从 1980 年起持续进行文学创作，著有长篇小说《绿血》、《一个女兵的悄悄话》和《雌性的草地》等。1988 年赴美留学，获哥伦比亚大学艺术学院艺术硕士学位。现定居美国，为自由撰稿人。她陆续写出了一批反映几代中国移民在美国的生活和命运的作品，包括中、长篇小说，短篇小说集和散文随笔集，如《扶桑》、《少女小渔》、《女房东》、《人寰》、《学校中的故事》、《海那边》、《倒淌河》、《无出路咖啡馆》、《波西米亚楼》及电影剧本《天浴》等。2006 年至今有《一个人的史诗》、《第九位寡妇》、“非洲小说专辑”、《小姨多鹤》、《陆犯焉识》、《老师好美》、《补玉山居》、《妈阁是座城》、《上海舞男》、《芳华》等，在海外和台湾等地华人社区中影响尤为深远。

如果说严歌苓出国前的作品多反映中国新时期的人物心态，折射荒诞年代对人性造成的扭曲，以及多样化的创作手法，已隐约可见其自然、清新和朴实风格的话，那么，赴美后她置身于东西方文化交织的社会变动的生存环境中，其作品注重以多元文化的视点去深入探测和刻画普世的人性，以多种手法反映不同时期不同阶层的华人的生活境遇和内心镜像，以现代性的叙事方式体现作家的生命体验与小说嬗变、文本叙事与多元语境的关系，大大超越了早期留学生/新移民文学中怀乡母题的情感宣泄、底层生活挣扎奋斗的经验，以及对东西方文化差异慨叹之类的狭窄视角。无论是质量或产量，严歌苓堪称海外新移民文学群体的典范，近年来，她的笔锋如“回马枪”灵活一转，直捣中国“文革”、土改等题材领域。对此，严歌苓自我如是说：“刚到美国，对西方事物处处感到新鲜，觉得都是写作的好题材，可是在美国住了十五年，再回头看大陆，却又觉得大陆生活很新鲜。不论美国或中国，都只是我写作的场景，人性的复杂多变才是我真正想呈现的。”

严歌苓以女性的视角看女性，以女性的细致写女性，她笔下的女性形象足以构成一段史话，组成一条女性人物长廊，展示其以独特审美方式反映女性的文本世界。在其成名作《少女小渔》中，她描写了来自中国的少女小渔为了获得居留身份，在现实的迫逼和无奈之下，与一位外国老头假结婚。这个以金钱甚至人格为代价的行为选择，本身就带有极大的屈辱性和讽刺性。但小渔性格中善良纯真的品性使她在特定的境遇中保持着自己的本色和朴素情感，让洋老

头十分感动。严歌苓把笔触伸向中外文化碰撞的尴尬情境中，“紧紧围绕异域生活中最敏感的、也是最具文化冲突尖锐性的身份及情感认同问题，揭示出处于弱势文化地位上的海外华人，在面对强大的西方文明时所感受到的错综复杂的情感”，并通过具体的生存现场和事件将人物内心中美好的一面展现而出。

长篇代表作《扶桑》打开被岁月尘封的历史，严歌苓以独到非凡的目光和审美意识，辅之以丰富的想象力，有效地运用相关的素材，以富有强烈视觉冲击力和充满诗性的叙事话语，将文学性与历史性并置交融，通过扶桑这个带有雌性与娼性、母性与神性混为一体的东方女子艰难曲折的命运，鲜活生动地再现和述说了早期海外华人令人浩叹的历史悲剧。从情感和心灵角度看，小说呈示的是一段爱怨纠缠的异国婚恋；从社会和文化视角看，小说叙述的是有关海外华族妇女和华工血泪交加的沉重经历。《扶桑》在严歌苓的创作生涯中有着不同凡响的意义。作家以自己独特的风格，无论是历史背景的渲染、还是人物形象的成功塑造，无论是行文结构的跳跃、还是场景镜头的切换，尤其是以言谈式的叙事话语模式与女性前辈跨时空的对话，进而形成了“我”对“你”那段历史的层层追问和反思，既别有洞天，又耐人寻味，无不标志着新移民文学中女性写作走向新的格局和新的台阶。

《小姨多鹤》写战败国的日本遗孤在中国的生活命运，而且故事发生的时间，就在那场残酷的战争硝烟还未消尽之时，国人对日本鬼子的侵略罪行还历历在目。严歌苓以开阔的国际视野驾驭这种题材，表现了一个艺术家的胆识。她面对的多鹤，不仅是一个日本人，一个战败国的遗孤、弱女子，她面对的还是一个人，是人类中的一分子。“《小姨多鹤》表现了人伦的温情，人类最可贵的生命关怀。小说把故事的聚焦指向了日本战后遗留在中国的少女多鹤。而普通的中国农民家庭拯救了她的生命，这就是小说所表现的极为可贵的生命关怀与伦理价值。”①

《陆犯焉识》是严歌苓继《第九个寡妇》、《一个女人的史诗》、《小姨多鹤》等之后的又一部力作。主人公陆焉识出身书香门第，饱读诗书。长大后在继母的安排下，与其侄女冯婉玉结婚。出于对包办婚姻的反抗，婚后以留学为名出国留学。留学归来仍以各种借口逃避。在特殊年代里，被打击流放到西北大草原。在最艰苦的监狱生活中，他想起了妻子，不惜越狱潜逃。等到劳改释放回到家里，名誉、房子等一切都得到了恢复。然而，妻子失忆、儿女不孝。陆焉识重新返回到大草原上寻找他的“自由”。陆焉识的原型人物是严歌苓的祖父，“自由”是以陆焉识为代表的祖父那一代人的追求与精神归宿。严歌苓以 20 世

① 江少川：《生命伦理与温暖美学——严歌苓〈小姨多鹤〉及改编同名电视剧的追寻》，《台港文学选刊》2018 年第 2 期。

纪的中国历史为背景，探求一代知识分子如何在历史与政治的夹缝中艰难生存以及寻求自我出路，表现了知识分子身上的坚忍不拔的意志力与理想情怀。2014年该小说由张艺谋执导，拍成电影《归来》，影响甚大。有评论写道："《陆犯焉识》以深远的济世情怀，将知识分子陆焉识的命运铺展在中国政治这块庞大而坚硬的底布上，从而检视了残酷岁月里生命可能达到的高度。"继《陆犯焉识》之后，严歌苓创作了《妈阁是座城》、《老师好美》、《上海舞男》、《芳华》等，都堪称绝响。

在海外新移民作家中，严歌苓称得上是一个"异数"，她直面边缘的人生，身处西方强势文化和后现代文化语境的前沿，依然以经验叙事方式不断地创造和推出一系列以史与诗的张力营造的佳作，被评论界誉为"窥探人性之深，文字历练之成熟"的女性作家。她锐利的目光、独特的思考以及审美姿态和创作心态等皆源于"生命移植"的文化撞击和丰富体悟。她站在中西文化语境交接地带的反观与深思，形成了新移民作家所具有的价值形态和独特质地、精神风貌和文化人格，进而奠定了她在华文文学世界的重要地位和文学史意义。

六、哈金：坚持现实主义的双语作家

哈金，本名金雪飞，1956年出生于中国辽宁，十四岁参军，曾在中国人民解放军中服役6年。1977年恢复高考后考入黑龙江大学英语系，1982年毕业于黑龙江大学英语系，1984年获山东大学英美文学硕士。1985年，赴美留学，1992年获布兰戴斯大学博士学位。现任教于波士顿大学。著有诗集《于无声处》和《面对阴影》；短篇小说集《辞海》、《好兵》、《光天化日》、《新郎》，以及长篇小说《池塘》、《战争垃圾》、《自由生活》、《南京安魂曲》等。长篇小说《等待》获1999年美国"国家书卷奖"、2000美国笔会/福克纳基金会颁发的"美国笔会/福克纳小说奖"，为第一位同时获得这两项美国文学奖的华人作家。《战争垃圾》第二次捧得美国文学界的最高殊荣福克纳文学奖，是英美文坛最受重视的华人双语作家之一。

《等待》是哈金最有代表性的一部现实主义杰作。《等待》的故事情节并不复杂，它是发生在中国北方的一个普通而平淡的家庭婚变故事。小说中的孔林善良、正派、但性格软弱、怯懦，优柔寡断。孔林上大学时，父母要他娶一个素不相识的乡下女子淑玉，他心里不情愿，却缺乏勇气与决断精神，在父母的恳求劝导下结了婚。实际上这场婚姻有名无实，在多年的离婚纠葛中，由于担忧父母反对、亲友非议，离婚离到第十七年还未离成，这一年他回到农村家中，下决心要把婚离了，可回家几天过去还迟迟没向妻子淑玉开口。这样一个漫长的等待过程，虽然有社会、亲属等其他因素，但很重要的却是性格使然。第十八年终于离婚了，他与也是一直在等待他的女子、同在部队医院工作的护士吴曼娜结婚了。然而这个迟到的婚姻一点也不幸福，原来现实就是这般平凡、庸常、司空见惯，竟不是想象的那样“浪漫”、“温馨”、“美妙”了。曼娜生下双胞胎，小家庭被烦琐、沉重的家务压得透不过气来，他的所谓理想早已荡然无存，他的所谓动力、理想都化为虚空与泡影。孔林一方面等待走出旧的婚姻围城，同时又在等待走进另一个新的婚姻围城，所谓“等待的却是不想要的，失去的却是想得到的”。孔林的这种生活困境，不单是他个人的，从某种意义而言是人普遍具有的特性，“找到的就不是你要找的”是人的一种精神困境，也是复杂人性表现之一种。孔林的精神困境其实是一个知识分子自我构筑的围城。他从一座围城里挣扎出来，却又走进了另一座围城。这正是《等待》中的婚姻爱情故事的内涵与主旨所在。它蕴含着引人深思的哲学思考。

长篇小说《南京安魂曲》是哈金又一部力作。小说穿越时间的隧道，重回到南京大劫难血雨腥风的历史岁月，令人悲愤、震惊不已。在抗战题材的文学作品中，长篇《南京安魂曲》崇史尚实，追求严谨真实的品格，以历史文学的形态与独特的艺术视角，再现了抗战期间日军南京大屠杀惨不忍睹的犯罪史，并以西方人与中国百姓为在场者，见证了日本法西斯的惨绝人寰的暴行与民族的大灾难，警醒人们要以史为镜，铭记历史。历史文学采摭史籍，却又要对史实进行艺术的把握，将文学与历史交叉、互补互渗，哈金在主要人物、事件以及真实的时、空框架中，演绎出生动直观、形象鲜活的历史剧。《南京安魂曲》艺术再现出两组人物形象，一组是当时留守在南京的西方人，如美国人明妮·魏特琳女士、德国商人、当时南京安全区国际委员会主席约翰·拉贝、美国人瑟尔·马吉牧师、美国人瑟尔·贝德士教授、威尔森医生等。小说真实展现了他们目睹南京大劫难、为保护中国受难百姓奔走呼号的历史，尤其是成功地塑造了坚毅、正直、善良的明妮·魏特琳的形象。这位献身教育的西方传教士复活为形象鲜明、血肉丰满的“女神”形象、她仁慈、行善、坚韧，南京沦陷前后的两年多的时间，在最残酷、最艰难的战争年代，她一位西方女子，日夜所思的是如何竭尽全力保护、搭救中国难民。明妮心灵上的痛苦与创伤是南京浩劫中中国老百姓苦难史的折射与反映。她是抗战中西方女性的“斗士”。如果说“史”的真实是历史现实的逼迫再现，明妮在浩劫中心灵深处的伤痛、悲愤及其贯穿全书的悲悯情怀正是撼动人心的文学魅力之所在。而这种历史与文学的“异质同构”正是小说别具特色的艺术震撼力量。

哈金的短篇小说集有《光天化日》、《好兵》、《新郎》等。2010 年出版的短篇小说集《落地》，由 12 个短篇小说构成，是哈金首次由英文翻译成中文的小说。小说以纽约法拉盛的新中国城为背景，写的是华人移民的故事，展示他们在美国的生存现状，如《作曲家和他的鹦鹉》，写一个作曲家与女友留下的鹦鹉朝夕相处、结下深情，竟然不顾生命危险救起落水的鹦鹉。《樱桃树后的房子》，写一个缝衣工与共租套房居住的妓女相爱的悲剧故事。《落地》企求“通过卑微的生命展示复杂汹涌的人生”，表达身处他乡的新移民孤独无依、异域生存之艰难，既有对故国、亲人眷恋的无奈，又有在边缘生存中对未来的期盼。哈金创作的这部小说集重新唤起对故乡深挚的怀念：“思乡的确是一种难以压抑的情感，——由于找不到故乡，我就把这份心绪的一部分倾注到《落地》的译文中，以在母语中建立一个小小的别墅。”（《落地》序）

哈金的创作走的是“现实主义回归”的路线，坚持写实的写法，常用传统的时间顺序讲述一个完整的故事。《等待》、《南京安魂曲》均为典型的时空传记体结构。《等待》的叙事严格按照时间顺序展开，空间流动在木基市部队医院与家乡鹅庄之间。《南京安魂曲》全书三个部分采用了类编年体的结构。哈金的叙事语言平实、质朴、精炼、明白，但却不单调、不肤浅，富有内涵与张力，令人咀嚼回味，需要用内在的功力去驾驭。

七、苏炜：任教于耶鲁的小说家

苏炜出生于1953年，在广州成长。1968—1978年在海南农垦兵团务农十年。1974年开始发表文学作品。1978年进入中山大学中文系就读，获学士学位。1982年春赴美留学，1985年获洛杉矶加州大学（UCLA）文学硕士学位后，受邀到哈佛大学费正清东亚研究中心担任研究助理。1986年底曾回国到北京中国社科院文学研究所工作。1990年后定居美国，先后访学于芝加哥大学和普林斯顿大学。1997年后任教于耶鲁大学东亚语文系。曾发表和出版长篇小说《渡口，又一个早晨》、《米调》、《迷谷》、《磨坊的故事》；短篇小说集《远行人》；学术随笔集《西洋镜语》，散文集《独自面对》、《走进耶鲁》、《站在耶鲁讲台上》、《耶鲁札记》、《天涯晚笛》等；古体诗词集《衮雪庐诗稿》，及歌剧《铁汉金钉》舞台本与叙事交响合唱《岁月甘泉》、清唱剧《铁汉金钉》的歌词等。

他出版于1988年的短篇小说集《远行人》，为中国当代“留学生文学”的发轫之作，《远行人》受白先勇的《台北人》影响，其构思灵感同样得自乔伊斯《都柏林人》的启发——以八组人物各自单独成篇，又互有关联、细雕深镂地推进叙述；历史的伤痕与异域文化震撼交织，中西文化撞击下的边缘人心态的袒露及其典型人物的浮现，其《柏华利山庄之夜》、《汤姆·郎和他的贝雷帽》、《荷里活第8号汽车旅馆》、《老夫当年勇》及《墓园》诸篇，笔调多变，或慨叹，或戏谑，或奇诡，或沉凝，色彩斑斓而情绪跌宕，全书笼罩着某种沉郁的抒情色彩，几乎所有人物故事都背负着一个沉重的“过去”。与同时期略晚出版的查建英的《丛林下的冰河》相比，查建英笔下的留洋故事显得蓬勃飞扬，《远行人》则带着更多的“伤痕”色彩。

苏炜在1990年后创作的三部长篇小说则文风大变，奇思崛起，形成了极具美学辨识度的叙事方法。被称为“后知青三部曲”的《迷谷》、《米调》与《磨坊的故事》，完全打破了新时期文学以来的习惯套路。《迷谷》与《米调》在“地老天荒”式的孤绝背景中，把“个人叙事”嵌入“宏大叙事”，将出其不意与偶然断片的情节铺排连缀，把超写实甚至反写实的奇幻想象与巨微毕现的细节场景有机地绞合在一起，造就了奇崛的叙事张力和语言力度。《迷谷》以“微尘世界历诸天”式的狭角切入，却写出宏大奇幻而又清新出尘的气韵，被论者称为“知青小说里的《边城》”。《米调》则截取时光之流的断片以观察时光和世态的维度，写成一部大视界、多声部的小型人生史诗，被誉为“一部奇书”，“它视野开阔、心胸远大、(有)气吞万里的叙事角度和文体结构”。到了2000年后完成的《磨坊的故事》，苏炜则笔锋一转，以一种近似人类学手术刀的具体精微，细致深入剖析一个山村“文革”宣传队的个案。在锣鼓声喧、青春言情的故事外衣之下，写出造成荒诞与悲剧的内在肌理及其清晰的逻辑推演过程。

在海外华文文学色彩斑斓的艺术版图中，苏炜是一个多面手。除了上述小说创作之外，苏炜在散文随笔、文学与艺术评论、学术论文等方面的写作也都成果丰硕。他写的书评、画评屡被原作者视为“压卷之作”，甚至连古体诗词创作也广受行家赞誉，他曾为两部广有影响的大型叙事交响合唱作品《岁月甘泉》和《铁汉金钉》作词。散文创作是苏炜近年重点笔耕的领域，早在2003年出版的散文集《独自面对》，其长歌短论、欧行浪迹、漂流絮片、生命的涓滴感悟等极具个人传记色彩的散文书写，很早就引起了读书界的关注。随后出版的《走进耶鲁》、《站在耶鲁讲台上》和《耶鲁札记》，均建基在“耶鲁叙述”之上，却以兼具“抒情美文”与“学者散文”二者特色的叙事风格，将生命里程的沟坎跌宕、世态百面的一触一感与耶鲁讲坛的趣闻逸事、教学育人的思考感悟等等熔于一炉，其中《“一个不小心”》、《史力文为什么中止了学中文》、《金陵访琴》、《东坡书院三鞠躬》、《小鸟依人》及《邻家长辈——忆秦牧叔叔》、《豆青龙泉双耳瓶——忆史铁生》、《西湖之约》等文，已成广受读者关注而屡被各方媒体转载的名篇。苏炜很注重文笔的色调温度与色彩把控，其干净淳厚、笔尖时带暖热的汉语书写和声腔节奏，有现实感怀，有历史寻踪，更有深挚细微的人物亲情和品书感受，写来行云流水自然熨帖，长短杂陈而韵味深隽，很受读者的喜爱。至于苏炜另一本畅销“热书”——以口述实录方式完成的散文集《天涯晚笛——听张充和讲故事》，因为是著名的“民国张家四姐妹”的第一手资料，所以弥足珍贵。苏炜近期的散文写作，更把笔触伸向了浩大渊深的历史话题——《赤壁怀大苏先生》、《琴台烟雨行》、《稼轩故里行》、《敦煌梦寻》与《苏门中开》等等，既是有诗有画的文化行旅，更是追寻先贤灵魂伴侣的深挚笔墨，写来大气淋漓而章法井然，是一组相当具叙述特色和深度分量的佳作。

作为一位在海外以汉语书写的华文作家，苏炜还有另一个与汉语有关的特别身份——他在耶鲁大学任教、专职教授汉语已超过二十余年。因为教学才是苏炜的本职工作，而写作反而成为一种业余耕耘，所以苏炜不属于那种文字产量很高的作家，却是一位以专业和职业眼光，很认真对待汉语书写而宁缺毋滥的精品写手。2019 年苏炜曾获耶鲁的最高教学奖之一——“理查德·布鲁海德优秀教学奖”，可以从另一个侧面说明——他对母语汉语的教学和书写，所秉持的虔重认真的态度。

八、陈谦：从硅谷走出来的女作家

陈谦，女，笔名啸尘。生于 20 世纪 60 年代，长在广西南宁，现居美国硅谷。1989 年春赴美留学，获计算机工程硕士学位，曾在高科技公司任职资深集成电路芯片设计师。著有中、短篇小说集《覆水》、《望断南飞雁》、《我的欧文太太》、《谁是眉立》及散文集《美国两面派》等。长篇小说有《爱在无爱的硅谷》、《无穷境》。《特蕾莎的流氓犯》曾登上中国小说学会年度排行榜。中篇小说《望断南飞雁》与长篇《无穷境》曾荣获人民文学奖。

21 世纪初，陈谦出版了她的第一部长篇《爱在无爱的硅谷》，十多年来，她长、中、短篇小说多面出击，反响不俗。她的小说创作，一步一个脚印，她在中篇小说创作上下功夫尤甚，从《覆水》、《望断南飞雁》、《繁枝》、《特蕾莎的流氓犯》直到《虎妹孟加拉》，每部新作问世，总给人一种出手不凡的惊喜，感觉有新变。

《残雪》是陈谦早期创作的一部中篇小说，带有浓重的推理、悬疑色彩。陈谦说这部中篇小说是为“加强小说的可读性而进行的一次重要实践”，丹文是二十年前在美国西北部风雪中与“我”陌路相逢的女子，那年丹文从纽约冒着大风雪到美国西北部寻前夫胡力（是前夫胡力主动提出离婚），她来美国是为了听到前夫当面说出辜负她的真正原因，还欲揭发他学历造假的不洁历史，以毁掉他终身教授的前程，“让他建立在谎言和我青春血泪上的大厦轰然倒塌”。丹文怎么找到胡力，两人怎么相遇，经过如何？胡力后来怎么死的？他杀、自杀或车祸等等都是谜团。《残雪》的结尾是开放性的，它留下了情节的一些悬念，女主人公丹文在那次风雪中是否丧命？这些疑团让读者去想象与补充。

在《望断南飞雁》中，陈谦赋予了“娜拉”崭新的时代色彩。“陪读”夫人南雁，是在易卜生百余年后重塑的“娜拉”。南雁随丈夫到美国后，一步步，走过了陪读夫人的艰苦阶段，每一步她都尽心尽意，做得相当不错，她的丈夫心存感激。她在完成了整个的“陪读”之后，突然离家出走，去旧金山念书学美术。南雁不愿意做一个有文化的家庭妇女，不满足于丈夫在事业上取得的成就，她认为那是丈夫的，不属于自己，她不甘愿做一个附属于男人的全职太太，她不满足于只是一对儿女的母亲。她的美国梦不是物质上的，也非文化冲突、思乡之类。她的追求已超越了物质金钱、文化冲突，而触及人的灵魂、人性，作家是在写移民女性的生存困惑，对精神的追求与生命的探寻。

21 世纪之初，陈谦就创作了第一部写硅谷成功华人的长篇小说《爱在无爱的硅谷》，十多年之后，她又重写硅谷科技题材，长篇小说《无穷境》被称为“一部揭示华裔高科技群体心灵奥秘的佳作”（出版宣传语）。《无穷境》寓意深厚，多重镜像是新科技时代人类的缩影，各色人物都会在五彩缤纷的镜像中照出各种不同的人生轨迹与命运。每个人似乎都能从一面镜子中找到自我，世界因此而斑斓多彩。陈谦对长篇《无穷镜》的命名这样说道：“一是与题材相关，涉及女主角珊映的公司正在为‘二代谷歌眼镜’开发设计的芯片。再就是我希望在小说里做这样的表达：我们的人生道路是外部世界无数镜像的叠加。……这有点像人们常说的‘命运’。但‘命运’这词所带的被动色彩，使我不愿直接使用它。而‘镜像’叠加后如何生成新的镜像，接受者能具有相当的把控能力，它反映出的人生轨迹是动态多元的。”① 是活成“绚烂的烟花”还是燃成“一炷香”？小说的主人公珊映与其丈夫康丰的人生给了人们深刻的思考与启示。珊映向往“绚烂的烟花”的人生，她有实现自我价值的追求，“创新能够给人们生活带来美好的改变”，这种人生追求已经突破个人、家庭情感樊篱的束缚，是科技创新带给人们的一种新的冲击。而康丰“一炷香”式的燃烧，也并不容易，也是一种命运的选择，一种生活的方式。同时，小说也对高科技所引发的社会关系的新变化，如人文伦理的冲突产生某种隐忧，各种不同的镜像反映出不同人生的生存方式、生活轨迹，也无形制造出更多的生存困境与无奈。

对于新移民作家而言，移民题材是一座金矿。陈谦执着于写移民题材，探索现实生活中人性的密码，表现地球村时代新移民的生存现状与命运，聚焦于这类人物的灵魂深处，此乃作家孜孜不倦的追求。她多次谈道：“小说存在的理由，便应当是关注和表达人类生存的困境，小说家不需要，也不可能对生活的难题都能提供答案，但应该能够提出有质量的问题。”② 她的小说创作力求每篇都有新视野、新境界。每部新作问世，总给人一种出手不凡的惊喜。她不

---

① 陈谦、王雪瑛：《选择：转动命运的魔方——关于长篇小说〈无穷镜〉的对话》，《南方文坛》2016 年第 3 期。

② 陈谦：《谁是眉立》序，鹭江出版社 2016 年版，第 6 页。

重复自己，不愿按老套路行文，这是陈谦极为可贵的特质。若构思不到火候，宁可停笔不写，绝不炒现饭。她的写作过程，属于那种慢工出细活。所谓精品正是这样产生的。

陈谦小说中浓郁的悬疑色彩使作品更具艺术魅力。《流氓犯特蕾莎》是属于那种把严肃主题加上悬疑手法结合得极好的上乘之作。美国硅谷芯片研究女科学家特蕾莎，欲与当年的“流氓犯”王旭东——中国青年史学家、访问学者，三十年后在美国相见，读者很期待这场奇遇。这是一大悬念。这个悬念在最后解开，却出人意料，原来特蕾莎认错了人。认错人还在互相真诚忏悔的过程中获得极好的艺术效应，大大加深了主题的重量，具有吸引读者重读仍兴味不减的魅力。

陈谦小说象征手法的运用深化丰富了小说的思想意蕴，有书名的象征，如《无穷镜》、《虎妹孟加拉》，有人物名字的象征，如《望断南飞雁》中的南燕，还有小说中细节的象征，如《无穷镜》中人物对话中，“绚烂的烟花”与“一炷香”的象征性喻义等都给读者留下深刻印象。多种象征的运用同时赋予了小说诗意的色彩。

九、施玮：灵性文学理念的提倡与超验创作

施玮是新移民女作家中的后起之秀，她的创作以深刻的哲学意识与宗教情怀见长。她 1996 年移民美国，1999 年获圣经文学博士学位。2008 年，曾发起灵性文学学术研讨会，次年研讨会论文集《灵魂拯救与灵性文学》出版。其中，“灵性文学”的文学主张得到了国内外专门研究中国基督教文学的著名学者关注。她不仅创作了大量的小说，如《柔情无限》、《放逐》、《纸爱人》、《记忆条》、《斜阳下的河流》、《放逐伊甸》、《红墙白玉兰》、《叛教者》、《故国宫卷》等，而且发表了大量的诗歌，有诗集《大地上雪浴的女人》、《生命的长吟》、《银笛》、《被呼召的灵魂》、《十五年》等，诗剧《创世纪》，诗文集《天地的馨香》等。

她秉持“灵性文学”的创作理念，无论诗歌还是小说中，都充溢着强烈的宗教关怀与灵魂诉求。灵性文学包含三个层面：一、有灵活人的写作；二、呈现有灵活人的思想与生活；三、启示出住在人里面的灵的属性。有必要解释的是，她所主张的灵性文学，指的是有灵活人的写作、思想和生活。也就是说，在文学观念上，灵性文学仍然坚持“文学是人学，不是神学”。但文学创作应该更注重人学中“灵”的属性。小说《躲藏》，表达了“我”处在绝望深渊之中，对于超验之爱的盼望。“我”一直在黑暗中寻找更黑暗的角落躲藏，也一直在寻找有光的洞口。在这种身无着落的情绪中，“我”意识到所有事物都具有局限性，对意义的寻找似乎也已经终结。对生存无意义的焦虑与日俱增。在

没有信靠的日子里，“我”如牧羊人般把我的泪水和寻觅归拢在一起，直到有一天，“真正父亲”的出现。他赋予了“我”承担生命意义与罪过的力量。《记忆条》以童话的形式书写，主人公安琪因为丈夫出轨“离婚”。离婚后，祸不单行，她得了绝症。莎拉是安琪的好友，带安琪到教堂。但安琪固执地认为：如果上帝爱世人，为什么要惩罚没有犯错的人？安琪对上帝的质问是每一个没有信仰的尘世人的普遍疑问。安琪曾路遇一位坚信上帝的街头艺术家，他站在马路边喊“上帝爱你！”安琪反问：“上帝爱你吗？”对方并没在意安琪的嘲讽，反而兴奋地向她解释“上帝爱世人，甚至将他的独生子赐给我们，叫一切信他的，不至灭亡，反得永生。他爱我，也爱你！上帝爱每个人，你要信他！”“我的家不是上帝拆的，是我们自己拆的……”艺术家的话触动了安琪。安琪最终认识到：“我发现自己已经无法理直气壮地怨天恨人了……”现代社会里，人的自主意识增强的同时，以为精神绝对自足，殊不知主体理性的神话背后，不仅是现代精神的日渐逼仄狭隘，而且因为失去了至高至善的价值关怀，没有了灵魂皈依。面对现代理性思维的冰冷逻辑，真正的诗人和哲学家都提出怀疑与批判。施玮呼唤人类所需求的精神信靠。

施玮《故国宫卷》是一部“面对当下、透视当下、引领当下”的长篇小说，强调作家的使命与责任感，关注当代现实，小说在现代网络与历史古卷中穿越。“小说的情节支点是几位年轻人策划以故宫为题材的网络游戏制作，及研发三层立体赏析模式的《韩熙载夜宴图》app。由这一情节故事的展开，穿越到晚唐、南唐的历史岁月，再现古代书画中人物的生活情境，引发出古卷的背后故事，及对中华文化瑰宝艺术价值的重新认识与探索，对古今人生的深层哲理思考。”① 小说精心塑造了百年来三代人物的典型形象，其身份分别为收藏家、修复师和拓新者，同时他们又是书画古卷的痴迷者，守护者与传承者。这三代人物形象身上刻下了不同历史时期的印痕，打上了有时代特征的印章，凝聚着一个民族对中华文化瑰宝的珍惜、敬畏，自豪与自信，他们分别象征着民间收藏家、国家文物机构守护者与新生代的创新者形象。《故国宫卷》在两种文本、两个文化空间穿越，意在探索人类共同的人生之困惑。“小说中的寓言化叙事与象征充满哲理意蕴，引人沉思。”②

施玮不仅在小说中倡导超验之爱，而且在诗歌中对临在闪光的描写更加突出。《初熟之祭》中这样写道：“我没有所罗门的智慧，你却将我载在雅歌中。

---

① 江少川：《施玮〈故国宫卷〉：在现代网络与历史古卷中穿越》，《文学教育》2018年第33期。

② 江少川：《施玮〈故国宫卷〉：在现代网络与历史古卷中穿越》，《文学教育》2018年第33期。

你仿佛一颗秋麦，被不经意地抛下，百合花的香气令我惊慌羞愧，你用一瞥回眸安顿我。歌声纷繁的羽翼，撩扰着这一刻的存在。”《垂钓一首歌中之歌》中，诗人在咏叹：“不敢动作，生怕碰破一场风暴。岁月中积淀的渴望，沉重喘息，擂响紧绷的肌肤。回音，重重叠叠——你能离开吗？求你离开我。放弃面对，放弃审判，让我远离真实，让爱情息了劳苦，无疾而终。这一刻的诉求仿佛是杯葡萄酒。殷红。迷醉。将明天隔在遥远，不敢预支一份平静的死亡。你似乎在犹豫，目光忧郁地暗下来，四周的森林，在一秒中长成。浓黑，幽阴——远古的时代弥漫着致命的香气。为何不肯离去。你的存在让时空稀淡苍白，一片片谢落的玉兰花瓣，从树顶，缓缓坠下，光耀的面容穿越一切死亡的事物，凝望着我——垂钓一首歌中的雅歌。”诗人见证了人类的悲剧命运，见证了存在的绝望与终极虚无。她在不断地感受时代贫困以及人类离临在之爱太远的事实，以执着的精神信仰，在超感性世界中索求现实意义，从而达到了对绝对价值的追问。

思考论述题：

1. 何谓“留学生文学”？“留学生文学”的代表性作家有哪些？
2. “留学生文学”所呈现的艺术特征表现在哪些方面？
3. 如何理解丛甦创作的探索性意义？
4. 木令耆对边缘人的关注如何体现在她的作品中？
5. 伊犁小说对原生态生活的描述有何特点？
6. 如何理解王性初诗歌的中国情怀？
7. 试述刘荒田散文的文体特征与艺术特色。
8. 如何理解严歌苓对人性善的书写？
9. 试述哈金与苏炜小说的现实主义特色。
10. 比较陈谦与施玮小说的创作追求与艺术特色。

第三章　加拿大华文文学

第一节　加拿大华文文学发展概述

据维基百科资料，首批前来加拿大的中国人，是1770年代后期，来自广东省及澳门，为数约120人的木工群体。当时英国皮革商人梅尔斯（John Meares）聘用他们，华工抵达温哥华岛，负责兴建一个码头、一个堡垒以及一艘帆船。该批中国木工随后的行踪未见记载。1858—1860年卑诗省的菲沙河谷发现黄金，于是加州不少淘金华工又来到卑诗省。1858年及以后，还有一批广东台山人经过香港，来到温哥华。当时那些淘金点上的村落，到处是华人。有更多华人到加拿大淘金及筑铁路。但在同一时期，据《猪仔屋昔日：华人抵加后的"监狱"》一文记录，移民被温哥华维多利亚岛拒绝，出现在墙壁上的诗文，如同在美国出现的墙壁诗文一样，也标志着华文文学的初现，有诗文写道："独坐税关中，心内起不痛，亦因家道贫，远游不近亲。兄弟来到叫，只得上埠行，黑鬼无道理，唐人要扫地，每日食两餐，何时转回返（辛亥七月十二日李字题宁邑）。"

事实上，1863年加拿大第一个帮会性质的团体洪门会党已经出现，随后控制了华人活动的春楼、烟馆和娱乐。1884年6月黄遵宪作为清政府驻美使臣，推动了加拿大维多利亚中华会馆的成立。1895年起，温哥华的剧社、诗社和报社开始兴起，推进了华文文学的初开阶段。1899年1月8日，中华会馆三楼开设了第一个免费学校，以中华教育为主，传播中华文化传统，讲中文、诵诗歌等，这是华文文学启蒙的时期。

20世纪初，温哥华逐渐成为加拿大华人最大的聚集地，这里的华文报纸承担了播撒华文文学的使命。历史悠久的《大汉公报》（1907—1992）上，先后辟出"大汉杂录"、"汉声"等文学版面，刊登旧体诗词和"带有岭南特色的班本、粤讴、谐文、滑稽谈、谐诗、木鱼、南音等文学类别"。此后，办刊时间长短不一的多种华文报刊，如当地华人自办的《禹声月刊》、《侨声日报》、《新民国报》等，具有港台背景的《明报》、《大公报》、《星岛日报》、《世界日报》等，以及主要由中国移民创办的《环球华报》、《大华商报》等，都为加拿大华文文学作品提供了发表园地，培养了为数可观的读者群。

早期阶段的华文文学，以1950年代前为例，华文文学的存在，是在相对自由的社会环境下，以华人文化的"结团"、"小圈子"、思乡情结为基本特征，作品表现为对乡情文化的坚守、传播华人伦理意识、了解本土生活，文学的意义并不强烈，更多是方便语言交流的目的。

20 世纪 60 年代以后，加拿大华人移民政策的变化，使得更多的华人从我国香港、台湾地区和东南亚地区进入加拿大，华文文学开始了一个重要的新起点，华文文学进入多样化和新发展阶段。

1960 年代到 1980 年代更具有代表性的是“台湾留学生作家华文文学”。这一时期，从我国台湾出国的人数众多，他们学智超群，大都成了北美高等学府的中国文化研究者，曾一度创造了海外华文文学的高潮，其特点是学贯中西，对中华传统文化有深厚的依恋难舍之情，以及对西方文明有不弃不离的复杂情感。

在改革开放的新形势下，中国移民开始大批进入加拿大。1978 年 12 月 26 日，一批仅 50 人的国家公派公费留学生到美国，学界把他们划为最早的中国大陆出国留学生，加拿大也在同一时期成为移民出国的重要国家。“新移民文学”概念，也在这一时期开始出现，公认的解释是“特指 20 世纪 70 年代末 80 年代初以来，出于各种目的（留学、打工、经商、投资等）从中国移居国外的人士，用华文作为表达工具创作的反映其移居国外期间的生活境遇、精神状态等诸方面状况的文学作品”。这种解释，界定了“新移民文学”的开始，同时也符合新移民北美生活开始的节点。新移民的北美留学潮正好代表了当时的主流，所以也被视为“北美新移民文学”的开始。

温哥华地区华文文学：近三十年来，温哥华成为华人移民作家最多的居住地，不少曾经很有专业名气的作家学者都生活在那里。包括从中国台湾移民的古典诗词大家叶嘉莹，著名现代派诗人洛夫和痖弦，小说家东方白、葛逸凡、王洁心等；从中国香港移民的文人教授梁锡华，作家兼评论家胡菊人、陈浩泉、卢因，少儿读物作家阿浓等；从中国大陆来加的作家古华、林楠、文野长弓、贾葆蘅，诗人宇秀、汪文勤；从菲律宾移民的作家林婷婷等。他们移民后绝大多数定居温哥华，不辍文事。如叶嘉莹为不列颠哥伦比亚大学教授、加拿大皇家学会院士，其诗词、评论和讲演全集达 20 余卷之多。她的古典诗词集《独陪明月看荷花》不仅有中文版，在加拿大还出了英文版。洛夫和痖弦曾是《创世纪》诗刊的缔造者，领导了台湾文坛的现代主义运动。移民加拿大后，洛夫创作了数部诗集、散文集和一部 3000 行的长诗《漂木》。痖弦著有评论集《聚散花序》、诗集《弦外之音》等和随笔集《记哈客诗想》，担任加拿大华人文学学会的主任委员，主编《世界日报》以发表加拿大华文文学作品为主的“华章”专栏。东方白创作了约 20 部作品集，其中 130 万字描写台湾历史的大河小说《浪淘沙》在台湾获吴浊流大奖，根据该书改编的电视剧荣膺台湾电视最佳连续剧金钟奖殊荣。香港岭南学院文学院前院长梁锡华教授以学者散文、小说、评论和翻译闻名，移民加国后，出版了散文集《如寄集》。此外，影响较大的作品还有陈浩泉的长篇小说《寻找伊甸园》，葛逸凡的长篇小说《金山华工沧桑录》，林婷婷的散文集《漫步枫林椰园》，林楠的散文集《彼岸时光》，文野长弓的散文集《席地而歌》，以及汪文勤在加拿大华文大报《明报》上的连载小说《玄缘》(后易名为《冰酒窝》出版)、中短篇小说集《心动过缓》和中英文诗集《诗在》，艾伯塔大学东亚系教授梁丽芳的随笔集《开花结果在海外——爱蒙顿散记》，刘慧琴的《胡蝶回忆录》、《寻梦的人》和《被遗忘的角落》，华报总编容若的散文集《远足人生》和《枫叶情怀》，青洋的《对海当歌》、《黑月亮》。

多伦多地区华文文学：加拿大安大略省的华文文学和加西相比，发展略晚。二十世纪八九十年代以后，随着写作的兴盛，形成了“多伦多小说家群”，诸如张翎、孙博、曾晓文、陈河、赵廉、冯湘湘、川沙、原志、李初乔、诗恒、余曦、黄俊雄等，双语小说家李彦，居于渥太华的小说家笑言。李彦和赵廉用中英双语创作。李彦著有带有自传色彩的英文长篇小说《红浮萍》和《雪白合》，《红浮萍》获 1995 年度加拿大全国小说新书提名奖，中文作品包括长篇小说《嫁得西风》、《海底》和一些中短篇小说。赵廉从武汉大学英文系研究生毕业后，就读于加拿大约克大学，获英语文学硕士和博士。她的英语博士论文《打破沉默：加拿大华裔英语文学》出版，是首部论述加拿大华裔英语文学的专著，荣膺加拿大 Gabrielle Roy 文学评论奖。她还著有双语诗集《枫溪情》、英语回忆录《虎女》、双语诗集《切肤之痛》、英语短篇小说集《中国结》等。赵廉的双语创作带有强烈的自传性和纪实性。张翎、孙博、曾晓文和陈河比较多产。张翎著有长篇小说《望月》、《交错的彼岸》、《邮购新娘》和《金山》，小说集《尘世》、《盲约》、《雁过藻溪》和《张翎小说精选集》(六卷）收录了其大量中短篇小说。张翎的小说多次入选中国精选本，追忆唐山大地震的小说《余震》拍成电影。孙博和曾晓文他们都发表长篇小说，孙博的长篇小说有《回流》、《小留学生泪洒异国》、《茶花泪》和《男人三十》，曾晓文的长篇小说有《白日飘行》(又名《梦断得克萨斯》)、《夜还年轻》和《移民岁月》。二人合作的电视剧本《中国创造》已被改编为 33 集电视剧《返航》。陈河作品有长篇小说《红白黑》、《沙捞越战事》和《米罗山营地》，中短篇小说《女孩和三文鱼》、《西尼罗症》、《夜巡》，纪实文学《被绑架者说》，散文《为金先生洗碗》等。

安大略地区的华文文学社团有多伦多华人作家协会、加中笔会、渥太华华人写作者协会、加拿大华语诗人协会等。笔会会员发表了数百篇中英文小说、散文、诗歌和评论，出版了《西方月亮：加拿大华人作家短篇小说精选集》、《叛逆玫瑰：加拿大华人作家中篇小说精选集》、《枫情万种：加拿大华人作家散文精选集》)、《旋转的硬币》等数部小说集、散文集、文学评论集，以及二十几部长篇小说。

魁北克地区华文文学：和温哥华、多伦多几十万的华裔人口相比，蒙特利尔的华人相对较少。魁北克地区是北美唯一一个法语区，老牌华人作家大多迁居西部温哥华地区，相比之下，魁北克地区的华文文学更显年轻，写作者更具本土化和高学历特征。双语作家应晨有《再见，妈妈》、《水的记忆》等。薛忆沩的主要作品有长篇小说《遗弃》、《出租车司机》、《白求恩的孩子们》。郑南川的作品包括小说集系列《窗子里的两个女人》、《跑进屋里的那个男人》、《琴和她的妮西娜》，诗歌系列《一只鞋的偶然》、《堕落的裤裆》和《一根线的早晨》，非虚构作品集《在另外一个世界死去》等。张裕禾有散文集《枫叶荻花》、《二十世纪魁北克小说中的家庭和文化身份》，参与《巴尔扎克全集》的翻译。双语作家张芷美有自传体作品《狐狸》，其法语版《我的红色生活》获魁北克法语文学促进会奖。陆蔚青有短篇小说集《漂泊的温柔》。张廷华有《古沙文集》(两卷本)、《岁月牧歌》。邓文长有长篇小说《彰德春梦》。马新云有《女人一枝花》和《紫云诗卷》。枫子有散文集《那一城，枫红枫绿》、《弥漫在秋光里的法国香颂》。邵云有散文《大风起》。刘爱丽有《W 年代》。柳铁有小说集《实现美国梦的女孩》、《咫尺天涯》。白墨有《白墨诗集》，他在蒙特利尔《华侨新报》开设诗词专栏十五年，和文友创作诗词一万两千三百余首，创全球华人发表诗词数量的奇迹，并在 1999 年 11 月 6 日创办加拿大中华诗词研究会。苏凤有诗歌集《自由的灵魂》、《花上》。林炎平有《奥林匹克的启示》等。

魁北克华人作家协会，是加拿大首创本土出版物最多的文学团体，由加拿大华人独立出版人郑南川主编发行的图书包括：加拿大华文小说集《“普丁”的爱情》、《太阳雪》，散文集《皮娜的小木屋》，诗歌集《哦，魁北克》和华文作家文集《漂泊的岁月》，全部被加拿大国家图书档案馆收藏。魁北克华文作家群充满活力，近年出版书物二十余部，他们是郑南川、张裕禾、陈丽霞、邵云、张廷华、邓文长、杨格、陆蔚青、索非、苏凤、绿萍、高高、穆彦、雷门、飘尘永魂、柳铁、周善铸、云涛、婉冰、唐璜等。

第二节 主要作家选讲

一、东方白：西方世界的“东方寓言”

东方白（1938— ），原名林文德，生于台湾台北。15 岁开始写作，并于

1957年发表处女作《乌鸦锦之役》而一举成名。1965年赴加拿大深造，获水文工程博士学位，任职于加拿大亚伯达省环境中心。已出版小说集《临死的基督徒》、《黄金梦》、《露意湖》、《东方寓言》和长篇三部曲《浪淘沙》以及散文集多部等。

东方白最具个人风格的是其寓言小说。《东方寓言》出版于1979年，共15篇，分忧天篇、忧世篇、忧时篇、忧民篇和不忧篇五类。作品题材有两种：一种是游离现实、演义神怪的寓言式；另一种是表现人生衰落的写实型。作者以丰富的想象和各具特色的表现手法对神与人、道德与法律等问题进行了哲理性的探讨，用丰厚的知识和思想凝成篇幅短小但寓意深长的作品。如在《东东佛》里，作者别出心裁地把中国佛教传说与西方基督教神话结合起来，描述释迦牟尼在莲花池里看到西西弗受苦受难，善心大发让巨石在山顶停滞，使西西弗因为无所事事而感悟到人生有目标才有真正快乐的宗旨。这样，原本陈旧的古老西方神话因东方白的现代人本主义的生活态度和东方生命哲学思想与其结合而焕发出崭新的思想光彩，使人豁然开朗。

东方白的代表作《奴才》以内涵开掘的深刻和形象塑造的典型而颇受好评。在这篇小说里，校工阿富一直慈善恭谨甚至卑微地活着，按照奴才应有的规矩对校长一家尽忠尽责。尽管远离故乡，昔日不知名讳的老爷早已不知去向，可阿富至死还认定："生时是老爷的奴才，死了做鬼还是老爷的奴才……除非我们赎身。"作者给我们展现了一个善良、忠诚、恭谨、愚昧的老奴才形象，痛定思痛地抨击了封建旧观念对一个无辜而善良的人的毒害；同时，也通过这个小人物的故事，反映出奴性思想的根深蒂固。尽管故事不是发生在海外，但是小说的引子告诉我们是一群在海外的游子在中秋之夜回忆起这个"奴才"来，从而使人能够隔着时空的差距，分外思念、思索自己故乡和同胞的优点和缺陷，发人深省。

东方白的散文以写加拿大的北国风光为主，带有浓郁的异国情调。他的散文以如诗如画的绮丽风光、与景交融的细腻情怀、流畅优美饱含深情的笔调和丰富多样的修辞手法独树一帜，把科学的严谨、诗意的浪漫和哲人的深思三位一体化，形成具有独特审美风格的散文特色。

二、梁锡华：富有诗趣的学院派创作

梁锡华（1933—　），原名梁萑萝，广东顺德人。大学毕业后赴加拿大卑诗大学攻读文学硕士学位，后又获得英国伦敦大学哲学博士学位。曾任教于加拿大圣玛丽大学，入加拿大国籍。1976年到香港中文大学任中文系讲师、高级讲师。1985年任岭南学院文学院院长兼文史系主任，1995年退休后回加拿大定居。梁锡华除了发表大量散文作品之外，还写有小说《独立苍茫》、《头上一片云》、《李商隐哀传》、《香港大学生》、《爱恨移民曲》等，传记《徐志摩新传》以及编注《徐志摩诗文补遗》、《闻一多诸作家遗佚诗文集》、《胡适秘藏书信选（上、下）》、《续爱眉小札》，论著《且道阴晴圆缺》等等。

作为一名学贯中西的学者，梁锡华的作品带有很强的学者风格。他才思敏捷，思想深邃，生性诙谐，文笔灵动，师承鲁迅、钱钟书、梁实秋等大家，又自成风格。他的小说善于营造意境，富有诗趣，情节缜密，语言诙谐隽永，具有很浓厚的学院气息。第一部小说《独立苍茫》以 70—80 年代香港大学师生的日常生活、恋爱婚姻为基本主题，被夏志清誉为“才、学、情三者兼顾的当代才子书”。小说塑造了光明大学里的三个单身贵族——文学博士萧晨星、经济学博士陈最亨和数学博士聂惟素，通过三人的恋爱、成家以及交往使故事串连起来，其间有欢快，有婉转，有激情，有苦涩，感情更是曲曲折折。尽管小说流于感伤，但其中不乏语言的明快活泼和幽默风趣，既有青年才子玉树临风的高蹈，又有佳人不遇的低回惆怅，诗词佳句顺手拈来，学者评论滔滔成章，自有才子小说的雅意。

作为学者小说的典型，史传小说《李商隐哀传》就是梁锡华根据自己对李商隐的学术研究的成果，结合自身的文学创作而构思的一部带有独特创造性的历史小说。它充分展示了梁锡华深厚的学术功底和文学创作水平，思想寓意深刻，情感丰富，人物鲜明，情节节奏如同完整的乐章，起伏婉转。在这部小说里，作者以细致的笔触展现了李商隐坎坷的一生，塑造了一个胸怀大志、腹中经纶、偏偏仕途不得志，且一生忠于爱情，诗风却屡遭非议的才子形象。然而，我们看到，尽管风吹浪打，李商隐依然一生坚毅，穷，志不改；苦，意不改。梁锡华从敬慕一个天才诗人和一个屡遭不幸的人的角度，为历史上褒贬不一的诗人正名，把李商隐历尽人世沧桑、妻离子散、壮志难酬、一生困窘却依然保持自己的见解和人格的形象刻画出来，感人至深。

梁锡华的散文以数量之大、形式之多、风格各异而比小说更胜一筹。作为一个语言灵慧、头脑机智、观察敏锐的学者，梁锡华具备一个优秀散文家的素质。在文学理论和鉴赏中的多年熏陶使他能够清晰深刻地辨别文章的优劣，同时丰富的情感和不同凡响的阅历也使他有充分的蕴藉，这些积累使梁锡华能够随时随地拈起一件事物，天文地理、文化民俗、往昔未来、社会心理等等，依靠发散的思维进行广泛的联想，同时开掘学者智慧进行深度探索，使他的散文特色鲜明、理趣俱佳。

三、张翎：交错于原乡与异乡之间

张翎，籍贯浙江温州，毕业于复旦大学外文系。后分别于美国和加拿大获得英美文学和听力康复学硕士学位。曾尝试过多种职业，现定居加拿大多伦多市，在某家医院主管听力诊所。自20世纪90年代中期开始在海外写作，已出版和发表过《望月》、《交错的彼岸》、《生命中最黑暗的夜晚》、《羊》、《尘世》、《陪读爹娘》、《邮购新娘》、《雁过藻溪》、《余震》、《弃猫阿惶》、《阵痛》、《劳燕》、《死着》等多部中、长篇小说，在海内外荣获多种文学奖。

张翎，以其潜在的旺盛生命活力和凭借自身的创作实力，奇迹般地崛起在华文文学世界里。自1997年长篇处女作《望月》问世以来，她一发而不可收，且势头猛增。如果说《望月》是她在一股激切的乡情或在望乡中追忆冲动下的产物，那么，随之而来的是她面临着情感与理智的冲突下的转换，表现为跨越家园、地理时空和往返于原乡与异乡之间的交错。她在2001年出版的长篇小说《交错的彼岸》结尾，通过主人公蕙宁的长篇独白，企望找回记忆中的过去。主人公对历史的目击者飞云江，对已成灰土的小外婆阿九说："我只有来到这个世界，才能避开那个世界。我只有避开那个世界，才能展开对那个世界的思索——站在山中的人，是看不见山的。"是茫然，是释然？反映的是人对自身处境、对存在、对命运的反思和关注。这为我们解读作家的创作动机和心灵意图以及文本世界提供了一把诠释的钥匙。

《交错的彼岸》展开的情节纵横两大洲，上下一个世纪。小说借加拿大记者玛姬的叙述，将故事的两条主要线索也是两个主要"图景"——中国江南的金氏家族和美国加州的汉福雷家族，在纷繁复杂的历史背景下交错有致地加以链接。

在张翎那些最具代表性的小说里，人们清晰地听到有着一种来自人性深处的呼唤。张翎有她自己的文化姿态和追寻，她努力寻找跨越文化、种族、地域的人类共性，在不背离自己文化传统的前提下，在异质文化中采取求同存异、交互共生的文化立场，致力于对普遍人性的重视。为此，其作品往往营设一种特殊的氛围，确切地说，那是一种诗性品格的真诚投影。以此作为出发点，她构筑的故事的深层结构中总有一份飞翔的生命力和诗般的激情。一部颇具分量的长篇《邮购新娘》便是最佳的注脚。小说叙写了一个家族三代女人的故事，对三个成长于不同时代却在精神气质上一脉相承的特殊女性形象群体的刻画，对各个小人物在命运起落浮沉中关于情感、事业和精神归属执着而艰难的追寻描绘，在徐缓平静叙述中的故事，飘散着诗一般的情调，展示了作家对人情世故的洞明和揭示丰富人性的特殊功力。在这部不拘泥于写新移民的冒险故事及他们看到的异域风光的作品里，作者以固有的敏锐把触须伸展到横跨辽阔的大洋，俯瞰两个迥然有别的大陆，把原乡与异乡、历史与现实同时并置呈现反向参照。她的小说里有着对岁月匆匆与人生苍苍的一种咏叹，更多的时候是将主人公们的经历化繁为简的叙述，从中蕴含着对平凡人生的体察。她描述的新移民形象都是有着丰富性格内涵与生活内涵的活生生的人，皆能浸透着饱经沧桑的作者对于生活的深刻感悟。在江涓涓、筱丹凤、杏娘、许春月、竹影、路得、方雪花等的故事里，历史只是时隐时现的背景。人活在故事里，故事里站着人。“历史是陪衬女人的，女人却拒绝陪衬历史。女人的每一个故事，都是与历史的抗争。”这可视为女作家小说叙事的一种底色，她以此为新移民文学的女性叙事增添了一层新意。这种以女性为主角的作品，其叙述重心都与女人的命运有关，体现了作者鲜明的女性意识。无论从望月到蕙宁到江涓涓，还是从黄信月到末雁到灵灵，她们在曲折多姿的人生际遇中，都表现出一种或坚韧或不屈或勇敢或追寻的品性，以及同命运作顽强的抗争。当然，张翎的过人之处在于并非仅停留在对女性悲怆人生的咏叹，而是超越单纯的性别关怀，通过这些女人的命运写出了对人生理想和精神家园的寻求包括生之意味。其小说既深刻地揭示了社会历史的错位、人性的扭曲和世道的不公，又寄予了一份深切的关爱、同情和宽容。毫无疑问，这些都是女作家对女人自身的体验相互浇铸而成的，并在总体的内在肌理中闪耀着人性的光点。

长篇小说《金山》是张翎的一部力作，它书写的底层移民家族史是一部深沉的苦难史、崇高的情感史，同时也是一曲民族的正气歌。《金山》所呈现的方得法、红毛等华工攀悬崖放炸药爆破奇寒封山、杀狗啃雪渡难关，与妻子相距万里、在艰难困境中的苦候相守，方氏父子在异乡吃苦耐劳、坚韧顽强的品格，是对人的生存价值的肯定，也是对那时华工生存状态的审美观照与反思。《金山》写移民家族的命运史，也是写人的情感史。它主要书写家族间人的情感，同时也涉及家族与家族之外的人的情感。《金山》同时是一曲民族正气歌。阿法父子自幼就懂得：国家兴亡，匹夫有责。作家在阿法父子身上所表现的那种大义之举、浩然正气正是中华儿女民族精神、民族魂的体现①。

2017年7月出版的《劳燕》是张翎首部战争题材的作品，讲述了一个名叫阿燕的女子的传奇故事。正如张翎所说：透过阿燕这个角色，张翎展现了人在面临绝境时所迸发出的巨大能量，赞美了我们民族的女性从苦难中涅槃的那种生生不息的强韧生命力。

张翎正逐渐建立属于自己的艺术风格，那是交混糅合着浓烈民族性和地方性色彩的、同时又富有现代意识的特质，她以自己独特的对于现实人生与历史文化、生命意识与人性探寻的深入开掘和诗性表达，体现了一种西方背景下的

---

①　江少川：《底层移民家族小说的跨域书写——论张翎的长篇新作〈金山〉》，《世界华文文学论坛》2010年第4期。

东方文化精神。诚如其生命一样，她的小说连接着故土原乡与新土异乡的天地，浸染着东方文化又领略了西方文化，拥有了双重视野也凝聚着双重意蕴，让我们看到了高度发达社会中的绰绰风情，看到了处于离散状态的边缘族群，尤其是女性命运的情感波澜和生活图景，以及秉持深沉温润的民族情怀和拥有更广阔的文化比照反思的思维空间和艺术视域。这种心灵追寻和高远意向，显示了华文文学的一种新品格，也给华文世界提供了一份新的有益的启示。

四、李彦：中国韵味的异国书写

李彦（1955— ），生于北京。1987年赴加拿大留学，获温莎大学历史学硕士学位。1997年起在滑铁卢大学任教。1985年开始发表中英文作品。英文长篇小说《红浮萍》获1996年滑铁卢地区“文学艺术杰出女性奖”。2002年获台湾“中国文艺协会”颁发的海外文艺工作奖章。1997年加入“加拿大作家协会”，2002年到2008年担任“加拿大中国笔会”副会长。

她最显著的特色是用双语创作，她认为：“使用两种语言创作，或许可以互为促进，在思维中产生一些新的元素。”她的英文长篇小说《雪百合》2010年出版后，《加拿大文学评论》曾写道：“李彦的写作风格十分独特。同时使用英文和中文两种语言写作，产生了一种神奇的炼丹术般的效果，极大地丰富了书中的意象群和节奏韵律感。毫无疑问，她那种带有共鸣的声音，是属于中国韵味的，即使她是用英文写作，也充盈着那种古老语言所携带的胆识、生机与美丽。”

《红浮萍》是李彦所写的第一部英文长篇小说，1995年发表，原英文名为《红土地的女儿们》（*Daughters of the Red Land*）。中文版《红浮萍》发表于2010年。前后内容不完全相同，后者可以说是前者的沉淀，是李彦对特定历史年代与个体经验的进一步思考。故事以两条线索展开，主线叙述了一个家族三代女性的命运沉浮。外婆出身于一个裁缝的家庭，固守三从四德，唯命是从。母亲雯从小性格倔强、成绩优异，满意地回答了外公去世前提出的财产使用问题，让外公赞叹。十六岁时，雯体验到了初恋的滋味，但以失败告终。大洋彼岸男友的最后一封信写道：“经过长期认真考虑，我已最终决定采取独身主义，将我整个身心都奉献给伟大的主……我希望能够继续维持我们纯真的友谊……”之后，她经历了楠、虞城两个丈夫，两次婚姻。这里不只是作为女性的情感悲剧。故事历经土地改革、抗美援朝、反右派斗争、“文化大革命”以及改革开放等历史时期，以小人物反映大历史以及由特定时代造就的人生抉择，其中渗透着对历史的反思与对生命意义的追问。雯的女儿平跟着母亲生活在动荡中，小说写道：“我在自卑的心理下长大，在漫长的自虐式奋斗中，不记得是否曾有过花样的年华。”“我十分清楚妈妈对我的不满与失望。她常常会在朝着空中发愣的间隙，开始对我的指责，把她坎坷不幸的命运归咎于我的存在。”这种经历和磨炼是一代人的经历。

《海底》发表于2013年，是对《雪百合》(*Lily in the Snow*) 的译写，内容上有删改，主要是反映华人移民在国外的生活与悲欢离合。李彦在《海底》的后记中写道：“我找到了一条途径：译写。……当然，译写这种特殊方式，似乎更适宜于由原著者本人亲自操刀，进行再创作的劳动。”从译作《红浮萍》到《海底》，可见李彦对文学创作的独特理解。她解释过：“由于文化、历史、社会、信仰、思维方式等诸方面存在的差异。特别是东西方长期‘冷战’隔绝的结果，普通西方民众对中国的了解肤浅到了令人吃惊的地步……面对这些，我觉得有责任尽自己所能，让广大的西方民众对中国多些了解，公平客观地看待那片曾经养育过我的土地。”《海底》通过讲述一个华裔单身母亲江鸥的故事，表达对西方主流价值以及基督教文化的质疑。江鸥在国外，努力地接受西方文化，希望能融入主流社会。她愿意接受洗礼，信奉基督教，却被华人牧师龙牧师拒绝。按照基督教教义，主动离婚的女人是有罪的。与此同时，有一位中国温州来的女人，为了获得绿卡，与加拿大人假结婚。她与多名男子交往，而牧师却同意她的加入。诸如此类的例子，让江鸥失去了对基督教的信任，同时批判了牧师的伪善，揭示了基督教教义的冷酷。李彦对西方文化是批判性的接受。小说中还写到偷渡的水獭、理工博士后老蟹、国内官衔为上校的倪秋、国内的访问学者河马、表面上舞刀弄枪的鲍师傅等等，把他们放在人性的视角下审视，揭露他们内心的阴暗与猥琐。李彦小说从民族、国家、人性、宗教、性别等多重维度对中西文化进行对比与描绘，是新移民文学中不可多得的优秀文本。

李彦的非虚构系列作品，2015年结集为《尺素天涯：白求恩最后的情书及其他》一书，她以跨域的视野，展示出曾经生活在中国苦难岁月里的加拿大人鲜活的个体生命，发掘出许多有意义的史料与往事。这本书中，《尺素天涯——白求恩最后的情书》与《小红鱼儿你在哪儿住——甲骨文与明义士家族》两部中篇小说最具思想价值与艺术魅力。李彦以当今地球村的广阔视野与博大的胸怀，真实地还原了白求恩完整而鲜活的人生，指出他既是一位国际共产主义战士，具有无私奉献的精神，也是有血有肉的平常人，有情爱、有个性，关心底层、同情弱者，有崇高人格和一种人道主义精神的大爱。2018年李彦出版了非虚构文学作品《不远万里》。

五、陈河：战地叙事与中国情怀

陈河（1958—　），生于浙江温州，本名陈小卫。喜好打篮球，曾担任过温州作家协会副主席。1994年赴阿尔巴尼亚，时逢阿尔巴尼亚动乱，经历生死考验。1999年移民加拿大，现居多伦多。出国前在国内发表短篇小说《奇迹》、《菲亚特》、《车站》、《布偶》等。出国后停笔多年，2006年重新开始创作。他的作品主要有《致命的远行》、《沙捞越战事》、《去斯可比的路》、《女孩和三文鱼》、《西尼罗症》、《夜巡》、《无花果树下的欲望》、《黑白电影里的城市》、《我是一只小小鸟》、《信用河》、《红白黑》、《甲骨时光》等等。他的创作丰富，曾获许多文学奖项，其中包括《人民文学》中篇小说奖、第二届华侨文学最佳主题作品奖、第一届郁达夫小说奖、首届咖啡馆短篇小说奖等。陈河一度被认为是“生活库存型”作家，他将生活际遇和生命体验融入小说艺术语言中，为读者提供了智慧的人性探索。

陈河有过战地经历，他对战争中复杂的人性刻画尤为独到。《沙捞越战事》中的主人公周天化，是二战时期一个普通的华裔士兵。他被英国军队空投到马来亚沙捞越丛林执行特工任务，当时的沙捞越是日本军队占领区，丛林里活跃着华人红色抗日游击队、英国军队和土著猎头族伊班人部落等多支部队。周天化在丛林战争中经历了各种生死攸关的惊险事件，其中穿插对战友、兄弟、爱情的描写，不仅表现出周天化作为一位战士所具有的智勇双全的基本素质，而且体现出他在危难关头所经历的内心挣扎与人性考验。《米罗山营地》描述二战期间，一个普通的医生家庭为营救抗日游击队伤员，却遭到日本人的疯狂报复。小说将世界大战中的政治权谋与谍战风云凝缩在具体的小人物生活中，充分展现战争中人性深处的善恶交织。

在大历史背景中突出“小人物”的命运，也是陈河着重关注与思考的对象。《布偶》讲述在一个纺纱厂里，十七岁的少年莫丘与女工柯依丽相爱，却遭到全场人员的反对。一种神秘的力量把他们逼上绝路。陈河在谈到这篇小说的创作时说：“可以这样说，小说中有自己年轻时最早的记忆。我把自己这么多年的生命经验和想法都放进了《布偶》这部小说。”故事极其感人，然而，作者的叙述态度非常冷静客观，体现了极高的艺术驾驭力。《被绑架者说》记述一个中国商人回忆自己在阿尔巴尼亚战争中被绑架的故事，揭示非人经历对人造成的梦魇记忆。《红白黑》将父辈一代的命运遭际和当代海外移民相结合，展现了中国高干子弟的海外经历。国内/国外、原乡/异域不同维度的地理空间，造成了移民的心理困境与文化思考。

《甲骨时光》中，陈河将历史回溯到中国古老的殷商甲骨年代。小说采取双线并行的叙事方式，显在线索是现代考古学者杨鸣条在抗战背景中赴河南安阳寻找甲骨，潜在线索是殷商贞人大犬在牧野之战中誓死捍卫甲骨文字，与甲骨并存亡。两条线索一明一暗、虚实结合。

故事中杨鸣条和大犬，生动形象地展现出中国知识分子特有的品格与个性。故事在虚幻诡异的神秘想象中，将民族、历史、人性熔于一炉，表现出对中华文化的热爱。“小说所要传达的文化意蕴与主旨启示我们：历史悠久，博大精深的甲骨文，其神奇、智慧，见证、传达出中华文化优秀的历史文化传统；作为人类脊梁的工具，甲骨文在人类文字史上占有崇高的地位；在今日全球村视域下，观照珍贵的文化遗产从创建到挖掘发现的历史，极大地增强了中华民族的文化自信。”① 在海外移民作家结合自己的域外经验、凭借自己的文学才华讲述中国历史故事以及将中国文化传播于世界各地的过程中，陈河以自己的创作实绩作出了重要的贡献。

六、薛忆沩：独特迷人的异类作家

薛忆沩，1964 年出生，湖南长沙人。他是一位文学风格和生活态度都非常独特的作家，被称为是当代华文文学领域里“迷人的异类”。1985 年，他从北京航空学院（今北京航空航天大学）电子计算机科学与工程系毕业，获工学学士学位；1993 年，他被广州外语学院（今广东外语外贸大学）破格录取，三年后获语言学和应用语言学博士学位。2010 年，他结束在蒙特利尔大学英语系的学习，获得英美文学硕士学位。薛忆沩在人生道路上的不断“跨越”与他独树一帜的文学风格有深刻的联系。

《作家》杂志 1988 年第八期在头条位置推出薛忆沩的中篇处女作《睡星》，这被当成是薛忆沩进入中国当代文学领域的标志。从这里出发，经过三十年孤独和执着的努力，薛忆沩出版了五部长篇小说、五部中短篇小说集、六部随笔集和两部访谈集。2019 年，后浪出版公司推出虚构和非虚构两卷本精选集，对薛忆沩引人注目的“文学三十年”做了全面的呈现。

薛忆沩的“文学三十年”可以均分为三个相互密切关联的十年。在第一个十年的前三年，薛忆沩的中短篇小说已经出现在《收获》、《花城》、《作家》和台湾《联合文学》等重要刊物上，而他后来在文学界引起很大关注的长篇小说《遗弃》也已经出版。也就是说，他已经在文学道路上迈出了坚实的第一步。经过后来长达六年的“沉寂”，在这个十年即将结束的时候，薛忆沩开始他重返文学的努力。随着已遭遗弃的《遗弃》被知识界“发现”以及包括《出租车司机》在内的短篇新作在《人民文学》等刊物上的出现，薛忆沩开始在中国当代文学领域里找到了自己特殊的位置。

薛忆沩“文学三十年”的第二个十年从《遗弃》和《出租车司机》开始。

---

① 江少川：《陈河及其历史长篇小说〈甲骨时光〉》，《文学教育》2018 年第 3 期。

接着出现的“战争系列”小说也同样获得了广泛的好评。属于这个系列里的《通往天堂的最后那一段路程》在2004年的问世更是成为薛忆沩文学道路上的又一个转折点。这部中篇小说是薛忆沩在海外完成的第一部作品。它以白求恩大夫为原型，用激情和精美的语言展现了一位理想主义者内心的复杂和细腻，充分展示了薛忆沩文学作品的精神特质。它获得的好评不仅促成了薛忆沩第一部中短篇小说集《流动的房间》在2006年的问世，也将薛忆沩推上了“专栏作家”的位置。他开始定期为《南方周末》和《随笔》等重要报刊写作关于阅读的随笔。这是薛忆沩深受读者喜爱的非虚构类写作的源头。通过这一段当专栏作家的强化训练，薛忆沩对汉语的感觉发生了神奇的变化。这为他接下来引人注目的重写埋下了伏笔。

第三个十年是薛忆沩“文学三十年”的高潮。尤其是从2012年上海三家出版社同时推出他的五部作品算起的连续八年时间里，他每年以两本以上的出版速度不断给读者带来惊喜，也引起媒体的热烈关注。这期间两次修订出版的长篇小说《遗弃》、两次出版的随笔集《与马可·波罗同行》、两次出版的“深圳人”系列小说集（第一次以《出租车司机》为名，第二次以《深圳人》为名）以及2014年出版的长篇小说《空巢》和2015由三联书店推出的“薛忆沩文丛”（含随笔集《文学的祖国》、《与马可·波罗同行》及中短篇小说集《与狂风一起旅行》）等作品都在文学界引起了很大的反响。

在第三个十年里，薛忆沩文学道路上出现的两个现象特别值得注意。一是从2010年开始，薛忆沩重写了自己之前发表过的几乎全部作品，包括短篇小说《出租车司机》、中篇小说《通往天堂的最后那一段路程》和长篇小说《遗弃》等名作。薛忆沩的重写以语言和细节为目标。这种一丝不苟的重写不仅提高了他旧作的质量，也令他在新的创作过程对语言和细节有了炉火纯青的把握。另一个重要的现象就是从2016年开始，薛忆沩的作品开始被翻译成其他的语种，在这些翻译作品中，尤其以“深圳人”系列小说的英法文译本和长篇小说《白求恩的孩子们》的英译本深受读者的喜爱。

自传性是薛忆沩作品的一大特征。因此，他居住过的城市与他创作出的作品之间存在着必然的联系。薛忆沩的“文学三十年”主要与三座城市有关：一是他文学生命正式起步的长沙，一是他文学生命重新起步并迅速成长的深圳，一是他文学生命趋于成熟的蒙特利尔。这三座城市在他的作品里都留下了深刻的印迹。以长篇小说为例，尽管薛忆沩没有特别指明，读者不难看出长沙是《遗弃》和《一个影子的告别》里的背景城市以及《空巢》叙述者遭受电信诈骗的经历发生在深圳。而《白求恩的孩子们》和《希拉里、密和、我》从一开始就指明了叙述者的居住地是加拿大的蒙特利尔。

“文学三十年”的成就并没有让不断超越的薛忆沩故步自封。从2020年3月开始，《作家》杂志分三期连载推出了薛忆沩40万字的长篇小说《“李尔王”与1979》。这是薛忆沩的第六部长篇小说。它的问世宣告薛忆沩新一轮的文学征程已经正式开始。

与“文学三十年”同样是在《作家》杂志上的开始不同，薛忆沩新的文学征程从一开始就显示出清晰的文学史意义。作品以“不可思议”的1979年为焦点，通过主人公“父亲”一生的坎坷经历，展开了一幅历史、时代和人性的画卷。长期遭受不公待遇的“父亲”终于迎来了改革开放的伟大时代，获得了彻底的平反。站在命运的转折点上，这位相信自己终身不过只是“李尔王”（他在大学阶段的学生剧社里扮演过的角色）影子的老人百感交集地重新审视自己的一生，对生命的意义进行了充满哲理的思考。这部作品将个人和历史巧妙又深刻地结合在一起，语言优美、细节丰满、结构严谨、感情充沛、境界高洁。它既是对改革开放的颂歌，又是向文学是“人学”这一崇高文学标准致敬的诗篇。

个人命运与历史变迁之间的关系是薛忆沩创作的第一主题。而在薛忆沩的作品之中，这一主题又总是通过精致又精准的语言和智慧又深情的叙述得以呈现。《“李尔王”与1979》集中展现了薛忆沩文学创作的全部特色。从他文学探索道路上新的里程碑可以看出，薛忆沩今后的创作也将是他“文学三十年”的继续。他的作品将继续给读者带来审美的享受和认知的满足。

七、曾晓文：种族歧视的亲历者与异域书写

曾晓文（1966—　）是加拿大多伦多作家群中的优秀作家之一。1966年出生于中国东北佳木斯。从研究生毕业开始创作，至今二十余年从未间断。她的代表作品有《白日飘行》、《夜还年轻》、《遣送》、《重瓣女人花》、《梦断德克萨斯》、《移民岁月》等。曾晓文的小说以女性视角描述自己的美国经验，她见证了美国的种族歧视政策，“监狱”是她小说中多次出现的意象，对“监狱”意象有深刻的隐喻功能和特殊指涉。移民对异质文化的理解有一个由隔膜到融通的过程。曾晓文小说中一再出现的“监狱”，可以被认为是“权力”的象征，是对异国他乡的弱势移民所遭遇威慑的形象表述。《白日飘行》发表于2006年，是曾晓文的第一部长篇小说。作品以主人公舒嘉雯进入“监狱”后的回忆展开，回顾了她初到美国时的寂寞无助、在金麒麟餐馆的受难、在赌场的迷失、和男朋友阿瑞的相遇、而后共同创业的失败、阿瑞的出走、出狱后在神创公司的新工作、和阿瑞的重逢等一幕幕场景。回忆性的角度使小说的监狱叙事带上了双重视角，一方面是正处于监狱中的舒嘉雯对狱中生活的纪实，另一方面是用一种置身事外的旁观者态度冷静地将故事的帷幕缓缓拉开，现实与过去

交叠穿插，轻重缓急结合。整体来看，舒嘉雯的监狱叙事是苦涩的，她的人生道路历经波折，入狱后的她更是跌到了谷底。“监狱”经验使她对美国文化有了另一种思考。美国虽然一直标榜自由与民主，但排外主义势力十分强大，特别是在“9·11事件”后，排外主义在监狱中尤为突出。“当大多数美国人保持团结并对他们的未来抱有信心时，他们似乎更愿意与外来移民分享未来；当他们发生分裂且对未来缺乏信心时，排外主义就可能抬头。”《白日飘行》以非虚构叙事的方式反映美国的这种排外政策。小说中舒嘉雯来到美国后遭遇的一系列事件使她陷入前所未有的困境。根据太阳城监狱的规定，“联邦政府的囚犯是不可以睡折叠床的，而移民局的囚犯即使睡在地上也无所谓”，排外主义在这里展露无遗。

曾晓文在一次访谈中提到，叙述视角的选择与其自身的身份建构进程有着密切联系。小说《网人》虽没有直接出现监狱，但“监狱”的力量却牢牢控制着人们的内心。故事讲述的是两个在美国住合租房的男女青年柳明和王影在现实生活中因不愿意交流而产生隔膜，但他们却乐于在网上与网友袒露真心，最后才发现这个“知音”却是现实中彼此厌倦的对方。在互联网技术逐渐发达的当今社会，人与人之间的距离看似拉近，实则渐渐疏远了。柳明和王影都将自己关在亲手设置的“监狱”中，在自己和外界之间添了一道墙。他们对身边的人和事漠不关心，沉浸于自己的虚拟世界中。

《重瓣女人花》显示出强烈的女性意识。小说中将“重瓣花”作为不孕女人的别名。晨槿、凯琳、纳塔莉娅、玛莎等都是来自不同国家的女性。文化背景、职业、年龄等各不相同，她们都因未生儿育女而形成一个非营利组织——重瓣花俱乐部，目的是为不孕不育女性争取社会权利。《移民岁月》中，北北是一个患有忧郁症的男孩，可是他的症状却从不曾引起爸妈的注意。这其实是中国父母的一个通病：认为忧郁症是一种可耻的现象。他们甚至否认自己孩子有忧郁症，拒绝带孩子去医院治疗，由此酿成悲剧。不孕不育和忧郁症可以视为“监狱”意象的一种扩散，这些问题就是一个又一个的“小型监狱”，将受害者困于其中。曾晓文笔下的人物都是戴着镣铐出场的：有精心策划复仇的维维安（《维维安在美国的最后一天》），竭力维持自己网络霸主地位的“网魔”张国栋（《网魔》），挣扎于爱情和物质的云翔（《原本无意》）……“监狱”作为一种隐形的意象仍然无时无刻束缚着曾晓文笔下的人物，每个人仿佛一出场就处于一座“困城”中，而人如何走出这生命中的“困城”是曾晓文一直在探索的问题。从《白日飘行》到《遣送》，作者通过叙事视角的转变不仅将人物的内心勾勒得更加细致，还体现了其对移民地位发展的思考。曾晓文笔下有形、无形的“监狱”有着多重指涉，政治寓言、身份牢笼、精神困囿抑或炼狱磨炼。但最终指向自由境界与心灵枷锁的二律背反中，从而使现实的经历变成了美学体验、使生存的困顿化为精神的审美。

《移民岁月》是曾晓文的长篇力作，关注人生的命运与价值，是她旅居美、加十九年之后的苦心经营之作。这部长篇以地球村视野，书写了中国与加拿大两个家族，即陆氏与欧文家族三代人近百年间的情谊史，表现了北美华人移民与白人族裔的生存状况与命运，及对人类美好命运前景的强烈憧憬与关注。正如曾晓文所说：跨越时空的、种族的、地域的、无怨无悔的友情，正是《移民岁月》的重要主题之一。“作家以平和的心态，用平视看待各族裔人的生存境遇。小说中没有大起大落的尖锐矛盾冲突事件，而是在写一个多族裔融合的现代社会中，人的精神生活状态，人生的意义和价值。从作家塑造的陆滨与安迪两个人物形象身上，我们看到西方现代社会一种真实的存在。”①

思考论述题：

1. 简述加华文学的发展概况及其区域文学特征。
2. 如何理解东方白小说的寓言化特征？
3. 举例说明梁锡华创作的学院派风格。
4. 论述张翎小说是如何体现“原乡”与“异乡”之间的文化差异的。
5. 分析李彦小说如何书写中国历史。
6. 陈河是如何讲述中国故事的？
7. 论述薛忆沩小说语言的独特之处。
8. 曾晓文小说创作的独特性表现在哪里？如何分析？

① 江少川：《曾晓文：移民人生与美国梦的深度沉思》，《文学教育》2018年第30期。

第四章 澳大利亚华文文学

第一节 澳大利亚华文文学发展概述

如果说澳大利亚的华文文学，曾经是一片沙漠，那么近年来因为华裔移民的迅速递增，以及各种相继诞生的中文报纸杂志所提供的相对广阔的空间，它已在荒漠上摇响一串希望的驼铃。澳大利亚华文文学的绿洲正在开垦之中，让人们能够逐渐地辨认出其丰盈的激情，这个毋庸置疑的事实，又从另一方面提醒着我们，诚如澳大利亚文学一直没有摆脱英国文学的影响，事实上，离开了英国文学的传统，澳大利亚文学也就不会有今天的发展。同理可推，探讨已从萌芽期逐渐走向青春期的澳大利亚华文文学的形成或者发展，同样无法否定其本身始终深受中国文化传统的影响，是华夏民族及中国文学源流派生出去的边缘化文学谱系。一言以蔽之，澳大利亚华文文学是海外华文文学这股大潮中的一脉清流，它作为一种独立自在的文化现象，不管怎样，都是处在非本民族文化的包围之中。换言之，澳大利亚华文文学与中国文学之间看似既有文化承传的一面，但又不能算是中国文学的一部分；当然，它也不是作为主流文化社会的澳大利亚文学的一部分，而是处于交叉边缘地带的一种特殊的、或者说另类的跨文化景观。

那么，对于“澳华文学”的界定，这已然成为一种特定的理论活动命题，姑且可以理解为澳大利亚（的）华文文学，或者称“澳洲华文文学”，即指在澳大利亚这个特定的生活场景和文化语境中用华语书写的文学作品，无论是过去的、现代的或将来的，这是海外华人移民文化不可分割的一部分；而作为民族的或种族的一种文化命题，它又与移民本身的社会、经济、历史以及文化诸背景等紧密相关。

只有两百余年历史的澳大利亚，真正属于澳华文学时代的到来，则是20世纪90年代以来的事实。往昔的记载与尊严像破败的旗，显得零碎而单薄。历经风雨涤荡和岁月沧桑而不断向前推移的澳华文学，在真正起步之初，作为文学的雏形期，它始终只停留在话语阶段，只成为这个文学故事的一个“情节”；来自中国港台地区和东南亚的华裔移民，陆续在一种无序的状态之中笔耕，那些零星而散落的篇章，在现在看来只是为澳华文学的“故事”埋下了一种暗示或作为一种铺垫，他们的种种努力，只能成为这个故事的一种过去时态的“传奇”。真正让澳华文学初具形态并作为海外华文文学的一道景观，则是大批中国留学生新移民涌入澳洲之后，才逐渐意识到生活在不同文明的夹缝中有一种不中不西的尴尬。他们对中西两种文化传统和观念差异具有一种特殊的敏感，由于国情、民情、风情等方面的种种差别，他们对两种文化的隔阂与碰撞及其生存状态的感受和表现进行了前所未有的反思。在这种独特的历史境遇中，澳华文学才逐渐地热闹起来，那是澳华文学隔着深长的幽谷进行的一次义无反顾的自我焊接。最早引起社会关注的是来自上海的作家刘观德创作的长篇小说《我的财富在澳洲》（上海文艺出版社，1991 年版），它状写了作为找工族的同辈人在澳洲的种种遭遇和经历，刻画了一代流浪者纷纷举债出国的心路历程。同一时期出现的海伦女士的《留澳日记》，则是对于去国离乡之后“洋插队”的那些难忘日子的忠实记录。

进入 20 世纪 90 年代中期，处在双重文化背景的碰撞和交融的时空里，又展示在澳洲多元文化视野中作为跨文化风景的澳华文学，是一个多姿多彩的世界。随着文学观念的不断嬗变，作家们自身心态的生成、调整和发展，长期以来被人视为“文化沙漠”的澳华文学，已从混沌初开到无序单薄到初具形态中一路风雨、一路折腾、一路探寻地走出来。

澳洲到底有多少华文文学？这是评论界和学术界曾经讨论过的问题。澳洲毕竟是英语国度，尽管倡导多元文化大融合，中文与德、希（腊）、法、日等语言也同列入该国的第二语言教育，但中文的普遍使用，仅限于拥有逾 70 万人口（占澳洲总人口的 4%—5%左右）的华人社区。幸好华人逐年增加，中文报刊越来越多，华文文学也从迷茫而朦胧的状态中逐渐清晰和明朗起来，至 20 世纪 90 年代中后期初露端倪，逐渐形成自己的格局和风貌。

留学生创办的《满江红》、《大世界》两大月刊杂志，为文学赢得并拓展了一定的空间。随之而来的数家由留学生，新移民创办的华文周报，开始辟出副刊版、杂文专栏版，一时间，杂文甚为风行，诗歌、纪实相当活跃，中短篇小说接踵而至，遗憾的是评论依然呈疲软状，如今，散文的创作则热火朝天。笼统算来，诗人、作家在澳洲达 200 位之众，活跃分子不下数十位，当然有实力者则凤毛麟角。由是足见澳华文学的写作阵容相当可观，而且大多集中在悉尼和墨尔本两大城市，昆士兰和南澳则次之。至今澳华作家出版的著作已有 150 多部，而且品类丰富多样，除了小说、诗歌、散文、纪实文学、传记文学外，还有儿童文学、文艺评论、剧本等。

近年来，来自中国的新移民作家群体已成为澳华文学的主导力量。在东西方生活时空的转换中，新移民作家以各类文学体裁铸造了澳华文学相对宽容、开放而自由的语境，也掌握了澳华文学的话语权，并相继出版了“澳洲华文文学丛书”、《澳洲华文文学方阵》、《大洋文丛·澳华文萃》、《第三类文化系列丛书·澳洲专辑》，这些当可视为近十余年来澳洲华文文学异军突起的一个缩影。这几套丛书皆以澳洲生活为背景，以澳洲价值观为参照系。其中五卷本的“澳洲华文文学丛书”，有小说《与袋鼠搏击》、诗歌《大洋洲鸥缘》、散文《渴望绿色》、报告文学《男儿远行》、随笔杂文《人生廊桥梦几多》，这套被公认为“澳华文学史上的一块丰碑”的大型丛书，共汇集103位老、中、青作家的420多篇作品，是世界华文出版界第一套较为完整介绍澳华文学风貌的文学图书，为澳华文学研究提供了系统的阅读文本和真实形态。

概略看来，小说创作尚属于澳华文学的弱项，无论是作者人数、作品数量、发表层面及影响程度等。频频亮相新作的如沈志敏、张奥列、心水、吴棣、刘奥、英歌、李明晏、田地、刘放、陆扬烈等人的作品中颇有可圈可点之处，无论是承前或启后都显示出一种平实而坚韧前行的姿态。其共同点正如评论家张奥列的概括：澳味华风小说情。值得一提的是女性作者在小说创作中展示的景观，她们更多的是把女性的视野投向广阔的生存现实，或注重对内心世界的刻画与描写，既不同于中国本土近年来蹈入对私人化写作和身体化写作的怪圈中，也不同于20世纪90年代澳大利亚（短篇）小说创作中处于一种很古怪的态势，即或反映澳洲社会发生的巨大变化，包括所谓“全球化”，或反映澳洲正在发展与亚洲的亲邻关系，或对后结构主义文学理论的“解构”与严密性的认识不足的同时，在两性关系正在变化的性质上大做文章等等。澳华女性小说则别有洞天。她们中较为突出的如海曙红、抗凝（林达）、金杏、王世彦、施国英、萧蔚、凌之（刘海鸥）、毕熙燕等。

诗歌与纪实（报告文学）在澳华文坛中总是处于一种活跃状态。如果说人世间有着两种有趣的运动，那是形而下的物质运动与形而上的精神运动，那么，诗歌应属于形而上的精神运动，而纪实更倾向形而下的运动状态。诗是诗人的心史折射，澳华诗人的作品更多的是自我精神的一种观照和反映，是孤旅之中的一种生命体验和心灵档案；纪实或报告文学类主要配合商业社会的需要，更多的是带有功利性的成分，它是澳洲各种大小华文报刊中的一道风景线。譬如日报中的周末版，大多充斥着类似的文章，当然纪实文学有其合理的价值，也产生了不少优秀的作品。它不像诗歌那样可以穿越时间的隧道，依旧闪烁着诗人的心智和精神之光。

澳华诗人老、中、青三代皆有，而且实力相当不可忽视，老诗人中的冰夫、黄雍廉、芦荻，中年诗人中的心水、李南方、渡渡、许耀林，青年诗人中的庄伟杰、欧阳昱、塞禹、陈积民，女性诗人中的如冰、西贝、子轩、陈尚慧等等，他（她）们所组成的阵容，即便放之于海外华文文学中也毫不逊色。欧阳昱主编的《原乡》文学期刊，诗歌的版面算是重头戏；庄伟杰主编的《国际华文诗人》杂志立足澳洲和中国，面向全球各界华文诗人，亦是澳中两地文化

（跨文化）交流的一种尝试和实践。酒井园诗社主编的《酒井园》诗刊，提供了一个对话的阵地。

说起澳华散文，应给它一个主角色的美称。澳华散文与中国当代散文同样在一片文化的吆喝声中鼓胀起来，这与中国文坛多少有点微妙关系，其实质是散文的世俗化和情调性策略使然。而杂文随笔（广义上的散文）的风行，也大同小异。它不同于诗人要将自己拔高，去关注形而上的乃至背后的终极意义，而是力求关心大众的阅读兴趣和知识状况，甚至俯就读者的期待视野，这与物化和消费时代的媚俗时尚有关。因而，在散文中更多的是以一种习以为常、见怪不惊的东西来代替深沉的体验，甚至以过去的生活和记忆的碎片去代替对生命意义的重新提升。而随笔杂文成了时髦甚至火劲，专栏制造的文化快餐口味，则表现出一种公共媒体的炒作与包装。它的亮点是既受中国大陆散文的影响，又具有港台散文的特色，且放置于澳洲多元文化社会的背景中，由是构成其具有三原色。但作为一种被普遍认同的体裁，有必要在重建散文的个体经验和母语经验等方面下功夫，澳华散文的潜力有待挖掘，前景颇为乐观。

随着澳华文学的不断发展壮大，许多诗人作家已开始打向外围，并与海内外作家团体或个人进行互访、或出席各种各样的学术交流会议和笔会，展开一系列的文学创作等社会文化活动，这证明澳华文学创作已备受人们的关注，也充分体现了作家们自身的价值和尊严。因此，以文化人或诗人作家自愿组合的文学社团依次应运而生。从 1992 年 4 月澳洲华文作协在墨尔本正式成立以来，至今已相继成立且较有影响的华文文学团体，有悉尼华文作协、澳华诗人笔会、新州华文作协、维州华文作协、昆士兰华文作协、澳华文联、大洋文联、澳洲东西文化艺术交流协会、原乡文学会、酒井园诗社等。但这些团体皆是松散型的文化沙龙，属以文会友、交流创作经验的联谊团体。

如今，澳华文学犹如一股清新湿润的海风从南太平洋徐徐吹来，它是海外华文文学大潮中的一股激流，正积蓄着自己的生命活泉向新的世纪奔涌，它的形成和展开，不仅是对澳洲多元文化的一种贡献，更是当代华文文学的一种自觉的延伸。

第二节　澳大利亚华文作家群四种类型

由于澳华文学受到历史的、现实的和文化的等诸多因素制约，有点类似“半路出家”，所以要对澳华文学的整体格局做出深入的阐释，即对渐成自身气候、日呈多维格局的澳华文学勾画出一幅比较清晰的“类型”图谱，确实有点捉襟见肘。

这里采用一种归类方法，把当下澳华作家分为四种类型：现代文化型作家、现实表现型作家、人文学者型作家、大众通俗型作家。需要说明的是，这种划分归纳，旨在从澳华作家的创作风格，即从作家的文学文本意义上去分析、审视作家文本的风格特征，以便从文化诗学的高度进行统一性和整体性的思考。

一、现代文化型作家

现代文化型作家的界定缘起于作家的文学文本特征，这一类作家的创作多以现代文化写作为旨趣，他们擅长于表现丰富多彩的澳洲多元文化、异域风情特色，表现出作家对自身文化和多元文化的特殊理解。其中，作家笔下的文化层面也呈多重交叠，从特性分有民族文化与他种文化；从性别角度看有女性文化与男性文化；从背景色彩上有中国港台文化、中国大陆文化、东南亚文化；从异域风情观察，有都市文化或田园文化等。澳华现代文化型作家置身于中西文化的冲突和碰撞的夹缝中，面对着交融性、互补性、多元性等因素的浸染和影响，他们在写作上呈现出富有现代文化气息或都市日常生活的特色。纵观日趋壮大的澳华作家队伍，在写作上体现此种特色的作家占大多数，如张奥列、庄伟杰、吴棣、阎立宏、千波、林达、王世彦、胡涛、如冰、西贝、小溪、子轩、施国英、苏玲、曼嘉、黉射年、袁玮、张至璋、李南方、渡渡、华坨、欧阳昱等，老年诗人作家中如冰夫、黄雍廉、秀凡等。

现代文化型作家的创作风格有以下特点：一是作家的文化修养高。这些作家都接受过高等教育，文化功底厚，文学表现力强；二是写作上均写出了一些反映都市文化和异域文化色彩的作品，不仅具有相当的美学品位，而且潜隐较为丰润的文化内涵；三是他（她）们的文化价值观颇为突出，在文学的文化性、现代性和艺术审美选择上都有较为成功的实践。

二、现实表现型作家

所谓现实表现型作家是指在澳华文学中，许多作家在创作观念上依然严守现实主义的写作原则，抑或加进一些现代主义创作手法作为调味品。这类作家关注现实人生、社会问题或生存意识，再现生活状况，并通过刻画人物形象来凸现社会生活断面的美学追求。这类作家也是目前澳华作家的主要群落，对澳华文学作出了重要的贡献，如心水、凌之、沈志敏、英歌、刘奥、刘真、陶洛诵、毕熙燕、林茂生、苏珊娜、刘放、李明晏、陆扬烈、田地、张劲帆、莫梦、崖青、小雨、王晓雨、进生、钱静华、田沈生、巴顿等。这些作家的人生经历各不相同，正是不同的经历孕育出不尽相同、各有千秋的文本。有的作家重在揭示现实生活中的悲欢离合等复杂的社会问题，有的作家侧重描写反映新移民初来乍到澳洲的彷徨与惆怅，有的作家则反映留学生同居现象及家属来澳洲团聚后所面对的现在与过去、情感与道德等尖锐的矛盾等。

三、人文学者型作家

这类作家或以写人物传记、历史故事、有关回忆录为主，或以写悠闲安定的田园生活、山水游记等为主。其正面效应是在对历史、人文或故事的重新书写中，确定人的主体精神，并在追忆过去、清理现实中张扬各种剪不断理还乱的情结，重新阐释某种新的价值观。这类作家要么对以往的经历和故事看得比现在还要重，要么将某些普泛化或情绪化的东西加以总结，使得自己有意义的命题既不招致误读，又能获得一种人生慰藉。这类作家往往出自学者或某一方面的专业人士，对人类的思想发源、人生的重大问题予以关注，而且他们坚守写作的真实性、纪实性和准确性，持中立姿态，与现实保持一定距离，信奉“文以载道”、反对“文以载欲”，富有较深的学养和传统式的谦谦君子作风，并以此来“唤醒”自我。

这类作家有四个共同特征：一是大多属老一辈作家，个别中年作家；二是学养深、职业好，往往学贯中西，在某一领域颇有建树；三是生活安定悠闲、从容无忧；四是见多识广，心境平和等。在澳的老一辈华文作家如梁羽生、郁风、黄苗子、刘渭平、李承基、陈耀南和南澳的徐家祯，部分女学者如悉尼大学的陈顺妍、萧虹和麦可尔大学的张典姊等，还有何与怀、马白、沙予、夏祖丽、洪丕柱、安郁琛、刘维群等，大抵都可算是此类型作家。

四、大众通俗型作家

这类型作家无可无不可，认为现实是完全合法的，在商业经济社会中跟着感觉走，习惯于配合报刊的专栏（固定）制作一些“豆腐块”，传递一份信息或资讯，有时制作一份现成的“快餐”，把生活和社区中的轶闻趣事加以简单归纳和汇报，有时给人一些知识性的小品，这类作家或者称之为“文化人”更为合适。他们在生命之旅中，纯正文学只不过是逃离的逍遥之乡，他们要生活、过日子，美好地活着，因此必须感受时代的表层气息和流动时尚，并以此作为自己切近生活的幸福表征。这类作家大多来自我国港台地区等（与香港报刊写专栏的作家相类似），每天或每周都围绕自己设定的栏目“作业”，十分有趣的是这类作家每周都得有文章出来。此类型作家如江静枝、关公关、李润辉、吴惠权、黄若等。他（她）们皆在传媒领域工作，也许因为职业的缘故，更多的是面对大众读者群。

以上的划分法绝非人人认同，甚至有贴错“标签”的嫌疑，而且有的作家的创作面广，手法多变，可能是接近其中一种，也可能是这四种主要类型之外的另一种。有的作家可能是某两种、三种甚至四种类型兼而有之，很难明确界定。因为，所谓分类只能是从外在表征和大的取向上的划分。诚如著名评论家雷达所言：我们既要看到作家们价值立场的分化，又要看到他们所处的时空、所面临的共同性问题和固有的文化心理结构的相通性、恒定性；既要看到一些作家坚守精神家园的可贵及其某种先锋意识，又要看到众多抱诚守真、勇于探求的作家，在写作中不断寻找自我精神超越的努力。否则，澳华文学就可能被描述成少数几个作家的孤立奋斗史，作为一个自足的整体风貌和动向反而模糊不清。事实上，澳华文学正处于一个多维度的精神探索期，许多问题仅仅是开始，道路刚刚铺开，即便个别被视为特立独行的作家，其写作尚带有不确定性，只能是澳华文学整体流向的一种表现。但不管怎样，我们应习惯于这样一种秩序和氛围，并以一颗平常的、宁静的心待之。如前所述，澳华文学刚刚起步，刚刚形成一种来之不易的、逐渐呈现自己特点的格局，一切尚在建构中完善。况且，在全球化到来和多元语境的氛围中，当代华文文学的发展已渐次走向多样化、个人化、世俗化、日常化，也形成了相应不同的作家群体和读者群体。

第三节　主要作家选讲

一、心水：充满人道精神的多产作家

心水（1944—　），原名黄玉液，祖籍福建同安，出生于越南南方湄公河畔的巴川省，属于第二代华裔。他在出生地所办的华文中小学读了 9 年书，曾经过商、教过书，在工厂当过行政主管。20 世纪 60 年代后半期开始其文学创作生涯，青年时代在越南时就参与海韵文社及风笛诗社的创作活动。著述颇丰的心水，自 1978 年举家乘船奔向汪洋抵达印尼，次年移居墨尔本后，重拾文学梦，秉笔写春秋，一路耕耘、一路播种、一路收获，除了出版诗集《温柔》（1992 年）、散文集《我用写作驱魔》（1995 年）、微型小说集《养蚂蚁的女人》（1998 年）和《温柔的春风》（2000 年）等外，曾以《沉城惊梦》（1988 年）、《怒海惊魂》（1994 年）这两部长篇而惊动许多读者，并因此而荣获台湾地区海外华文著述奖小说类首奖。在澳华文坛，心水堪称是一位十分活跃的、多产的实力派诗人作家。他写小说、写散文、写现代诗，也写随感杂文式的评论。在一定程度上，他作为小说家的声名超过他的诗名。然而，他对缪斯女神至死而无悔。说他是“温柔的心水”，是因为怒海余生、大难不死的心水，灵魂不死、精神不死，加上历史机遇和个人机缘，生活经历曲折、离奇而丰富，一旦安居于自由而民主的澳洲，诸种因素加上他的智慧和勤勉，驱使他不断律动出心之向往、心之哀怨、心之颤音、心之韵律，仿如行云流水般显得平静、清

柔、温润、活泼。

谈论澳洲华文文学，心水是一个绕不过去的重要角色。如果说，澳华文学的形成和发展是凝聚着几代华文作家的热情和心智，那么，有个别重要作家则对澳华文学的历史进程起到承前启后、推波助澜的作用。心水应是其中之一。

心水给人最深的印象是具有多方面的艺术修养和表现出相当优异的文学才能，一方面是指他善于运用多种文体进行写作的能力，另一方面是指他对文学组织团体活动的努力和推行。

心水以创作长篇小说为初具形态期的澳华文学带来一片惊喜。作家以早年的越南生活、海上漂流以及定居于澳洲后的生活经历为背景，把异域文化与中国传统文化熔于一炉。其小说作品，较多反映社会生活中的人性问题，故事呈示线性发展脉络，写实性、批判性和强烈的人道精神，使他的小说富有立体感，精炼、平实的文字具有较强的感染力，尽管其描写不以细腻见长。心水在小说方面的成就，除了后期专注于微篇创作外，最让人留下深刻印象的当属其第二部长篇《怒海惊魂》，显然，比起他初涉澳华文坛时书写的第一部长篇《沉城惊梦》，无论在艺术技巧和视野上都更为开阔、更有力度，也更凝重。如果说“惊梦”仅是向读者提供一场充满灾难性的人生浩劫的纪实性历史备忘录，在艺术上乏善可陈的话，那么“惊魂”所展示的应是20世纪特定的背景下那些遭遇不幸、离乡背井的难民在海上历险的一波三折的故事，不仅真实地反映了人在大自然风景中颠簸漂泊的求生愿望和强烈的对于自由安宁的向往，而且巧妙地浓缩了个人与社会关系所构成的矛盾。如是，历史真实性、现实悲剧性和文学艺术性便构成了这部长篇小说的特色。

心水的诗歌以抒情见长，他在继承传统文化中深受中国古典诗词的滋养，又领略到19世纪浪漫主义诗潮的感染，甚至在很大程度上吸取了台湾现代主义诗歌的艺术手法和表现方式。心水的诗也有唯美倾向，这集中体现在他对诗的语言和处理上。他喜欢让传统（古典）的文化踪迹与现代的生活思维、语言语境在传承的定式中呈现在诗歌文本里，使古老的文化语言在现代生活中继续保持充沛的生命力，这种坐怀不乱、处事不惊且始终维系着的那份古典诗歌情怀，使母语尽可能在描述中达到较高的艺术审美层次。他对语言的这种处理，既重视汉语特征的内涵与外延，又能在交流中自然地走进读者的心灵，使诗歌文本和诗人的心境与读者的理解方位和趋势，能够自然地产生认领和契合。譬如，《悉尼谊园》、《蝉声》、《三月骚动》、《烟花》、《树之死》等诗皆然。

由于具备驾驭小说的创作功力，又具有诗人的禀赋才情，散文写作在心水笔下就显得从容而自如了。小说重叙事精于结构安排，传统诗歌重感觉讲究意境词采。如能将两者加以结合，那么这样的散文不仅既有诗性品质，更为散文提供了广阔的表达空间。心水散文显然在这方面作出了相当多的努力，而且洋溢着生活情趣和充满着人生感悟。他以“我用写作驱魔”作为自己散文集的书名，“实际上强调的乃是文学创作在抚慰自我心灵、调节内心情感方面所具有的巨大功能，其意义既是审美的，也是心理的”①。他的散文如《一枝草一点露》、《跌进乡音里》、《野猫风波》等篇什，或抒写亲情爱恋，或怀念家园故国，或状写日常琐事，显得亲切而自然。

由于文化、地理等因素使然，尤其是时空的隔离，国内读者很难读到或掌握海外作家创作的文本，特别是像心水这样生于越南而后移民于澳洲的第二代华人作家。况且，海外作家个人的生命经历、体验、感受，如同弯曲的空间，如有南十字星空下闪烁的灯盏，其折射的关于自身生命的存在方向和价值坐标，更难以为国内更多的读者所了解。在特定的历史文化语境中，由于中西文化的差异，或者经济、文化发展的不平衡性，尽管所处的是一个倡导多元文化的国度，但毕竟是身处边缘，因而文学写作就自然地呈现出另一种情状。无论从哪个方面看，这些华文作家都像是时间上的移民，处于人们所熟悉的环境之外，或者说被置放于被人忽略的角落。诚然，像心水这样多面手的作家毕竟为数不多，我们也发现其作品中尚存在着这样那样的不足，譬如题材重复的现象、手法缺乏灵活多变、观念先行或思维定式的形成等等。然而，生活在不同社会文化背景下，价值取向、思维观念和生存空间等毕竟不尽相同，因此理解和评价作家的标准可能也难以对等。对此，许多问题有待于我们作更深入、更全面、更立体的思考。心水作为一位在海外成长的诗人作家，其过人之处显而易见，其不足之处同样存在。或许，他属于另一个世界，他不是“中国式”的作家，而是一位既有传统格调又有现代意识的海外华人作家，一位充满着人道精神的华语书写者。

二、庄伟杰：边缘人类与来去家园

庄伟杰，出生于20世纪60年代，福建闽南人，笔名庄烨、诗烨、怪圣等。旅澳诗人作家、书法艺术家、文学博士，毕业于福建师范大学中文系，北京大学中文系访问学者，复旦大学中文系博士后，1989年底赴澳洲留学并定居悉尼市。工诗文，善书画，有大量文学作品、评论文章和书法对联发表于海内外100多家报章杂志，曾获中国第13届“冰心奖”等多种文学艺术奖并入选近百种版本。举办过个人书法艺术展，引起强烈反响，书法为海内外众多有识之士和机构所收藏，素有“南方抒情诗人”、“闽南书怪”之称。迄今为止，他已出版诗集、散文诗集、学术论集和书法集等10余种，主编各种著作40多部，是澳洲华文文坛最为活跃的诗人、评论家之一。他同时还是资深编辑家，

① 陈贤茂主编：《海外华文文学史》第三卷，鹭江出版社1999年版，第457页。

出国前主编过《南风》诗刊、《名城诗报》，赴澳后创办主编过《满江红》杂志、《唐人商报》、《国际华文诗人》等传媒和文学刊物。

由于历史风云的因缘际遇，庄伟杰把自己放逐到澳大利亚之后，自觉地参与、倡导、组织和开展了一系列相关的重要文化艺术活动，并创作了大量文学作品，为自己打造了一方新天地。谈论澳洲华人文化艺术界尤其是文坛诗苑和华文传媒，就不能不提起庄伟杰这个名字。“如果说澳洲华文文学已然开辟出一片广阔绿洲的话，那么，庄伟杰无疑是其中的拓荒者之一。有关庄伟杰及其诗歌、散文、评论和书法等方面的创作和历程，有人称之为‘庄伟杰现象’。”①

综观庄伟杰诗歌创作，可以说几经蜕变。除了出国前已发表一批诗作外，从他出国留学并定居于澳洲以及之后又往返澳中两地的历程看，大致可分为三种类型：一是“精神放逐”系列，二是“来去家园”系列，三是“藏题实验诗”系列。这三类在诗体风格、表现形态和话语方式上均有所不同，显示出庄伟杰作为一个现代诗人所拥有的多样化风格。这些集中体现在他已出版的几部诗集之中。尽管他的诗歌文本具有多种言说的可能性，但具有一个共同的精神内涵或生命质点，那就是对孤独生命个体的情感投入和对人生悲剧性的体验忧思。正如新诗理论界泰斗谢冕先生所言，人的生命的基本状态，或者说，生命的本质就是流动。“生命因这种流动而美丽，生命又因这种流动而悲伤——人始终都在路上！这就是庄伟杰诗中频频出现‘创伤’、‘依恋’、‘无奈’、‘追寻’这些词语的原因。”因而，“在描写这些人类共同面临的、也是永恒的话题时，庄伟杰可以骄傲，因为他拥有的是付出巨大的情感投入的大跨度的、也是产生了大悲观的人生漂流”②。

对于常常在享受孤独中不断求索的庄伟杰来说，“孤独”是诗人用以探寻人类生存困境和精神家园的一个特殊的艺术视角。换言之，“孤独”一方面可视为其诗歌文本的状态，另一方面也是诗人出国后自身写作和生命方式的直接呈现。《浪迹天涯的创伤》：“未经苦恋的男人不是真实的男人/未曾孤独的男人不是坚强的男人。”于是，现实世界中的诗人与文本世界中的那份孤独感有着互为映照的内在生命联系。进一步说，“孤独”具体地表现为在放逐之中的文化失落及由此感受到的悲剧性命运的生命疼痛。众所周知，对于20世纪80—90年代出国的“洋插队”而言，躯体是安置下来了，可是心灵却没有。在中西文化碰撞的巨大交叉点上，由此生发的苦闷是难以言喻的。作为特定文化境

---

① 小溪：《“庄伟杰现象”漫谈》，澳大利亚《华人日报》2003年3月22日。

② 谢冕：《简单几句话——序〈从家园来到家园去〉》，见庄伟杰《从家园来到家园去》，国际华文出版社2001年版，第1～2页。

遇中的前行者，置身于边缘地带，所面临的生存压力之重可想而知。一方面是无根的如浮萍一样的漂流感，另一方面是面对异质土壤上高度商业化的世俗诱惑。作为一个流浪诗人，其文化心理自然滋生起强烈而紧迫的生存危机意识。这种潜在于诗人生命体内的精神孤独、焦虑和忧思在诗人身上表现得尤为突出。然而，庄伟杰“却没有直接写到多少异国社会生活的遭遇和故事，他所展示的是在异国土地上所体验到的心灵彷徨和痛苦，强烈地表现了知识分子脱离本民族文化之根以后的精神挣扎”①。其文本的独特之处在于将个体感受到的生存困境、心灵焦灼或精神迷茫转化为忧伤孤独的艺术之花，如《泅渡》：

在难耐寂寞的河道/久久地　泅渡//……独坐　独思　独看/任凭感觉的根须四处蔓延//整个世界好像都在变形浓缩/一个又一个的怪圈接踵而至/时间似乎失却了依托/生命被搁置在定格的旅程

这份至深的刻骨蚀魂的孤独体验，对于那些曾经或正生活在类似境况的人，无疑地充满着巨大的震撼力和感染力。

庄伟杰在诗中同样充满和表露着“还乡意识”，但其话语意味和主题向度却别出心裁。文学对还乡意识的表达由来已久。诗歌、散文体裁中有，小说文体中亦然。对庄伟杰而言，由于跨疆越界的现实生存，故乡是无时无刻不在编织着的美丽的梦，更是一种精神寄托之所。他那部总数达两千行的《从家园来到家园去》(2001 年)，“尝试用心灵阐释的方式对留学生精神苦难作一次史诗式的概括”(孙绍振语)。诗集从“作品 01 号”至“作品 21 号”，力求通过宏大的叙事，企冀把这群在异域奔波闯荡多年的同辈者，在实际状态中陷入无家可归或有家难归的困惑，用心灵史诗般的壮阔加以表达，并企图透过某种特殊的语境，对自身生命进行观照，对 20 世纪末“世界大串联”的“洋插队”乃至对生命做全方位多角度的审视，诗中多少体现出带有美学趣味与宗教情怀的色彩。与其说庄伟杰诗歌的家园意识，既是事实上的家园，也是一种心理上的家园、一种梦的寻求，不如说是诗人表现了生存孤独和心灵痛楚时对于精神家园浓郁的建构意向。如此说来，庄伟杰诗歌中总是贯穿着一种“出去—归来—再出去”的循环反复的轨迹，无论是精神还乡还是现实还乡，无论是对旧家园的返顾还是新家园的重构，都表达了人类无法摆脱的对永恒精神家园的寻求和企盼，那是来自人类内心深处的热切呼唤。

通过解读庄伟杰诗作，我们可以发现，他总是处于一种前倾姿态，在东方

① 孙绍振：《智性话语与诗性沉思——庄伟杰诗集〈从家园来到家园去〉序》，见庄伟杰《从家园来到家园去》，国际华文出版社 2001 年版，第 3 页。

与西方、传统与新潮、现代与后现代之间诸种因素中有过徘徊，既不一味崇洋，也不拘泥古典。现代诗的实验拓展了他的艺术视野，向传统借鉴又丰富了其诗的文化内涵。庄伟杰能成为澳华诗坛具有影响力的诗人，得益于中西文化的有机交融和铸造。庄伟杰多维度的写作空间中还有散文诗和散文随笔等。其散文诗集《别致的世界》，是他“个人漫不经心的一种思维散步”。

回眸审视，庄伟杰诗歌“最为精彩的东西，不是激情，而是来自激情的反面——冷峻”①。他习惯于沉默，在无声中深化对于文化家园的追寻。但如欲成为大诗人，势必要进入诗歌写作的难度挑战。自认为是一个精神放逐的、始终都在路上探寻的“边缘人”，庄伟杰总是保持他所推崇的“恒久的前倾姿态”，坚守他所主张的“自觉的边缘意识”。相信他的文学研究和文学创作会渐入佳境，再展雄风。

三、冰夫：“醉梦”沉思写华章

冰夫（1932—2022），原名王沄，江苏南京人。曾任澳大利亚新州和悉尼华文作家协会顾问，澳华诗人笔会顾问，澳洲酒井园诗社创社社长。他是澳华文坛的资深作家。20 世纪 50 年代中期起便以剧本、诗歌走上中国文坛，在诗文与影视方面均有建树，已出版诗歌、散文、影剧、评论等 20 多部。出国前系中国作家协会会员、中国影协会员、上海作协理事兼诗歌委员会主任等。

在中国大都市上海主编过“海岸诗丛”而蜚声诗坛的老诗人冰夫，暮年壮心不已，携带盈芳的硕果，于 1996 年偕其夫人微笑而从容地走出国门，随同女儿女婿移民澳大利亚。后来，澳洲这片神奇而美丽的新大陆，庶几成为这位曾叱咤风云的老诗人难以舍弃的第二故乡。在新的时空里，诗人老骥伏枥，焕发青春，依然没有封住手中之笔，除继续从事文学创作外，他读书、会友，还参与海内外各种社会文化活动。或许生活开心，日子滋润，一种全新的体验和感受，驱使他在抵澳后依然保持旺盛的创作热情和不减当年的风采，并以其沉稳、成熟和开阔的写作姿态加盟澳华文坛，无疑为澳华文艺界增添了一份实力。移居澳洲十余年，冰夫宝刀未老，不断超越自我，气定神闲地创作了一大批诗文华章，令人刮目相看。

一个与“梦”合缘的或多思好梦的诗人。思不切不会萦心，情不深不能入梦。梦与思之情，盖其源乃是日间纠结郁积而无法排遣的至性深情。对于冰夫来说，这是一笔取之不竭的精神资源和“泉眼”，受用无穷。如果说诗歌是冰夫文学创作“一翼”的话，那么，散文则是他的另一只翅膀，可谓“笔底诗文

① 孙绍振：《智性话语与诗性沉思——庄伟杰诗集〈从家园来到家园去〉序》，见庄伟杰《从家园来到家园去》，国际华文出版社 2001 年版，第 6 页。

追妙韵，胸中肺腑谱新歌”。因为年轻时尤其喜欢冰心与莱蒙托夫之缘故，便从两者中各取一字组合成自己的笔名。他出国前出版的诗集，其中有一部名为《梦与非梦》，在澳完成的首部散文集又美其名为《海、阳光与梦——澳洲散记》，跨疆越界进入一个新的领地，诗人感受到许多从前未能感受到的东西，但他依然醉梦沉思。有人说，小说家的梦是曲折的、画家的梦是彩色的，而诗人的梦是动情的。冰夫深谙其中三昧。他状写《事如春梦了无痕》，也描述《永远迷离的梦》。也许，梦是美的，无论是美梦或噩梦，都是一种美，如喜剧与悲剧都是美的一样。“空灵的瞬间/云朵幻化出梦景”（《一行大雁飞过》），诗借用“梦”这一意象，通过在异国的蓝天看到雁阵，蓦然生发出北望云天、长怀故国的心境。

梦是生活的折光。冰夫的诗中，有关“梦”的意象占极大的比重，不胜枚举。这些诗句或空灵、或凝重，或多彩、或虚泛，很有穿透性，也有震动源。有时深韵世故、有时相当无奈，时含审美情趣、时富哲理意味，要么有开启智能的张力、要么有迷离朦胧的呓语，偶有混沌状态下的沉思、也有顿然清醒时的感怀，时而纷呈情感飞翔、时而凝聚记忆怀旧……

冰夫的“梦缘”、他的爱与梦等等，无不因“思”使然，给人一种“我思故我梦，我梦故我在”的感觉。为什么喜爱写梦呢？冰夫用诗句来表达自己的见解：“寂寞乃作家本性/梦 诗人独有的基因”（《事如春梦了无痕——答于之》）。那么，梦与诗歌、梦与具体的诗人冰夫，究竟有多么深的缘分呢？这是一个有趣和值得思考的问题。下面，不妨读一读冰夫的《永远迷离的梦》：

> 漂泊 颠簸/我的梦/飞离故园的鸟/栖歇在澳洲桉树枝头/失去展翅的膂力/徒羡 四周/一片湛蓝晴空//印度诗人泰戈尔/曾把梦播在风中//如果我的梦/是一朵随意飘忽的云/广阔天宇/没有羁绊的牢笼/几许自在/几许轻松//那时 我要化为雨水/跟随印度诗人的风/落入山溪/汇入河流/带几分异乡的迷离/翻越崇山峻岭/奔向波涛汹涌的大海//没有故人乡愁/没有关隘重重/大海，那自由的元素/自会溶解/我迷离的梦

读冰夫的诗如读其人，清新而朴质、典雅而浑厚，他的诗有自己鲜明的独特的抒情风格，有浓郁的时代精神和文化气息。他写大海风情，写山光水色，写世界的点点萤火、朵朵浪花；也写内心体验，写梦与非梦，写现代生活的种种感受、片片情怀。其作品探幽寻胜、妙笔生花，常常把读者引入美的境界中，去分享其间的情趣，获得审美愉悦。他在创作上除了具有继承诗歌文化传统外，又能与现代诗歌特点相结合来铸造自己的风格。“从其诗作中，我们依稀可见诗人是如何努力以平常心态、自我体验去寻找到恰当的形式。他往往通

过意象与意象的组合、光与色的调配、直观与联想的飞跃，达到内象与外象的和谐。某些抽象而难以把握的情感活动，如怀想、思念、悟性，在具体而贴切的意象中展开，得到完美而生动的再现。由于诗人善于发掘素材中包容的审美价值，寓丰富于单纯，不断生发出玄想妙思来，又时常沉醉于美妙的艺术梦境中，把人生阅历、生命内省和时代生活联系在一起加以思考，因而，心灵世界变得丰盈而充实，艺术感觉显得敏锐而多姿。”①

纵观冰夫所作的散文、随笔，其间较少黄钟大吕，多横笛短吹，却能演绎得落英缤纷，气象万千，直抵人生和心灵的深处，给人以躲闪不及的触动感。其结构因文而异，既有以情绪、以意象来结构的，也有以思辨、以人物来结构的。他的散文常常通过色彩、声音、气息或特定的语调来营造一种特殊的氛围，且与精心选择的生活画面、情感方式等紧密相关。读他笔下那些以东方文人的情怀为视点的旅澳生活散记篇章，花鸟宠物、海滩阳光、白兰翠竹、落叶公园也好，一个场景、一幅画面、一段表白、一个话题也罢，皆能或浓或淡地蕴含着温馨的哲理或迷人的智慧，仿佛青橄榄般耐人咀嚼，散发挥之不去的韵味。无论是状写自然山水景观或风土人情，还是描绘澳洲风情或人文生态；无论是触景生情、怀人感物的抒写，还是人生追寻、现实感怀的律动，总能给人一些新鲜而独特的东西。现实中的个人身份尽管改变了，但精神上的自我认同感却有增无减，体现在其字里行间的是那份浓浓的东方情调，或在散淡中映现出绚烂的性灵，或在朴实中包含着奇思妙想，或在酣畅中充盈着诗意之美。即便是对自由思想的追寻，对深层人性的审视，对个体生存状况的洞察，乃至对人类命运、终极问题的探究，抑或是对日常生活的敏锐触及，他所描摹和传达的情感意韵，在拓展我们思维视域的同时，也能获得一种阅读的快感。

从某种意义上说，冰夫散文艺术已臻化境，而诗性因素、人格气质、精神向度和人生境界的互为渗透，加上异域文化的浸染，浑然铸合为其散文艺术的新肌，并构成其散文创作的个性，那是一种诗体散文，在澳华文坛自成一家，表现出独特的美学风范。

四、沈志敏：在自由释放与更新中行走

沈志敏（1956— ），生长于大上海，中学毕业后，曾插过队，当过工人、技校教师，搞过经销工作。自幼爱好文学，出国前开始从事业余创作。1990年赴澳洲后，依然没有停止手中的笔，先后在澳洲各种华文报刊、海峡两岸的文学杂志和报章上发表了数十万字的文学作品。其中，中篇小说《变色湖》获

① 庄伟杰：《寻梦与镜像——多元语境中澳洲华文文学当代性解说》，福建师范大学2007年博士学位论文，第114～115页。

中国文联“海外华文文学”小说优秀奖，散文《澳洲牧羊记》、《燃烧的帐篷》分别获《世界日报》2003年、2004年征文奖。同时，在澳洲华文报刊征文中多次获奖，在澳洲政府举办的多元文化活动中获华语小说优胜奖，有不少的作品在澳洲华文文坛产生过一定影响。

他新近推出的长篇《动感宝藏》（上海人民出版社2006年版），是一部有个性、有着充沛的对于生活的激情和大胆探索精神的小说。作家笔下描写了自费赴澳读书的中国学生高强，澳洲国会议员的儿子汤姆斯和澳洲土著后裔土谷，三位少年是这部旅行历险小说的主要人物。作品状写了他们在“红坊区骚乱”中所遭遇的一系列故事，饶有兴致地叙述三位少年在澳洲大地上流浪、探险、寻宝的体验历程。整部小说自始至终洋溢着一种人文气息，那是人们对于脚下土地的生存意识，是人们面对迷失民族性乃至迷失自我时的一种生存追问、一种精神向往和一种执着坚守。正如小说中叙写的澳洲土著班爷爷对于土地的依恋，对于一去不复返的美丽家园的怀想，这是一个特定族群内心挥之不去的疼痛。

面对着当今高度物化的消费性社会，为了向读者展示南十字星座下的澳洲浓厚而独特的大洋气息，呈现不同人种居住于同一个时空中，即在移民国度的那种活泼、健朗与平和的人生姿态以及复杂多样的社会现实场景，作品以生动、有趣且富有张力的故事情节而吸人眼球，既写了赌场内黑面人的抢钱，斯蒂姆及其情人的作案，也通过鳄鱼食鸭的细节反映了现代大都市中弱肉强食的境况。那么，大都市里的赌场为何选择建在海水边呢？与其说是选择了一处令人迷津的美丽场景，不如说是为那些在赌场上输得精光的失意者选取了一处走向生命尽头的“舞台”，即以最便捷的方式送他们的尸体到海里喂鱼。然而，这些仅仅只是吸引读者进入这部小说写作切入点所营造的一种氛围或铺垫。面对着生存于斯的形形色色的人群，小说的主线乃是三个走到一起的少年凭借自己的才华，直面纷繁的现实世界，努力做出自己的判断和抉择，企冀通过自身的智慧、勤奋和探求以获取宝藏即财富的方式，来增强自我与世界进行沟通和对话的机会，从而证明和实现人生目的的本来意义。如此巧妙的构思和安排，一方面与那些流窜于都市的抢劫者、诈骗者和赌徒形成了鲜明的对照；另一方面，充分传达了在共同的寻宝历险过程中，三个少年彼此之间的语言与性格的不同碰撞，形象地展示各自的性格特点。环绕着主线，小说富有动感式地进行了多方面的渲染，其中甚为感人的情景，有写三个少年靠自己在大街上卖艺、拉琴和唱歌，用自己挣回的钱到豪华旋转大厅消费的自主意识；有写他们与海上鲨鱼作殊死搏斗的场面及跟大自然的风景展开抗争的生存意志；有写他们在海滩上千方百计救助海豚的行为等等。所有这些，不仅体现了他们的一片赤诚的童心，而且为读者描绘了澳洲生活的广阔画面、独特情调。

在澳华文坛上，曾经作为留学生文学阵容中的一员，沈志敏与众多同行者一样，奔波于生计，更多的时候只能利用工余时间写点东西以抚慰心灵。初抵澳洲时，他可能不算多产，但每有作品出手皆有可圈可点之处。那时，他经常为《满江红》杂志撰稿。他宁缺毋滥，力求写出精品来。因而，每篇作品一经发表，皆引起良好的反响，赢得读者的好评。1991 年底上海的青年文学名刊《萌芽》发表他的短篇小说《干杯，为这个世界》，从此，他的文学观开始建立在自信与才华的基础上。之后，陆续写出了《龙虎斗》、《孤独的牧羊人》、《Ashfield 月亮街十五号》、《枪声，响起在移民局门口》、《第三场恶梦》、《夜，最后一班车》、《纸折飞机》等一系列作品，反映自己和一代出国留学生在异域从社会底层开始的生存历程与精神困惑，或者说，他是以小说的形式梳理和记录了自己对于身份焦虑、生存追问和现实人生的沉重思考。

获得澳洲居留身份及选择定居墨尔本后，沈志敏意识到，一部人类文明史就是一部人类以移民方式不断摆脱生存困境继而不断扩展生命空间的历史。于是，他多了一份沉思和冷静，也多了一份快乐和轻松。他不仅对移民问题引向更深层内涵具有人类文化学的探思，而且力图在作品中超越狭隘民族地域文化意识的樊篱。诚然，一切过去的事物和流逝的岁月自有其内在因素使然。难得的是，诚如他在长篇小说《动感宝藏》中所描写的已不仅仅是一种探险或行走，更是一种精神的自由释放与更新，一种在新的更大背景下的延续和升华，乃至超越了一种民族意识的更为广阔的视野，并开始洋溢着大洋气息和展现更为丰富的人文内涵。

沈志敏的创作也有其局限性，透过其文本我们可以发现，在语言表现的强力度、题材领域的深广度、人物形象的丰满度诸方面尚未能尽如人意。

五、抗凝：实存真像与心造镜像的建构

抗凝，原名林达，籍贯广东广州，世界华文作家协会会员。1983 年毕业于广州外国语学院英美文学专业，曾任广州日报社、广州青年报记者、编辑。1991 年赴澳留学，后获西悉尼大学商业学硕士学位。现任悉尼哈德森股票交易公司证券分析交易员。主要作品包括中篇小说《天黑之前回家》、《最后的天堂》和短篇小说《最后一局》等，作品先后发表于 1998 年上海的《收获》和广州的《花城》杂志。其中《天黑之前回家》收入悉尼女作家小说集《她们没有爱情》（墨盈创作室 1998 年版），《最后一局》收入“澳洲华文文学丛书”小说卷。这对于身处异乡的女性华文作家来说尤为难得。

抗凝《女人的天空》（中国文联出版社 2004 年版）这本小说集的命名，可谓别具匠心。大地，是铺开在脚下的；天空，是张开在头上的。于是，这“天空”，或许多少有点“乌托邦”的成分。诚如每个作家都有自己的一片天地，

有的属于天空，有的属于大地，有的可能属于大山、大海或草原。它们都可视为作家根据自己的文化价值、人生体验和审美理想幻化而出的符号世界。在抗凝那里，其独特的生存状态和传递的叙述声音，寄寓着作家的生命情调，表达着作家对命运无常的喟叹，隐含着无可挽回的忧患。纵观海外新移民作家群体，女性作家的阵容不可忽视。而在某种程度上，澳华女性作家庶几可以占据澳华文学的半壁江山，拥有自己的一片天空。抗凝的闪亮登场，凭借她称不上多产的几个中、短篇力作，奠定了她作为重要角色的位置和作用。有实力自然有魅力。抗凝小说的魅力，在于她为我们展开了异邦（都市）边缘人这一特殊群体独特而深沉的生命体验，及其所遭遇的一步步走向沉沦或涅槃再生的心路历程，包括承受着高度物化的沉重煎熬和身份焦虑等所带来的挤压的命程。作家诉说的一系列故事，提供的一系列人物形象，既是实存的真像，又是心造的镜像，而后者的成分可能更重一些。同样的，作家从文本中拓展了她对人在异邦的生命体验的文学建构，乃至试图实现对于自我的超越。

抗凝小说之所以引人注目自有其与众不同之处。她的小说可谓是简洁与丰盈的统一，她的句式不长，笔触疏简有力，从不做细致的、静止的、冗长的描绘，人物没有倒海翻江般的情怀，常常控制于表面的平静中。抗凝深谙中短篇小说精悍的容器里，应植入尽可能深永的人生沧桑和哲学意蕴。或许，在作家的心目中，一篇优秀的具有认识价值的小说，本身就是一场幽梦，一首诗。白描的表相，深沉的底蕴，知黑守白，以少胜多，是她在艺术上的追求。像她这样练达而从容的写作风格，在澳华作家中甚为鲜见。她给人的感觉是，思考得很多，却不轻易下手，连落在纸上的文字都相当“吝啬”。

从抗凝至今已发表的小说里，可以看出贯穿着很强的命运感，或许这正是吸引读者的重要原因。具体说来，其作品总是呈现着三重层面：一是异邦的“他者”放逐于边缘的身份尴尬；二是“第三文化空间”里边缘族群的生命历程；三是女性“寻梦者”身处边缘的悲剧宿命。

正如有人以为自己的财富在澳洲一样，有人认为澳洲是“天堂”。谁不向往天堂呢？许多人很想走向天堂，或随波逐流，或别无选择，或千方百计。梦想毕竟是梦想，现实终究还是现实。在《最后的天堂》这部中篇的题记里，作家开宗明义：“澳洲是天堂。最后的天堂。天堂也不过如此。”其所暗示和折射的是一个中国人去国离妻别子奔赴澳洲之后，在漂泊之中艰难谋生的故事。透过文本，我们可以在现实生活中找到原型。《黄楼十二号》中的“我”，是一个勤勤恳恳又守规矩的求职者，在经历了多番求职考核之后，尽管露出了一丝希望的曙光，可谁能保证“我”能安稳无忧地获得生存之道呢？《女人的天空》中庄为了获得合法居留权即绿卡而变卖自己的情感，无奈之下凄婉地与洋人丈夫结婚，尽管庄对洋丈夫身上的种种异味甚为反感。“所有这些，以挣回现实利益也罢，以获取身份居留的权利也好，抑或对求职产生的欲望等等，事实上都源于实在的而迫切的物质生存需要。”① 他（她）们成为于异邦主流文化生活之外的“边缘人”，初来乍到这片陌生的异质空间，他们是外来者，是“他者”，这是他们的共同身份。这种陌生感与漂浮感成了这些被放逐的边缘人的生命疼痛，也注定了其尴尬的身份，注定了他们想象中的天堂终究是一个幻影，而身份认同问题给身陷其境的个人，带来的是处境上的孤独感、精神上的迷茫感和文化上的失落感。

置身于中西文化冲突与碰撞之中派生营造的“第三文化空间”，更多的“外来者”是得到了天空，失去了大地，成为漂泊于异邦的边缘族群。于是，等待他们或缠绕他们命程的可能是一种无望的归宿。抗凝善于把她笔下的人物放置于异域环境中特定的与反映人物相契合的生存境遇，她较少渲染或状写那些习以为常的都市风光背景或大洋碧海天空的蔚蓝，因为在这个作为寻梦者的族群，想象中的天堂早已充满诱惑，无须多费笔墨描述。抗凝似乎更倾心于为其涂上一层神秘色彩，或者以梦魇式的内心体验，构成为对寻梦者生存的某种概括，使之具有寓言式的象征味道，隐喻出在边缘地带漂泊生存的价值深渊。譬如，《黄楼十二号》全文围绕着青和几个男人的故事展开，在青的周遭都是些神出鬼没的符号化人物，而青作为一个美丽而神秘的女人，后来却在顷刻间消失于楼道的昏暗中，昏暗使这个故事显得颇为神秘。抗凝将思考的触须伸入到对人物的归宿的追问中，于是，都市的某个角落、某一幢楼、某一地点，或仅仅是某一时刻及某个时段特有的生存境况和人物际遇，总是普通人在生活中随时可能遇到的，都足以引起人们的战栗与共鸣。但这并非抗凝小说诱人的全部秘密，更重要的是，她的小说浸润着一种哲学隐喻的存在迷津，笼罩着一层悲剧意识的神秘光圈。

六、萧蔚：人类意识与自我本色的书写

萧蔚（1957—　），曾用笔名葳蕤，生长于北京的一个高级知识分子家庭，自幼受家庭影响喜好文学，中学时又幸遇严格而友善的语文老师，打下扎实的写作基础。中学毕业后曾插过队，恢复高考后考取北京第二医学院口腔系，并任牙医五年。曾于北京鲁迅文学院高级班进修。1988 年赴澳留学，现于澳洲某病理化验公司供职。她主要从事散文和小说创作，作品散见于澳洲、中国大陆和台港等地报刊，荣获过台湾侨联华文著述奖（2003 年小说和散文佳作奖）等多种写作奖，已出版小说散文合集《澳洲的树熊，澳洲的人》（中国工人出

① 庄伟杰：《寻梦与镜像——多元语境中澳洲华文文学当代性解说》，福建师范大学 2007 年博士学位论文，第 51 页。

版社 2001 年版)、《雨中悉尼》(父女散文合集，澳大利亚南极星出版社 2005 年版)。现任澳大利亚新州华文作协会长。认真说来，萧蔚是学医又从文，文医结合。从她两部著作中的名字，我们发现，物、人与风情三个视点是她的作品所关注和描写的话题，围绕这些视点，她的写作姿态，人文意识、审美格调也随之浮现。这是我们理解萧蔚究竟是个怎样的作家的关键。

相比于同代人，萧蔚的人生道路算是幸运的，尽管在国内插过队，初来澳洲时为寻求出路，艰难拼搏过，好不容易开辟出自己生活的新天地。她的生命意识里连接着东方社会与西方社会，既浸染了东方文化又领略了西方文化，诸多因素使然，让她具备了更多的创作资源和优势。难得的是，她没有满足于或仅仅只是把笔墨花费于或生离或死别，或思念或乡愁等传统主旨上，而是别出心裁，另辟蹊径，企冀通过平常生活和周遭人物风情的自然呈现，对当今所面对的生活情状与去从加以关注，孜孜追寻人类生存切符实际的经验图景。有人说，读其作品，不仅是“看到她的影子，更是看到活生生的她，仿如当面聆听她诉说自己的人生”。一方面，她力求表现丰富多姿的生活，其笔下的人物情景，如同一幅幅素描，寥寥数语，生动鲜活且妙趣横生。《做女儿的朋友》、《当妈咪》、《找拍点》、《爱宠物及爱孩子》等，既能体现已为人母的慈爱温情，又有敬畏自然万物的爱心，情真而意切，充分展示了自己的本色。《月亮太太》、《布朗太太的嘴》、《水老头三十年的疑问》、《捞珍珠的老石头》、《安妮和她的老鼠男朋友》等，则忠实于自己的生活经验，所刻画的各具性格的澳洲人呼之欲出。另一方面，她又倾心于状写自然人文风情，如《晚霞中的岩石湾》的景致、《后院乐》中的后花园、《夜骑巨龙》中的游乐场等，一处处色彩缤纷的美丽风景跃然纸上。

从整体上观察，萧蔚作品以文字肌理质朴、情感真挚、轻松趣味见长。她较少观念性的说理，也不刻意雕琢语言以获得行文的优美。这是一种自然而然般的书写方式，就像一条小溪清朗、明净而舒缓地畅流，能听到它的响动，也能读到它的呼吸，令人想起王维诗句中“明月松间照，清泉石上流”的意境。更进一步说，萧蔚是用一双趣眼去捕捉纷呈多元的社会和人生的点滴趣味，并用简朴的文字传达出来。趣，风趣、情趣、意趣，作为一种写作姿态，传递的是作家对世界对人生的乐观感受。萧蔚以带有审美趣味的感觉走近生活和思考生活。诚如前面所说的，作为移民于澳洲的新一代华文作家，除了女性自身的特点外，她还有男人气和孩子气，表明她一方面有符合现实身份的那份成熟、理智和眼光，另一方面又潜藏着儿童般的天真、烂漫和可爱。前者易于把握生活的底蕴，后者放射着诗性的烛光。可以说，她的作品乃是这两种视角观照下的精神产品。而现实中作为妻子、母亲、职业女性的角色所引发的她对事业和家庭颇有兴致的乐趣，同样令人深受感染，甚至在莞尔一笑中获得豁然清爽的效果。

从这里，我们看到一个现代女性的开阔视野，她能告别过去，超越传统，认为存在先于本质，具有可贵的现实品格，一扫封闭、保守、狭隘、悲秋伤春的荏弱心态，有种充满豪气、爽快的现代意识或者人类意识。诚然，这种求实求真源自生活体验的写作姿态固然可嘉，恐尚未能进入形而上的层面，乃至深触到现代人更为深沉的精神困境和忧患意识。值得一提的是，萧蔚散文中不时迸跳而出的那份幽默感。“幽默是一种观点，是一种对生活的态度，是建立在对事物新颖独到的见解之上。”（林语堂语）萧蔚的笔下常常能在自由联想之中把自己的真性情袒露而出，其行文就像跟你在即兴对话一样，自自然然，大大方方，爽爽快快，无拘无束，让人从中品尝到一种生活情趣和氛围。她擅长幽你一默，让你会心一笑。这也可看作旁逸斜出的“闲笔”，却彰显着一颗智慧、敏感的心灵无处不在的灵悟和触机。其中所包含的人生况味，大大地增强了文章的色彩，提升了文章的旨趣。

要而言之，萧蔚的创作能超越与农业文明相联系的传统家园意识，进入一个现代人健全而理智的文明境界，展现一个现代女性的开明、聪慧、宽容；能荡涤女性常有的幽怨、自怜和偏狭的情绪，展示一种乐观而豁达的个性。尽管其作品也在不同程度上或多或少地把笔触延展到传统文化之中，但她有自己的思考，有一份存在的历史感。如《梦幻的故事》、《姓名的学问》、《神秘的樟木箱》等篇章。然而，更多的时候，萧蔚应属于另外一个层面，她不是传统意义上的女作家，而是一位充分利用现代语言媒介的女性书写者，一位充满本色且具有人类意识的女作家。

思考论述题：

1. 澳洲华文文学与东南亚华文文学有何异同？请加以比较说明。

2. 多元语境中澳洲华文文学作家群有哪几种类型？其基本特征和代表作家有哪些？

3. 你读过哪位澳华作家的作品？请谈谈读后的印象、感受和看法。

4. 海外生长的华人作家及其作品，国内读者往往较为生疏。你认为应该怎样评价他（她）们较为客观和合理？

5. 结合本章所选讲的数位澳华作家的创作风貌，说说你对澳洲华文文学的发展趋势和前景是否乐观。

6. 走在路上，每个人都在寻找自己的家园。那么，真正的家园在哪里？试以庄伟杰诗集《从家园来到家园去》为例阐述自己的观点或见解。

7. 从澳华作家的文学文本中，你获得了什么感受？试举例说明之。

主要参考书目

［1］刘登翰．台湾文学史［M］．福州：海峡文艺出版社，1993.

［2］刘登翰．香港文学史［M］．北京：人民文学出版社，1999.

［3］王剑丛．香港文学史［M］．南昌：百花洲文艺出版社，1995.

［4］刘登翰．澳门文学概观［M］．厦门：鹭江出版社，1998.

［5］陈贤茂．海外华文文学史［M］．厦门：鹭江出版社，1999.

［6］陈公仲．世界华文文学概要［M］．北京：人民文学出版社，2000.

［7］赖伯疆．海外华文文学概观［M］．广州：花城出版社，1990.

［8］潘亚暾．海外华文文学现状［M］．北京：人民文学出版社，1996.

［9］王晋民．台湾当代文学史［M］．南宁：广西人民出版社，广西教育出版社，1994.

［10］古继堂．简明台湾文学史［M］．北京：时事出版社，2002.

［11］潘亚暾，汪义生．香港文学史［M］．厦门：鹭江出版社，1997.

［12］古继堂．台湾新诗发展史［M］．北京：人民文学出版社，1989.

［13］黎湘萍．台湾的忧郁［M］．北京：生活·读书·新知三联书店，1994.

［14］黎湘萍．文学台湾［M］．北京：人民文学出版社，2003.

［15］赵稀方．小说香港［M］．北京：生活·读书·新知三联书店，2003.

［16］何慧．香港当代小说概述［M］．广州：广东经济出版社，1996.

［17］丁帆，等．中国大陆与台湾乡土小说比较史论［M］．南京：南京大学出版社，2000.

［18］吕正惠，赵遐秋．台湾新文学思潮史纲［M］．北京：昆仑出版社，2002.

［19］杨匡汉．扬子江与阿里山的对话［M］．上海：上海文艺出版社，1995.

［20］古远清．台港澳文坛风景线［M］．北京：国际文化出版公司，1997.

［21］古远清．当今台湾文学风貌［M］．南昌：江西高校出版社，2004.
［22］江少川．台港澳文学论稿［M］．北京：北京大学出版社，2005.
［23］赵遐秋．生命的思索与呐喊：陈映真的小说气象［M］．北京：作家出版社，2006.
［24］严家炎．金庸小说论稿［M］．北京：北京大学出版社，1999.
［25］梅子，易明善．刘以鬯研究专集［M］．成都：四川大学出版社，1987.
［26］曹惠民．阅读陶然：陶然创作研究论集［M］．北京：北京师范大学出版社，2000.
［27］曹惠民．台港澳文学教程［M］．上海：上海汉语大词典出版社，2000.
［28］吴义勤．漂泊的都市之魂：徐訏论［M］．苏州：苏州大学出版社，1993.
［29］白舒荣．自我完成　自我挑战：施叔青评传［M］．北京：作家出版社，2006.
［30］何寄澎．当代台湾文学批评大系：散文批评卷［M］．台北：正中书局，1993.
［31］郑明娳．现代散文现象论［M］．台北：大安出版社，1992.
［32］郑明娳．现代散文［M］．台北：三民书局股份有限公司，1999.
［33］张振金．中国当代散文史［M］．北京：人民文学出版社，2003.
［34］徐学．台湾当代散文综论［M］．福州：海峡文艺出版社，1994.
［35］程国君．从乡愁言说到性别抗争：台湾当代女性散文创作论［M］．北京：中国社会科学出版社，2006.
［36］古继堂．台湾文学的母体依恋［M］．北京：九州出版社，2002.
［37］林丹娅．当代中国女性文学史论［M］．厦门：厦门大学出版社，2003.
［38］董健．中国现代戏剧史稿［M］．北京：中国戏剧出版社，1989.
［39］田本相．台湾现代戏剧概况［M］．北京：文化艺术出版社，1996.
［40］田本相．香港话剧选［M］．北京：文化艺术出版社，1996.
［41］田本相，郑炜明．澳门戏剧史稿［M］．南京：江苏教育出版社，1999.
［42］胡星亮．中国电影史［M］．北京：中国广播电视大学出版社，1995.
［43］周星．中国电影艺术史［M］．北京：北京大学出版社，2005.
［44］彭耀春．台湾当代戏剧论［M］．北京：中国戏剧出版社，2003.
［45］宋之文．台湾电影三十年［M］．上海：复旦大学出版社，2006.

［46］饶芃子．世界华文文学的新视野［M］．北京：中国社会科学出版社，2005.

［47］廖子馨．我看澳门文学［M］．北京：中国文联出版社，1999.

［48］潘亚暾，汪义生．香港文学概观［M］．厦门：鹭江出版社，1993.

［49］黄维樑．香港文学初探［M］．香港：华汉文化事业公司，1985.

［50］黄维樑．香港文学再探［M］．香港：香江出版有限公司，1996.

［51］刘以鬯．畅谈香港文学［M］．香港：获益出版有限公司，2002.

［52］饶芃子，费勇．本土以外：论边缘的现代汉语文学［M］．北京：中国社会科学出版社，1999.

［53］樊洛平．当代台湾女性小说史论［M］．郑州：河南人民出版社，2005.

［54］刘红林．日据时期台湾新文学风貌［M］．北京：台海出版社，2005.

［55］东瑞．我看香港文学［M］．香港：获益出版有限公司，1995.

［56］廖子香．千禧澳门文学研讨集［M］．澳门：澳门日报出版社，2002.

［57］袁良骏．香港小说史：第一卷［M］．深圳：海天出版社，1999.

［58］朱双一．近二十年台湾文学流脉［M］．厦门：厦门大学出版社，1999.

［59］林承璜．台湾香港文学评论集［M］．北京：海峡文艺出版社，1994.

［60］黄孟文，等．东南亚华文文学大系［M］．厦门：鹭江出版社，1995.

［61］黄重添，等．台湾新文学概观：下册［M］．厦门：鹭江出版社，1991.

［62］王宗法．台港文学观察［M］．合肥：安徽教育出版社，1994.

［63］陆士清．台湾文学新论［M］．上海：复旦大学出版社，1993.

［64］白杨．台港文学：文化生态与写作范式考察［M］．长春：吉林大学出版社，2009.

［65］白杨．中华文化与华文文学的新视野［M］．长春：长春出版社，2018.

［66］陈公重，张俏静．别样凝眸：欧洲华文文学研究［M］．北京：商务印书馆，2018.

［67］公仲．新移民文学的里程碑：首届中国新移民文学研讨会文集［M］．南昌：百花洲文艺出版社，2016.

［68］程国君．全球化与新移民叙事：《美华文学》与北美新移民文学研究［M］．北京：科学出版社，2018.

［69］陈学芬．美华文学中的美国形象研究［M］．北京：中国社会科学出

版社，2018.

［70］古远清. 世界华文文学研究年鉴：2019［M］. 武汉：武汉大学出版社，2020.

［71］顾圣皓，钱建军. 北美华文创作的历史与现状［M］. 广州：暨南大学出版社，1999.

［72］高小刚：乡愁以外：北美华人写作中的故国想像［M］. 北京：人民文学出版社，2006.

［73］黄万华. 美国华文文学论［M］. 济南：山东文艺出版社，2000.

［74］黄万华. 传统在海外：中华文化传统和海外华文文学［M］. 济南：山东文艺出版社，2006.

［75］江少川. 海山苍苍：海外华裔作家访谈录［M］. 北京：九州出版社，2014.

［76］李贵苍. 文化的重量：解读当代华裔美国文学［M］. 北京：人民文学出版社，2006.

［77］李小兵. 美国华人：从历史到现实［M］. 成都：四川人民出版社，2003.

［78］李欧梵. 中西文学的徊响［M］. 南京：江苏教育出版社，2005.

［79］李凤亮. 诗·思·史：冲突与融合［M］. 北京：商务印书馆，2006.

［80］李诠林. 漂泊的汉学［M］. 上海：上海三联书店，2012.

［81］陆士清. 品世纪精彩［M］. 上海：文汇出版社，2020.

［82］刘登翰，等. 过番歌文献资料辑注［M］. 厦门：鹭江出版社，2018.

［83］刘登翰. 华文文学的大同世界［M］. 广州：花城出版社，2012.

［84］刘俊. 复合互渗的世界华文文学［M］. 广州：花城出版社，2014.

［85］刘俊. 从台港到海外：跨区域华文文学的多元审视［M］. 广州：花城出版社，2004.

［86］刘俊. 跨界整合：世界华文文学综论［M］. 北京：新星出版社，2005.

［87］刘小新. 华文文学与文化政治［M］. 镇江：江苏大学出版社，2011.

［88］刘艳. 严歌苓论［M］. 北京：作家出版社，2018.

［89］陆卓宁. 边缘诉求与跨域经验：陆卓宁选集［M］. 广州：花城出版社，2016.

［90］李应志，罗钢. 后殖民主义：人物与思想［M］. 北京：北京师范大学出版社，2015.

［91］栾梅健. 二十世纪中国文学发生论［M］. 桂林：广西师范大学出版社，2006.

［92］孟悦，戴锦华. 浮出历史地表：现代妇女文学研究［M］. 北京：中

国人民大学出版社，2004.

［93］孟繁华．众神狂欢：世纪之交的中国文化现象［M］．北京：中国人民大学出版社，2009.

［94］彭志恒．海外中国：华文文学和新儒学［M］．广州：花城出版社，2005.

［95］饶芃子．比较文学与海外华文文学［M］．上海：复旦大学出版社，2011.

［96］融融，陈瑞琳．一代飞鸿：北美中国大陆新移民作家短篇小说精选述评［M］．北京：中国文联出版社，2008.

［97］沈庆利．溯梦“唯美中国”：华文文学与“文化中国”［M］．成都：巴蜀书社，2018.

［98］王列耀．趋异与共生：东南亚华文文学新镜像［M］．北京：中国社会科学出版社，2011.

［99］王德威．想像中国的方法：历史·小说·叙事［M］．北京：生活·读书·新知三联书店，1998.

［100］王红旗．灵魂在场：世界华文女作家与文本研究［M］．北京：现代出版社，2019.

［101］吴奕锜，陈涵平．寻找身份：全球视野中的新移民文学研究［M］．北京：中国社会科学出版社，2012.

［102］杨华．百年美国华人文学中的中国形象［M］．北京：中国戏剧出版社，2019.

［103］赵稀方．历史与理论［M］．广州：花城出版社，2014.

［104］赵稀方．翻译与现代中国［M］．上海：复旦大学出版社，2018.

［105］赵稀方．报刊香港：历史语境与文学场域［M］．香港：三联书店（香港）有限公司，2019.

［106］朱崇科．华语比较文学：问题意识及批评实践［M］．上海：上海三联书店，2012.

［107］朱立立．身份认同与华文文学研究［M］．上海：上海三联书店，2008.

［108］朱寿桐．汉语新文学通史［M］．广州：广东人民出版社，2010.

［109］朱文斌．东南亚华文诗歌及其中国性研究［M］．杭州：浙江大学出版社，2018.

［110］杨匡汉，庄伟杰．海外华文文学知识谱系的诗学考辩［M］．北京：中国社会科学出版社，2012.

［111］庄园．女作家严歌苓研究［M］．汕头：汕头大学出版社，2006.

［112］庄园．文化的华文文学［M］．汕头：汕头大学出版社，2006.

[113] 庄晓东. 文化传播：历史、理论和现实 [M]. 北京：人民出版社，2003.

[114] 庄钟庆. 东南亚华文文学与中国现代文学 [M]. 厦门：厦门大学出版社，1999.

[115] 丰云. 漫游在第三空间：新世纪以来新移民小说的主题嬗变 [M]. 北京：中国社会科学出版社，2020.

[116] 杜敦信，赵和曼. 越南老挝柬埔寨手册 [M]. 北京：时事出版社，1988.

[117] 马仑. 新马文坛人物扫描 [M]. 柔佛：书辉出版社，1991.

[118] 陈炎. 海上丝绸之路与中外文化交流 [M]. 北京：北京大学出版社，1996.

[119] 黄万华. 新马百年华文小说史 [M]. 济南：山东文艺出版社，1999.

[120] 朱崇科. 本土性的纠葛：边缘放逐·"南洋"虚构·本土迷思 [M]. 台北：唐山出版社，2004.

[121] 庄华兴. 国家文学：宰制与回应 [M]. 雪兰莪：大将出版社，2006.

[122] 黄锦树. 文与魂与体：论现代中国性 [M]. 台北：麦田出版有限公司，2006.

[123] 温明明. 离境与跨界：在台马华文学研究：1963—2013 [M]. 北京：中国社会科学出版社，2016.

[124] 庄钟庆，等. 东南亚华文新文学史 [M]. 北京：人民文学出版社，2007.

[125] 黄万华. 在"旅行中""拒绝旅行"：华人新生代和新华侨华人作家的比较研究 [M]. 北京：中国社会科学出版社，2008.

[126] 朱崇科. 考古文学"南洋"：新马华文文学与本土性 [M]. 上海：上海三联书店，2008.

[127] 马来西亚留台校友会联合总会：马华文学与现代性 [M]. 台北：新锐文创，2012.

[128] 朱文斌，王晓初. 世界华文文学研究：第八辑 [M]. 合肥：安徽文艺出版社，2013.

[129] 金进. 马华文学 [M]. 上海：复旦大学出版社，2013.

[130] 朱崇科. "南洋"纠葛与本土中国性 [M]. 广州：广东人民出版社，2014.

[131] 黄锦树. 华文小文学的马来西亚个案 [M]. 台北：麦田出版有限公司，2015.

[132] 王列耀，温明明，等. 20 世纪 90 年代马来西亚华文报纸副刊与"新生代文学" [M]. 北京：中国社会科学出版社，2015.

［133］王列耀，颜敏，等. 寻找新的学术空间：汉语传媒与海外华文文学研究［M］. 北京：中国社会科学出版社，2016.

［134］曾心，范军. “小诗磨坊”研究论文集［M］. 曼谷：留中大学出版社，2016.

［135］朱文斌. 东南亚华文诗歌及其中国性研究［M］. 杭州：浙江大学出版社，2017.

［136］宋园园. 北美华文文学母题审美研究［M］. 上海：上海交通大学出版社，2018.

［137］高伟光. 西方文学与海外华文文学论稿［M］. 北京：中国社会科学出版社，2018.

［138］古大勇. 文化传统与多元书写：台港暨海外华文文学研究论稿［M］. 北京：中国社会科学出版社，2018.

［139］朱崇科. 马华文学 12 家［M］. 北京：生活·读书·新知三联书店，2019.

［140］马峰. 马来西亚、新加坡、印尼华文女作家小说比较研究［M］. 上海：上海三联书店，2019.

［141］金进. 冷战与华语语系文学研究［M］. 上海：复旦大学出版社，2019.

［142］赵庆庆. 加拿大华人文学史论［M］. 北京：中国国际广播出版社，2019.

［143］江少川. 海外湖北作家小说研究［M］. 武汉：武汉大学出版社，2019.

［144］欧阳婷. 跨文化语境下美国华人流散文学研究［M］. 长沙：中南大学出版社，2019.

［145］卢秋平. 澳大利亚华人女性生命书写［M］. 武汉：武汉大学出版社，2019.

［146］古远清. 世界华文文学概论［M］. 北京：中国华侨出版社，2020.

［147］汤俏. 北美新移民文学 30 年创作流变［M］. 北京：中国社会科学出版社，2020.

［148］李玉杰. 跨域语境中的本土回望［M］. 长春：吉林大学出版社，2020.

［149］池雷鸣. 加拿大华人史书写研究［M］. 北京：中国社会科学出版社，2020.

［150］彭贵昌. 北美“留学生作家群”后期写作研究［M］. 北京：中国社会科学出版社，2020.

［151］颜敏. 华文文学的跨语境传播研究［M］. 北京：中国社会科学出版社，2021.

后　记

2006年春，朱文斌博士到武汉，访问华中师范大学，与江少川教授交谈中谈到当前各高校关于“台港澳暨海外华文文学”这门课程的教学状况，认为今后开设“台港澳暨海外华文文学”课程的高校肯定会越来越多，但各校任课教师却都面临着一个难题——就是很难找到合适的教材。当时，两人就萌生合编一本简明教材的想法，并约定，先拟写教材编写大纲，在即将召开的“第十四届世界华文文学国际学术研讨会”上，组织作者，召开编写会。2006年7月下旬，“第十四届世界华文文学国际学术研讨会”在长春的吉林大学如期召开。会议期间，两位主编邀集了部分高校的教师召开了教材编写会，就编写教材的指导思想、大纲、体例、完成时间等事宜进行了讨论，并作了具体分工。

经过大半年的时间，2007年春，各位作者的稿件陆续汇集到江少川、朱文斌两位主编手中，分别由他们审读、统稿，两位主编多次通过电邮、电话反复进行磋商、交换意见，最后得以定稿，书稿于2007年夏交付华中师范大学出版社。

本教材分为四编，第一、第二编为台港澳文学部分，第三、第四编为海外华文文学部分。就“编”而言，是按地区或地域来分，但章以下的作家作品论述，台港澳与海外部分的编排稍有不同，目录中也就不强求一致了。另外，必须说明的是，由于各种原因，教材中出现的有些作家曾来往、迁徙于中国台港澳地区与海外各国，他们有的生活在此，而重要作品发表、出版在彼，所以他们很多人具有双重或多重“身份”，因此不可避免地出现在不同的章节中。对此，我们论述时力求各有侧重，避免重复。

本教材参与编写的作者分别来自华中师范大学、绍兴文理学院、复旦大学、陕西师范大学、郑州大学、江苏省社会科学院、华侨大学、常熟理工学院、韶关学院、海南师范大学、江苏警官学院、华中科技大学武昌分校等院校和科研机构，其中有教授5人、研究员1人、副教授3人、讲师3人，5人具有博士学位、5人具有硕士学位。这些作者均为研究台港澳暨海外华文文学的专家或新秀，其中多人出版有研究台港澳文学或海外华文文学的专著。

各章节执笔分工情况如下：

江少川（华中师范大学文学院教授、华中科技大学武昌分校中文专业主任）：第一编第一章，第二章第一节、第四节之一、第五节、第七节。第二编第一章，第二章第二节、第四节之五、第五节、第六节。计红芳（常熟理工学院人文社科系副教授、博士）：第一编第二章第三节，第二编第二章第一节、第三节、第四节。刘红林（江苏省社会科学院研究员）：第一编第二章第二节。樊洛平（郑州大学中文系教授）：第一编第二章第六节。曾庆江（海南师范大学中文系讲师）：第一编第二章第四节之二、三、四、五，第二编第三章第三节、第四节。张晓平（韶关学院文学院副教授）：第一编第三章。程国君（陕西师范大学中文系教授、博士）：第一编第四章。彭耀春（江苏警官学院教授、博士）：第一编第五章，第二编第五章。鲁雪莉（绍兴文理学院中文系讲师）：第二编第四章。朱文斌（绍兴文理学院中文系副教授、博士）：第三编。王芳（绍兴文理学院讲师）：第四编第一、二、三章。庄伟杰（华侨大学华文学院教授、复旦大学中文系博士后）：第四编第四、五章。

当然，本教材的编写是"站在前人肩膀上"的结晶。各位作者在编写过程中，借鉴、参考了许多专家、前辈研究者的成果，如刘登翰主编的《台湾文学史》、《香港文学史》、《澳门文学概观》，陈贤茂主编的《海外华文文学史》（四卷本），陈公仲编著的《世界华文文学概要》，赖伯疆的《海外华文文学概观》，潘亚暾的《海外华文文学现状》，黄维樑的《香港文学初探》，等等，具体参考书目我们已经附录在书后。在此，向这些前辈、专家表示我们衷心的感谢和敬意。

这里，要特别感谢蜚声海内外的台湾著名诗人余光中先生、香港著名学者黄维樑教授，他们欣然为本教材写序，审阅了教材的大纲与部分章节，并提出了宝贵意见。最后，还要感谢华中师范大学出版社的领导以及该社第五编辑室的曾巍主任与陈昌恒编审、江帆编辑。由于他们的鼎力支持，本教材才得以顺利出版。同时，还要感谢各位作者所在单位的大力支持。

由于编写时间仓促，作者较多，文笔不尽一致，谬误疏漏在所难免，敬请各位专家同仁批评指正。

编　者

2007 年 7 月

第二版后记

2007 年，《台港澳暨海外华文文学教程》由华中师范大学出版社出版，屈指数来，不觉已过去十五年了。这期间，这本教材多次重印，为国内数十所高校采用，荣获湖北省人民政府颁发的湖北省高等学校教学成果奖。为适应时代的发展与教学需要，2018 年，华中师范大学出版社与两位主编商议对这部教材进行一次修订。这年夏天，华中师范大学出版社召集主编、部分作者，在浙江越秀外国语学院召开了教材修订会，一起商讨教材修订等事宜。次年，又在湖北武汉华中师范大学再次开会讨论修订方案。修订工作开始不久，由于新冠疫情的影响一度中断，2020 年秋季又重新启动，直到 2021 年秋完成教材修订书稿，前后跨度有三年之久。

初版以来的十多年，台港澳文学与海外华文文学都处在动态的发展变化之中，这次修订增补了新史料、吸收了新的研究成果。教材整体框架、体例基本不变，编排上稍有变动，将原来的四编调整为上、下编：上编为台港澳文学，下编为海外华文文学。这样的调整既与教材的书名更加一致，同时内涵也很清晰。在上下两编中，对初版中的“文学发展概述”与作家作品部分的内容都重新进行了审读与检视，有所拓展更新，并对有些章节做了增删与修改。

修订中，文学概述部分力求兼顾不同地域的时空差异，并置于整体框架中作审视观照。对作家作品的介绍，也根据实际情况补写了新章节，如下编新增了“其他东南亚国家华文文学”（包括越南、缅甸、柬埔寨华文文学）与“日本华文文学”两章，补写了少数文学成就突出而初版没有写入教材或新近涌现出来的中青年作家。对部分章节的内容编排也有所调整。每章的概述、正文以及参考文献、思考论述题也有所增减。

这次修订工作由两位主编主持，吸收了几位在华文文学教学、科研一线的青年教师、博士生参与。上编台港澳文学部分由江少川教授负责，彭姗姗讲师全程参与了上编的审读、更新、增补等修订工作。下编由朱文斌教授负责，岳寒飞博士与刘红英副教授分别全程参与了第一篇与第二篇的审读、更新、增补等修订工作。张益伟副教授增写了日本华文文学一章。刘玉杰博士、吴正平讲师参加了部分章节的增写。最后由江少川、朱文斌两位教授统稿定稿。

教材修订新版参编者增写部分执笔分工如下：

彭姗姗：上编第一篇第三章第三节之二、之三，第四章第二节之一。刘玉杰：上编第一篇第二章第七节之五、之六，第二篇第二章第五节之四。吴正平：上编第一篇第二章第六节之二，第四章第四节之三。岳寒飞：下编第一篇第五章第三节之四，第六章第二节之四，第七章第二节之四，第八章。张益伟：下编第一篇第九章。刘红英：下编第二篇第一章第二节之一、之五，第二章第二节之一、之二，第三节之三、之四、之九，第三章第一节，第二节之三、之四、之五、之七。江少川：下编第二篇第一章第二节之六，第二章第三节之六、之七、之八，第三章第二节之六。

教材初版后记中写道：本教材的编写是“站在前人肩膀上”的结晶。编写过程中，借鉴、参考、吸收了许多专家、前辈研究者的成果。在此，向这些前辈、专家表示我们衷心的感谢和敬意。这次新版仍然要引用这段话，以表达我们诚挚的谢意。令我们悲痛的是，当年为本教材写序的台湾著名诗人余光中先生已驾鹤西去，永远离开了我们，那时他亲笔书写在稿纸上的序言通过传真从台湾传过来，至今难忘。这次新版，我们仍然保留他老人家的序，以作永久的纪念。香港著名学者黄维樑教授，当年欣然为本教材写序，还审阅了教材编写大纲与部分章节，提出了宝贵意见，这里向他深深致谢。感谢初版中参加编写的教授学者们，正是你们当年付出的辛勤劳动，成就了这部教材的出版。最后，还要感谢华中师范大学出版社的领导以及高教分社何军华主任与宋文静、白炜编辑。由于你们的鼎力支持、认真细致的审校与编辑，这次修订出版工作得以顺利完成。虽然经过了这次修订，仍然感到有不足，谬误疏漏在所难免，恳请各位专家同仁批评赐教。

江少川　朱文斌

2022 年 10 月